25.000 NOMBRES DE BEBÉ

La mejor guía para escoger
el nombre adecuado

Carla Vázquez de Haro

bebé

ROBIN
BOOK
nuevos padres

© 2008, Ediciones Robinbook, s. l., Barcelona

Diseño de cubierta: Regina Richling
Ilustración de cubierta: ©newillustrator/istockphoto

Texto y diseño de interior: Barcelona Editorial

ISBN: 978-84-7927-894-6

Depósito legal: B-31.283-2008

Impreso por Limpergraf, Mogoda, 29-31 (Can Salvatella), 08210 Barberà del Vallès

Impreso en España - *Printed in Spain*

PRESENTACIÓN

Este libro, que ha sido concebido como una obra de consulta y también de fácil lectura, presenta una panorámica muy amplia de los nombres de persona utilizados en todos los ámbitos geográficos y culturas.

Pretendemos proporcionar la información más útil y responder a las expectativas tanto de los lectores simplemente curiosos como de los padres preocupados por encontrar un nombre bonito o exótico, original o clásico, para sus hijos. Se ofrece no sólo una infinidad de nombres, sino también la explicación de qué hay detrás de cada uno de ellos. En definitiva, se trata de ayudar al lector a elegir con conocimiento de causa y también a conocer de dónde procede y qué significa un nombre determinado, quizá precisamente el suyo, y las diferentes formas que presenta.

El gusto de los padres y padrinos al elegir el nombre de los niños recién nacidos ha experimentado cambios importantes con el paso del tiempo. En nuestro país, de los datos que ofrece al respecto el Instituto Nacional de Estadística (INE), se deduce que en el conjunto de la población, es decir, los españoles vivos en el momento en que se publica esta obra, los nombres más frecuentes son los siguientes: María, María del Carmen, Carmen, Josefa, Isabel, María Dolores, Ana María, Francisca, Dolores y María del Pilar, para las mujeres; y, para los hombres, Antonio, José, Manuel, Francisco, Juan, David, José Antonio, José Luis, Jesús y Javier.

Pero si se analizan los nombres más frecuentes por décadas, vemos que a partir de 1960 empiezan a caer en desuso la mayoría de nombres tradicionales (aunque algunos se mantienen, María, David y Javier) y se introducen con fuerza otros nuevos: Alejandro,

Daniel, Sergio, Marcos, Pablo, Iván, Álvaro o Adrián, para los niños, y Lucía, Laura, Paula, Marta, Alba, Claudia, Carla, Irene o Andrea, para las niñas.

Un fenómeno importante es la influencia de la población de origen inmigrante, cuyo incremento en los últimos años ha hecho que nombres que hasta hace poco eran exóticos en nuestro país constituyan en la actualidad denominaciones de uso corriente. A ello han contribuido también los medios de comunicación y la globalización en el ámbito cultural.

El cuerpo de la obra se divide en dos partes: la primera dedicada a los nombres femeninos, y la segunda a los masculinos. En conjunto, el volumen incluye más de 15.000 entradas, que engloban unos 25.000 nombres y en las que se compendian los principales datos sobre el origen, el significado y las variantes de cada uno de ellos.

Al final del volumen se incluyen algunos datos curiosos relacionados con la onomástica, en particular un ranking de los nombres más populares en nuestro país en los últimos años, los más comunes entre la población.

NIÑAS

AADAB. Origen árabe. Significado: Esperanza, necesitar.

AAMAAL. Origen árabe. Significado: Esperanzas, aspiraciones.

AAMINAH. Origen árabe. Significado: Dama de paz y armonía.

AANISA. Origen árabe. Significado: Corazón piadoso.

AASIYAH. Origen árabe. Significado: Reina de poderosa dinastía.

ABA. Origen africano. Significado: Nacida en jueves.

ABAR. Origen vasco. Significado: Ramos. Variante: Abarne.

ABAUNTZ. Origen vasco. Variante: Abauntza.

ABDA. Origen árabe (nombre islámico). Significado: Esclava.

ABDULÍA. Origen árabe. Significado: Sierva de Alá.

ABEER. Origen árabe. Significado: Fragancia. Variante: Abir.

ABELARDA. Origen hebreo. Significado: Virtuosa.

ABELIÑE. Forma vasca de Avelina.

ABENDAÑO. Origen vasco.

ABENE. Origen vasco. Significado: Pilar.

ABERFA. Origen galés. Significado: Que viene de la desembocadura del río.

ABERTHA. Origen galés. Significado: Sacrificar.

ABHA. Origen indio. Significado: Bella.

ABIA. Origen árabe. Significado: Grande.

ABIAH. Origen hebreo. Significado: Mi padre es Dios. Variantes: Abi, Abia, Abijah, Abisha, Abiyah.

ABIGAÍL. Origen hebreo. Significado: La que es la alegría de su padre. Variantes: Abbi, Abbey, Abby, Gail.

ABIR → ABEER.

ABLA. Origen árabe. Significado: Perfectamente formada.

ABOLI. Origen indio. Significado: Una especie de flor.

ABRIENDA. Origen español. Significado: Apertura.

ABRIL. Origen latino. Deriva de *Aprilis* («abril»), segundo mes del antiguo año romano. La etimología popular lo relacionaba con *aperio*, «abrir», porque la primavera lo «abre» todo. Variantes: April, Averil, Averyl, Avril, Avry, Ebrel, Ebrill.

ACACIA. Origen griego. Significado: Buena. Variantes: Acàcia, Akake.

ACALIA. Origen latino. Nombre de la madre adoptiva de Rómulo y Remo.

ACANTHA. Origen griego. Significado: Punzante, espinosa. Variante: Acanthah.

ACHLYS. Origen no especificado. Significado: Niebla, oscuridad.

ADA. Origen hebreo. Significado: Bella. Variantes: Adina.

ADA. Origen germánico. Significado: Feliz. Variante de Adelaida.

ADAB. Origen árabe. Significado: Esperanza, necesidad.

ADABELLA. Combinación de Ada y Bella.

ADALCIRA. Combinación de Ada y Alcira.

ADALGISA. Origen germánico. Significado: Noble por la lanza.

ADALIA. Origen hebreo. Significado: Dios es justo. Variante: Adlai.

ADALIA. Origen persa. Significado: Seguidora del Dios del fuego.

ADALIA. Origen germánico. Significado: Nobleza.

ADALINDA. Combinación de Ada y Linda.

ADALUZ. Combinación de Ada y Luz.

ADAMANTINA → DIAMANTINA.

ADARA. Origen árabe. Significado: Belleza virginal.

ADASSA. Origen canario (Tenerife). Significado: La que es de reír o sonreír.

ADAYA. Origen hebreo. Significado: Adorno de Dios.

ADAYA. Origen canario (Tenerife y Gran Canaria).

ADDA. Origen hebreo. Significado: La que irradia alegría. Variantes: Hada, Hadda.

ADDIENA. Origen galés. Significado: Hermosa. Variante: Addien.

ADEELA. Origen árabe. Significado: Igualar.

ADELA. Origen germánico. Significado: De noble estirpe. Reina madre. Variantes: Adele, Adèle, Adelia, Adélie, Adelina, Adeline, Adelya.

ADELAIDA. Origen germánico. Significado: Perteneciente a noble estirpe. Variantes: Adelaide, Adélaide, Adélaïde, Adelheid, Aida.

ADELFA. Origen griego. Significado: Hermana de la misma madre.

ADELGUNDA. Origen germánico. Significado: Famosa por su nobleza.

ADELINA. Origen germánico. Variante femenina de Adalvino.

ADELINDA. Origen germánico. Significado: Noble y sagrado.

ADELMA. Origen germánico. Significado: Protectora del necesitado.

ADELMA. Origen germánico. Significado: Guerrera poderosa.

ADELVINA. Origen germánico. Significado: Noble por la victoria.

ADEMIA. Origen no especificado. Significado: Sin marido.

ADENA. Origen hebreo. Significado: Frágil y dependiente. Variante: Adina.

ADILA. Origen árabe (nombre islámico). Significado: Igual, la que negocia con justicia.

ADILIA. Origen no especificado. Significado: La heredera. Variante: Dilia.

ADINA. Origen hebreo. Significado: Delicada. Esbelta. Noble.

ADINA. Origen árabe. Significado: Noble, ornamentada. Variante de Adriana.

ADIRA. Origen árabe. Significado: Fuerza, heroísmo.

ADLER. Origen no especificado. Significado: Águila.

ADOLFA. Origen germánico. Significado: La loba. Variante: Adolfina.

ADONCIA. Origen español. Significado: Dulce.

ADONIA. Origen griego. Femenino de Adonis. Significado: Belleza.

ADONIÑE. Origen vasco. Significado: Antonia.

ADORA. Origen latino. Significado: Querida.

ADORACIÓN. Origen latino. Significado: Acción de venerar a los dioses.

ADRIANA. Origen griego. Significado: Que tiene coraje.

ADRIANA. Origen latino. Significado: Natural de la ciudad italiana de Adria. Variantes: Addie, Adrienne.

ADUNA. Origen vasco. Significado: Trigo nuevo. Virgen de una antigua cofradía de Guipúzcoa.

AFAF. Origen árabe. Significado: Castidad.

AFI. Origen africano. Significado: Nacida en viernes.

AFRA. Origen latino. Significado: La que vino de África.

AFRAH. Origen árabe. Significado: Felicidad.

ÁFRICA. Origen latino. Significado: Del continente africano. Variantes: Àfrica, Afrika, Apirka.

AFRODITA. Origen griego. Significado: Nacida de la espuma. Diosa del amor y la belleza. Variante: Aphrodite.

AFSÂNA. Origen árabe. Significado: Narración, historia.

AFTON. Origen inglés. Topónimo común en Gran Bretaña y Estados Unidos.

AGAFIA. Origen ruso. Significado: Buena. Variante de Agatha.

AGALIA. Origen español. Significado: La alegría brillante.

ÁGAPE. Origen griego. Significado: Amor. Variantes: Agapi, Agappe.

AGAPITA. Origen griego. Significado: La que es muy amada y querida.

AGAR. Origen hebreo. Significado: La que se fugó.

AGARA. Origen vasco.

ÁGATA. Origen griego. Variante de Águeda.

AGEDA. Origen hebreo. Significado: Buena, amable. Variante: Agate.

AGERKUNDE. Origen vasco.

AGINAGA. Origen vasco. Advocación de la Virgen en Eibar (Guipúzcoa).

AGINARTE. Origen vasco. Antiguo monasterio navarro.

AGIRRE. Origen vasco. Advocación de la Virgen en Gorliz (Plentzia, Vizcaya).

ÁGLAE. Origen griego. Significado: Esplendorosa, bella, resplandeciente. Nombre mitológico correspondiente a una de las tres Gracias. Variantes: Aglaé, Aglaya, Egle, Eglè.

AGNES. Origen griego. Significado: Casta, pura, santa. Variantes: Agneta, Agnès, Agnus, Anaís, Inés.

AGNESSA. Origen ruso. Significado: Mansa, dócil.

AGORA. Origen canario (Tenerife). Significado: Niña guanche de Tenerife.

AGREDA. Origen vasco.

AGRIPINA. Origen latino. Significado: De la familia de Agripa. La nacida al revés, que sacó primero los pies. Variantes: Agrippina, Agrippine.

ÁGUEDA. Origen griego. Significado: La buena, la virtuosa. Virgen siciliana del siglo III martirizada en Catania. Variantes: Ágata, Agate, Agatha, Agathe, Agatone.

AGURNE. Origen vasco. Significado: Salutación.

AGURTZANE. Forma vasca de Adoración y de Rosario.

AGUSTINA. Origen latino. Significado: La venerable, la consagrada. Variantes: Agostina, Agustiña, Austiñe, Austiza, Tina. También diminutivo de Augusta.

AHÁVA. Origen árabe. Significado: Amada, querida.

AHD. Origen árabe. Significado: Promesa, conocimiento.

AHLAM. Origen árabe. Significado: Espirituosa, imaginativa.

AHUÑA. Origen vasco. Significado: Cabritillo.

AI. Origen japonés. Significado: Amor.

AIAGO. Origen vasco. Advocación de la Virgen en Redecilla del Camino (Burgos).

AIALA. Origen vasco. Advocación de la Virgen en Alegría-Dulantzi (Álava).

Origen árabe. Significado: Fiesta.

Origen latino. Significado: ...ue viene de familia distinguida. ...iante de Adelaida. Protagonista de la ópera homónima de Verdi.

AIDAN. Origen irlandés. Significado: Fogata. Variantes: Aidana, Aydana.

AIDEE. Origen griego. Significado: Mujer recatada. Variantes: Aide, Aydée, Haide, Haidée, Haydée.

AIKO. Origen japonés. Significado: Querida.

AILEEN. Origen irlandés/escocés. Significado: Luz, prado verde. Variante de Helena y Elena.

AILEN. Origen mapuche. Significado: Transparente, muy clara. Variantes: Ailín, Aillén, Aylen, Ayleen, Aylin.

AIME. Origen mapuche. Variante: Ayme.

AIMÉE. Origen francés. Significado: Persona amada.

AINA → ANA.

AINA. Origen japonés. Significado: Amor. Vegetales.

AINARA. Origen vasco (Vizcaya). Significado: Golondrina.

AINI. Origen árabe. Significado: Mina preciosa.

AINHOA. Origen vasco. Advocación de la Virgen en Ainhoa (País Vasco francés). Variante: Ainoa.

AINITZE, AINIZE. Origen vasco.

AINTZA. Origen vasco. Significado: Gloria. Variante: Aintzane.

AINTZILE. Origen vasco. Advocación de una Virgen de la Baja Navarra.

AINTZIÑE. Origen vasco. Advocación de una Virgen de antigua devoción en Vizcaya.

AINUESA. Origen vasco.

AIORA. Origen vasco. → LEIRE.

AIRE. Significado: Aire.

AIRI. Origen japonés. Significado: Amor, jazmín, pera.

AIRLIA. Origen griego. Significado: Etérea, aérea, frágil. Variante: Airlea.

AIRY. Origen hebreo.

AISHA. Origen árabe (nombre islámico). Significado: Viva, activa, enérgica, alegre, próspera. La más joven de las esposas del profeta Mahoma, madre de los fieles.

AISKOA. Origen vasco.

AISKOLUNBE. Origen vasco.

AISSA. Origen africano. Significado: Agradecida.

AITANA. Origen vasco. Significado: Gloria.

AITZIBER. Origen vasco. Advocación de la Virgen en Urdiain (Navarra).

AIXA. Origen árabe. Significado: La que eligió el de mayor autoridad.

AIZKORRI. Origen vasco. Nombre de un monte de Álava.

AIZPEA. Origen vasco. Advocación de la Virgen en Aia (Guipúzcoa).

AJA. Origen canario (Gran Canaria). Nombre femenino y masculino.

AJALA. Origen indio. Significado: De la Tierra.

AJAR. Origen canario (Tenerife). Nombre femenino y masculino.

AKANE. Origen japonés. Significado: Rojo oscuro. Sonido.

AKARI. Origen japonés. Significado: Claridad, luz, iluminación.

AKEMI. Origen japonés. Significado: Belleza.

AKI. Origen japonés. Significado: Otoño.

AKIHO. Origen japonés. Significado: Los cultivos de otoño.

AKIKO. Origen japonés. Significado: Niño de otoño.

AKILINA. Origen ruso. Significado: Águila. Variantes: Acquilina, Aquilina, Aquiline.

AKORDA. Origen vasco. Advocación de la Virgen en Ibarrangelu (Vizcaya).

ALADINA. Origen árabe. Significado:
Fe sublime.

ALAIA. Origen vasco. Significado:
Alegre, de buen humor. Leticia.
Variantes: Alaikari, Alaine, Alaiñe.

ALAITZ. Origen vasco. Nombre
de un monte de Navarra.

ALALA. Origen griego. Significado:
Hermana de Ares, dios griego de la
guerra.

ALAMEA. Origen hawaiano.
Significado: Piedras preciosas.

ALAMEDA. Origen español. Significado:
Álamo (árbol), paseo.

ALANA. Origen germánico. Significado:
La reina de todos. Variantes: Alaine,
Alayne.

ALANA. Origen celta. Significado:
Armonía. Variante: Lana.

ALANIS. Origen gaélico. Significado:
Hermosa, belleza. Variantes: Alanisa,
Alanise, Alanissa, Alannis, Alanys.

ALATZ. Origen vasco. Significado:
Milagros. Variante: Alazne.

ALBA. Origen latino. Significado:
Blanca y fresca como la altura. Aurora.
Variante: Alborada.

ALBANA. Origen latino. Significado:
Blanca, pura. Variantes: Albane,
Albina, Albine, Albinia.

ALBERTA. Origen germánico.
Significado: Famosa por su nobleza.
Variantes: Adalberta, Alberte,
Albertina, Tina.

ALBINA. Origen latino. Significado:
Blanca, de cabellos rubios.
Variantes: Albana, Albine, Albinia,
Albiñe.

ALBIZUA. Origen vasco. Advocación
de la Virgen en Salvatierra/Agurain
(Álava).

ALCINA. Origen griego. Significado:
Decidida. Variantes: Alcine, Alcinia.

ALCIRA. Origen árabe. Nombre
árabe de una ciudad valenciana.

ALCIRA. Origen germánico. Significado:
Orgullo de los nobles.

ALDA. Origen germánico. S[ignificado:]
Vieja anciana, venerable. [Variante:]
Aldah.

ALDANA. Combinación de[...]

ALDANA. Origen celta. Significado:
Que pertenece a la casa de Alda.

ALDARA. Origen griego. Significado:
Regalo alado. Variante: Aldora.

ALDONTZA. Origen vasco.

ALDUARA. Origen vasco.

ALDUENZA. Origen vasco.

ALEA. Origen árabe. Significado:
Honorable. Variante: Aleah.

ALEGRA. Origen latino. Significado:
Vivaz, alegre, llena de ardor. Variantes:
Allegra, Alegría.

ALEJANDRA. Origen griego.
Significado: Defensora de la
humanidad. Femenino de Alejandro.
Variantes: Aleja, Alejandrina,
Aleksandra, Alexa, Alexandra,
Lexa, Sandra, Sasha.

ALENA. Origen ruso. Significado: Luz
brillante. Variante: Helena.

ALESIA → ALEXIA.

ALETHEA. Origen griego. Significado:
Verdadera. Variantes: Aleteia, Alethia.

ALEXIA. Origen griego. Femenino
de Alexis. Significado: La que defiende,
la que ayuda, protectora. Variantes:
Aleixa, Alesiah, Alesya, Alesyah,
Alèxia, Alexiane.

ALFA. Origen griego. Primera letra del
alfabeto griego. Simboliza el principio
de todo.

ALFILDA. Origen germánico (nombre
alemán antiguo). Significado: La
ayudada por los duendes (de *alf,*
duende, y *filda,* ayuda).

ALFONSA. Origen germánico.
Femenino de Alfonso. Variantes:
Afonsa, Albontse, Alfonsina, Alonsa,
Alonza, Ildefonsa.

ALFREDA. Origen germánico.
Significado: La aconsejada por los
espíritus. Variantes: Aelfraed, Alfi, Alfie,
Alfre, Alfredah, Alfredda, Alfreeda,

Alfri, Alfrida, Alfried, Alfrieda, Alfryda, Alfy, Allfie, Allfreda, Allfredah, Allfredda, Allfrie, Allfrie, Allfrieda, Allfry, Allfryda, Allfy, Elfie, Elfre, Elfrea, Elfredah, Elfredda, Elfreeda, Elfrida, Elfrieda, Elfryda, Elfrydah, Ellfreda, Ellfredah, Ellfredda, Ellfreeda, Ellfrida, Ellfrieda, Ellfryda, Ellfrydah, Elva, Elvah, Freda, Freddi, Freddie, Freddy, Fredi, Fredy, Freeda, Freedah, Frieda, Friedah, Fryda, Frydah. Forma femenina inglesa de Alfred.

ALIA. Origen árabe. Significado: Superior, de alta posición social. Alie, Aliya, Allie, Ally, Alya.

ALICIA. Origen germánico. Significado: Noble. Variantes: Aalis, Adaleheidis, Adalis, Adelaida, Alice, Alícia, Alisa, Alisha, Alix, Alize, Alycia, Elisa.

ALICIA. Origen griego. Significado: Veraz, sincera. Variantes: Licia, Lilí.

ALIDA. Origen griego. Significado: Maravillosamente vestida.

ALIDA. Origen latino. Significado: Alada.

ÁLIKA. Origen africano. Significado: Más bonita.

ALINA. Origen germánico. Significado: Amiga noble. Variantes: Aline, Eileen. También contracción de Adelina y diminutivo de Alicia.

ALIPIA. Origen griego. Significado: Delgada. Variante: Alípia.

ALISA. Origen hebreo. Significado: Gran felicidad. Variantes: Alisah, Alissa, Alissah, Aliza, Allisa, Allisah, Allissa, Allissah, Allysa, Allysah, Alysa, Alysia, Alyssa, Alyssah, Alicia.

ALISON. Origen germánico. Significado: Famosa entre los dioses. Variantes: Alisson, Allison, Allyson.

ALIYA. Origen hebreo. Significado: Amanecer. Variantes: Aliyah, Alya.

ALKA. Origen indio. Significado: Belleza.

ALKAIN. Origen vasco. Advocación de la Virgen de Gabiria (Guipúzcoa).

ALLA. Origen germánico. Significado: Grandeza. Variante: Allochka.

ALMA. Origen latino. Significado: Bondadosa y gentil. Toda espiritualidad. Que da vida. Variantes: Almah, Arima.

ALMAS. Origen árabe (nombre islámico). Significado: Diamante.

ALMIKE. Origen vasco. Advocación de la Virgen en Bermeo (Vizcaya).

ALMIRA. Origen árabe. Significado: Aristocrática princesa. Variantes: Adelmira, Almera, Almerah, Almeria, Elmyrah.

ALMUDENA. Origen árabe. Significado: La ciudad pequeña. Advocación de la Virgen. Patrona de Madrid.

ALMUZA. Origen vasco. Advocación de la Virgen en Sesma (Navarra).

ALODIA. Origen germánico. Significado: Tierra libre. Variantes: Alodi, Aloida, Elodia.

ALOHA. Origen hawaiano. Significado: Saludos.

ALOISA. Origen germánico. Significado: Guerrera famosa. Forma antigua de Luisa. Variantes: Aloisia, Aloïsia, Eloísa.

ALOÑA. Origen vasco. Advocación de la Virgen en Oñati (Guipúzcoa).

ALTAGRACIA. Advocación de la Virgen, Nuestra Señora de la Altagracia. Patrona de la República Dominicana.

ALTAÍR. Origen árabe. Significado: Pájaro. Estrella integrante de la constelación del Águila. Variantes: Altair, Altaïr.

ALTAMIRA. Significado: Hermoso panorama. Semejante a Bellavista.

ALTEA. Origen griego. Significado: Que puede curar. Variante: Althea.

ALTZAGARATE. Origen vasco. Advocación de la Virgen en Altzaga (Guipúzcoa).

ALVA. Origen irlandés. Variantes: Alma, Almha.

ALVINA. Origen inglés. Significado: Amable, amigable. Amiga de los elfos.

AMA. Origen germánico. Significado: Trabajadora, enérgica.

AMA. Origen africano. Significado: Nacida en sábado. Variante: Amah.

AMA. Origen vasco. Significado: Madre.

AMABEL. Origen latino. Significado: Amable, adorable. Variantes: Amabela, Amabella, Amabellah, Amabelle.

AMADA. Origen latino. Significado: La que es amada. Variantes: Aimée, Amata.

AMADEA. Origen latino. Significado: Que ama a Dios. Variante: Amade.

AMADUENA. Origen vasco.

AMAGOIA. Origen vasco.

AMAIUR. Origen vasco (Baztan, Navarra).

AMAKO. Origen japonés. Significado: Hija de Dios.

AMAL. Origen árabe. Significado: Esperanza, aspiraciones.

AMALIA. Origen germánico. Significado: Laboriosa.

AMALIA. Origen hebreo. Significado: Trabajo de Dios.

AMALIA. Origen griego. Significado: Suave, dulce. Variantes: Amàlia, Amale, Amaliji, Amaliya, Amelia, Amélie.

AMALSINDA. Origen germánico. Significado: A quien Dios señala.

AMALUR. Origen vasco. Significado: Madre Tierra.

AMANCAI. Origen quechua. Significado: Hermosa flor amarilla veteada de rojo. Variante: Amancay.

AMANCIA. Origen latino. Significado: Amante, que ama. Variante: Amància.

AMANDA. Origen latino. Significado: Merecedora de amor. Variantes: Amandah, Amandea, Amandée, Amandina, Amy, Manda, Mandah, Mandi, Mandie, Mandy.

AMANDINA. Origen latino. Gentilicio de la familia de Amanda. Variantes: Amandinah, Amandine.

AMANDLA. Origen afr[...] Significado: Poderosa.

AMANE. Origen vasco. S[...] Maternidad.

AMANI. Origen árabe. S[...] Deseos, aspiraciones.

AMANIÁ. Origen hebreo. Significado: Confianza de Dios. Artista de Dios.

AMAPOLA. Origen árabe. Alude a la flor del mismo nombre.

ÂMAR. Origen árabe. Significado: Luna.

AMARA. Origen griego. Significado: Amarga. Eterna, inmortal, firme. Querida. Eternamente bella.

AMARANTA. Origen griego. Significado: La que no decae, la que no se marchita. Variante: Amarante.

AMARIÁ. Origen hebreo. Significado: Dios dijo.

AMARILIA. Origen griego. Significado: La que brilla. Amarilla.

AMARILIS. Origen griego. Alude a la flor del mismo nombre. Pastora de una de las églogas de Virgilio. Variantes: Amaril·lis, Amaryllis.

AMARITA. Origen vasco.

AMARU. Origen quechua. Denominación de la serpiente sagrada que representa el infinito. Debe ir acompañado de otro nombre que indique sexo.

AMATA. Origen latino. Significado: Virgen consagrada.

AMATISTA. Origen griego. Piedra preciosa de color violeta. Variantes: Amathiste, Ametista, Améthiste, Amethyst.

AMATULLAH. Origen árabe. Significado: Mujer sierva de Alá.

AMATZA. Origen vasco. Significado: Maternidad.

AMAYA. Origen vasco. Significado: Principio del fin. Variante: Amaia.

AMAYA. Origen japonés. Significado: Noche de lluvia. Variantes: Amaiah, Amayah.

...YA. Origen aymara. Significado: La hija muy querida.

AMAZONA. Origen griego. Significado: Mujer sin senos.

ÁMBAR. Origen árabe. Significado: Aromática, de delicioso perfume. Variantes: Amber, Ambre.

AMBROSÍA. Origen griego. Deriva de ambrosía, manjar o alimento de los dioses griegos que producía la eterna juventud; inmortal. Variantes: Ambrogia, Ambròsia, Ambrosine, Anbortse.

AMEENA. Origen árabe. Significado: Fiel, leal, fiable.

AMEERA. Origen árabe. Significado: Líder, princesa.

AMELIA. Origen germánico. Significado: Afanosa, enérgica. Variantes: Amalberga, Amalia, Amaliji, Amèlia, Amélie.

AMELINA. Origen vasco.

AMÉRICA. Origen germánico (nombre alemán antiguo). Significado: La que se hace rica trabajando. Variantes: Almérica, Amèrica.

AMETS. Origen vasco. Significado: Sueño.

AMETZA. Origen vasco. Advocación de la Virgen en Mutriku (Guipúzcoa).

AMILAMIA. Origen vasco. Nombre mitológico.

AMINA. Origen árabe. Significado: Mujer fiel, honesta. Variantes: Ameena, Amine, Mina.

AMINTA. Origen griego. Significado: Protectora. Variantes: Amintah, Aminte, Amynta.

AMIRA. Origen árabe. Significado: Princesa, soberana, líder. Variantes: Ameera, Amirah, Emira, Mira.

AMIRAM. Origen hebreo. Significado: Mi pueblo es elevado.

AMPARO. Origen latino. Significado: Protectora. Advocación de la Virgen, Nuestra Señora de los Desamparados. Variantes: Empar, Itzal.

AMUNET. Origen egipcio. Significado: Diosa de los misterios.

AMUNIA. Origen vasco. Variante: Amuna.

AMY. Origen latino. Significado: Amada.

AN. Origen chino. Significado: Paz. Variantes: Ana, Anah.

AN. Origen japonés. Significado: Albaricoque.

ANA. Origen hebreo. Significado: La benéfica. En el Antiguo Testamento, madre de Samuel y esposa de Tobías el Viejo. En el Nuevo Testamento, madre de la Virgen María. Variantes: Aina, Anaïs, Ane, Anik, Anita, Ann, Anna, Anne, Annet, Annette, Annick, Annie, Annik, Annika, Anouchka, Anouck, Anouk, Antje, Anya, Hannah, Janina, Nancy, Nanette, Nina, Ninón. Nombres compuestos: Ana Belén, Ana Isabel, Ana María, entre otros.

ANAAN. Origen árabe. Significado: Nubes.

ANABEL. Combinación de Ana e Isabel. Variantes: Annabel, Annabel·la, Annabella, Annabelle.

ANABELA. Combinación de Ana y Bella. Variante: Anabella.

ANACAONA. Origen taíno. Significado: Flor de oro.

ANACLETA. Origen griego. Significado: La invocada, la suplicada a Dios. Variante: Anakelde.

ANADELA. Origen vasco.

ANAEAXI. Origen vasco. Significado: Ana Engracia.

ANAHÍ. Origen guaraní. Significado: Flor del ceibo.

ANAIANSI. Origen vasco.

ANAÍS. Origen hebreo. Significado: Casta, pura, santa, honesta. Derivado de Ana. Variantes: Agnes, Anaïs, Anays.

ANALÍA. Combinación de Ana y Lía.

ANALIRIA. Combinación de Ana y Aliria.

ANÁN. Origen hebreo. Significado: Nube. Variantes: Anane, Anani.

ANANA. Origen africano. Significado: De buena familia.

ANANI. Origen vasco. Variante: Aniana.

ANAQUA. Origen canario (Tenerife).

ANASTASIA. Origen griego. Significado: La que renace a una nueva vida, la resucitada. Variantes: Anastase, Anastàsia, Anastasie, Anastasiya, Nastya, Stasya.

ANAT. Origen egipcio. Diosa de la fecundación y de la guerra, hermana de Baal y esposa de Seth. Variante: Anath.

ANATILDE. Forma compuesta por Ana y Matilde.

ANATOLIA. Origen griego. Significado: Amanecer.

ANATXO. Origen vasco.

ANAURRA. Origen vasco.

ANAYANCE. Origen indio. Significado: Princesa de lindos colores.

ANBAR. Origen árabe. Significado: Perfume.

ANBOTO. Origen vasco. Nombre de un monte de Vizcaya.

ANBROXE. Origen vasco.

ANDARAZA. Origen vasco.

ANDE. Origen vasco. Nombre mitológico.

ANDERE. Forma vasca de Andrea.

ANDEREXO. Origen vasco. Nombre mitológico. Variante: Anderezu.

ANDERKINA. Origen vasco. Variante: Anderguina.

ANDIA. Origen vasco. Advocación de una Virgen de Navarra.

ANDIKOA. Origen vasco. Advocación de la Virgen en Berriz (Vizcaya).

ANDION. Origen vasco. Advocación de la Virgen en Mendigorría (Navarra). Variante: Andiona.

ANDOILU. Origen vasco.

ANDOIZA, ANDOITZA. Origen vasco.

ANDONE. Forma vasca de Antonia.

ANDRAINU. Origen vasco.

ANDREA. Origen griego. Significado: La varonil. Femenino de Andrés. Variantes: Andere, Andréa, Andréanne, Andrée, Andreína, Andreïna, Andreua, Andreva.

ANDREGOTO. Origen vasco. Reina de Navarra. Variante: Andregota.

ANDREKINA. Origen vasco.

ANDREMISA. Origen vasco.

ANDREZURIA. Origen vasco.

ANDRÓMACA. Origen griego. Significado: La que combate como un hombre. Heroína de la mitología griega, esposa de Héctor.

ANDRÓNICA. Origen griego. Significado: La que vence a los hombres.

ANDUIZA. Origen vasco.

ANEKO. Origen japonés. Significado: Hermana mayor.

ANELIDA. Combinación de Ana y Elida.

ANELINA. Combinación de Ana y Elina.

ANELISA. Combinación de Ana y Elisa.

ANELLA. Origen bereber. Significado: Planta de la que se obtiene la tintura de la henna. Se pronuncia: Anel-la.

ANÉMONA. Origen griego. Significado: Viento, soplo. Nombre de flor.

ANFITRITA. Origen griego. Significado: La que murmura por todas partes.

ÁNGELA. Origen griego. Significado: La que envió Dios, la que lleva el mensaje de Dios. Variantes: Angee, Ángel, Àngela, Angèle, Angélica, Angelika, Angelina, Angelique, Angelita, Angie, Angy, Anjela, Anjelita, Anxa, Anxela, Gotzone.

ÁNGELES. Origen latino. Advocación de la Virgen, Nuestra Señora de los Ángeles. Variantes: Ángela, Angelines, Àngels, Anxos.

ANGELU. Origen vasco. Significado: Ángel. Advocación de la Virgen en Anglet (Labourd, País Vasco francés).

ANGHARAD. Origen galés. Significado: Amada. Variantes: Anghara, Anghard.

ANGOSTO. Origen vasco.

ANGUSTIAS. Origen latino. Significado: Angosto, difícil. Advocación de la Virgen, Nuestra Señora de las Angustias. Variante: Atsege.

ANI. Origen hawaiano. Significado: Hermosa, bella. Variantes: Anee, Any.

ANIA. Origen vasco. Ermita en Jungitu (Álava).

ANIAGUA. Origen canario (Tenerife y Lanzarote). Significado: Que es dulce.

ANICETA. Origen griego. Significado: Que es invencible.

ANILDA. Combinación de Ana e Hilda.

ANIPPE. Origen egipcio. Significado: Hija del Nilo.

ANISA. Origen árabe. Significado: Mujer de corazón piadoso, de naturaleza buena. Amiga, buena compañera. Variantes: Aneesa, Anise, Anisha, Anissa.

ANIXE. Origen vasco. Significado: Anisia.

ANIZ. Origen vasco. Advocación de la Virgen en Cirauqui (Navarra).

ANJUM. Origen árabe. Significado: Estrellas.

ANNA → ANA.

ANNA. Origen bereber. Significado: Mi madre. Nombre del Sahara Central.

ANNA. Origen japonés. Significado: Albaricoque. Verano. Árbol frutal, membrillo.

ANNAKIYA. Origen africano. Significado: Rostro dulce.

ANOUKA. Origen indio. Significado: Espíritu de Dios.

ANOZ. Origen vasco. Advocación de la Virgen en Ezcabarte (Navarra).

ANSA. Origen vasco.

ANSELMA. Origen germánico. Significado: La que tiene la protección de Dios. Variantes: Antselme, Selma, Thelma, Zelma.

ANTARES. Origen griego. Significado: Estrella.

ANTEA. Origen griego. Significado: Florida, llena de flores. Variante: Anthea.

ANTEIA. Origen griego. Esposa de Proteo, Dios del mar.

ANTÍGONA. Origen griego. Significado: Rebelde, contraria a su generación. Figura de la mitología griega, hija de Edipo.

ANTONIA. Origen latino. No está clara su etimología. Significado más probable: Valiosa, inestimable, digna de alabanza, floreciente. Variantes: Andoiza, Andoliñe, Andone, Antía, Antoinette, Antolina, Antoliña, Antonella, Antonette, Antònia, Antonieta, Antonina, Antxone, Antxoni.

ANTZINASKO. Origen vasco. Advocación de la Virgen en Amezketa (Guipúzcoa). Variante: Antziñasko.

ANUJA. Origen indio. Significado: Hermana pequeña.

ANUNCIACIÓN. Origen latino. Significado: Mensajera. Evocación de la fiesta de la Anunciación de la Virgen María. Variantes: Anuncia, Anunciada.

ANUNTXI. Origen vasco. Significado: Anunciación.

ANUSKA. Origen vasco.

ANWAR. Origen árabe. Significado: Rayos de luz.

ANYA. Origen bereber. Significado: La melodía.

ANYA. Origen ruso. Significado: Gracia de Dios. Forma rusa de Ana. Variantes: Anechka, Anitchka, Anna, Anyuta, Asenka.

AÑANA. Origen vasco.

AÑES. Forma vasca de Inés. Variante: Aines.

AOI. Origen japonés. Significado: Malva, azul, girasol.

APAIN. Origen vasco. Advocación de la Virgen en Mutriku (Guipúzcoa).

APALA. Origen indio. Significado: La más bella.

APALA. Origen vasco.

APARICIA. Origen latino. Significado: Que se aparece. Conmemora las apariciones de Jesús o de la Virgen. Variante: Aparícia.

APIA. Origen latino. Significado: Abeja. Variantes: Ape, Àpia.

APOLINARIA. Origen griego. Significado: Perteneciente al dios Apolo. Variantes: Apol·linara, Apol·linària, Apoliñare.

APOLONIA. Origen griego. Significado: Hija del Sol, en honor a Apolo, dios del Sol. Variantes: Appoline, Apolline, Apollonia.

APRIL → ABRIL.

APULEYA. Origen latino. Significado: La impulsiva.

AQUILAH. Origen árabe. Significado: Inteligente.

AQUILINA. Origen latino. Significado: Aguileña, de rostro largo y afilado. Achila, Achilléa, Akiliñe, Aquil·lina.

ARA. Origen araucano. Significado: Nube.

ARA. Origen hebreo. Significado: Luminoso.

ARABEL. Origen latino. Significado: Lindo altar. Variantes: Arabela, Arabel·la.

ARABELLA. Origen germánico. Significado: Águila hermosa.

ARACELI. Origen latino. Significado: Altar del cielo. Variantes: Aracelis, Aracely, Arelis, Arely.

ARAGONTA. Origen germánico. Significado: Urraca.

ARAGUNDIA. Origen vasco.

ARAITZ. Origen vasco. Nombre de los valles de Navarra. Variante: Arraitz.

ARAMA. Origen vasco. Advocación de la Virgen en Goierri (Guipúzcoa).

ARAN o **ARÁN.** Origen catalán. Advocación de la Virgen en el Valle de Arán (Lleida).

ARANA. Origen vasco. Advocación de la Virgen en Salvatierra/Agurain (Álava).

ARANDON. Origen vasco. Advocación de la Virgen en Alcanadre (La Rioja).

ARANEA. Origen vasco.

ARANTZA. Origen vasco. Significado: Espina. Advocación de la Virgen en Ainhoa (Labourd, País Vasco francés).

ARÁNZAZU. Origen vasco. Advocación de la Virgen María. Patrona de Guipúzcoa. Variantes: Arantxa, Arantzazu, Aranza, Arancha.

ARAÑE. Origen vasco (San Sebastián).

ARAOZ. Origen vasco. Advocación de la Virgen en Oñati (Guipúzcoa).

ARATZ. Origen vasco. Nombre de un monte de la sierra de Aizkorri.

ARBEIZA. Origen vasco. Advocación de la Virgen en el Valle de Allín (Navarra). Variante: Arbeitza.

ARBEKOA. Origen vasco. Advocación de la Virgen en Espartza de Galar (Galar, Navarra).

ARBOGASTA. Origen griego. Significado: La forastera rica.

ARBURUA. Origen vasco. Advocación de la Virgen en Izal (Gallués/Galoze, Navarra).

ARCADIA. Origen griego. Alude a Arcadia, región de la antigua Grecia famosa por ser origen de numerosas fábulas y leyendas. Variantes: Arcàdia, Arcadie, Arkadia.

ARCELIA. Origen latino. Significado: Pequeño cofre con tesoros.

ARCELIA. Origen griego. Significado: Joven pantera.

ARCHIBALDA. Origen germánico. Significado: Nacida libre.

ARDAH. Origen árabe. Significado: Morena, bronceada.

ARDELIA. Origen latino. Significado: Apasionada, cariñosa, entusiasta. Variantes: Arda, Ardeen, Ardela, Ardelis, Ardella, Ardelle.

AREEJ. Origen árabe. Significado: Agradable aroma.

ARETILLO. Origen vasco. Advocación de la Virgen en Mallabia (Vizcaya).

ARELLA. Origen árabe. Significado: Mensajera.

AREMOGA. Origen canario (La Gomera). Nombre femenino y masculino.

ARERIA. Origen vasco. Advocación de la Virgen en Lazkao (Guipúzcoa).

ARETHA. Origen griego. Significado: La mejor; virtuosa. Variantes: Areta, Arete, Arethi, Aretina, Arethusa, Aretta.

ARFAN. Origen no especificado. Significado: Gratitud.

ARGEL. Origen galés. Significado: Refugio.

ARGELIA. Origen árabe. Significado: La natural de Argelia.

ARGENEA. Origen latino. Significado: La de cabellos plateados. Variante: Argenis.

ARGENTINA. Origen latino. Significado: La que resplandece como la plata. Variantes: Argenta, Argentia, Argentina.

ARGI. Origen vasco. Significado: Clara, Luz. Variantes: Argia, Argiñe.

ARGILOAIN. Origen vasco. Advocación de la Virgen en Sarriés/Sartze (Navarra).

ARGIMIRA. Origen germánico. Significado: Ejército famoso. Variantes: Argimire, Arximira.

ARGIÑE. Origen vasco. Significado: Lucía.

ARGLWYDDES. Origen galés. Significado: Dama.

ARGRAFF. Origen galés. Significado: Impresión.

ARIA. Origen italiano Melodía, canción. Variantes: Ari, Ariah, Ariann, Arianna, [A]nnah, Arianne, Arya, Aryah.

[ARIAD]NA. Origen griego. Significado: [ ] casta, santa. De dulce canto. En la mitología, hija de Minos y amante desdichada de Teseo; Afrodita, para consolarla, la casó con Baco. Variantes: Arene, Ariadnah, Ariadne, Ariana, Ariane, Arianna, Arianne, Arihana, Aryana.

ARIÁN. Origen galés. Significado: Metal de plata.

ARIANRHOD. Origen galés. Significado: Rueda grande.

ARIBA. Origen árabe. Significado: Ingeniosa, lista, astuta. Variante: Areebah.

ARICIA. Origen griego. Princesa de Atenas. Variantes: Ariciah, Arycia.

ARIELA. Origen hebreo. Significado: León de Dios. Variantes: Aeriel, Aeriela, Aeriellah, Ari, Ariel, Ariella, Arielle, Aryel, Aryela.

ARIETTA. Origen italiano. Significado: Melodía. Variantes: Ariet, Arieta, Arietah, Ariett, Ariette.

ARIJ. Origen árabe. Significado: Perfume agradable.

ARIÑE. Origen vasco.

ARITURRI. Origen vasco. Advocación de la Virgen en Iroz (Esteribar, Navarra).

ARITZAGA. Origen vasco. Advocación de la Virgen en Iturmendi (Navarra).

ARITZETA. Origen vasco. Significado: Encina. Advocación de la Virgen en San Asensio (La Rioja).

ARIZNOA. Origen vasco.

ARKAIA. Origen vasco.

ARKALE. Origen vasco (Irún, Guipúzcoa).

ARRIJA. Origen vasco. Advocación de la Virgen en Santa Cruz de Campezo (Álava).

ARLAIS. Origen galés. Significado: Templo.

ARLAS. Origen vasco. Virgen de un despoblado entre Falces y Peralta.

ARLENE. Origen celta. Significado: Promesa, compromiso. Juramento.

Variantes: Arlan, Arleana, Arlen, Arleen, Arlin, Arlina, Arlind, Arline.

ARLETTE. Origen germánico. Significado: Viril, varonil. Variante: Arlet.

ARLUZEA. Origen vasco. Advocación de la Virgen en Amárita (Álava).

ARMANDA. Origen germánico. Significado: Guerrera. Variantes: Armina, Arminda.

ARMANDINA. Origen francés. Significado: La guerrera. Variantes: Amandina, Armina.

ARMAN. Origen persa. Significado: Objetivo del deseo.

ARMAN. Origen húngaro. Significado: Astuta. Variantes: Armanee, Armaney, Armanie, Armany.

ARMEDAÑA. Origen vasco. Advocación de la Virgen en Viguera y Nalda (La Rioja).

ARMELLE. Origen celta. Significado: Princesa. Variantes: Armaëlle, Armeline, Ermelle, Ermeline.

ARMENIA. Origen germánico. Significado: Guerrera de la tribu Ermin. Variante: Armènia.

ARMENTIA. Origen vasco. Advocación de la Virgen en Antezana-Foronda (Álava). Variante: Armola.

ARMIDA. Origen latino. Significado: Guerrera. Variantes: Armidah, Armyda, Armydah.

ARMIDA. Origen griego. Significado: Mujer seductora, armada de belleza; hechicera. Variantes: Armidea, Armidee, Armidia, Armydia, Armydyah.

ARMINDA. Origen canario (Gran Canaria). Significado: Mujer de la realeza de Gáldar. Variante: Arminida.

ARMONÍA → HARMONIA.

ARNOTEGI. Origen vasco. Advocación de la Virgen en Obanos (Navarra).

ARNULFA. Origen germánico. Significado: Mujer libre como el águila y fiera como el lobo. Variante: Arnulbe.

AROA. Origen germánico. Significado: Buena persona.

AROIA. Origen vasco. Significado: Momento propicio. Variante: Aroa.

ARRAITZ. Origen vasco. Advocación de la Virgen en Ulzama (Navarra).

ARRAKO. Origen vasco. Advocación de la Virgen en Isaba (Navarra).

ARRATE. Origen vasco. Advocación de la Virgen en Eibar (Guipúzcoa).

ARRATZ. Origen vasco. Significado: Anochecer. Variante: Arrats.

ARRAZUBI. Origen vasco. Advocación de la Virgen en Olóriz-Solchaga (Navarra).

ARRENE. Origen vasco. Significado: Oración.

ARREO. Origen vasco. Advocación de la Virgen en Añana (Álava).

ARRIAGA. Origen vasco. Ermita en el pueblo del mismo nombre (Álava).

ARRIAKA. Origen vasco.

ARRIETA. Origen vasco. Advocación de la Virgen en Arce (Navarra).

ARRIGORRIA. Origen vasco. Advocación de la Virgen en Arraitza (Navarra).

ARRILUZEA. Origen vasco. Advocación de la Virgen en Amarita (Álava). Variante: Arluzea.

ARRITOKIETA. Origen vasco. Advocación de la Virgen en Zumaia, la más antigua de Guipúzcoa.

ARRIXAKA. Origen vasco. Advocación de la Virgen.

ARRIZABALAGA. Origen vasco.

ARROSA. Origen vasco. Significado: Rosa. Variantes: Arrosane, Arroxa, Larrosa.

ARROSALI. Origen vasco. Significado: Rosalía.

ARSENE. Origen vasco.

ARSENIA. Origen griego. Significado: Viril, enérgica como un hombre. Variante: Arsènia.

ARTAITH. Origen galés. Significado: Tormenta.

ARTAZA. Origen vasco.

ARTEA. Origen vasco. Significado: Encina.

ARTEDERRETA. Origen vasco. Advocación de la Virgen en Unzué (Navarra).

ARTEMIA. Origen griego. Significado: Consagrada a Artemisa, diosa de la caza. Variantes: Artèmia, Arteme.

ARTEMISA. Origen griego. Diosa griega de la caza y de la luna, eternamente virgen. Variantes: Artémis, Artemisia.

ARTIGA. Origen vasco (Irún, Guipúzcoa).

ARTIZA. Origen vasco. Advocación de la Virgen en Ochovi (Navarra).

ARTIZAR. Origen vasco. Significado: Lucero, Lucero del alba, Venus.

ARTZANEGI. Origen vasco. Advocación de la Virgen en Ilarduia (Asparrena, Álava).

ARTZEINA. Origen vasco. Advocación de la Virgen en Arrieta (Treviño).

ARUB. Origen árabe. Significado: Dedicada a su marido. Variante: Aroob.

ARUMA. Origen canario (La Palma). Significado: La del cristiano. Variante: Arume.

ARZANTZAZU. Origen vasco.

ARZIKI. Origen africano. Significado: Prosperidad.

ASA. Origen vasco. Advocación de la Virgen en Lapuebla de la Barca (Álava).

ASALAH. Origen árabe. Significado: Pureza.

ASCENSIÓN. Origen latino. Evocación de la fiesta de la Ascensión de Jesucristo a los cielos. Variantes: Ascensió, Igone.

ASELA. Origen latino. Significado: Burrita.

ASENTZIA. Origen vasco.

ASGRE. Origen galés. Significado: Corazón.

ASHA. Origen hindi. Significado: Esperanza.

ASHAKI. Origen africano. Significado: Bonita.

ASHIA. Origen árabe. Significado: Esposa favorita de Mohamed.

ASHIRA. Origen árabe. Significado: Rica, abastecida.

ASHLEY. Origen inglés. Significado: Prado plantado de fresnos. Variantes: Ahlea, Ash, Ashlee, Ashleigh, Ashlyn.

ASIA. Origen latino. Significado: El continente. Variantes: Asiah, Asya, Asyah, Esia, Esiah, Esya, Esyah.

ASITURRI. Origen vasco. Advocación de la Virgen en Zabaldika (Esteribar, Navarra).

ASIYA. Origen árabe (nombre islámico). Significado: Reina de una dinastía poderosa. La que cuida a los débiles y los cura.

ASKOA. Origen vasco. Advocación de la Virgen en Apodaka (Zigoitia, Álava).

ASMA. Origen árabe (nombre islámico). Significado: Bonita; excelente, preciosa. Variante: Aasmaa.

ASPASIA. Origen griego. Significado: Bienvenida. Aspa, Aspàsia, Aspasiah, Aspasie, Aspasya, Aspasyah, Aspia.

ASSA. Origen canario (Tenerife).

ASTARTÉ. Origen egipcio. Diosa primero de la fecundidad y del amor, y posteriormente de la guerra. Esposa de Seth. Variantes: Astarte, Artartet, Astirt.

ASTERIA. Origen griego. Significado: La que viene de las estrellas. Variantes: Asta, Astera, Asterah, Astèria, Astra, Astraea, Astred, Astrid.

ASTIGAR. Origen vasco. Significado: Arce.

ASTIZA. Origen vasco.

ASTRA. Origen griego. Significado: Deslumbrante como estrella. Variantes: Astrah, Astree, Astreah, Astrey, Astria, Astriah.

ASTRID. Origen escandinavo
Significado: Belleza y fuerza divina.
Variantes: Anstruda, Astrud, Astrid.

ASTRID. Origen germánico. Significado:
La amada por los dioses.

ASUKA. Origen japonés. Significado:
El aroma de la mañana.

ASUKA. Origen japonés. Significado:
Alegre, jovial, aroma, fragancia.

ASUNCIÓN. Origen latino. Significado:
Elevación, por la Asunción de la
Virgen María. Variantes: Asun, Asunta,
Assumpció, Axun, Yasone.

ATA. Origen fanti. Significado: Regalo.

ATALA. Origen griego. Significado:
La juvenil.

ATALANTA. Origen griego. Significado:
Joven, vigorosa. Variantes: Atalantah,
Atlanta, Atlantah, Atlante, Atlantia,
Atlantya.

ATALIA. Origen hebreo. Significado:
Dios poderoso. Variantes: Atali, Atalie,
Athalea, Athaliah, Athalie, Athalina,
Athalya.

ATALLO. Origen vasco. Advocación de
la Virgen en el Valle de Araiz (Navarra).

ATANASIA. Origen griego. Significado:
Inmortal. Variantes: Atanase, Atanàsia,
Athanasia, Athanasie, Athanasiah.

ATARA. Origen hebreo. Significado:
Corona.

ATASARA. Origen canario (Tenerife).

ATASI. Origen indio. Significado:
Flor azul.

ATAURI. Origen vasco. Advocación de
la Virgen en Atauri (Maeztu, Álava).

ATAYTANA. Origen canario (Tenerife).

ATENEA. Origen griego. Evoca la
figura de Palas Atenea, diosa griega
de la sabiduría, protectora de Atenas.
Variantes: Athan, Atheana, Athena,
Athenah, Athénaïs, Athina.

ATENYAMA. Origen canario.

ATERBE. Origen vasco. Significado:
Patrocinio. Refugio. Variante: Aterpe.

ATGAS. Origen galés. Significado: Odio.

ÁTICA. Origen griego. Relativo
a la ciudad de Atenas.

ATIDAMANA. Origen canario
(Gran Canaria). Soberana de Gáldar,
esposa de Gumidafe; gobernaron toda
la isla.

ATILIA. Origen latino. Significado:
Mujer que camina con dificultad;
la cojita.

ATIRA. Origen árabe (nombre islámico).
Significado: De fragancia agradable.

ATIYA. Origen árabe (nombre islámico).
Significado: Presente.

ATOCHA. Origen español. Advocación
de la Virgen, Nuestra Señora de Atocha
(Madrid).

ATOTZ. Origen vasco. Advocación
de la Virgen en Eraul (Valle de
Yerri-Deierri, Navarra).

ATSEGIÑE. Origen vasco. Significado:
Consuelo, Gracia. Agradable, amable.

ATTAGORA. Origen canario (Tenerife).

ATTENERI. Origen canario (Tenerife).
Significado: La que es del llano.

ATTENYA. Origen canario (Tenerife).
Significado: La que es del canto o
melodía.

ATTESORA. Origen canario (Tenerife).

ATTISA. Origen canario.

ATXARTE. Origen vasco. Ermita en
Abadiño (Vizcaya).

AUBREY. Origen inglés. Significado:
Aconsejada por los elfos. Variantes:
Aubree, Aubri, Aubria, Aubriah,
Aubrie, Aubrya, Aubryah.

AUDA. Origen latino. Significado:
La que es audaz.

AUDREY. Forma anglosajona del
nombre germánico Edeltrudis o
Edeltruda. Significado: Poderosa, noble.
Variantes: Audey, Audi, Audra, Audre,
Audrea, Audree, Audria, Audry.

AUGUSTA. Origen latino. Significado:
Que infunde respeto y veneración.
Variantes: Agostina, Agostinha,
Augustah, Augustia, Augustina,
Augustine, Austina, Austine.

AUKAI. Origen hawaiano. Significado: La gente de mar.

AULLI. Origen vasco.

AURA. Origen latino. Significado: Soplo, brisa, efluvio. Variante: Aure.

ÁUREA. Origen latino. Significado: La de cabellos rubios. Variantes: Aure, Àurea, Aurelia, Aurèlia, Aureliana, Aurélie, Auria, Àuria, Auriane.

AURELA. Origen vasco.

AURELIA. Origen latino. Significado: Dorada, brillante, famosa. Variantes: Arela, Arella, Aurèlia, Aureliana, Aureliane, Aurene, Aureola, Auriane, Auriel, Aurielle.

AURIA. Origen vasco. Significado: Áurea. Variante: Oria.

AURIOLA. Origen vasco.

AURISTELA. Origen latino. Significado: La estrella de oro.

AURKEN. Origen vasco. Significado: Presentación. Variante: Aurkene.

AURORA. Origen latino. Significado: Brillante y resplandeciente como el amanecer. Variantes: Aurorah, Aurore, Goizargi, Ora, Orah.

AURORI. Origen vasco.

AURRAMARI. Origen vasco. Significado: María Niña.

AUSET. Origen egipcio. Nombre de Isis.

AUSTIN. Origen latino. Significado: Sublime.

AUXILIADORA. Origen latino. Advocación de la Virgen María, auxilio de los cristianos. Variantes. Auxili, Auxilio.

AVA. Origen griego. Significado: Como un pájaro. Variantes: Avah, Avelyn, Avia, Aviana.

AVELINA. Origen latino. Significado: De Abella (Campania, Italia), población que dio origen al nombre de avellana. Variantes: Abeliñe, Avel·lina, Aveline, Avelyn, Avelyna, Avelyne.

AVIVA. Origen árabe. Significado: Primavera.

AWEL. Origen galés. Significado: Brisa.

AWENA. Origen celta. Significado: Elegante.

AXELIA. Origen hebreo. Significado: Calma. Variante: Axelle.

AXPE. Origen vasco. Advocación de la Virgen en Busturia (Vizcaya).

AXUN. Diminutivo vasco de Asunción.

AYA. Origen hebreo. Significado: Pájaro. Variantes: Aia, Aiah, Ayah.

AYAKA. Origen japonés. Significado: Decoración, adorno, brillante, admirable, belleza, flor, coloración.

AYALA. Origen vasco. Advocación de la Virgen en Alegría-Dulantzi (Álava).

AYANA. Origen africano. Significado: Linda flor.

AYANE. Origen japonés. Significado: Decoración, adorno, sonido.

AYANNA. Origen hindi. Significado: Inocente. Variantes: Ayania, Ayaniah.

AYANO. Origen japonés. Significado: Estampado, un tipo de seda.

AYAYA. Origen canario (Tenerife).

AYEH. Origen árabe. Significado: señal, distinción.

AYELÉN. Origen mapuche. Significado: La sonrisa, la alegría.

AYESHA. Origen persa. Significado: Niña pequeña, jovencita. Variantes: Aisha, Ayeshah, Ayeshia.

AYLEEN → EILEEN.

AYMAR. Origen germánico. Significado: Casa grande.

AYSEL. Origen turco. Significado: Como la luna.

AZAH. Origen árabe. Significado: Poseedora de conocimiento.

AZALEA. Origen latino. Nombre de un arbusto de hermosas flores. Variantes: Azalée, Azalia.

AZARIA. Origen hebreo. Significado: Ayudada por Dios. Variantes: Azariah, Azarya, Azaryah, Azelia.

AZELLA. Origen vasco. Advocación de la Virgen en Pamplona.

AZENTZIA. Origen vasco.

AZERINA. Origen canario (La Palma). Esposa de Tanausú, del bando de Azeró. Variante: Acerina.

AZHAR. Origen árabe. Significado: Flor. Variante: Azhaar.

AZIMA. Origen árabe (nombre islámico). Significado: Noble, digna.

AZITAIN. Origen vasco. Ermita en Eibar (Guipúzcoa).

AZIZA. Origen árabe (nombre islámico). Significado: Estimada, preciosa, querida, deseada. Variante: Azeeza.

AZKUNE. Origen vasco.

AZUCENA. Origen árabe. Significado: Pura como el lirio. Madre admirable. Variantes: Asucena, Assutzena.

AZUL. Origen árabe. Significado: Del color del cielo sin nubes. Debe ir acompañado de otro nombre que indique el sexo.

BAAKO. Origen africano. Significado: Primogénita.

BAASIMA. Origen árabe. Significado: Sonriente.

BABE. Diminutivo vasco de Elisabet.

BABESNE. Origen vasco. Significado: Amparo, Patrocinio.

BABETTE. Origen griego. Significado: Pequeña extranjera. Variantes: Babet, Babeta, Babetah, Babett, Babetta. También diminutivo de Bárbara.

BADA. Origen coreano. Significado: Mar.

BADI'A. Origen árabe. Significado: Admirable, única y sin precedentes.

BADR. Origen árabe. Significado: Luna llena. Variantes: Badra, Badriya.

BAHIRA. Origen árabe (nombre islámico). Significado: Brillante, espléndida. Variante: Bahiya.

BAHITI. Origen egipcio. Significado: Fortuna.

BAIA. Origen griego. Significado: Eulalia.

BAIAKUA. Origen vasco. Advocación de la Virgen en Ibargoiti (Navarra).

BAILEY. Origen inglés. Significado: Encargado, ujier. Variantes: Bailee, Bailie, Baily, Baylee, Bayley, Bayly.

BAKARNE. Origen vasco. Significado: Soledad. Variante: Bakartxo.

BAKENE. Origen vasco. Significado: Paz. Irene. Variantes: Bake, Pakene.

BALBINA. Origen latino. Significado: La que balbucea. Variantes: Balbine, Balbiñe.

BALDOMERA. Origen germánico. Significado: Audaz, insigne. Variante: Baldomere.

BALDOVINA. Origen germánico. Significado: Amiga valiente. Variantes: Baldina, Balduina, Balduïna, Baldwina, Baldwine.

BALEN. Origen vasco. Significado: Valeriana, Valentina. Variante: Balene.

BALERE. Origen vasco. Significado: Valeria.

BAMBI. Origen italiano. Significado: Niña, pequeña. Variantes: Bambee, Bambia, Bambie, Bambina, Bamby.

BANAN. Origen árabe. Significado: Extremidades de los dedos.

BANDANA. Origen indio. Significado: Culta.

BAÑANO. Origen vasco. Advocación de la Virgen en Torralba (Navarra).

BARAA'A. Origen árabe. Significado: Sobresaliente.

BARAKA. Origen árabe. Significado: Bendición.

BARAZORDA. Origen vasco. Advocación de la Virgen en Lemoiz (Vizcaya).

BÁRBARA. Origen griego. Significado: La extranjera. Santa Bárbara, virgen de Nicomedia, fue martirizada por su propio padre, quien en castigo pereció fulminado por un rayo. Patrona de los artilleros. Variantes: Babet, Babett, Babette, Barb, Bàrbara, Barbare, Barbchen, Barbe, Barbey, Barbie,

Barbora, Barbra, Barby, Varvara, Vavyna.

BARDA. Origen vasco. Significado: Ramita. Advocación de la Virgen en Fitero (Navarra).

BAREIZI. Advocación de la Virgen en Busturia (Vizcaya).

BARISHA. Origen indio. Significado: Pura.

BARKANE. Forma vasca de Clemencia.

BARRIA. Origen vasco. Advocación de la Virgen en San Millán y Oion (Álava).

BARTOLA. Origen arameo. Significado: La que ara la tierra.

BARTOLOMEA. Origen hebreo. Significado: Hija de Tolomeo. Variantes: Bartola, Bartolome, Bartomea, Bartomeua, Bartomeva, Bertole, Bertomea.

BASABA. Origen vasco. Advocación de la Virgen en Najurieta (Unciti, Navarra).

BASAGAITZ. Origen vasco. Advocación de la Virgen en Etsain (Anue, Navarra).

BASALGO. Origen vasco. Advocación de la Virgen en Bergara (Guipúzcoa).

BASANDRE. Origen vasco. Nombre mitológico.

BASEEMA. Origen árabe. Significado: Sonriente.

BASHA. Origen polaco. Significado: Extranjera. Variante: Bashah.

BASHSHÂR. Origen árabe. Significado: Que trae buenas noticias, alegre. Variantes: Bashîr, Bashira.

BASIA. Origen hebreo. Significado: Hija de Dios. Variantes: Bashia, Bashiah, Basiah, Basya.

BASILIA. Origen griego. Significado: Reina. Variantes: Basila, Basile, Basilea, Basília, Basilie, Basilisa, Basilise, Basilissa, Basillia.

BASMA. Origen árabe. Significado: Una sonrisa.

BASTET. Origen egipcio. Diosa egipcia, representada como un gato, o con cuerpo humano y cabeza de gato. Variante: Bast.

BATA. Origen vasco (Mutriku, Guipúzcoa).

BATILDE. Origen germánico. Significado: La que lucha, guerrera. Variantes: Bathild, Bathilda, Bathilde, Bathyld, Bathylda, Bathylde.

BATOOL. Origen árabe. Significado: Virgen ascética.

BAUDILIA. Origen germánico. Significado: Audaz y valerosa.

BAYA. Origen bereber.

BEATA. Origen latino. Significado: Feliz, bienaventurada. Variante: Bata.

BEATASIS. Origen vasco. Advocación de la Virgen en Zúñiga (Navarra).

BEATRIZ. Origen latino. Significado: La que trae alegría y felicidad. Variantes: Batirtze, Bea, Beata, Beatrice, Béatrice, Beatriu, Beatrix, Beattie, Bebe, Bee, Trixie.

BECA. Origen hebreo. Variantes: Becah, Becki, Becky, Beka, Bekah, Beky. Diminutivo de Rebeca.

BEDAIO. Origen vasco. Advocación de la Virgen en Tolosa (Guipúzcoa).

BEGONIA. Origen americano. Significado: Alude a la flor homónima. Variante: Begònia.

BEGOÑA. Origen vasco. Significado: Lugar del cerro dominante. Alude al topónimo del lugar donde está el santuario de Santa María de Begoña, en Bilbao. Variantes: Bego, Begonya.

BELANDA. Origen vasco.

BELARMINA. Origen vasco. Significado: Tener una bella armadura. Variante: Berlarmina.

BELASKITA. Origen vasco. Advocación de la Virgen en Becerro de Valvanera (La Rioja).

BELATE. Origen vasco. Advocación de la Virgen en Alcoz (Navarra).

BELÉN. Origen hebreo. Significado: Casa del pan. Significado literal del lugar de nacimiento de Jesús. Variantes: Bethléem, Betlem.

BELICIA. Origen español. Significado: Dedicada a Dios. Variantes: Belia, Belica.

BELINDA. Origen no especificado, probablemente anglosajón. Significado: Bella. Variantes: Balina, Balinda, Belina, Belinah, Belindah.

BELISA. Origen latino. Significado: La más esbelta.

BELISARIA. Origen griego. Significado: La princesa blanca.

BELKIS. Origen hebreo. Nombre de la legendaria reina de Saba que fue a visitar al rey Salomón. Variantes: Balqis, Bilquees.

BELLA. Origen latino. Significado: La belleza. Abreviatura de Isabella y de Anabella, variante de Isabel y de Elisabet. Variantes: Bela, Belah, Belle.

BELLANCA. Origen griego. Significado: Bella, rubia. Variantes: Belanca, Belancah, Belanka, Bianca.

BELOKE. Origen vasco.

BELTRANIZA. Origen vasco.

BELTZANE. Origen vasco. Significado: Morena.

BENARDIÑE. Origen vasco.

BENAYGA. Origen canario (La Palma).

BENAZIR. Origen árabe. Significado: Aquella que nunca fue vista.

BENCHARA. Origen carario (Gran Canaria).

BENEDICTA. Origen latino. Significado: Bendecida por Dios. Variantes: Bénédicte, Benedikta, Benedikte, Benedite, Benita.

BENGOA. Origen vasco.

BENGOARA. Origen vasco. (Sabando, Arraia-Maeztu, Álava).

BENGOLARREA. Origen vasco. Advocación de la Virgen en Harana/Valle de Arana (Álava).

BENIGNA. Origen latino. Significado: Amable, bondadosa con las personas, que quiere el bien. Variante: Beniñe.

BENILDA. Origen germánico. Significado: La que lucha.

BENITA. Origen latino. Significado: Bendita. Variantes: Benedetta, Benedicta, Beneta, Benite, Bennie, Benoite, Bieita, Binnie.

BENJAMINA. Origen hebreo. Significado: Hija predilecta. Variantes: Benjamine, Benkamiñe, Benxamina.

BEOLARRA. Origen vasco. Advocación de la Virgen en Bernedo y Kuartango (Álava).

BERAZA. Origen vasco. Advocación de la Virgen en Mendavia (Navarra).

BERBERANA. Origen vasco. Advocación de la Virgen en Biasteri-Laguardia (Álava).

BERBIXE. Origen vasco. Significado: Resurrección. Variantes: Berpizkunde, Pizkunde.

BERBIZ. Origen vasco. Significado: Resurrección.

BERCIJANA. Origen vasco. Advocación de la Virgen en Yécora/Iekora (Álava). Variante: Bertzijana.

BERENGARIA. Origen germánico. Significado: Lanza protectora. Variantes: Bérangère, Berengària, Berenger, Bérengère, Berenguela, Berenguera, Beringer, Berynger.

BERENICE. Origen griego. Significado: La que lleva la victoria. Variantes: Bereniç, Bérénice, Berenike, Bernice, Bernicia, Bernie, Bernyce, Vernice, Vernise, Verónica.

BEREZI. Origen vasco. Advocación de la Virgen en Busturia (Vizcaya).

BERILA. Origen latino. Significado: Nombre de una piedra preciosa.

BERLINDA. Origen germánico. Significado: El escudo del oso. Variante: Belinda.

BERNA. Origen germánico. Significado: Temeraria.

BERNABELA. Origen hebreo. Significado: Hija de la profecía.

BERNARDA. Origen germánico. Significado: Guerrera audaz y taimada. Variantes: Benate, Bernada, Bernadet, Bernadeta, Bernadette, Bernadine, Bernalda, Bernardatxo, Bernardette, Bernardina, Bernardiñe, Bernardita, Bernartine.

BERTA. Origen germánico. Significado: Brillante, famosa. Variantes: Alberta, Berte, Bertha, Berthe, Berti, Bertibla, Bertie, Bertila, Bertina.

BERTH. Origen galés. Significado: Hermosa.

BERTHOG. Origen galés. Significado: Rica.

BERTILDA. Origen germánico. Significado: La que combate, la ilustre. Variantes: Berthana, Berthilda, Bertilde, Bertina.

BERTOLDA. Origen germánico. Significado: Gobierno brillante.

BERTZIJANA ➝ BERCIJANA.

BESAGAITZ. Origen vasco.

BETANIA. Origen hebreo. Significado: Casona de Dios. Nombre de una aldea de la antigua Palestina. Variantes: Beth, Bethan, Bethanee, Bethani, Béthanie, Bethannie, Bethany, Bethine, Bethyn.

BETIA. Origen hebreo. Significado: De la casa de Dios. Bethia, Bethya.

BETIANA. Origen hebreo. Significado: La que ama a Dios. Variante de Isabel.

BETIANA. Origen latino. Significado: Natural de Betia. Variante: Bettina.

BETIKO. Origen vasco. Significado: Perpetua. Variante: Betiñe.

BETINA. Origen hebreo. Derivado de Isabel. Variantes: Bettina, Betty.

BETISA. Origen vasco. Significado: Petra, Perpetua. Variante: Betiza.

BETITXO. Origen vasco.

BETOÑO. Origen vasco.

BETSABÉ. Origen hebreo. Significado: La séptima hija. Variantes: Bathseva, Batsheba, Betzabé, Sheva.

BETSY. Origen hebreo. Significado: Consagrada a Dios. Variantes. Betsee, Betsi, Betsia, Betsie, Bethsy.

BETTY. Origen hebreo. Significado: De la casa de Dios. Variantes: Bet, Betta, Bette, Bety. Diminutivo de Elizabeth, Isabel y Beatriz.

BETULIA. Origen hebreo. Significado: Huerto de abedules.

BEULA. Origen hebreo. Significado: Mujer casada. Variantes: Beulah, Beelah.

BEVERLY. Origen inglés. Significado: Río de los castores. Variantes: Bev, Beverlee, Beverley, Beverlie, Bevlea, Bevlee, Bevlei.

BEYONCE. Origen africano. Significado: Más allá que el resto.

BIBI. Origen árabe. Significado: Señora. Variantes: Bebe, Bee, Beebee, Bibi.

BIBIANA. Origen latino. Significado: La que da vida. Variantes: Bibi, Bibian, Bibiane, Bibiñe, Viviana.

BIDANE. Origen vasco. Significado: Camino. Advocación de la Virgen en Burgi (Navarra).

BIDARTE. Advocación de la Virgen en Ondarroa (Vizcaya).

BIDATZ. Origen vasco. Advocación de la Virgen en Portugalete (Vizcaya).

BIENVENIDA. Origen latino. Significado: La que es bien recibida. Se aplica a la hija largamente esperada. Variantes: Benvenida, Benvenista, Benvenuta, Benvida, Benvinguda, Bienbenida, Bienvenue.

BIHOTZ. Origen vasco. Significado: Corazón. Variante: Bihotza.

BIKARREGI. Origen vasco. Advocación de la Virgen en Dima (Vizcaya).

BILEBAÑE. Origen vasco. Significado: Circuncisión. Variante: Bilbañe.

BINGENE. Origen vasco. Significado: Vicenta. Variante: Bixenta.

BINNAZ. Origen árabe. Significado: Encantadora.

BIOLARRA. Origen vasco. Advocación de la Virgen en Arluzea (Álava).

BIOTI. Origen vasco. Advocación de la Virgen en Quejo (Valdegovía/ Gaubea, Álava).

BIRDIE. Origen inglés. Significado: Como un pájaro. Variantes: Bird, Birdy, Byrd, Byrdie.

BISHR. Origen árabe. Significado: Alegría.

BITTORE. Origen vasco. Significado: Victoria. Variante: Bittori.

BITXI. Origen vasco. Significado: Gema.

BITXILORE. Origen vasco. Significado: Margarita.

BIXENTA, BIZENTA. Formas vascas de Vicenta.

BIZKARGI. Origen vasco.

BLANCA. Origen germánico. Significado: Blanca, brillante, pura. Variantes: Bianca, Bianka, Blanche, Blancucha, Blancuchita, Branca, Branka, Cuchita, Zuria.

BLANCANIEVES. Compuesto de Blanca y Nieves. Variante: Blanche-Neige.

BLANDINA. Origen latino. Significado: Tierna, agradable. Variantes: Blanda, Blandine.

BLASA. Origen latino. Significado: La que tartamudea. Variantes: Balase, Blaia, Blaisiane, Blasina, Braisa.

BLENDA. Origen germánico. Significado: Blanca, brillante.

BLESSING. Origen inglés. Significado: Consagrada. Variantes: Bless, Blessa, Blessi, Blessy, Bletsung.

BLISS. Origen inglés. Significado: Que trae la felicidad. Variantes: Blis, Blisa, Blys, Bliths.

BLODWEN. Origen galés. Significado: Flores blancas. Variantes: Blodwin, Blodwina, Blodwine, Blodwyn.

...OM. Origen inglés. Significado: ...a flor. Variante:

...i inglés. Significado: ...le. Variantes: Bliss, Blyss,

BOHDANA. Origen ruso. Significado: Regalo de Dios. Variantes: Boana, Bogdana.

BOLIVIA. Alude a la República de Bolivia.

BOLONIA. Alude a la ciudad italiana del mismo nombre.

BONA. Origen latino. Significado: Buena. Diosa romana de la fecundidad, Bona Dea. Variante: Bonah.

BONFILIA. Origen latino. Significado: Buena hija.

BONIFACIA. Origen latino. Significado: Benefactora, la que hace el bien. Variantes: Bonifàcia, Bonifatia, Bonipage.

BONNIE. Origen inglés. Significado: Buena, encantadora, bonita. Variantes: Bonie, Bonne, Bonnebell, Bonnee, Bonny, Bunny.

BRAITH. Origen galés. Significado: Peca.

BRAULIA. Origen germánico. Significado: Resplandeciente, fogosa, la que quema. Variantes: Bràulia, Baurle.

BREE. Origen irlandés. Significado: Fuerte victoria. Variantes: Brea, Breah, Bria, Briah, Brie, Brielle, Brya.

BRENDA. Origen germánico. Significado: La que lleva la antorcha. Variantes: Branda, Bren, Brendana, Brendy, Brenn, Brenndah, Brinda, Brynda.

BRIANA. Origen celta. Significado: Fuerte, de gran fortaleza. Variantes: Breana, Breanah, Breanna, Brianah, Brianna, Brianne, Bryanna.

BRIANDA. Origen germánico. Significado: Colina.

BRICIA, BRIDGET. Variantes de Brígida.

BRÍGIDA. Origen celta. Significado: Fuerte, victoriosa. Variantes: Birgit, Birgitt, Birkide, Birxita, Bricia, Bridget, Bridgett, Bridgette, Bridgitte, Brigit, Brigita, Brigitta, Brigitte, Brita, Bríxida.

BRILLANA. Origen no especificado. Nombre de fantasía derivado de brillo.

BRISA. Origen español. Significado: Viento suave. Variantes: Breezy, Briseida, Brisha, Brisia, Brissa, Briza, Bryssa.

BRITANY. Origen inglés. Significado: De Bretaña. Variantes: Brita, Britah, Britana, Britane, Britane, Britanee, Britanie, Britnee, Britney, Britni, Brittan, Brittania, Brittany, Britteny, Brittnie, Bryttny.

BRON. Origen africano. Significado: La fuente.

BRONTË. Origen griego. Significado: Trueno.

BROOKE. Origen inglés. Significado: La que vive cerca de un arroyo. Variantes: Brook, Brookee, Brookey, Brookeline, Brokelyn, Brookia, Brooklin, Brooklyn.

BRUNA. Origen germánico. Significado: Coraza. Variantes: Brune, Brunetta, Burne.

BRUNILDA. Origen germánico. Significado: La que lucha con coraza. Variantes: Brunhilda, Brunilde, Bruniquilda.

BRYONY. Origen inglés. Significado: Viña. Variantes: Brionee, Brioney, Briony, Bryonee, Bryonie.

BUDDUG. Origen galés. Variante de Victoria.

BUENAVENTURA. Origen español. Significado: La que desea suerte y alegría a los demás. Variantes: Bonabentura, Bonaventura, Boaventura.

BUIÑONDO. Origen vasco. Advocación de la Virgen en Bergara (Guipúzcoa). Variante: Buinondo.

BURESKUNDE. Origen vasco. Significado: Coronación.

BURGONDO. Origen vasco. Advocación de la Virgen en Imiruri (Treviño).

BURTZEÑA. Origen vasco. Advocación de la Virgen en Barakaldo (Vizcaya).

BUSHRA. Origen árabe. Significado: Buen augurio.

BUTHAYNA. Origen árabe. Significado: De hermoso y ofrecido cuerpo.

CABIRIA. Origen fenicio. Significado: Grande, fuerte, poderosa. Variante: Cabíria.

CADENA. Origen inglés. Significado: Rítmica. Variantes: Caden, Cadyna.

CADI. Origen galés. Significado: Pura. Variante: Catrin.

CADWYN. Origen galés. Significado: Cadena.

CAGORA. Origen canario.

CAI. Origen vietnamita. Significado: Mujer. Variantes: Cae, Cay, Caye.

CAILIDA. Origen español. Significado: Adoración. Variantes: Cailidora, Callidora.

CAILIN. Origen irlandés. Significado: Joven. Variantes: Caelan, Caileen, Cailyn, Cauleen.

CAIMILE. Origen africano. Significado: La que forma una familia. Variantes: Caimilw, Caymile.

CAIRISTIONA. Origen escocés (nombre gaélico). Significado: Seguidora de Cristo, cristiana.

CAITLIN. Origen irlandés. Significado: De fondo puro. Forma irlandesa de Catalina. Variantes: Caetlan, Caetlana, Caetlen, Caetlin, Caitlyn, Caitlan, Caitlena, Caitlyna, Catline, Kaitlan, Kaitline, Katlyn.

CAJA. Origen de Cornualles. Significado: Una margarita.

CALA. Origen árabe. Significado: Castillo. Variantes: Calah, Calana, Calia, Caliah, Calla, Callia, Caly.

CALANDRA. Origen griego. Significado: Alondra. Variantes: Calandrea, Calandria, Calendre, Calinda, Caylandra, Caylandrea, Caylandria.

CALANTHA. Origen griego. Significado: Flores hermosas. Variantes: Cal, Calanthah, Calanthia, Calanthya.

CALEDONIA. Origen latino. Significado: Nativa de Caledonia, Escocia. Variantes: Caledona, Caledoniah, Caledonya.

CALÍOPE. Origen griego. Significado: La que tiene voz muy hermosa. Musa de la poesía épica y la elocuencia. Variantes: Calliope, Cal·líope, Kalliope, Kalupe.

CALÍRROE. Origen griego. Significado: Bello río. Variantes: Calirroe, Callirroe, Kallirroe.

CALISTENA. Origen griego. Significado: De bella fuerza.

CALIXTA. Origen griego. Significado: Bellísima, hermosísima. Variantes: Calesta, Cali, Calista, Callista, Callistine, Cally, Callysta, Calysta, Kala, Kaliste, Kallie.

CALLAN. Origen germánico. Significado: Habladora, parlanchina. Variantes: Callen, Callin, Callon, Callun, Callyn, Kallan, Kallen, Kallin, Kallon, Kallun, Kallyn.

CALLIDORA. Origen griego. Significado: Regalo de la belleza.

CALPURNIA. Origen latino. Significado: De la familia de Calpus. Nombre de la mujer de Julio César. Variante: Calpúrnia.

CALVINA. Origen latino. Significado: Sin pelo, calva. Variantes: Calveana, Calveane, Calvine, Calvinetta, Calvinette, Calvyna, Calvynah, Calvyne.

CALYPSO. Origen griego. Significado: Oculta. Nombre de la ninfa que recoge a Ulises tras su naufragio.

CAM. Origen vietnamita. Significado: Naranja dulce. Variantes: Kam.

CAMELIA. Origen latino. Significado: Alude a la flor del mismo nombre, traída de las Filipinas por un jesuita alemán llamado Kamel. Variantes: Camélia, Camèlia, Camellia, Kamelia, Kamilya, Kamyliah.

CAMERON. Origen escocés.

CAMILA. Origen latino. Significado: Asistente del celebrante (en las ceremonias paganas de la antigua Roma). Variantes: Cami, Camil, Camilia, Camilla, Camille, Cammila, Chamelea, Chamelee, Chamelia, Chamelya, Kamilla, Kamille.

CAMINO. Origen celta. Advocación de la Virgen, Nuestra Señora del Camino. Variantes: Bidañe, Camí, Camiño.

CAMIRA. Origen aborigen. Significado: Del viento.

CANACE. Origen griego. Significado: Hija del viento. Variante: Kanace.

CANCIANA. Origen latino. Significado: La que escancia o brinda.

CANDELARIA. Origen latino. Significado: Encendida, brillante. Alude a las velas de la fiesta de la Purificación de la Virgen. Variantes: Candela, Candelera, Candeloria.

CÁNDIDA. Origen latino. Significado: Pura, blanca, inmaculada, inocente. Variantes: Candace, Candance, Càndida, Candee, Candi, Candia, Candice, Candide, Candie, Candis, Candy, Kandee, Kandi, Kandia, Kandice, Kandide, Kandise, Kandy.

CANELA. Origen latino. Significado: Alude a la planta aromática del mismo nombre y al color de su corteza seca. Variante: Cannelle.

CANIAD. Origen galés. Significado: Canción.

CANTARA. Origen árabe. Significado: Pequeño puente. Variante: Cantarah.

CANUTA. Origen germánico. Significado: De buen origen. Variantes: Canuda, Kanute.

CAOIMHE. Origen celta. Significado: Suavidad, belleza, gracia.

CAPITOLINA. Origen latino. Significado: Que vive con los dioses.

CARA. Origen de Cornualles. Significado: Amor. Variantes: Carah, Caralea, Caralee, Caralisa, Cari, Carin, Carina, Carita, Carra, Carrah, Caryn, Kara, Karah, Karra, Karrah, Karry.

CARA. Origen irlandés (nombre gaélico). Significado: Amiga. Variantes: Carah, Caralea, Caralee, Caralisa, Cari, Carin, Carina, Carita, Carra, Carrah, Caryn, Kara, Karah, Karra, Karrah, Karry.

CARA. Origen italiano. Significado: Amada. Variantes: Carah, Caralea, Caralee, Caralisa, Cari, Carin, Carina, Carita, Carra, Carrah, Caryn, Kara, Karah, Karra, Karrah, Karry.

CARALAMPIA. Origen griego. Significado: Iluminada por la felicidad. Variante: Caralàmpia.

CARDINIA. Origen aborigen. Significado: El alba.

CAREY. Origen celta. Significado: Del río. Variantes: Caree, Caria, Cariah, Carie, Cary, Carya, Caryah. Nombre femenino y masculino.

CAREY. Origen de Cornualles. Significado: Querida. Variantes: Caree, Caria, Cariah, Carie, Cary, Carya, Caryah. Nombre femenino y masculino.

CAREY. Origen irlandés. Significado: Nombre de un castillo. Variantes: Caree, Caria, Cariah, Carie, Cary, Carya, Caryah. Nombre femenino y masculino.

CARI. Origen turco. Significado: Que fluye como el agua. Variantes: Caree, Carey, Carie, Cary.

CARIDAD. Origen latino. Significado: Amor fraternal, afecto, ternura hacia los demás. Variantes: Caridade, Carita, Caritas, Caritat, Caritta, Charita, Charitee, Charity, Charyty, Karitte.

CARIGAGA. Origen canario (Tenerife).

CARINA. Origen griego. Significado: Pura, inocente. Variantes: Carena, Carine, Karina, Kariñe.

CARINA. Nombre aborigen. Significado: Novia.

CARISA. Origen griego. Significado: Belleza, amabilidad. Variantes: Carissa, Carisse.

CARISMA. Origen Significado: Tolerancia.

CARISSA. Origen árabe. Significado: Amada, querida.

CARLA. Origen germánico. Significado: Viril. Forma femenina de Carlos. Variantes: Carlee, Carleigh, Carley, Carli, Carlie, Carlinha, Carlota, Carly, Carol, Carola, Carole, Carolina, Karla.

CARLIN. Origen de Cornualles. Significado: Fuerte, valerosa. Variantes: Carlane, Carlean, Carleana, Carlen, Carleen, Carlena, Carlene, Carlina, Carline, Carling. Nombre femenino y masculino.

CARLIN. Origen irlandés (nombre gaélico). Significado: Pequeña campeona. Variantes: Carlane, Carlean, Carleana, Carlen, Carleen, Carlena, Carlene, Carlina, Carline, Carling, Carlyn. Nombre femenino y masculino.

CARLOTA. Origen germánico. Significado: Mujer fuerte, valerosa. Forma femenina de Carlos. Variantes: Carla, Carlean, Carleen, Carleyn, Carlotah, Carlotta, Carlotte, Carol, Carolet, Carolina, Charlene, Charli, Charlie, Charline, Charlot, Charlotte, Karle, Sharleen, Sharlene.

CARMELA. Origen hebreo. Significado: Viña de Dios, del monte Carmelo. Variantes: Carmelina, Carmelita, Karmel, Karmela, Karmele.

CARMEN. Origen latino. Significado: Canto. Advocación de la Virgen, Nuestra Señora del Carmen. Variantes: Carme, Carmela, Carmelina, Carmelita, Carmencita, Carmia, Carmín, Carmina, Carmine, Carmiña, Carmita, Carmya, Karmiñe Menchu.

CARNELIA. Origen latino. Significado: Preciosa. Variantes: Carneliah, Carnelian, Carnelya, Carnelyah, Carnelyan.

CAROL. Variante de Carla, Carlota y Carolina.

CAROLINA. Origen germánico. Significado: Pequeña y fuerte. Diminutivo femenino de Carlos. Variantes: Carito, Caro, Carol, Carola, Carolane, Carolanne, Carole, Caroline, Carolyn, Carolyne, Carrie, Karolin, Karoline, Karolyn, Karolyne, Karolyn, Karolynne.

CARON. Origen galés. Significado: Amada, buena. Variantes: Caaran, Caaren, Caarin, Caaron, Caaryn, Caran, Caren Carin, Carran, Carren, Carrin, Kaaran, Kaaren, Kaarin, Kaaron, Kaaryn, Karan, Karen, Karin, Karon, Karran, Karren, Karrin, Karron, Karrun, Karryn, Karyn.

CARRYL. Origen galés. Significado: Persona querida. Variantes: Caril, Carila, Carile, Carol, Carola, Carolla, Caryl, Caryla, Karyl, Karyla, Karyll, Karylla.

CARUMAJE. Origen canario (Tenerife).

CARYS. Origen galés. Significado: Amada. Variantes: Carass, Carassa, Caress, Caressa, Caresse, Cariss, Carisa, Carise, Cariss, Carisse, Carys, Caryssa, Caryce, Charice, Charis, Chariss, Charissa, Charisse, Charys, Charysa, Charysse, Karisa, Karissa, Karissah, Karysa, Karyssa.

CASANDRA. Origen griego. Significado: Protectora de los hombres. Hermana de los héroes Héctor y Paris, tenía el don de la clarividencia. Variantes: Casandera, Cass, Cassandra, Cassandre, Cassaundra, Cassie, Kasandra, Kass, Kassandra, Kassandre, Kassie.

CASIA. Origen latino. Significado: Yelmo. Variantes: Cassia, Càssia,

Casya, Cassyah, Cazia, Cazya, Kase, Kasia, Kasiah, Kassia, Kassya, Kasya, Kazia, Kazya, Kazzia, Kazzya.

CASIANA. Origen latino. Significado: Armada con un casco. Variantes: Cassiane, Cassienne.

CASILDA. Origen germánico. Significado: Combate. Variante: Casilde.

CASILDA. Origen árabe. Significado: La cantante.

CASIMIRA. Origen eslavo. Significado: La que proclama la paz al mundo.

CASTA. Origen latino. Significado: La que lleva vida célibe, pura. Variante: Cástula.

CASTALIA. Origen griego. Significado: La fuente pura. Nombre mitológico. Variantes: Castàlia, Castalie.

CASTORA. Origen griego. Femenino de Castor. Variante: Kastore.

CATALINA. Origen griego. Significado: Pura. Variantes: Catarina, Caterina, Caterina, Catherina, Catherine, Cathie, Cathy, Catrin, Catrina, Caty, Karen, Katharine, Katia, Katy, Kitty, Trina.

CATAVA. Origen africano. Significado: Durmiente. Variante: Catavah.

CATH. Origen galés. Significado: Gata.

CATHAYSA. Origen canario (Tenerife). Variante: Cathayta.

CATHLEEN. Origen irlandés. Significado: Pureza. Variante gráfica de Katherine. Variantes: Caitlin, Cathalean, Cathaleana, Cathaleen, Cathaleena, Cathalena, Cathalene, Cathaline, Kathleena, Kathleenah, Kathleene, Kathlein, Kathleina, Kathleine, Kathlin, Kathlina, Kathlyn, Kathlyna, Kathlyne.

CATRINA → CATALINA.

CAYETANA. Origen latino. Significado: Nativa de Gaeta. Variantes: Caetana, Caietana, Gaetan, Gaétana, Gaétane, Gaetanna, Gaetanne, Gaitana, Gaitann, Gaitanna, Gaytanna, Gaytanne, Kaietane.

CAZALT. Origen canario (Tenerife).

CECANIA. Origen germánico. Significado: Libre. Variantes: Cecanie, Cecaniah, Cecanya, Secania, Sesaniah, Sesanya, Sesanyah.

CECILIA. Origen latino. Significado: Ciega. Santa Cecilia, virgen y mártir romana, según la leyenda cantó hasta su muerte, por eso es la patrona de la música. Variantes: Caecilia, Caecilie, Ceci, Cécile, Cecília, Cecilie, Cecille, Cecily, Cecilyn, Cecyle, Cecylia, Cecylja, Cecylya, Celenia, Celia, Céline, Celinna, Chila, Cicely, Cicilia, Cycyl, Icía, Koikille, Seesile, Sesseelya, Sheelagh, Sheelah, Sheila, Shela, Shelia, Sile, Sileas, Sisely, Sisilya, Sisley, Sissela.

CEFERINA. Origen latino. Significado: Acaricia como un suave viento. Variante: Keperiñe.

CEINWEN. Origen galés. Significado: Piedra preciosa. Variantes: Ceinwin, Ceinwyn, Ceinwynn, Ceinwynne, Ceynwin, Ceynwyn, Ceynwynn, Ceynwynne.

CELANDIA. Origen griego. Significado: El trago.

CELEDONIA. Origen griego. Significado: Como una golondrina. Variantes: Celedònia, Celònia.

CELERINA. Origen latino. Significado: Apresurada.

CELESTE. Origen latino. Significado: Celestial, divina. Variantes: Cela, Celest, Celesta, Celestar, Celestelle, Celestia, Celestial, Celestina, Celika, Celina, Celinda, Celine, Celisse, Cesia, Selest, Selesta, Seleste, Selinka.

CELESTINA. Origen latino. Significado: Celestial. Nombre popularizado por el personaje de la obra homónima de Fernando de Rojas. Variantes: Célestine, Celestyn, Celia.

CELIA. Origen latino. Significado: La que vino del cielo. Variantes: Celea, Celee, Celei, Celeigh, Celey, Celi, Cèlia, Celie, Cely, Selea, Selee, Selei, Seley, Seli, Selie, Sely.

CELIFLORA. Origen latino. Significado: Flor del cielo.

CELMIRA. Origen árabe. Significado: La brillante. Variante: Zelmira.

CELSA. Origen latino. Significado: De altura espiritual, excelsa. Variante: Keltse.

CENOBIA. Origen griego. Significado: Fuerza de Zeus. Variantes: Cenòbia, Kenobe, Senobia, Senovia, Sizi, Xenobia, Xenobya, Zena, Zenaida, Zenobia, Zénobie, Zenobya, Zizi, Zyzy.

CENTOLA. Origen árabe. Significado: La luz de la sabiduría.

CERDWIN. Origen celta. Significado: Diosa madre.

CERIDWEN. Origen galés. Significado: Diosa galesa de la poesía. Variantes: Ceri, Ceridwyn, Cerydwen, Cerydwin, Cerydwyn, Cerydwynn, Cerydwynne, Seridwen, Seridwyn, Serydwynn, Serydwynne.

CESARE. Origen latino. Significado: Que fue separada forzadamente de su madre. Variante: Cesarina.

CESÁREA. Origen latino. Significado: La que pertenece al César, al emperador. Variantes: Cesària, Césarine, Kesare.

CHABELA. Origen hebreo. Una forma de Isabel. Variantes: Chabeli, Chabely.

CHABUTA. Origen canario (Tenerife).

CHAGUNA. Origen indio. Significado: Buena mujer.

CHALINA. Origen español. Una forma de Rosa.

CHAMAIDA. Origen canario (Gran Canaria). Nombre femenino y masculino.

CHAMELI. Origen indio. Significado: Una flor.

CHAMORTA, CHAMORIA. Origen canario (Tenerife).

CHANDANI. Origen sánscrito. Significado: Nombre de la diosa Devi.

CHANDI. Origen sánscrito. Significado: Nombre de la diosa Sakti.

CHANDRA. Origen sánscrito. Significado: Luna brillante. Nombre femenino y masculino.

CHANDRANI. Origen indio. Significado: Mujer de la luna.

CHANE. Origen indio y también suahili. Significado: Seriedad.

CHANEL. Origen inglés. Significado: Canal. Variantes: Chanell, Chanella, Chanelle, Channel, Channell, Chanelle.

CHANTAL. Origen francés. Significado: Piedra (de *Cantal*). Alude a una población de la región del Loira. Variantes: Chantale, Chantel, Chantela, Chantele, Chantelle, Shantal, Shantel, Shantela, Shantele, Shantella.

CHAORO. Origen canario (Tenerife).

CHARIS. Origen griego. Significado: Graciosa. Variantes: Charisa, Charise, Chariss, Charissa, Charisse, Charys, Charysa, Charyse, Charyssa, Charysse.

CHARMIAN. Origen griego. Significado: Pequeña alegría.

CHARO. Origen español. Significado: Diminutivo de Rosa y Rosario. Variante: Charoe.

CHARO. Origen árabe. Variante de Carolina.

CHARORA. Origen canario (Tenerife).

CHAVELA. Origen español. Significado: Consagrada a Dios. Variantes: Chavel, Chavele, Chavell, Chavella.

CHAVI. Origen gitano. Significado: Niña. Variantes: Chavee, Chavey, Chavia, Cvie, Chavy, Chavya.

CHAXIRAXI. Origen canario (Tenerife). Nombre atribuido a la Virgen de Candelaria.

CHELA. Origen español. Significado: Diminutivo de Consuelo. Variante: Chelo.

CHELSEA. Origen inglés. Significado: Puerto marítimo. Variantes: Chelcea, Chelcee, Chelcey, Chelci, Chelcia, Chelcie, Chelcy, Chelsa, Chelsee, Chelsey, Chelsi, Chelsie, Chelsy.

CHENOA. Origen nativo americano. Significado: Paloma blanca. Variante: Chenoah.

CHEPA. Diminutivo de Josefa.

CHEREZADA. Origen persa. Significado: Mujer de nobles facciones.

CHERISE. Origen francés. Significado: Querida. Variantes: Charisa, Charisah, Charise, Charys, Cher, Cherece, Chereece, Chereese, Cheresa, Cherese, Cherice, Cherys, Cherysa, Cheryse.

CHERRY. Origen inglés. Significado: Cereza. Variantes: Chere, Cheree, Cherey, Cherida, Cherise, Cherita, Cheree, Cherrey, Cherri, Cherrie, Cherrye, Chery.

CHERYL. Origen galés. Significado: Amada. Variantes: Cheral, Cherel, Cherell, Cherella, Cherelle, Cheril, Cherila, Cherille, Sherill, Sherille, Sheryl, Sheryll, Sherylle.

CHESNA. Origen eslavo. Significado: Paz. Variantes: Chesnah, Chessna, Chessnah, Chezna, Cheznia, Chezniah, Cheznya, Cheznyah.

CHEYENNE. Origen nativo americano. Nombre de una gran tribu americana. También nombre de un pueblo de Wyoming (EUA). Variantes: Cheian, Cheiann, Cheianne, Cheyan, Cheyana, Cheyanna, Cheyanne, Cheyena, Cheyene, Cheyenn, Cheyenne, Chyan, Chyann, Chyanna, Chyanne, Chyen, Chyena, Chyene, Chyenn, Chyenna, Chyenne. Nombre femenino y masculino.

CHIE. Origen japonés. Significado: Sabiduría. Mil bendiciones.

CHIEKO. Origen japonés. Significado: Niña sabia. Niña de las mil bendiciones.

CHIHIRO. Origen japonés. Significado: Mil preguntas.

CHIKA. Origen japonés. Significado: Sabiduría. Variantes: Chikah, Chyka, Chykah.

CHIKAKO. Origen japonés. Significado: Niña sabia.

CHILA. Diminutivo de Lucía y de Auxiliadora.

CHILALI. Origen nativo americano. Significado: Pájaro de nieve. Variantes: Chilalea, Chilaleah, Chilalee, Chilalei, Chilaleigh, Chilalie, Chilaly.

CHIMALIS. Origen nativo americano. Significado: Pájaro azul. Variante: Chymalis.

CHIONE. Origen africano. Significado: Hija del Nilo.

CHIPO. Origen africano. Significado: Regalo.

CHIQUINQUIRÁ. Alude a Nuestra Señora del Rosario de Chiquinquirá (Venezuela).

CHIYO. Origen japonés. Significado: Mil generaciones. Eterna. Variante: Chiya.

CHIYOKO. Origen japonés. Significado: Niña de las mil generaciones.

CHIZU. Origen japonés. Significado: Mil cigüeñas.

CHO. Origen japonés. Significado: Mariposa.

CHO. Origen coreano. Significado: Belleza.

CHODEN. Origen tibetano. Significado: Devota.

CHOW. Origen chino. Significado: Verano.

CHOYA. Origen canario (Abona, Tenerife).

CHYOU. Origen chino. Significado: Otoño.

CIBELES. Origen griego. Significado: Diosa madre de los dioses.

CIELO. Origen latino. Significado: La que es celestial. Advocación de la Virgen, Nuestra Señora del Cielo. Variante: Ceu.

CINDERELA. Origen francés. Significado: De ceniza, cenicienta. Variantes: Cinderel, Cinderele, Cinderella, Cinderelle, Cynderel, Cynderella, Cynderelle, Sinderela, Sinderele, Sinderell, Sinderella, Sinderelle, Synderell, Synderella, Synderelle.

CINTIA. Origen griego. Significado: Alude al monte Kinthos. Apodo de la diosa griega Diana. Variantes: Cindy, Cinthia, Cyndi, Cynth, Cynthia,

Cynthie, Cynthya, Cyntia, Kynthia, Sinthea, Sinthia, Sinthya, Synthya.

CIPRIANA. Origen griego. Significado: Originaria de Chipre. Variantes: Cibrana, Cipres, Cipress, Cipriane, Ciprianna, Cypriana, Cypriane, Cyprienne, Cypris, Kipirene.

CIRA. Origen persa. Significado: Sol. Variantes: Cirah, Cyra, Cyrah, Kira, Kirah, Kure, Kyra, Kyrah.

CIRCE. Origen griego. Personaje mitológico de la Odisea, que transformaba en animales a los hombres que se le acercaban.

CIRÍACA. Origen griego. Significado: Amor a Dios. Variantes: Cyriaca, Cyriacah, Kuireke.

CIRILA. Origen griego. Significado: Gran señora. Variantes: Cerella, Ciril·la, Cirylla, Cyrella, Cyrielle, Cyrilla, Cyrille, Kuirille.

CIRINEA. Origen griego. Significado: Natural de Cirene (Libia). Variantes: Ciren, Cirena, Cirene, Cirenia, Cirènia, Cyren, Cyrena, Cyrène, Cyrenia, Cyrine, Kuirene, Siren, Sirena, Sirene, Syren, Syrena, Syrene.

CITLALLI. Origen náhuatl. Significado: Estrella. Usado esporádicamente en México como nombre de pila. Variantes: Xóchitl.

CLARA. Origen latino. Significado: La que es transparente y limpia. Variantes: Chiara, Clair, Claire, Clairette, Clare, Clareta, Clarette, Clarice, Clarie, Clarinda, Claris, Clarisa, Clarissa, Clarisse, Clarita, Clary, Claryce, Clerissa, Clerysse, Garbi, Klaara, Klara, Klaret, Klareta, Klaretta, Klarette, Klari, Lara.

CLARABELLA. Origen latino. Significado: Brillante, clara, hermosa. Variantes: Clarabela, Claribel, Claribela, Claribele, Claribella, Clarobel, Clarybel, Clarybela, Carybele, Clarybell, Clarybella, Clarybelle.

CLARESTA. Origen inglés. Significado: La más brillante. Variantes: Clarest, Clarestah, Clarestar, Clarestarr.

CLAUDIA. Origen latino. Significado: La que cojea. Variantes: Claude, Claudette, Clàudia, Claudie, Claudina, Claudine, Claudy, Claudyn, Claudyne, Clawdet, Clawdeta, Clawdete, Clawdett, Clodia, Kaulde, Klaudia, Klaudiah, Klaudja, Klaudya.

CLEANTHA. Origen griego. Significado: Flor de gloria. Variantes: Cleanthe, Cliantha, Clianthe, Clyantha.

CLELIA. Origen latino. Significado: La gloriosa, la que espera gloria. Variantes: Cléa, Clélie, Cloélia, Lélia, Loélia.

CLEMENCIA. Origen latino. Significado: Compasiva y moderada en su trato. Variantes: Clemença, Clémence, Clemència, Clemency, Clementia, Clementina, Clemenza, Clemntiah, Kelmeñe, Kilmeñe, Klemency, Klemenze.

CLEMENTINA. Origen latino. Significado: De fácil perdón. Forma femenina de Clemente. Variantes: Clemence, Clemency, Clementia, Clémentine, Clémentine, Clementyn, Clemenza, Klementin, Klementina, Klementine, Klementyn, Klementyna, Klementyne, Onbera.

CLEO. Origen griego. Significado: La que es célebre. Variantes: Clea, Clio, Kleo, Klio.

CLEODORA. Origen griego. Significado: Regalo de Dios.

CLEOFÉ. Origen griego. Significado: La que vislumbra la gloria.

CLEOPATRA. Origen griego. Significado: La que es gloria de sus antepasados. Famosa reina de Egipto, amante de Julio César y Marco Antonio. Variantes: Cleòpatra, Cléopâtre, Kleopatra.

CLETA. Origen griego. Significado: Ilustre. Abreviatura de Anacleta.

CLEVA. Origen inglés. Significado: La que vive en una colina. Variantes: Clevah, Clevara, Clevarah.

CLIDIA. Origen griego. Significado: En el agitado mar. Variante: Clide.

CLÍMACA. Origen griego. Significado: Escalera.

CLIMENA. Origen griego. Significado: Apasionada por la gloria, célebre. Variantes: Climen, Clymen, Clymena, Clymene.

CLÍO. Origen griego. Musa de la historia y la poesía heroica. Variantes: Clio, Cleo, Kleo, Klio.

CLITIA. Origen griego. Significado: Magnífica. Variantes: Clyte, Clytia, Clytie.

CLODOMIRA. Origen germánico. Significado: De gran fama.

CLODOVEA. Origen germánico. Significado: Ilustre guerrera. Llena de sabiduría. Variantes: Clotilde, Clovis.

CLOE. Origen griego. Significado: Hierba verde. Nombre aplicado a la diosa Deméter, protectora de la agricultura, y popularizado por la novela pastoral *Dafnis y Cloe.* Variantes: Chloé, Chloea, Chloee, Chloey, Chloris, Cloé, Cloè, Cloee, Cloey, Cloie, Cloie, Cloris, Clorisa, Clorise, Clorys, Clorysa, Clowee, Clowey, Clowi, Clowie, Khloe, Khloee, Khloris, Kloe, Kloea, Kloee, Kloey, Klowe, Klowey, Klowi, Klowie, Klowy.

CLORINDA. Origen griego. Significado: Fresca, lozana, vital. Diosa griega de las flores. Variante: Cloris.

CLOTILDE. Origen germánico. Significado: La que se lanza al combate con fuerte grito de guerra. Variantes: Chlotilda, Chlotilde, Clothilda, Clothilde, Clotilda, Klothida, Klothilde, Kotilde.

COCO. Origen español. Significado: De la fruta del mismo nombre. Variante: Koko.

COINTA. Origen latino. Significado: La que piensa.

COLENSO. Origen de Cornualles. Significado: De fondo oscuro.

COLETA. Origen griego. Significado: Victoria popular. Diminutivo de Nicolasa. Variantes: Colet, Coletah, Colete, Colett, Coletta, Colette, Cosette, Kolet, Koleta, Koletah, Kolete, Kolett, Koletta, Kolettah, Kolette.

COLINA. Origen irlandés. Significado: Chiquilla. Variantes: Colean, Coleana, Coleane, Coleen, Coleena, Coleene, Colinah, Coline, Colyn, Colyna, Colynah, Colyne.

COLLARAPA. Origen canario (Tenerife).

COLOMBA. Origen latino. Significado: Paloma. Variantes: Coloma, Colombe, Colombelle, Colombina, Columba, Columbia, Columbina, Columbine, Comba, Kolumbe, Usoa.

COLOMBIA. Alude a la República de Colombia, que toma su nombre del de Cristóbal Colón.

CONCEPCIÓN. Origen latino. Significado: Que concibe. Alude al milagro virginal de la madre de Jesús. Variantes: Concepció, Conception, Concetta, Concettina, Concha, Conchita, Conxa, Conxita, Kontxexi, Sorkunde.

CONCORDIA. Origen griego. Diosa de la armonía.

CONCORDIA. Origen latino. Significado: Con el corazón, con afecto. Variantes: Concorda, Concòrdia, Concordya, Kongorde.

CONO. Origen mapuche. Significado: Paloma torcaz.

CONRADA. Origen alemán. Significado: Consejera audaz. Variantes: Conradina, Conradine, Conradyna, Conradyne, Korrade.

CONSOLACIÓN. Origen latino. Significado: Consuelo.

CONSTANCIA. Origen latino. Significado: Firme, perseverante. Variantes: Conee, Coney, Coni, Conie, Connee, Conney, Conni, Connie, Conny, Constança, Constance, Constancy, Constanta, Constantia, Constantina, Constanza, Cony, Costanza, Konstanze.

CONSTANTINA. Origen latino. Significado: Perseverancia, tesón. Variante: Constancia.

CONSUELO. Origen latino. Significado: Que brinda alivio en la aflicción y la pena. Variantes: Azegiñe, Chelo,

Consol, Consolació, Consolación, Consolata, Consuela.

CORA. Origen griego. Significado: Muchacha virgen, doncella. Variantes: Coorah, Corina, Corinna, Corinne, Corissa, Kora, Korah.

CORAL. Origen latino. Significado: Del mar. Variantes: Coràl·lia, Coralea, Coralee, Coralei, Coralia, Coralie, Coralin, Coralina, Coraline, Corel, Corela, Corele, Corell, Corella, Corelle.

CORDELIA. Origen celta. Significado: Joya del mar. Variantes: Cordelie, Cordellia, Cordellya, Cordula, Cordulia, Creiddylad, Kordel, Kordelia, Kordellia, Kordellya, Kordelya, Kordula.

COREEN. Nombre aborigen. Significado: El final de las colinas.

CORENTINE. Origen celta. Significado: Amiga.

COREY. Origen irlandés. Significado: El casco utilizado en la batalla. Variantes: Coree, Cori, Corie, Cory, Koree, Korey, Kori, Korie, Kory. Nombre femenino y masculino.

CORIN. Origen de Cornualles. Nombre femenino y masculino.

CORIN. Origen latino. Deidad romana. Nombre femenino y masculino.

CORINA. Variante de Cora.

CORISANDA. Origen griego. Significado: Muchacha. Variantes: Corisande, Corysande.

CORNELIA. Origen latino. Significado: La que toca el cuerno en la batalla. Variantes: Cornèlia, Cornélie, Cornella, Cornelle, Cornelya, Corrie, Corrien, Kornel, Kornelia, Kornelya, Neelia, Neely, Neelya, Nela, Nelia, Nila.

CORO. Advocación de la Virgen, Nuestra Señora del Coro. Variantes: Koro, Koru.

COROMOTO. Advocación de la Virgen, Nuestra Señora de Coromoto, patrona de Venezuela.

CORONA. Origen latino. Significado: Coronada. Variantes: Coronah, Coronette, Coronna, Coronnah.

COROWA. Nombre aborigen. Significado: Río rocoso.

CORS. Origen galés. Significado: Rojo.

COSETA. Origen griego. Significado: Triunfo. Variantes: Coset, Cosete, Cosett, Cosetta, Cosette.

CÓSIMA. Origen griego. Significado: Armonía universal. Variantes: Cosimah, Cosma, Còssima, Cosyma, Cosymah.

COURTNEY. Origen inglés. Significado: La que vive en la corte. Variantes: Cortney, Courtenay, Courteney, Courtnie. Nombre femenino y masculino.

COVADONGA. Origen español. Significado: Cueva de la Señora. Alude a Nuestra Señora de Covadonga, patrona del Principado de Asturias.

CRESCENCIA. Origen latino. Significado: La que crece. Variantes: Crescència, Crescenciana, Crescentia, Keslentze, Keskentzen.

CRESIDA. Origen griego. Significado: Dorada. Variantes: Cressida, Cressyda, Cresyda.

CRIMILDA. Origen germánico. Significado: La que combate con el yelmo.

CRISANTA. Origen griego. Significado: Flor dorada. Variantes: Chrisantha, Chrisanthia, Chrisanthya, Chrysantha, Chrysanthia, Chrysanthya, Crisantema, Kirtsande.

CRISÓGONA. Origen griego. Significado: La nacida del oro. Variantes: Crisògona, Kirtsogone.

CRISPINA. Origen latino. Significado: De cabellos rizados. Variantes: Crispin, Crispine, Crispyn, Crispyna, Crispyne, Kispiñe.

CRISTAL. Origen griego. Significado: Que posee las propiedades del cristal. Variantes: Christal, Chrystal, Chrystalle, Chrystel, Chrystelle, Cristali, Cristalie, Cristalina, Cristalina,

Cristaline, Cristel, Cristela, Cristelia, Crystal, Kristal, Kristle, Kristol, Krystal, Krystalle, Krystel, Krystle.

CRISTINA. Origen latino. Significado: La que sigue a Cristo. Variantes: Chrissy, Christen, Christi, Christiana, Christiane, Christiann, Christianna, Christia, Christie, Christina, Christine, Christy, Christyna, Christyne, Cris, Crissy, Cristi, Cristiana, Cristie, Cristy, Kistiñe, Kristaiñe, Kristin, Teena, Teina, Tena, Tina, Tinah.

CRISTOBALINA. Origen griego. Significado: La que cargó a Cristo.

CRUZ. Origen latino. Alude a la Crucifixión de Cristo. Variantes: Creu, Gurutze. Nombre femenino y masculino.

CUCUFATA. Origen latino. Significado: La encapuchada.

CUMELÉN. Origen mapuche. Significado: Que es buena. Nombre femenino y masculino.

CUNEGUNDA. Origen germánico. Significado: Guerrera valerosa. Variantes: Cunégonde, Kunegunde.

CURINA. Origen irlandés. Significado: Heroína.

CUSTODIA. Origen latino. Significado: Espíritu guardián, ángel guardián. Evoca la Eucaristía y el receptáculo de la Sagradas Forma. Variante: Custòdia.

CUYLER. Origen celta. Significado: Capilla.

CWEN. Origen inglés. Significado: Reina.

CYMREIGES. Origen galés. Significado: Mujer del País de Gales.

CYNARA. Origen griego. Significado: Alcachofa; cardo. Variantes: Cinara, Sinara, Synara.

CYNE. Origen inglés. Significado: Regla. Variantes: Cym, Cim.

CYNEBURHLEAH. Origen inglés. Significado: Que viene del prado. Variantes: Cynburleigh, Cymberly, Cimberleigh.

CYNTHIA → CINTIA.

CYZARINE. Origen ruso. Significado: De la realeza.

DACIA. Origen griego. Significado: Blanco puro. Variantes: Dacea, Dacee, Dacey, Daciah, Dacie, Dacy, Dacya, Dacyah.

DACIANA. Origen latino. Significado: De la provincia romana de Dacia (Rumania).

DÁCIL. Origen canario (Tenerife). Hija del rey de Bencomo.

DAE. Origen coreano. Significado: Grandeza.

DAFNE. Origen griego. Ninfa hija de Peneo a la que su padre metamorfoseó en laurel, para defenderla del acoso de Apolo. Variantes: Dafnee, Dafnée, Dafney, Dafni, Dafnie, Dafnis, Dafny, Daphne, Daphnée, Daphney, Daphni, Daphnie, Daphny.

DAFRA. Origen canario (Lanzarote). Nombre femenino y masculino.

DAGMAR. Origen escandinavo. Significado: Gloriosa. Variantes: Daga, Daggi, Dagi, Dagmara, Dagmaria, Dagmarya.

DAGNA. Origen escandinavo. Significado: Día espléndido. Variantes: Dagnia, Dagne, Dagnee, Dagney, Dagny.

DAHARA. Origen árabe. Significado: Misericordiosa.

DAHL. Origen sueco. Significado: Valle. Variantes: Dael, Daelyn, Dale, Dhal.

DAI. Origen galés. Significado: Amada, adorada. Nombre femenino y masculino.

DAI. Origen japonés. Significado: Grande. Nombre femenino y masculino.

DAIDA. Origen canario (La Palma).

DAILA. Origen letón. Significado: Bella como una flor. Variantes: Daela, Dayla.

DAIMA. Origen árabe. Significado: Siempre.

DAIRA. Origen griego. Significado: Llena de sabiduría.

DAISY. Origen inglés. Significado: Margarita. Diminutivo de Margaret. Variantes: Daisee, Daisey, Daisi, Daisia, Daisie, Daissy, Dasee, Dasey, Dasi, Dasie, Dasy, Daysee, Daysey, Daysi, Daysia, Dayske, Daysy.

DAKOTA. Nombre aborigen americano. Significado: Amiga. Variantes: Dakotah, Dakotha, Dekoda, Dekodah, Dekota, Dekotah, Dekotha, Takota, Takotah. Nombre femenino y masculino.

DALE. Origen inglés. Significado: Que vive en el valle. Variantes: Dael, Daela, Dahli, Dahlia, Dail, Daila, Daile, Dlelean, Daleleana, Dalena, Dalenah, Dalene, Dalina, Daline, Dalyn, Dalyna, Dalyne, Dayl, Dayla, Dayle. Nombre femenino y masculino.

DALIA. Origen inglés. Significado: Valle. Alude a la flor del mismo nombre, bautizada así en honor del botánico sueco A. Dahl. Variantes: Dahla, Dahlia, Dàhlia, Dahliah, Dahlya, Dahlyah, Dàlia, Daliah, Daliane.

DALILA. Origen suahili. Significado: Apacible.

DALILA. Origen hebreo. Significado: Delicada. Amante de Sansón, a quien traicionó al descubrir su secreto.

Variantes: Dalialah, Dalilah, Delila, Delilah, Delyla, Delylla, Lila, Lyla.

DALLAS. Origen irlandés. Significado: Sabiduría. Nombre de una ciudad del estado de Texas (EUA). Variantes: Dalishia, Dalishya, Dalisia, Dalissia, Dallis, Dallys, Dalyss, Dalyssa, Dalysse. Nombre femenino y masculino.

DALMACIA. Origen latino. Significado: Natural de Dalmacia, en la costa adriática (Croacia). Variantes: Dalma, Dalmàcia, Dalmacie, Dalmassa, Dalmatia.

DALMIRA. Origen germánico. Variante de Edelmira.

DAMA. Origen latino. Significado: De buena familia, noble señora. Variantes: Dama, Damara, Damaris, Dame, Damita, Damyta.

DÁMARIS. Origen griego. Significado: Mujer casada, esposa. Variantes: Damara, Damaris, Dàmaris, Damarius, Damary, Damarys, Damaryssa, Dameris, Damiris, Dammaris, Dammeris, Demara, Demaris, Demarys, Demaryss.

DAMIANA. Origen griego. *Damia* era el sobrenombre de Cibeles, diosa de la fertilidad. Variantes: Damianah, Damiane, Damianna, Damiannah, Damyana, Damyanna, Damyanne.

DANA. Origen árabe. Significado: Brillante como el día.

DANA. Origen inglés. Significado: Natural de Dinamarca. Variantes: Daena, Daina, Danae, Danah, Danala, Danale, Danalee, Danean, Dania, Danja, Danna, Dayna. Nombre femenino y masculino.

DANA. Origen hebreo. Significado: La que juzga. Nombre femenino y masculino.

DÁNAE. Origen griego. Personaje de la mitología griega. Zeus, profundamente enamorado de ella, se convirtió en lluvia de oro para penetrar en la torre donde estaba encerrada. Variantes: Dànae, Danaé.

DANIASA. Origen canario (Tenerife). Nombre femenino y masculino.

DANICA. Origen eslavo. Significado: Estrella de la mañana. Variantes: Daneeca, Daneeka, Danikah, Daniqua, Danique, Danyca, Danycka, Danyka, Danyqua.

DANIELA. Origen hebreo. Significado: Dios es mi juez. Variantes: Danee, Danela, Danele, Danette, Daney, Dani, Dania, Danica, Danièle, Danielka, Daniell, Daniella, Daniellah, Danielle, Danika, Danila, Danille, Danique, Danita, Danja, Danniele, Danniella, Dannielle, Dany, Danyela, Danyele, Doniela, Doniella, Donielle, Donniela, Donniele, Donniele, Donniella, Donnyela, Donnyele, Donyela, Donyele, Donyella, Donyelle.

DANUTA. Origen polaco. Significado: Pequeño ciervo. Variante: Danouta.

DARA. Origen hebreo. Significado: Inteligencia. Variantes: Dahar, Dareen, Darice, Darissa, Darra, Darrah.

DARÍA. Origen persa. Significado: Protectora contra el mal.

DARÍA. Origen griego. Significado: Lujosa, rica, opulenta. Variantes: Dare, Daria, Dariah, Darian, Dariana, Dariane, Dariann, Darianna, Darianne, Darina, Darria, Darriah, Darrya, Darya, Daryana.

DARICE. Origen persa. Significado: Reina. Variantes: Dareece, Darees, Daricia, Daryca, Darycia, Darys, Darysa, Darysia, Darysya.

DARIEL. Origen griego. Significado: Ella es un regalo. Variantes: Dariela, Dariele, Dariella, Darielle, Daryel, Daryela, Daryele, Daryell, Daryella, Daryelle.

DARIKA. Origen indio. Significado: Soltera.

DARLENE. Origen inglés. Significado: Querida. Variantes: Darla, Darleane, Darleen, Darleena, Darlena, Darlina, Darline, Darlyn, Darlyna, Darlyne.

DARRI. Nombre aborigen. Significado: Pista.

DASHA. Origen ruso. Significado: Regalo de Dios. Variantes: Darsha, Dash, Dashah.

DASIL. Origen canario (Tenerife). Significado: El fundamento, la base. Princesa, hija menor del mencey Bencomo. Variantes: Dacil, Dácil, Dàcil.

DAURA. Origen canario (La Palma).

DAUTINIMARIA. Origen canario (La Palma). Nombre femenino y masculino.

DAVIDIA. Origen hebreo. Forma femenina de David. Variantes: Davídia, Daveda, Daveen, Davene, Davia, Daviana, Daviane, Davianna, Davida, Davídia, Davidine, Davina, Davine, Davinia, Davita, Davy, Davynn, Devanda.

DAVINIA → DAVIDIA.

DAWA. Origen tibetano. Significado: Nacida en lunes. Nombre femenino y masculino.

DAWN. Origen inglés. Significado: Aurora. Variantes: Dawana, Dawna, Dawne, Dawnelle, Dawnetta, Dawnette, Dawnielle, Dawnika, Dawnn.

DAYEAH. Origen árabe. Significado: Un pájaro.

DAYNA. Origen inglés. Significado: Día brillante. Variantes: Daena, Daenah, Daina, Dainah, Dana, Danah, Daynah.

DEA. Origen latino. Significado: Diosa. Variantes: Deah, Deana, Deanah, Deane, Deann, Deanna, Deannah, Deanne.

DÉBORA. Origen hebreo. Significado: La que es trabajadora como una abeja. Variantes: Debbea, Debbee, Debbera, Debbey, Debbi, Debbie, Debbora, Debborah, Debbra, Debby, Debea, Debee, Debera, Debey, Debi, Debie, Dèbora, Déborah, Debra, Debrah, Deby, Devora, Devorah, Devra.

DECHEN. Origen tibetano. Significado: Salud y felicidad.

DECIA. Origen latino. Significado: Décima, aplicado a la décima hija. Variante: Décima, Decima.

DEE. Origen galés. Significado: Oscuridad.

DEEDEE. Origen hebreo. Significado: Adorada.

DEIDAMIA. Origen griego. Significado: La que es paciente al combatir.

DEIFILIA. Origen latino. Significado: Hija de Dios.

DEINA. Origen español. Significado: Fiesta religiosa.

DEIÑE. Forma vasca de Anunciación.

DEIO. Origen vasco. Advocación de la Virgen en Yerri (Navarra).

DEIRDRE. Origen irlandés. Significado: Dolor, pesar, aflicción. Variantes: Deadra, Dedra, Dedrah, Deedra, Deedri, Deedrie, Deerdra, Deerdre, Deidra, Deidre, Deirdra, Deirdrie, Didi, Diedre, Dierdre, Dydree, Dydri, Dydrie, Dydry, Dyerdre.

DEJANIRA. Origen griego. Significado: Destructora de hombres. Nombre de la esposa de Hércules. Variantes: Daeanaira, Daeiaeneira, Daianaira, Dayanaira, Dayanara, Deianaira, Deianeira, Deianira, Déjanire, Deyanira.

DEKA. Origen árabe. Significado: Aquella que agrada. Variante: Dekah.

DELFINA. Origen griego. Significado: De Delfos. Variantes: Delbiñe, Delfi, Delfie, Delfin, Delfine, Delfyn, Delfyna, Delfyne, Delpha, Delphi, Delphia, Delphie, Delphina, Delphine, Delphinia, Delphinie, Delphy, Delphyna, Delphyne, Delvina, Delvine, Delvinia, Delvyna, Delvyne, Delvynia, Delvynya.

DELIA. Origen griego. Sobrenombre de Diana, nacida en la isla de Delos. Variantes: Dehlia, Delea, Dèlia, Dellia, Dellya, Delya.

DELICIA. Origen latino. Significado: La que es muy agradable y delicada. Variantes: Delesha, Delica, Delice, Delight, Delisa, Delise, Dellisha, Delisia, Deliza, Delize, Delizia, Delya, Delys, Delyse, Delysia, Delysya.

DELMARA. Origen germánico. Significado: Noble protectora. Variantes: Delma, Delmar, Delmare, Delmaria, Delmarya.

DELMIRA. Origen germánico. Significado: La famosa. Aféresis de Edelmira.

DELWYN. Origen galés. Significado: Primorosa y bella. Variante: Delwin. Nombre femenino y masculino.

DELWYN. Origen inglés. Significado: Buena amiga, amiga piadosa. Variante: Delwin. Nombre femenino y masculino.

DELYTH. Origen galés. Significado: Atractiva, elegante. Variantes: Delith, Delitha, Delytha, Delythia, Delythya.

DEMELZA. Origen de Cornualles. Nombre de la heroína de la novela de W. Graham, *Poldark*. Variante: Demelsa.

DEMETRIA. Origen griego. Significado: Cubierta de tierra. Alude a Deméter, diosa de la tierra y las cosechas. Variantes: Demeetra, Démeter, Demetire, Demetra, Demètria, Demetrie, Demetris, Demi, Demitra, Dimetria, Dimitra, Dymetra, Dymitria, Dymytria, Dymytrya.

DEMIKU. Origen vasco. Ermita en Bermeo (Vizcaya).

DENA. Origen árabe. Significado: Juramento. Variante: Dinah.

DENIA. Origen latino. Significado: Seguidora de Dionisos, dios del vino. Una forma de Dionisia. Variantes: Deni, Denee, Denie, Dennee, Dennie, Denny, Dennye, Denya.

DENISA. Origen francés. Una forma de Dionisia. Variantes: Denes, Denisa, Denise, Denisse.

DENIZ. Origen árabe. Significado: Mar.

DEODATA. Origen latino. Significado: Entregada por Dios. Variantes: Deodatah, Dodate.

DEOGRACIAS. Origen latino. Significado: Nacida por la gracia de Dios. Nombre femenino y masculino.

DEOLINDA. Origen portugués. Significado: Dios magnífico. Variante: Deolinde.

DEONILDE. Origen germánico. Significado: La que combate.

DEP. Origen vietnamita. Significado: Bella.

DERA. Origen galés. Significado: Pájaro. Variantes: Daere, Deran, Derana, Deren, Derena, Derin, Derina, Dery, Deryna.

DERIFA. Origen árabe. Significado: Graciosa.

DERIKA. Origen alemán. Significado: Gobernante dotada. Variantes: Dereka, Derekia, Derica, Derikah, Derique, Derrica, Derrika, Derryca, Deryka.

DERRYTH. Origen galés. Significado: Del roble.

DESDÉMONA. Origen griego. Significado: La desdichada. Nombre de la protagonista de *Otelo*. Variantes: Desdèmona, Desdémone, Desdemonia.

DESIDERIA. Origen latino. Significado: La que es deseada. Variantes: Desara, Desarae, Desarai, Desare, Desarea, Desaree, Desidere, Desidèria, Desira, Desirae, Desirai, Desirea, Désirée, Dessiree, Deziree, Dezrai.

DESISLAVA. Origen búlgaro. Significado probable: Gloria.

DESPINA. Origen griego. Nombre de una de las lunas de Neptuno.

DESTA. Origen etíope. Significado: Felicidad.

DESTINA. Origen español. Significado: Suerte. Variantes: Destinia, Destinie, Destinnee, Destinnia, Destiny, Destinny, Destynia, Destynya.

DEVA. Origen hindú. Significado: Divina. Diosa de la Luna. Variantes: Deava, Deeva, Devah, Diva, Divah, Dyva, Dyvah.

DEVERA. Origen español. Significado: Tarea.

DEVI. Origen bretón. Significado: La amada, la adorada. Variantes: Devee, Devey, Devie, Devy, Dewi. Nombre femenino y masculino.

DEVI. Origen sánscrito. Significado: Divina, diosa. Variantes: Devee, Devey, Devie, Devy, Dewi. Nombre femenino y masculino.

DEVIKA. Origen sánscrito. Significado: Pequeña diosa.

DEVNET. Origen inglés. Significado: Cervatillo.

DEVON. Origen inglés. Significado: De Devonshire, al sur de Inglaterra.

Variantes: Devin, Devona, Devonn, Devonna, Divona, Divonna, Dyvona, Dyvonna. Nombre femenino y masculino.

DEVOTA. Origen latino. Significado: Fiel a Dios.

DEYANIRA → DEJANIRA.

DHUHA. Origen árabe. Significado: Mañana. Variante: Duha.

DHÛL FAGÂR. Origen árabe. Significado: El nombre de la espada del Profeta.

DIAGUR. Origen vasco.

DIAMANDA. Origen inglés. Significado: Diamante, piedra preciosa. Variantes: Diamond, Diamonda, Diamonde, Dimantra, Dimond, Dimonda, Dimonde, Dyamond, Dyamonda, Dyamonde, Dymond, Dymonda, Dymonde, Dymont.

DIAMANTINA. Origen latino. Significado: Indomable. Como el diamante. Variante: Adamantina.

DIANA. Origen latino. Significado: Divina. Diosa romana de la Luna, de la caza y de la fertilidad. Variantes: Dayana, Dayanna, Dee, Di, Diahann, Dian, Diane, Diann, Dianna, Dianne, Didi, Dijana, Dyan, Dyana.

DIANORA. Origen griego. Significado: Mujer inteligente.

DIANTHA. Origen griego. Significado: Flor divina. Variantes: Diandra, Diandre, Dianthe, Dyantha, Dyanthe, Dyanthia, Dyanthya.

DICRA. Origen galés. Significado: Lenta.

DIDIANE. Origen latino. Significado: Deseada. Femenino de Didier.

DIDO. Origen griego. Significado: Maestra. Variante: Dydo.

DIEGA. Origen griego. Significado: Instruida. Femenino de Diego. Variantes: Dídaca, Didake.

DIELLA. Origen latino. Significado: Que adora a Dios.

DIETLINDE. Origen germánico.

DIFYR. Origen galés. Significado: Divertida.

DIGNA. Origen latino. Significado: La que tiene dignidad. Variantes: Dinya, Diñe.

DIHYA. Origen bereber. Nombre amazigh de la célebre reina bereber Al-Kahina, que luchó contra los árabes en los montes del Aurés, al NE de Argelia.

DIKI. Origen tibetano. Significado: Saludable, opulenta.

DIKRANOUHI. Origen armenio. Significado: Reina.

DILBER. Origen árabe. Significado: Bella, atrayente.

DILEK. Origen turco.

DILLIAN. Origen latino. Significado: Objeto de amor y devoción. Variantes: Dilliana, Dillianna, Dilliane, Dillianne, Dylian, Dyliana, Dyliane, Dyllian, Dylliana, Dylyan.

DILSHAD. Origen árabe. Significado: De corazón alegre.

DILYS. Origen galés. Significado: Sincera. Variantes: Dil, Dilis, Dill, Dilly, Dillys, Dilysa, Dylis, Dyllis, Dyllys, Dylys.

DINA. Origen hebreo. Significado: La juzgada. Variantes: Deana, Deena, Deenah, Dinah, Dine, Dyna, Dynah.

DINCER. Origen árabe. Significado: Ligera, llena de vida.

DINORA. Origen arameo. Significado: Personifica la luz, la iluminada. Variante: Dinorah.

DIONE. Origen griego. Diosa griega, madre de Afrodita. Variantes: Dion, Diona, Dionee, Dioni, Dionie, Dionne, Diony, Dionisya, Dyon, Dyona, Dyonee, Dyoni, Dyony.

DIONISIA. Origen griego. Significado: Consagrada a Dionisos, dios del vino. Variantes: Denis, Denisa, Denise, Dioni, Dunixe.

DIORA. Origen francés. Significado: Dorada. Variantes: Dior, Diore, Dyore, Dyora.

DIPALI. Origen indio. Significado: Fila de lámparas.

DIRCE. Origen griego. Significado: Piña, el fruto del pino. Reina mitológica de

Tebas a quien Dionisos convirtió en fuente.

DISTIRA. Origen vasco. Significado: Fulgencia.

DITZAH. Origen hebreo. Significado: Placer. Variantes: Diza, Dizah, Dyza, Dyzah.

DIVA. Origen latino. Significado: Diosa.

DIVINA. Origen latino. Significado: Muy hermosa, hermosísima. Relativo a la divinidad. Variantes: Devina, Devinia, Divine, Divinia, Dyvina, Dyvinia.

DOATASUN. Origen vasco. Significado: Buenaventura.

DOBRILA. Origen checo. Significado: Buena.

DOHNA. Origen tibetano. Nombre de una diosa budista.

DOLKAR. Origen tibetano. Nombre de una diosa budista.

DOLLY. Origen inglés. Significado: Muñequita. Diminutivo de Dorotea. Variantes: Dolea, Dolee, Dolei, Doley, Doli, Dolie, Doll, Dollee, Dollei, Dolley, Dolli, Dollie, Doly.

DOLORES. Origen latino. Significado: Dolor, sufrimiento. Relativo a los Siete Dolores de la Virgen María. Variantes: Delora, Delorah, Delore, Deloree, Delores, Deloria, Deloris, Delorys, Deloryse, Deloryss, Deloryta, Dolly, Doloras, Dolore, Doloris, Doloritas, Dolors, Dores, Lola, Loli, Lolita, Nekane.

DOLTZA. Origen vasco. Monasterio de Iratxe (Estella, Navarra).

DOLUNAY. Origen árabe. Significado: Luna llena.

DOMEKA. Forma vasca de Dominga. Variante: Domeke.

DOMICIA. Origen latino. Significado: Que ama su casa. Variantes: Domi, Domiciana, Domitia, Domitiana, Domitianne, Domitienne.

DOMINGA. Origen latino. Significado: El día del Señor, perteneciente al Señor. Variante: Dominica.

DOMINICA. Origen latino. Forma femenina de Domingo. Variantes: Domeka, Doménica, Domenicka, Domenika, Domikuza, Domina, Domini, Dominia, Dominika, Dominique, Dominixe, Domino, Domnica, Txomeka.

DOMITILA. Origen latino. Significado: Hogareña, casera. Variantes: Domitil·la, Domitille.

DOMNA. Origen latino. Significado: Señora. Variantes: Domnina, Dona, Donna.

DOMOKO. Origen pompeyano. Una forma de Filomena.

DONA. Origen inglés. Significado: Líder del mundo. Variantes: Donella, Donelle, Donetta.

DONALDA. Origen escocés (nombre gaélico). Significado: Poderosa. Femenino de Donald. Variante: Dona.

DONATA. Origen latino. Significado: Don de Dios, regalo de Dios. Variantes: Donate, Donatella, Donathia, Donatta, Donina.

DONETSI. Origen vasco. Significado: Benita. Variante: Donetzine.

DONIANTZU. Origen vasco. Advocación de la Virgen en Muru-Astrain (Navarra). Variantes: Doniantso, Donianzu.

DONNA → DOMNA.

DONOSA. Origen latino. Significado: Que tiene gracia y encanto.

DORA. Origen griego. Significado: Regalo de Dios. Hipocorístico de Teodora y Dorotea. Variantes: Doralia, Doralin, Doralina, Doralisa, Doraliza, Doralyn, Doran, Dorana, Dore, Doree, Doreen, Doreena, Dorelia, Dorelle, Dorena, Dorenne, Doresse, Doretta, Dorette, Dori, Doria, Dorie, Dorina, Dorinda, Doris, Dorita, Doru, Dorytt, Dorytta.

DORCAS. Origen griego. Significado: Gacela. Variantes: Doreka, Tabita.

DORDONIZ. Origen vasco.

DOREEN. Origen irlandés. Significado: Sombría, melancólica. Variantes:

Doireann, Dorean, Doreana, Doreane, Doreene, Dorena, Dorene, Dorin, Dorinda, Dorine, Dorinia, Doryn, Doryna, Dorynda, Doryne, Doyrne.

DORIA. Origen griego. Significado: De la Dóride, región de la antigua Grecia. Variantes: Dorea, Doree, Doriane, Dorianne, Dorie, Dory, Dorya, Dorye.

DORINA. Origen francés. Significado: Chica dorada. Variante: Dorena.

DORINDA. Origen griego. Significado: Hermoso regalo. Variante: Dorynda.

DORIS. Origen griego. Diosa griega del mar, esposa de Nereo y madre de las Nereidas. Variantes: Dorice, Dorise, Dorris, Dorrys, Dorryse, Dorys.

DORLETA. Origen vasco. Significado: Salar, terreno salino. Advocación de la Virgen en Salinas de Léniz (Leint-Gatzaga, Guipúzcoa).

DOROTEA. Origen griego. Significado: Don, regalo de los dioses. Inversión de Teodora. Variantes: Dasha, Dasya, Doortje, Dora, Dorathi, Dorathia, Dorathie, Dordei, Dordi, Doretta, Dorette, Dorifee, Dorifia, Doris, Dorka, Dorle, Dorlisa, Dorota, Dorothea, Dorothée, Dorothey, Dorothi, Dorothia, Dorothy, Dorottia, Dorottya, Doroty, Dory, Doryfi, Doryfia.

DOSITEA. Origen latino. Significado: Donación de Dios.

DOTA. Origen vasco. Variante: Tota.

DREAMA. Origen inglés. Significado: La que sueña. Variantes: Dreamar, Dreamara, Dreamare, Dreamaria, Dreamarya, Dreema, Dreemar, Dreemara, Dreemare, Dreemaria, Dreemarya.

DREW. Origen celta. Significado: Fuerte, brava, valiente. Variantes: Drewa, Drewee, Drewia, Drewie, Drewy, Dru, Drue. Nombre femenino y masculino.

DRUSILA. Origen latino. Significado: De la familia romana de Druso. Variantes: Drewcela, Drewcella, Drewcila, Drewcilla, Drewsyla, Drucila,

Drucilla, Druscila, Druscille, Drusyla, Drusyle, Drusylle.

DULANTO. Origen vasco (Villabezana, Ribera Alta, Álava).

DULANTZI. Origen vasco. Nombre de un pueblo de Álava.

DULARI. Origen indio. Significado: Querida.

DULCE. Origen latino. Significado: Delicioso. Evoca la festividad del Dulce Nombre de María. Variantes: Delcea, Delcee, Delsea, Delsee, Delsey, Dolça, Douce, Douci, Doucie, Dulcea, Dulcee, Dulci, Dulcia, Dulciana, Dulcibela, Dulcídia, Dulcie.

DULCINEA. Origen latino. Significado: Que tiene dulzura. Variante de Dulce.

DULIA. Origen griego. Significado: La que es servicial. Variante: Dula.

DULTZIA. Origen vasco.

DUNIA. Origen árabe. Significado: Universo. Variantes: Dounia, Dúnya.

DUNYASHA. Origen ruso. Significado: De buena reputación. Forma rusa de Eudosia. Variante: Dunya.

DURGA. Origen sánscrito. Significado: Inasequible. Diosa de la mitología hindú.

DURRIYYAH. Origen árabe. Significado: Brillante, espléndida.

DUSANA. Origen checo. Significado: Espíritu, alma. Variantes: Dusa, Dusanka, Dusicka, Duska.

DUSTINA. Origen alemán. Significado: Valiente luchadora. Variantes: Dustea, Dustee, Dustey, Dusti, Dustie, Dustine, Dusty.

DYANI. Origen nativo americano. Significado: Ciervo. Variantes: Dianee, Dianey, Diani, Dianie, Diany, Dyanee, Dyanie, Dyany.

DYLLIS. Origen galés. Significado: Sincera, verdadera. Variantes: Dilis, Dilisa, Dilisah, Dillis, Dillisa, Dylis, Dylisa, Dyliss, Dylissa, Dylyss.

DYSIS. Origen griego. Significado: Puesta de Sol.

E

EADDA. Origen inglés. Significado: Rica. Variantes: Eada, Eda, Ede.

EADWINE. Origen inglés. Significado: Rica amiga. Variantes: Edwina, Edina.

EARLENE. Origen inglés. Significado: Noble mujer. Variantes: Earla, Earleena, Earlenne, Earley, Earlie, Earlina, Earlinda, Earline, Erleen, Erlene, Erlina, Erline.

EARTHA. Origen inglés. Significado: Niña de la Tierra. Variantes: Earthah, Earthia, Earthya, Ertha, Erthah, Heartha, Hertha, Herta, Hertah.

EARWINE. Origen inglés. Significado: Amigas del mar. Variantes: Earwyn, Earwyna, Aerwyna, Erwina, Erwyna.

EASTER. Origen inglés. Significado: Nacida en el este. Variantes: Eastera, Easterina, Easterine, Easteryn, Easteryna, Easteryne.

ÉBANO. Origen griego. Significado: Belleza oscura. Variantes: Ebonee, Eboney, Eboni, Ebonie, Ebony.

EBA. Forma vasca de Eva.

EBE. Origen griego. Significado: Juvenil como una flor. Variante: Hebe.

EBEDIYET. Origen turco. Significado: Eternidad.

EBERE. Origen africano. Significado: Misericordia, clemencia.

EBERARDA. Origen germánico. Significado: Fuerte como un jabalí. Variantes: Eba, Ebba, Ebbe.

EBREL. Origen de Cornualles. Significado: De abril, primer mes del calendario romano y principio de la primavera. Variantes: April, Ebrill.

EBRU. Origen turco. Significado: Que imita el mármol.

ECO. Origen griego. Significado: Sonido repetido. Ninfa mitológica. Variantes: Echo, Echoe.

EDA. Origen inglés. Significado: Feliz. Variantes: Edah, Edda, Eddah.

EDDA. Origen escandinavo. Significado: Recopilación de leyendas y antiguas tradiciones religiosas escandinavas. Variantes: Eda, Edda, Eddah.

EDELIA. Origen griego. Significado: La que permanece joven. Variantes: Edèlia, Edilia, Edilma.

EDELMIRA. Origen germánico. Significado: De noble estirpe. Variantes: Edelira, Edelma, Delma.

EDELTRUDIS → AUDREY.

EDÉN. Origen hebreo. Significado: Deleite, placer. Variantes: Edan, Edana, Edena, Edene, Edenia, Edènia, Edin, Edina, Edine, Edyn, Edyna, Edyne.

EDERNE. Origen vasco. Significado: Bella, hermosa. Variantes: Eder, Ederra, Eider.

EDESIA. Origen latino. Significado: Devota, la que está en el templo. Variante: Edèsia.

EDGARDA. Origen germánico. Significado: La que defiende sus bienes y su tierra con lanza.

EDIBE. Origen turco. Significado: Escritora.

47

EDILBERTA. Origen germánico. Significado: De mucho abolengo.

EDILIA. Origen griego. Significado: Agradable, dulce.

EDILMA. Origen germánico. Significado: Protectora noble.

EDITA. Origen anglosajón. Significado: Próspera. Variantes: Eadgyth, Edie, Edit, Edith, Edithe, Edy, Edyth, Edytha, Edythe, Eydie, Eydith.

EDLYN. Origen inglés. Significado: Noble niña. Variantes: Eathelin, Eathelyn, Edlen, Edlin, Edlina, Edline, Edlyna, Edlyne.

EDME. Origen escocés. Significado: Protectora. Variantes: Edmée, Edmey, Esme.

EDMUNDA. Origen germánico. Significado: Protectora de la riqueza. Variantes: Eadmund, Edmanda, Edmona, Edmonda, Edmonde, Edmondea, Edmondee, Edmondey, Edmuna, Edmunda, Edmundea, Eduarda, Emunde.

EDNA. Origen hebreo. Significado: Placer. Variante: Ednah.

EDUARDA. Origen germánico. Significado: Guardiana gloriosa. Variantes: Édouardine, Edwarda, Edwardeen, Edwardene, Edwardine, Edwardyne, Edwyna, Edwyne.

EDURNE. Origen vasco. Significado: Nieves.

EDURTZETA. Origen vasco. Advocación de la Virgen en Ibárruri (Vizcaya).

EDUVIGIS. Origen germánico. Significado: Luchadora. Variantes: Edubige, Eduviges, Eduvixe, Edvig, Edvigis.

EDVINA. Origen inglés. Significado: Amiga rica. Variantes: Edween, Edweena, Edwena, Edwinna, Edwinne, Edwyna, Edwyna, Edwyne.

EDWIGE. Origen germánico. Significado: Riqueza y combate. Variante: Edwig.

EDWYNA → EDUARDA.

EERIN. Nombre aborigen. Significado: Pequeño búho gris.

EFIA. Origen africano. Significado: Nacida en viernes. Variantes: Efiah, Efya, Efyah.

EFIGENIA. Origen griego. Significado: Mujer fuerte. Variante: Ifigenia.

EGBERTA. Origen inglés. Significado: Espada brillante. Variantes: Egbertah, Egberte, Egbertina, Egbertine, Egbertyne, Egbirt, Egbirte.

EGDA. Origen griego. Significado: Escudera.

EGERIA. Origen griego. Significado: Diosa de la inspiración. Variantes: Egèria, Égérie, Exeria.

EGIA. Origen vasco. Significado: Verdad. Advocación de la Virgen de Begoña (Vizcaya).

EGIARTE. Origen vasco. Advocación de la Virgen en Alloz (Navarra).

EGIDIA. Origen griego. Significado: Protectora. Variantes: Egídia, Exidia.

EGILIOR. Origen vasco. Significado: Advocación de la Virgen en Eguillor (Navarra).

EGLANTINA. Origen latino. Significado: Rosa silvestre, portadora de espinas. Variante: Églantine.

EGLE. Origen griego. Nombre mitológico. → AGLAE.

EGOKIÑE. Origen vasco. Significado: Justa.

EGUZKIÑE. Origen vasco. Significado: Sol. Variantes: Eguzki, Ekhi, Ekhiñe.

EIDDWEN. Origen galés. Significado: Amable, buena. Variantes: Eiddwin, Eddwina, Eddwine, Eddwyn, Eddwyna, Edwina, Edwine, Eiddwena, Eiddwene, Eiddwyn, Eiddwyna, Eydwyn, Eydwyna.

EIDER. Variante de Ederne.

EIFIONA. Origen galés. Significado: Del País de Gales. Variante: Eifionah.

EIKO. Origen japonés. Significado: Niña de larga vida.

EILEEN. Origen irlandés. Significado: Brillante. Forma irlandesa de Elena. Variantes: Ailean, Aileen, Aileena,

Ailein, Aileina, Ailene, Ailin, Ailina, Alene, Aline, Ayleana, Ayleen, Aylin, Eilean, Eileene, Eilleen, Eleen, Eleena, Eleene, Elin, Elina, Elyn, Elyna, Eyleen, Eyleena, Ilene.

EIR. Origen noruego. Diosa escandinava de la medicina. Variantes: Eira, Eyr, Eyra, Eyrah.

EIRA. Origen galés. Significado: Nieve. Variantes: Eir, Eirah, Eyr, Eyra, Eyrah.

EIRENE. Origen griego. Significado: Paz. Variantes: Eirena, Eyren, Eyrena, Eyrene, Irene.

EIRIAN. Origen galés. Significado: Plata. Variantes: Eyrian, Eyryan, Irian, Iryan.

EIRWEN. Origen galés. Significado: Blanca como la nieve. Variantes: Eirwena, Eirwenah, Eirwene, Eyrwen, Irwen, Irwena, Irwenah, Irwene.

EITZAGA. Origen vasco. Significado: Zumárraga.

EKALA. Nombre aborigen. Significado: Lago. Variante: Ekalah.

EKATERINA. Origen ruso. Significado: Pura. Forma rusa de Katherine. Variante: Eketerina.

EKAVALI. Origen indio. Significado: Única.

EKHIÑE. Variante de Eguzkiñe.

EKUA. Origen africano. Significado: Nacida en miércoles. Variante: Ekuah.

ELA. Origen germánico. Significado: La que es noble. Variantes: Elah, Ella, Ellah.

ELADI → ELODI.

ELADIA. Origen griego. Significado: La que vino de Grecia.

ELAIA. Origen vasco. Significado: Golondrina.

ELANA. Origen eslavo. Significado: Briosa, fogosa. Variantes: Elanah, Elane, Elanna, Elanne, Ellana, Ellann, Ellanna.

ELANORA. Nombre aborigen. Significado: Al lado del mar. Variantes: Elanore, Ellanora, Ellanore.

ELBA. Origen germánico. Significado: Elfo, habitante de los bosques en la mitología germánica.

ELBERTA. Origen inglés. Significado: Noble, gloriosa. Variantes: Elberte, Elbertina, Elbertine, Elbertyna, Elbie.

ELCIRA. Origen germánico. Significado: Adorno de la nobleza.

ELDA. Origen germánico. Significado: La que batalla. Variantes: Helda, Hilda.

ELDORA. Origen español. Significado: Dorada, cubierta de oro. Variantes: Eldorah, Eldoree, Eldoria, Eldoris, Elldora, Elldorah.

ELEANOR. Origen griego. Significado: Compasiva, misericordiosa. Variantes: Aanor, Aenor, Alienor, Alienora, Eleanora, Eleanore, Elenore, Eleonora, Eleonore, Elianor, Elinor, Elinora, Elinore, Elionor, Elionora, Elleanor, Elleanora, Elleanore, Ellinor, Ellynor, Elna, Elnora, Elora, Elyenora, Elynore, Leanor, Lenor, Lenora, Lenore, Leonor, Léonor, Leonora, Léonora, Leonore, Liénor, Liénora, Lonore, Noreen, Noriana, Noriane, Norina.

ELECTRA. Origen griego. Significado: Rubia y dorada como el Sol. Célebre personaje de la tragedia griega. Variantes: Elektra, Elettra.

ELENA. Origen griego. Significado: Antorcha. Nombre de la mujer más bella de Grecia, secuestrada por Paris, lo que provocó la guerra de Troya. Variantes: Aileen, Elen, Elenah, Elene, Elenee, Eleni, Elenie, Eleny, Eleonor, Elina, Eliina, Éline, Elinetta, Ellen, Helen, Helena, Helene, Hélène, Iluminada, Leonor, Luz, Yelena.

ELEODORA. Origen griego. Significado: La que vino del Sol.

ELEONOR, ELEONORA. Variantes de Eleanor y Leonor.

ELETHEA. Origen inglés. Significado: La que cura. Variantes: Elthia, Elethia.

ELEUSIPA. Origen griego. Significado: La que llega a caballo.

ELEUTERIA. Origen griego. Significado: Amante de la libertad. Variantes: Eleftheria, Eleutere, Eleutèria, Eutela.

ELFEGA. Origen germánico. Significado: Resplandor en las alturas.

ELFIDA. Origen griego y germánico. Significado: Hija del viento.

ELFREDA. Origen germánico. Significado: Protegida de los genios. Variantes: Elfrede, Elfrida, Elfrydah, Elfride, Elfrieda, Elfriede.

ELGA. Origen eslavo. Significado: Piadosa. Variantes: Helga, Olga.

ELI. Diminutivo de diversos nombres que comienzan así: Elia, Elisa, Elisabet, etc.

ELIA. Origen hebreo. Significado: Hija del Sol. Dios es Dios. Variantes: Aeliana, Eliana, Elianah, Éliane, Elianna, Elianne, Elinda, Elliana, Ellianna, Ellyana, Ellyanne, Elya, Elyana, Elyanna, Helia.

ELIDA. Origen griego. Significado: De la Élide, región del Peloponeso. Variantes: Elidia, Elídia.

ELIGIA. Origen latino. Significado: La elegida.

ELINA → EILEEN.

ELINDA. Origen germánico. Significado: Bella lancera.

ELIODORA. Origen griego. Significado: Regalo del Sol. Variantes: Eludore, Heliodora.

ELISA. Origen hebreo. Significado: Dios ayudó. Variantes: Elecea, Eleesa, Elis, Elise, Elisenda, Elissa, Elisse, Elixa, Elixi, Eliza, Elize, Elizea, Elizza, Elleece, Elleese, Ellesa, Ellisa, Ellise, Ellyce, Ellysa, Ellyse, Elsa, Elysa, Elyse, Elyssa, Elyza, Elyzza. Se utiliza también como abreviatura de Elisabet.

ELISABET. Origen hebreo. Significado: Consagrada a Dios. Variantes: Alzebat, Babe, Babette, Bess, Bessi, Bessie, Bessy, Bet, Beta, Beth, Betina, Betine, Betka, Betsie, Betsy, Bett, Bette, Betti, Bettina, Betty, Eilis, Eli, Elis, Elisa, Elisabetta, Elisabette, Elisenda, Elisheba, Elisheva, Eliska, Elixabet, Elixabete, Elixane, Eliza, Elizabeth, Elizabetta, Elizaveta, Elizebet, Elka, Ellysebette, Elsa, Elsabet, Elsbeth, Else, Elsebin, Elsee, Elsi, Elsie, Elsje, Elspet, Elzbieta, Elzira, Isabel, Lib, Libbee, Libbi, Libby, Liese, Liesel, Lilibeth, Lis, Lisa, Lisbet, Lisbeth, Lise, Liserli, Liz, Liza, Lizabeth, Lizette, Lizzie, Yelisaveta, Yelizaveta, Ysabel.

ELISEA. Origen hebreo. Significado: Dios es salvación, protege mi salud. Variantes: Eleecia, Eleesia, Eliseva, Elisha, Elisheba, Elisheva, Elixe.

ELISENDA. Variante de Elisa y Elisabet.

ELIXANE. Origen vasco.

ELIZABETH → ELISABET.

ELIZAMENDI. Origen vasco. Advocación de la Virgen en Anguiozar (Guipúzcoa).

ELIZMENDI. Origen vasco. Advocación de la Virgen en Contrasta (Álava).

ELKANO. Origen vasco. Advocación de la Virgen en Zarautz (Guipúzcoa).

ELLA. Origen germánico. Significado: Hermosa hada. Variantes: Elle, Ellamae, Ellamai, Ellamay, Ellymay.

ELLI. Origen escandinavo. Significado: Anciana. Variantes: Ele, Elea, Elee, Elei, Eleigh, Eley, Eli, Elia, Elie, Ellea, Ellee, Ellei, Elley, Ellia, Ellie, Elly, Ellya, Ely.

ELMA. Origen turco. Significado: Fruta dulce. Variantes: Ellma, Ellmar, Ellmara, Elmaar, Elmara.

ELMA. Origen germánico. Significado: Casco. Variante: Elme.

ELMAS. Origen turco. Significado: Diamante.

ELMIRA. Origen árabe. Significado: La de noble estirpe. Contracción de Edelmira. Variantes: Elmear, Elmeera, Elmeira, Elmera, Elmiria, Elmyra.

ELNA. Alude a la ciudad homónima francesa, donde la enfermera suiza Elisabeth Eidenbenz creó una maternidad para las refugiadas de la Guerra Civil española.

ELODI. Origen vasco. Significado: Propiedad. Variante: Eladi.

ELODIA. Origen griego. Significado: Fértil. Variantes: Alodea, Alodee, Alodey, Alodi, Alodia, Alodie, Alody, Alodya, Elodea, Elodee, Elodey, Elodi, Élodie, Elody, Elodya, Elodye.

ELOÍSA. Origen germánico. Significado: Combatiente gloriosa. Variantes: Aloisa, Aloysa, Eloie, Eloína, Eloïna, Eloïsa, Eloise, Eloïse, Éloise, Elouisa, Elousie, Eloysa, Heloisa, Héloise.

ELORRI. Origen vasco. Significado: Espina. Arbusto espinoso.

ELORRIAGA. Origen vasco. Advocación de la Virgen en Itziar (Guipúzcoa).

ELPIDIA. Origen griego. Significado: La que espera con fe, que vive esperanzada.

ELSA. Variante de Elisa y Elisabet.

ELUNED. Origen galés. Significado: Catarata. Variante: Eiluned.

ELUNEY. Origen mapuche. Significado: Regalo, obsequio, presente.

ELURRETA. Origen vasco. Significado: Bola de nieve. Advocación de la Virgen en Guipúzcoa.

ELVA. Origen inglés. Significado: Duende. Variantes: Elvara, Elvena, Elvenea, Elvia, Elvie, Elvina, Elvine, Elvinea, Elvinia, Elvyna, Elvyne, Elvynia, Elvynya.

ELVIRA. Origen germánico. Significado: Noble guardiana. Variantes: Alvera, Alvira, Elva, Elvera, Elvi, Elvire, Elvyra, Elwira, Elwyra.

ELYNA → EILEEN.

EMA. Origen polinesio. Significado: Amada. Variantes: Eme, Emee, Emey.

EMA. Origen germánico. Significado: Hacendosa y gentil. Variantes: Emelina, Emelinda, Emma, Emna.

EMANUELA → EMMANUELA.

EMEL. Origen turco. Significado: Ambición.

EMELIA. Origen griego. Significado: Melodiosa, armónica.

EMELINA. Origen germánico. Significado: Tierna. Variantes: Amalia, Emelinda, Emeline, Emely, Emelyne, Emmeline.

EMERENCIANA. Origen griego. Significado: Culta. Variantes: Emerentia, Emerentzen.

EMÉRITA. Origen latino. Significado: Aquella a quien Dios recompensa por sus virtudes. Variante: Emèrita.

EMETERIA. Origen griego. Significado: Mitad fiera, mitad leona. Forma femenina de Emeterio (Significado: Que merece cariño). Variante: Emetèria.

EMI. Origen japonés. Significado: Belleza.

EMILIA. Origen griego. Significado: Amable. Variantes: Aimil, Amalea, Amalia, Amélie, Ameline, Amy, Em, Ema, Emalee, Emalia, Emelda, Emelene, Emelia, Emelina, Émeline, Emelyn, Emi, Emie, Emila, Emilce, Emilea, Emilene, Emília, Emiliana, Émilie, Emiliya, Emilka, Emille, Emilse, Emilsy, Emily, Emlyn, Emmalee, Emmele, Emmeline, Emmiline, Emylyn.

EMIRA. Origen árabe. Significado: Jefa, comandante. Forma femenina de Emir. Variante: Amira.

EMMA. Origen germánico. Significado: Fuerza. Variantes: Em, Emmi, Emmie, Emmy, Enma.

EMMANUELA. Origen hebreo. Significado: Dios está con nosotros. Femenino de Emmanuel. Variantes: Emanuela, Emanuele, Emanuella, Emanuelle, Emma, Emmanuella, Emmanuelle, Emmi, Emmie, Emmy, Enma, Manuela.

EMNA. Origen árabe. Significado: Creyente.

EMPERATRIZ. Origen latino. Significado: La que manda. Variante: Emperadriu.

ENA. Origen irlandés. Significado: Pequeño fuego. Diminutivo de Eugenia.

ENARA. Origen vasco. Significado: Golondrina. Variante de Ainara.

ENCARNACIÓN. Origen latino. Significado: Alude a la Encarnación de Jesús en su madre María. Variantes: Encarna, Encarnació, Encarnita, Gizane.

ENDERA. Origen vasco.

ENDORA. Origen hebreo. Significado: De la fuente de la juventud. Variantes: Endorah, Endorra, Endorrah.

ENEA. Origen griego. Forma femenina de Eneas, héroe mitológico. Variante: Énéa.

ENEDINA. Origen griego. Significado: La complaciente.

ENEIDA. Origen latino. Inspirado en la *Eneida*, famoso poema de Virgilio.

ENEKA. Origen vasco. Esposa de Eneko Ximénez, rey de Navarra. Variantes: Ienega, Íñiga, Oneka.

ENEKOITZA. Origen vasco. Variante: Enekoiza.

ENERITZ. Origen vasco. Advocación de la Virgen en Enériz (Navarra). Variante: Enériz.

ENFYS. Origen galés. Significado: Arco iris.

ENGARTZE. Origen vasco.

ENGRACIA. Origen latino. Significado: La que vive en estado de gracia divina. Variantes: Engràcia, Geaxi.

ENIT. Origen galés. Significado: Alma. Variantes: Eanid, Enid, Enide, Ennid, Ennida, Ennyah, Ennyd, Ennyda, Enud, Enudd, Enyd, Enyda.

ENNOR. Origen de Cornualles. Significado: De la frontera. Nombre femenino y masculino.

ENOLA. Origen nativo americano. Significado: Magnolia.

ENORA. Origen celta. Significado: Honor. Variante: Enor.

ENRIQUETA. Origen germánico. Significado: Poderosa por su linaje. Variantes: Endike, Enrica, Enricka, Enrieta, Enrietta, Enriette, Enrika, Enrikka, Erica, Hendrika, Henrietta, Henriette, Henryeta, Henryey, Henryka, Riqueta, Riquita.

ENYE. Origen judío. Significado: Gracia.

ENYS. Origen celta. Significado: De la isla. Variante: Innes.

EPIFANIA. Origen griego. Significado: Que se manifiesta, que es visible. Variantes: Epifana, Epifanee, Epifanía, Epifanie, Epiphanee, Epiphani, Epiphany, Epyfania, Epyfanie, Epyphanee, Epyphani.

ERASMA. Origen griego. Significado: Amable, agradable. Variantes: Erasme, Erasmia, Eràsmia.

ERATO. Origen griego. Significado: Amable. Nombre de la musa de la poesía lírica. Variante: Erat.

ERDA. Origen germánico. Diosa germánica de la agricultura.

ERDAINE. Origen vasco. Significado: Circuncisión.

ERDIÑE. Origen vasco. Significado: Nuestra Señora del Parto.

ERDOITZA. Origen vasco. Advocación de la Virgen en Izurtza (Vizcaya).

ERDOTZA. Origen vasco. Advocación de la Virgen en Markina (Vizcaya).

ERÉNDIRA. Origen Significado: La sonriente. Nombre de una princesa mexicana legendaria. Variantes: Erèndira, Erendira.

ERENTXUN. Origen vasco.

ERES. Origen galés. Significado: Hermosa.

ERGINA. Origen vasco. Advocación de la Virgen en Arrasate/Mondragón (Guipúzcoa). Variante: Erguiña.

ERIANTA. Origen griego. Significado: La que ama las flores. Variante: Erianthe.

ERICA. Origen germánico. Significado: Soberana poderosa. Variantes: Airica, Airika, Ayrika, Enrica, Enrika, Ericka, Erika, Eriqua, Erique, Errika, Eryca, Eryka, Eyrica.

ERIETE. Origen vasco. Significado: Advocación de la Virgen en Eriete (Navarra).

ERIN. Origen gaélico. Significado: De Irlanda. Variantes: Erene, Ereni, Erenia, Eri, Erina, Erinan, Erinette, Erinn, Erinna, Eryn, Eryna, Eryne. Nombre femenino y masculino.

ERIS. Origen turco.

ERISTEA. Origen griego. Significado: Discutidora, batalladora.

ERKUDEN. Origen vasco. Advocación de la Virgen en Altsasu (Navarra).

ERLEA. Origen vasco. Significado: Abeja.

ERLINA. Origen celta. Significado: Promesa. Variantes: Erlean, Erleana, Erleane, Erleen, Erleena, Erleene, Erlin, Erline, Erlyn, Erlyna, Erlyne.

ERMELINDA. Origen germánico. Significado: La que es muy dulce. Variantes: Erlinda, Erma, Ermelina, Ermelinde, Ermeline, Hermelinda, Linda, Melinda.

ERMENGARDA. Origen germánico. Significado: La morada de la fuerza. Variantes: Ermengarde, Ermengardis, Irma, Irmengarde.

ERMENILDA. Origen germánico. Significado: Guerrera alta y fuerte.

ERMESINDA. Origen germánico. Significado: Camino ancho. Variantes: Ermesenda, Ermessenda.

ERMIN. Origen vasco. Alude a un lugar de Zabaldika (Esteribar, Navarra).

ERMINIA. Origen germánico. Significado: Guerrera de la tribu de los hermiones. Variantes: Ermin, Erminda, Ermiñe, Herminia.

ERNA. Origen germánico. Significado: Guerrera. Variante: Earna.

ERNESTINA. Origen germánico. Significado: Luchadora decidida a vencer. Variantes: Aerna, Arnulbe, Earnestyna, Ernesta, Enerstyne, Erna, Ernaline, Ernestina, Ernestine, Ernestyna.

ERNIOBE. Origen vasco. Advocación de la Virgen en Tolosa (Guipúzcoa).

EROSINA. Origen griego. Significado: La erótica, de Eros, dios griego del amor.

ERRAMONA. Origen vasco. Forma vasca de Ramona. Variante: Erramune.

ERRASTI. Origen vasco. Advocación de la Virgen en Arrazua (Álava).

ERREGINA. Forma vasca de Regina, Reina. Variantes: Erregiña, Erregiñe.

ERREMULLURI. Origen vasco. Advocación de la Virgen en Labastida (Álava).

ERRESTI. Origen vasco. Forma vasca de Restituta.

ERRITE. Origen vasco. Forma vasca de Rita.

ERROMANE. Origen vasco. Significado: Romana.

ERROSALI. Origen vasco. Significado: Rosario, Rosalía. Variante: Arrosali.

ERROXE. Origen vasco. Significado: Rosalía.

ERROZ. Origen vasco. Advocación de la Virgen en el Valle de Araquil (Navarra).

ERRUKIÑE. Origen vasco. Significado: Misericordia, Piedad. Variante: Errukine.

ERRUPIÑE. Origen vasco. Significado: Rufina.

ERWINA, ERWYNA → EARWYNA.

ESCLAVITUD. Origen latino. Advocación de la Virgen, Nuestra Señora de la Esclavitud, muy popular en Galicia. Variante: Escravitude.

ESCOLÁSTICA. Origen latino. Significado: La que sabe mucho y enseña. Variantes: Escolàstica, Eskolastike.

ESHE. Origen africano. Significado: Vida. Variantes: Esha, Eshah.

ESKARNE. Forma vasca de Mercedes.

ESKOLUNBE. Origen vasco. Advocación de la Virgen en Kuartango (Álava). Variantes: Eskokumbe, Eskorunbe.

ESMA. Origen turco. Significado: Mujer morena. Variante: Esmer.

ESMERALDA. Origen latino. Significado: Piedra preciosa de color verde brillante. Variantes: Emelda,

Emerald, Emerant, Émeraude, Emmarald, Emmerald, Esma, Esmaragda, Esmaralda, Esmerelda, Esmiralda, Ezmeralda.

ESOZI. Origen vasco. Advocación de la Virgen en Soraluze-Placencia de las Armas.

ESPERANZA. Origen latino. Significado: Que confía en Dios. Una de las tres virtudes teologales. Variantes: Esperança, Espérance, Esperantia, Itxaropena, Nadia, Nadine.

ESPOZ. Origen vasco. Advocación de la Virgen en Espoz (Navarra).

ESTANISLAVA. Origen polaco. Significado: Alta gloria.

ESTÉE. Origen inglés. Significado: Estrella. Variantes: Esta, Estah, Estey, Esti, Estie, Esty.

ESTEFANÍA. Origen griego. Significado: Coronada de laureles, victoriosa. Variantes: Estebana, Estebeni, Estefania, Estevaíña, Estève, Fanny, Itxebeni, Stefania, Stefannia, Stefannie, Stephana, Stephania, Stephanie, Stephany, Stephanya, Stevania, Stevanie, Stevannia, Stevannie, Stevanya, Stevanye.

ESTELA. Origen latino. Significado: Estrella. Variantes: Essie, Essy, Estee, Estel, Estel·la, Estele, Estelita, Estella, Estelle, Estrela, Estrella, Estrellita, Estrella, Etoile, Stele, Stella, Stelle.

ESTELINDA. Origen germánico. Significado: La que es noble y da protección al pueblo.

ESTER. Origen hebreo. Significado: Estrella del alba. Derivado de Isthar, diosa babilonia. Variantes: Essie, Essy, Esta, Esta, Estar, Estera, Esther, Estrela, Eszter, Etti, Ettie, Etty, Hestar, Hester.

ESTERINA. Origen griego. Significado: La que es fuerte y vital.

ESTERVINA. Origen germánico. Significado: La amiga oriental.

ESTHER → ESTER.

ESTÍBALIZ. Origen vasco. Significado: Dulce. Advocación de la Virgen,

Nuestra Señora de Estíbaliz. Patrona de Álava. Variantes: Esti, Estibalitz, Estibariz, Estiñe, Estitxu.

ESYLLT. Forma galesa de Isolda.

ETAIN. Origen irlandés. Significado: Celosa. Personaje mitológico, símbolo de la belleza. Variante: Eadaoin.

ETANA. Origen hebreo. Significado: Sacrificio. Variantes: Etania, Ethana, Ethena.

ETEL. Origen germánico. Significado: Noble. Variantes: Ethel, Ethela, Ethelda, Etheline, Ethelle, Ethelyn, Ethelynne. Diminutivo de Etelvina.

ETELBURGA. Origen germánico. Significado: Noble protectora.

ETELINDA. Origen germánico. Significado: La noble que protege a su pueblo. Variantes: Etheleen, Etheleena, Ethelende, Ethelina, Ethelind, Ethelinda, Ethylind.

ETELVINA. Origen germánico. Significado: Noble victoriosa. Variantes: Ethelvina, Etilvia, Etílvia.

ETERIA. Origen griego. Significado: Del éter, aire puro.

ETNA. Origen irlandés. Significado: Fuego. Variantes: Ethna, Ethne, Ethnea, Ethnee.

ETORNE. Origen vasco. Significado: Pentecostés.

ETSU. Origen japonés. Significado: Placer, gozo.

ETSUKO. Origen japonés. Significado: Niña celestial.

ETXABARRI. Origen vasco. Advocación de la Virgen en Galdames (Vizcaya). Variante: Txabarri.

ETXAURREN. Origen vasco. Advocación de la Virgen en Menoyo (Ayala/Aiara, Álava). Variantes: Etxauren, Etxaurre.

EUDA. Origen germánico. Significado: La infantil.

EUDOCIA. Origen griego. Significado: Que tiene buena voluntad. Variantes: Eudòcia, Eudokia.

EUDORA. Origen griego. Significado: Regalo encantador.Variantes: Endora, Eudore, Eudorah.

EUDOXIA. Origen griego. Significado: De buena reputación. Variantes: Eudose, Eudosia, Eudòsia, Eudòxia.

EUFEMIA. Origen griego. Significado: De buena palabra, elocuente. Variantes: Effam, Eufèmia, Eufemiana, Eupeme, Euphamia, Euphemia, Euphemie, Euphemy, Euphemya.

EUFONIA. Origen griego. Significado: De bella voz.

EUFRASIA. Origen griego. Significado: La que está llena de alegría; también, de la comarca del Éufrates. Variantes: Eufràsia, Euphrasie.

EUFROSINA. Origen griego. Nombre de una de las tres Gracias de la mitología griega. Variantes: Euphrosine, Euphrosyne.

EUGENIA. Origen griego. Significado: La bien nacida, de buena cuna. Variantes: Euganie, Eugeena, Eugeenee, Eugena, Eugènia, Eugeniana, Eugenie, Eugénie, Eugeniya, Eugina, Eugine, Eugyna, Eugynia, Eujani, Eujania, Eujanie, Euken, Eukene, Euxenia, Evgenia, Evgenia, Evgeniya, Evgenya, Uxía, Xenia, Xènia.

EULALIA. Origen griego. Significado: La que habla bien. Variantes: Elalee, Elaylia, Eula, Eulale, Eulalea, Eulalee, Eulali, Eulàlia, Eulalie, Eulari, Eulaylie, Eulia, Eulya, Laia, Olaia, Olaya.

EULOGIA. Origen griego. Significado: Buena oradora. Variantes: Euloge, Eulògia, Euloxia.

EUMELIA. Origen griego. Significado: La melodiosa.

EUNATE. Origen vasco. Advocación de la Virgen en Muruzábal (Navarra).

EUNICE. Origen griego. Significado: La victoriosa. Variantes: Eniss, Euna, Eunike, Eunique, Eunise, Euniss, Eunisse, Eunys, Eunysa, Eunyse.

EUPORIA. Origen griego. Significado: La que camina con gracia.

EURIA. Origen vasco. Significado: Lluvia.

EURICA. Origen germánico. Significado: Fuerte y poderosa.

EURÍDICE. Origen griego. Significado: La que con justicia da ejemplo a los demás. Nombre de la esposa de Orfeo en el famoso mito griego. Variantes: Eudyce, Eurydice, Eurydyce.

EURWEN. Origen galés. Significado: De tez blanca.

EUSA. Origen vasco. Advocación de la Virgen en Eusa (Navarra).

EUSEBIA. Origen griego. Significado: Respetuosa, piadosa. Variantes: Eusebe, Eusèbia, Euzebia.

EUSTAQUIA. Origen griego. Significado: Fecunda. Variantes: Eustacia, Eustàquia, Eustoke.

EUSTASIA. Origen griego. Significado: Constante, firme. Variantes: Eustase, Eustasi, Eustàsia, Eutasia.

EUTALIA. Origen griego. Significado: La floreciente. Variante: Euthalia.

EUTERPE. Origen griego. Significado: La que entretiene, la que deleita, musa de la música y el canto.

EUTIMIA. Origen griego. Significado: La de buen espíritu.

EUTIQUIA. Origen griego. Significado: Feliz. Variantes: Eutike, Eutíquia.

EUTROPIA. Origen griego. Significado: Versátil.

EVA. Origen hebreo. Significado: La que da vida; primera mujer bíblica. Variantes: Eav, Eave, Eba, Ebba, Eeva, Evacska, Evah, Evaine, Evalee, Evalei, Evali, Evalia, Eve, Evee, Evelin, Evelina, Eveline, Evelyn, Evi, Evicka, Evika, Evike, Evita, Evka, Evonne, Evuska, Evva, Evvee, Evvi, Evvia, Evvie, Evvy, Evy, Ewa, Yev, Yeva, Yeve.

EVADINE. Origen griego. Significado: Suerte. Variantes: Evadne, Evadney, Evadnie, Evie.

EVALYN. Origen germánico. Significado: Gracia. Variante: Evalynn.

EVANGELINA. Origen griego. Significado: Que trae buenas nuevas. Variantes: Evangeleana, Evangeleane, Evangeleena, Evangelia, Evangelica, Evangeline, Evangeliqua, Evangeliste, Evangelyn, Evangelyne, Evanxelina.

EVANIA. Origen irlandés. Significado: Joven guerrera. Variantes: Evana, Evanja, Evann, Evanna, Evanne, Evany, Evanya.

EVANTHE. Origen griego. Significado: Flor. Variantes: Evana, Evanna, Evantha.

EVARISTA. Origen griego. Significado: Excelente. Variante: Ebariste.

EVELIA. Origen hebreo. Significado: La que genera vida. Variantes: Evèlia, Evelina, Eveline, Evelyne, Evelyn.

EVELIN. Origen celta. Significado: Vida placentera. Variantes: Eveleen, Evelen, Evelena, Eveliina, Evelina, Eveline, Evelyn, Evelyn, Evelyna, Evelyne.

EVODÍA. Origen latino. Significado: La bien encaminada.

EXALTACIÓN. Origen Significado: En honor a la exaltación de la santa cruz. Variantes: Exaltació, Gorane.

EXPEDITA. Origen griego. Significado: Dispuesta a luchar.

EXPÓSITA. Origen latino. Significado: Expuesta a la caridad pública. Variante: Expòsita.

EYÉN. Nombre aborigen. Significado: Alba.

EYOTA. Origen nativo americano. Significado: La más grande. Variante: Eyotah.

EZKURRA. Origen vasco. Advocación de la Virgen en Basaburúa (Navarra).

EZOZIA. Origen vasco. Advocación de la Virgen en Soraluze-Placencia de las Armas (Guipúzcoa).

EZTEGUNE. Origen vasco. Significado: Desposorios de Nuestra Señora.

FAARIA. Origen árabe. Significado: Alta, bonita.

FAATIN. Origen árabe. Significado: Fascinante, encantadora, cautivante. Variante: Faatina.

FABIANA. Origen latino. Significado: La que cultiva habas. Que pertenece a la familia Fabia. Variantes: Fabia, Fabiane, Fabianna, Fabienne, Fabiola, Fabya, Fabyana, Fabyanna, Fabyanne, Favia, Fàvia, Faviana, Pabe, Pabene.

FABIOLA. Variante de Fabia y Fabiana.

FABRICIA. Origen latino. Significado: La artesana, la que trabaja con las manos. Variantes: Fabrian, Fabriann, Fabrícia, Fabrien, Fabriena, Fabriene, Fabrienn, Fabrienna, Fabrienne, Fabritzia, Fabrizia, Fabryana, Fabryane, Fabryann, Fabryanne, Fabryen, Fabryena, Fabryene.

FACUNDA. Origen latino. Significado: La que habla con facilidad. Variante: Pacunda.

FADILA. Origen árabe. Significado: Virtud, pureza. Variantes: Fadheela, Fadhila, Fadilah, Fadyla, Fadya.

FAGANANA. Origen canario (Tenerife).

FAGHIRA. Origen árabe. Significado: Flor de jazmín.

FAHIMA. Origen árabe. Significado: Inteligente, conciliadora.

FAI. Origario de Tonga. Significado: Pez parecido a la raya. Variantes: Fae, Faie, Faya, Fayana, Faye, Fayet, Fayin, Fei, Fey, Feya, Feye.

FAIDA. Origen árabe. Significado: Abundante. Variante: Fayda.

FAINA. Origen canario (Lanzarote). Significado: Mi madre la mejor o la preferida. Reina de la isla y madre de la princesa Ico. Variante: Fayna.

FAIRUZA. Origen turco. Significado: Turquesa. Variantes: Fayruz, Firuze.

FAITH. Origen inglés. Significado: Fe. Variantes: Faeth, Faethe, Faithe, Fayth, Fidel, Fidela, Fidele, Fidelia, Fidelitee, Fidelitie, Fidelity.

FAIZA, FAIZAH → FAWZIYA.

FALA. Origen nativo americano. Significado: Cuervo.

FALAK. Origen árabe. Significado: Celeste.

FALDA. Origen islandés. Significado: Con las alas plegadas. Variantes: Faida, Faldah, Fayda, Faydah.

FALLON. Origen irlandés. Significado: Aliada con la autoridad. Variantes: Fallan, Fallann, Fallanna, Fallen, Fallenn, Fallenna, Fallin, Falona, Fallone, Fallonia, Fallonya.

FANI, FANNY → ESTEFANÍA.

FANTASIA. Origen griego. Significado: Imaginación.

FARAH. Origen árabe. Significado: Alegría, jovialidad. Variantes: Fara, Farana, Faria, Farra, Farrah, Farrya, Farya.

FAREEDA. Origen árabe. Significado: Única, singular. Variantes: Farida, Faridah, Farideh.

FAREEHA. Origen árabe. Significado: Feliz. Variantes: Fariha, Farihah.

FARHANNAH. Origen árabe. Significado: Contenta, alegre.

FÁTIMA. Origen árabe. Significado: Hija de Mahoma, casada con Alí, sucesor del Profeta. También es una célebre advocación portuguesa de la Virgen, Nuestra Señora del Rosario de Fátima. Variantes: Fatima, Fàtima, Fatimah, Fatma, Fatmah, Fatyma, Fatymah.

FATIN. Origen árabe. Significado: Fascinante. Variantes: Fatina, Fatinah.

FAUSTA. Origen latino. Significado: Afortunada, que tiene suerte. Variantes: Faustah, Fauste, Faustean, Fausteen, Fausteena, Faustiana, Faustina, Faustine, Faustyn, Faustyna, Faustyne, Paustiñe.

FAUSTINA → FAUSTA.

FAWZIYA. Origen árabe. Significado: Victoriosa, vencedora. Variantes: Faiza, Faizah, Faouzia, Fayza, Fayzah.

FAYDA → FAIDA.

FAYE. Origen latino. Significado: Fe. Variantes: Fae, Fai, Faie, Faya, Fayett, Fayette, Fayina, Fey, Feya, Feye.

FAYNA → FAINA.

FAYZA, FAYZAH → FAWZIYA.

FAYOLA. Origen nigeriano. Significado: Que trae suerte. Variantes: Faiola, Faiolah, Fayolah.

FAYRE. Origen inglés. Significado: Hermosa. Variantes: Fair, Faira, Faire, Fairey, Fairy, Fare, Faree, Farey, Fari, Farie, Fary, Fayree, Fayrey, Fayri, Fayrie, Fear, Feara, Fearee, Fearey, Feari, Fearie, Feary.

FE. Origen latino. Una de las tres virtudes teologales, aquella por la que se cree y confía en Dios. Variantes: Faith, Fede, Foy, Onusle.

FEBE. Origen griego. Significado: Resplandeciente, pura. Variantes: Febo, Feebee, Feebe, Phébé, Pheby, Phoebe.

FEBRONIA. Origen latino. Significado: Mujer caliente, que hierve.

FEDERICA. Origen germánico. Significado: Princesa de la paz. Variantes: Farica, Feriga, Fitzi, Freda, Fredda, Frederica, Frédérica, Fredericka, Frédérika, Frederiqua, Frédérique, Fredia, Fredra, Fredrica, Fredrika, Fredrique, Frida, Frideike, Fridrike, Frieda, Friederike, Fritzie, Fryderika, Fryderiqua, Fryderique.

FEDORA. Origen griego. Significado: Regalo divino. Variantes: Fedorah, Feodora, Feodosia, Fjodora, Phéodora, Teodora.

FEDRA. Origen griego. Significado: Brillante. Variantes: Faydra, Fedrah, Phaedra, Phedra, Phèdre.

FELICIA. Origen latino. Significado: Dichosa y afortunada. Variantes: Felcia, Felice, Feliciana, Felicianna, Felicidad, Félicie, Felicija, Felicísima, Felicíssima, Felicitas, Felícitas, Felicitat, Félicité, Felicitee, Felicites, Felicity, Felicyanna, Felisa, Felisha, Felizia, Felyce, Felycia, Felycya, Felycye, Felysha, Felysia, Felysie, Felysya, Pelikene, Pelikite, Pelikixine.

FELICIANA, FELICIDAD. Variantes de Felicia y de Felisa.

FELIPA. Origen griego. Significado: Amiga de los caballos. Variantes: Felippa, Filipa, Filipina, Filippa, Philene, Philippa, Philippe, Philippine, Pilipa, Pippa, Pippy.

FELISA. Origen latino. Significado: Feliz. Forma femenina de Félix. Variantes: Feliça, Feliciana, Felicidad, Felise, Feliza, Felysa, Felyse, Pele.

FEMI. Origen africano. Significado: Ámame. Variantes: Femia, Femiah, Femy, Femya, Femyah.

FEODORA, FEODOSIA → FEDORA.

FERMINA. Origen latino. Significado: Constante y firme en la fe de Dios. Variante: Pirmiñe.

FERNANDA. Origen germánico. Significado: Inteligente y valiente. Variantes: Ferdandine, Ferdinanda, Ferdinande, Fernande, Fernandina, Ferranda, Perdiñande.

FERONIA. Origen etrusco. Significado: Diosa de las flores. Variantes: Feroniah, Feronie, Feronya, Feronyah.

FFANCI. Origen galés. Significado: Sofisticada.

FFRAID. Forma galesa de Bridget.

FIALA. Origen checo. Significado: Violeta. Variantes: Fialah, Fyala, Fyalah.

FIAMA. Origen latino. Significado: La que resplandece como una llama. Variantes: Fia, Fiametta.

FIDELA. Origen latino. Significado: Fiel, que tiene o conserva la fe. Variantes: Fidelia, Fidèlia, Fidelita, Fidelity, Fidell, Fidelle, Fides, Fydea, Fydee, Fydel, Fydela, Fydele, Fydelitee, Fydeliti, Fydelitie, Fydella, Fydelle, Pidele.

FIFÍ. Origen hebreo. Diminutivo de Josefina. Variante: Fina.

FIKRIYYAH. Origen árabe. Significado: Meditativa. Variante: Fikriya.

FILADELFIA. Origen griego. Significado: Que ama a su hermano. Variantes: Filadelfa, Philadelphia, Philadelphie, Philli, Phillie.

FILANDRA. Origen griego. Significado: La que ama a los hombres.

FILEMONA. Origen griego. Significado: Amiga única. Variante: Philémone.

FILIBERTA. Origen alemán. Significado: Muy famosa. Variantes: Felberta, Filberta, Philiberte.

FILIS. Origen griego. Significado: Ramaje. Variantes: Filiz, Fil·lis, Philis, Phillis, Philliss, Philys, Phyllida, Phyllis.

FILOMENA. Origen griego. Significado: Amante del canto. Variantes: Filomela, Fylomena, Pillomene, Philomène.

FILOTEA. Origen griego. Significado: La que ama a Dios. Inversión de Teófila.

FINA. Diminutivo de Josefina.

FINIA. Origen vasco. Variante: Leatxe.

FIONA. Origen gaélico. Significado: De cabellos rubios o de piel blanca como el marfil. Limpia. Variantes: Feeona, Feona, Feonia, Fionah, Fionna, Fionni, Fionnia, Fionne, Fionnea, Fionnee,

Fionnuala, Fyona, Fyonia, Fyonya, Phiona, Phyona.

FIONN. Origen celta. Significado: Blanca. Nombre femenino y masculino.

FIORELLA. Origen italiano. Significado: Florecilla. Variante: Fiorela.

FIRA. Origen inglés. Significado: Ardiente, apasionada. Variantes: Firah, Fyra, Fyrah.

FIRDUS. Origen árabe. Significado: Paraíso. Variante: Firdoos.

FIRUZE → FAIRUZA.

FLAMINIA. Origen latino. Significado: La que pertenece a la casta sacerdotal.

FLAVIA. Origen latino. Significado: Dorada, rubia como el oro. Variantes: Flàvia, Flaviana, Flaviane, Flavianna, Flavianne, Flavie, Flaviere, Flavya, Flawia, Flawya, Flayia, Palbe.

FLÉRIDA. Origen griego. Significado: La exuberante. Variante: Flèrida.

FLETA. Origen griego. Significado: Que llora, desconsolada. Variantes: Fleata, Fleeta, Flita, Flyta.

FLORA. Origen latino. Nombre de la diosa de las flores, esposa de Céfiro. Variantes: Fiora, Flore, Fiora, Fiore, Fiorentina, Fiorenza, Fiori, Fleur, Fleurette, Fleurine, Flo, Florance, Florann, Floranne, Flore, Florella, Florelle, Florence, Florencia, Florentia, Florentine, Florenze, Floretta, Florette, Flori, Floria, Flòria, Floriana, Floriane, Florianan, Florie, Floriese, Florina, Florinda, Florine, Floris, Florist, Florrie, Flory, Floss, Flossey, Flossie, Flow, Polene.

FLORENCIA. Origen latino. Significado: Floreciente, llena de flores. Variantes: Fiorella, Fiorelle, Fiorenza, Fiorenze, Florance, Florancia, Florella, Florena, Florença, Florence, Florència, Florenciana, Florencija, Florencya, Florentia, Florentina, Florentine, Florentxi, Florenza, Florida, Florinda, Floryn, Floryna, Florynda, Floven, Flovena, Floventia, Floventya, Polentze.

FLOS. Origen noruego. Significado: Capitana.

FOLA. Origen africano. Significado: Honorable. Variante: Folah.

FORTUNA. Origen latino. Diosa de la suerte en la mitología romana. Variantes: Fortunata, Fortunate, Fortune, Fortunia, Fortúnia, Fortuniah.

FRANCA. Origen germánico. Significado: Perteneciente a los francos, pueblo germánico que conquistó Francia y dio nombre a ese país. Variantes: Fan, Fancy, Fania, Fanee, Fanney, Fannie, Fanny, Fanya, France, Francee, Franceline, Francena, Francene, Francetta, Francette, Francey, Franchesca, Francie, Francina, Francine, Francisca, Franciska, Franeka, Franja, Franka, Franni, Frannie, Franzetta.

FRANCISCA. Origen latino. Significado: Libre. Variantes: Cesca, Fannette, Fanny, Francesca, Franceska, Franchesca, Francina, Franciska, Françoise, Frantiska, Frantsesa, Frantxa, Frantziska, Franxesca, Franzet, Franzeta, Franzete, Franzetta, Franzette, Franziska, Franzyska, Frasquita, Paca, Pancha, Paquita, Prantxisca.

FREDA. Origen germánico. Significado: Amiga protectora. Variantes: Freada, Freddi, Freddie, Freddy, Fredegunda, Fredel, Fredela, Fredella, Frederica, Frédérique, Fredesvinda, Fredya, Freeda, Freida, Freyda, Frida, Frideburga, Fridelina, Frieda, Fritzi, Fryda. Es una de las formas de Federica.

FREDEGUNDA. Origen germánico. Significado: Defensora en las batallas.

FREDESVINDA. Origen anglosajón. Significado: Poderosa en la paz. Variante: Frideswide.

FREYA. Origen escandinavo. Significado: Diosa del amor. Variantes: Fraja, Fray, Fraya, Freia, Freja, Frehah, Frey, Freyja, Froja.

FREYDE. Origen judío. Significado: Alegría.

FRIDA → FEDERICA.

FRINÉ. Origen griego. Significado: De piel oscura como un sapo.

FROILA. Origen germano. Significado: Tierra del Señor.

FROILANA. Origen germano. Significado: Señorita.

FRUCTUOSA. Origen latino. Significado: Fecunda, fructífera. Variantes: Fruitosa, Frutosa, Fruitutsu, Oneretsu.

FRUMA. Origen judío. Significado: Piadosa.

FUENSANTA. Origen latino. Significado: Fuente santa. Advocación de la Virgen, Nuestra Señora de la Fuensanta, patrona de Murcia.

FUJI. Origen japonés. Significado: Glicina. Variantes: Fujee, Fujie, Fujy.

FUJITA. Origen japonés. Significado: Campo. Nombre femenino y masculino.

FULGENCIA. Origen latino. Significado: La fulgurante. Variantes: Fulgència, Fúlgida, Fulxencia, Pulgentze.

FULVIA. Origen latino. Significado: La de los cabellos rojos. Variantes: Fulvi, Fúlvia, Fulvie, Fulvy, Fulvya.

FUSCA. Origen latino. Significado: Oscura, negra.

FUYUMI. Origen japonés. Significado: Hermoso invierno. Variantes: Fuyu.

GABI → GABRIELA.

GABINA. Origen latino. Significado: La que es oriunda de Gabio (Italia). Variante: Gabiñe.

GABONE. Origen vasco. Significado: Navidad.

GABRIELA. Origen hebreo. Significado: La que tiene la fuerza y el poder de Dios. Variantes: Gabbi, Gabby, Gabi, Gabie, Gabiñe, Gabor, Gabora, Gabore, Gabriella, Gabrielle, Gabrila, Gabriolett, Gabryela, Gaby, Gavrielle, Gavrilla, Gavrille, Gavryl, Gavryla, Gavryle.

GADAR. Origen armenio. Significado: Perfección.

GADEA. Origen vasco (Zuya, Álava).

GAETANA. Origen latino. Significado: Oriunda de Gaeta (Italia). Variantes: Gaetan, Gaétane, Gaitana, Gaitanna, Gaytana, Gaytane.

GAIA. Origen griego. Significado: Diosa de la Tierra. Variantes: Gaea, Gaïa, Gaïane, Gaiea, Gaioa, Gaya, Gea.

GAIL. Origen hebreo. Significado: Nacida de un padre feliz. Variantes: Abigail, Gael, Gaela, Gaelle, Gaile, Gailean, Gaileen, Gaileena, Gailina, Gailine, Gailyn, Gale, Galey, Galie, Gayel, Gayella, Gayelle, Gayl, Gayla, Gayle, Gayleen, Gayleena, Gaylia, Gaylina, Gayline, Gaylyn.

GAINKO. Origen vasco. Advocación de la Virgen en Arrieta (Vizcaya). Variante: Jainko.

GAIZKANE. Forma vasca de Salvadora.

GALA. Origen escandinavo. Significado: Canción, celebración. Variante: Galla.

GALA. Origen latino. Significado: Natural de la Galia, territorio francés. Variantes: Ederne, Galia, Gal la, Galla.

GALATEA. Origen griego. Significado: La de piel blanca como la leche. Variantes: Galanthea, Galatee, Galathée, Galati, Galatia, Galatie, Galatya.

GALENA. Origen griego. Significado: Sanadora.

GALI. Origen hebreo. Significado: Colina. Variantes: Gal, Galea, Galee, Galei, Galeigh, Galey, Galia, Galie, Gallea, Gallei, Galli, Gallie, Gally, Galy.

GALIA. Origen ruso. Significado: Luz blanca. Variante: Galya.

GALINA. Origen griego. Significado: Calma, sosiego.

GALINA. Forma eslava de Helena. Variantes: Gaean, Galaina, Galeana, Galeane, Galeen, Galeena, Galeene, Galena, Galenka, Galenka, Galiana, Galiane, Galinda, Galine, Galinka, Galka, Galochka, Galyna, Galyne.

GALVÁN. Origen galés. Significado: Halcón blanco.

GAMIZA. Origen vasco.

GANESA. Origen sánscrito. Significado: Afortunada. Variantes: Ganesah, Ganessa, Ganessah.

GANYA. Origen hebreo. Significado: Jardín de Dios. Variantes: Gania, Ganiah, Ganyah.

GARA. Origen canario. Significado: El roquedal. Nombre asociado a la leyenda de Gara y Jonay.

GARAIÑE. Forma vasca de Victoria. Variantes: Garaine, Garaitz.

GARAIZA. Origen vasco. Significado: Victoria.

GARAN. Origen galés. Significado: Cigüeña.

GARANCE. Origen francés. Significado: Planta de flores amarillas.

GARAXANE, GARAXI. Formas vascas de Gracia.

GARAZI. Variante de Gaxi y de Garaxi.

GARBI. Origen vasco. Significado: Pura, clara. Variante de Garbiñe.

GARBIKUNDE. Forma vasca de Purificación. Variante: Garbina.

GARBIÑE. Forma vasca de Inmaculada y de Purificación. Variantes: Garbi, Garbikunde.

GARDEN. Origen vasco. Significado: Transparente.

GARDENIA. Origen germánico. Alude a la flor de ese nombre. Variantes: Gardeen, Gardeena, Gardeene, Garden, Gardena, Gardene, Gardènia, Gardin, Gardina, Gardine, Gardyn, Gardyna, Gardyne.

GARDOTZA. Origen vasco. Advocación de la Virgen en Berriatua (Vizcaya).

GAROA. Origen vasco. Significado: Rocío. Helecho.

GAROÑA. Origen vasco. Advocación de la Virgen en el Valle de Tobalina (Burgos).

GARRALDA. Origen vasco. Advocación de la Virgen en Gerezieta (Labourd).

GARRASTAZU. Origen vasco. Advocación de la Virgen en Barambio (Amurrio, Vizcaya).

GASPARA. Origen persa. Significado: Guardiana del tesoro. Variantes: Gasparda, Gasparde, Gasparina.

GASTEIZA. Origen vasco.

GATZARIETA. Origen vasco. Advocación de la Virgen en Abadiño (Vizcaya).

GAUDENCIA. Origen latino. Significado: Que está contenta, que disfruta. Variantes: Gaudència, Gaudentze.

GAURIKA. Origen indio. Significado: Hija pequeña.

GAXI. Forma vasca de Engracia. Variantes: Garazi, Gaxux, Geaxi, Graxi.

GAXUXA. Origen vasco. Significado: Graciosa.

GAYA → GAIA.

GAYNOR. Origen galés. Significado: Blanca y suave como la espuma. Variantes: Genoveva, Genevieve, Guinevere.

GAZELU. Origen vasco. Advocación de la Virgen en Tajonar (Navarra).

GAZETA. Origen vasco. Advocación de la Virgen en Elorrio (Vizcaya).

GAZMIRA. Origen canario (La Palma). Mujer notable que en 1492 hizo de mediadora entre los palmeros cautivos, el Cabildo de Gran Canaria y el gobernador Maldonado.

GAZTAIN. Origen vasco.

GAZTELU. Origen vasco.

GEAXANE. Origen vasco.

GEAXI. Forma vasca de Engracia.

GEDALA. Nombre aborigen. Significado: El día.

GEELAH. Origen hebreo. Significado: Alegre. Variante: Geela.

GEHAXINA. Forma vasca de Gracia.

GELASIA. Origen griego. Significado: La risueña.

GEMA. Origen latino. Significado: Piedra preciosa. Variantes: Gem, Gemey, Gemia, Gemma, Gemmah, Gemme, Gemmee, Gemmey, Gemmia, Gemy, Jem, Jema, Jemee, Jemey, Jemie, Jemm, Jemma, Jemmee, Jemmey, Jemmia, Jemmy, Jemy, Xema.

GEMINIANA. Origen latino. Significado: Melliza.

GENEROSA. Origen latino. Significado: La que se entrega. Variantes: Kenerose, Xenerosa.

GÉNESIS. Origen hebreo. Significado: Origen de todo, nacimiento. Variantes: Genesis, Genessa, Genisa, Genisia, Genisis, Jenessa.

GENOVEVA. Origen galés. Significado: Ola blanca, como la espuma del mar. Variantes: Gaynor, Geanna, Geena, Gena, Genavieve, Geneeva, Geneva, Geneva, Genevera, Genevia, Geneviève, Genevra, Genneeva, Gennie, Genny, Genovefa, Genovera, Gina, Ginebra, Ginevra, Guenevere, Guénia, Guinevere, Gwenivar, Gwenora, Gwynifor, Gwynivere, Gyniva, Janeva, Jeneva, Jenevia, Jennifer, Jenny, Jenvieve, Junípera, Kenubep, Xenoveva.

GENOVEVA. Origen germánico. Significado: Mujer de origen ilustre. Variantes: Genevieve, Geni, Geno, Guinevere, Jenofa, Veva.

GENTZANE. Origen vasco. Significado: Paz.

GEORGINA. Origen griego. Significado: Agricultora, campesina. Forma femenina de Jorge. Variantes: Georgann, Georgeann, Georgeanne, Georgeina, Georgena, Georgene, Georgetta, Georgette, Georgganne, Georgia, Georgiana, Georgianne, Georgie, Georgienne, Georgina, Georgine, Gina, Giorgia, Giorgina, Giorgyna, Jordina, Jorgina, Xurxa.

GERALDINA. Origen germánico. Significado: La que reina con la lanza. Variantes: Geralda, Geraldeen, Geraldeena, Geraldine, Gerhardina, Geriann, Gerlina, Gerlinda, Jeraldina, Jeraldine, Jeraldyna, Xeralda. También es diminutivo de Gerarda.

GERARDA. Origen germánico. Significado: Guerrera audaz. Variantes: Gerarde, Kerarte.

GERÁSIMA. Origen griego. Significado: Honorable, venerable. Variante: Geràsima.

GERDA. Origen germánico. Significado: La que está bajo protección. Variantes: Gard, Gerd, Gerdah, Gertrudis.

GEREÑA. Origen vasco.

GERIZPE. Origen vasco. Significado: Cobijo, sombra.

GERMANA. Origen latino. Significado: Natural de Germania. Alemana. Variantes: Germa, Germain, Germaine, Germane, Germayn, Germayne, Jerma, Jermain, Jermaine, Jermane, Jermayn, Jermayne, Kermane, Xermana.

GEROA. Origen vasco.

GERTRUDIS. Origen germánico. Significado: Doncella armada con lanza. Variantes: Geede, Geertrudy, Geertrui, Geertruida, Gela, Gerd, Gerda, Gertie, Gertina, Gertraud, Gertrud, Gertruda, Gertrude, Gertrudia, Gerturde, Gerty, Girtrud, Gyrtrude, Truda, Trude, Trudey, Trudi, Trudie, Trudy, Trudye, Xertrude.

GERVASIA. Origen germánico. Significado: Audaz lancera. Variantes: Gervaise, Gervàsia, Gervis, Kerbase, Xervasia.

GETULIA. Origen latino. Significado: La que vino de Getulia, región del norte de África. Variante: Getúlia.

GEVA. Origen hebreo. Significado: Colina. Variante: Gevah.

GHAADA. Origen árabe. Significado: Bella, graciosa. Variantes: Ghada, Ghadah, Ghayda, Ghaydaa.

GHAALIYA. Origen árabe. Significado: Aromática, perfumada. Variantes: Ghaliya, Ghaliyah.

GHAZALA. Origen árabe. Significado: Gacela. Variante: Ghazella.

GHERA. Nombre aborigen. Significado: Hoja del gomero (árbol).

GHISLAINE. Origen germánico. Significado: Dulce rehén. Variantes: Ghisline, Guilaine, Guylaine.

GIGI. Origen germánico. Significado: Brillante. Variantes: Geegee, Geygey, Gygy, Jeejee, Jeyjey, Jiji.

GILA. Origen hebreo. Significado: Alegría. Variantes: Gilah, Gilana, Gilanah, Gilane, Gilania, Gilainie, Gyla, Gylah, Gylan, Gylana, Gylanah, Gylane.

GILBERTA. Origen germánico. Significado: La que brilla con su espada en la batalla. Variantes: Gilaberta, Gilberte, Gilbertia, Gilbertina, Gilbirt, Gilbirta, Gilbirtia, Gilburta, Gilburte, Gilburtia, Gylberta, Wilberta, Wilberte, Xulberta.

GILDA. Origen inglés. Significado: Cubierta de oro. Variantes: Gildah, Gildan, Gilded, Golda, Goldie, Goldy, Gylda, Gyldan, Gylded.

GILLIAN. Origen latino. Significado: Pajarito. Variantes: Gila, Gilana, Gilena, Gilenia, Gilian, Giliana, Gilleann, Gilleanna, Gilliana, Gylian, Gyllian, Gyllyana, Jillian, Jilliann, Jyllian, Jylliann.

GIN. Origen japonés. Significado: Plata. Variantes: Gina, Gyn, Gyna.

GINA. Origen italiano. Diminutivo de Georgina, Regina y otros nombres que acaban así. También se usa como diminutivo de Angelina, Eugenia y Virginia.

GINEBRA. Origen celta. Significado: Blanca como la espuma. Variantes: Genevra, Ginevra, Guinevere.

GINGER. Origen inglés. Significado: Jengibre. Pelirroja. Variantes: Ginata, Ginja, Ginjar, Ginjer, Gynger, Gynjer. Nombre femenino y femenino.

GINIA. Origen latino. Significado: Pureza. Diminutivo de Virginia. Variantes: Giniah, Gynia, Gynny, Gynya.

GIOCONDA. Origen griego. Significado: Simpática.

GIOVANA. Origen italiano. Significado: Dios es bueno. Forma italiana de Juana. Variantes: Gian, Giana, Gianetta, Gianina, Gianna, Giannina, Giannine, Giovanna.

GIRIJA. Origen indio. Significado: Hija de la montaña.

GISABEL. Forma vasca de Elisabet.

GISELA. Origen germánico. Significado: Poderosa flecha. Variantes: Gelsi, Gelsy, Gisa, Gisel, Giselda, Giselda, Gisele, Gisèle, Gisella, Giselle, Gizela, Gizella, Gysel, Gysela, Gyzela, Gyzele, Xisela.

GITA. Origen sánscrito. Significado: Canción. Variantes: Gitah, Gitka, Gitta, Gittah, Gyta, Gytah.

GIULIA. Forma italiana de Julia. Variante: Giuliana.

GIXANE. Forma vasca de Encarnación. Variantes: Gizane, Gizakunde.

GLAD. Origen islandés. Significado: Feliz. Variante: Gleda.

GLADIS. Origen galés. Significado: Que gobierna un gran territorio. Variantes: Claudia, Glad, Gladdy, Gladdys, Gladez, Gladys, Gleda, Gleddis, Gleddys, Gwladys.

GLAUCA. Origen griego. Significado: Del color del mar.

GLEN. Origen irlandés. Significado: Valle estrecho y boscoso. Variantes: Glenda, Glyn, Glenn, Glen, Glenys, Glynis, Glenna, Glennis, Glennys, Glynnis, Glenice, Glenicia. Nombre femenino y masculino.

GLICERIA. Origen griego. Significado: La dulce. Variante: Glicèria.

GLORIA. Origen latino. Significado: Honor, fama. Alude al cielo y a los lugares donde residen los bienaventurados. Variantes: Aintzane, Gloree, Glòria, Glorian, Gloriana, Gloriane, Gloriana, Glorie, Glorien, Glorria, Glory, Glorya, Gloryana, Gloryane, Glorye, Gloryena, Gloryenna, Gloryenne.

GODIVA. Origen germánico. Significado: Regalo de Dios. Variantes: Godgifu, Godivah, Godyva, Godivah.

GODOFREDA. Origen germánico. Significado: El amparo de Dios. Variante: Godepirde.

GOIATZ. Origen vasco. Advocación de la Virgen en Guipúzcoa.

GOIKIRIA. Origen vasco.

GOIKOANA. Origen vasco. Advocación de la Virgen en Inoso (Urkabustaiz, Álava).

GOIURI. Origen vasco. Advocación de la Virgen en Iurreta (Vizcaya).

GOIZANE. Forma vasca de Aurora. Variantes: Goizalde, Goizargi, Goizeder.

GOMETIZA. Origen vasco.

GORANE. Origen vasco. Significado: Exaltación de la Santa Cruz. Variantes: Goratze, Goratzi.

GORAWEN. Origen galés. Significado: Alegría.

GORBEIA. Origen vasco. Cadena montañosa entre Álava y Vizcaya.

GORETTI. Origen italiano. Apellido de una santa (Maria Goretti) asesinada por defender su virginidad. Derivación italiana de Gregoria.

GORGONIA. Origen griego. Significado: La que aterroriza.

GOROSTITZA. Origen vasco. Advocación de la Virgen en Nabarniz (Vizcaya).

GORRIA. Origen vasco.

GORRITIZ. Origen vasco. Advocación de la Virgen en Luno (Vizcaya).

GORRIZA. Origen vasco. Advocación de la Virgen en Arguiñáriz (Navarra).

GOTIZA. Origen vasco.

GOTO. Origen vasco. Significado: Sólida.

GOTZONE. Origen vasco. Significado: Ángela, Mensajera.

GOYA. Variante de Gregoria.

GOZO. Origen vasco. Significado: Dulce.

GRACIA. Origen latino. Significado: Encanto, don divino. Variantes: Atsegiñe, Chela, Engracia, Engracie, Gartze, Gartzene, Geraxina, Graça, Grace, Gracelia, Gracella, Gracey, Graci, Graciana, Gracie, Graciela, Graciliana, Graciniana, Graciosa, Gracy, Gratia, Gratian, Gratiana, Gratianna, Gratyan, Gratyanna, Grazia, Graziella, Grazielle, Graziosa, Grazyna.

GRACILIA. Origen latino. Significado: Grácil, esbelta. Variante: Graciliana.

GRAXI. Variante de Gaxi.

GREDEL. Origen griego. Significado: Una perla. Variante: Greda.

GREGORIA. Origen griego. Significado: La vigilante. Variantes: Gergoana, Gergore, Goya, Grear, Greer, Gregòria, Gregorina, Grier, Gryer.

GRETA. Origen sueco. Significado: Perla. Variantes: Greata, Greda, Gredel, Greeta, Gretal, Gretchan, Gretchen, Grete, Gretel, Gretell, Gretna, Gretta, Grette, Gretyl. También es un diminutivo de Margarita.

GRIMALDA. Origen inglés. Significado: Guerrera atrevida.

GRISELDA. Origen germánico. Significado: Heroína. La que lucha por Cristo. De ojos grises. Variantes: Grisel, Griseldis, Grishild, Grishilda, Grissel, Grisselda, Grizel, Grizelda, Grizella, Grizelle, Gryselda, Gryselde.

GRYFFYN. Origen galés. Significado: Animal mitológico. Nombre femenino y masculino.

GUACIMARA → GUASIMARA.

GUADALUPE. Origen árabe. Significado: Río de piedras negras. Río extremeño que dio su nombre al Santuario de Nuestra Señora de Guadalupe, patrona de Extremadura y también de México. Variantes: Gualupita, Lupe, Lupita, Pita.

GUAJARA. Origen canario (Tenerife).

GUALBERTA. Origen griego. Significado: Extranjera ilustre. Variante: Golberte.

GUALDA. Origen canario (Tenerife). Nombre femenino y masculino.

GUALTERIA. Origen germánico. Significado: Poderoso ejército. Forma femenina de Walter.

GUANIEGUA. Origen canario. Variante: Guanjegua.

GUARACOSA. Origen canario
(El Hierro).

GUASIMARA. Origen canario (Tenerife).
Significado: Princesa. Hija del mencey
Beneharo de Anaga, que se enfrentaba
al enemigo luchando codo a codo con
los hombres. Variante: Guacimara.

GUAXARA. Origen canario (Tenerife).

GUAYARMINA. Origen canario
(Gran Canaria). Princesa de Gáldar,
hija de Fernando Guanarteme.

GUDANE. Forma vasca de Marciala.

GUDRUN. Origen escandinavo.
Significado: Sabiduría divina.
Variantes: Gudren, Gudrin, Grudrina,
Gudrine, Gudrinn, Gudrinna,
Guddrinne, Gudruna.

GÚDULA. Origen germánico.
Significado: La protectora. Variantes:
Gudele, Gudelia, Gudèlia, Gudule,
Gudulia, Gudúlia, Gunilda, Gunilde.

GÜENDOLINA. Origen galés.
Significado: Feliz. Blanca. Círculo
de felicidad. Variantes: Guendalina,
Guendolen, Gundelina, Gundelinda,
Guvendolina, Gwen, Gwenda,
Gwendolen, Gwendolin, Gwendolina,
Gwendoline, Gwendolyn, Gweneth,
Gwenetta, Gwindolin, Gwindolina,
Gwyn, Gwynaeth, Gwynedd.

GUÉNOLÉ. Origen celta. Significado:
Blanca y valerosa.

GUÍA. Origen germánico. Significado:
Persona que guía.

GUIDA. Origen germánico. Significado:
Mujer de la selva. Variante: Guide.

GUILLERMINA. Origen germánico.
Significado: La que protege con
firme voluntad. Variantes: Gillelme,
Guglielma, Guglielmina, Guillemette,
Guillerma, Guilleuma, Gullermina,
Vilhelmina, Vilma, Wihelmina,
Wilean, Wileen, Wileene, Wilhelmina,
Wilhelmine, Willemina, Wilma.

GUIOMAR. Origen germánico.
Significado: Mujer ilustre. Variante:
Güiomar.

GULARA. Nombre aborigen.
Significado: Luz de luna.

GULFILIZ. Origen turco. Significado:
Brote de rosa.

GULGZEL. Origen turco. Significado:
Bella como una rosa.

GULRANG. Origen persa. Significado:
Rosa colorida.

GULSEREN. Origen turco. Significado:
Expansión de rosas.

GULSHAM. Origen persa. Significado:
Jardín de rosas.

GUMERSINDA. Origen germánico.
Significado: La que camina hacia
la guerra. Variante: Gumersinde.

GUNDA. Origen germánico.
Significado: La luchadora. Variantes:
Gundah, Gundenia, Gundula.

GUNNHILD. Origen germánico.
Significado: Guerrera. Variantes:
Gunhild, Gunhilda, Gunnhildr.

GUPIDA. Origen vasco. Significado:
Piedad. Compasión.

GURE. Origen vasco.

GURENDA. Origen vasco. Significado:
Victoria.

GURENE. Forma vasca de Santos.

GURLEY. Nombre aborigen. Significado:
Sauce. Variantes: Gurlea, Gurleah,
Gurlee, Gurlei, Gurleigh, Gurli, Gurlie,
Gurly.

GURTZA. Variante de Agurtzane.

GURUTZE. Forma vasca de Cruz.
Variantes: Gurutzi, Guruzne.

GURUTZETA. Origen vasco. Advocación
de la Virgen en Idiazábal (Guipúzcoa).

GURUZNE. Origen vasco. Significado:
Santa Cruz.

GUSTAVA. Origen sueco. Significado:
Sirvienta de los dioses. Variantes:
Gusta, Gustaba, Gustha.

GUTUNE. Origen vasco.

GUYRA. Nombre aborigen. Significado:
Lugar para pescar. Variantes: Guira,
Guirah, Guyrah.

GWANWYN. Origen galés. Significado:
Primavera.

GWEN. Origen galés. Significado: Blanca. Variantes: Guinevere, Gwendolen, Gwendoline, Gwendolyn, Gwenhwyvar, Gwenn, Gwyn, Gwynedd, Gwyneth, Gwynne.

GWENDOLINA → GÜENDOLINA.

GWENABWY. Origen galés. Significado: Hija de la vaca.

GWENER. Origen galés. Significado: Venus.

GWYNETH. Origen galés. Significado: Felicidad. Suerte. Ola blanca.

Variantes: Gweneth, Gwenith, Gwenneth, Gwennyth, Gwenyth, Gwineth, Gwinneth, Gwynith, Gwynn, Gwynna, Gwynne, Gwynneth.

GYMEA. Nombre aborigen. Significado: Pájaro pequeño.

GYPSY. Origen inglés. Significado: Bohemia, trotamundos. Variantes: Gipsea, Gipsee, Gipsey, Gipsi, Gipsie, Gipsy, Gypsea, Gypsee, Gypsey, Gypsi, Gypsie.

GYTHA. Origen inglés. Significado: Regalo. Variante: Githa.

HAALA. Origen árabe. Significado: Aurora.

HABIBA. Origen árabe. Significado: Querida, amada. Variantes: Habibah, Haviva.

HABIKA. Origen africano. Significado: Cariño.

HACHI. Origen japonés. Significado: Buena suerte.

HADA. Origen hebreo. Significado: Mirto. Variantes: Hadas, Hadasa, Hadassa, Hadassah, Hodel.

HADIYA. Origen árabe. Significado: Regalo. Variantes: Haadiya, Hadia, Hadiyah.

HAFIZA. Origen turco. Significado: Memoria.

HAFSA. Origen árabe. Significado: Joven leona. Variantes: Hafsah, Hafza.

HAFWEN. Origen galés. Significado: Bonita como el verano. Variantes: Hafwena, Hafwenah, Hafwin, Hafwina, Hafwine, Hafwyn, Hafwyna, Hafwyne.

HAIDA. Origen griego. Significado: Modesta. Variantes: Hadia, Hady, Hadya, Hadyea, Hadyee, Haidé, Haidea, Haidée, Haidey, Haidi, Hayde, Haydee, Haydée, Haydey.

HAIFA. Origen árabe. Significado: De cuerpo hermoso.

HAIMA. Origen indio. Significado: Nieve.

HAIMI. Origen hawaiano. Significado: Buscadora.

HAIZE. Origen vasco. Significado: Viento. Variante: Haizea.

HALDIS. Origen escandinavo. Significado: Espíritu de piedra.

HALEY. Origen inglés. Significado: Prado de heno. Variantes: Hailea, Hailee, Hailei, Haileigh, Hailey, Haili, Hailie, Haily, Halea, Halee, Halei, Haleigh, Hali, Halia, Halie, Haly, Halya, Haylea, Hayleah, Haylee, Haylei, Hayleigh, Hayley, Hayli, Haylie, Hayly.

HALEIGHA. Origen hawaiano. Significado: Casa del sol naciente.

HALIA. Origen hawaiano. Significado: Parecida a un pariente amado. Variantes: Haleeah, Haleea, Haleeah, Haleia, Haleiah, Haliah, Halya, Halyah.

HALIMA. Origen árabe. Significado: Gentil, paciente, perseverante. Variante: Halimah.

HALLIE. Origen griego. Significado: Que piensa en el mar. Variantes: Hallea, Halee, Hallei, Halleigh, Halley, Halli, Hallia, Hally, Hallya.

HALONA. Origen nativo americano. Significado: Afortunada. Variantes: Allona, Alona, Hallona.

HAMIDA. Origen árabe. Significado: Digna de elogio. Variantes: Hameedah, Hamidah.

HANA. Origen árabe. Significado: Felicidad, paz de espíritu. Variantes: Hanaa, Hanah, Hanna, Hannah.

HANA. Origen japonés. Significado: Flor. Variantes: Hanah, Hanna, Hannah.

HANAKO. Origen japonés. Significado: Niña flor.

HANAMO. Origen canario.

HANAN. Origen árabe. Significado: Compasiva.

HANEEFA. Origen árabe. Significado: Verdad, creíble. Variantes: Hanifa, Hanifah, Hanyfa, Hanyfah.

HANEUL. Origen coreano. Significado: Cielo. Variante: Ha-Neul. Nombre femenino y masculino.

HANIFE. Origen turco. Significado: Dama.

HANNA. Origen hebreo. Significado: Gracia, favor. Variantes: Hannah, Ann, Anna, Annah, Chana, Chanah, Channa, Channah, Hana, Hanah, Hanita, Henna, Hennah, Honna, Johana, Johanna.

HANYA. Nombre aborigen. Significado: Piedra. Variantes: Hania, Hanya, Hanyah.

HAÑAGUA. Origen canario (Tenerife).

HAQIKAH. Origen egipcio. Significado: Honesta, leal.

HARBIL. Origen vasco.

HARBONA. Origen vasco.

HARIDIAN. Origen canario (La Palma).

HARIKA. Origen turco. Significado: Maravillosa.

HARMONIA. Origen latino. Significado: Armonía. Variantes: Armonía, Harmonee, Harmoney, Harmoni, Harmonie, Harmonne, Harmony.

HARRIET. Origen francés. Significado: Poderosa por su linaje. Forma francesa de Enriqueta. Variantes: Harrie, Harrietta, Harriette, Harriot, Harryet, Harryeta, Harryett, Harryetta, Hattsie, Hatsy, Hattie, Hatty, Henrietta.

HARRITXU. Variante de Arritokieta.

HARU. Origen japonés. Significado: Primavera.

HARUKA. Origen japonés. Significado: Desde lejos.

HARUKI. Origen japonés. Significado: Árbol de primavera.

HARUKO. Origen japonés. Significado: Niña de primavera.

HARUMI. Origen japonés. Significado: Belleza de primavera.

HASINA. Origen árabe. Significado: Bella. Variantes: Hasinah, Hasnia, Hasseeanah, Hasyn, Hasyna, Hasynah, Hasyne.

HASNA. Origen árabe. Significado: Fuerte.

HATHOR. Origen egipcio. Significado: Templo de Horus. Diosa egipcia del amor. Variantes: Hathor-sakmet, Hathora, Hathorah, Hathore.

HAUDINA. Origen vasco.

HATSHEPSUT. Origen egipcio. Significado: La primera de las nobles damas. Reina de Egipto.

HAURRAMARI. Origen vasco. Significado: Niña María.

HAURTZANE. Origen vasco.

HAVA. Origen hebreo. Significado: La que da la vida. Variantes: Eva, Havva, Hawa, Hawah.

HAYAAM. Origen árabe. Significado: Delirante de amor.

HAYAL. Origen turco. Significado: Sueño.

HAYAT. Origen árabe. Significado: Vida. Variante: Haiat.

HAZEL. Origen inglés. Significado: Avellano. Variantes: Haizel, Hayzal, Hazal, Hazall, Hazalla, Haze, Hazeline, Hazell, Hazella, Hazelle, Hazle, Hazzel, Heyzal, Heyzel.

HAZINE. Origen turco. Significado: Tesoro.

HEA. Origen coreano. Significado: Gracia.

HEALLFRITH. Origen inglés. Significado: Hogar pacífico. Variantes: Hallfrita, Halfryta, Halfrith.

HEATHER. Origen inglés. Significado: Del lugar donde crece el brezo.

Variantes: Heathar, Hethar, Hether, Hevar, Hever.

HEBE. Origen griego. Significado: Diosa de la juventud. Variantes: Ebe, Heba, Hebah, Hébé, Hebee, Hebey, Hebi, Hebia, Hebie, Heby.

HEDDA. Origen germánico. Significado: La que pelea. Variantes: Heda, Heddah, Heddi, Heddie, Hedvige, Hedwig, Hedwiga, Hedwyga, Hendvig, Henvyg, Hetta.

HEDWIG. Origen germánico. Significado: Luchadora. Variantes: Avice, Avis, Edo, Edvige, Eide, Hadvig, Hadwig, Havoise, Hawise, Heda, Hedda, Hedu, Hedvig, Hedviga, Hedvige, Hedwegis, Hedwigan, Hedwige, Hedwyg, Heidi, Jadviga.

HEGAZTI. Origen vasco. Significado: Ave.

HEGIEDER. Origen vasco.

HEGOA. Origen vasco. Significado: Viento del sur.

HEIDI. Origen suizo. Significado: Noble. Diminutivo de Adelheid (Adelaida), debe su fama al libro del mismo nombre de Johanna Spyri. Variantes: Heidea, Heidee, Heidey, Heidie, Heidy.

HELA. Origen árabe. Significado: Aureola.

HELDA. Origen germánico. Significado: Doncella combatiente.

HELDA → ELDA.

HELEDD. Nombre tradicional galés de significado desconocido.

HELENA. Origen griego. Significado: Antorcha. Otra forma de Elena. Variantes: Aileen, Alione, Eileen, Elaine, Eleni, Eline, Ellen, Halaine, Hela, Helana, Hele, Heleena, Helen, Helenah, Hélène, Heleni, Helenka, Hellen, Helli, Iléana, Ilona, Ilonka, Oliona.

HELGA. Origen eslavo. Significado: Santa. Variantes: Helgah, Helka, Olga.

HELIA. Origen griego. Significado: Del Sol. Variante: Heliana.

HELIA → ELIA.

HELICE. Origen griego. Significado: Espiral. Variantes: Helicia, Helyce, Elycia, Helycya.

HÉLIDA. Origen griego. Significado: Del valle de Élide, en el Peloponeso (Grecia). Variante: Élida.

HELINA. Origen ruso. Significado: Luz del Sol.

HELINTZIA. Origen vasco.

HELIODORA. Origen griego. Significado: Regalo del Sol. Variantes: Eliodora, Eludore.

HELIS. Origen vasco.

HELOÍSA. Origen germánico. Significado: Guerrera famosa. Variantes: Aloïse, Aloyse, Eloísa, Heloise, Heloysa.

HELVECIA. Origen latino. Significado: De la tribu de los helvecios, antiguos habitantes de Suiza.

HELVIA. Origen latino. Significado: Que es rubia. Variante: Elvia.

HEMELINDA. Origen germánico. Significado: Escudo de la fuerza.

HENAR. Origen castellano. Significado: Donde crece o se guarda el heno. Advocación de la Virgen, Nuestra Señora del Henar, venerada en el santuario de su nombre en Cuéllar (Segovia).

HENRIET, HENRIETTA. Variantes de Enriqueta.

HERA. Origen griego. Esposa de Zeus, reina de los dioses. Variantes: Herah, Heria, Heriah, Herya, Heryah.

HERACLIA. Origen griego. Significado: Descendiente de la familia de Hércules. Variantes: Erakille, Heraclea, Heràclia.

HERCULANA. Origen griego. Significado: De gran tamaño.

HERIBERTA. Origen germánico. Significado: brillante guerrera. Variantes: Eriberte, Herberta, Herbertia, Herbirta, Herbirtia, Herburta, Herburtia, Herbyrta.

HERLINDA. Origen germánico. Significado: Suave. Variante: Herlind.

HERMELINDA. Origen germánico. Significado: La que es muy dulce. Variantes: Ermelinda, Hermelanda.

HERMENEGILDA. Origen germánico. Significado: De la tribu de los ermiones. Variante: Hermenxilda.

HERMIDAS. Origen latino. Significado: Pequeña iglesia solitaria. Variante: Hermitas.

HERMINDA. Origen griego. Significado: La que anuncia.

HERMINIA. Origen germánico. Significado: Guerrera de la tribu de los ermiones. Variantes: Erminia, Ermiñe, Hermine, Hermínia, Herminie.

HERMINIA. Origen griego. Significado: La que anuncia. Femenino de Hermes, mensajero de los dioses. Variantes: Herma, Hermaine, Hermia, Hermina, Hermion, Hermiona, Hermione, Hermoine, Hermyon, Hermyona, Hermyone.

HERSILIA. Origen latino. Significado: Rocío. Variantes: Hercilia, Hersília.

HERTA. Origen germánico. Significado: Fecunda.

HERTA, HERTHA ➤ EARTHA.

HERTHA. Origen germánico. Significado: Madre Tierra. Variantes: Heartha, Hearthea, Hearthia, Hearthya, Herthah, Herthia, Herthya.

HERUNDINA. Origen latino. Significado: Como una golondrina.

HESSA. Origen árabe. Significado: Destino.

HESTER. Origen griego. Significado: Estrella vespertina. Otra forma de Esther. Variantes: Hesper, Hespera, Hesperia, Hesta, Hestar, Hestarr, Hesther, Hestia, Hestya.

HIART. Origen vasco. Advocación de la Virgen en Lete (Iza, Navarra).

HIDE. Origen japonés. Significado: Excelente.

HIDEKO. Origen japonés. Significado: Niña espléndida.

HIDI. Origen africano. Significado: Raíz.

HIGINIA. Origen griego. Significado: Sana. Variantes: Higínia, Hixinia.

HIKA. Origen polinesio. Significado: Hija.

HIKARI. Origen japonés. Significado: Luz, brillo, luminosidad. Variante: Hikaru. Nombre femenino y masculino.

HILAL. Origen turco. Significado: Luna creciente. Variante: Hilâl.

HILARGI. Origen vasco. Significado: Luna.

HILARIA. Origen latino. Significado: La que es alegre. Variantes: Halaria, Hilarea, Hilaree, Hilària, Hilarie, Hilarina, Hilary, Hillarea, Hillarey, Hillary, Hillery, Hilliary, Hylari, Hylarie, Hylary, Hyllarey, Hyllari, Hyllarie, Hyllary, Ilaria, Ilariñe.

HILDA. Origen germánico. Significado: Poderosa en la batalla. Variantes: Hildah, Hilde, Hilde, Hildee, Hildie, Hildt, Hillda, Hylda, Hyldea, Hyldee, Hyldi, Hyldy, Hylldea, Ilda.

HILDEBRANDA. Origen germánico. Significado: Espada de la batalla.

HILDEGARDA. Origen germánico. Significado: La que espera para luchar. Variantes: Hildagard, Hildagarde, Hildaggard, Hildaggarde, Hildegard, Hildegarde, Hildegart, Hildeguarda, Hyldagard, Hyldagarde, Hyldegard, Hyldegarde, Hyldeguard, Hyldeguarde.

HILDEGUNDA. Origen germánico. Significado: Luchadora heroica.

HILDEMAR. Origen germánico. Significado: Famosa guerrera.

HIMAR. Origen canario. Nombre femenino y masculino.

HIMAWARI. Origen japonés. Significado: Girasol.

HIMEKO. Origen japonés. Significado: Princesa.

HINA. Origen japonés. Significado: Pollito.

HINA. Origen tongano. Significado: Araña. Variantes: Hinah, Hyna, Hynah.

HINATA. Origen japonés. Significado: Zona bañada por el Sol.

HIND. Origen árabe. Significado: Mimo.

HINDA. Origen hebreo. Significado: Cierva. Variantes: Hindah, Hindel, Hindelle, Hynda, Hyndah.

HINE. Origen polinesio. Significado: Doncella. Variantes: Hina, Hinah, Hyn, Hyna, Hynah, Hyne.

HIPÓLITA. Origen griego. Significado: La que desata sus caballos y se apresta para la lucha. Reina de las amazonas. Variantes: Hipòlita, Hippolyte, Ipolite.

HIRIWA. Origen polinesio. Significado: Plata. Variantes: Hiriwah, Hirywa, Hyriwa, Hyrywa.

HIROKO. Origen japonés. Significado: Niña generosa. Variante: Hyroko.

HIROMI. Origen japonés. Significado: De gran belleza. Nombre femenino y masculino.

HIRUNE. Forma vasca de Trinidad. Variante: Irune.

HISA. Origen japonés. Significado: Duradero. Nombre femenino y masculino. Variantes: Hisae, Hisah, Hisako, Hisayo, Hysa, Hysah.

HITOMI. Origen japonés. Significado: Pupila, niña de los ojos. Variante: Hitomo.

HJORDIS. Origen escandinavo. Significado: Diosa de la espada. Variante: Hjördis.

HLYA. Origen turco. Significado: Sueño diurno.

HLYNN. Origen inglés. Significado: Cascada.

HODAKA. Origen japonés. Significado: Planta alta.

HODEIZA. Origen vasco. Significado: Nube. Cielo nuboso. Variante: Hodei.

HOKI. Origen vasco. Advocación de la Virgen de Chéronte (Mauleón, País Vasco francés).

HOKU. Origen polinesio. Significado: Estrella.

HOLLIS. Origen inglés. Significado: Acebo. Variantes: Holea, Holee, Holei, Holeigh, Holey, Holi, Holice, Holie, Holisa, Holise, Hollace, Holle, Hollea, Hollee, Hollei, Holleigh, Holley, Holli, Hollice, Hollie, Holly, Hollyce, Hollye, Hollys, Hollysa, Hollyse, Hollyss, Hollyssa, Holy, Holyann, Holyce, Holys, Holysa, Holyse, Holyss, Holyssa, Holysse. Nombre femenino y masculino.

HOMERA. Origen griego. Significado: Mujer que no ve.

HONESTA. Origen latino. Significado: Honesta, de confianza. Variantes: Honest, Honestee, Honestey, Honesti, Honestia, Honestie, Honesty.

HONEY. Origen inglés. Significado: Miel, dulce. Variantes: Honea, Honee, Honnee, Honney, Honni, Honnie, Hunee, Huney, Hunie, Hunney, Hunnie, Hunny.

HONORATA, HONORIA. Origen latino. Significado: Honrada, honorable. Variantes: Honor, Honòria, Honorina, Honour, Honouria, Honoury, Honourya.

HOORIYA. Origen árabe. Significado: Ángel.

HOPE. Origen inglés. Significado: Esperanza.

HORACIA. Origen latino. Significado: La que anuncia las horas. Variantes: Horàcia, Horacya, Horatia, Horatya.

HORTENSIA. Origen latino. Significado: Jardinera. Flor del mismo nombre. Variantes: Hortencia, Hortense, Hortènsia, Hortensya, Ortense, Ortensia.

HOSHI. Origen japonés. Significado: Estrella. Variantes: Hoshee, Hoshey, Hoshie, Hoshy.

HOSHIKO. Origen japonés. Significado: Niña de la estrella.

HOSTAIZKA. Forma vasca de Margarita. Variantes: Hostaitza, Hotaizkaza, Ostaizka.

HOTARU. Origen japonés. Significado: Luciérnaga.

HROTHBEORHTA. Origen inglés. Significado: Famosa. Variantes: Hrothberta, Hrothnerta, Hrothbertina.

HUA. Origen chino. Significado: Flor.

HUA. Origen vasco. Advocación de la Virgen en Guipúzcoa.

HUAN. Origen chino. Significado: Felicidad. Nombre femenino y masculino.

HUAPI. Origen mapuche. Significado: Isla.

HUAUXA. Origen canario.

HUDA. Origen árabe. Significado: Dirección correcta. Variante: Hoda.

HUE. Origen vietnamita. Significado: Lirio.

HUENU. Origen araucano. Significado: Cielo. Nombre femenino y masculino.

HUGONE. Origen vasco. Virgen en Arteta (Ollo, Navarra).

HUGUETTE. Origen germánico. Significado: Inteligente. Variantes: Hugeta, Hugetta, Hughete, Hughette, Hugues.

HULDA. Origen hebreo. Significado: Comadreja, topo. Variantes: Houlda, Huldah, Huldi, Huldie, Huldy.

HULLEN. Origen mapuche. Significado: Primavera.

HULYA. Origen turco. Significado: Fantasía.

HUMBELINA. Origen latino. Significado: La que da sombra.

HUMBERTA. Origen germánico. Significado: Oso famoso. Variante: Unberte.

HUMILDAD. Origen latino. Significado: Modesta, humilde. Variantes: Apaltasun, Humilitat.

HUO. Origen chino. Significado: Fuego. Nombre femenino y masculino.

HURAIVA. Origen árabe. Significado: Gatita.

HUSN. Origen árabe. Significado: Bella. Variantes: Husni, Husniya, Husniyah.

HUYANA. Origen nativo americano. Significado: Lluvia que cae. Variante: Hyanah.

HYPATIA. Origen griego. Significado: La más elevada.

♀

IA. Origen griego. Significado: Dardo.

IAFA. Origen hebreo. Significado: Bella, hermosa. Variante: Jaffa.

IANINA. Origen hebreo. Significado: Llena de gracia divina. Diminutivo italiano de Juana. Variante: Giannina.

IANIRA. Origen griego. Significado: Hechicera. Variantes: Ianirah, Ianyra, Yanyrah.

IANTHE. Origen griego. Significado: Flor violeta. Variantes: Iantha, Ianthia, Ianthina, Ianthine, Ianthya, Ianthyah, Jantina.

IARA. Origen tupí. Significado: La que es una señora. Variante: Yara.

IASMINA. Origen vasco.

IBABE. Origen vasco. Advocación de la Virgen en Ibarra (Aramaio, Álava).

IBALLA. Origen canario (La Gomera).

IBARNE. Origen vasco. Significado: Valle, vega.

IBAYA. Variante de Iballa.

IBERNALO. Origen vasco. Advocación de la Virgen en Santa Cruz de Campezo/Kanpezu (Álava).

IBI. Nombre aborigen. Significado: Tierra.

IBTIHAAJ. Origen árabe. Significado: Alegría, felicidad.

IBTISAM. Origen árabe. Significado: Sonrisa. Variantes: Ebtissam, Essam, Ibtissam, Issam.

ICHIKA. Origen japonés. Significado: Flor.

ICHIKO. Origen japonés. Significado: Primera hija.

ICO. Origen canario (Lanzarote).

IDA. Origen germánico. Significado: Diligente y bondadosa. Variantes: Idaia, Idalene, Idalia, Idalina, Idaline, Idalya, Idalyne, Idaya, Idda, Ide, Idell, Idella, Idelle, Idetta, Idette, Idia, Iduska, Idys, Iida, Iidda, Yda, Ydah.

IDAIRA. Origen canario (La Palma).

IDALIA. Origen griego. Significado: He visto el Sol. Apodo de la diosa Venus. Variantes: Idàlia, Idaliah, Idalya, Idalyah.

IDARA. Origen latino. Significado: Bien organizada.

IDELIA. Origen germánico. Significado: Perteneciente a la nobleza. Variantes: Ideliah, Idelya, Idelyah.

IDOIA. Origen vasco. Advocación de la Virgen en Isaba/Izaba (Navarra). Variante: Idoya.

IDOIBALTZAGA. Origen vasco. Advocación de la Virgen en Errigoiti (Vizcaya).

IDOLA. Origen griego. Significado: Idolatrada. Variantes: Idol, Idolah.

IDONA. Origen escandinavo. Diosa nórdica responsable de las manzanas de la eterna juventud. Variantes: Idone, Idony, Idun, Itiunnr.

IDRA. Origen arameo. Significado: Higuera. Variante: Idrah.

IDUIA. Origen vasco. Advocación de la Virgen en Asparrena (Álava).

IDURRE. Origen vasco. Advocación de la Virgen en Mutriku (Guipúzcoa).

IEDIDÁ. Origen hebreo. Significado: Amada.

IEKORA. Origen vasco (Álava).

IENEGA. Variante de Eneka.

IERA. Origen vasco. Advocación de la Virgen en Arreo y Viloria (Álava).

IFIGENIA. Origen griego. Significado: Sacrificio. Variantes: Efigenia, Epigene, Ifigènia, Ifiginia, Ifixenia, Iphigena, Iphigenia, Iphigeniah, Iphigénie, Iphigenya.

IGAI. Origen vasco (Álava).

IGARATZA. Forma vasca de Tránsito. Advocación de la Virgen en Aralar (Navarra). Variantes: Igaraitz, Igaro.

IGNACIA. Origen latino. Significado: Ardiente, fogosa. Variantes: Eneka, Ignacie, Ignacya, Ignacyah, Ignashia, Ignashya, Ignàsia, Ignatia, Ignatya, Ignazia, Ignazya, Ignezia, Ignezya, Ignia, Ignya, Iniga, Inignatia, Inignatya, Iñake, Íñiga, Nacha.

IGOA. Origen vasco.

IGONE. Forma vasca de Ascensión.

IGORNE. Origen vasco. Forma femenina de Igor.

IGORRE. Origen vasco.

IHINTZA. Forma vasca de Rocío. Variantes: Ihitza, Intza.

IHSHAN. Forma árabe de Caridad.

IKERNE. Forma vasca de Visitación.

IKIA. Origen hebreo. Forma femenina de Isaías. Significado: Dios es mi salvación. Variantes: Ikaisha, Ikea, Ikeasha, Ikeesha, Ikeeshia, Ikeisha, Ikeishi, Ikesha, Ikeshia, Ikia, Ikya, Ikyah.

IKKO. Origen canario (Lanzarote). Significado: La gaviota. Princesa de la isla. Variante: Ico.

IKOMAR. Origen vasco. Advocación de la Virgen en Andía (Navarra).

IKRAAM. Origen árabe. Significado: Hospitalidad, generosidad. Variante: Ikram.

IKU. Origen japonés. Significado: Nutrición.

IKUSKA. Origen vasco.

ILANA. Origen hebreo. Significado: Árbol. Variantes: Elana, Elanit, Iileane, Ilaine, Ilanah, Ilane, Ilanee, Ilaney, Ilani, Ilanit, Ileana, Ileani, Ileanna, Ileina, Ileinee, Ileinie, Ilina, Ilinee, Illani, Illania, Illanie, Illanna, Ilyiny, Ilyna, Ilynee, Ilyney, Ilyni, Ilynie.

ILARGIÑE. Origen vasco, Significado: Luna. Variante: Ilazkiñe.

ILDA. Origen germánico. Otra forma de Hilda. Variante: Ilde.

ILDEFONSA. Origen germánico. Significado: Lista para la batalla. Variantes: Albontse, Alfonsa, Idelfonsa.

ILDEGUNDA. Origen germánico. Significado: La que sabe combatir.

ILDIKO. Origen húngaro. Significado: Guerrera. Forma húngara de Hilda. Variante: Ildo.

ILEANA. Origen griego. Significado: De belleza esplendorosa. Variantes: Elena, Ileanna, Ileanne, Ileen, Ilene, Ilia, Iliah, Iliana, Iliani, Iliania, Illiana, Illiane, Illyana, Illyane, Illyanna, Illyanne.

ILENIA. Otra forma de Ilona. Variante: Ylenia.

ILHAAM. Origen árabe. Significado: Intuición.

ILIA. Origen vasco (Araotz, Oñati, Guipúzcoa).

ILIA. Origen ruso. Significado: El señor es Dios.

ILIGARDIA. Origen vasco. Advocación de la Virgen en Ochánduri (La Rioja).

ILONA. Origen griego. Significado: Rayo de sol, resplandor. Bella. Forma húngara de Elena. Variantes: Alona, Ilenia, Ilka, Illona, Illonia, Illonua, Ilone, Iloni, Ilonie, Ilonka, Iluska, Ilyona, Lona, Lonka.

ILONA → HELENA.

ILOZ. Origen vasco. Advocación de la Virgen en el Valle de Arriasgoiti (Navarra).

ILSE. Origen germánico. Significado: Dios es mi juramento. Diminutivo de Elisabeth. Variantes: Elsa, Else, Elsi, Elsie, Ilissa, Illisa, Illissa, Illysa, Ilsa, Ilsie, Ilysa, Ilyssa.

ILUKA. Nombre aborigen. Significado: Cerca del mar.

ILUMINADA. Origen latino. Significado: La que ha recibido la luz divina. Variantes: Argitsun, Il·luminada, Ilumina, Iluminah, Ilumine, Ilumyna, Ilumynah, Ilumyne.

IMA. Origen japonés. Significado: Regalo. Variante: Imah.

IMAN. Origen árabe. Significado: Fe, creyente. Variantes: Imana, Imanah, Imanee, Imani, Imania, Imaniah, Imanie, Imany.

IMELDA. Origen germánico. Significado: La que lucha con gran fuerza. Variantes: Imalda, Imeldah, Irmhilde, Melda.

IMOGEN. Origen latino. Significado: La que se parece a su madre. Variantes: Emogen, Emogena, Emogene, Emojean, Emojeana, Imagena, Imagene, Imagina, Imogeen, Imogeene, Imogène, Imogenia, Imogina, Imogine, Imogyn, Imogyne, Imojean, Imojeen, Innogen, Innogena, Innogene.

IMPERIO. Origen latino. Significado: Gobierno, mando. Variantes: Imperi, Imperia.

IMTITHAL. Origen árabe. Significado: Obediencia.

INA. Origen griego. Significado: Pureza. Variantes: Ena, Enya, Ianna, Ianne.

INAAM. Origen árabe. Significado: Caritativa. Variantes: Inam, Enam.

INARI. Origen finlandés. Significado: Lago. Variantes: Inaree, Inarey, Inarie, Inary.

INAS. Origen árabe. Significado: Amistosa. Variantes: Inaya, Inayah.

INAS. Origen polinesio. Significado: Mujer de la Luna. Variantes: Inasa, Inasah.

INCI. Origen turco. Significado: Perla.

INDALECIA. Origen no especificado. Significado: La compasiva.

INDIA. Origen hindú. Significado: De la India. Variantes: Indea, Indi, Indiah, Indiana, Indiane, Indie, Indy, Indya.

INDIANA. Origen anglosajón. Significado: Tierra de indios. Variantes: Indeanna, Indeanna, Indianna, Indiannah, Indianne, Indyana, Indyann, Indyanna, Indyanne. Nombre femenino y masculino.

INDIRA. Origen hindú. Significado: Espléndida, grande. Otro nombre de Lakshmi, esposa del dios Vishnu. Variantes: Indirah, Indyra, Indyrah.

INDUJA. Origen hindú. Significado: Hija de la Luna.

INÉS. Origen griego. Significado: Pura, casta, honesta. Variantes: Agnes, Agnès, Agnese, Aines, Aiñes, Ines, Inès, Inés, Inesa, Iñes, Inesita, Inessa, Inetta, Inez, Inéz, Iñes, Ynes, Ynesita, Ynez.

INGA. Origen escandinavo. Significado: Hija del héroe. Diosa nórdica de la fertilidad y la paz. Variantes: Ing, Ingaar, Ingaberg, Ingaborg, Ingah, Inge, Ingeberg, Ingeburga, Inger, Ingerith, Ingmar, Ingo, Ingrede, Ingrid, Inguanna, Ingvio, Inky.

INGARTZE. Forma vasca de Engracia.

INGER. Origen escandinavo. Significado: Hija de un héroe, hijo del ejército. Variantes: Ingar, Ingvar. Nombre femenino y masculino.

INGRID. Origen germánico. Alude probablemente a Ing, diosa de la fertilidad. Variantes: Inga, Ingaberg, Ingeberg, Inger, Ingunna.

INGUMA. Origen vasco. Nombre mitológico.

INGVAR → INGER.

INMACULADA. Origen latino. Significado: La que es limpia, sin mácula. Advocación de la Virgen, la Inmaculada Concepción de María. Variantes: Imaculada, Imma, Immacolata, Immaculada, Immaculata, Immaculée, Inma, Sorkunde.

INOCENCIA. Origen latino. Significado: Inofensiva, inocente. Variantes: Innocència, Innocenciah, Innocencya, Innocencyah, Innocenta, Innocentia, Inocenta, Inocentia, Iñoskentze.

INOPONA. Origen canario (Tenerife).

INTISAAR. Origen árabe. Significado: Triunfo.

INTZA → IHINTZA.

ÍÑIGA. Variante de Ignacia.

IO. Origen griego. Sacerdotisa de Hera. Variantes: Ió, Ione.

IOAR. Origen vasco.

IOLA. Origen galés. Significado: Dios amado. Variantes: Iolah, Iole.

IOLA. Origen griego. Significado: Violeta. Variante: Yola.

IOLANA. Origen hawaiano. Significado: La que planea como un halcón. Volar como un águila. Variantes: Iolanah, Iolane, Iolann, Iolanna, Iolannah, Iolanne.

IOLANDA. Origen griego. Significado: Jacinto, flor de color púrpura. Variantes: Iolande, Iolantha, Iolanthe, Yolanda.

IONA. Origen escocés. Nombre de una de las islas Hébridas. Variantes: Ione, Ionee, Ioney, Ioni, Ionie, Iony.

IPEK. Origen turco. Significado: Seda.

IPUZA. Origen vasco.

IRA. Origen hebreo. Significado: Vigilante. Variante: Irah. Nombre femenino y masculino.

IRACEMA. Origen tupí. Significado: Salida de la miel.

IRADI. Origen vasco. Significado: Helechal.

IRAGARNE. Forma vasca de Anunciación. Variante: Iragartze.

IRAIA. Origen vasco.

IRAIDE. Origen vasco. Significado: La deseada. Variantes: Iraida, Iride.

IRAITZ. Origen vasco. Nombre femenino y masculino.

IRAKUSNE. Forma vasca de Epifanía. Variante: Irkusne.

IRANTZU. Origen vasco. Advocación de la Virgen en Abárzuza (Navarra).

IRATI. Origen vasco. Alude a un bosque (Selva de Irati) situado entre Navarra, la Baja Navarra y Zuberoa.

IRATXE. Origen vasco. Advocación de la Virgen en Ayegui (Navarra).

IRAUPEN. Origen vasco. Significado: Perseverancia, duración. Variante: Iraun.

IREBER. Origen vasco.

IRELAND. Origen irlandés. Significado: De Irlanda, irlandesa. Variante: Irlanda.

IRENE. Origen griego. Significado: La que ama la paz. Variantes: Arina, Arinka, Eereen, Eereena, Eereene, Eireen, Eireena, Eirena, Eirene, Eirini, Ereen, Ereena, Erena, Erene, Ereni, Errena, Irayna, Irea, Irean, Ireana, Ireane, Ireen, Iren, Irena, Irène, Irénée, Irenka, Ireñe, Irina, Irine, Irini, Irinushka, Irisha, Irka, Irusya, Iryna, Iryne, Iriny.

IRFAN. Origen árabe. Significado: Conocimiento.

IRIA. Origen latino. Significado: Arco iris.

IRIAN, IRYAN → EIRIAN.

IRIBERRI. Origen vasco. Advocación de la Virgen en Iriberri Leoz (Navarra).

IRIHAPETI. Origen maorí. Significado: Consagrada a Dios. Forma maorí de Elisabeth.

IRINA. Origen ruso. Significado: Paz. Otra forma de Irene.

IRIÑUELA. Origen vasco. Advocación de la Virgen.

IRIS. Origen griego. Significado: Flor del mismo nombre. Arco iris.

IRIS. Origen latino. Significado: Mensajera de los dioses, ya que el arco iris representa la unión entre el cielo y la Tierra. Variantes: Irisa, Irisha, Iriss, Irissa, Irisse, Irita, Irys, Irysa, Iryse, Iryssa, Irysse.

IRISTAIN. Origen vasco. Advocación de la Virgen en Valdorba (Navarra).

IRMA. Origen germánico. Significado: Noble doncella. Variantes: Erma, Ermina, Ermine, Irmah, Irmina, Irmine, Irmintrude.

IRUENE. Origen canario (La Palma). Significado: El diablo. Variante: Irueñe. Nombre femenino y masculino.

IRUNE. Variante de Hirune.

IRUNTZE. Origen vasco. Significado: Rocío.

IRUÑA. Origen vasco. Advocación de la Virgen en Trasponte/Trespuentes (Iruña de Oca, Álava).

IRUPÉ. Origen guaraní. Significado: Planta acuática del mismo nombre.

IRURI. Origen vasco. Nombre de un pueblo de Zuberoa (País Vasco francés).

IRUTXETA. Origen vasco. Advocación de la Virgen en Zegama (Guipúzcoa).

IRVENE. Origen canario (La Palma).

IRVETTE. Origen inglés. Significado: Amiga del mar. Femenino de Irving. Variantes: Irvet, Irbeta, Irbete, Irvett, Irvetta.

ISA. Origen germánico. Significado: Que tiene una voluntad de hierro. Variantes: Isah, Issa, Issah. Nombre femenino y masculino.

ISABEL. Origen hebreo. Significado: Consagrada por un juramento a Dios. Variantes: Bel, Bella, Elisabete, Elisabeth, Elizabeth, Ezabel, Ezabela, Ezabell, Ezabella, Isa, Isabeau, Isabela, Isabelette, Isabelhina, Isabelita, Isabella, Isabelle, Isalis, Isbel, Iseline, Isibeal, Isobell, Isobella, Isobelle, Issabel, Issabela, Issi, Issie, Issy, Izabel, Izabela, Izabella, Sabela, Ysabel, Ysabela, Ysibel, Ysibela.

ISABIS. Origen africano. Significado: Bella.

ISADORA. Variante de Isidora.

ISANA. Origen vasco.

ISASI. Origen vasco. Advocación de la Virgen en Gordexola (Vizcaya).

ISAURA. Origen griego. Significado: Procedente de Isauria, antigua región de Asia Menor. Variante: Isaure.

ISBERGA. Origen germánico. Significado: La que protege espada en mano.

ISELDA. Origen germánico. Significado: La que permanece fiel.

ISHA. Origen hebreo. Significado: Mujer. Variante: Ishah.

ISHI. Origen japonés. Significado: Piedra.

ISIDORA. Origen griego. Significado: Adoradora de Isis, divinidad egipcia identificada con la Luna y la fertilidad. Variantes: Isadora, Isadoria, Isadorya, Isidore, Isidra, Izadora, Izadore.

ISIS. Origen egipcio. Diosa egipcia de la Luna y la fertilidad.

ISLA. Origen celta. Significado: Isla. Variantes: Islah, Isola, Isolah.

ISMAELA. Origen hebreo. Significado: Dios escucha. Variantes: Isma, Ismaila, Ismayla, Mael, Maella.

ISMELDA. Origen germánico. Significado: Que utiliza la espada en la lucha.

ISMENE. Origen griego. Significado: Sabia. Hija de Edipo y Yocasta. Variantes: Ismena, Ismène, Ismenia, Ismenya.

ISOKA. Origen africano. Significado: Regalo de Dios. Variantes: Isokah, Isoke.

ISOLDA. Origen celta. Significado: Bella. Variantes: Isault, Iselda, Iseut, Isolde, Isolette, Isolt, Isotta, Izild, Izold, Izolda, Izot, Yseult, Ysolde, Ysolt.

ISOLDA. Origen germánico. Significado: Caudillo de acero. Protagonista de la leyenda medieval de Tristán e Isolda. Variante: Isolde.

ISOLDA. Origen galés. Significado: Rubia. Variantes: Esyllt, Isolde.

ISTAS. Origen nativo americano. Significado: Nieve.

ISTHAR. Origen babilonio. Diosa babilonia del amor, la guerra, la vida, el sexo y la fertilidad. Variante de Ester.

ISURIETA. Origen vasco. Advocación de la Virgen en Guipúzcoa.

ITAHISA. Origen canario (Tenerife).

ITALA. Origen latino. Significado: La italiana. Variantes: Italea, Italee, Italei, Italeigh, Italia, Italy, Italya.

ITATAY. Origen guaraní. Significado: Campanilla. Variante: Ittay.

ITATÍ. Origen guaraní. Significado: Piedra blanca.

ITOIZ. Origen vasco. Variante: Itoitz.

ITSASNE. Forma vasca de Marina.

ITSASO → ITXASO.

ITURBEGI. Origen vasco. Significado: Manantial.

ITURRIETA. Origen vasco.

ITURRIZA. Origen vasco. Significado: Lugar donde hay manantiales.

ITXARO. Forma vasca de Esperanza.

ITXASO. Origen vasco. Significado: Océano. Variante: Itsaso.

ITZAL. Forma vasca de Amparo.

ITZEA. Origen vasco.

ITZIAR. Origen vasco. Advocación de la Virgen en Guipúzcoa. Variantes: Iciar, Ixiar, Iziar.

IURRE. Origen vasco. Ermita en Tolosa (Guipúzcoa).

IVANA. Origen hebreo. Significado: Dios es misericordioso. Forma rusa de Juana. Variantes: Iva, Ivane, Ivania, Ivanka, Ivanna, Ivannia, Ivannka, Ivannya, Ivanya.

IVERNA. Origen latino. Significado: La que nació en invierno.

IVETTE. Origen celta. Significado: Tejo. Variante: Yvette.

IVONNE. Origen celta. Significado: Tejo. Variante: Yvonne.

IVORY. Origen latino. Significado: Marfil, blanca. Variantes: Ivoree, Ivorey, Ivori, Ivorie.

IVY. Origen inglés. Significado: Hiedra. Variantes: Ifig, Iva, Ivalyn, Ivalynn, Ivee, Ivey, Ivia, Iviann, Ivianna, Ivianne, Ivie, Ivye.

IXONE. Origen vasco. Significado: Calma.

IZAGA. Origen vasco. Monte en Zuazu (Izagaondoa, Navarra).

IZANA. Origen vasco. Significado: El ser, la realidad. Nombre de un río de la provincia de Soria.

IZANAMI. Origen japonés. Significado: La que invita.

IZAR. Forma vasca de Estrella.

IZARNE. Forma vasca de Estela.

IZARO. Origen vasco. Significado: Isla situada entre Mundaka y Bermeo (Vizcaya).

IZARRAITZ. Origen vasco.

IZASKUN. Origen vasco. Advocación de la Virgen en Tolosa (Guipúzcoa). Variante: Izaskum.

IZDIHAAR. Origen árabe. Significado: Prosperar. Florecer. Variante: Izdihar.

IZORNE. Origen vasco. Significado: Embarazada.

IZORTZ. Origen vasco.

J

JAABS. Origen canario (Tenerife).

JAAMINI. Origen hindi. Significado: Atardecer. Variantes: Jaaminee, Jaaminey, Jaaminie, Jaaminy.

JACARANDA. Origen tupí. Significado: Flor muy fragante. Variante: Jacarandá.

JACINTA. Origen griego. Significado: Que es bella como la flor del jacinto. Variantes: Cintia, Cynthia, Gaxinte, Giacinta, Hiacinth, Hiacintha, Hiacinthe, Hyacinth, Hyacinthe, Jace, Jacenda, Jacenta, Jacey, Jacinda, Jacintha, Jacinthe, Jacynta, Jacynth, Jacynthia, Jakinda, Jakinde, Jaxinta, Jaxinte, Jazinta, Jazynte.

JACOBA, JACQUELINE. Origen hebreo. Significado: La suplantadora. Forma femenina de Santiago. Variantes: Giacoba, Giacomina, Iacoba, Jacki, Jackie, Jacklyn, Jacky, Jacobea, Jacobella, Jacobia, Jacobina, Jacoby, Jacobya, Jacovina, Jacquelin, Jacquemine, Jacqui, Jacquine, Jaimita, Jakeza, Jakoba, Jakova, Jakuba, Jamesa, Jaquelina, Jaqueline, Jaquenette, Jaquetta, Jaumeta, Jjakobah, Jocelin, Joceline, Jocelyn, Xacoba.

JADA. Origen hebreo. Significado: Sabiduría. Variantes: Jadah, Jaed, Jaeda, Jaedah, Jaida, Jaidah, Jayda, Jaydah.

JADE. Origen español. Significado: Del mineral del mismo nombre, piedra preciosa de color verde. Variantes: Gada, Gade, Gaid, Gaide, Gayd, Gayde, Jada, Jadea, Jadee, Jadeen, Jaden, Jadena, Jadene, Jadira, Jady, Jaid, Jaida, Jaide, Jayde, Jaydra.

JADWIGA. Origen polaco. Significado: Seguridad en tiempo de guerra. Variante: Jadgwige.

JAE. Origen latino. Significado: Arrendajo (ave). Variantes: Jaya, Jaylee, Jaylene, Jaylynn.

JAEL. Origen hebreo. Significado: Arisca como la cabra montés. Variantes: Jaël, Jaela, Jaelea, Jaelee, Jaelei, Jaeleigh, Jaeli, Jaelia, Jaelie, Jaely, Jaelya, Jahlea, Jayly, Jaylya, Jaylyn, Jaylyna, Jaylyne, Yael.

JAFFA. Origen hebreo. Significado: Bella. Variantes: Jaffi, Jaffice, Jaffit, Jafit, Jafra, Yaffa, Yaffit.

JAGUA. Origen canario (Tenerife).

JAIA. Origen sánscrito. Significado: Victoriosa. Variantes: Jaea, Jaha, Jai, Jaia, Jaie, Jay, Jaya, Jaye.

JAIMIE. Origen hebreo. Significado: La suplantadora. Forma femenina inglesa de Jaime. Variantes: Jaime, Jaimee, Jaimey, Jaimi, Jaimy, Jamee, Jamesa, Jamesia, Jamesina, Jami, Jamie, Jamiia, Jamileen, Jamise, Jammi, Jamye, Jayma, Jayme, Jaymie, Jayminie, Jaymmi, Jaymmie.

JAIONE. Origen vasco. Significado: Navidad, Natividad.

JAIRA. Origen hebreo. Significado: Dios enseña. Variantes: Jahra, Jahrah, Jairah, Jayra, Jayrah.

JAKINDE. Forma vasca de Jacinta.

JALA. Origen árabe. Significado: Claridad, lucidez. Variantes: Jalah.

JALILA. Origen árabe. Significado: Grande. Variantes: Galila, Galilah, Jalilah, Jallila.

JAMILA. Origen árabe. Significado: Seductora. Variantes: Gamila, Gamlah, Jaimila, Jameela, Jameelia, Jamela, Jamelia, Jamell, Jamilia, Jemelia, Jemyla, Yamila.

JANA. Origen hebreo. Significado: Gracia misericordiosa. Variantes: Jan, Janae, Janah, Janina, Janine, Jann, Janna, Jannah, Jannia, Jannya, Janya, Yana, Yania, Yanna, Yannia, Yannya.

JANAAN. Origen árabe. Significado: Que tiene corazón y alma. Variantes: Janan, Jananee, Janani, Janania, Janany, Jananya.

JANE. Origen hebreo. Significado: Dios es bondadoso. Otra forma de Juana. Variantes: Jaantje, Jaine, Jan, Jana, Janel, Janelle, Janet, Janeta, Janeth, Janett, Janetta, Janette, Janey, Janice, Janie, Janika, Janina, Janine, Janique, Janis, Janita, Janka, Janne, Jannike, Jans, Jansje, Jayne, Jeanine, Jeanne, Jeannine, Jenda, Jenet, Jenett, Jenetta, Jenette, Jennetta, Jennette, Joan, Joanet, Joanna, Johanna, Joka, Jone, Juanita, Sinead, Siobahn, Sioban, Siobhan, Janicia, Janiece, Jannis, Jayne, Sheenagh, Sheenah, Shena, Shiena.

JANEQUA. Origen canario.

JANNA. Origen árabe. Significado: Jardín, paraíso. Variantes: Janaia, Janaya, Jannah, Jannaia, Jannaya, Yana, Yanah, Yanna, Yannah.

JANNALI. Nombre aborigen. Significado: Luna. Variantes: Janalea, Janalee, Janaleigh, Janali, Janalia, Janalie, Janaly, Jannalea, Jannalee, Jannaleigh, Jannalia, Jannalie, Jannaly.

JANUJA. Origen indio. Significado: Descendencia femenina.

JARITA. Origen sánscrito. Significado: Pájaro legendario. Variantes: Jareata, Jareet, Jareeta, Jaria, Jarica, Jarida, Jarietta, Jarika, Jarina, Jaritta, Jaritza, Jarixa, Jaryta, Jaryte, Jarytta.

JARKA. Origen eslavo. Significado: Primavera. Variantes: Jarkah, Jaruse, Jaruska.

JARMILA. Origen eslavo. Significado: La que ama la primavera. Variantes: Jarmile, Jarmill, Jarmilla, Jarmyla, Jarmylla.

JARRAH. Nombre aborigen. Significado: Especie de eucalipto. Nombre femenino y masculino.

JARVIA. Origen germánico. Significado: Lanza afilada. Variantes: Jarviah, Jarvya, Jarvyah.

JARVINIA. Origen germánico. Significado: Inteligencia aguda. Variantes: Jarviniah, Jarvynia, Jarvyniah, Jarvynyah.

JASONE. Forma vasca de Asunción. Variante: Jasokunde.

JAUREGI. Origen vasco. Advocación de la Virgen en Menagaray (Álava).

JAVIERA. Origen vasco. Significado: La de la casa nueva. Variantes: Jabiera, Javeera, Javierah, Javyra, Xabiera, Xaviera.

JAWAHIR. Origen árabe. Significado: Piedra preciosa. Variante: Gawahir.

JAZMÍN. Origen persa. Significado: Flor del mismo nombre. Variantes: Jasmeen, Jasmina, Jasmine, Jasmyn, Jasmyna, Jasmyne, Jazmina, Jazmine, Jesmina, Jesmyna, Jessamine, Jessamyn, Jessmina, Jezmina, Jezzmyna, Yasman, Yasmina, Yasmine.

JEDDA. Nombre aborigen. Significado: Chica guapa. Variantes: Jeda, Jedah, Jeddah.

JELENA. Origen ruso. Significado: Brillante como la luz. Otra forma de Helena. Variantes: Jalaine, Jalana, Jalane, Jalenah, Jalene, Jalina, Jaline, Jalyn, Jalyna, Jalyne, Jelana, Jelean, Jeleana, Jeleane, Jeleen, Jeleena, Jeleene, Jelyn, Jelyna, Jelyne.

JEMMA. Origen hebreo. Significado: Paloma de la paz. Variantes: Gemima, Gemma, Jamima, Jemima, Jemimah, Jemmia, Jemmie, Jemmimmah, Jemmy, Jemyma, Yemina, Yemyna.

JENA. Origen árabe. Significado: Pequeño pájaro. Variantes: Jannarae, Jenesi, Jenn, Jenna, Jennabel, Jennah, Jennalee, Jennalyn, Jennasee.

JENDAYA. Origen africano. Significado: Agradecida. Variantes: Jenda, Jendaia, Jendayi.

JENICA. Origen inglés. Significado: Dios es bueno. Variante: Jennica.

JENNIFER. Origen galés. Significado: Blanca como la espuma del mar. Variantes: Ganor, Gaynor, Genee, Geni, Genn, Gennee, Genney, Genni, Gennifer, Genny, Geny, Ginevra, Ginnifer, Guenevere, Gwyneth, Jen, Jena, Jenafar, Jenaffer, Jenava, Jenee, Jenefar, Jeni, Jenia, Jenie, Jenifar, Jenifer, Jénifer, Jennee, Jennefer, Jennelle, Jenney, Jenni, Jennia, Jennie, Jennilea, Jennilee, Jennileigh, Jenniva, Jenny, Jennya, Jennyfar, Jennyfer, Jeny, Jenya, Jenyfar, Jenyfer.

JERALDINA. Origen latino. Significado: La que reina con la lanza. Otra forma de Geraldina. Variantes: Jeraldeen, Jeraldeena, Jeraldeene, Jeraldena, Jeraldene, Jeraldin, Jeraldine, Jeraldyna, Jeraldyne.

JERÓNIMA. Origen griego. Significado: La de nombre sagrado. Variantes: Geroma, Hyeronima, Jerolime, Jeroma, Jerometta, Jeromette, Jéromine, Jerònima, Jeronyma.

JESABEL. Origen hebreo. Significado: Malvada, perversa. Variantes: Jesabell, Jessebel, Jessebela, Jessebell, Jetzabel, Jez, Jezabel, Jezabela, Jezebel, Jezebella, Jezel, Jezela, Jezele, Jezell, Jezella, Jezelle, Jezzie.

JÉSICA. Origen hebreo. Significado: Dios existe. Forma escocesa de Juana. Variantes: Jesica, Jesika, Jess, Jessa, Jessca, Jesse, Jesseca, Jessi, Jessica, Jèssica, Jessie, Jessika, Jessiqua, Jessique, Jessiya, Jessy, Jessyca, Jessycka, Jessye, Jezika, Jezyka, Jysiqua, Jyssica, Jyssika, Jyssyca, Jyssyka.

JESSENIA. Origen árabe. Significado: Flor.

JESUSA. Origen hebreo. Significado: Dios es el salvador. Variantes: Chuca, Chuchita, Jesusita, Jesusyta, Josune, Xesusa, Yosune.

JIA. Origen chino. Significado: Bella.

JIBA. Nombre aborigen. Significado: Luna. Variantes: Jibba, Jyba, Jybba.

JIBON. Origen hindú. Significado: Vida. Variantes: Jibona, Jibone, Jybon, Jybona, Jybone.

JIHAN. Origen turco. Significado: Universo.

JIMENA. Origen español. Significado: La que pudo escuchar. Forma medieval de Simeona. Variantes: Chimène, Jymena, Ximena.

JIN. Origen chino. Significado: Tierna. Variantes: Jina, Jinee, Jinie, Jinna, Jinni, Jiny, Jyn, Jyna, Jynee, Jynie, Jynna, Jynni, , Jynny, Jyny. Nombre femenino y masculino.

JIN. Origen coreano. Significado: Joya. Nombre femenino y masculino.

JINA. Origen griego. Significado: Granjera. Diminutivo de Georgina. Variantes: Geana, Geena, Gina, Gini, Ginie, Ginna, Ginni, Ginnie, Ginny, Giny, Gyna, Jeana, Jeena, Jinae, Jini, Jinie, Jinna, Jinnae, Jinni, Jinnie, Jinny, Jiny, Jyna.

JIRINA. Origen eslavo. Significado: Granjera. Forma eslava de Georgina. Variantes: Jireana, Jireena, Jiryna, Jyreena, Jyrina, Jyryna, Jiruska.

JIRRA. Nombre aborigen. Significado: Canguro. Nombre femenino y masculino.

JOANEIZA. Origen vasco.

JOAQUINA. Origen hebreo. Significado: Dios construirá. Variantes: Joakima, Joaquima, Joaquine, Jokiñe, Quima, Xoaquina, Yokiñe.

JOBA. Origen hebreo. Significado: Perseguida. Forma femenina de Job. Variantes: Jobeana, Jobeena, Jobin, Jobina, Jobine, Joby, Jobyna, Jobyne.

JOCELIN. Origen latino. Significado: Jubilosa. Variantes: Jocelín, Jocelyn, Jocelyne, Joci, Jocie, Josalin, Josaline, Josceline, Joscelyne, Joselina, Joseline,

Joselyne, Josiline, Josline, Joslyn, Jossalina, Joysalin, Joysaline, Joysalyn.

JODI. Origen hebreo. Significado: Glorificada. Variantes: Jodea, Jodee, Jodett, Jodetta, Jodette, Jodey, Jodia, Jodie, Jodis, Jody, Johdea, Johdee, Johdey, Johdi, Johdie, Johdy, Jowdea, Jowdee, Jowdey, Jowdi, Jowdie, Jowdy.

JOELLE. Origen hebreo. Significado: Dios es el Señor. Forma femenina de Joel. Variantes: Joela, Joele, Joelean, Joeleane, Joelen, Joelin, Joelina, Joeline, Joell, Joella, Joellen, Joellena.

JOHANA, JOHANE → JUANA.

JOHARI. Origen africano. Significado: Joya. Variante: Johar.

JOLANTA. Origen latino. Significado: Violeta. Variantes: Jolan, Jolana, Joland, Jolanda, Jolande, Jolania, Jolanka, Jolante, Yoland, Yolanda, Yolande.

JOLIE. Origen francés. Significado: Bonita. Variantes: Jole, Jolea, Jolee, Jolei, Jolena, Jolene, Joley, Jolina, Jolinda, Joline, Jollea, Jolleigh, Jolli, Jollie, Jolly, Joly, Jolye, Jolyn, Jolyna, Jolyne.

JORDANA. Origen hebreo. Significado: Del río Jordán. Variantes: Jordan, Jordain, Jordaine, Jordane, Jordann, Jordanna, Jordanne, Jordayn, Jorden, Jordena, Jordenna, Jordin, Jordina, Jordona, Jordyn, Jordyna, Jordynn, Jordynna.

JORGINA. Origen griego. Significado: La que cultiva la tierra. Otra forma de Georgina. Variantes: Jorgelina, Jorja.

JOSEFA. Origen hebreo. Significado: Dios proveerá. Variantes: Chepa, Fifí, Fina, Giuseppa, Giuseppina, Jo, Joey, Josaffina, Josaffine, Josaphina, Jose, Josea, Josebe, Josee, Josée, Josefa, Josefena, Josefin, Josefina, Josefine, Josel, Josela, Josele, Josepa, Josepha, Josephe, Josèphe, Josephene, Josephina, Josephine, Joset, Joseta, Josetta, Josette, Josey, Josi, Josian, Josiana, Josianna, Josianne, Josie, Josita, Jositta, Josyta, Josytta, Joxepa, Jozafine, Joze, Jozee, Jozefina, Jozephina, Jozet, Jozeta, Jozey, Jozian, Joziana, Jozie, Jozsa, Jozy, María José, Pepa, Pepita, Peppa, Yosebe.

JOSUNE. Forma vasca de Jesusa.

JOVITA. Origen latino. Significado: Feliz. Variantes: Jocea, Joi, Joia, Joian, Joiana, Joice, Joise, Jovena, Jovenia, Jovet, Joveta, Jovett, Jovetta, Jovida, Jovina, Jovit, Jovitt, Jovyn, Jovyna, Jovyta, Jovytt, Jovytta, Joy, Joya, Joyan, Joyana, Joyanna, Joyce, Joycee, Joycelin, Joycelina, Joyceline, Joycelyn, Joycelyna, Joycey, Joycia, Joyous, Joyse, Joyse.

JOYCE. Variante de Jovita.

JUANA. Origen hebreo. Significado: Dios es bondadoso. Variantes: Gianina, Giovanna, Ioanna, Ivana, Jane, Jeanette, Jeanne, Jenny, Jo, Joan, Joana, Joani, Joanie, Joanna, Joannah, Joanne, Joannie, Joanny, Johana, Johanna, Johanne, Jone, Jonee, Joni, Juanesha, Juanetta, Juani, Juanice, Juanicia, Juanita, Juanna, Nina, Xoana, Yoane.

JUCUNDA. Origen latino. Significado: Agradable, festiva. Variantes: Jocunda, Jucúndia, Jucundiana.

JUDIT. Origen hebreo. Significado: Judía. Variantes: Giuditta, Jita, Jodie, Juci, Jucika, Judana, Jude, Judea, Judee, Judeen, Judeena, Judett, Judetta, Judey, Judi, Judiana, Judiann, Judianna, Judie, Judina, Judine, Judita, Judith, Juditha, Judithe, Juditta, Judl, Judy, Judyna, Judyta, Judytta, Jutha, Jutka, Jutta, Jytte, Xudite.

JUGATX. Origen vasco. Advocación de la Virgen en el Valle de Zuia (Álava). Variante: Jugatxi.

JULIA. Origen latino. Significado: Juvenil. Perteneciente a la estirpe romana Julia. Variantes: Gillot, Giula, Giulia, Giuliana, Giulietta, Giuliette, Jewelea, Jewelee, Jewelian, Jeweliana, Jili, Jill, Jilly, Juela, Jueleta, Jula, Julah, Julcia, Julcia, Julean, Juleana, Julee, Juleen, Juleet, Juleeta, Julene, Julenia, Julet, Juletta, Juley, Júlia, Julian, Juliana, Juliane, Julianna, Julianne, Julie, Julien, Julienne, Juliet, Julieta, Julietta, Julij, Julijana, Julijanna, Julina, Julinca, Juline, Julinka, Juliska, Julissa, Julita, Julka, Julkam, July, Julya, Sheila, Sile, Sileas, Xiana, Xulia, Xulieta, Yula, Yule, Yulene, Yulia, Yuliana, Yulinda, Yuliya, Yulya.

JUMAANA. Origen árabe. Significado: Perla plateada. Variante: Jumanah.

JUN. Origen chino. Significado: Verdad.

JUNE. Origen latino. Significado: Nacida en el mes de junio.
Variantes: Juin, Juine, Junae, Junel, Junell, Junella, Junelle, Junette, Juni, Junia, Junie, Juniet, Junietta, Juniette, Junilla, Junina, Junn, Juno, Junula.

JUNKO. Origen japonés. Significado: Niña pura.

JUNO. Origen latino. Significado: Reina de los cielos.

JURDANA. Origen vasco. Variante: Xurdana.

JURRE. Origen vasco.

JUSTA, JUSTINA. Origen latino. Significado: Que vive para y según la ley de Dios. Variantes: Egokiñe, Giustina, Giustine, Gustina, Gustyna, Juste, Justeana, Justeen, Justeena, Justeene, Justein, Justeina, Justeyn, Justine, Justiniana, Justiñe, Justyn, Justyna, Justyne, Xusta, Xustina, Xustiniana.

JUVENCIA. Origen latino. Significado: Juventud. Variantes: Juventa, Juventas, Juventina.

JWAHIR. Origen africano. Significado: Mujer dorada.

JYOTI. Origen sánscrito. Significado: Luz. Variantes: Jioti, Jyoty.

KACHINA. Origen nativo americano. Significado: Bailarina sagrada. Variantes: Kachin, Kachine, Kachinee, Kachiney, Kachyn, Kachyna, Kachyne.

KACIA. Origen griego. Diminutivo de Acacia.

KADEE. Nombre aborigen. Significado: Madre.

KADIJA. Origen africano. Significado: Nacida prematuramente. Primera esposa de Mahoma. Variantes: Kadhija, Kadisha, Khadiha, Khadija.

KADO. Origen japonés. Significado: Mar.

KADRIYA. Origen turco. Significado: Destino.

KAEDE. Origen japonés. Significado: Hoja de arce. Nombre femenino y masculino.

KAELA. Origen hebreo. Significado: Querida, amada.

KAGAMI. Origen japonés. Significado: Espejo. Parecida a su madre. Variante: Kagamee.

KAHAWI. Origen hawaiano. Significado: Río.

KAHINA. Origen africano. Significado: Princesa guerrera.

KAI. Origen hawaiano/navajo. Significado: Sauce. Variantes: Kia, Kiah, Kya, Kyah. Nombre femenino y masculino.

KAIA. Origen vasco. Significado: Puerto. Variante: Mirenkaia (María del Puerto).

KAIDA. Origen japonés. Significado: Pequeño dragón.

KAIE. Origen celta. Significado: Combate.

KAIENE. Origen vasco.

KAILA. Origen israelí. Significado: Victoria. Variantes: Kaela, Kaekea, Kaelee, Kaelei, Kaeli, Kaelia, Kailea, Kailia, Kaily, Kayla.

KAIMI. Origen polinesio. Significado: Buscadora.

KAIYA. Nombre aborigen. Significado: Un tipo de lanza.

KAKO. Origen japonés. Significado: Arco iris de verano.

KAKRA. Origen egipcio. Significado: Gemelas. Variante: Kakrah.

KALA. Origen hawaiano. Significado: Sol. Variantes: Cala, Calah, Calla, Callah, Kalah, Kalla, Kallah.

KALA. Origen hindi. Significado: Arte.

KALAMA. Origen hawaiano. Significado: Antorcha ardiente.

KALARE. Forma vasca de Clara.

KALEA. Origen hawaiano. Significado: Brillante. Variantes: Kaleah, Kalee, Kalei, Kaleigh, Kaley, Kali, Kalie, Kaly.

KALEI. Origen hawaiano. Significado: Pura como una corona de flores. Variantes: Caelea, Caelee, Caeley, Caeli, Caelia, Caila, Cailia, Cala, Cali, Calia, Caly, Cayla, Kaela, Kaelea, Kaelee, Kaeley, Kaeli, Kaelia, Kaila, Kailia, Kaly, Kalya, Kaylia, Kaylya.

KALI. Origen sánscrito. Significado: Negra. Devoradora de tiempo. Mujer del dios Shiva. Variantes: Kaela, Kaelea, Kaelee, Kaelei, Kaeli, Kaelia, Kaelie, Kaila, Kailea, Kaili, Kailia, Kalea, Kalee, Kalia, Kalie, Kaly.

KALICA. Origen griego. Significado: Capullo de rosa. Variantes: Calica, Calicka, Calika, Caly, Calyca, Kalika, Kaly, Kalyca, Kalyka.

KALILA. Origen árabe. Significado: Amada. Variantes: Calila, Calilah, Kaila, Kalilla, Kalli, Kallila, Kally, Kaylil, Kylila.

KALINDA. Nombre aborigen. Significado: Atalaya. Variantes: Calinda, Calinde, Calynd, Calynda, Kaleena, Kalindi, Kalindy, Kalynd, Kalynda, Kalynde.

KALLE. Origen finlandés. Significado: Fuerte.

KALLIRROE. Origen griego. Significado: Bello río. Variantes: Calírroe, Calliroe, Callirroe, Callirrot.

KALLISTA. Origen griego. Significado: Bella. Variantes: Calista, Callista, Calixta, Kalista, Kallistar, Kallistara.

KALONICE. Origen griego. Significado: Victoria de la belleza.

KALPANA. Origen sánscrito. Significado: Fantasía.

KALYANI. Origen sánscrito. Significado: Propicia.

KAMA. Origen sánscrito. Significado: Amor. Variantes: Cama, Kamia, Kamie, Kamlean, Kamlin, Kamma, Kammalina, Kammi, Kammia, Kammy, Kamy. Nombre femenino y masculino.

KAMALA. Origen sánscrito. Significado: Flor de loto. Variante: Kamalah.

KAMALI. Origen africano. Significado: Ángel de los recién nacidos. Variantes: Kamalea, Kamalei, Kamaley, Kamalie, Kamaly.

KAMARIA. Origen árabe. Significado: Como la Luna. Variantes: Kamariah, Kamarya, Kamaryah, Kamra.

KAMBALLA. Nombre aborigen. Significado: Mujer joven. Variantes: Kambala, Kambalah, Kamballah.

KAMEA. Origen hawaiano. Significado: Solamente una. Variantes: Kamea, Kamaya, Kammie, Kam, Mea, Maya.

KAMEKO. Origen japonés. Significado: Niña de la tortuga. Variantes: Kameeko, Kamiko, Kamyko.

KAMÉLIA. Origen hawaiano. Significado: Miel. Variantes: Kameli, Kameliah, Kamely, Kamelya, Kamelyah.

KAMI. Origen japonés. Significado: Señor. Variantes: Camee, Camia, Kamee, Kamia, Kamie, Kamy, Kamya.

KAMILA. Origen árabe. Significado: Perfecta. Variantes: Camia, Camila, Camile, Camillia, Chamelea, Chamelia, Chamika, Chamila, Chamilla, Chamylia, Chamylla, Kamila, Kamilia, Kamilla, Kamille, Kamillya, Kamilya, Kamyla, Kamyle, Kamylla.

KAMILA. Origen latino. Significado: Variante gráfica de Camila. Variantes: Kamilla.

KANANI. Origen hawaiano. Significado: Bella. Variantes: Kanana, Kananea, Kananee, Kanania, Kananie, Kanany, Kananya.

KANARA. Origen hebreo. Significado: Canario (ave). Variante: Kanarit.

KANDIDA. Origen latino. Otra forma de Cándida. Variante: Kandi.

KANENE. Origen africano. Significado: Una pequeña cosa, en el ojo es grande.

KANI. Origen hawaiano. Significado: Sonido. Variantes: Canee, Caney, Cani, Canie, Cany, Kanee, Kaney, Kanie, Kany.

KANIKA. Origen egipcio. Significado: Negra.

KANIRA. Origen indio. Significado: Semilla.

KANIVA. Origen tongano. Significado: Galaxia. La Vía Láctea. Variantes: Kanivah, Kanyva, Kanyvah.

KANKANA. Origen indio. Significado: Collar, brazalete.

KANTI. Origen sánscrito. Significado: Encantadora.

KANYA. Origen sánscrito. Significado: Chica joven. Variantes: Kania, Kanja, Kenja, Kenya.

KAORI. Origen japonés. Significado: Perfume. Variante: Kaoru.

KAPERA. Origen africano. Significado: Este niño también morirá.

KARA. Origen latino. Significado: Querida, amada. Otra forma de Cara. Variantes: Kaira, Karah, Karalee, Karaly, Karalynn, Kari, Kariana, Karianna, Karianne, Karie, Karielle, Karrah, Karrie, Kary.

KARDELEN. Origen turco. Significado: Flor.

KAREELA. Nombre aborigen. Significado: Viento del sur. Variantes: Kareala, Karealla, Karela, Karella.

KAREEMAH. Origen árabe. Significado: De valor incalculable.

KAREL. Origen checo/Origen holandés. Significado: Libre. Nombre femenino y masculino.

KARENZA. Origen de Cornualles. Significado: Cariñosa. Variantes: Caranza, Caranzia, Carenza, Carenzia, Karansa, Karansia, Karanza, Karanzia, Karanzya, Karensa, Karensia, Karenzia, Karenzya.

KARIA. Origen vasco (Santacara, Navarra).

KARIDA. Origen árabe. Significado: Virginal. Variantes: Karidah, Karindah, Karynda, Karyndah, Karyda, Karydah.

KARIMA. Origen árabe. Significado: Generosa, noble. Variantes: Karim, Karimah, Karyma, Karymah.

KARINA → CARINA.

KARIS. Origen griego. Significado: Gracia. Variantes: Charis, Charisa, Chariss, Charissa, Charysa, Charyss, Charyssa, Karisa, Karise, Kariss, Karissa, Karisse, Karys, Karysa, Karyse, Karyss, Karyssa, Karysse.

KARITA. Origen escandinavo. Significado: Cariñosa y benevolente.

KARITATE. Forma vasca de Caridad.

KARLA. Origen germánico. Significado: Viril. Otra forma de Carla.

KARMA. Origen sánscrito. Significado: Destino. Variantes: Karmah, Karmana, Karmane, Karmania, Karmanya.

KARMELE. Forma vasca de Carmen.

KARMEN. Origen latino. Significado: Canto. Otra forma de Carmen. Variantes: Karmela, Karmina, Karmine.

KAROLINA. Origen germánico. Significado: Fuerte, valiente. Otra forma de Carolina. Variantes: Karol, Karola, Karolainah, Karolann, Karolayna, Karolaynah, Karole, Karolin, Karoline, Karolyn, Karolyna, Karolyne.

KARRI. Nombre aborigen. Significado: Eucalipto. Variantes: Karee, Karey, Kari, Karie, Karree, Karrey, Karrie, Karry, Kary.

KARUAH. Nombre aborigen. Significado: Ciruelo.

KARYAN. Origen armenio. Significado: Oscura.

KASINDA. Origen africano. Significado: Nacida en una familia con gemelos.

KASSANDRA. Origen griego. Significado: Protectora de los hombres. Otra forma de Casandra. Variante: Kassandre.

KASSIA. Origen hebreo. Significado: Casia (árbol). Variantes: Hazia, Kasia, Kasiah, Kassiah, Kassya, Kazia, Kazya, Kazzia, Kazzya, Ketzia, Ketzya, Kezia, Kezya.

KATALIN. Forma vasca de Catalina. Variantes: Katalina, Katisa, Katixa, Katrin, Kattalin, Kattin.

KATERINA. Origen griego. Significado: Pura. Otra forma de Catalina. Variantes: Caren, Carin, Caron, Caryn, Cateana, Cateina, Cateyna, Catina, Catriona, Catyna, Catynka, Caye, Kaatje, Kadri, Kae, Kaelea,

Kaeli, Kaely, Kaethe, Kai, Kaila, Kait, Kaitlin, Kaisa, Kajsa, Kakalina, Kalena, Kalina, Kaline, Karan, Karean, Kareana, Kareane, Karen, Karena, Kari, Karianne, Karien, Karijn, Karin, Karina, Karine, Kariñe, Karon, Karstin, Karstine, Karyn, Kassia, Kat, Kata, Kataleen, Katalin, Katalina, Kataraina, Katarina, Katary, Kataryna, Katarynza, Katarzyna, Kataya, Katchen, Kate, Katee, Kateke, Katel, Katell, Kater, Katerin, Katey, Katharin, Katharina, Katharine, Katharyn, Kathel, Katherin, Katherina, Katherine, Katheryne, Kathi, Kathie, Kathleen, Kathren, Kathy, Kati, Katia, Katica, Katie, Katina, Katinka, Katiria, Katiuska, Katja, Katjuschka, Katjusja, Katou, Katriana, Katrien, Katriena, Katrijn, Katrina, Katrine, Katrinka, Katriona, Katrischka, Katryna, Katterie, Katterle, Kattrian, Katushka, Katva, Katy, Katya, Katyenka, Katyna, Katyuska, Kay, Kaya, Kaye, Kaylee, Kayly, Kaz, Kazz, Kei, Keija, Kerena, Ki, Kiska, Kit, Kitti, Kitty, Kolina, Kotryna, Ky, Yekaterina.

KATIA → CATALINA.

KATSUMI. Origen japonés. Significado: Belleza victoriosa.

KATYIN. Nombre aborigen. Significado: Agua.

KAULA. Origen polinesio. Significado: Profeta.

KAWKAB. Origen árabe. Significado: Satélite.

KAWTHAR. Origen árabe. Significado: Río en el paraíso. Variante: Kouther.

KAYLA. Origen hebreo. Significado: Coronada de laureles. Variantes: Caela, Caelee, Caelia, Caely, Cahli, Caila, Cailea, Caili, Caily, Cala, Calea, Calee, Cali, Cayla, Caylea, Caylee, Caylei, Cayli, Caylia, Kaela, Kaelea, Kaelee, Kaelei, Kaeli, Kaelia, Kaely, Kahla, Kahlea, Kahlee, Kahlei, Kahly, Kaila, Kailea, Kailee, Kailei, Kaili, Kailia, Kailie, Kaily, Kalea, Kalee, Kalei, Kaley, Kali, Kalia, Kalia, Kalie, Kaly, Kalya, Kaylea, Kaylee, Kayley, Kayli, Kaylia, Kaylie, Kayly, Kaylya, Kelia.

KAYO. Origen japonés. Significado: Bella generación.

KAZIMIERA. Origen polaco. Significado: La que proclama la paz. Otra forma de Casimira. Variantes: Kasimera, Kasimiera, Kasimira, Kasmira, Kasmiria, Kasmirya, Kasmyra, Kazmira, Kazmiria, Kazmyra, Kazmyria, Kazmyrya, Kazzmira, Kazzmiria, Kazzmyra, Kazzmyria, Kazzmyrya.

KAZUKO. Origen japonés. Significado: Niña armoniosa.

KAZUMI. Origen japonés. Significado: Belleza armoniosa.

KAZUYO. Origen japonés. Significado: Paz.

KEALA. Origen hawaiano. Significado: Sendero. Variantes: Keela, Keila, Keyla.

KEELI. Origen irlandés (nombre gaélico). Significado: Bella. Variantes: Keala, Kealee, Kealei, Kealey, Keali, Kealia, Kealie, Kealy, Kealya, Keelea, Keelee, Keelei, Keeley, Keelia, Keelya.

KEI. Origen japonés. Significado: Respetuosa.

KEIKO. Origen japonés. Significado: Niña respetuosa. Variante: Keko.

KEILA. Origen árabe. Variante de Leila.

KEILANA. Origen hawaiano. Significado: Calma gloriosa. Variantes: Kealana, Kealane, Kealaina, Kealaine, Kealanna, Kealanne, Keelana, Keelaina, Keelane, Keelayn, Keelayna, Keelayne, Keilane, Kailaina, Keilaine, Keilanna, Keilanne, Keilayn, Keilayna, Keilayne, Keylana, Keylane, Keylaina, Keylaine.

KEIRA. Origen irlandés. Significado: Sombría, melancólica. Variantes: Keara, Kiara, Kiera, Kierra.

KEISHA. Origen africano. Significado: Favorita. Variantes: Aisha, Eisha, Eysha, Iesha, Isha, Keasha, Keeshia, Keeshy, Keeshya, Keishia, Keishya, Kesia, Kessia, Kessya, Keysha, Keyshya, Kezia, Kezzia, Kisai, Kisia, Kizia, Kyzie, Kyzy, Kyzzi, Kyzzia, Kyzzie, Kyzzy, Kyzzya, Lakeisha.

KEJANA. Origen vasco.

KEKET. Origen egipcio. Significado: Diosa de la oscuridad.

KELDA. Origen escandinavo. Significado: Fuente, manantial. Variantes: Keldah, Keldra, Keldrah.

KELLA. Origen bereber. Hija de la reina tuareg Tin-Hinan, que luchó contra los romanos (s. IV dC) en el Sahara Central.

KELLY. Origen celta. Significado: Valiente, guerrera. Variantes: Kalea, Kalee, Kalei, Kaley, Kali, Kalia, Kealey, Kealy, Keelee, Keeley, Keelie, Keellie, Keely, Keighley, Keiley, Keili, Keilly, Keily, Kelia, Kellee, Kelley, Kellia, Kellie, Kellina, Kellisa, Kelton, Kelula, Kielea, Kielee, Kielei, Kieley, Kieli, Kielia, Kielie, Kiely, Kyle, Kylea, Kylee, Kylei, Kyleigh, Kyli, Kylie, Kyly.

KELMENE. Forma vasca de Clemencia.

KELSEY. Origen escandinavo. Significado: Habitante de la isla. Variantes: Kelcey, Kelci, Kelcie, Kelcy, Kellsie, Kelsa, Kelsea, Kelsee, Kelseigh, Kelsi, Kelsie, Kelsy. Nombre femenino y masculino.

KELTSE. Origen vasco.

KEMEN. Forma vasca de Virtudes.

KENDRA. Origen ingles. Significado: Inteligente. Variantes: Kena, Kenadrea, Kendrah, Kendria, Kendriah, Kendrya, Kendryah, Kenna, Kindra, Kinna, Kyndra.

KENNA. Origen bereber.

KENYA. Origen africano. Significado: Joya. Alude al país del mismo nombre. Variantes: Enya, Kania, Kanja, Kanya, Kenbea, Kenbee, Kenbey, Kenbi, Kenvie, Kenby, Kenia, Kenja, Kenyah, Kenyatta, Kenyatte, Kenyetta, Kenyette.

KEP. Origen egipcio. Significado: Tierra.

KEPERIÑE. Forma vasca de Severina.

KEREN. Origen hebreo. Significado: Abundancia. Variantes: Caran, Caren, Kaaran, Kaaren, Kaarin, Kaaron, Karan, Karon, Kerin, Keron, Krensa,

Kerenza, Kerran, Kerren, Kerrin, Kieran, Kieren, Kierin, Kieryn, Kira, Kiran, Kirana, Kirane, Kirra, Kirran, Kirrana, Kirrane, Kyra, Kyran, Kyrana, Kyrane.

KERENSA. Origen de Cornualles. Significado: Amor. Variantes: Karensa, Karanza, Kerenza.

KERRY. Origen celta. Significado: De pelo moreno. Nombre de un condado irlandés. Variantes: Ceree, Cerey, Ceri, Cerie, Cerrey, Cerri, Cerrie, Cerry, Cery, Kera, Keree, Keri, Keriana, Keriann, Kerianna, Kerianne, Kerra, Kerree, Kerrey, Kerri, Kerrie, Kerry-Ann, Kerry-Anne, Kery.

KESI. Origen swahili. Significado: Nacida cuando su padre tenía problemas. Variantes: Kesee, Kesey, Kesie, Kesy.

KETTY. Origen griego. Significado: Casta. Variante: Kitty.

KETTY. Diminutivo de Katherine. → KATERINA.

KEVINA. Origen irlandés. Significado: Bonita. Forma femenina de Kevin. Variantes: Keva, Kevia, Kevyn.

KEYLA. Origen griego. Significado: La bella.

KEYNA. Origen galés. Significado: Bella y blanca. Variante: Keyne.

KHAIRIYA. Origen árabe. Significado: Caritativa.

KHALIDA. Origen árabe. Significado: Inmortal, superviviente.

KHAWALA. Origen árabe. Significado: Bailarina.

KHULOOD. Origen árabe. Significado: Inmortalidad.

KHUZAYMA. Antiguo nombre árabe.

KIAH. Nombre aborigen. Significado: Principio de una estación. Variantes: Kaea, Kai, Kay, Kaya, Kia, Kya.

KIANA. Origen hawaiano. Diosa de la luna.

KICHI. Origen japonés. Significado: Afortunada. Variantes: Kichee, Kichie, Kichy.

KIDEN. Origen africano. Significado: Niña nacida después de tres chicos.

KIELE. Origen hawaiano. Significado: Gardenia.

KIKI. Origen egipcio. Significado: De la planta del ricino. Variantes: Kikee, Kikey, Kikie, Kiky.

KIKU. Origen japonés. Significado: Crisantemo.

KILES. Origen vasco. Significado: Aranguiz, Álava.

KIM. Origen vietnamita. Significado: Dorada. Nombre femenino y masculino.

KIMBA. Nombre aborigen. Significado: Fuego de arbustos.

KIMBERLY. Origen inglés. Significado: De los campos del rey. Variantes: Kemberlea, Kemberlee, Kemberlei, Kemberlia, Kemberlin, Kemberly, Kemberlyn, Khimberlea, Khimberlea, Khimberlee, Khimberleigh, Khimberleyna, Khimberlia, Khimberlie, Khimberlina, Khimberline, Khimberly, Khimberlyn, Khymberly, Kim, Kimba Lee, Kimbalea, Kimbalee, Kimbalina, Kimbaline, Kimball, Kimbalyn, Kimber, Kimberlea, Kimberlee, Kimberlei, Kimberleigh, Kimberley, Kimberli, Kimberlia, Kimberlie, Kimberlin, Kimberlina, Kimberlyn, Kimbley, Kimbra, Kimmi, Kimmie, Kymbalea, Kymbalee, Kymbalei, Kymbali, Kymbalia, Kymbalin, Kymbalina, Kymbaline, Kymballea, Kymballee, Kymbalyna, Kymberlea, Kymberlee, Kymberlei, Kymberlie, Kymberly, Kymberlya.

KIMBROUGH. Origen inglés. Significado: Que viene de los campos reales. Variante: Kimbro.

KIMI. Origen japonés. Significado: La mejor. Variantes: Kimee, Kimey, Kimie, Kimiko, Kimmee, Kimmey, Kimmi, Kimmie, Kimmy, Kimy, Kymy.

KIN. Origen inglés. Significado: Familia. Variantes: Kina, Kinchen, Kinsey, Kyn, Kyna.

KINDILAN. Nombre aborigen. Significado: Feliz. Variantes: Kindilana,
Kindilane, Kindilina, Kindiline, Kindilyna, Kindilyne.

KIOKO. Origen japonés. Significado: Niña nacida felizmente. Variantes: Kioka, Kyoka.

KIONA. Origen nativo americano. Significado: Colinas pardas. Variantes: Kiova, Kiowa, Kyona, Kyowa.

KIRA. Origen búlgaro. Significado: Trono. Variantes: Kiran, Kirania, Kiri, Kirra.

KIRA. Origen ruso. Significado: Señora. Variante: Kirochka.

KIRAN. Origen hindi. Significado: Rayo de luz. Variantes: Kearan, Keeran, Keerana, Keerane, Keeren, Keerin, Keiran, Keiren, Keiryn, Kieran, Kierana, Kierane, Kieren, Kirana, Kirane, Kyran, Kyrana, Kyrane, Kyren, Kyrin, Kyryn.

KIRBY. Origen inglés. Significado: Granja cerca de una iglesia. Variantes: Kerbea, Kerbee, Kerbey, Kerbi, Kerbie, Kerby, Kirbea, Kirbee, Kirbey, Kirbi, Kirbie, Kyrbea, Kyrbee, Kyrbey, Kyrbi, Kyrbie, Kyrby. Nombre femenino y masculino.

KIRI. Origen polinesio. Significado: Corteza de árbol. Variantes: Kirea, Kiree, Kirie, Kiry, Kyrea, Kyree, Kyrey, Kyri, Kyrie, Kyry.

KIRRA. Nombre aborigen. Significado: Urraca. Variantes: Kira, Kirah, Kirrah, Kyra, Kyrah, Kyrra, Kyrrah.

KIRSTEN. Origen escandinavo. Significado: Seguidora de Cristo, cristiana. Variantes: Keerstin, Kerstai, Kerstain, Kerstaina, Kerstan, Kerstana, Kerstane, Kerstea, Kerstean, Kersteen, Kersten, Kerstena, Kerstene, Kersti, Kerstie, Kerstin, Kerstina, Kerstyn, Kerstyna, Kirbea, Kirbee, Kirbey, Kireen, Kireena, Kirstai, Kirstaina, Kirstaine, Kirstan, Kirstana, Kirstane, Kirste, Kirstea, Kirsti, Kirstia, Kirstie, Kirstin, Kirstina, Kirstine, Kirstona, Kirsty, Kirstyn, Kirstyna, Kirstynn, Krstin, Kurstai, Kurstain, Kurstaina, Kurstea, Kurstean, Kursteana, Kurstee, Kursteen, Kursteena, Kursti, Kurstia, Kurstin, Kurstina, Kursty, Kurstyn, Kurstyna.

KIRVI. Origen árabe. Significado: Madrina.

KISA. Origen ruso. Significado: Gatito. Variantes: Kissa, Kysa, Kyssa.

KISHI. Origen japonés. Significado: Que trae felicidad a la Tierra. Variantes: Kishee, Kishie, Kishy.

KISKITZA. Origen vasco. Advocación de la Virgen en Ezkio-Itsaso (Guipúzcoa).

KISMET. Origen persa. Significado: Destino. Variantes: Kismeta, Kismete, Kismett, Kismetta, Kismette, Kissmet, Kissmeta, Kissmete, Kissmett, Kissmetta, Kissmette, Kysmet, Kysmeta, Kysmete, Kysmett, Kysmetta, Kysmette, Kyssmett, Kyssmetta, Kyssmette.

KISPIÑE. Forma vasca de Crispina.

KISSA. Origen egipcio. Significado: Hermana de gemelos. Variantes: Kisa, Kysa, Kyssa.

KISTIÑE. Forma vasca de Cristina.

KITA. Origen japonés. Significado: Norte.

KITTY. Variante de Ketty, diminutivo de Katherine. → **KATERINA.**

KITZ. Origen vasco.

KIYOKO. Origen japonés. Significado: Clara. Variante: Kiyoka.

KIYOMI. Origen japonés. Significado: Belleza pura.

KIZKITZA. Origen vasco. Avocación de la Virgen en Ezkio-Itsaso (Guipúzcoa).

KLARA. Otra forma de Clara.

KLAUDIA. Otra forma de Claudia.

KLEMENTYNA. Forma polaca de Clementina.

KLIO. Origen griego. Significado: Célebre.

KLODIN. Origen vasco.

KODES. Origen vasco. Advocación de la Virgen en Torralba del Río (Navarra).

KOHAKU. Origen japonés. Significado: Ámbar. Nombre femenino y masculino.

KOHANA. Origen japonés. Significado: Pequeña flor.

KOHIA. Origen polinesio. Significado: Flor de la pasión. Variante: Kohiah.

KOIKILE. Forma vasca de Cecilia.

KOKO. Origen japonés. Significado: Cigüeña.

KOKO. Origen nativo americano. Significado: Noche. Variante: Coco.

KOKOA. Origen japonés. Significado: Corazón, alma, espíritu, sentimientos, amor.

KOKOMI. Origen japonés. Significado: Corazón, alma, espíritu, belleza.

KOKONA. Origen japonés. Significado: Corazón, alma, espíritu, vegetales, verduras.

KOKONE. Origen japonés. Significado: Corazón, alma, espíritu, sonido.

KOKORO. Origen japonés. Significado: Corazón, alma, espíritu, mente, sentimientos.

KOLDOBIKE. Forma vasca de Luisa. Variante: Koldobiñe.

KOLORA. Nombre aborigen. Significado: Lago de agua fresca.

KONTXESI. Forma vasca de Concepción. Variantes: Kontzezionea, Kontxi.

KOORINE. Nombre aborigen. Significado: Hija.

KORA. Nombre aborigen. Significado: Compañera, amiga. Variantes: Cora, Coreta, Corete, Corett, Coretta, Corette, Corey, Corina, Corine, Corinna, Corrine, Korah, Koret, Koreta, Korete, Korett, Koretta, Korette, Korina, Korine, Korinna, Korinne, Koryna, Koryne, Korynn, Korynna, Korynne.

KORA. Origen griego. Significado: Chica joven. Variantes: Cora, Corabel, Corabella, Corabelle, Corabellita, Corake, Coralyn, Corella, Coretta, Corey, Cori, Corie, Corilla, Corina, Corinna, Corinne, Corissa, Corlene, Corri, Corrie, Corrin, Corrissa, Corry, Cory, Coryn, Coryna, Corynn, Korabell, Koré, Koree, Koreen, Korella, Korenda, Korette, Korey,

Korie, Korilla, Korissa, Korri, Korrie, Korrina, Korry, Kory, Korynna, Koryssa.

KOREY. Origen celta (nombre gaélico). Significado: Habitante del valle. Nombre femenino y masculino.

KORO. Origen vasco. Advocación de la Virgen, Nuestra Señora del Coro, en Donostia-San Sebastián (Guipúzcoa). Variantes: Koru, Koruko.

KORRA. Nombre aborigen. Significado: Hierba.

KOTONE. Origen japonés. Significado: Sonido, arpa japonesa.

KRABELIN. Origen vasco. Significado: Clavel.

KRALICE. Origen turco. Significado: Reina.

KRISTAL. Origen griego. Otra forma de Cristal. Variantes: Krista, Kristabel, Kristabele, Kristabell, Kristabella, Kristabelle, Kristale, Kristall, Kristalle, Kristel, Kristele, Kristell, Kristella, Kristelle, Krystal, Krystalbel, Krystalbele, Krystalbella, Krystabelle, Krystel, Krystele, Krystell, Krystella, Krystelle, Krystelina, Krysteline, Krystell, Krystella, Krystelle, Krystle, Krystyl, Krystyle, Krystyll, Krystylle.

KRISTINA. Otra forma de Cristina. Variantes: Khristean, Khristeane, Khristeene, Khristeyn, Khristianna, Khristin, Khristyn, Kristana, Kristeene, Kristein, Kristeine, Kristi, Kristiana, Kristie, Kristijntje, Kristine, Kristy, Kristyn, Kristyna, Krixtina.

KRISTOBALA. Forma vasca de Cristobalina.

KSANA. Origen ruso. Significado: Alabanza de Dios. Variante: Ksanochka.

KSENIA. Origen eslavo. Significado: Hospitalaria. Variantes: Ksenija, Kseniya.

KULTHOOM. Origen árabe. Significado: Hija de la paz de Mahoma. Variante: Kulthum.

KUMARI. Origen sánscrito. Significado: Chica, hija. Variantes: Cumaree, Kumarey, Kumaria, Kumarie, Kumary, Kumarya.

KUMI. Origen japonés. Significado: Trenza. Variantes: Kumee, Kumie, Kumy.

KUMIKO. Origen japonés. Significado: Niña de eterna belleza.

KUNAMA. Nombre aborigen. Significado: Nieve. Variantes: Kunam, Kunamah.

KUPIDA. Origen vasco.

KUPIÑE. Origen vasco. Significado: Piedad. Compasión.

KURA. Origen maorí. Significado: Tesoro.

KURUMI. Origen japonés. Significado: Nuez, nogal.

KUTSUGE. Origen vasco. Significado: Pureza. Inmaculada.

KUTTUNE, KUTTUÑE. Origen vasco.

KYEEMA. Nombre aborigen. Significado: Del alba. Canguro.

KYLA. Origen hebreo. Significado: Coronada. Variantes: Kila, Kilah, Kylah.

KYLIE. Nombre aborigen. Significado: Boomerang. Variantes: Kilea, Kilee, Kilei, Kiley, Kili, Kilia, Kilie, Killea, Killee, Killei, Killi, Killia, Killie, Killy, Kily, Kylea, Kylee, Kylei, Kyley, Kyli, Kylia, Kyllea, Kyllee, Kyllei, Kylley, Kylli, Kyllia, Kyllie, Kylly, Kyly, Kylya.

KYNTHIA. Origen griego. Significado: Mujer de Kinthos, en Delos.

KYOKO. Origen japonés. Significado: Espejo. Variantes: Kioko, Kioka, Kyoka, Yoka, Yoko.

KYRA. Origen persa. Significado: Sol. Variantes: Cyra, Kiara, Kira, Kirah, Kirra, Kirrah, Kyara, Kyarah, Kyrah.

KYON. Origen coreano. Significado: Resplandor.

LABIBA. Origen árabe. Significado: Inteligente.

LABRAZA. Origen vasco.

LACEY, LACY. Formas familiares de Lara y Larisa.

LADISLAVA. Origen eslavo. Significado: Señora gloriosa. Variante: Ladisle.

LAGRAN. Origen vasco.

LAGUNTZANE. Forma vasca de Socorro.

LAIA. Una de las formas catalanas de Eulalia (Eulàlia). Variante: Laieta.

LAIDA. Origen vasco.

LAIENE. Origen vasco.

LAILA. Variante de Layla.

LAIS. Origen griego. Significado: Feliz. Variante: Lays.

LAKEISHA. Origen árabe. Significado: Mujer. Variantes: Aiesha, Aisha, Keasha, Keisha, Laakecia, Lakaiesha, Lakaisha, Lakasha, Lakeesh, Lakeesha, Lakeishia, Lakenzia, Lakeshia, Lakeshya, Lakesia, Lakeysha, Lakieshia, Lakitia, Lakytya.

LAKMÉ. Origen hindi. Significado: Nacida en leche. Diosa hindú del amor.

LAKOTA. Origen nativo americano. Significado: Amiga.

LAKSHMI. Origen sánscrito. Significado: Éxito. Diosa hindú de la fortuna y la sabiduría. Variantes: Lakme, Lakshmee, Lakshmey, Lakshmie, Lakshmy.

LALA. Origen eslavo. Significado: Tulipán. Variantes: Laela, Laella, Laila, Lailla, Lale, Lalla, Layla, Layla.

LALAGE. Origen griego. Significado: Habladora. Variantes: Lalea, Lalee, Lalei, Lalia, Lalie, Lalla, Lallea, Lallee, Lallei, Lalley, Lalli, Lallia, Lallie, Lally, Lallya, Laly, Lalya.

LALI. Diminutivo de Eulalia.

LALI. Origen polinesio. Significado: El punto más alto del cielo. Variantes: Laelea, Laelee, Laelei, Laeley, Laeli, Laelia, Laelie, Laely, Laelya, Lailei, Laili, Lailia, Lailie, Laily, Lailya, Lalea, Lalia, Lalie, Lallea, Lallei, Lallia, Lallil, Laly, Lalya, Lulanea, Lulani, Lulanya.

LALITA. Origen sánscrito. Significado: Encantadora. Variantes: Laleata, Laleate, Laleeta, Leete, Leleita, Lalite, Lalitt, Lalitta, Lalyta, Lalytta.

LAMIARAN. Advocación de la Virgen en Mundaka (Vizcaya).

LAMILLA. Nombre aborigen. Significado: Piedra.

LAMINDAO. Advocación de la Virgen en el valle de Arratia (Vizcaya).

LAMIS. Origen árabe. Significado: Suave al tocar. Variantes: Lamees, Lamisa, Lamisah, Lamiss, Lamissa, Lamissah, Lamys, Lamysa, Lamyss, Lamyssa.

LAMYA. Origen árabe. Significado: De labios oscuros. Variantes: Lama, Lamia, Lamiah, Lamyah.

LAN. Origen chino. Significado: Orquídea. Variantes: Lana, Lann, Lanna.

LANA. Variante de Alana y Elana.

LANDA. Advocación de la Virgen en Mezkiritz (Erro, Navarra). Variante: Landazabal.

LANDELINA. Origen germánico. Significado: La patriota. Variante: Laudelina.

LANDERRA. Origen vasco. Significado: Peregrino, necesitado.

LANDRADA. Origen germánico. Significado: Consejera en su pueblo. Variantes: Landra, Landrea, Landria, Landrya.

LANI. Origen polinesio. Significado: Cielo. Variantes: Lanea, Lanee, Laney, Lania, Lanie, Lannee, Lanney, Lanni, Lannia, Lannie, Lanny, Lannya, Lany, Lanya. Nombre femenino y masculino.

LANIKAI. Origen hawaiano. Significado: Mar divino.

LAODAMIA. Origen griego. Significado: La que domina su pueblo.

LAODICEA. Origen griego. Significado: La que es justa con su pueblo.

LARA. Origen latino. Significado: Famosa. Variantes: Larah, Laralaine, Laramea, Laria, Lariah, Larin, Larina, Larinda, Larita, Larra, Larrah, Larrya, Larryah, Larya, Laryah.

LARA. Origen griego. Significado: Alegre. Variantes: Laressa, Larisa, Larissa, Laryssa, Laryssia, Laurissa, Loriss, Lorisse, Lorysa, Loryssa.

LAREINA. Origen español. Significado: La reina. Variantes: Laqueen, Laqueene, Laquena, Laquene, Laqueneta, Laquenete, Laquenetta, Laquinta, Laquynta, Larain, Laraina, Larane, Larayne, Larein, Lareine, Larena, Lareyna, Lareyne, Larraina, Larraine, Larreina, Laurain, Lauraina, Lauraine, Laurayna, Laurayne, Lora, Loraen, Loraena, Loraene, Lorain, Loraina, Loraine, Lorayna, Lorayne, Lorein, Loreina, Lorraina, Lorrein, Lorreina, Lorreine, Lorreyn, Lorreyna, Lorreyne.

LARISA → LARA.

LARK. Nombre aborigen. Significado: Nube. Variantes: Larke, Larkee, Larkey.

LARK. Origen inglés. Significado: Alondra. Variantes: Larke, Larkee, Larkey.

LARRAINTZAR. Advocación de la Virgen en Álava.

LARRAITZ. Advocación de la Virgen en Abaltzisketa (Guipúzcoa).

LARRAÑE. Origen vasco. Alude al pueblo homónimo (Zuberoa).

LARRARA. Advocación de la Virgen en Alegría-Dulantzi (Álava).

LARRAURI. Advocación de la Virgen en Urarte-Bernedo (Álava).

LARRAZA. Advocación de la Virgen en Artieda (Urraul Bajo, Navarra).

LARROSA. Forma vasca de Rosa.

LASAGAIN. Advocación de la Virgen en Anue (Navarra).

LASARTE. Advocación de la Virgen en Vitoriano (Álava).

LASSIE. Origen escocés. Significado: Niña. Variantes: Lasee, Lasey, Lasi, Lasie, Lass, Lasse, Lassee, Lassey, Lassi, Lassy, Lasy.

LATIFA. Origen árabe. Significado: Gentil, amable, agradable. Variantes: Lateefa, Lateefah, Latefa, Latefah, Lateifa, Lateifah, Lateyfa, Lateyfah, Latifah.

LATORIA. Origen afroamericano. Significado: Victoria. Variantes: Latorea, Latori, Latoriah, Latorja, Latorya, Latoyra, Latoia, Latoya.

LATSARI. Origen vasco.

LATXE. Origen vasco.

LAURA. Origen latino. Significado: Coronada de laureles, triunfante. Variantes: Lara, Larain, Laraina, Larane, Larett, Larie, Larissa, Lauraine, Laural, Laurale, Lauralea, Lauralei, Lauralie, Lauralin, Lauralina, Lauralya, Lauralyna, Lauran, Laurana, Laurane, Lauranne, Laure, Laureana, Lauree, Laureen, Laureena, Laurel, Laurele, Laurelea, Laurélie, Laureline, Laurelle, Lauren, Laurena, Lauréna, Laurence, Laurencia, Laurència, Laurene, Laurène, Laurenia, Laurentia,

Laurentina, Laurentine, Lauressa, Lauret, Laureta, Lauretah, Laurete, Lauretta, Laurette, Laurie, Laurina, Laurinda, Laurine, Laurisa, Laurita, Laury, Lauryn, Lauryna, Lawra, Lawre, Lawree, Lawrel, Lawrela, Lawrena, Lawria, Lawrie, Lawry, Lawryn, Lawryna, Llora, Llura, Lolli, Lora, Loral, Lorea, Loredana, Loree, Loreen, Lorel, Lorela, Lorelea, Lorelee, Lorelei, Loreleigh, Lorell, Lorella, Lorelle, Loren, Lorena, Lorenza, Loret, Loreta, Loreta, Loretta, Lorette, Lorey, Lori, Loria, Loriana, Loriann, Lorie, Loriel, Loriela, Loriele, Loriell, Loriella, Lorin, Lorita, Lorrie, Lorrin, Lorry, Lory, Lorya, Loryal, Loryale, Loryel, Loryel, Loryela, Loryele, Loryella.

LAVELLE. Origen latino. Significado: Ella es pura. Variantes: Lavel, Lavela, Lavele, Lavell, Lavella.

LAVENDER. Origen inglés. Significado: Lavanda. Variante: Lavenda.

LAVINIA. Origen latino. Significado: Pureza. Variantes: Lavania, Lavena, Lavenia, Lavina, Laviner, Lavínia, Lavinie, Lavyna, Lavyne, Lavynia, Lavyny, Levenia, Levina, Levinia, Livinia, Louvinia, Lovina, Lovinia, Lovynia, Lyvina, Lyvinia.

LAXURI. Origen vasco.

LAYLA. Origen árabe. Significado: Nacida durante la noche. De pelo negro. Variantes: Laela, Laeli, Laelia, Laelie, Laely, Laila, Laïla, Lailah, Laili, Lailia, Lailie, Laleh, Layli, Laylia, Laylie, Layly, Laylya, Leila, Lela, Lelia, Leyla, Leylah, Leyli.

LAYNA. Origen griego. Significado: Luz, verdad. Variantes: Laena, Laina, Laynie.

LEA. Origen hebreo. Significado: Fatigada. Variantes: Léa, Leah, Lee, Leia, Leigh, Leigha, Lia, Liah.

LEA. Origen latino. Significado: Leona. Variantes: Alea, Alee, Alei, Aleia, Aleigha, Aleya, Leah, Leaha, Lee, Lei, Leigh, Li, Lia, Liah, Ly, Lya, Lyah.

LEAN. Forma irlandesa de Elena.

LEANA. Origen gaélico. Significado: Viña virgen, en flor. Variantes: Leane, Léane, Leann, Leanna, Leanne, Lee Ann, Lee Anne, Leeane, Leeann, Leianna, Leigh Ann, Leighann, Leighanne, Liana, Liane, Lianne.

LEANDRA. Origen latino. Significado: Como una leona. Variantes: Landere, Léandre, Leeandra, Leianda, Leighandra, Leodora, Leoine, Leolina, Leonanie, Leonelle, Leyandra.

LEBA. Origen judío. Significado: Amada. Variantes: Leaba, Leeba, Leiba, Lighba, Leyba, Liba, Lyba.

LEDA. Origen griego. Significado: Dama, señora. Variantes: Leada, Leeda, Leida, Leighda, Leighta, Leta, Leyda, Lita, Lyda, Lyta.

LEELA. Origen sánscrito. Significado: Juguetona.

LEENA. Nombre aborigen. Significado: Zarigüeya. Variantes: Leana, Leina, Leyna, Lina, Lyna.

LEEWANA. Nombre aborigen. Significado: Viento. Variantes: Leawana, Leewan, Leiwana, Leighwana, Liwana, Lywana.

LEGAIRE. Origen vasco.

LEGARDA. Advocación de la Virgen en Mendavia (Navarra) y en Ochánduri (La Rioja).

LEGARRA. Advocación de la Virgen en Lizasoáin y en Olza (Cendea de Olza/ Oltza Zendea, Navarra).

LEGENDIKA. Advocación de la Virgen en Kanala (Gautegiz-Arteaga, Vizcaya).

LEGUNDIA. Origen vasco.

LEIA → LEYA.

LEIGH. Origen inglés. Significado: Prado. Variantes: Ley, Lee, Lea, Leah, Leia.

LEIKO. Origen japonés. Significado: Arrogante. Variantes: Leako, Leeko, Leyko.

LEILA → LAYLA.

LEILANI. Origen hawaiano. Significado: Flores divinas. Variantes: Lanea, Lanee, Laney, Lani, Lanie, Lany, Lealanea, Lealanee, Lealani, Lealania, Lealanie,

Lealany, Leelanea, Leelanee, Leelaney, Leelani, Leelania, Leelany, Leighlanea, Leighlanei, Leighlania, Leighlany, Leilanea, Leilanee, Leilaney, Leilania, Leilanie, Lelanea, Lelanee, Lelani, Lelany, Leylanea, Leylanee, Leylani, Leylania, Leylany.

LEIORE. Origen vasco.

LEIRE. Alude al célebre monasterio de Leire, en Yesa (Navarra). Variantes: Leira, Leyre.

LEKARETXE. Advocación de la Virgen en Zumaia (Guipúzcoa).

LELIA. Origen griego. Significado: La que es locuaz. Otra forma de Leila y Layla. Variantes: Lelee, Leli, Lelie, Lelika, Lelita, Lellia, Lellya, Lelya.

LEMANA. Nombre aborigen. Significado: Roble. Variantes: Leaman, Leemana, Leimana, Leymana.

LENA. Origen griego. Diminutivo de Elena y de Magdalena. Variantes: Leena, Lene, Lenea, Lenee, Lenetta, Lenette, Leney, Leni, Lenie, Lennee, Lenney, Lenni, Lennie, Lenny, Leny, Lina, Lyna.

LEOCADIA. Origen griego. Significado: La que resplandece por su blancura. Variantes: Lakade, Leocàdia, Llogaia, Logaia.

LEOCRICIA. Origen griego. Significado: Que juzga bien a su pueblo.

LEOMA. Origen inglés. Significado: Brillante. Variante: Leomah.

LEONA. Origen latino. Significado: Leona. Variantes: Leo, Leocada, Léoine, Leola, Leolina, Léoline, Leolyn, Leolyna, Leolyne, Léona, Léonanie, Leonarda, Leonardina, Leonardyn, Leonardyna, Leonardyne, Leonce, Leoncya, Leondra, Leondria, Léone, Leonee, Leonel, Leonela, Leonella, Léonelle, Léonette, Leoney, Leonia, Leonice, Léonice, Leonie, Léonie, Leonil la, Leonila, Leonilda, Leonilia, Léonille, Leonina, Leonine, Léonine, Leonisa, Leonissa, Leonni, Leonnie, Leonora, Leontina, Leontine, Léontine, Leontyna, Leontyne, Liona, Lione, Lioneta, Lionetta, Lionia, Lionie,

Lleona, Lleonarda, Loline, Lonarte, Lone, Lyona, Lyone, Lyonee, Lyoneta, Lyonetta, Lyoney, Lyonia, Lyonie, Lyony, Lyonya.

LEONOR. Origen griego. Significado: Fuerte, pero compasiva y misericordiosa. Variantes: Eleanor, Eleonor, Eleonora, Éléonore, Ellinor, Lenora, Lenore, Leonora, Leonore, Léonore, Leora, Nora.

LEOPOLDA. Origen germánico. Significado: Pueblo valiente. Variantes: Leopoldina, Léopoldine, Lopolde.

LEORA. Origen hebreo. Significado: Luz brillante. Variantes: Leeora, Liora, Lyora.

LEORIN. Advocación de la Virgen en Dicastillo (Morentin, Navarra).

LEOVIGILDA. Origen germánico. Significado: Guerrera. Variantes: Leovixilda, Lobigilde.

LERA. Origen celta. Significado: Noble y fuerte. Variante: Leria.

LERATE. Advocación de la Virgen en Lerate (Guesálaz, Navarra).

LESBIA. Origen griego. Significado: Originaria de la isla de Lesbos (Grecia).

LESLIE. Origen escocés (nombre gaélico). Significado: De las tierras bajas. Variantes: Lesil, Leslea, Leslee, Leslei, Lesleigh, Lesley, Lesli, Lesly, Leslye, Lesslie, Lezlee, Lezley, Lezli, Lezlie. Nombre femenino y masculino.

LETASU. Advocación de la Virgen en Arexola (Aramaio, Álava).

LETHA. Origen griego. Significado: Olvidadiza. Variantes: Lethia, Leitha, Leithia, Leta, Leythia, Leythya.

LETICIA. Origen latino. Significado: La que trae alegría y felicidad. Variantes: Laeticia, Laetitia, Latisha, Lätitia, Ledicia, Leisha, Lethia, Lethiah, Leti, Letice, Letichia, Letícia, Leticya, Letisha, Letishya, Letisia, Letita, Letitia, Letiticia, Letiza, Letizia, Lettitia, Letty, Letycia, Letycya, Letysha, Letysya, Loutitia, Loutytia, Loutytya.

LEURA. Nombre aborigen. Significado: Lava. Variantes: Lura, Lurah.

LEVANA. Origen hebreo. Significado: Blanca como la Luna. Variantes: Levanna, Levona, Levonna, Livana, Livanna, Lyvana, Lyvanna.

LEVANIA. Origen latino. Significado: Sol de la mañana. Variantes: Leavania, Leevania, Leivania, Levannia, Leyvania.

LEVINA. Origen inglés. Significado: Destello. Variantes: Levene, Levyna, Livinna, Lyvina, Lyvyna.

LEWANA. Origen hebreo. Significado: Luna. Blanca. Variantes: Leawana, Leewana, Leewanna, Leiwana, Lewana, Leywana, Leywanna.

LEXA. Origen griego. Significado: Protectora. Diminutivo de Alexandra. Variantes: Lexane, Lexi, Lexia, Lexie, Lexina, Lexine, Lexy.

LEXURI. Origen vasco.

LEYA. Origen español. Significado: Leal, de confianza. Variante: Leia.

LEYLA → LAYLA.

LEYLANY → LEILANI.

LEZA. Origen vasco. Advocación de la Virgen en Leza (Álava).

LEZAETA. Origen vasco. Alude al pueblo de Lezaeta, en Larraun (Navarra).

LEZANA. Origen vasco. Ermita en Berantevilla (Álava).

LEZETA. Antigua ermita en Ullibarri-Arana (Harana/Valle de Arana, Álava).

LHAMU. Origen tibetano / sherpa. Significado: Diosa.

LIAN. Origen chino. Significado: Sauce airoso. Variantes: Lia, Liana, Liane, Lianna, Lianne, Lyan, Lyana, Lyane, Lyann, Lyanna, Lyanne.

LIANE, LIANNE → LEANA.

LIBBY. Origen hebreo. Significado: Sagrada. Diminutivo de Elizabeth. Variantes: Libbea, Libbee, Libbi, Libbie, Libe, Libee, Libey, Libi, Libie, Liby, Lyb, Lybbi, Lybby, Lybi, Lyby.

LIBERTAD. Origen latino. Significado: La que posee facultad para obrar el bien. Variantes: Líbera, Liberada, Liberal, Liberata, Liberate, Liberdade, Liberia, Liberta, Liberté, Libertee, Liberti, Liberty, Librada, Liburti, Libyrti, Libyrty, Lliberada, Llibèria, Lliberta, Llibertat, Lyberti, Lybertia, Lyberty, Lybertya, Lyburti, Lybyrti, Lybyrty.

LIBIA. Origen griego. Esposa de Poseidón, que dio su nombre a este país norteafricano. Variante: Libe.

LIBORIA. Origen latino. Significado: La que ama a los niños. Nacida en Libor (nombre de antiguas ciudades de España y Portugal).

LICIA. Origen griego. Significado: Luminosa. Procedente de Licia, región del Asia Menor. Diminutivo de Alicia. Variantes: Liciah, Licya, Licyah, Lycya, Lycyah.

LIDA. Origen eslavo. Significado: Que tiene el amor de su pueblo. Variantes: Lidah, Lyda.

LIDE. Origen latino. Significado: Vida. Variantes: Lidee, Lyde, Lydee.

LIDIA. Origen griego. Significado: Procedente de Lidia, región del Asia Menor. Variantes: Lida, Lide, Lidija, Lidiya, Lidochka, Lyda, Lydia, Lydie, Lydya, Lydye.

LIDUVINA. Origen germánico. Significado: Amiga del pueblo.

LIEN. Origen chino. Significado: Flor de loto. Variantes: Liena, Lienn, Lienna, Lienne, Lyen, Lyena, Lyenn, Lyenna, Lyenne.

LIERNI. Advocación de la Virgen en Mutiloa (Guipúzcoa).

LIESE. Origen hebreo. Significado: Sagrada. Forma germánica de Elizabeth. Variantes: Liechen, Liesa, Liesabet, Liese, Liesel, Liesl, Liezel, Liezl, Lisbet, Lisbeta, Lixbeth, Lisbetta, Lisel, Lisl, Lisle, Lizbet, Lizbeta, Lyechen, Lyesa, Lysbet, Lysbeta, Lyzbet, Lyzbeta.

LIGER. Origen vasco.

LIGIA. Origen griego. Significado: Melodiosa. Nombre de una sirena de la mitología griega. Variante: Lígia.

LIHUE. Origen araucano. Significado: Vida, existencia. Variante: Lihuel. Nombre femenino y masculino.

LILA. Origen persa. Significado: Flor de la lila, de color púrpura pálido. Variantes: Dalila, Leylak, Lilac, Lilah, Lilas.

LILI. Origen francés. Diminutivo de Isabel o de Luisa.

LILIA. Origen latino. Significado: Como la flor del lirio, símbolo de pureza. Variantes: Lileana, Lilee, Lilei, Liley, Lili, Lilian, Lilián, Liliana, Liliane, Lilianna, Lilianne, Lilias, Lilie, Lilika, Lilibet, Liliosa, Liliya, Lillea, Lilleigh, Lillia, Lillian, Lillianne, Lilly, Lillyan, Lillyanna, Lilo, Lily, Lilya, Liria, Líria, Lylea, Lylia, Lylya.

LILIT. Origen árabe. Significado: Demonio de la noche. Variantes: Lilith, Lillis, Lillith, Lyllyth, Lylyth.

LILYBET. Origen galés. Significado: Promesa de Dios. Variante de Elizabeth. Variantes: Lilibet, Lilibete, Lilibeth, Lillibet, Lillybet, Lillybeth, Lillybette, Lilybete, Lilybeth, Lylibet, Lyllibet, Lyllibeth, Lyllybet, Lyllybeth, Lylybet, Lylybeth, Lylybette.

LIMBER. Origen africano. Significado: Felicidad. Variantes: Limba, Limbera, Lymba, Lymber, Lymbera.

LIN. Origen chino. Significado: Bonita piedra de jade. Variantes: Lina, Linn, Linna, Lyn, Lyna, Lynn, Lynna.

LINA. Origen árabe. Significado: Suave, frágil.

LINA. Origen latino. Significado: La que teje el lino. También diminutivo de diferentes nombres acabados en «lina». Variantes: Liñe, Llina, Lyna.

LINA → LENA.

LINDA. Origen español. Significado: La bella. También diminutivo de diferentes nombres acabados en «linda». Variantes: Lin, Linday, Linde, Lindee, Lindi, Lindie, Lindy, Linn, Lyn, Lynada, Lynadie, Lynda, Lynde, Lyndy, Lynn, Lynnda.

LINDSAY. Origen inglés. Significado: De la isla de los tilos. Variantes: Lindsaye,

Lindsee, Lindsei, Lindsey, Lindsi, Lindsie, Lindsy, Linsay, Linsey, Linzee, Linzey, Linzie, Lyndsay, Lyndsey, Lynsay, Lynsey, Lyndzee, Lyndzey, Lyndzy, Lynzy.

LINETTE. Origen irlandés. Significado: Ídolo. Variantes: Lanette, Linet, Linetta, Linnet, Linnetta, Linnette, Lynetta, Lynette, Lynnett, Lynnette.

LIOBA. Origen germánico. Significado: Amada. Variantes: Ljuba, Luba, Lubiana, Lyuba, Lyubo, Lyubov.

LIS. Origen latino. Significado: Hermosa como el lirio. Variante: Lys.

LISA. Origen hebreo. Significado: Consagrada a Dios. Diminutivo de Elizabeth. Variantes: Leesa, Leeza, Leisa, Liesa, Liese, Lisanne, Lise, Liseta, Lisetta, Lisette, Lison, Lissa, Lissette, Liza, Lizana, Lizanne, Lizeth, Lizette.

LISABE. Variante de Elisabet.

LISANDRA. Origen griego. Significado: Libertadora. Variantes: Lissandra, Lizandra, Lizan, Lizanne, Lysandra.

LITA. Diminutivo de diferentes nombres acabados en «lita».

LIVIA. Origen latino. Significado: De color verde oliva. Diminutivo de Olivia. Variantes: Liviya, Lyvia, Lyvya.

LIYNAA. Origen árabe. Significado: Delicada.

LIZ. Origen inglés. Significado: Consagrada a Dios. Diminutivo de Elizabeth.Variantes: Lizz, Lyz, Lyzz.

LIZABETH. Origen inglés. Significado: Consagrada a Dios. Diminutivo de Elizabeth. Variantes: Liesbet, Liesbeth, Lisabet, Lisabeta, Lisabete, Lisabett, Lisabetta, Lisabette, Lizabet, Lizabeta, Lizabete, Lizabett, Lizabetta, Lizbet, Lizbeta, Lizbeth, Lizbetta, Lysabet, Lysabeta, Lysabeth, Lysabett, Lysabetta, Lyzabet, Lyzabeta, Lyzabeth, Lyzabetta, Lyzbett.

LIZAGAIN. Advocación de la Virgen en Anue (Navarra).

LIV. Origen escandinavo. Significado: Protección.

LODEMA. Origen inglés. Significado: Guía. Variantes: Lodemai, Lodima, Lodyma.

LOHITZUNE. Origen vasco. Variante: Lohizune.

LOINAZ. Advocación de la Virgen en Beasain (Guipúzcoa).

LOIOLA → LOYOLA.

LOKELANI. Origen hawaiano. Significado: Pequeña rosa roja. Variantes: Lokalia, Lokalya, Loke.

LOLA. Origen español. Diminutivo de Dolores. Variantes: Loles, Loli, Lolita, Loly.

LONA. Origen inglés. Significado: Solitaria. Variantes: Alona, Alone, Alonna, Alonne, Ilona, Ilone, Ilonna, Ilonne, Lone, Lonée, Loney, Lonia, Lonlea, Lonlee, Lonlei, Lonleigh, Lonley, Lonli, Lonlia, Lonlie.

LONORE. Forma vasca de Eleonor.

LONTZI. Origen vasco.

LOOREA. Nombre aborigen. Significado: La Luna.

LOPEIZA. Origen vasco.

LOPENE. Origen vasco.

LOPIZA. Origen vasco.

LORE. Forma vasca de Flora. Variante: Lorea, Lorena.

LOREDANA. Variante de Laura.

LOREDI. Origen vasco. Significado: Jardín.

LORELEI. Origen germánico. Sirena de la mitología germánica, que vivía en el Rin. Variante: Loreley.

LORENA. Origen francés. Significado: Natural de Lorena, región de Francia. Variantes: Lore, Lorène, Lorrae, Lorraine.

LORENZA. Origen latino. Significado: Coronada de laureles. Otra forma de Laura. Variantes: Laurentze, Llorença, Lorentxa, Lorentza, Lourenza.

LORNA. Origen escocés. Significado: Alude a una región de Escocia.

LOTTA. Origen sueco. Significado: Mujer. Variantes: Lota, Lotie, Lotte, Lottey, Lotti, Lottie, Lotty.

LOTO. Origen griego. Significado: Flor de loto. Variantes: Lotus, Lottus.

LOURDES. Origen francés. Significado: Altura prolongada en pendiente. Advocación de la Virgen aparecida en la localidad francesa de ese nombre. Variantes: Lorda, Lula, Lurdes.

LOVELOV. Origen inglés. Significado: Cariño.

LOWANNA. Nombre aborigen. Significado: Chica. Variantes: Lowana, Lowanah, Lowannah.

LOXA. Origen vasco.

LOYOLA. Origen latino. Significado: Alude al apellido de san Ignacio de Loyola. Variante: Loiola. Nombre femenino y masculino.

LOZA. Advocación de la Virgen en Cendea de Ansoáin (Ansoáin, Navarra).

LUANA. Origen germánico. Significado: Gentil guerrera. Variantes: Lewana, Lewanna, Louana, Louann, Louanna, Louanne, Lovana, Lovanna, Lovanne, Luane, Luann, Luanna, Luanne, Luanni, Luannie, Luanny, Luwana, Luwanna.

LUCA. Origen latino. Significado: La que trae la luz. Forma femenina de Lucas. Variantes: Lucka, Luka, Lukina.

LUCELIA. Compuesto de Luz y Celia.

LUCERNA. Origen latino. Significado: Círculo de luz. Variantes: Lucerina, Lucerine, Lucerne, Luceryn, Luceryna, Luceryne.

LUCERO. Origen latino. Significado: La que lleva la luz, referido a Venus, la estrella de la mañana.

LUCÍA. Origen latino. Significado: Nacida con la primera luz del día. Variantes: Liucija, Lleuleu, Lluçana, Llúcia, Lluciana, Llucina, Llucinda, Llucínia, Lluciniana, Loucea, Loucee, Louci, Loucia, Loucie, Loucil, Loucila, Loucille, Loucinda, Loucy, Loucynda, Lousinda, Lucasta, Luce, Lucea, Lucee, Lucet, Luceta, Lucete,

Lucett, Lucetta, Lucette, Luci, Lucia, Luciana, Lucianna, Lucianne, Lucie, Lucienna, Lucienne, Lucila, Lucile, Lucilla, Lucille, Lucina, Lucind, Lucinda, Lucinde, Lucindee, Lucinia, Luciniana, Lucita, Lucy, Lucya, Lucye, Lucyee, Lucyla, Lucylla, Lucynte, Luke, Lukene, Lusil, Lusila, Lusilla, Lusinda, Lusinta, Lusy, Lusya, Lusyla, Lusylla, Lutxi, Luzela, Luzella, Luzia, Luzina, Luzinda, Luzine, Luzinta, Luzy.

LUCINE. Origen árabe. Significado: Luna.

LUCRECIA. Origen latino. Significado: La que es recompensada. Variantes: Lucrèce, Lucrècia, Lucreecia, Lucretia, Lucrezia, Lucrezya, Lucrishia.

LUDIVINA. Origen germánico. Significado: Dulce amiga. Variantes: Ledwina, Lidwina, Lidwine, Ludivine.

LUDMILA. Origen eslavo. Significado: Amada por el pueblo. Variantes: Lida, Lidka, Lidmila, Lidunka, Liduse, Liduska, Ludmilla, Ludmyla, Ludmylla, Ludmylle, Luduna, Luzmila, Lyudmila.

LUGARDA. Origen vasco.

LUISA. Origen germánico. Significado: Guerrera famosa. Variantes: Aloise, Aloisia, Aloysia, Eloisa, Koldobike, Labhaoise, Lasche, Lawis, Lawisa, Lawise, Leot, Leweese, Leweez, Liudvika, Liusadh, Lluïsa, Loeasa, Loeaza, Loïca, Loida, Loisa, Loise, Loiss, Loissa, Loisse, Looesa, Looese, Lou, Louie, Louisa, Louise, Louisetta, Louisette, Louisiane, Louiz, Louiza, Louize, Loulou, Louyz, Louyza, Louyze, Loyce, Loys, Loyss, Loyssa, Loysse, Lu, Ludoisia, Ludoisya, Ludovica, Luigia, Luísa, Luise, Luisina, Luisita, Luixa, Luiza, Lulu, Luva, Luysa, Luyse, Luyza, Luyze.

LUJÁN. Advocación de la Virgen, Nuestra Señora de Luján, patrona de Argentina. Tiene su santuario en Luján (provincia de Buenos Aires).

LUKEIZA. Origen vasco. Variantes: Lukeizaz, Lukesa.

LUNA. Origen latino. Significado: Que brilla. Variantes: Lune, Lunet, Luneta, Lunete, Lunetta, Lunette, Lunnett, Lunnetta, Lunette, Lua, Lúa.

LUPA. Origen latino. Significado: Loba.

LUPE. Origen árabe. Diminutivo de Guadalupe. Variante: Lupita.

LUPERCIA. Origen latino. Significado: Amiga de los lobos. Variantes: Lupèrcia, Lupina, Lupine, Lupyna, Lupyne.

LUPERIA. Origen latino. Significado: Cazadora de lobos. Variante: Lupèria.

LURDES → LOURDES.

LUSTARIA. Origen vasco (Olite, Navarra).

LUTGARDA. Origen germánico. Significado: La que protege a su pueblo. Variante: Lukarte.

LUZ. Origen latino. Significado: Que irradia claridad. Variantes: Argiñe, Llum.

LWIZA. Origen bereber.

LYDA → LEDA.

LYNDSAY → LINDSAY.

LYNN. Origen inglés. Significado: Cascada, torrente. Variantes: Lyn, Lin, Linne, Lyne.

LYUBA → LIOBA.

MAALA. Origen vasco (Berriatua, Vizcaya).

MABEL. Origen latino. Significado: Adorable. Forma inglesa de Amable. Variantes: Amabel, Amabell, Amabella, Amabelle, Mab, Mabb, Mabbina, Mabele, Mabell, Mabella, Mabelle, Mabil, Maibel, Maybel, Maybela, Maybele, Maybella, Maybelle, Maybelline, Moibeal.

MACARENA. Origen español. Significado: Advocación de la Virgen María originaria del barrio homónimo de Sevilla, que recibe el nombre de un edificio dedicado a San Macario.

MACARIA. Origen griego. Significado: La que lleva la espada. Variantes: Macarya, Makare.

MACHIKO. Origen japonés. Significado: Hermosa niña. Variantes: Machika, Machyka, Machyko.

MACRA. Origen griego. Significado: Anciana, venerable. Variantes: Macrina, Macrine, Macryna, Macryne.

MACROBIA. Origen latino. Significado: La que tiene larga vida. Variante: Macròbia.

MADDI. Origen vasco. Diminutivo de Maialen y de Miren. Variante: Maddia.

MADHURI. Origen sánscrito. Significado: Dulce. Variante: Madhur.

MADIRA. Origen sánscrito. Diosa del vino. Variantes: Varirah, Madyra, Madyrah.

MADISON. Origen inglés. Significado: Guerrera poderosa. Hija de Maud. Variantes: Maddisan, Maddisen, Maddisin, Maddison, Maddisun, Maddysyn, Madisen, Madisin, Madissan, Madissen, Madissin, Madisson, Madissyn, Madisun, Madisyn, Madysan, Madysen, Madysin, Madyson, Madisun, Madysyn.

MADRONA. Origen latino. Significado: Madre de familia. Variantes: Madronna, Matrona, Matryona, Matryosha, Matryoshka, Matyusha, Matyuska.

MAËLLE. Origen celta. Significado: Princesa. Variantes: Maé, Maël, Maëlann, Maelia, Maëline, Maëlis, Maëliss, Maëlla, Maëly, Maëllys, Maëlys, Maëlyss, Maïlis, Maïly, Maïlys, Mayleen, Mayliss.

MAÉNA. Origen griego. Significado: Luna.

MAGALÍ. Otra forma de Margarita.

MAGDALENA. Origen hebreo. Significado: Natural de Magdala, en Galilea. Variantes: Madailein, Madalen, Madalena, Madalina, Madalyn, Maddalen, Maddalena, Madel, Madelaine, Madeleine, Madelena, Madelene, Madelina, Madeline, Madelon, Madelón, Madelyn, Maddie, Magda, Magdala, Magdalen, Magdalene, Maggie, Magguy, Maialen, Maida, Maidel, Malen, Malena, Maleny, Malina, Marla, Marlaine, Marlana, Marlania, Marlea, Marlean, Marleana, Marleane, Marlee, Marleen, Marleigh, Marleina, Marleine, Marlena, Marlene, Marley, Marli, Marline, Marlo, Marly, Marlyn, Marlyna, Marlyne, Matxalen, Modlen.

MAGENA. Origen nativo americano. Significado: Luna venidera. Variante: Magenna.

MAGNA. Origen latino. Significado: Grande.

MAGNA. Origen noruego. Significado: Fuerza.

MAGNOLIA. Origen latino. Significado: Flor del mismo nombre. Variantes: Magnolea, Magnòlia, Magnolya, Manolya.

MAHA. Origen árabe. Significado: Ojos grandes.

MAHAILA. Origen hebreo. Significado: Bailarina.

MAHALA. Origen hebreo. Significado: Ternura. Variantes: Mahalah, Mahalia, Mahaliah, Mahalla, Mahelia, Mahélie, Mehalia.

MAHASIN. Origen árabe. Significado: Maravillosa.

MAHATS. Origen vasco. Significado: Uva.

MAHDI. Origen africano. Significado: La esperada.

MAHINA. Origen polinesio. Significado: Luz de luna. Variantes: Mahinah, Mahyna, Mahynah.

MAHIRA. Origen hebreo. Significado: Rápida. Variantes: Mahera, Mahirah, Mahyra, Mahyrah, Mehirah, Mehyra, Mehyrah.

MAHIRIMAH. Origen persa. Significado: Muy bonita.

MAHSATI. Origen persa. Significado: Dama de luna.

MAHTAB. Origen persa. Significado: Lunar.

MAHURU. Origen polinesio. Significado: Diosa de la primavera.

MAI. Origen japonés. Significado: Brillante. Variantes: Mae, Maie, May, Maye.

MAIA. Forma vasca de María.

MAIA. Variante de Maya.

MAIALEN. Forma vasca de Magdalena. Variantes: Maddi, Malen.

MAIDER. Origen vasco. Contracción de Mari Eder (Bella Mari), personaje popular vasco. Alude también a la belleza de la Virgen. Variantes: Marider, Marieder.

MAIER. Origen vasco.

MAIKO. Origen japonés. Significado: Niña que baila.

MAINTZIA → MANTZIA.

MAIORA. Origen vasco.

MAIRA. Origen celta. Nombre de las hadas que presidían los partos.

MAISHA. Origen africano. Significado: Vida.

MAITAGARRI. Origen vasco. Significado: Amada bella.

MAITANE. Origen vasco. Significado: Amor. Variantes: Maite, Maiteder, Maitena.

MAITE. Nombre compuesto por María y Teresa. Forma vasca de Encarnación.

MAIZAH. Origen africano. Significado: Prudente. Variante: Maizah.

MAJIDA. Origen árabe. Significado: Gloriosa, poderosa. Variantes: Maiida, Maja, Majid, Majidah, Majyd, Majyda, Majydah.

MAKANI. Origen hawaiano. Significado: Viento. Variantes: Makanee, Makania, Makanie, Makany, Makanya. Nombre femenino y masculino.

MAKATZA. Origen vasco. Significado: Silvestre.

MAKIKO. Origen japonés. Significado: Hija de Maki.

MALATI. Origen sánscrito. Significado: Jazmín.

MALDEA. Origen vasco (Contrasta, Harana/Valle de Arana, Álava).

MALDER. Forma vasca de Nuestra Señora de los Desamparados.

MALENA. Variante de Magdalena. Contracción de María Elena.

MALENTXO. Origen vasco.

MALI. Origen tai. Significado: Flor de jazmín. Variantes: Malea, Malee, Malei, Maleigh, Maley, Maliah, Malie, Maly, Malya.

MALISA. Nombre compuesto por María y Elisa.

MALISE. Origen escocés (nombre gaélico). Significado: Sierva de Dios. Nombre femenino y masculino.

MALKA. Origen árabe. Significado: Reina. Variantes: Malcah, Maleeka, Maleka, Malika, Malikah, Malkah, Malkee, Malkeh, Malkey, Malki, Malkia, Malkiah, Malkie, Malkie, Malkit, Malkiya, Malkya, Malkyah, Malyka, Malykah.

MALLANA. Nombre aborigen. Significado: Canoa.

MALLORY. Origen francés. Significado: Desafortunado, infeliz. Variantes: Malloree, Mallorey, Mallori, Mallorie, Mallorree, Mallorrey, Mallorri, Mallorrie, Mallorry, Maloree, Malorey, Malori, Malorie, Malory.

MALU. Origen hawaiano. Significado: Pacífica. Variante: Maloo.

MALÚ. Nombre compuesto por María y Luisa.

MALVA. Origen latino. Significado: Flor del mismo nombre. Variantes: Maeve, Maevi, Maevy, Maive, Malvah, Malvane, Malvina, Malvinia, Malvy, Malvyna, Malvyne, Malvynya, Malwina, Malwine, Mauve, Mayve, Melva, Melvena, Melvina.

MAMERTA. Origen latino. Significado: La belicosa. Variante: Maberte.

MAMIKO. Origen japonés. Significado: Hija de Mami.

MAMPU. Origen araucano. Significado: Caricia, mimo. Nombre femenino y masculino.

MANAAR. Origen árabe. Significado: Faro. Variantes: Manar, Manara.

MANAMI. Origen japonés. Significado: Amor bello.

MANDISA. Origen africano. Significado: Dulce. Variantes: Mandissa, Mandysa, Mandyssa.

MANDY. Origen latino. Significado: Digna de amor. Diminutivo de Amanda. Variantes: Manda, Mandah, Mandea, Mandee, Mandey, Mandi, Mandie.

MANEIZA. Forma vasca de Juana.

MANFREDA. Origen germánico. Significado: Pacificadora.

MANI. Nombre aborigen. Significado: Igual. Nombre femenino y masculino.

MANI. Origen sánscrito. Significado: Joya. Nombre femenino y masculino.

MANILA. Nombre aborigen. Significado: Río tortuoso. Variantes: Manilla, Manille, Manyla, Manylla, Manylle.

MANJUSHA. Origen sánscrito. Significado: Joyero, caja para joyas.

MANTZIA. Origen vasco. Variantes: Maintzia, Maitza, Mentzia.

MANUELA. Origen hebreo. Significado: Dios está con nosotros. Variantes: Emanuel, Emanuela, Emanuele, Emanuell, Emanuella, Emanuelle, Imanole, Manela, Manola, Manoli, Manolita, Manuele, Manuelita, Manuell, Manuella, Manuelle.

MAÑARRIETA. Origen vasco. Advocación de la Virgen en Zuia (Álava).

MAO. Origen japonés. Significado: Verdad, sinceridad.

MAR. Advocación de la Virgen, Nuestra Señora del Mar. Variante: Itxaso.

MARA. Origen hebreo. Significado: Amarga. Variante: Marah.

MARAAM. Origen árabe. Significado: Deseo. Variante: Maram.

MARBELLA. Origen inglés. Significado: Bella María. Variantes: Marabel, Marabela, Marabele, Marabell, Marabella, Marabelle, Marable, Mareebel, Mareebela, Mareebele, Mareebell, Mareebella, Mareebelle, Mariabella, Maribel, Maribela,

Maribele, Maribell, Maribella, Maribelle, Marybel, Marybela, Marybele, Marybell, Marybella, Marybelle.

MARCELA. Origen griego. Significado: Guerrera. Alude a Marte, dios de la guerra. Variantes: Marçana, Marcea, Marcee, Marceena, Marceene, Marcel·la, Marcèl·lia, Marcel·liana, Marcel·lina, Marcele, Marcelia, Marceliana, Marcelina, Marcelinda, Marceline, Marcella, Marcelle, Marcellina, Marcelline, Marcelyn, Marcena, Marcène, Marcey, Marchia, Marci, Marcia, Màrcia, Marcial·la, Marciala, Marciana, Marcie, Marcille, Marcina, Marcsa, Marcy, Marcya, Markal, Marke, Markele, Marquita, Marseena, Marseene, Marselle, Marsha, Marshella, Marshelle, Marsia, Marsiale, Marsiella, Marsielle, Martia, Martxeliñe, Martze.

MARCELA. Origen latino. Significado: Nacida en marzo.

MARCELINA. Variante de Marcela.

MARGAIN. Origen vasco (Aizpun).

MARGARITA. Origen latino. Significado: Que es bella como las perlas. Variantes: Daisy, Gerta, Greeta, Greetja, Grere, Gret, Greta, Gretal, Gretchen, Gretel, Gretha, Grethel, Grethen, Gretje, Gretl, Gretta, Groer, Kret, Krot, Maarit, Madge, Madlinka, Madsche, Mae, Maesee, Maesey, Maesi, Maesie, Maesy, Magalí, Magalie, Maggi, Maggie, Maggy, Maghann, Maguelonne, Maharite, Mahoul, Mai, Maï, Maigret, Mair, Maire, Mairead, Mairghread, Mairgreg, Mairgret, Mairi, Mairona, Maisee, Maisey, Maisi, Maisie, Maj, Malgerita, Malgherita, Malgorzata, Malgosia, Malgozata, Marga, Margara, Margaret, Margareta, Margarete, Margareth, Margarethe, Margarett, Margaretta, Margarette, Margarida, Margarite, Margarta, Margat, Margaux, Marge, Marged, Margen, Margeret, Margerey, Margery, Margherita, Marghet, Margiad, Margit, Margo, Margolis, Margosha, Margot, Margote, Margred, Margrethe, Margrett, Margretta, Margriet, Margruerita, Margruerite, Margruta,

Margryta, Marguerette, Marguerite, Marguryt, Marguryta, Marj, Marjarita, Marjeta, Marjolaine, Marjoleine, Marjorie, Marjory, Marketa, Markete, Marketta, Marret, Marsali, Maruorie, Maysee, Maysey, Maysi, Maysie, Maysy, Meagan, Meagen, Meaghan, Meaghen, Meg, Megan, Mégane, Megen, Meggi, Meggie, Meggy, Meghan, Méghane, Meghann, Mererid, Metelili, Metje, Peg, Pegeen, Pegg, Peggey, Peggi, Peggie, Peggy, Reet, Reeta, Reita, Rheeta, Riet, Rieta, Rita, Ritta, Vread.

MARI. Diminutivo de María con el que se forman numerosos compuestos de ese nombre.

MARÍA. Origen hebreo. Significado: Amada, deseada; también estrella marina o amarga. Variantes: Maaike, Maaria, Maarika, Maddi, Mae, Maeree, Maerey, Maeri, Maerie, Maery, Maga, Maha, Mai, Maï, Maia, Maïa, Maida, Maieli, Maija, Maika, Maillard, Maion, Maiquita, Mair, Maira, Maire, Mairee, Mairey, Mairi, Mairia, Mairiah, Mairie, Mairin, Mairona, Mairwen, Mairwin, Mairwyn, Mairy, Maïté, Maja, Malana, Mallaidh, Mame, Mamie, Manet, Maneta, Manete, Manett, Manetta, Manette, Mania, Manna, Manon, Manón, Manya, Maon, Mara, Maraia, Maraya, Marda, Mardi, Mardie, Mare, Marea, Maree, Marella, Marelle, Maren, Maresa, Maret, Marey, Mari, Mariah, Marial, Mariale, Mariam, Mariamna, Mariamne, Marianna, Marianne, Mariasha, Marica, Maridell, Marie, Marieke, Mariel, Mariela, Mariele, Marielin, Marielina, Mariella, Marielle, Mariellen, Marielsie, Mariely, Marielyss, Mariem, Marien, Mariet, Marieta, Mariett, Marietta, Mariette, Marij, Marija, Marijke, Marika, Marike, Marikia, Marila, Marilee, Marilla, Marily, Marilyn, Marinha, Marintha, Marinytha, Mariola, Marion, Marión, Mariona, Marioutchka, Mariqua, Marique, Maris, Marise, Marisela, Marisha, Mariska, Mariske, Marissa, Marita, Maritie, Maritxu, Maritza, Mariucca, Marixa, Marja, Marjaka, Marjane,

Marjanla, Marjatta, Marjatte, Marjeta, Marjetta, Markatta, Markika, Marlena, Marlene, Marlène, Marline, Marlise, Marnia, Maron, Marpessa, Marquilla, Marquite, Marrea, Marree, Marrey, Marri, Marrian, Marriana, Marriane, Marriann, Marrianna, Marrianne, Marrica, Marrie, Marrieta, Marriete, Marrietta, Marriette, Marrije, Marrika, Marriot, Marry, Marsha, Marsia, Martha, Marthe, Maruca, Maruchka, Maruene, Maruise, Maruja, Marush, Marushe, Marushka, Maruska, Marusya, Maruxa, Mary, Marya, Maryam, Maryan, Maryana, Maryane, Maryanna, Maryanne, Maryca, Maryila, Maryk, Maryka, Maryke, Maryla, Marynia, Maryse, Marysia, Masha, Masham, Mashka, Maura, Maureeen, Maurizia, May, Maya, Mayr, Mayra, Mayrah, Mayre, Mearr, Menia, Mere, Mergen, Meri, Merica, Meridel, Merika, Merrie, Merry, Meryem, Mhari, Mía, Mie, Miedal, Mieke, Miel, Mietje, Mieze, Mija, Milène, Mimí, Mina, Minetta, Minette, Minnie, Mira, Mirabelle, Miranda, Mireille, Miren, Mirene, Miri, Miriam, Miriamne, Mirit, Miryam, Mitzee, Mitzey, Mitzi, Mitzie, Mitzy, Moira, Moire, Moissey, Moll, Mollee, Molley, Molli, Mollie, Molly, Mora, Moria, Moya, Moyra, Muire, Muirgheal, Mura, Murial, Muriel, Muriell, Murielle, Mylène, Myriam, Myriem. María es la base de numerosos nombres compuestos.

MARÍA DE LA, DE LAS, DE LOS, DEL. Advocaciones de la Virgen. → ÁNGELES, CARMEN, CIELO, MERCEDES, MILAGROS, NIEVES, PAZ, PILAR, ROCÍO, SOCORRO, SOL, VALLE, ETC.

MARIAKA. Origen vasco. Advocación de la Virgen en Álava.

MARIANA. Derivado de María. Contracción de María y Ana. → MARÍA. Variantes: Marian, Marián, Mariane, Marianna.

MARIANELA. Nombre compuesto por María y Elena.

MARIÁNGELES. Nombre compuesto por María y Ángeles.

MARIBEL. Contracción de los nombres María e Isabel.

MARICARMEN. Nombre compuesto por María y Carmen.

MARICEL. Nombre compuesto por María y Celia.

MARICIELO. Nombre compuesto por María y Cielo.

MARICRUZ. Nombre compuesto por María y Cruz.

MARIE → MARÍA.

MARIERRAMUS. Origen vasco.

MARIETA. Diminutivo de María. Variante: Marietta.

MARIETA. Nombre compuesto por María y Enriqueta.

MARIGABON. Origen vasco. Significado: Navidad.

MARIKO. Origen japonés. Significado: Hija de Mari.

MARILÍN. Nombre compuesto por María y Linda. Variantes: Marilyn, Marilene, Marilina, Mariline, Marilynn, Marylyn.

MARILINA. Nombre compuesto por María y Celina.

MARILÚ. Nombre compuesto por María y Luisa. Variantes: Marilou, Mary-Lou.

MARILUZ. Nombre compuesto por María y Luz. Variante: Marilú.

MARIMAITE. Forma vasca de María Amor.

MARIMAR. Nombre compuesto por María y Mar.

MARINA. Origen latino. Significado: La que ama el mar, marinera. Variantes: Mare, Mareana, Mareane, Mareena, Mareenia, Marena, Mariña, Marinda, Marine, Marinka, Marinna, Mariño, Marinochka, Maris, Marisa, Mariss, Marissa, Marna, Marny, Marreen, Marrina, Marrinia, Maryn, Maryna, Maryne, Marynna, Marynne.

MARISA. Contracción de María Luisa. Variantes: Marisel, Maryse.

MARISABEL. Nombre compuesto por María e Isabel. Variante: Maribel.

MARISANTZ. Origen vasco.

MARISOL. Nombre compuesto por María y Sol. Contracción de María de la Soledad.

MARJANI. Origen swahili. Significado: Coral bermellón. Variante: Marjanna.

MARLENE. Nombre compuesto por María y Elena. Variantes: Mariel, Mariela, Malena, Maleny, Marleny, Marylene, Marylène.

MARLISA. Nombre compuesto por María y Elisa. Variantes: Marilisa, Marylise.

MARMARA. Origen griego. Significado: Radiante. Variantes: Marmarah, Marmee.

MARQUISELA. Origen francés. Significado: La pequeña marquesa. Variantes: Markeese, Markese, Marquees, Marquese, Marquice, Marquies, Marquiese, Marquisa, Marquisee, Marquiste, Marquyse.

MARTA. Origen hebreo. Significado: La que reina en el hogar. Variantes: Macia, Marit, Marite, Marlet, Mart, Marte, Martell, Marth, Martha, Marthe, Marthena, Marti, Marticka, Martie, Martika, Martina, Martita, Martus, Martushka, Martuska, Marty, Martycka, Martyka, Martyne, Martynne, Masia, Matti, Mattie.

MARTINA. Origen latino. Significado: Consagrada a Marte, guerrera. Femenino de Martín. Variantes: Martain, Martaina, Martaine, Martana, Martane, Martanna, Martanne, Martayn, Martayne, Marte, Martean, Marteane, Marteen, Marteena, Marteene, Martella, Martenna, Martin, Martine, Martiña, Martiñe, Martixa, Martiza, Martyna, Martyne.

MARTIODA. Origen vasco.

MARTIOIDA. Origen vasco.

MARY → MARÍA.

MARTZIA. Origen vasco.

MARU. Origen polinesio. Significado: Apacible. Variante: Maroo.

MARYVONNE. Nombre compuesto por Marie e Yvonne.

MASA. Origen japonés. Significado: Buena y franca. Nombre femenino y masculino.

MASAKO. Origen japonés. Significado: Niña correcta.

MASIKA. Origen africano. Significado: Nacida durante la estación lluviosa. Variantes: Marishka, Maryshka, Mashika, Mashyka.

MASSIEL. Origen hebreo. Significado: La que baja de las estrellas.

MASUMI. Origen japonés. Significado: Verdadera pureza.

MATAHARI. Origen indonesio. Significado: Luz del día.

MATAUKO. Origen vasco.

MATEA. Origen hebreo. Significado: Regalo divino. Forma femenina de Mateo. Variantes: Mataie, Mateah, Mathea, Mathia, Mattea, Matthea, Matthewe, Matthia, Mattia, Mattya.

MATIENA. Origen vasco.

MATILDE. Origen germánico. Significado: Poderosa en la batalla. Variantes: Machtild, Maddi, Maddie, Maddy, Mafalda, Maginild, Magtelt, Mat, Matelda, Mathild, Mathilda, Mathilde, Mathildis, Mati, Matilda, Matilly, Mattie, Mattilda, Mattiwilda, Matty, Mattylda, Matusha, Matyld, Matylda, Matylde, Maud, Maude, Mechel, Mehaut, Metild, Metilda, Metilde, Metyld, Metylda, Metylde, Tila, Tilda, Tildie, Tildy, Tilli, Tillie, Tilly, Tylda.

MATSU. Origen japonés. Significado: Pino. Variante: Matsuko.

MAURA. Origen latino. Significado: De piel morena. Alude a Mauritania, país de los moros. Variantes: Maireen, Maireena, Maireene, Mairin, Mairina, Mairine, Maüra, Maurane, Maure, Mauree, Maureen, Maurena, Maurene, Mauri, Mauricette, Mauricia, Maurícia, Maurie, Maurina, Maurine, Maurisa,

Maurise, Maurisia, Maurissa, Maurisse, Maurita, Mauritah, Maurite, Mauritia, Maurixe, Maurizia, Maurizya, Maurn, Maury, Maurya, Mauryzya, Mavra, Mavreena, Morain, Moraina, Moraine, Morayn, Morayna, Morayne, Moreen, Moreena, Moreene, Moren, Morena, Morene, Morica, Morin, Morina, Morine, Morisa, Moriset, Morisett, Morisetta, Morisette, Moryn, Moryna, Moryne, Morysa, Moryse, Morysse, Mouira, Moyra.

MAURGA. Origen vasco.

MAWIYA. Origen árabe. Significado: Vida.

MÁXIMA. Origen latino. Significado: La mayor de todas. La mujer más importante. Variantes: Masime, Massima, Max, Maxance, Maxeen, Maxeena, Maxeene, Maxence, Maxene, Maxi, Maxie, Màxima, Maximiliana, Maximilienne, Maximina, Maximiñe, Maxina, Maxine, Maxyn, Maxyna, Maxyne, Mazeen, Mazeen, Mazeena, Mazeene, Mazin, Mazina, Mazine, Mazyn, Mazyna, Mazyne.

MAY. Origen latino. Significado: Nacida en el mes de mayo. También diminutivo de Margarita y de María. Variantes: Mae, Mai, Maia, Maie, Maya, Maye.

MAYA. Origen griego. Significado: Madre. Estrella brillante. Variantes: Maea, Maia, Maiah, Maie, Maiya, Maja, May, Mayah, Mya, Myah.

MAYI. Diminutivo de María.

MAYRA. Nombre aborigen. Significado: Viento de primavera. Variantes: Maera, Maerah, Maira, Mairah, Mayrah.

MAYSOON. Origen árabe. Significado: De hermoso rostro y cuerpo. Variantes: Maesun, Maisun, Mason, Mayson, Maysun.

MAYUMI. Origen japonés. Significado: Belleza verdadera.

MAZARINE. Origen francés. Deriva del apellido Mazarin.

MEDA. Origen nativo americano. Significado: Sacerdotisa. Variantes:

Medah, Medea, Mediah, Mediah, Medora.

MEDEA. Origen griego. Significado: Astuta, intrigante. Variantes: Medeah, Médée, Medeia, Media, Mediah, Medora, Medorah, Medya, Medyah.

MEE. Origen chino. Significado: Bella. Variantes: Mee-Mee, Mei, Mei-Mei, Mi-Mi, My-My.

MEENA. Origen sánscrito. Significado: Pez. Piscis, signo zodiacal.

MEERA. Origen hebreo. Significado: Luz. Variantes: Meerah, Meira, Meirah, Meyra, Meyrah.

MEGARA. Origen griego. Significado: Celosa. Una de las tres Erinias de la mitología griega. Variantes: Megaera, Megaira.

MEI. Origen hawaiano. Significado: Grande.

MEINWEN. Origen galés. Significado: Delgada y rubia. Variantes: Meinwin, Meinwyn.

MELANCTHA. Origen griego. Significado: Flor negra. Variante: Melantha.

MELANIA. Origen griego. Significado: La de piel negra, de ojos y pelo negros. Variantes: Malana, Malanee, Malaney, Malani, Malania, Malanie, Malany, Mel, Mela, Melaine, Melana, Melane, Melanee, Melaney, Melani, Melània, Melanian, Melanie, Mélanie, Melaniya, Melanka, Melantha, Melanthe, Melany, Melanya, Melashka, Melenee, Meleney, Melenia, Melenie, Meleny, Melesya, Mélisande, Melka, Mellanee, Mellaney, Mellani, Mellanie, Mellany, Mellenee, Melleney, Melleni, Mellenie, Melleny, Mellie, Melloney, Mellony, Melly, Melona, Melonee, Meloney, Meloni, Melonia, Melonie, Melony, Melonya, Melusina, Mélusine, Milena, Milene, Milya, Mylène.

MELBA. Origen inglés. Probablemente alude al nombre de la ciudad australiana de Melbourne. Variantes: Mellba, Mellva, Melva.

MELCHORA. Origen hebreo. Significado: Reina de la luz. Variantes: Melciora, Meltxore.

MELE. Origen hawaiano. Significado: Poema, canción. Variante: Melle.

MELECIA. Origen griego. Significado: La estudiosa.

MELGAR. Origen vasco (Santzol).

MELIBEA. Origen griego. Significado: La que cuida de los bueyes. Variante: Melibée.

MELINDA. Origen griego. Significado: La que canta armoniosamente. Variantes: Ermelinda, Malinda, Malinde, Malindea, Malindee, Malindia, Malynda, Melindah, Melinde, Melindee, Melindia, Melindres, Mel·lina, Melynda.

MELISA. Origen griego. Significado: Dulce como la miel. Variantes: Malessa, Malissa, Malita, Malvina, Meleata, Meleatta, Meleeta, Meleetta, Melessa, Melia, Melica, Melice, Melicent, Melisandra, Mélisandre, Melise, Melisenda, Melisent, Melissa, Mélissandre, Melisse, Melissent, Melissia, Melita, Melitina, Melitona, Melitone, Melitta, Melittah, Mellisa, Mellissa, Mellosa, Melosa, Melossa, Melva, Melvena, Melwyn, Melynda, Melysa, Melyssa, Melysse, Melyta, Melytta, Milisa, Milissa, Mylisa, Mylissa, Mylysa, Mylyssa.

MELITXU. Origen vasco.

MELODÍA. Origen griego. Significado: Canto. Variantes: Meloda, Melodea, Melodee, Melodey, Melodice, Mélodie, Melody, Melodya.

MELTEM. Origen turco. Significado: Brisa, viento leve.

MENDIGAÑA. Origen vasco. Advocación de la Virgen en Azkona (Navarra).

MENDIZABAL. Origen vasco. Advocación de la Virgen en Arama (Guipúzcoa).

MENDOIA. Origen vasco.

MENEKSE. Origen turco. Significado: Flor de violeta.

MENGA. Origen vasco.

MENORA. Origen hebreo. Significado: Candelabro. Variantes: Menorah, Minora, Minorah, Mynora, Mynorah.

MENOSA. Origen vasco.

MENTZIA. Origen vasco.

MEÑAKA. Origen vasco. Advocación de la Virgen en Vizcaya.

MERAB. Origen hebreo. Significado: Fértil. Variantes: Meraba, Merabah.

MERCAN. Origen turco. Significado: Coral.

MERCEDES. Origen latino. Significado: La que libera de la esclavitud, compasiva. Advocación de la Virgen, Nuestra Señora de las Mercedes o de la Merced. Variantes: Eskarne, Mercé, Mercè, Merced, Merceda, Mercede, Mercedeas, Mercedees, Mercédès, Mercedez, Mercee, Merces, Mercey, Merche, Merci, Mercia, Mercie, Mercilla, Mercille, Mercina, Mercy, Mersee, Mersey, Mersie, Mersilla, Mersille, Mersina, Mertxe, Merzede, Mesede.

MERCIA. Origen galés. Significado: Que viene de Mercia, antiguo reino anglosajón.

MEREDITH. Origen galés. Significado: Gran señor. Variantes: Maredudd, Meredif, Merediff, Meredithe, Meredydd, Meredyth, Mererid, Merideth, Meridith, Meridithe, Meridyth, Merridie, Merridith, Merridithe, Merridyth, Merrydith, Merrydithe, Merrydyth. Nombre femenino y masculino.

MERHAMET. Origen turco. Significado: Misericordiosa, que tiene compasión.

MERINDA. Nombre aborigen. Significado: Mujer hermosa. Variante: Merynda.

MERITXELL. Advocación de la Virgen, Nuestra Señora de Meritxell, patrona del Principado d'Andorra. Variantes: Meri, Txell.

MERKID. Origen bereber. Significado: Las mercedes, la Gracia divina.

MERLE. Origen francés. Significado: Mirlo. Variantes: Mearl, Mearla, Mearle, Merial, Meriel, Meriele, Meriella, Merielle, Merill, Merl, Merla, Merlina, Merline, Merril, Merula, Meryel, Meryela, Meryell, Meryella, Meryelle, Meryl, Meryle, Meryll, Morrell, Muriel, Murl, Murle, Myriena, Myriene, Myrl, Myrle.

MERLIN. Origen galés. Significado: Fortaleza en el mar. Variante: Merlyn. Nombre femenino y masculino.

MERPATI. Origen indonesio. Significado: Paloma. Variantes: Merpatee, Merpatie, Merpaty.

MERRI. Nombre aborigen. Significado: Piedra.

MERRY. Origen inglés. Significado: Feliz. Variantes: Marita, Marree, Marrey, Marri, Marriann, Marrianna, Marrianne, Marridee, Marrie, Marriella, Marrielle, Marrilee, Marrili, Marry, Meri, Merilie, Merree, Merrey, Merri, Merridee, Merrie, Merriella, Merrielle, Merrilee, Merrili, Merrily, Merris, Merrita, Merry, Merryn, Mery.

MERTXE. Forma vasca de María Jesús.

MESALINA. Origen latino. Significado: De la familia de Mesala. Esposa del emperador Claudio, famosa por su perversidad. Variante: Messalina.

METODIA. Origen griego. Significado: Metódica.

MEZKIA. Origen vasco.

MIA. Origen latino. Significado: Amada. Diminutivo del italiano Amata.

MIAH. Nombre aborigen. Significado: Luna.

MIAKODA. Origen nativo americano. Significado: El influjo de la luna.

MICAELA. Origen hebreo. Significado: La que es como Dios. Variantes: Machell, Machella, Machelle, Makaela, Makayla, Mashell, Mashella, Mashelle, Mechel, Mechell, Mechella, Mechelle, Meshell, Meshella, Meshelle, Mica, Micaele, Micah, Mical, Micala, Michaela, Michaëla, Michaeline,

Michaella, Michal, Michala, Michale, Michalina, Michaline, Michèle, Michelina, Micheline, Michella, Michelle, Mickaula, Mickelle, Micki, Mickie, Miguela, Miguelina, Miguelita, Mika, Mikaela, Mikal, Mikele, Mikelena, Mikeliñe, Mikella, Miquela, Miquella, Miquelle, Mishel, Mishela, Mishele, Mishella, Mishelle, Myca, Mycael, Mycaela, Mycaele, Mycala, Mycale, Mychaela, Mychel, Mychela, Mychele, Mychelina, Mycheline, Mychell, Mychella, Mychelle, Myka, Mykaela, Mykaila, Mykayla, Mykela, Mykelena, Myshela, Myshele, Myshella, Myshelle.

MICHI. Origen japonés. Significado: Honrada. Variantes: Miche, Michee, Michey, Michie, Michiki, Michy.

MIDORI. Origen japonés. Significado: Verde. Variantes: Madorea, Madoree, Madorey, Madori, Madorie, Madory, Midorea, Midoree, Midorey, Midorie, Midory, Mydorea, Mydoree, Mydorey, Mydori, Mydorie, Mydory.

MIEKO. Origen japonés. Significado: Próspera. Variante: Myeko.

MIFAYA. Origen canario (Fuerteventura). Significado: Princesa, hija del rey Ayose de Jandía.

MIKA. Origen japonés. Significado: Luna nueva. Variantes: Mikah, Myka, Mykah.

MIKI. Origen japonés. Significado: Tres árboles que crecen juntos. Variantes: Mika, Mikee, Mikey, Mikia, Mikiala, Mikie, Mikita, Mikiyo, Mikka, Mikki, Mikkia, Mikkie, Mikkiya, Mikko, Miko, Miky.

MILAGROS. Origen latino. Significado: Prodigio, maravilla. Advocación de la Virgen, Nuestra Señora de los Milagros. Variantes: Mila, Milagres, Milagritos, Milagro, Milagrosa, Milari, Milrari, Milrarie, Milrary, Miracle, Miraculosa, Mirari.

MILBURGA. Origen germánico. Significado: La amable protectora.

MILCA. Origen hebreo. Significado: Reina. Variantes: Micol, Milcah, Mylca, Mylcah.

MILDRED. Origen germánico. Significado: Dulce fuerza. Variantes: Milda, Mildreda, Mildredd, Mildrid,Mildryth, Mylda, Myldred, Myldreda.

MILENA. Origen checo. Significado: Favor, gracia. Variantes: Mila, Milada, Miladena, Miladka, Milana, Milanka, Milenka, Milka, Miluse, Miluska, Mlada, Mladena, Mladka, Mladuska.

MILIA. Forma vasca de Emilia.

MILLICENT. Origen germánico. Significado: Nacida para el poder. Variantes: Melicend, Melicent, Melisanda, Melisande, Meliscent, Melisenda, Melisende, Melisent, Melita, Mellicent, Mellisent, Melusina, Melusine, Milicent, Milicenta, Milissent, Milley, Milli, Millie, Millisent, Millisenta, Myllicent, Myllicenta, Myllicente, Myllycent, Myllycenta, Myllycente, Myllysent, Myllysenta, Myllysente, Mylycent, Mylycenta, Mylycente, Mylysent, Mylysenta, Mylysente.

MILY. Origen hawaiano. Significado: Bella.

MIN. Origen coreano. Significado: Inteligencia.

MINA. Origen checo. Significado: Niña de la Tierra. Variantes: Meena, Meniette, Minnette, Minnie.

MINA. Origen bereber.

MINA. Origen vasco (Álava).

MINAKO. Origen japonés. Significado: Niña hermosa.

MINCARLIE. Nombre aborigen. Significado: Lluvia.

MINDA. Origen nativo americano. Significado: Conocimiento.

MINE. Origen japonés. Significado: Sabiduría. Variantes: Minee, Miney, Mini, Minee, Miney, Miniver, Myna, Myne, Mynee, Myney, Myni, Mynie, Myny.

MINERVA. Origen latino. Diosa romana de la inteligencia. Variantes: Minervah, Minerve, Mynerva, Mynervah.

MINGMEI. Origen chino. Significado: Simpática.

MINIAIN. Origen vasco. Advocación de la Virgen en Álava.

MINNA. Origen germánico. Significado: Voluntad protectora. Diminutivo de Guillermina. Variantes: Meena, Mina, Minetta, Minette, Minna, Myna, Mynna.

MINTA. Origen griego. Significado: Menta. Variantes: Mintah, Minthe, Mynta, Myntah, Yaminta, Yamintah, Yamynta, Yamyntah.

MIRA. Origen latino. Significado: Espectacular. Bella. Variantes: Miriam, Mirabel, Mirabela, Mirabele, Mirabell, Mirabella, Mirabelle, Mirah, Miran, Mireille, Mirella, Mirelle, Miriell, Miriella, Mirielle, Mirra, Myra, Myrabell, Myrabella, Myrabelle, Myrilla, Myrille.

MIRANDA. Origen latino. Significado: Maravillosa, admirable. Variantes: Maranda, Meranda, Mira, Miran, Mirande, Myranda, Randa, Randee, Randene, Randey, Randie, Randy.

MIRANDOLA. Origen vasco (Legazpi).

MIRARI. Forma vasca de Milagros.

MIREIA. Variante de María y de Mireya.

MIREN. Forma vasca de María. Variante: Mirentxu.

MIRENKAIA ➞ KAIA.

MIRENTXU. Origen vasco.

MIREYA. Origen hebreo. Significado: Dios ha hablado. Variantes: Mireeyda, Mireia, Mireil, Mireille, Mireio, Mirela, Mirele, Mirella, Mirelle, Mirelys, Mirelyss, Mirelyssa, Mirelysse, Miriella, Mirielle, Mirilla, Mirille, Myrella, Myrelle, Myrilla.

MÍRIAM. Origen hebreo. Significado: Deseada. Otra forma de María. Variantes: Mariamne, Maryam, Meriamne, Meryem, Miriam, Miriamne, Miryam, Myriam, Myriamne, Myryam, Myryamne.

MIRIT. Origen hebreo. Significado: Vino dulce.

MIRIYAN. Nombre aborigen. Significado: Estrella.

MIRNA. Origen celta. Significado: Cortés. Variantes: Merna, Mernah, Mirnah, Myrna, Myrnah.

MIROSLAVA. Origen checo. Significado: La que ama la gloria. Variantes: Mirka, Miruska.

MIRRIN. Nombre aborigen. Significado: Nube. Variantes: Mirrina, Mirrine, Mirryn, Mirryna, Myrrine, Myrryn, Myrryna, Myrryne.

MIRTA. Origen griego. Significado: Corona de mirto. Variantes: Mertal, Mertel, Mertell, Mertella, Mertelle, Mirtal, Mirtel, Mirtha, Mirtil, Mirtyl, Murtal, Murtel, Murtella, Murtelle, Myrta, Myrtia, Myrtice, Myrticia, Myrtille, Myrtle.

MISAKI. Origen japonés. Significado: Bella flor.

MITENA. Origen nativo americano. Significado: Luna nueva.

MITEXI. Origen nativo americano. Significado: Luna sagrada.

MITRA. Origen persa. Significado: La que pactó con el Ser Supremo.

MITSUKO. Origen japonés. Significado: Niña de luz.

MITXOLETA. Forma vasca de Amapola.

MIYOKO. Origen japonés. Significado: Generación de niños hermosos. Variantes: Myyoko, Yoko.

MIYUKI. Origen japonés. Significado: Bella felicidad. Variantes: Miyukee, Myyukee, Myyuki.

MIZUKI. Origen japonés. Significado: Bella luna.

MODESTA. Origen latino. Significado: Moderada en sus actos. Variantes: Eratsune, Modeste, Modestee, Modesteen, Modesteena, Modesteene, Modestey, Modestia, Modestina, Modestine, Modesty, Modestyn, Modestyna, Modestyne.

MOHANA. Origen sánscrito. Significado: Hechicera. Variantes: Mohinee, Mohiney, Mohini, Mohinie, Mohiny, Mohynee, Mohyni, Mohynie, Mohyny.

MOIRA. Origen griego. Significado: Diosa del destino. Variantes: Maira, Maura, Moirae, Moirah, Moyra, Moyrah, Myra, Myrah.

MOLLY. Origen irlandés. Forma familiar de Mary.

MOLLY. Origen hebreo. Significado: Deseo. Variantes: Mali, Molea, Molee, Molei, Moleigh, Moley, Moli, Molie, Mollea, Mollee, Mollei, Molleigh, Molley, Molli, Mollie.

MOLORA. Origen vasco. Advocación de la Virgen en Sartaguda (Navarra).

MOMOKO. Origen japonés. Significado: Melocotón, durazno. Variante: Momoka.

MONA. Origen irlandés. Significado: Mujer noble. Variante: Muadnat.

MÓNICA. Origen griego. Significado: De vida recatada, la que ama estar sola. Variantes: Monca, Moni, Monia, Moniah, Monic, Mònica, Monicah, Monice, Monicia, Monicka, Monika, Monike, Moniqua, Monique, Monisa, Monise, Monnica, Monnicka, Monnika, Monniqua, Monnique, Monnyca, Monnyka.

MONIFA. Origen egipcio. Significado: Afortunada. Variantes: Monifah, Monyfa, Monyfah.

MONLORA. Origen vasco. Advocación de la Virgen en Álava.

MONTANA. Origen latino. Significado: Montaña. Variantes: Montanah, Montania, Montanna, Montaña, Montea, Montee, Monteen, Monteena, Montey, Monti, Montia, Montie, Montina, Montine, Monty, Montyn, Montyna, Montyne, Muntanya.

MONTSERRAT. Origen catalán. Significado: Monte en forma de sierra. Advocación de la Virgen, Nuestra Señora de Montserrat, patrona de Cataluña. Variantes: Montse, Monserat, Monserrat, Muntsa.

MORAG. Origen gaélico. Significado: Sol. Variante: Moragg.

MORAIMA. Origen amerindio (nombre guarao). Significado: Frondosa y hermosa como el árbol de la mora.

MOREE. Nombre aborigen. Significado: Agua. Variantes: Morey, Mori, Moria, Morie, Mory, Morya.

MORELA. Origen polaco. Significado: Albaricoque. Variantes: Morell, Morella, Morelle.

MORGANA. Origen celta. Significado: Mujer que proviene del mar. Variantes: Morgain, Morgaina, Morgan, Morganah, Morgance, Morgandy, Morgane, Morgann, Morganna, Morganne, Morgayn, Morgayna, Morgayne, Morgen, Morgin, Morgon, Morgyn, Morigaine, Morigane.

MORIA. Origen hebreo. Significado: Dios es mi maestro. Variantes: Maria, Marya, Moriah, Morice, Moriel, Morit, Morya.

MORONDA. Advocación de la Virgen en Zábal (Valle de Yerri/Deierri, Navarra).

MORWENNA. Origen galés. Significado: Sirena. Variantes: Morenwyn, Morwen, Morwena, Morwenah, Morwennah.

MOSELLE. Origen hebreo. Significado: Salida del agua. Forma femenina de Moisés. Variantes: Mosel, Mosela, Mosele, Mosella, Mosina, Mosine, Mozel, Mozela, Mozele, Mozella, Mozelle, Mozina, Mozine, Mozyna, Mozyne.

MOUNA. Origen árabe. Significado: Deseo, anhelo. Variantes: Monia, Moona, Moonia, Moune, Mounia, Muna, Munia.

MOYNA. Origen celta. Significado: Gentil, frágil. Variante: Moyne.

MUKAMUTARA. Origen egipcio. Significado: Hija de Mutara.

MUKANTAGARA. Origen egipcio. Significado: Nacida durante la guerra.

MUNA, MUNIA. Origen árabe. Otra forma de Mouna.

MUNIA. Origen vasco.

MUNIAIN. Origen vasco. Advocación de la Virgen en Álava.

MUNIRA. Origen árabe. Significado: La que es fuente de luz. Variante: Muneerah.

MUNO. Advocación de la Virgen en Zábal (Valle de Yerri/Deierri, Navarra). Variante: Munondoa.

MUNTSARAZ. Advocación de la Virgen en Abadiño (Vizcaya). Variante: Muntxaratz.

MURA. Origen japonés. Significado: Pueblo. Variante: Murah.

MURGINDUETA. Advocación de la Virgen en el Valle de Arakil (Navarra).

MURUZABAL. Advocación de la Virgen en Tirgo (La Rioja).

MUSHERRAH. Origen árabe. Significado: Consejera, orientadora.

MUSIDORA. Origen griego. Significado: Regalo de las musas. Variantes: Musidore, Musydor, Musydora, Musydore.

MUSKARIA. Origen vasco.

MUSKILDA. Origen vasco. Significado: Brote, pimpollo. Advocación de la Virgen en Ochagavía/Otsagabia (Navarra).

MUSKOA. Advocación de la Virgen en Sokoa y Ziburu (País Vasco francés).

MUT. Origen egipcio. Significado: Madre.

MUXIKA. Origen vasco. Significado: Virgen.

MYA. Origen birmano. Significado: Esmeralda. Variantes: Mea, Meaha, Meia, Meiah, Mia, Miah, Myah.

MYCHAU. Origen vietnamita. Significado: Grande.

MY-DUYEN. Origen vietnamita. Significado: Hermosa.

MYFANWY. Origen galés. Significado: Niña del agua. Variantes: Myfanvvy, Myfanawy, Myff, Myvanwy.

MYNDEE. Nombre aborigen. Significado: Sicomoro.

MYUNA. Nombre aborigen. Significado: Agua clara. Variantes: Miunah, Myunah, Myune.

N-Ñ

NAAMA. Origen árabe. Significado: Felicidad.

NABARNE. Origen vasco.

NABELUNG. Origen africano. Significado: Hermosa.

NABIHA. Origen árabe. Significado: Inteligente. Variantes: Nabeeha, Nabihah.

NABILA. Origen árabe. Significado: Nacida de la nobleza. Variantes: Nabeela, Nabilah, Nabilia, Nabyla, Nabylah.

NABIRYE. Origen egipcio. Significado: Madre de gemelos.

NADDA. Nombre aborigen. Significado: Acampada. Variantes: Nada, Nadah, Naddah.

NADIA. Origen ruso. Significado: Esperanza. Variantes: Nada, Nadah, Nadan, Nadana, Nadanah, Nadean, Nadeana, Nadeanah, Nadeane, Nadee, Nadeen, Nadeena, Nadeenah, Nadeene, Nadège, Nadeja, Nadejda, Nadene, Nadenka, Nadescha, Nadezda, Nadezhda, Nàdia, Nadía, Nadie, Nadin, Nadina, Nadinah, Nadine, Nadiona, Nadioucha, Nadioussa, Nadiya, Nadja, Nady, Nadya, Nadyah, Nadyenka, Nadyn, Nadyna, Nadyne, Nadzia, Nadzieja, Nata, Natia, Natka.

NADINE. Origen francés. Variante de Nadia.

NADIMA. Origen árabe. Significado: Compañera, amiga. Variante: Nadina.

NADIRA. Origen árabe. Significado: Preciosa. Variantes: Nadirah, Nadra, Nadria, Nadriah, Nadyra, Nadyrah, Naidrah.

NAEMAH. Origen egipcio. Significado: Benevolente. Variantes: Naeemah, Naïma.

NAÉVA. Origen hebreo. Significado: Vida. Otra forma de Eva. Variantes: Naeve, Nahvon, Neiv, Neive, Neva, Nevah, Neve, Nevee, Nevein, Nevia, Nevin, Neyva, Neyve, Nieve, Nyev, Nyeva, Nyeve.

NAFISAH. Origen árabe. Significado: Refinada, pura. Variante: Nafeesah.

NAGIDA. Origen hebreo. Significado: Rica, próspera. Variantes: Nagda, Nagdah, Nageeda, Nagia, Nagiah, Nagiya, Nagyda, Najiah, Najiya, Najiyah, Negida.

NAGINA. Origen árabe. Significado: Perla. Variante: Nageena.

NAGMAH. Origen árabe. Significado: Melodía, canción.

NAGORE. Origen vasco. Advocación de la Virgen en el Valle de Arce/Artzi (Navarra).

NAHAMA. Origen hebreo. Significado: Dulzura.

NAHIA. Variante de Nahikari.

NAHID. Forma persa de Venus, diosa del amor. Variante: Nahyd.

NAHIKARI. Origen vasco. Significado: Fuerza interior, pasión. Variante: Nahia.

NAHOKO. Origen japonés. Significado: Hija de Naho.

NAIA. Origen vasco.

NAIA. Origen hawaiano. Significado: Delfín. Variantes: Naiah, Naya, Nayah.

NAIA. Origen griego. Significado: Que fluye.

NAIARA. Nombre antiguo de Nájera (La Rioja).

NAILA. Origen árabe. Significado: La que obtiene favor. Variantes: Nailah, Nayla, Naylah.

NAIMA. Origen árabe. Significado: La que obtiene o alcanza la felicidad. Variante: Na'imah.

NAIN. Origen arabe. Significado: De gran belleza.

NAIRNE. Origen escocés. Significado: Del río. Variante: Nairn.

NAJAM. Origen árabe. Significado: Estrella. Variantes: Naja, Najma, Najmah.

NAJAT. Origen árabe. Significado: A salvo. Variante: Nagat.

NAJIBA. Origen árabe. Significado: Bien nacida. Variantes: Nagiba, Nagibah, Najibah.

NAJIDA. Origen árabe. Significado: La que se enfrenta a tareas difíciles.

NAJIYA. Origen árabe. Significado: Amiga afectuosa.

NAJLA. Origen árabe. Significado: La que tiene grandes y bellos ojos. Variantes: Nagla, Naila, Najila, Najilaa, Najilah, Najlah.

NAJWA. Origen árabe. Significado: Conversación confidencial. Variante: Nagwa.

NAJYA. Origen árabe. Significado: Victoriosa.

NAKEISHA. Origen árabe. Significado: Mujer. Otra forma de Keisha. Variantes: Nakeasha, Nakeesha, Nakesha, Nakeshea, Nakeshia, Nakeysha, Nakiesha, Nakisha, Nakishia, Nakishiah, Nakishya, Nakishyah, Nakysha, Nakyshah.

NAKIA. Origen árabe. Significado: Pura.

NALANI. Origen hawaiano. Significado: Cielos en calma. Variantes: Nalanea, Nalaneah, Nalanee, Nalaney, Nalania, Nalaniah, Nalanie, Nalany, Nalanya, Nalanyah.

NALINI. Origen sánscrito. Significado: Encantadora.

NAMA. Nombre aborigen. Significado: Árbol del té.

NAMI. Origen japonés. Significado: Ola. Variantes: Namee, Namey, Namie, Namy.

NAMIKO. Origen japonés. Significado: Hija de Nami.

NAN. Origen hebreo. Significado: Llena de gracia. Diminutivo de Ana. Variantes: Nana, Nanah, Nance, Nancea, Nancee, Nancey, Nanci, Nancia, Nanciah, Nancie, Nancsi, Nancya, Nancyah, Nancye,.Nanet, Naneta, Nanetah, Nanete, Nanett, Nanetta, Nanettah, Nanette, Nann, Nanna, Nannah, Nanncey, Nanncy, Nannet, Nanneta, Nannetah, Nannete, Nannett, Nannettah, Nannette, Nanni, Nannie, Nanny, Nanscey, Nansee, Nansey.

NANA. Origen escandinavo. Significado: Jovencita. Variantes: Nanah, Nanna, Nannah.

NANAKO. Origen japonés. Significado: Hija de Nana.

NANI. Origen polinesio. Significado: Hermosa. Variantes: Nanee, Naney, Nanie, Nania, Nanie, Nannee, Nanney, Nanni, Nannie, Nanny, Nany, Nanya.

NANTILDE. Origen germánico. Significado: Osada en el combate.

NAOKI. Origen japonés. Significado: Árbol recto.

NAOKO. Origen japonés. Significado: Hija de Nao.

NAOMI. Origen hebreo. Significado: Agradable. Variantes: Naoma, Naomee, Naomey, Naomia, Naomie, Naomy, Navit, Neoma, Neomee, Neomi, Neomie, Neomy, Noami, Noemí, Noémie, Nohemí, Noma, Nomee, Nomey, Nomi, Nomia, Nomie, Nyoma,

Nyomee, Nyomey, Nyomi, Nyomia, Nyomie, Nyomy, Nyomya.

NAORA. Origen árabe. Significado: Lirio. Variante: Naoura.

NARA. Origen japonés. Significado: Roble. Variantes: Narah, Narra, Narra.

NARA. Origen irlandés. Significado: Feliz.

NARCISA. Origen griego. Significado: La embriagadora. Femenino de Narciso. Variantes: Narciska, Narcissa, Narcisse, Narcissus, Narkixe.

NAREL. Origen australiano. Significado: Mujer que viene del mar. Variantes: Narela, Narele, Narell, Narella, Narelle.

NARGIS. Origen árabe. Significado: Flor de narciso. Variante: Nargiz.

NARI. Origen japonés. Significado: Rayo. Variantes: Narea, Naree, Narey, Naria, Narie, Nary, Narya.

NARIN. Origen turco. Significado: Delicada.

NARKEASHA. Origen africano. Significado: Bonita.

NAROA. Origen vasco. Significado: Tranquilidad. Abundancia.

NAROOMA. Nombre aborigen. Significado: Piedra mágica. Variante: Naroomah.

NASHA. Origen africano. Significado: Nacida durante la estación de las lluvias.

NASHWA. Origen egipcio. Significado: Sentimiento maravilloso.

NASIA. Origen hebreo. Significado: Milagro divino. Variantes: Nasiah, Naspa, Nasya, Nasyah.

NASIHA. Origen árabe. Significado: La que da consejos valiosos. Honesta.

NASILA. Origen árabe. Significado: Dulce fragancia. Brisa fresca. Variantes: Naseela, Naseelah.

NASIRA. Origen indio. Significado: La que ayudó en la victoria final. Variante: Nasirah.

NASRIN. Origen persa. Significado: Rosa blanca. Variante: Nasreen.

NASTASIA. Origen griego. Otra forma de Anastasia. Variante: Nastassia.

NATALIA. Origen latino. Significado: Natividad. Nacida el día de Navidad. Variantes: Gabon, Nadala, Nastasia, Nastassia, Nastassja, Nastassya, Nastasya, Natacha, Natailia, Nataixa, Natal, Natala, Natale, Natalea, Natalean, Nataleana, Nataleane, Natalee, Nataleena, Nataleene, Natalei, Nataleigh, Natalena, Natalene, Nataley, Natali, Natalí, Natàlia, Natalie, Natalija, Natalina, Nataline, Nataliya, Natalka, Natall, Natalla, Natalle, Natallia, Nataly, Natalya, Natalyn, Natalyna, Natalyne, Natascha, Natasha, Natashah, Natashia, Natashy, Natashya, Natasia, Natasie, Natasyah, Nataxa, Natelea, Natelee, Natelei, Nateleigh, Nateley, Nateli, Natelia, Natelie, Nately, Natelya, Nathalea, Nathaleagh, Nathalee, Nathalei, Nathaleigh, Nathaley, Nathali, Nathalia, Nathalie, Nathaly, Nathalya, Nati, Natibitate, Natilea, Natilee, Natilei, Natili, Natilia, Natilie, Natille, Natilleigh, Natily, Natilya, Natividad, Natividade, Nativitat, Natlea, Natlee, Natlei, Natleigh, Natley, Natli, Natlia, Natlie, Natly, Natolia, Nattalea, Nattalee, Nattalei, Nattaleigh, Nattaley, Nattaleya, Nattali, Nattalia, Nattalie, Nattaly, Nattalya, Nattie, Nattlea, Nattlee, Nattlei, Nattleigh, Nattley, Nattlia, Nattlie, Nattly, Nattlya, Natyashenka, Natylea, Natylee, Natylei, Natyleigh, Natyley, Natyli, Natylia, Natylie, Natyly, Natylya, Navidad, Nitca, Noel, Tasha, Tashi, Tashia, Tassa, Tassie, Tassis.

NATANE. Origen nativo americano. Significado: Hija. Variantes: Natana, Natanna, Natanne.

NATANIA. Origen hebreo. Significado: Regalo de Dios. Femenino de Natán. Variantes: Nataniel, Nataniela, Nataniele, Nataniell, Nataniella, Natanielle, Natanja, Natanya, Nathania, Nathanya, Natonia, Natonya.

NATHIFA. Origen árabe. Significado: Pura. Variante: Nathifta.

NATSUKO. Origen japonés. Significado: Niña de verano.

NATSUMI. Origen japonés. Significado: Belleza de verano.

NAUNET. Origen egipcio. Significado: Diosa del océano.

NAVA. Origen árabe. Significado: Preciosa. Variantes: Navah, Naveh, Navit, Navita, Navitah, Navyt, Navyta, Navytah.

NAWAL. Origen árabe. Significado: Regalo.

NAWAR. Origen árabe. Significado: Flor. Variante: Nawra.

NÁYADE. Origen griego. Significado: Ninfa de los ríos. Variantes: Naiad, Naida, Nayad, Nyad.

NAYELI. Origen nativo americano. Significado: Te quiero. Variante: Nayelli.

NAYOKO. Origen japonés. Significado: Hijo de Nayo.

NAYSA. Origen hebreo. Significado: Milagro de Dios. Variantes: Naisa, Naisah, Naysah.

NAYYIRAH. Origen árabe. Significado: Luminosa, brillante.

NAZARET. Origen hebreo. Significado: De Nazaret, Galilea. Que se consagra al culto de Dios. Variantes: Natza, Natzaret, Natzària, Nazaré, Nazarena, Nazareth, Nazaria.

NAZIMA. Origen árabe. Significado: Poetisa.

NAZIRA. Origen árabe. Significado: Líder, comandante. Variante: Nazirah.

NAZIYA. Origen árabe. Significado: Optimista, esperanzada.

NAZLI. Origen persa. Significado: Delicada.

NAZUBAL. Origen vasco. Advocación de la Virgen en Tirgo (La Rioja).

NEA. Origen griego. Significado: Nueva. Variante: Neah.

NEALA. Origen irlandés. Significado: Campeona. Forma femenina de Neil. Variantes: Nealah, Nealie, Nealy, Neeli, Neelie, Neely, Neila, Neile, Neilla, Neille.

NEBT-HET. Origen egipcio. Diosa de la muerte. Variante: Nephthys.

NEDA. Origen eslavo. Significado: Nacida en domingo. Variantes: Nedah, Nedda, Neddie, Nedeljka, Nedi, Nedya, Nedyah.

NEELA. Origen hindi. Significado: Azul.

NEELAM. Origen hindi. Significado: Zafiro.

NEFER. Origen egipcio. Significado: Hermosa.

NEFERTARI. Origen egipcio. Significado: La más hermosa, bella entre las bellas.

NEFERTITI. Origen egipcio. Significado: La bella ha venido. Variante: Neferetete.

NEGU. Origen vasco. Significado: Invierno.

NEHEDA. Origen árabe. Significado: Independiente. Variante: Nehedah.

NEHUÉN. Origen araucano. Significado: Fuerte. Nombre femenino y masculino.

NEKA. Origen nativo americano. Significado: Ganso salvaje.

NEKANE. Forma vasca de Dolores.

NEKOITZA. Origen vasco. Derivado de Eneko. Variante: Enekoitza.

NEKUESA. Origen vasco.

NÉLIDA. Origen griego. Diminutivo de Elena, Eleonora y Cornelia. Variantes: Nel, Nela, Nele, Nelea, Nelee, Nelei, Neleigh, Neley, Nélie, Nell, Nella, Nelle, Nellea, Nellee, Nellei, Nelleigh, Nelley, Nelli, Nellia, Nellie, Nelly, Nellya, Nelya.

NELLEKE. Origen holandés. Significado: Cuerno.

NELLWYN. Origen inglés. Significado: Amiga de la luz. Variantes: Nelleynah, Nellvina, Nellvine, Nellvyna, Nellwin, Nellwine, Nellwinn, Nellwinna, Nellwyne, Nellwynn, Nellwynna, Nellwynne, Nelwin, Nelwina, Nelwine, Nelwinn, Nelwinna, Nelwyn, Nelwyna, Nelwyne, Nelwynn, Nelwynna, Nelwynne.

NEMESIA. Origen griego. Significado: Justiciera. Deriva de Némesis, diosa griega de la venganza y la fortuna, que imparte justicia de manera implacable. Variantes: Nemèsia, Nemesiana.

NENA. Origen árabe. Significado: Maternal.

NENE. Origen japonés. Significado: Sosegada, pacífica, tranquila.

NENET. Origen egipcio. Significado: Nacida del mar. Variantes: Neneta, Nenete, Nennet, Nenneta, Nennete, Nennett, Nennetta, Nennette.

NEOLA. Origen griego. Significado: Juventud. Variante: Neolah.

NEOMA. Origen griego. Significado: Luna nueva. Variante: Neomah.

NEREA. Origen vasco. Significado: Mía. Variante: Nere.

NEREIDA. Origen griego. Significado: La que nada. Divinidad marina. Variantes: Nere, Nerea, Néréide, Nerice, Nerida, Nerina, Nerine, Nerisa, Nerise, Nerissa, Nerisse, Nerolia, Neryn, Neryna, Neryne, Neryssa, Nerysse, Rissa.

NERIDA. Nombre aborigen. Significado: Nenúfar rojo. Variantes: Neridah, Neryda, Nerydah.

NERYS. Origen galés. Significado: Señora. Variantes: Nereace, Nerease, Nereece, Nereese, Nereice, Nereise, Nereyce, Nereyse, Nerice, Nerise, Neryce, Neryl, Neryse.

NESHA. Forma rusa de Inés. Variantes: Nessa, Nesya, Nesta, Nessia.

NESKOR. Origen vasco.

NESKUTS. Origen vasco. Significado: Virgen, doncella.

NEST. Forma galesa de Inés. Variante: Nesta.

NET. Origen egipcio. Significado: Madre divina. Variante: Neith.

NEVIA. Origen hebreo. Significado: La que ve el futuro. Variante: Neviah.

NEYÉN. Origen araucano. Significado: Respiro, soplo suave de animal. Nombre femenino y masculino.

NEYSA. Forma eslovena de Inés. Variantes: Neisa, Nesa, Nessa, Neza, Nezza.

NGAIO. Origen maorí. Significado: Inteligente.

NGAIRE. Origen maorí. Significado: Lino. Variantes: Niree, Nyree.

NGUYET. Origen vietnamita. Significado: Luna.

NHU. Origen vietnamita. Significado: Todo según los deseos de alguien.

NIA. Origen swahili. Significado: Objetivo.

NIBAAL. Origen árabe. Significado: Flecha. Variante: Nibal.

NICANORA. Origen griego. Significado: La victoriosa. Variante: Nikanore.

NICASIA. Origen griego. Significado: La triunfadora. Variante: Nicàsia.

NICIA. Origen griego. Significado: Ejército victorioso.

NICOLASA. Origen griego. Significado: Victoria del pueblo. Variantes: Coline, Nacola, Nacole, Nakeata, Nakeea, Nakeeta, Nakeita, Nakeitha, Nakeithia, Nakeitra, Nakeitress, Nakeitta, Nakeitte, Nakeittia, Naketta, Nakette, Nakieta, Nakita, Nakitha, Nakitia, Nakitta, Nakitte, Nakyta, Nakytta, Nakytte, Necholet, Necholeta, Necholete, Necholett, Necholetta, Necholette, Necol, Necola, Necole, Necolet, Necoleta, Necolete, Necolett, Necoletta, Necolette, Necoll, Necolla, Necolle, Nicheata, Nicheeta, Nichol, Nichola, Nichole, Nicholle, Nicia, Nickeata, Nickee, Nickeeta, Nickey, Nicki, Nickie, Nickol, Nickola, Nickole, Nickolet, Nickoleta, Nickolete, Nickoletta, Nickolette, Nicky, Nicol, Nicola, Nicolaua, Nicole, Nicoleen, Nicolene, Nicolet, Nicoleta, Nicolete, Nicolett, Nicoletta, Nicolette, Nicolina, Nicoline, Nicolla, Nicolle, Nikeata, Nikee, Nikeeta, Nikeita, Nikey, Niki, Nikia, Nikie, Nikita, Nikitta, Nikitte, Nikk, Nikkee, Nikkey, Nikki, Nikkie, Nikkita, Nikky, Nikol, Nikola, Nikolaevna, Nikole, Nikolet, Nikoleta, Nikolete, Nikolett, Nikoletta,

Nikolette, Niky, Niquee, Niquey, Niqui, Niquie, Niquita, Niquite, Niquol, Niquola, Niquy, Nocol, Nocola, Nocole, Nyc, Nyck, Nyckee, Nyckey, Nycki, Nyckie, Nyckolet, Nyckoleta, Nyckolete, Nyckolett, Nyckoletta, Nyckolette, Nycky, Nycol, Nycola, Nycole, Nycolet, Nycoleta, Nycolete, Nycolett, Nycoletta, Nycolette, Nyk, Nykeata, Nykee, Nykeeta, Nykeita, Nykey, Nykeyta, Nyki, Nykie, Nykita, Nykkee, Nykkey, Nykki, Nykkie, Nykky, Nykolet, Nykoleta, Nykolete, Nykolett, Nykoletta, Nykolette, Nyky, Nykyta, Nyquee, Nyquey, Nyqui, Nyquie, Nyqy, Nyykia.

NICOLE, NICOLETA. Variantes de Nicolasa.

NIDIA. Origen griego. Significado: Nido. Variantes: Nídia, Nidiah, Nydia, Nydiah, Nydya, Nydyah.

NIEVES. Origen latino. Advocación de la Virgen, Nuestra Señora de las Nieves. Variantes: Neves, Neus, Neige, Nieve.

NIKA. Origen ruso. Significado: Que pertenece al Señor. Variantes: Nicala, Nichala, Nichola, Nickala, Nickola, Nikah, Nikala, Nikola, Nycala, Nychala, Nychola, Nyckala, Nyckola, Nyka, Nykala, Nykola.

NIKE. Origen griego. Significado: Victoria. Variantes: Niké, Nikee, Nikey, Niki, Nikie, Niky, Nykee, Nikey, Nyki, Nykie, Nyky.

NILA. Origen hindi. Significado: Azul oscuro.

NILA. Origen latino. Significado: Del río Nilo. Variantes: Nilah, Nile, Nilee, Niley, Nili, Nilie, Nilla, Nillah, Nille, Nillee, Nilley, Nilli, Nillie, Nilly, Nily, Nyla, Nylah, Nyle, Nylee, Nyley, Nyli, Nylie, Nylla, Nyllah, Nylle, Nylee, Nylley, Nylli, Nyllie, Nylly, Nyly.

NILDA. Origen germánico. Diminutivo de Brunilda.

NILEY. Nombre aborigen. Significado: Concha.

NIMA. Origen tibetano/sherpa. Significado: Sol. Nombre femenino y masculino.

NIMAT. Origen árabe. Significado: Bendición. Variantes: Nilmah, Nimaat.

NIMIA. Origen latino. Significado: La que ambiciona. Mujer exagerada.

NINA. Origen español. Significado: Niña. También es diminutivo de Juana y de Ana, y la forma rusa de Ana. Variantes: Neana, Neena, Nine, Ninelle, Ninet, Nineta, Ninete, Ninett, Ninetta, Ninette, Ninita, Ninnette, Ninochka, Ninon, Ninona, Ninone, Ninoska, Ninotchka, Nyet, Nyna, Nyneta, Nynete, Nynett, Nynetta, Nynette.

NINFA. Origen griego. Deidad femenina de los bosques. Variantes: Nimfa, Ninbe.

NIOBE. Origen griego. Significado: La que rejuvenece. Variantes: Níobe, Niobé.

NIRA. Origen canario (La Palma). Variante: Nyra.

NISA. Origen canario (El Hierro). Princesa bimbache, hija de Ossinissa, la vendida.

NISAMAR. Origen canario (La Palma).

NISSA. Origen escandinavo. Significado: Hada amistosa. Variantes: Nisa, Nisah, Nissah, Nysa, Nysah, Nyssa, Nyssah.

NITA. Origen nativo americano. Significado: Oso. Variantes: Nitha, Nyta, Nytah.

NITSA. Origen griego. Significado: Antorcha. Otra forma de Elena. Variantes: Nitsah, Nytsa, Nytsah.

NITZA. Origen hebreo. Significado: Brote de una flor. Variantes: Nitzah, Nitzana, Nitzanit, Nitzanita, Nytza, Nytzah.

NIXIE. Origen germánico. Significado: Ninfa de las aguas. Variantes: Nixee, Nixey, Nixi, Nixy, Nyxee, Nyxey, Nyxi, Nyxie, Nyxy.

NOA. Origen japonés. Significado: Amor.

NOA. Origen hebreo. Significado: Movimiento, sacudida, temblor. Variante: Noah.

NOELA. Origen hebreo. Significado: Longeva, de larga vida. Variante: Noa.

NOELANI. Origen hawaiano. Significado: Hermosa joven enviada por el cielo. Variantes: Noelanee, Noelaney, Noelania, Noelanie, Noelany, Noelanya.

NOELIA. Origen latino. Significado: Nacida en Navidad. Variante de Natalia. Variantes: Noa, Noela, Noelan, Noelana, Noele, Noelean, Noeleana, Noeleane, Noeleen, Noeleena, Noeleene, Noeleet, Noeleeta, Noeleete, Noelene, Noèlia, Noelin, Noelin, Noelina, Noeline, Noelit, Noelita, Noelite, Noell, Noella, Noëlla, Noelle, Noëlle, Noëllia, Noëllie, Noellin, Noellina, Noelline, Noellyn, Noellyna, Noellyne, Nolein, Noleine, Noleyn, Noleyna, Noleyne, Novela, Novelenn, Nowel, Nowela, Nowele, Nowell, Nowella, Nowelle.

NOGA. Origen hebreo. Significado: Luz de la mañana. Variante: Nogah.

NOLWENN. Origen celta. Significado: Cordero blanco.

NOMINANDA. Origen latino. Significado: La que será elegida.

NONA. Origen latino. Significado: La novena hija. Variantes: Nonah, Noni, Nonia, Noniah, Nonie, Nonna, Nonnah, Nonya, Nonyah.

NOOR. Origen árabe. Significado: Luz. Variantes: Noura, Nourah, Nur, Nura, Nurah, Nuri, Nurya.

NOORA. Nombre aborigen. Significado: Acampada. Variante: Noorah.

NORA. Origen irlandés. Diminutivo de Eleonora y Leonora. Variante: Norah.

NORA. Origen vasco. Advocación de la Virgen en Sangüesa/Zangotza (Navarra).

NORA. Origen griego. Significado: Luz. Diminutivo de Eleonora. Variantes: Norah, Noreen, Noreena, Norene, Norina, Norine.

NORBERTA. Origen germánico. Forma femenina de Norberto. Variantes: Norbertah, Norbirta, Norbirtah, Norburta, Norburtah, Norbyrta, Norbyrtah.

NORDICA. Origen germánico. Significado: Del norte. Variantes: Narel, Narell, Narelle, Nordic, Nordicah, Nordik, Nordika, Nordiqua, Nordyca, Nordycka, Nordyka, Nordyqua, Norel, Norela, Norell, Norella, Norelle, Norka.

NORI. Origen japonés. Significado: Enseñanzas religiosas, creencias. Variantes: Noree, Norey, Noria, Norie, Nory, Norya.

NORIKO. Origen japonés. Significado: Niña de principios.

NORMA. Origen latino. Significado: Modelo. Variante: Normah.

NORNA. Origen escandinavo. Diosa vikinga del destino. Variante: Nornah.

NOZOMI. Origen japonés. Significado: Esperanza.

NU. Origen vietnamita. Significado: Mujer.

NUDAR. Origen árabe. Significado: Dorada.

NUGA. Origen canario.

NUI. Origen maorí. Significado: Grande.

NUHA. Origen árabe. Significado: Elegante.

NUMERIA. Origen latino. Significado: La que elabora. Que enumera.

NUMILLA. Nombre aborigen. Significado: Vigilancia. Variantes: Numil, Numila, Numilah, Numile, Numill, Numillah, Numille, Numyl, Numyla, Numylah, Numyle, Numyll, Numylla, Numyllah, Numylle.

NUNILE. Origen vasco. Mártir del s. IX, enterrada en el monasterio de Leire (Navarra).

NUNZIA. Forma italiana de Anunciación. Variantes: Annunziata, Nunziatella, Nunziatina.

NURAY. Origen turco. Significado: Luna brillante.

NURIA. Origen latino/catalán. Significado: Pueblo entre cerros. Advocación de la Virgen, Nuestra

Señora de Nuria. Variantes: Nuri, Núria.

NURIEL. Origen hebreo. Significado: Fuego del Señor. Variantes: Nuria, Nuriah, Nurya, Nuryah.

NURIT. Origen hebreo. Significado: Pequeña flor. Variantes: Nurice, Nurita, Nuritah, Nuryta, Nurytah.

NURU. Origen egipcio. Significado: Nacida de día.

NUSI. Origen húngaro. Significado: Gracia de Dios. Variantes: Nusie, Nusy.

NYOKO. Origen japonés. Significado: Gema, piedra preciosa. Variante: Nioko.

NYORA. Nombre aborigen. Significado: Cerezo. Variantes: Niora, Niorah, Nyorah.

NYREE. Origen maorí. Significado: Mar. Variante: Niree.

NYX. Origen griego. Significado: Noche.

ÑECA. Derivado italiano de nombres terminados en «nia», como Herminia o Virginia.

OANEZ. Forma bretona de Inés.

OBA. Origen nigeriano. Significado: Diosa de los ríos.

OBDULIA. Origen árabe. Significado: Sierva de Alá. Variantes: Obdúlia, Otule.

OBEKA. Origen vasco. Significado: Mejor.

OBELIA. Origen griego. Significado: Aguja. Variantes: Obeliah, Obelya, Obelyah.

OCÉANE. Origen griego. Significado: Mar, océano. Variantes: Occia, Oceana, Oceania, Océanne.

OCTAVIA. Origen latino. Significado: Octava hija de la familia. Variantes: Aktavija, Octàvia, Octaviah, Octavian, Octaviana, Octavianos, Octavie, Octavio, Octavious, Octawia, Ofeliga, Okatvija, Oktavia, Otabe, Ottavia, Ottaviah, Ottavya, Ottavyah.

ODA. Origen germánico. Significado: Riqueza. Variantes: Odah, Odda, Oddah, Oddia, Oddiah.

ODELE. Origen griego. Significado: Melodía, canción. Variantes: Odel, Odela, Odell, Odella, Odelle.

ODELETTE. Origen francés. Significado: Pequeña canción lírica. Variantes: Odelatt, Odelatta, Odelet, Odeleta, Odelete, Odelett, Odeletta.

ODELIA. Origen escandinavo. Significado: Rica. Variantes: Odele, Odelina, Odeline, Odell, Odella, Odelle, Odetta, Odette, Odila, Odilia, Odille, Odyla, Odyle, Odyll, Odylla, Odylle, Otha, Othelia, Othilia, Ottilie, Uta.

ODELIA. Origen hebreo. Significado: Alabado sea Dios. Variante: Odeleya.

ODESSA. Origen griego. Significado: Odisea, largo viaje. Variantes: Odesa, Odissa, Odysa, Odyssa.

ODETTE. Origen germánico. Significado: Riqueza. Variantes: Oddet, Oddeta, Oddete, Oddett, Oddetta, Odet, Odett, Odetta, Odeta, Odete.

ODILA. Origen germánico. Significado: La que es dueña de cuantiosos bienes. Variantes: Oda, Odeela, Odela, Odele, Odelia, Odelinda, Odell, Odella, Odelle, Odelyn, Odette, Odil, Odile, Odilia, Odilia, Odília, Odyla, Otilde, Otilia.

OFELIA. Origen griego. Significado: Caritativa, que socorre. Variantes: Ofèlia, Ofellia, Ofilia, Ophelia, Ophélie, Orphellia, Orphellya, Orphillia, Orphyllia, Orphyllya, Phelia, Phelya.

OFRA. Origen hebreo. Significado: Primogénita. Variantes: Ofrah, Ofrat, Ophra, Ophrah.

OHANNA. Origen hebreo. Significado: Dios es bondadoso. Ota forma de Ana. Variantes: Hana, Hanah, Hanna, Hannah, Johana, Johanna, Ohana, Ohanah, Ohannah.

OHELAH. Origen hebreo. Significado: Tienda.

OIANKO. Origen vasco. Advocación de la Virgen en Subijana Morillas/ Subilana (Ribera Alta, Álava).

OIARTZA. Origen vasco. Advocación de la Virgen en Larraia (Cizur, Navarra). Variante: Oiartz.

OIBAR. Origen vasco. Advocación de la Virgen en Gizaburuaga (Vizcaya).

OIHANA. Forma vasca de Silvia. Variante: Oihane.

OILANDOI. Origen vasco. Advocación de la Virgen en Baigorri (Baja Navarra).

OINAZE. Origen vasco. Significado: Pena, sufrimiento.

OITIA. Origen vasco. Advocación de la Virgen en Contrasta (Harana/Valle de Arana, Álava).

OKA. Origen vasco. Advocación de la Virgen en Gorozika (Muxika, Vizcaya).

OKALANI. Origen hawaiano. Significado: Enviada del cielo. Variantes: Okalana, Okalanea, Okalanee, Okalaney, Okalania, Okalanie, Okalany, Okalanya, Okelani.

OKARITZ. Origen vasco.

OKENDO. Origen vasco.

OKI. Origen japonés. Significado: Mar.

OKON. Origen vasco. Advocación de la Virgen en Meano (Lapoblación, Navarra) y en Bernedo (Álava).

OKSANA. Origen ruso. Significado: Hospitalaria. Otra forma de Roxana. Variantes: Oksanochka, Oxana.

OLA. Origen escandinavo. Significado: Legado de los antepasados. Forma femenina de Olaf. Variantes: Olah, Olava, Olesia, Olesya.

OLAITZ. Origen vasco. Advocación de la Virgen en Olaibar (Navarra). Variante: Olaiz.

OLALLA. Origen griego. Significado: Bien hablada. Otra forma de Eulalia. Variantes: Olaia, Olalia, Olaria, Olària, Olaya.

OLANTHE. Origen nativo americano. Significado: Hermosa. Variantes: Olanth, Olantha, Olanthye.

OLAR. Origen vasco.

OLARIZU. Origen vasco.

OLARTIA. Origen vasco. Advocación de la Virgen en Rodezno (La Rioja).

OLATZ. Origen vasco. Advocación de la Virgen en Azpeitia (Guipúzcoa).

OLAYA → OLALLA.

OLEDA. Origen inglés. Significado: Noble. Variantes: Oleta, Olethea.

OLEGARIA. Origen germánico. Significado: La que domina gracias a su lanza. Variantes: Olegare, Oleguera.

OLENA. Origen ruso. Significado: Luz brillante. Otra forma de Elena. Variantes: Alena, Olenia, Olenya, Olina, Olinah, Olyna.

OLESIA. Origen polaco. Significado: Protectora de la humanidad. Variante: Olesya.

OLGA. Origen ruso. Significado: Santa. Variantes: Elga, Helga, Ola, Olechka, Olenka, Olesya, Olgy, Olia, Olienka, Olina, Olka, Olli, Olly, Olunka, Oluska, Olva, Olya, Olyenka, Olyesya, Olyusha.

OLIANA. Origen polinesio. Significado: Adelfa. Variante: Olyana.

OLIEN. Origen ruso. Significado: Ciervo. Variantes: Olian, Oliene, Olyan, Olyana, Olyane, Olyen, Olyena, Olyene.

OLIMPIA. Origen griego. Significado: Que pertenece al Olimpo, morada de los dioses. Celestial. Variantes: Olimpe, Olímpia, Olimpias, Olinbe, Olympe, Olympia, Olympias, Olympie, Olympy, Olympya, Pia.

OLINDA. Origen latino. Significado: Perfumada. Variantes: Olinka, Olynda, Olynka.

OLITE. Origen vasco. Alude a la ciudad de Olite o Erriberri (Navarra).

OLIVIA. Origen latino. Significado: Olivo. La que trae la paz. Variantes: Elva, Lioa, Lioia, Liovie, Liv, Livia, Nola, Nolana, Olave, Olia, Oliba, Olida, Oliv, Oliva, Olive, Oliveira, Olivera, Oliveria, Olivèria, Olivetta, Olivette, Olívia, Olivine, Ollie, Olliv, Ollive, Ollyv, Ollyve, Olva, Olyv, Olyve, Olyvia, Olyvya.

OLLANO. Origen vasco. Advocación de la Virgen en Villanueva de Cameros (La Rioja).

OLLETA. Origen vasco.

OLONO. Nombre aborigen. Significado: Colina. Variante: Olonno.

OLORA. Origen canario.

OLORITZ. Origen vasco. Advocación de la Virgen en el valle de Orba (Valdorba, Navarra). Variante: Oloriz.

OLWEN. Origen gales. Significado: Pisadas blancas. Variantes: Olwena, Olwene, Olwenn, Olwenna, Olwenne, Olwin, Olwina, Olwine, Olwinn, Olwinna, Olwinne, Olwyn, Olwyna, Olwyne, Olwynn, Olwynna, Olwynne.

OMA. Origen árabe. Significado: Alto mando. Forma femenina de Omar. Variante: Omah.

OMAIRA. Origen árabe. Significado: Rojo. Variantes: Omara, Omaria, Omarya.

OMAKA. Origen maorí. Significado: El lugar donde fluye la corriente.

OMEGA. Origen griego. Significado: Final. El último niño nacido. Variante: Omegah. Nombre femenino y masculino.

ONA. Origen irlandés. Significado: Unidad. Variantes: Onah, Oona, Oonagh, Oonah.

ONA. Origen lituano. Significado: Llena de gracia. Variante: Una.

ONAWA. Origen nativo americano. Significado: Despierta. Variantes: Onaiwa, Onaja, Onowa.

ONDINA. Origen latino. Significado: Doncella de las olas. Variantes: Ondine, Ondyn, Ondyna, Ondyne, Undina, Undine, Undyn, Undyna, Undyne.

ONDITZ. Origen vasco. Ermita en Leioa (Vizcaya). Variante: Ondiz.

ONEKA. Variante de Eneka.

ONDREA. Origen eslavo. Significado: Mujer valiente. Otra forma de Andrea. Variantes: Ondra, Ondreea, Ondri, Ondria, Ondrie, Ondry, Ondrya, Onndrea, Onndria.

ONENN. Origen bretón. Significado: Fresno blanco. Variantes: Onnenna, Oona.

ONERASPEN. Forma vasca de Fructuosa y de Piedad. Variante: Oneretsu.

ONÉSIMA. Origen latino. Significado: Cargada de trabajo.

ONFALIA. Origen griego. Significado: La del ombligo bonito. Variante: Omfàlia.

ONIDA. Origen nativo americano. Significado: Deseada. Variante: Onyda.

ONINTZA. Origen vasco. Significado: Buen rocío. Variante: Onintze.

OÑA. Origen vasco.

OOLA. Nombre aborigen. Significado: Chimenea. Variante: Ollah.

OPAKUA. Origen vasco. Advocación de la Virgen en Arzoz (Guesálaz, Navarra).

OPAL. Origen sánscrito. Significado: Joya, piedra preciosa. Variantes: Opala, Opaleana, Opaleena, Opalia, Opalin, Opalina, Opaline, Opalyn, Opalyna, Opalyne, Opell, Opella, Opelle.

OPHRA. Origen hebreo. Significado: Ciervo. Variantes: Ophrah, Opra, Oprah.

ORA. Origen hebreo. Significado: Luz dorada. Variantes: Aura, Ohah, Orabel, Orabell, Orabella, Orabelle, Orah, Oralee, Orit, Orlee, Orli, Orlice, Orly.

ORA. Origen latino. Significado: Plegaria. Variantes: Arrene, Oració, Oración, Orra.

ORALIA. Origen latino. Significado: Mujer de oro. Otra forma de Aurelia y de Oriana. Variantes: Oralie, Oralya, Oralye, Orela, Oria, Orial, Oriel, Orielda, Orielle, Oriola, Oriole, Orlena, Orlene, Oryel, Oryela, Oryelda, Oryell, Oryella, Oryelle.

ORANA. Nombre aborigen. Significado: Bienvenida. Variantes: Oran, Orann, Oranna.

ORBAITZ. Origen vasco. Advocación de la Virgen en Lónguida/Longida (Navarra). Variante: Orbaiz.

ORCHENA. Origen canario (Gran Canaria).

ORDIZIA. Origen vasco. Advocación de la Virgen en Ordizia (Guipúzcoa).

OREITIA. Origen vasco.

ORELLA. Origen vasco.

ORENCIA. Origen latino. Significado: Que viene de Oriente, oriental. Variantes: Orència, Orentze.

ORFELINA. Origen latino. Significado: Huérfana. Variante: Orfelinda.

ORFILIA. Origen germánico. Significado: La mujer lobo.

ORIANA. Origen latino. Significado: Alba de oro. Variantes: Auriane, Oraine, Oralia, Orania, Orelda, Orelle, Oriane, Orianna, Oryan, Oryana, Oryanna, Oryane, Oryann, Oryanna, Oryanne.

ORIZ. Origen vasco. Advocación de la Virgen en Navarra.

ORLANDA. Origen italiano. Significado: Famosa en la tierra. Forma femenina de Orlando. Variantes: Orlantha, Orlenda.

ORLENDA. Origen ruso. Significado: Águila. Variantes: Orlanda, Orlinda.

ORLI, ORLICE, ORLY → ORA.

ORNA. Origen hebreo. Significado: Pino. Variantes: Ornice, Ornit.

ORNELLA. Origen italiano. Significado: La que es como el fresno florido.

ORO. Origen vasco. Advocación de la Virgen en Murgia (Zuia, Álava).

OROITZ. Origen vasco. Significado: Recuerdo.

OROITZE. Origen vasco.

ORORBIA. Origen vasco. Advocación de la Virgen en Ororbia (Cendea de Olza/Oltza Zendea, Navarra).

OROSIA. Princesa originaria de Bohemia, santa patrona de Jaca (Huesca). Variantes: Orose, Oroxi.

ORQUÍDEA. Origen griego. Alude a la flor del mismo nombre. Variante: Orquídia.

ORRAO. Origen vasco. Advocación de la Virgen en Albeiza (Asparrena, Álava).

ORREAGA. Alude a Orreaga/Roncesvalles (Navarra).

ORZURI. Origen vasco.

OSABIDE. Origen vasco. Advocación de la Virgen en Olave (Olaibar, Navarra).

OSAKUN. Origen vasco. Advocación de la Virgen en Irura (Guipúzcoa).

OSANE. Forma vasca de Remedios.

OSASUNE. Forma vasca de Salustiana.

OSINA. Origen vasco.

OSIÑE. Origen vasco.

OSKIA. Origen vasco. Advocación de la Virgen en Atondo (Iza, Navarra).

OSANNA. Origen latino. Significado: Plegaria. Variantes: Osana, Osanah, Osannah.

OSTAIZKA. Origen vasco.

OSTARGI. Forma vasca de Aurora.

OSTATXU. Forma vasca de Belén. Variante: Ostatu.

OSTERIZ. Origen vasco. Advocación de la Virgen en Navarra.

OSVALDA. Origen inglés. Significado: Gobernada por Dios. Forma femenina de Osvaldo. Variante: Oswalda.

OTADIA. Origen vasco.

OTAZA. Origen vasco.

OTILIA. Origen germánico. Significado: De buena fortuna. Otra forma de Oda y de Odilia. Variantes: Otilde, Otile, Otilia, Otilie, Ottylia, Ottylya, Otylia, Otylya.

OTSANDA. Origen vasco. Significado: Loba. Variantes: Otsana, Otsoa, Otxanda.

OTSOIZA. Origen vasco.

OTZAURTE. Origen vasco. Advocación de la Virgen en Zegama (Guipúzcoa).

OVA. Origen latino. Significado: Huevo. Variantes: Ovia, Ovya.

OVIDIA. Origen latino. Significado: La que cuida las ovejas.

OWENA. Origen galés. Significado: Bien nacida. Forma femenina de Owen. Variantes: Owina, Owyna.

OXANA → OKSANA.

OXELI. Origen vasco.

OZANA. Origen vasco. Pueblo del Condado de Treviño.

OZARA. Origen hebreo. Significado: Tesoro. Variantes: Ozarah, Ozarra, Ozarrah.

OZENDA. Origen vasco. Variante: Uzenda.

PACA. Origen español. Diminutivo de Francisca. Variantes: Pancha, Paquita.

PACIENCIA. Origen latino. Significado: Tolerante. Paciente. Variantes: Paciència, Patia, Patience, Patient, Patya.

PACÍFICA. Origen latino. Significado: Amante de la paz. Alude también al océano Pacífico. Variantes: Pacifyca, Pacyfyca, Pacykika.

PACOMIA. Origen griego. Significado: La gorda.

PADMA. Origen sánscrito. Significado: Flor de loto. Variantes: Padmah, Padmar.

PAIGE. Origen inglés. Significado: Criada joven. Variantes: Padget, Padgett, Page, Paget,Pagett, Pagette, Payg, Payge.

PALACIADA. Origen griego. Significado: La de mansión suntuosa.

PALILA. Origen hawaiano. Significado: Pájaro. Variante: Palyla.

PALIXENA. Origen griego. Significado: La que regresa del extranjero.

PALLAS. Origen griego. Diosa de la sabiduría y del conocimiento. Variantes: Palac, Palaca, Palace, Pallass, Pallassa.

PALMA. Origen latino. Significado: Palmera. Símbolo de victoria. Variantes: Palm, Palmar, Palmara, Palmaria, Palmarya.

PALMIRA. Origen griego. Significado: Nacida en Palmira (Siria). Variante: Palmyra.

PALMIRA. Origen latino. Significado: Nacida el Domingo de Ramos. Variantes: Ilmirah, Palima, Pallimirah, Pallma, Pallmara, Pallmyra, Palma, Palmer, Palmir, Palmirar, Palmyra.

PALOMA. Origen latino. Significado: Apacible, mansa. Variantes: Palloma, Palomar, Palomara, Palomaria, Palomarya, Palometa, Palomita, Peloma, Pomba, Usoa.

PAMELA. Origen griego. Significado: La que es toda miel, dulce. Variantes: Pam, Pamala, Pamalia, Pamalla, Pamalya, Pamelia, Pamelina, Pamella, Pamelya, Pami, Pamie, Pamilia, Pamilla, Pamm, Pammela, Pammi, Pammie, Pammy, Pamy.

PANACEA. Origen griego. Significado: Totalmente santa.

PANCHA. Diminutivo de Francisca.

PANCRACIA. Origen griego. Significado: Que tiene todo el poder. Que es muy fuerte. Variantes: Pancràcia, Pangartze.

PANDORA. Origen griego. Significado: La que posee todas las virtudes. Variantes: Panda, Pandore, Pandorra, Panndora.

PÁNFILA. Origen griego. Significado: Amiga de todos. Variantes: Pàmfila, Pamphile, Panbille, Panphila, Panfyla, Panphyla.

PANGARI. Nombre aborigen. Significado: Una sombra. Del alma.

PANGUA. Origen vasco.

PANIA. Origen maorí. Significado: Ondina mitológica. Variantes: Panya.

PANNA. Forma húngara de Ana. Variante: Panni.

PANPOXA. Origen vasco. Significado: Graciosa.

PANTHEA. Origen griego. Significado: De todos los dioses Variantes: Panfia, Panthia, Panthya.

PANTXIKA. Forma vasca de Francisca. Variantes: Pantxike, Prantxiska.

PAOLA. Variante de Paula.

PAQUITA. Diminutivo de Paca.

PARAMITA. Origen sánscrito. Significado: Virtuosa. Variante: Paramyta.

PARASHA. Origen ruso. Significado: Nacida un buen viernes. Variantes: Parashie, Pasha.

PAREZI. Origen vasco. Advocación de la Virgen en Busturia (Vizcaya).

PARIJAN. Origen persa. Significado: Alma justa, espíritu.

PARÍS. Origen francés. Nombre de la capital de Francia. Variantes: Parice, Parisa, Parise, Pariss, Parissa, Parisse, Parys, Parysa, Paryse, Paryss, Paryssa, Parysse.

PARISA. Origen persa. Significado: Cara de ángel.

PARMENIA. Origen griego. Significado: Que permanece fiel. Variante: Parmènia.

PARTENIA. Origen griego. Significado: Pura como una virgen. Variantes: Parhenya, Parthania, Parthena, Parthene, Parthenia, Parthenie, Parthenope, Parthina, Parthine, Pathania, Pathena, Pathenia, Pathina.

PARVANE. Origen turco. Significado: Luciérnaga. Variante: Parvana.

PARVATI. Origen sánscrito. Significado: Hija de la montaña. Variantes: Parvatee, Parvatey, Parvatia, Parvatie, Parvaty, Parvatya.

PARVIN. Origen persa. Significado: Constelación. Variante: Parveen.

PARYSS, PARYSSA, PARYSSE. Variantes de París.

PASANG. Origen tibetano/sherpa. Significado: Nacida en viernes. Nombre femenino y masculino.

PASCUA. Origen latino. Significado: Nacida en Pascua. Variantes: Paques, Paquette, Pascal, Pascala, Pascale, Pascalina, Pascaline, Pascalyn, Pascalyna, Pascalyne, Pascasia, Pascàsia, Pascha, Paschal, Pasche, Pascualina, Pashel, Pashela, Pashele, Pashell, Pashelle, Paskale, Paskalin, Paskase, Pasqua, Pasquala, Pasqualina, Paxkalin.

PASTORA. Origen latino. Significado: Que apacienta sus ovejas. Variante: Unaiñe.

PATERNAIN. Origen vasco. Advocación de la Virgen en Navarra.

PATRICIA. Origen latino. Significado: De noble estirpe. Digna de sus padres. Variantes: Pat, Patee, Patey, Pati, Patie, Patirke, Patreece, Patreeza, Patreice, Patria, Patric, Patrica, Patrice, Patrícia, Patricka, Patrisha, Patriza, Patrizia, Patryce, Patrycya, Patrycyka, Patryse, Patsee, Patsey, Patsi, Patsie, Patsy, Patt, Pattee, Pattey, Patti, Pattie, Patty, Paty, Tricia, Trish, Trisha.

PATROCINIO. Origen latino. Significado: Amparo, protección. Variantes: Aterbe, Patro, Patrocini.

PAULA. Origen latino. Significado: Pequeña. Variantes: Pabla, Pacyencya, Pala, Palva, Paola, Paolina, Paoline, Paule, Pauleen, Paulene, Paulet, Paulett, Pauletta, Paulette, Pauli, Paulia, Paulica, Paulie, Pauliina, Paulina, Pauline, Paulita, Pauly, Paulya, Paulyn, Pavla, Pavlina, Pavlinka, Pawlina, Pola, Polcia, Poleta, Pollie, Polly.

PAZ. Origen latino. Significado: Serenidad, sosiego, calma. Advocación de la Virgen, Nuestra Señora de la Paz. Variantes: Gentzane, Paciana, Paix, Pakene, Pau, Pax, Peace.

PAZ. Origen hebreo. Significado: Oro. Variantes: Paza, Pazia, Pazice, Pazit, Paziya, Pazya.

PEACH. Origen inglés. Significado: Melocotón. Variantes: Peacha, Peachee, Peaches, Peachey, Peachia, Peachy.

PEGGY. Origen inglés. Forma familiar de Margarita. Variantes: Peg, Pegee, Pegeen, Pegey, Pegg, Peggee, Peggey, Peggi, Peggie, Pegi, Pegie, Pegy.

PEHUÉN. Origen araucano. Significado: Araucaria. Nombre femenino y masculino.

PELAGIA. Origen griego. Significado: Del mar. Variantes: Paia, Pelàgia, Pélagie, Pelagya, Pelaia, Pelaya, Pelegia, Pelgia, Pellagia.

PELELA. Origen vasco (Zuberoa, País Vasco francés).

PENDA. Origen swahili. Significado: Amor. Variantes: Pandah, Pendan, Pendana, Pendant.

PENÉLOPE. Origen griego. Significado: Tejedora. Variantes: Lopa, Pela, Pelcha, Pelcia, Pen, Pena, Pene, Penee, Peneli, Penelia, Penelie, Penelopa, Penelope, Penèlope, Pénélope, Penelopea, Penelopee, Penelopey, Penelopia, Penelopie, Penelopy, Penèpole, Peney, Peni, Penie, Penina, Penine, Penna, Pennee, Pennelope, Pennelopee, Pennelopey, Pennelopi, Pennelopia, Pennelopie, Penneloppea, Pennelopy, Penney, Penni, Pennia, Pennie, Penny, Peny, Pinelopi, Piptisa, Popi.

PENGANA. Nombre aborigen. Significado: Halcón.

PENINA. Origen hebreo. Significado: Coral. Perla. Variantes: Paninah, Panine, Peni, Penie, Peninah, Penine, Penini, Peninit, Penyna, Penyne.

PENNIE, PENNY. Diminutivos de Penélope y de Penina.

PENTHEA. Origen griego. Significado: Nacida en noveno lugar. Variantes: Penthia, Penthya.

PEONÍA. Origen griego. Significado: Alude a la flor del mismo nombre. Variantes: Peonee, Peoney, Peoni, Peonie, Peony.

PEPA. Origen español. Diminutivo de Josefa. Variantes: Pepi, Pepita, Pepy, Pepyta, Pona.

PERFECTA. Origen latino. Significado: Bien acabada. Variantes: Perfect, Perfection, Perpete.

PERIZA. Origen vasco.

PERLA. Origen latino. Significado: Perla, joya. Variantes: Helmi, Pearl, Pearla, Pearle, Pearlea, Pearlee, Pearleen, Pearlei, Pearleigh, Pearlena, Pearlette, Pearley, Pearli, Pearlie, Pearlina, Pearline, Pearly, Perl, Perle, Perleta, Perletta, Perlette, Perley, Perli, Perlie, Perline, Perlita, Perlitta, Perly, Perlyta, Perlytta, Perry, Pery.

PEROUZE. Origen armenio. Significado: Turquesa.

PERPETUA. Origen latino. Significado: Continua, permanente. Variantes: Perpete, Perpètua.

PERSÉFONE. Origen griego. Diosa de los infiernos, del inframundo. También es símbolo de los cambios de estación. Variante: Perséphone.

PÉRSIDA. Origen latino. Significado: Nacida en Persia, persa. Variantes: Persia, Persis, Persys, Persysa.

PERTXENTA. Origen vasco. Significado: Esbelta.

PETRA. Origen latino. Significado: Firme como una roca. Forma femenina de Pedro. Variantes: Betisa, Kepe, Peirona, Peita, Perett, Peretta, Peretta, Perette, Perilla, Perinna, Pernel, Pernell, Pernelle, Perona, Peronel, Peronel la, Peronella, Peronelle, Peronne, Perrine, Peta, Petornille, Petrea, Petrenela, Petrija, Petrin, Petrina, Petrine, Petriss, Petrissa, Petrisse, Petrona, Petronella, Petronelle, Petroni, Petronia, Petrònia, Petronie, Petronil la, Petronilha, Petronilka, Petronilla, Petronille, Petrony, Petronylka, Petruska, Petryn, Petryna, Petryne, Peytra, Pier, Piera, Pieret, Pierett, Pieretta, Pierette, Pierin, Pierina, Pierine, Pierret, Pierrette, Pieryn, Pieryna, Pieryne, Pietra.

PHEBE. Origen griego. Significado: Resplandeciente, pura. Otra forma de Febe. Variantes: Pheabe, Phébé, Phebea, Pheby, Pheebea, Pheebee, Pheibee, Pheibey, Pheybee, Pheybey, Phobe, Phoebe.

PHEDRA. Otra forma de Fedra. Variantes: Phadra, Phaedra, Phaidra, Phedra, Phedre.

PHELIA. Origen griego. Significado: Sabiduría inmortal. Variantes: Felia, Felya, Phelya.

PHILADELPHIA. Origen griego. Significado: Que ama a su hermano. Otra forma de Filadelfia. Variantes: Philadelphie, Philli, Phillie.

PHILANA. Origen griego. Significado: Amante de la humanidad. Variantes: Filana, Phila, Phileen, Philene, Philida, Philina, Philine, Phillane, Phylana, Phylane, Phyllan, Phyllana, Phyllane.

PHILBERTA. Origen inglés. Significado: Brillante inteligencia. Variantes: Filberta, Filberte, Phylbert, Phylberta, Phylberte, Phyllberta, Phyllberte.

PHILIPPA. Origen griego. Significado: Amiga de los caballos. Otra forma de Felipa. Variantes: Philipa, Philippina, Philippine, Pippa, Pippy.

PHILIS → FILIS.

PHILOMENA. Origen griego. Significado: Amante del canto. Otra forma de Filomena. Variantes: Philomène, Philomina, Philomine, Phylomina, Phylomine, Phylomyna, Phylomyne.

PHIONA. Origen gaélico. Significado: De cabellos rubios. De piel blanca como el marfil. Otra forma de Fiona.

PHOEBE → FEBE.

PHOENIX. Origen griego. Significado: Inmortal. Variantes: Fenix, Feenix, Foenix, Phenix, Pheonix.

PHUONG. Origen vietnamita. Significado: Destino.

PHYLLIS. Origen griego. Significado: Ramaje. Otra forma de Filis. Variantes: Philis, Phillis, Philliss, Philys, Phyllida, Phylliss.

PÍA. Origen latino. Significado: Devota. Variantes: Pije, Pya.

PIEDAD. Origen latino. Significado: Mujer piadosa. Variantes: Oneraspen, Piedade, Pietat.

PIERAH. Nombre aborigen. Significado: Luna.

PILAR. Origen latino. Advocación de la Virgen, Nuestra Señora del Pilar, que según la tradición se apareció al apóstol Santiago en las márgenes del río Ebro, sobre un pilar de mármol. Variantes: Arroin, Pilare, Pilarica, Pili, Piluca, Zedarri.

PIMPINELA. Origen latino. Significado: Rosa silvestre muy pequeña y tupida, con muchos pétalos. Variante: Pimpinelle.

PIPER. Origen inglés. Significado: Que toca la gaita. Variantes: Pipa, Pipar, Pipper, Pippor, Pypa, Pyper.

PIPPA, PIPPY. Diminutivos de Philippa.

PIRENA. Origen griego. Significado: Ardiente. Variante: Pirena.

PISLISKURJA. Origen bosnio. Significado: Querida.

PIUQUE. Origen araucano. Significado: Corazón. Nombre femenino y masculino.

PIXIE. Origen inglés. Significado: Pequeña hada. Variantes: Pixee, Pixey, Pixi, Pixy, Pyxee, Pyxey, Pyxi, Pyxie, Pyxy.

PIZKUNDE. Forma vasca de Resurrección.

PLACENCIA. Origen latino. Significado: Mujer placentera.

PLÁCIDA. Origen latino. Significado: Quieta, apacible. Variantes: Palgide, Plàcida, Placide, Placidia, Placinda, Placyda, Placynda, Plasida.

POCAHONTAS. Origen nativo americano. Significado: Juguetona. Variante: Pocohonta.

POIO. Origen vasco. Advocación de la Virgen en Bargota (Navarra).

POLA. Variante de Paula.

POLI. Origen vasco.

POLIBIA. Origen griego. Significado: Llena de vida.

POLICARPA. Origen griego. Significado: Fructífera, que da muchos frutos. Variantes: Policarpia, Policàrpia, Pollikarpe.

POLIDORA. Origen griego. Significado: Que da mucho, generosa.

POLIXENA. Origen griego. Significado: Hospitalaria. Variantes: Polyxena, Polyxina, Polyxyna, Polyzeena, Polyzena.

POLLY. Origen latino. Forma familiar de Paula y Paulina. Variantes: Polea, Polee, Polei, Poleigh, Poley, Poli, Polie, Pollea, Polle, Polleigh, Polley, Polli, Pollie, Polly, Poly.

POLLY. Origen hebreo. Significado: Amada, deseada. Estrella marina. Amarga.

POLLYANNA. Origen inglés. Forma compuesta de Polly y Anna. Variantes: Poliana, Polianna, Polliana, Pollyann, Pollyanna, Pollyanne.

POMONA. Origen latino. Significado: Manzana. Variantes: Pomma, Pommah, Pomme, Pomonah.

POMPEYA. Origen latino. Significado: Pomposa, fastuosa. Variantes: Pompea, Pompeia, Pompeiana, Pompeyana, Pomponia, Pomposa, Ponbeie.

POMPILIA. Origen latino. Significado: Solemne. Variantes: Pompília.

PONCIA, PONCIANA. Origen griego. Significado: Marina. Variantes: Ponça, Ponçana, Pòncia, Pontzene.

POPEA. Origen griego. Significado: La madre venerable.

POPPY. Origen inglés. Significado: Amapola. Variantes: Popea, Popee, Popey, Popi, Popie, Poppea, Poppee, Poppey, Poppi, Poppie.

PORCIA. Origen latino. Significado: Que se dedica a cuidar cerdos. Variantes: Porcha, Pòrcia, Porscha, Porsche, Porschia, Porsha, Portia, Portya.

PORFIRIA. Origen griego. Significado: De color púrpura. Variante: Porfiria.

POYO. Origen vasco. Advocación de la Virgen en Bargota (Navarra).

POZKARI. Forma vasca de Consuelo y de Gaudencia. Variante: Pozne.

PRECIOSA. Origen latino. Significado: Que posee gran valor y precio. Variantes: Precia, Precious.

PREITA. Origen finlandés. Significado: La más querida.

PREMIÑE. Forma vasca de Fermina.

PRESENTACIÓN. Origen latino. Alude a la Presentación de Jesús en el Templo. Variantes: Aurkene, Presentació.

PRIMA. Origen latino. Significado: Primogénita. Variantes: Primalia, Primara, Primaria, Primetta, Primina, Priminia, Primula, Pryma, Prymaria, Prymarya.

PRIMAVERA. Origen latino. Significado: Nueva vida. Variante: Prymavera.

PRIMIA. Forma vasca de Eufemia.

PRIMITIVA. Origen latino. Significado: La primera de todas, la más importante. Variante: Pirmitibe.

PRIMROSE. Origen inglés. Significado: La primera rosa. Variantes: Primrosa, Prymrosa, Prymrose.

PRINTZA. Origen vasco.

PRIOSKA. Origen húngaro. Significado: Cándida, falta de malicia. Variante: Pryosha.

PRISCILA. Origen latino. Significado: Antigua, venerable. Variantes: Piroshka, Piske, Precilla, Prescilla, Prescillia, Pricella, Pricilla, Pricilia, Pricill, Pris, Prisca, Prisciana, Priscil·la, Priscil·liana, Prisciliana, Priscilla, Priscille, Priscillie, Prisella, Prisila, Prisilla, Prissilla, Prissy, Prycyla, Prysilla, Prysilla, Prysylla.

PRIYA. Origen sánscrito. Significado: Amada. Variante: Priyah.

PROCOPIA. Origen griego. Significado: La que marcha hacia adelante.

PRÓCULA. Origen latino. Significado: Nacida mientras el padre está lejos. Variante: Pròcula.

PROSERPINA. Origen latino. Diosa romana de la agricultura, también reina de los infiernos. Identificada con la griega Perséfone. Variante: Proserpine.

PRÓSPERA. Origen latino. Significado: Afortunada. Variantes: Pròspera, Prospère, Prosperitee, Prosperitey, Prosperiti, Prosperitie, Prosperity.

PROVIDENCIA. Origen latino. Significado: Prevenida, cautelosa. Variantes: Providence, Providència.

PRUDENCIA. Origen latino. Significado: Que obra con juicio y sensatez. Variantes: Pru, Prudance, Prudence, Prudència, Prudenciana, Prudentzi, Prudenzia, Prudi, Prudie, Prudu, Prudy, Prue, Zurtatsun.

PRUNELLA. Origen latino. Significado: Del color de las ciruelas. Variantes: Prunel, Prunela, Prunele, Prunell, Prunelle.

PUEYO. Origen vasco. Advocación de la Virgen en Artieda (Urraul Bajo, Navarra). Variante: Pueio.

PUI → PUY.

PULQUERIA. Origen latino. Significado: Hermosa. Variante: Pulcheria.

PURA. Origen latino. Significado: La que no tiene mancha, casta. Inocente. Variantes: Kutsuge, Pure, Pureza, Purísima, Puritee, Puritey, Puriti, Puritia, Puritie, Purity, Puritya.

PURIFICACIÓN. Origen latino. Alude a la Purificación de la Virgen María. Variantes: Garbiñe, Purificació.

PURNIMA. Origen sánscrito. Significado: Noche de luna llena.

PUSKENE. Origen vasco.

PUY. Origen vasco. Advocación de la Virgen en Estella/Lizarra (Álava) y en Puente la Reina/Gares (Navarra). Variante. Pui.

PYA → PÍA.

PYPER → PIPER.

PYRENA → PIRENA.

QADESH. Origen egipcio. Diosa egipcia. Variantes: Qadesha, Quedesh, Quedesha.

QADIRA. Origen árabe. Significado: Poderosa. Variantes: Kadira, Kadirah, Qadirah, Qadyra.

QAMRA. Origen árabe. Significado: Luna. Variantes: Kamra, Qamrah.

QETURA. Origen hebreo. Significado: Incienso. Variante: Qtourah.

QIANG. Origen chino. Significado: Rosa.

QIAO. Origen chino. Significado: Hábil.

QING. Origen chino. Significado: Azul oscuro.

QITARA. Origen árabe. Significado: Fragante. Variantes: Qitarah, Qyntara, Qyntarah.

QIU. Origen chino. Significado: Otoño.

QIUYUE. Origen chino. Significado: Luna de otoño.

QUANEISHA. Origen swahili. Significado: Vida. Variantes: Quanecia, Quanesha, Quanesia, Quanisha, Quanishia, Quansha, Quarnisha, Queisha, Quenisha, Quenishia, Quynecia, Quynesha, Quynesia, Quynisha, Quynishia, Quynsha, Qynecia, Qynisha, Qynysha.

QUARALIA. Nombre aborigen. Significado: Estrella. Variantes: Quarralia, Quaralya, Qyarralya.

QUARTILLA. Origen latino. Significado: La número cuatro. Nacida en cuarto lugar. Variantes: Quartila, Quartile, Quartille, Quartyla, Quartyle.

QUABILA. Origen árabe. Significado: Acuerdo. Variantes: Quabilah, Quabyla, Qubila, Quybla.

QUEEN. Origen inglés. Significado: Reina. Variantes: Quean, Queana, Queanee, Queani, Queania, Queanie, Queany, Queena, Queenation, Queenee, Queeneste, Queenet, Queeneta, Queenete, Queenett, Queenetta, Queenette, Queeney, Queeni, Queenia, Queenie, Queenika, Queenique, Queeny, Quenell, Quenella, Quenelle, Quenessa, Quenesse, Queneta, Quenete, Quenetta, Quenette, Quenna, Quennah.

QUEISHA. Origen no especificado, quizá derivado de Aisha.

QUELLA. Origen inglés. Significado: Tranquila. Variantes: Quela, Quele, Quellah, Quelle.

QUENA. Diminutivo de Eugenia.

QUENBY. Origen escandinavo. Significado: Reina del castillo. Variantes: Queenbea, Queenbee, Queenbey, Queenbi, Queenbie, Quenbye.

QUERALT. Origen catalán. Advocación de la Virgen en el santuario de Queralt, en Berga (Cataluña).

QUERIDA. Origen español. Significado: Amada. Variantes: Queridah, Queryda, Querydah.

QUERINA. Origen árabe. Significado: Generosa.

QUERUBINA. Origen hebreo.
Significado: Espíritu angélico.

QUETA. Diminutivo de Enriqueta.

QUIANA. Origen hebreo. Significado:
Benéfica. Otra forma de Ana.
Variantes: Quiane, Quiann, Quianna,
Quianne, Quyana, Quyane, Quyann,
Quyanna, Quyanne.

QUILIANA. Origen español.
Significado: Productiva. Variante:
Quilina.

QUILLA. Origen inca. Diosa de la luna.
Variantes: Quila, Quill, Quille, Quyla,
Quyle, Quylla, Quylle.

QUILLÉN. Origen araucano. Significado:
Lágrima. Nombre femenino y
masculino.

QUIMEY. Origen araucano. Significado:
Lindo, bello. Nombre femenino y
masculino.

QUINCY. Origen irlandés. Significado.
La quinta. Nombre femenino y
masculino.

QUINN. Origen celta. Significado:
Sabia. Variantes: Quin, Quina,
Quinna, Quiyn, Quyn, Quynn.

QUINTA. Origen latino. Significado: La
número cinco. Nacida en quinto lugar.
Variantes: Kindiñe, Quincee, Quincey,
Quinci, Quincia, Quíncia, Quinciana,
Quincie, Quincy, Quinel, Quinela,
Quinell, Quinella, Quinelle, Quinncee,
Quinncey, Quinnci, Quinncie,
Quinncy, Quinntina, Quinntine,
Quinta, Quintana, Quintane,
Quintann, Quintanna, Quintanne,
Quintara, Quintia, Quintiane,
Quintila, Quintilla, Quintina, Quintine,
Quintinia, Quintona, Quintonica,
Quintonice, Quintyn, Quintyna,
Quintyne, Quyncee, Quyncie, Quyncy,
Quynel, Quynela, Quynele, Quynell,
Quynella, Quynelle, Quynncey,
Quynnci, Quynncy, Quynta,
Quyntana, Quyntanna, Quyntanne,
Quyntin, Quyntina, Quyntine,
Quyntonica, Quyntonice, Quyntyn,
Quyntyna, Quyntyne.

QUINTILIA. Origen latino. Significado:
Nacida en el quinto mes romano
(actualmente julio). Variante:
Quintiliana.

QUIONIA. Origen griego. Significado:
La que es fecunda.

QUIRINA. Origen latino. Significado:
La que lleva la lanza.

QUIRITA. Origen latino. Significado:
Ciudadana. Variantes: Quirite,
Quiritta, Quiritte, Quiryta, Quirytta,
Quirytte, Quyryta, Quyrytta, Quyrytte.

QUITERIA. Origen latino. Significado:
Tranquila. Variantes: Kitere, Quita,
Quiteree, Quiteri, Quitèria, Quiterie,
Quitery, Quitterie.

♀

R

RAAIDA. Origen árabe. Significado: Líder.

RAAKEL. Origen finlandés. Variante de Raquel.

RABAB. Origen árabe. Significado: Nube blanca.

RABHIYA. Origen árabe. Significado: Jardín, primavera. Variante: Rabia.

RABI. Origen árabe. Significado: Primavera. Brisa. Variantes: Rabia, Rabiah, Raby, Rabya, Rabyah.

RABIA. Variante de Rabhiya.

RABIE. Origen turco. Significado: Diosa.

RACH. Origen africano. Significado: Rana.

RACHAEL, RACHEL. Otras formas de Raquel. Variantes: Rachaele, Rachaell, Rachal, Rachall, Rachalle, Racheal, Racquel.

RACHNA. Origen hindi. Significado: Creación. Variante: Rachana.

RADA. Origen eslavo. Significado: Alegre, contenta.

RADEGUNDA. Origen germánico. Significado: La que aconseja en la lucha.

RADHA. Origen sánscrito. Significado: Afortunada. Que tiene éxito. Nombre de una diosa hindú. Variante: Radhika.

RADHIYA. Origen árabe. Significado: Contenta, satisfecha.

RADIANA. Origen latino. Significado: Que irradia. Variantes: Radiant, Radiante.

RADINKA. Origen eslavo. Significado: Alegre. Activa.

RADMILA. Origen eslavo. Significado: La que trabaja para los demás. Variante: Radmilla.

RADOMIRA. Origen checo. Significado: Paz y felicidad.

RAE. Diminutivo de Raquel.

RAE. Origen inglés. Significado: Conejita. Liebre.

RA'EESAH. Origen árabe. Significado: Líder, princesa, noble.

RAEGAN. Variante de Reagan.

RAELENE. Origen australiano. Nombre moderno, de reciente introducción.

RAELIN. Origen celta. Variantes: Raelyn, Rae.

RAFA. Origen árabe. Significado: Felicidad, prosperidad.

RAFAELA. Origen hebreo. Significado: Dios sana. Forma femenina de Rafael. Variantes: Raffaela, Raffaella, Raphaela.

RAFIQA. Origen árabe. Significado: Enamorada. Querida. Compañera.

RAFIYA. Origen árabe. Significado: Poderosa, elevada.

RAGHD. Origen árabe. Significado: Agradable, divertida.

RAGNHILD, RAGNILD. Variantes de Renilda.

RAHAT. Origen árabe. Significado: Descanso, bienestar. Nombre femenino y masculino.

RAHEEMAH. Origen árabe. Significado: Aficionada.

RAHEL, RAHELA. Variantes de Raquel.

RAHIBE. Origen turco. Significado: Religiosa, monja.

RAHIL. Forma rusa de Raquel.

RAI. Origen japonés. Significado: Confianza. Esperanza.

RAICHO. Origen japonés.

RAIHAANAH. Origen árabe. Significado: Buqué de flores.

RAIMUNDA. Origen germánico. Significado: Protegida por los dioses. Forma femenina de Raimundo. Variantes: Raimonda, Raimonde, Raimunde, Remona, Remonda.

RAINA. Origen germánico/Origen inglés. Significado: Fuerte, poderosa. Reina. Otra forma de Rayna. Variantes: Raeann, Reanna, Regina.

RAINGARDA. Origen germánico. Significado: La defensora prudente.

RAIQUEN. Origen araucano. Significado: Ave nocturna. Este nombre debe ir acompañado por otro que indique sexo.

RAISA. Origen guarao. Significado: Amiga.

RAISA. Origen hebreo. Significado: Rosa.

RAISA. Origen ruso. Deriva del griego. Significado: Adaptable. Preparada.

RAISA. Origen árabe. Significado: Líder. Soberana, princesa.

RAISSA. Origen árabe. Significado: Rosa. Variante: Rayssa.

RAIZEL. Origen árabe. Significado: Rosa. Variante: Rayzel.

RAJA. Origen árabe. Significado: Esperanza. La que tiene esperanza.

RAJANI. Origen sánscrito. Significado: Oscuridad de la noche. En la mitología hindú, otro nombre de la diosa Kali.

RAJEEYAH. Variante de Rajiya.

RAJEL. Origen hebreo. Variante de Raquel.

RAJIYA. Origen árabe. Significado: Llena de esperanza. Variantes: Rajiyah, Rajya.

RAJNI. Origen hindi. Significado: Reina.

RAKEL. Origen escandinavo. Variante de Raquel.

RAKHSHANDA. Origen árabe. Significado: Brillante.

RAKU. Origen japonés.

RAMAGUA. Origen canario (Tenerife). Princesa hija de Bencomo, rey de Taoro.

RAMAH. Origen hebreo. Significado: Altísima.

RAMIRA. Forma femenina de Ramiro.

RAMLA. Origen africano/swahili. Significado: Adivina, la que predice el futuro.

RAMONA. Origen germánico. Significado: Protectora. Sensata. Que da buenos consejos. Forma femenina de Ramón. También es variante femenina de Raimundo.

RAN. Origen escandinavo. Significado: Destructora. Diosa nórdica de la destrucción.

RAN. Origen japonés. Significado: Nenúfar. Variante: Ren.

RANA. Origen africano. Significado: Felicidad.

RANAA. Origen árabe. Significado: Ver, oler. Variante: Rana.

RA'NAA. Origen árabe. Significado: Amable, graciosa, delicada.

RANANAH. Origen hebreo. Significado: Frescor, pureza.

RANDALL. Origen anglosajón. Significado: Protegida. Variantes: Randee, Randi, Randie, Randy.

RANDI, RANDY. Diminutivos de Miranda y de Randall.

RANGI. Origen maorí (nombre polinesio). Significado: Cielo, firmamento. Nombre femenino y masculino.

RANI. Origen sánscrito. Significado: Reina. Variantes: Rania, Raniah, Ranya.

RANIA. Otra forma de Raniya.

RANIYA. Origen árabe. Significado: Intensidad. Variantes: Rania, Raniyah, Ranya, Ranyah.

RANYA. Otra forma de Raniya.

RAQUEL. Origen hebreo. Significado: Cordero de Dios, oveja del Señor. Variantes: Rachael, Rachel, Rachyl, Racquel, Rahel, Rahela, Rahil, Rajel, Rakel, Rashel.

RAQUILDA. Origen germánico. Significado: La princesa combatiente. Variante: Raquildis.

RASHEL, RASHELL, RASHELLE. Variantes de Raquel.

RASHIDA. Origen árabe. Significado: Inteligente. Experta. Madura.

RASHIDA. Origen turco/Origen swahili. Significado: Honrada, justa, recta. Variantes: Rahshea, Rahsheda, Rashidah, Rashidi, Rashyda, Rashydah.

RASHIEKA. Origen árabe. Significado: Descendiente de la realeza.

RASHIQA. Origen árabe. Significado: De la realeza.

RASIA. Origen griego. Significado: Rosa.

RASINE. Origen polaco. Significado: Rosa.

RATA. Origen polinesio (nombre aborigen). Significado: Una planta. Nombre de un gran jefe. Nombre femenino y masculino.

RATHTYEN. Origen galés. Significado: Hija de Clememyl.

RATI. Origen sánscrito. Significado: Amor.

RATNA. Origen hindi. Significado: Joya.

RATRUDIS. Origen germánico. Significado: La consejera fiel.

RATUL. Origen indio. Significado: Dulce.

RAUSHANA. Origen árabe. Significado: Brillo. Luz celeste. Variante: Roshana.

RAWIYAH. Origen árabe. Significado: Narradora de historias.

RAWNIE. Origen cíngaro. Significado: Fina dama.

RAYA. Origen hebreo. Significado: Amiga. Variantes: Raia, Raiah, Raiya, Rayah.

RAYEN. Origen araucano. Significado: La flor. Variante: Rayén. Nombre femenino y masculino. Debe ir acompañado de otro nombre que indique sexo.

RAYNA. Origen hebreo. Significado: Pura, limpia.

RAYNA. Origen polaco/checo. Significado: Reina. Variante: Raina.

RAYSA. Variante de Raisa.

RAYSSA. Variante de Raissa.

RAYYAH. Origen árabe. Significado: Aroma, fragancia.

RAYZEL. Variante de Raizel.

RAZIYA. Origen africano. Significado: Dulzura, agradable.

REA. Origen griego. Significado: Corriente, arroyo. Figura mitológica, esposa de Cronos y madre de Zeus. Variantes: Rhea, Rheia.

REAGAN. Variante de Regan.

REANNA. Variante de Raina.

REBA. Origen hebreo. Significado: Nacida en cuarto lugar. Variante: Reva.

REBA. Diminutivo de Rebeca. Variantes: Rebbie, Rebe, Rebie, Ree, Reebie.

REBECA. Origen hebreo. Significado: Lazo corredizo, trampa, atadura. Atada. La de belleza encantadora. Variantes: Rebecca, Rebeka, Rebekah, Rebekkah.

REEMA. Origen árabe. Significado: Gacela. Antílope blanco. Otra forma de Rima. Variante: Reem.

REESE. Variante de Rhys.

REFUGIO. Advocación de la Virgen, Nuestra Señora del Refugio. Nuestra Señora Refugio de Pecadores.

REGAN. Origen irlandés. Significado: Pequeña líder.

REGINA. Origen latino. Significado: Reina. Variantes: Gina, Reina.

RÉGULA. Origen latino. Significado: La que vive según las reglas.

REHENA. Origen africano. Significado: Misericordiosa.

REI. Origen japonés. Significado: Gratitud. Variante: Reiko.

REIDUN. Origen noruego. Significado: Nido precioso.

REIKO. Otra forma de Rei. Variante: Reyko.

REINA. Otra forma de Regina. Variantes: Reia, Reis, Reya, Reyes.

REINA. Origen latino. Advocación de la Virgen, Santa María Reina. Nuestra Señora Reina de la Paz. Nuestra Señora Reina del Mundo.

REINA. Origen hebreo. Significado: Limpia, pura.

REINALDA. Origen germánico. Significado: Consejera del rey. Variante: Reynalda.

REKA. Origen maorí. Significado: Dulce.

RELINDA. Origen germánico. Significado: La princesa bondadosa.

REMEDIOS. Origen latino. Significado: Remedio, alivio. La que alivia y cura los males. Advocación de la Virgen, Nuestra Señora de los Remedios. Variantes: Reme, Remei.

REMIGIA. Origen latino. Significado: La que rema, remera.

REN. Variante de Ran.

RENA. Origen hebreo. Significado: Paz. Canción feliz.

RENÁN. Origen irlandés. Significado: Foca.

RENANA. Origen hebreo. Significado: Joya.

RENATA. Origen latino. Significado: Que ha recuperado la gracia de Dios. Renacida, la que ha vuelto a nacer.

Variantes: Rena, Renae, Renate, Rene, René, Renee, Renée, Renita.

RENILDA. Origen nórdico. Significado: Sensata, prudente y sabia en la lucha. Variantes: Ragna, Ragnhild, Ragnild.

RESEDA. Origen latino. Significado: Pequeña flor fragante. Alude a la planta del mismo nombre. Variante: Resida.

RESHMI. Origen hindi. Significado: Seda.

RESTITUTA. Origen latino. Significado: La restituida, la restablecida. La que volvió a Dios.

REUBENA, REUBINA. Origen hebreo. Variantes de Rubena.

REUQUÉN. Origen araucano. Significado: Tempestuosa. Nombre femenino y masculino.

REVA. Origen hebreo. Variante de Reba.

REWA. Origen polinesio. Significado: Delgada, esbelta, ligera.

REXANNE. Origen inglés. Significado: Reina. Forma femenina de Rex.

REXINA. Variante de Regina.

REYES. Advocación de la Virgen, Nuestra Señora de los Reyes.

REYNA. Variante de Reina.

REYNALDA. Variante de Reinalda.

RHEA. Variante de Rea.

RHEANNA. Origen galés. Significado: Doncella. Muchacha soltera. Variantes: Rhiain, Rhian, Rhianu, Rhianna, Rhianne, Rhyanna.

RHEDYN. Origen galés. Significado: Helecho.

RHETTA. Origen inglés. Significado: Consejo. Forma femenina de Rhett. Variantes: Reeda, Rheta.

RHIANNA, RHIANNE. Otras formas de Rheanna. Variantes: Rhiain, Rhian, Rhianu.

RHIANNON. Origen galés. Significado: Hechicera, bruja. Ninfa. Reina. Variantes: Rheannon, Rhianon.

RHIONA. Origen irlandés. Variante de Riona.

RHODA. Origen griego. Significado: Rosa. Donde nacen las rosas. De Rodas. Variantes: Rhodas, Rhodes, Roda, Rodas, Rode, Rodina.

RHODANTHE. Origen griego. Flor del rosal. Variante: Rhodante.

RHONA. Variante de Rona.

RHONDA. Variante de Ronda.

RHONWEN. Origen galés. Variante de Rowena.

RHOSYN. Origen galés. Significado: Rosa.

RHOWENA. Variante de Rowena.

RHYANNA. Variante de Rhianna.

RHYS. Origen galés. Significado: Entusiasmo. Variantes: Reese, Reece. Nombre femenino y masculino.

RIA. Origen hindi. Significado: Cantante.

RIA. Diminutivo de Maria y de Victoria.

RIANA. Otra forma de Rihana. Variante: Rianna.

RIANE. Forma femenina de Ryan. Variantes: Rhiane, Rhianna, Riana, Rianna, Rianne, Ryann, Ryanne.

RICA. Diminutivo de nombres que empiezan o acaban así: Erica, Federica, Ricarda, Ulrica, etc.

RICARDA. Origen latino. Significado: La que es muy poderosa. Mujer adinerada. Forma femenina de Ricardo, de uso común en los países germánicos. Variantes: Riccarda, Richardine, Richelle, Richendra, Rickena.

RICCI, RICKI, RICKY, RIKKY. Diminutivos en inglés de Erica, Federica y Ricarda.

RIDA. Origen árabe. Significado: Favorecida por Dios.

RIESA. Origen hebreo. Variante de Teresa.

RIGEL. Origen latino. Una de las estrellas de la constelación de Orión.

RIGOBERTA. Origen germánico. Significado: Brillante consejera.

RIHANA. Origen árabe. Significado: Albahaca. Variantes: Rhiana, Riana, Rianna.

RIKA. Origen sueco. Significado: Dirigente.

RIKO. Origen japonés. Significado: Joya. Jazmín. Piedra preciosa de color azul marino.

RILEY. Origen irlandés. Significado: Valiente. Variantes: Rilee, Rileigh.

RILLA. Origen germánico. Significado: Arroyuelo.

RILLETTE. Origen inglés. Significado: Oleada. Variante: Rilletta.

RIMA. Origen árabe. Significado: Antílope blanco. Variantes: Rim, Rimma.

RIMONA. Origen hebreo. Significado: Divertida, simpática. Granada.

RIN. Origen japonés. Significado: Parque, jardín. Villa.

RINA. Origen germánico. Significado: La que posee el don divino.

RINA. Origen hebreo. Significado: Alegre. Variantes: Reena, Rin, Rinah, Rinnah, Roni, Rynah.

RINI. Origen japonés. Significado: Conejito.

RINIMA. Origen canario (Gran Canaria).

RINO Origen japonés. Significado: Pera.

RINZEN. Origen tibetano/sherpa. Significado: De gran inteligencia. Nombre femenino y masculino.

RIO. Origen japonés. Significado: Jazmín. Pista, indicio.

RIONA. Origen irlandés. Significado: Santa. Pura. Otra forma de Catriona (Katerina). Variantes: Rhiona, Ryona, Ryonah.

RISA. Origen latino. Significado: Risa. También es diminutivo de Clarisa y Marisa. Variantes: Rissa, Rysa.

RISHIMA. Origen hindi. Significado: Rayo de luna.

RITA. Origen griego. Diminutivo de Margarita. Significado: Perla. Preciosa como las perlas.

RITA. Origen latino. Ceremoniosa. La que lucha por las utopías. Diminutivo de Margarita. Santa Rita de Cascia, en Umbría, se llamaba, en efecto, Margarita (siglo XV). En España se la invoca como abogada de las causas imposibles.

RITA. Origen sánscrito. Significado: Valerosa. Honesta.

RITSIKA. Origen hindi. Significado: Tradición.

RITZPA. Nombre hebreo. Significado: Suelo, pavimento. Alude a una de las concubinas del rey Saúl. Variante: Rizpah.

RIVA, RIVKA. Origen hebreo. Variantes de Rebeca.

ROANNA, ROANNE. Variantes de Rowan.

ROBBI, ROBBIE, ROBBY. Diminutivos en inglés de Roberta.

ROBERTA. Origen germánico/Antiguo nombre inglés. Significado: La que resplandece por su fama. Brillante. Célebre. Forma femenina de Roberto. Variantes: Robertina, Robin, Robbie, Robyn.

ROBIN, ROBINA. Variantes de Roberta.

ROBUSTIANA. Origen latino. Significado: De buena madera. Fuerte como el roble.

ROBYN. Variante de Roberta.

ROCÍO. Origen latino. Significado: Lágrimas de flor. La que esparce gracia. Cubierta de rocío. Advocación de la Virgen, Nuestra Señora del Rocío.

ROCÍO. Origen sánscrito. Significado: Frescura de la tierra.

RODA, RODAS. Origen griego. Otras formas de Rhoda. Variante: Rode.

RODERICA. Otra forma de Rodriga. Variante: Roderiga.

RODÍA. Origen griego. Significado: Rosa.

RODICA. Origen eslavo. Significado: Fértil.

RODRIGA. Origen germánico. Significado: Famosa dirigente. Gloriosa. Célebre. Variante: Roderica.

ROGACIANA. Origen latino. Significado: Mujer compasiva.

ROGELIA. Origen germánico. Significado: Lanza gloriosa, célebre luchadora. Bella. Variantes: Rogeria, Roxelia.

ROHANA. Origen sánscrito. Significado: Madera de sándalo.

ROISIN. Origen irlandés. Significado: Rosa. Variantes: Rois, Roisina, Roysin, Roysyna.

ROKSANA. Variante polaca y rusa de Roxana.

ROMA. Origen hebreo. Significado: Exaltada, elevada.

ROMANA. Origen latino. Significado: Nacida en Roma, que pertenece a Roma. Diosa romana de la fuerza.

ROMELIA. Origen hebreo. Significado: Aquella a la que Dios ama.

ROMI. Diminutivo de Romana, Romina y Romilda. Variante de Romy.

ROMILDA. Origen germánico. Significado: Famosa combatiente. Heroína gloriosa.

ROMINA. Origen árabe. Cubierta de gloria. De la tierra de los cristianos. Variantes: Romi, Romy, Romyna.

ROMUALDA. Origen germánico. Significado: Que gobierna con gloria.

RÓMULA. Forma femenina de Rómulo.

ROMY. Diminutivo de Romina, Rosemarie y Rosemary.

ROMYNA. Variante de Romina.

RON. Variante de Roni.

RONA. Origen escocés. Significado: Dirigente juiciosa. Variantes: Rhona, Ronna.

RONALDA. Origen nórdico. Significado: Poderosa. Forma femenina de Ronald. Variantes: Rona, Ronna, Ronnie, Ronny, Rony.

RONDA. Origen galés. Significado: Grande. Deriva del nombre de un valle. Variante: Rhonda.

RONDEL. Origen francés. Significado: Pequeño poema.

RONG. Origen chino. Significado: Marcial. Nombre femenino y masculino.

RONI. Origen hebreo. Variante de Rina.

RONI. Origen hebreo. Significado: Alegría. Canción. Forma femenina de Ron. Variante: Ron.

RONI. Diminutivo de Verónica. Variante: Ronica.

RONNA. Variante de Rona.

ROQUELIA. Origen germánico. Significado: Grito de guerra.

RORY. Diminutivo de Rosario.

ROS. Diminutivo de nombres que empiezan así: Rosa, Rosalía, Rosalinda, Rosamunda, Rosana, Rosario, etc.

ROSA. Origen griego/Origen latino. Significado: Flor del rosal. Bella como una rosa. Nombre de la reina de las flores. Variantes: Rosal, Rose, Rosen, Roseta, Rosi, Rosie, Rosina, Roslyn.

ROSABEL. Compuesto de Rosa e Isabel. Variantes: Rosabela, Rosabella, Rosebella, Rosebelle, Rozabel.

ROSALBA. Origen latino. Significado: La rosa del alba. Rosa blanca.

ROSALÍA. Origen latino. Significado: Rosa pequeña. Variantes: Rosal, Rosalia, Rosalie, Rosalies, Rosaliya.

ROSALÍA. Forma compuesta por Rosa y Lía.

ROSALINDA. Origen germánico. Significado: El escudo de la fama. Variantes: Rosaleen, Rosalen, Rosalin, Rosalín, Rosalind, Rosalyn, Rosalynd, Rosalyne, Rosalynn, Roselín, Roselyn, Roselynn, Roslyn, Rozalina, Rozalyn, Rozlynn.

ROSALIYA. Variante de Rosalía.

ROSALVA. Origen canario (Tenerife).

ROSAMUNDA. Origen germánico. Significado: La que protege con su fama. Guardiana famosa. La protectora de los caballos. Variantes: Rosamond, Rosamonde, Rosamund, Rosamunda, Rosemond, Rosemonda, Rosmund, Rosmunda, Rozamond, Rozamund.

ROSANA. Origen latino. Significado: Como una rosa. Variantes: Roanna, Rosanna, Rosanne, Roseann, Roseanne.

ROSANA. Forma compuesta de Rosa y Ana.

ROSARIO. Origen latino. Significado: Rosal, jardín de rosas. Guirnalda de rosas. Nombre femenino y masculino.

ROSARIO. Origen latino. Significado: Rosas de la Virgen (en su origen, las cuentas del rosario eran botones de rosas). Advocación de la Virgen, Nuestra Señora del Rosario. Variantes: Charo, Rosaria, Rosary, Roser.

ROSAURA. Origen latino. Significado: Rosa de oro.

ROSELANI. Origen hawaiano. Significado: Rosa divina, celestial.

ROSELIA. Origen latino. Significado: Jardín de las rosas.

ROSELLA. Origen latino. Significado: Rosa. Variante: Rossella.

ROSENDA. Origen germánico. Significado: La excelente señora. Camino de la fama. Variante: Rudecinda.

ROSENWYN. Origen de Cornualles. Significado. Bella rosa.

ROSETTA, ROSETTE. Diminutivos de Rosa.

ROSEVEAR. Origen de Cornualles. Significado: Que viene del páramo.

ROSHAN. Origen persa. Significado: Espléndida. La que emana luz. Nombre femenino y masculino.

ROSHANA. Variante de Raushana.

ROSICLER. Origen francés. Forma compuesta de Rosa y Clara (Rose y Claire). Alude al color rosado y claro del alba.

ROSIE. Diminutivo de Rosa y de otros nombres derivados de éste.

ROSILDA. Origen germánico. Significado: La guerrera a caballo.

ROSINA. Origen latino. Variante de Rosa.

ROSINDA. Origen germánico. Significado: Famosa guerrera.

ROSMIRA. Origen germánico. Significado: Célebre guerrera a caballo.

ROSMIRA. Origen latino. Significado: Rosa maravillosa.

ROSS. Origen escocés (nombre gaélico). Significado: Rojo. Prado con árboles. Variante: Rossa. Nombre femenino y masculino.

ROSWINDA. Origen germánico. Significado: Guerrera muy famosa. Variantes: Rosinda, Rosuinda.

ROSWITHA. Origen germánico. Significado: Célebre por su fuerza.

ROSY. Diminutivo de Rosa y de otros nombres derivados de éste.

ROTRAUDA. Origen germánico. Significado: La célebre consejera.

ROWAN. Origen gaélico. Significado: Árbol de bayas rojas. Algo pequeño y rojo. Variantes: Roanna, Roanne, Rowanne, Rowen. Nombre femenino y masculino.

ROWENA. Origen no establecido. Posibles significados: galés (de cabellos rubios, lanza blanca, delgada, justa); inglés antiguo (amiga bien conocida); germánico (paz y felicidad). Variantes: Rhonwen, Rhowena, Rovena, Roweena, Roweina, Rowenna, Rowina.

ROXANA. Origen persa. Significado: Alba, aurora, amanecer. La que brilla. Nombre de la esposa de Alejandro Magno. Variantes: Oksana, Oksanna, Roksana, Roxane, Roxanna, Roxanne, Ruksana.

ROXANDRA. Compuesto de Roxana y de Alejandra.

ROXELIA. Variante de Rogelia.

ROXI, ROXIE. Diminutivos de Roxana. Variantes: Roxine, Roxy.

ROYA. Diminutivo de Royanna.

ROYALINA. Origen francés. Significado: Regia, perteneciente a la realeza. Variantes: Royale, Royalene, Royalyn, Royalynne.

ROYANNA. Origen inglés. Significado: Que es como una reina. Que es una dama. Variantes: Roya, Royleen, Roylene.

ROYCE. Origen no establecido. Posible significado: Hijo del rey. Persona ilustre. Variante: Roice. Nombre femenino y masculino.

ROZA. Origen polaco. Significado: Rosa.

ROZALINA. Variante de Rosalinda.

ROZSA. Forma húngara de Rosa. Variante: Rozsi.

RUBA. Origen árabe. Significado: Colina.

RUBENA. Origen hebreo. Forma femenina de Rubén. Variantes: Reubena, Reubina, Rubina, Rubine.

RUBENA. Nombre en esperanto. Variante de Rubina.

RUBÍ. Origen latino. Significado: Roja, del color del rubí, piedra preciosa.

RUBINA. Origen latino. Significado: Bella como el rubí.

RUBY. Forma inglesa de Rubí y de Rubina. Variantes: Rubee, Rubey, Rubie, Rubinia, Rubyna.

RUDECINDA. Variante de Rosenda.

RUDI. Diminutivo de Rudolfa. Variantes: Rudie, Rudy.

RUDO. Origen africano (nombre shona). Significado: Amor. Nombre femenino y masculino.

RUDOLFA. Origen germánico. Significado: Renombrada. Loba famosa. Forma femenina de Rodolfo. Variantes: Rudi, Rudie, Rudolfina, Rudy.

RUDY. Diminutivo de Rudolfa.

RUFA, RUFINA. Origen latino. Significado: La pelirroja. Roja. Variantes: Rufeane, Rufeena, Rufeine, Ruffina, Ruphina, Ruphyna.

RUI. Origen japonés. Significado: Afectuosa, cariñosa. Lágrimas.

RUKAN. Origen árabe. Significado: Equilibrada. Disciplinada. Confidente. Variantes: Rukana, Rukanna.

RUKMINI. Origen sánscrito. Esposa del dios Krishna.

RUKSANA. Otra forma de Roxana. Variantes: Ruksane, Ruksanna.

RUKSHANA. Origen ruso. Esposa de Suleiman.

RUMER. Origen inglés. Significado: Gitana. Variantes: Rouma, Rumar.

RUNA. Origen nórdico. Ssignificado: Amor secreto.

RUNA. Origen japonés. Significado: Azul oscuro. Vegetales, verdura.

RUOLAN. Origen chino. Significado: Como una orquídea.

RUOMEI. Origen chino. Significado: Como una ciruela.

RUPERTA. Origen germánico. Significado: Célebre, ilustre, brillante. Que da buenos consejos. Forma femenina de Ruperto.

RUQAYA. Origen árabe. Significado: Subida, pendiente. Ascenso. Nombre de la hija del Profeta. Variantes: Ruqayya, Ruqayyah.

RURI. Origen japonés. Significado: Esmeralda.

RURIKO.

RUSSEL.

RUT. Origen hebreo. Significado: Amistad. Misericordia. Compañera fiel. Belleza. Variantes: Ruth, Rutha, Ruthe, Ruthella, Ruthi, Ruthina.

RUTILDA. Origen germánico. Significado: Fuerte por su fama.

RUTILIA. Origen latino. Significado: La que destella, la rutilante.

RUWA. Origen árabe. Significado: Belleza.

RUWAYDA. Origen árabe. Significado: De caminar suave.

RUYA. Origen árabe. Significado: Vista, panorama.

RUZENA. Origen checo. Significado: Rosa. Variante: Ruzanna.

RYANN, RYANNE. Variantes de Riane. Formas femeninas de Ryan.

RYBA. Origen checo. Significado: Pez.

RYLEE. Origen irlandés. Significado: Valiente. Otra forma de Riley. Variantes: Ryley, Rylie.

RYO. Origen japonés. Significado: Dragón.

RYOKO. Origen japonés. Significado: Bondadosa.

RYOTA. Origen japonés. Significado: Muy divertido.

SAADA. Origen árabe. Significado: Felicidad.

SABA. Origen árabe. Significado: Mañana. Variantes: Sabah, Sabba, Sabbah.

SABA. Origen griego. Significado: Mujer de Sheba. Variantes: Sabah, Sabba, Sabbah.

SABA. Origen hebreo. Significado: Anciana. Variantes: Sabah, Sabba, Sabbah.

SABEL. Diminutivo de Isabel.

SABINA. Origen latino. Significado: Del antiguo pueblo de los sabinos, cofundadores de Roma. Variantes: Sabadin, Sabienne, Sabiennea, Sabinah, Sabine, Sabiniana, Sabinka, Sabinna, Sabiny, Sabiñe, Saby, Sabyna, Sabyne, Savean, Saveana, Saveane, Saveen, Saveena, Saveene, Savina, Savine, Savyn, Savyna, Savyne, Sebina, Sebine, Sebyn, Sebyna, Sebyne, Xabadin.

SABIRA. Origen árabe. Significado: Tenaz.

SABRA. Origen hebreo. Significado: Descansada. Variantes: Sabea, Sabena, Sabene, Sabia, Sabie, Sabin, Sabine, Sabinella, Sabrah, Sabre, Sabree, Sabreena, Sabrena, Sabrinna, Sabyn, Sabyne, Savina, Savine, Savyn, Savyna, Savyne, Sebra.

SABRINA. Origen latino. Significado: Fronteriza. Alude al río Severn, que marcaba la frontera del imperio. Variantes: Sabre, Sabreana, Sabreane, Sabreen, Sabreena, Sabrin, Sabrinah, Sabrine, Sabrinia, Sabryna, Sabryne, Sebrina, Xabrina, Xabryna, Zabrina, Zabrine, Zabryna, Zabryne.

SABRIYA. Origen árabe. Significado: Paciente. Variantes: Sabira, Sabirah, Sabriyya.

SACHA. Origen griego. Significado: Defensora de la humanidad. Variante rusa de Alejandra. Variantes: Sahsha, Sasa, Sascha, Saschae, Sasha, Sashana, Sashel, Sashenka, Sashia, Sashira, Sashya, Sasjara, Sasshalai, Shashia, Shura, Shurka.

SACHI. Origen japonés. Significado: Portadora de dicha. Variante: Sachiko.

SACRAMENTO. Origen latino. Significado: Consagrada.

SADA. Origen inglés. Significado: Semilla. Variantes: Sadda, Sadel, Sadela, Sadele, Sadell, Sadella, Sadelle.

SADE. Origen finlandés. Significado: Rayo de luz.

SADIQAH. Origen árabe. Significado: Verdadera, leal.

SADIRA. Origen persa. Significado: Flor de loto. Variantes: Sadire, Sadra, Sadyra, Sadyre.

SADIYA. Origen árabe. Significado: Afortunada. Variantes: Sadia, Sadya.

SAETH. Origen galés. Significado: Flecha.

SAFA. Origen árabe. Significado: Pura. Variantes: Saffa, Safi, Safiya, Safiyya.

SAFAIA. Origen tongano. Significado: Zafiro. Azul. Variante: Safaya.

SAFIRA. Origen hindú. Nombre derivado del zafiro, piedra preciosa. Variante: Saffir.

SAFO. Origen griego. Poetisa griega que vivió en la isla de Lesbos en el s. IV aC.

SAGARA. Origen hindú. Significado: Mar. Variante: Sagarah.

SAGARDUIA. Origen vasco. Advocación de la Virgen en Peñacerrada/Urizaharra (Álava).

SAGHIRA. Origen árabe. Significado: Pequeña, frágil. Variante: Sagheerah.

SAGRARIO. Origen latino. Significado: Receptáculo sagrado. Variantes: Oteundegi, Sagari, Sagrari, Sargari.

SAHAR. Origen árabe. Significado: Amanecer. Variantes: Sahara, Saharah.

SAHARA. Origen árabe. Significado: Del desierto. Variantes: Sahar, Saharah, Saharra, Saharrah.

SAHATS. Origen vasco. Significado: Sauce.

SAHRA. Origen árabe. Significado: Mujer de maneras encantadoras. Que trae alegría.

SAI. Origen japonés. Significado: Talentosa. Variante: Saiko.

SAIDA. Origen africano. Significado: Feliz, afortunada. Variantes: Saeda, Sayda.

SAIOA. Origen vasco. Nombre de uno de los montes del Baztán (Navarra).

SAJANI. Origen indio. Significado: Querida.

SAKAE. Origen japonés. Significado: Rica. Variantes: Sakai, Sakaie, Sakay.

SAKARI. Origen nativo americano. Significado: Dulce. Variantes: Sakara, Sakaree, Sakaria, Sakarie, Sakary, Sakarya, Sakkara.

SAKI. Origen árabe. Significado: Donante. Variantes: Sakee, Sakia, Sakie, Saky, Sakty, Sakta.

SAKINA. Origen árabe. Significado: Paz de espíritu. Inspirada en Dios.

SAKUNA. Origen nativo americano. Significado: Pájaro. Variante: Sakunah.

SAKURA. Origen japonés. Significado: Flor de cerezo. Variante: Sakurah.

SALA. Origen hindi. Significado: Árbol sagrado. Variantes: Salah, Salla, Sallah.

SALABERGA. Origen germánico. Significado: La que defiende el sacrificio.

SALALI. Origen cheroqui. Significado: Ardilla. Variantes: Salalea, Salalee, Salalei, Salaleigh, Salalia, Salalie, Salaly, Salalya.

SALAMA. Origen árabe. Significado: Pacífica. Variantes: Zalama, Zulima, Zulyma.

SALENA. Origen latino. Significado: De la salina. Otra forma de Sally. Variantes: Salana, Salane, Salean, Saleana, Saleane, Saleen, Saleena, Saleene, Salen, Salene, Salina, Saline, Salleen, Sallina, Salline, Sallyn, Sallyna, Sallyne, Salyn, Salyna, Salyne, Xalean, Xaleana, Xaleane, Xaleen, Xaleena, Xaleene, Xalena, Xalina, Xaline, Zalyna, Xalyne, Zalean, Zaleana, Zaleane, Zalena, Zalene, Zalina, Zaline, Zalyna, Zalyne.

SALIDA. Origen hebreo. Significado: Feliz. Variante: Salyda.

SALIHAH. Origen árabe. Significado: Virtuosa.

SALIMA. Origen árabe. Significado: A salvo del mal. Variante: Salyma.

SALLURTEGI. Origen vasco. Advocación de la Virgen en Salvatierra/Agurain (Álava).

SALLY. Origen hebreo. Significado: Princesa. Variantes: Salea, Salee, Salei, Saleigh, Salet, Saleta, Salete, Salett, Saletta, Salette, Saley, Sali, Salia, Salie, Sallea, Sallee, Sallei, Salleigh, Sallet, Salleta, Salletta, Sallette, Salley, Salli, Sallia, Sallie, Sallya, Sallye, Saly, Salya, Salye.

SALMA. Origen swahili. Significado: Que está a salvo. Variante: Salmah.

SALOMÉ. Origen hebreo. Significado: Pacífica. Variantes: Salaome, Saloma,

Salomea, Salomee, Salomeli, Salomey, Salomi, Salomi, Salomia, Salomya.

SALONI. Origen indio. Significado: Bella.

SALUD. Origen latino. Advocación de la Virgen, Nuestra Señora de la Salud. Variantes: Salut, Saúde.

SALUSTIA, SALUSTIANA. Origen latino. Significado: Saludable. Variantes: Salustene, Sal·lústia, Sal·lustiana.

SALVADORA. Origen latino. Significado: La que redimió a los hombres. Variantes: Gaizkane, Salvatora, Salvatrice, Salvatrix.

SALVIA. Origen español. Significado: Buena salud. Variantes: Sàlvia, Sallvia, Salviana, Salviane, Salvianna, Salvianne, Salvina, Salvine, Salvyn, Salvyna, Salvyne.

SALWA. Origen árabe. Significado: Consuelo. Variante: Salwah.

SAM. Origen hebreo. Diminutivo de diversos nombres comenzados por Sam. Variantes: Sama, Sami, Samia, Samm, Samma, Sammi, Sammia, Sammy, Sammya, Samy, Samya, Xam, Xama, Xami, Xamia, Xamm, Xamma, Xammi, Xammia, Xammy, Xammya, Xamy, Xamya, Zam, Zama, Zami, Zamia, Zamm, Zamma, Zammi, Zammia, Zammy, Zammya, Zamy, Zamya.

SAMALA. Origen hebreo. Significado: Pregunta a Dios. Variantes: Samale, Sammala.

SAMANTA. Origen arameo. Significado: La que sabe escuchar. Variantes: Sam, Samana, Samanath, Samanfa, Samanffa, Samanitha, Samante, Samanth, Samantha, Samanthah, Samanthi, Samanthia, Samella, Samentha, Sammanfa, Sammanffa, Sammanth, Sammantha, Sammanthia, Sammanthya, Samme, Sammey, Sammi, Sammie, Sammy, Semantha, Semantha, Semenfa, Semenffa, Semmanntha, Simantha, Symantha, Xamanffa, Xamantha, Zamanfa, Zamantha, Zamanthia, Zammantha, Zammanthia, Zammanthya.

SAMAR. Origen árabe. Significado: Conversación nocturna. Variantes: Samara, Samarah, Samaria, Sammara.

SAMEH. Origen árabe. Significado: Dispuesta a perdonar. Variantes: Samaiya, Samaya, Sâmeh.

SAMIA. Origen árabe. Significado: Comprensiva. Variantes: Samiah, Samilhah, Samira, Samirah, Samiya, Samya, Samyah.

SAMIRA. Origen árabe. Significado: La que cuenta historias en las noches. Variantes: Samir, Samirah, Samire, Samyra, Samyrah, Samyre.

SAMUELA. Origen hebreo. Significado: Dios oirá. Variantes: Samala, Samelia, Samella, Samelle, Samiella, Samielle, Samilla, Samille, Sammila, Sammile, Samuella, Samuelle, Samuelle, Xamuela, Xamuele, Xamuell, Xamuella, Xamuelle, Zamuel, Zamuela, Zamuele, Zamuell, Zamuella, Zamuelle.

SANA. Origen árabe. Significado: Resplandeciente, brillante. Variantes: Sania, Saniyya, Saniyyah.

SANCIA. Origen latino. Significado: Sagrada. Variantes: Saint, Sança, Sancha, Sanchai, Sanche, Sancheska, Sanchia, Sanchya, Sancta, Sanctia, Sanctussa, Sancya, Santa, Santsia, Santussa, Santuzza, Sanzia, Sanzya, Sayntes, Sens, Senses, Synthia, Synthya.

SANDALIA. Origen latino. Significado: De sándalo. Variante: Sandàlia.

SANDRA. Origen griego. Significado: Defensora de la humanidad. Variantes: Sandea, Sandee, Sandey, Sandi, Sandia, Sandie, Sandrea, Sandreana, Sandreane, Sandreen, Sandreena, Sandreene, Sandreia, Sandrella, Sandrelle, Sandria, Sandrica, Sandricka, Sandrika, Sandrina, Sandrine, Sandryca, Sandryna, Sandryne, Sandy, Saundra, Sondra, Xandi, Xandia, Xandie, Xandy, Zandea, Zandee, Zandey, Zandi, Zandy, Zanna.

SANDRA. Diminutivo de Alejandra y de Casandra.

SANGMU. Origen tibetano/sherpa. Significado: Buena.

SANJANA. Origen hindi. Significado: Creadora. Variante: Sanyana.

SANOBAR. Origen árabe. Significado: Árbol de pino.

SANREVELLE. Origen portugués. Variantes: San, Rev, Revelle, Revla.

SANSANA. Origen hebreo. Significado: Hoja de palma. Variante: Sansanah.

SANTA. Origen español. Significado: Santa. Variantes: Santana, Santania, Santaniata, Santanna, Santanne, Santena, Santenna, Santiana, Santine, Santyna, Santyne, Shantana, Shantanna.

SANTAKITZ. Origen vasco (Etxarri Aranaz).

SANTANA. Variante de Santa.

SANTAWANA. Origen hindi. Significado: Esperanza. Variante: Santavana.

SANTLLAURENTE. Origen vasco. Advocación de la Virgen en Aretxabaleta (Guipúzcoa).

SANTSA. Origen vasco. Variantes: Santsia, Santxa.

SANTURDE. Origen vasco. Advocación de la Virgen en Berantevilla (Álava).

SANTUTXO. Origen vasco. Advocación de la Virgen en Guipúzcoa.

SAÑAGUA. Origen canario (Tenerife).

SAPHIRA. Origen hebreo. Significado: Zafiro, piedra preciosa. Variantes: Saffir, Saffira, Saffire, Safir, Safira, Safire, Safyr, Safyra, Saphir, Sapir, Sapira, Sapirit, Sapphir, Sapphira, Sapphire, Sapphyr, Sapphyra, Sapphyre, Sapyr, Sapyra, Sephira.

SARA. Origen hebreo. Significado: Princesa. Variantes: Morag, Saara, Saarah, Saarai, Saarra, Saarrah, Sada, Sade, Sadea, Sadee, Sadel, Sadey, Sadi, Sadia, Sadie, Sady, Sadye, Saedea, Saedee, Saedi, Saedie, Saedy, Sahrah, Sahria, Sahrya, Said, Saida, Saide, Saidea, Saidee, Saidi, Saidia,

Saidie, Saidy, Salaidth, Sale, Saleena, Salena, Saliee, Salilea, Saliley, Salili, Salilia, Salily, Salina, Sallea, Sallee, Salley, Salli, Sallianne, Sallie, Sally, Sallyann, Saly, Sarae, Sarah, Sarai, Saraid, Saran, Sarana, Sarane, Sarann, Saranna, Saranne, Saray, Sarea, Sareana, Sareane, Saree, Sareen, Sareena, Sarene, Saret, Sareta, Sarete, Sarett, Saretta, Sarette, Sari, Saria, Sarice, Sarie, Sarika, Sarina, Sarine, Sarita, Sarite, Saritia, Saritta, Saritte, Sarolta, Saronna, Sarote, Sarott, Sarotta, Sarotte, Sarra, Sarrah, Sary, Sarya, Sarye, Saryna, Saryne, Sarynna, Sarynne, Sasa, Saydea, Saydee, Saydi, Saydie, Saydy, Sayra, Sera, Shadae, Shadai, Shaday, Shardae, Shardai, Sharday, Sharea, Sharee, Shari, Sorcha, Xahra, Xahrah, Xara, Xarra, Zahra, Zahria, Zara, Zarah, Zarra.

SARALA. Origen sánscrito. Significado: Honesta.

SARIL. Origen turco. Significado: Corriente de agua. Variantes: Sarill, Sarille, Saryl, Saryll, Sarylle.

SARILA. Origen turco. Significado: Cascada. Variantes: Sarilla, Saryla, Saryle, Sarylla, Sarylle.

SARISHA. Origen sánscrito. Significado: Encantadora.

SARJANA. Origen indio. Significado: Creativa.

SAROJA. Origen hindi. Significado: Nacida cerca de un lago.

SARRI. Origen vasco (Elciego, Álava).

SASA. Origen canario.

SASKIA. Origen germánico. Significado: Cuchillo. Variante: Sàskia.

SATARA. Origen hebreo. Significado: Princesa de la colina rocosa. Variantes: Sataria, Satarra, Satarya, Sateria, Saterra, Saterria, Saterya.

SATI. Origen hindi. Significado: Piadosa. Esposa de Shiva.

SATINKA. Origen nativo americano. Significado: Bailarina sagrada.

SATO. Origen japonés. Significado: Azúcar. Dulce. Variante: Satu.

SATURIA. Origen latino. Significado: Saciada. Variantes: Sature, Satúria, Saturina.

SATURNINA. Origen latino. Significado: Perteneciente a Saturno. Variantes: Sadurnina, Saturn, Saturna, Saturne, Saturnia, Saturniana, Saturnya, Zadorniñe.

SAUDA. Origen árabe. Significado: De piel oscura.

SAULA. Origen griego. Significado: Deseada. Forma femenina de Saúl.

SAVANA. Origen latino. Significado: Prado. Variantes: Sahvana, Sahvanna, Savan, Savanah, Savania, Savann, Savanna, Savannah, Savannia, Savonna, Sevana, Sevanna, Zavana, Zavanna, Zevana, Zevanna.

SAYO. Origen japonés. Significado: Nacida durante la noche. Variantes: Saio, Sao.

SAYURI. Origen japonés. Significado: Pequeño lirio.

SCARLETT. Origen inglés. Significado: Rojo escarlata. Variantes: Scarlet, Scarleta, Scarlete, Scarletta, Scarlette, Scarlit, Scarlitt, Scarlyt, Scarlyta, Scarlyte.

SCHUYLER. Origen holandés. Significado: Erudita. Variantes: Schiler, Schyler, Skiler.

SEANA. Origen hebreo. Significado: Dios es bondadoso. Forma femenina de Sean. Variantes: Seandra, Seane. Seanetta, Seanette, Seann, Seanna, Seannalisa, Seante, Seantell, Seantella, Seantelle, Shauna, Shawna.

SEBASTIANA. Origen griego. Significado: Venerable. Variantes: Sastiana, Saustiza, Sebastene, Sébastiane, Sebastiann, Sebastianna, Sébastienne, Sebastyana, Sebastyanna, Sebatyanne, Sebesta, Seevastyana, Sostiza.

SECUNDINA. Origen latino. Significado: La segunda hija. Variantes: Seconda, Secondea, Secondee, Secondia, Secondya, Secunda, Secundia, Secúndia, Secundiana, Segona, Segunda, Sekundiñe.

SEFA. Origen turco. Significado: Agradable.

SÉFORA. Origen hebreo. Significado: Pájaro. Nombre de la esposa de Moisés. Variantes: Sèfora, Séphora.

SEGISMUNDA. Origen germánico. Significado: Protectora victoriosa. Variantes: Segimona, Sexismunda, Sigismonde, Sigmona, Sigmuna, Sigmunda, Sygmon, Sygmonda, Sygmuna, Sygmunda.

SÉGOLÈNE. Origen germánico. Significado: Dulce victoria.

SEGULAH. Origen hebreo. Significado: Tesoro.

SEHER. Origen turco. Significado: Aurora.

SEIKO. Origen japonés. Significado: Dotada.

SEIÑE. Forma vasca de Inocencia. Variante: Señe.

SEIRIOL. Origen galés. Significado: Brillante. Variantes: Seiran, Seiriola, Seiriole, Seirol, Seiryan.

SEKHMET. Origen egipcio. Significado: Poderosa. Variante: Skhmeta.

SEKI. Origen japonés. Significado: Maravillosa. Variantes: Seka, Sekee, Sekey, Sekia, Sekie, Seky, Sekya.

SELENE. Origen griego. Diosa de la Luna. Variantes: Celena, Celina, Celinda, Celine, Celyn, Celyna, Cilina, Ciline, Coelina, Coeline, Coelyn, Coelyna, Coelyne, Salena, Salina, Sela, Selean, Seleana, Seleane, Seleen, Seleena, Seleéne, Selena, Selene, Sélène, Selenia, Selia, Selie, Selin, Selina, Selind, Seline, Selyn, Selyna, Selyne, Sena, Silina, Siline, Sillina, Silline, Sillyn, Sillyna, Sillyne, Sylin, Sylina, Syline, Sylyn, Sylyna, Sylyne, Zelean, Zeleana, Zeleane, Zeleen, Zeleena, Zeleene, Zelen, Zelena, Zelene, Zelina, Zeline, Zelyn, Zelyna, Zelyne.

SELIMA. Origen hebreo. Significado: Pacificadora. Forma femenina de Salomón. Variante: Selyma.

SELMA. Origen árabe. Significado: La que tiene paz. Variantes: Annselma,

Anselm, Anselma, Anselme, Selmah, Zelma, Zelmah.

SELO. Origen latino. Significado: Cielo. Variantes: Sello, Sema, Semaj.

SEMELE. Origen griego. En la mitología griega, madre de Baco. Variante: Séméle.

SEMENA. Origen vasco. Variantes: Semera, Ximena.

SEMINE. Origen danés. Significado: Diosa del sol, la luna y las estrellas.

SEMÍRAMIS. Origen asirio. Significado: Amiga de las palomas. Variante: Semira.

SEMPRONIA. Origen latino. Significado: Eterna. Variantes: Semprònia, Semproniana.

SEN. Origen japonés. Significado: Hada del bosque.

SENA. Origen griego. Significado: Hospitalaria. Otra forma de Xenia. Variantes: Senia, Senya, Xenia, Xenya, Zena, Zenia, Zenya.

SENALDA. Origen español. Significado: Marca, señal. Variantes: Sena, Senda, Senna.

SENGA. Origen escocés. Significado: Pureza.

SEÑE. Variante de Seiñe.

SEONAID. Origen hebreo. Significado: Dios es bondadoso. Forma escocesa de Juana. Variantes: Seona, Seonag, Seonia, Seonya, Shinaed, Shinaid, Shona, Shynaed, Shynaid, Sinead.

SEPTIMIA. Origen latino. Significado: La séptima hija. Variantes: Septime, Septímia, Septimina, Septyn, Septyna, Septyne, Sevann, Sevanna, Sevanne, Sevantha, Sevena, Seventeen, Seventeena, Seventeene, Seventina, Seventine, Seventyn, Seventyna, Seventyne, Xevanthe.

SEQUOIA. Origen cheroqui. Significado: Relativo al árbol del mismo nombre. Variantes: Sequora, Sequoya, Sikoya.

SERAFINA. Origen hebreo. Significado: Referido a los ángeles más puros que rodean a Dios. Variantes: Sarafina, Seafia, Seafin, Seafina, Seafine, Seaphia, Seaphin, Seaphina, Seaphine, Serafeen, Serafeena, Serafeene, Serafima, Serafine, Serapheen, Serapheena, Serapheene, Seraphina, Seraphine, Seraphita, Serapiñe, Serephyn, Serephyna, Serofina.

SERAPIA. Origen griego. Significado: Adoradora de Serapis. Variante: Seràpia.

SEREN. Origen galés. Significado: Estrella.

SERENA. Origen latino. Significado: Tranquila. Variantes: Careana, Careena, Cereana, Cereena, Sareana, Sareen, Sareena, Sarena, Sarene, Sarina, Serean, Sereana, Séréna, Serene, Serenitee, Serenitie, Serenity, Serenna, Serepta, Serin, Serina, Serine, Seryn, Seryna, Seryne, Siren, Sirena, Sirene, Syreana, Syreane, Syreen, Syreena, Syreene, Syrin, Syrina, Syrine, Syryn, Syryna, Syryne.

SERICA. Origen griego. Significado: Sedosa. Variantes: Sarica, Saricka, Sarika, Saryca, Saricka, Saryka, Sericka, Serika, Seryca, Serycka, Seryka.

SESHETA. Origen egipcio. Significado: Diosa de las estrellas. Variante: Seshat.

SETSU. Origen japonés. Significado: Fe.

SERVANDA. Origen latino. Significado: Que observa la ley.

SERVIA. Origen latino. Significado: Que se conserva. Variantes: Sèrvia, Serviana.

SEVDA. Origen turco. Significado: Amor, pasión. Variante: Sevgi.

SEVERA. Origen latino. Significado: Austera. Seria. Variantes: Seberiñe, Sévéra, Sévéria, Severiana, Severina, Séverine, Seweryna.

SEVGILI. Origen turco. Significado: Querida.

SEVINE. Origen turco. Significado: Alegría, placer, felicidad.

SEYYAL. Origen turco. Significado: Viajante.

SEZEN. Origen turco. Significado: Sentimiento.

SHAANANA. Origen hebreo. Significado: Pacífica. Variante: Shanana.

SHABANNA. Origen árabe. Significado: Que pertenece a la noche. Joven dama.

SHABIBAH. Origen árabe. Significado: Juvenil.

SHADA. Origen nativo americano. Significado: Pelícano. Variantes: Shadae, Shadea, Shadeana, Shadee, Shadi, Shadie, Shadiya, Shaida, Shaiday, Shaide, Shayda.

SHADYA. Origen árabe. Significado: La que canta. Variantes: Shaadiya, Shadia, Shadiya.

SHAFIRA. Origen árabe. Significado: Noble. Variantes: Sharifah, Sharufa, Sherifa.

SHAHIRA. Origen árabe. Significado: Célebre. Variantes: Shahirah, Shahyra.

SHAHLA. Origen árabe. Significado: De ojos bonitos. Variantes: Shala, Shahlah, Sharla.

SHAHNAZ. Origen persa. Significado: El orgullo del emperador.

SHAILA. Origen hindi. Significado: Montaña pequeña. Variante: Shayla.

SHAKILA. Origen árabe. Significado: Bella, bien formada. Variantes: Shakeala, Shakeela, Shakeena, Shakela, Shakyla, Shikila.

SHAKIRA. Origen árabe. Significado: Agradecida. Variantes: Shaakira, Shakera, Shakeria, Shakeriay, Shakeyra, Shakir, Shakirat, Shakirra, Shakyra, Shekiera, Shekira, Shikira, Shikyra, Shykyra.

SHAKTI. Origen hindi. Significado: Divina. Variantes: Saktea, Saktee, Saktey, Sakti, Saktia, Saktie, Sakty, Shaka, Shaktea, Shaktee, Shaktey, Shaktia, Shaktie, Shakty.

SHAKUNTALA. Origen hindi. Significado: Pájaro.

SHALONA. Origen latino. Significado: Leona. Variantes: Shalonna, Shalonne.

SHAMEENA. Origen hindi. Significado: Bonita.

SHAMINA. Origen árabe. Significado: Fragancia agradable. Brisa dulce. Variantes: Shamaamah, Shameena.

SHAMEKA. Origen hebreo. Significado: ¿Quién como Dios? Otra forma de Micaela. Variantes: Shameca, Shamecca, Shamecha, Shameeka, Shameika, Shameke, Shamekia, Shamekya, Shamica, Shamicka, Shamika, Shamyca, Shamycka, Shamyka.

SHAMMARA. Origen árabe. Significado: Lista para el combate. Variante: Shamara.

SHAMSA. Origen persa. Significado: Sol. Variante: Shamsia.

SHANE. Origen hebreo. Significado: Dios es bondadoso. Forma irlandesa de Juana. Variantes: Chaen, Chaena, Chaene, Chain, Chaina, Chaine, Chayn, Chayna, Chayne, Cheyn, Cheyna, Cheyne, Schain, Schaina, Schaine, Schayn, Schayna, Schayne, Shaana, Shaen, Shaena, Shain, Shaina, Shaine, Shanae, Shanay, Shanda, Shandi, Shandie, Shane, Shanee, Shanesha, Shaneshia, Shanessa, Shanesse, Shaneysa, Shani, Shanisha, Shanishia, Shanissha, Shanna, Shanysha, Shanyssa, Shanysse, Shauna, Shawn, Shawna, Shayn, Shayna, Shayndel, Shayne, Sheana, Sheena, Sheina, Shena, Shene, Sheyna.

SHANIE. Origen hebreo. Significado: Hermosa. Variantes: Chaenea, Chaenee, Chaeney, Chaeni, Chaenie, Chaeny, Chainea, Chainee, Chainey, Chaini, Chainie, Chainy, Chaynea, Chaynee.

SHANNON. Origen irlandés. Significado: Antiguo río. Variantes: Channa, Channon, Shana, Shane, Shann, Shanna, Shannah, Shannan, Shannen, Shannie, Shannin, Shannyn, Shanon, Shanyn.

SHANTA. Origen francés. Significado: Canción. Otra forma de Chantal. Variantes: Shantae, Shantai, Shantal, Shantay, Shantaya, Shantaye, Shantea,

Shantee, Shantel, Shantele, Shantell, Shantella, Shantelle, Shantille, Shontel, Shontela, Shontele, Shontell, Shontella, Shontelle.

SHANTECA. Origen griego. Significado: Cosechadora. Otra forma de Teresa. Variantes: Shanteca, Shantecka, Shanteka, Shantesa, Shantessa, Shantesse, Shantika, Shantikia, Shantyca, Shantycka, Shantyka.

SHANTI. Origen sánscrito. Significado: Paz, tranquilidad.

SHARLEEN. Origen germánico. Significado: Pequeña y fuerte. Variante de Carolina. Variantes: Charla, Charlean, Charleana, Charleane, Charleen, Charleena, Charleene, Charlin, Charlina, Charline, Charlyn, Charlyna, Charlyne, Shareece, Shareese, Sharica, Sharice, Sharicena, Sharis, Sharise, Sharisha, Shariss, Sharissa, Sharla, Sharlean, Sharleana, Sharleane, Sharleen, Sharleena, Sharleene, Sharlina, Sharline, Sharlyn, Sharlyna, Sharlyne.

SHARLOTTE. Origen germánico. Otra forma de Charlotte.

SHARMAINE. Origen latino. Significado: Canción. Variantes: Sharma, Sharmain, Sharman, Sharmane, Sharmayne, Sharmian, Sharmine, Sharmyn.

SHARMILA. Origen sánscrito. Significado: Protección.

SHARON. Origen hebreo. Nombre de la llanura de Israel famosa en tiempos bíblicos por su fertilidad. Variantes: Charan, Charen, Charin, Charyn, Shara, Sharai, Sharea, Sharean, Shareana, Shareane, Sharee, Shareen, Shareena, Shareene, Shari, Sharie, Sharin, Sharina, Sharine, Sharla, Sharna, Sharnai, Sharnay, Sharne, Sharnea, Sharnee, Sharnesa, Sharneta, Sharney, Sharnice, Sharnie, Sharnisa, Sharnyce, Sharnysa, Sharolyn, Sharolyna, Sharolyne, Sharolynn, Sharona, Sharonda, Sharone, Sharran, Sharren, Sharrin, Sharron, Sharronda, Sharronne, Sharryn, Sharyn, Sheren, Sheron, Sherryn.

SHATA. Origen árabe. Significado: Perfume.

SHEBA. Origen hebreo. Significado: Hija prometida. Variantes: Betsabé, Saba, Sheaba, Sheeba, Sheiba, Sheyba.

SHEILA. Origen latino. Significado: Ciega. Variantes: Sela, Selia, Sheelah, Sheilia, Sheilla, Shela, Shelag, Shelagh, Shelia, Sheyla, Shielah, Shyla, Sile, Sileas.

SHEILA. Variante de Cecilia y de Celia.

SHELBY. Origen inglés. Significado: Poblado. Variantes: Shelbea, Shelbee, Shelbi, Shelbie, Shellbea, Shellbee, Shellbey, Shellbi, Shellbie, Shellby.

SHELLEY. Origen inglés. Significado: Prado sobre una cornisa. Variantes: Scelfleah, Sheilla, Shelea, Shelee, Shelei, Sheley, Sheli, Shelie, Shell, Shellea, Shellee, Shellei, Shelli, Shellie, Shelly, Shely.

SHER. Origen inglés. Significado: Lugar sagrado. Variantes: Cher, Cherr, Sherr.

SHERA. Origen arameo. Significado: Luz. Variantes: Sheara, Sheera, Sherae, Sheralea, Sheralee, Sheraley, Sheralle, Sheralin, Sheralyn, Sheray, Shira, Shyra.

SHERIDAN. Origen irlandés. Significado: Mariposa salvaje. Variantes: Cheridan, Cheriden, Sheriden, Sheridin, Serridan, Sherridane, Sherrydan, Sherydan.

SHERYL. Origen galés. Significado: Amada. Variantes: Cheril, Cherill, Cheryl, Cheryll, Sharys, Sheree, Shereese, Shereeta, Shereeza, Shereta, Sheri, Sheril, Sherill, Sherisa, Sherissa, Sherisse, Sherita, Sheriza, Sherize, Sherri, Sherrie, Sherrill, Sheryl, Sheryll, Sherysa, Sheryss, Sherysse, Sheryta.

SHERRY. Origen inglés. Significado: Querida. Variantes: Cher, Cherea, Cheree, Cheri, Cherianne, Cherie, Cherilyn, Cherilynn, Cherri, Cherriann, Cherrianna, Cherrie, Cherry, Sharea, Sharee, Sharey, Shari, Sharie, Sheerea, Sheeree, Sheeri, Sheerie, Sheery, Sher, Sherea, Sheree, Sherey, Sheri, Sheriann, Sherianne, Sheridan, Sherie, Sherri, Shery, Sherye.

SHIKA. Origen japonés. Significado: Ciervo.

SHILO. Origen hebreo. Significado: Regalo de Dios. Variantes: Shiloh, Shylo, Shyloh.

SHINA. Origen japonés. Significado: Victoriosa. Variantes: Shine, Shineeca, Shineese, Shinella, Shineta, Shiniqua, Shinita, Shiona, Shymra, Shyna.

SHIRI. Origen hebreo. Significado: Mi canción. Variantes: Shira, Shiree, Shirey, Shirie, Shiry, Shyree, Shyrey, Shyri, Shyrie, Shyry.

SHIRIN. Origen persa. Significado: Encantadora.

SHIRLEY. Origen inglés. Significado: Que vive en un prado soleado. Variantes: Sher, Sheril, Sherila, Sherill, Sherlei, Sherley, Sherli, Sherlie, Sherlyna, Sherlyne, Shirillee, Shirillei, Shirlea, Shirlean, Shirlee, Shirleen, Shirlei, Shirleigh, Shirlein, Shirlene, Shirleyn, Shirli, Shirlin, Shirline, Shirly, Shirlynn, Shurly, Shyrlea, Shyrlee, Shyrlei, Shyrley, Shyrli, Shyrlie, Shyrly.

SHIZUKA. Origen japonés. Significado: Tranquila. Variantes: Shizu, Shizue, Shizuko, Shizuyo, Shyzu.

SHOBHANA. Origen sánscrito. Significado: La hermosa.

SHONA. Origen irlandés. Forma irlandesa de Juana. Variantes: Shain, Shaina, Shaine, Shana, Shane, Shanee, Shaney, Shani, Shanie, Shannon, Shany, Sharona, Shayn, Shayna, Shayne, Shonah, Shonda, Shondel, Shondela, Shondell, Shondella, Shondreka, Shone, Shonee, Shoney, Shoni, Shonia, Shonie, Shonna, Shonta, Shontae, Shontia, Shontya, Shonya, Showna, Sian, Sinead, Sioned.

SHU. Origen chino. Significado: Apacible.

SHURA. Origen griego. Significado: Defensora de la humanidad. Otra forma de Alejandra.

SHYLOH → SHILO.

SHYSIE. Origen nativo americano. Significado: Silenciosa.

SIAINA. Origen tongano. Significado: De China. Variante: Syaina.

SIBILA. Origen griego. Significado: Que tiene el don de la profecía, oráculo. Variantes: Cebel, Cebele, Cebelle, Cibal, Cibel, Cibelle, Cibil, Cibyl, Cybele, Cybelle, Cybil, Cybill, Cybyl, Sevilla, Sibbell, Sibeale, Sibel, Sibell, Sibella, Sibelle, Sibette, Sibil la, Sibilla, Sibillie, Sibillina, Sibla, Sibley, Sibyl, Sibyll, Sibylla, Sibylle, Sibyllina, Sybel, Sybella, Sybelle, Sybil, Sybill, Sybilla, Sybille, Sybyl, Sybylle.

SIBISSE. Origen canario (Tenerife).

SIBONGILE. Origen africano. Significado: Gracias.

SIDNEY. Origen francés. Significado: De la ciudad de Saint-Denis. Variantes: Sidel, Sidell, Sidelle, Sidnee, Sidni, Sidnie, Sidny, Sydel, Sydell, Sydelle, Sydnee, Sydney, Sydni, Sydnie, Sydny.

SIDONIA. Origen hebreo. Significado: De Sidón, en el Líbano. Variantes: Sidnea, Sidnee, Sidona, Sidonee, Sidoney, Sidoni, Sidonie, Sidony, Sydona, Sydoni, Sydonia, Sydonie, Zidonia, Zidonya, Zydona, Zydonia, Zydonya.

SIENA. Origen inglés. Alude a la ciudad italiana del mismo nombre. Variantes: Sienna.

SIERRA. Origen español. Significado: Montaña. Variantes: Seara, Searria, Seera, Seirra, Siara, Siarra, Sieara, Siearra, Siera, Sieria, Sierria, Syera, Syerra.

SIGFRIDA. Origen germánico. Significado: La pacificadora. Variantes: Sigfreda, Sigfreida, Sigfrieda, Sigfryda, Sigfryda, Sygfreda, Sygfrida, Sygfryda.

SIGLINDA. Origen germánico. Significado: El escudo de la victoria.

SIGNE. Origen noruego. Significado: Conquistadora, guardiana. Variantes: Signa, Signee, Signey, Sygne, Sygnee, Sygney.

SIGNY. Origen escandinavo. Significado: Victoria. Variantes: Signee, Signey, Signi, Signie, Sygney, Sygni, Sygnie, Sygny.

SIGOURNEY. Origen inglés. Significado: Conquistadora victoriosa. Variantes: Sigornee, Sigorni, Sigornie, Sigorny, Sygournee, Sygourney, Sygourni, Sygournie, Sygourny.

SIGRID. Origen noruego. Significado: Bella victoria. Variantes: Sigrida, Sigryd, Sigryda, Siri, Sygrid, Sygrida, Sygryd, Sygryda.

SIGRUN. Origen escandinavo. Significado: Victoria secreta. Variante: Sygrun.

SIHAAM. Origen árabe. Significado: Flecha. Variantes: Siham, Syham.

SILJA. Origen noruego. Forma noruega y danesa de Cecilia. Variantes: Silje, Silke.

SILVANA. Origen latino. Significado: Del bosque, de la selva. De plata. Variantes: Silbana, Silbane, Silbiñe, Silva, Silvaine, Silvan, Silvana, Silvania, Silvanna, Silvanne, Silvannia, Silvannya, Silveria, Silviana, Silvina, Sylvana, Sylvania, Sylvanie, Sylvany, Sylvanya.

SILVIA. Origen latino. Significado: Silvestre. Plateada. Variantes: Silbe, Silbia, Sílvia, Sylva, Sylvette, Sylvia, Sylviane, Sylvie.

SIMBA. Origen swahili. Significado: Leona.

SIMONA. Origen hebreo. Significado: La que me ha escuchado. Variantes: Samon, Samone, Semmon, Semmone, Semoan, Semona, Semone, Simenia, Simeona, Siméone, Simmona, Simoan, Simoane, Simone, Simonetta, Simonette, Simonna, Simonne, Symone, Ximoan, Ximon, Ximone, Xymon, Xymone, Zimon, Zimone, Zymon, Zymone.

SIMPLICIA. Origen latino. Significado: Ingenua, simple. Variante: Simplícia.

SINFOROSA. Origen griego. Significado: Útil. Que es desgraciada. Variantes: Simforosa, Simforiana, Sinforiana.

SINOVIA. Origen ruso. Significado: Extraña. Variante: Sinya.

SINTIQUES. Origen griego. Significado: La que llega en una ocasión especial.

SIOBHAIN. Origen irlandés. Significado: Admirada. Variantes: Chavon, Chavona, Chavonn, Chavonna, Shavaugn, Shavon, Shavona, Shavondra, Shavonn, Shavonna, Shiobain, Shivaun, Shivawn, Shyvon, Shyvona, Shyvonn, Shyvonna, Sibahn, Siobhan, Sobraon, Sybhan, Syvon, Syvona, Syvone, Syvonn, Syvonna, Syvonne.

SIRA. Origen latino. Significado: Que proviene de Siria. Variante: Sire.

SIRENA. Origen griego. Significado: Que atrae. Variantes: Cereana, Cereane, Cerena, Cerene, Cerina, Cireana, Cireene, Cyreana, Cyreane, Sereana, Sereane, Sereen, Sereena, Sereene, Serene, Serin, Serina, Serine, Siran, Sireana, Sireane, Sireen, Sireena, Sireene, Sirene, Sirin, Sirina, Sirine, Syreana, Syreane, Syreena, Syreene, Syrena, Syrene.

SIRIOS. Origen griego. Significado: Ardiente. Estrella encendida. Variantes: Cirios, Ciryos, Cyrios, Cyryos, Siryos, Syrios, Syryos.

SIROUN. Origen armenio. Significado: Encantadora.

SISENANDA. Origen germánico. Significado: Atrevida por la victoria.

SISSI. Origen hebreo. Diminutivo de Elisabet. Variantes: Sissee, Sissey, Sissy, Sissye.

SITA. Origen sánscrito. Nombre de una de las esposas de Rama. Variantes: Seata, Seeta, Syta.

SITARA. Origen sánscrito. Significado: Estrella.

SITEMBILE. Origen africano. Significado: Confianza.

SIV. Origen noruego. Significado: Novia. Nombre de la esposa de Thor.

SIXTA. Origen latino. Significado: La número seis, nacida en sexto lugar. Variantes: Siste, Sixtina, Sixtine.

SKY. Origen inglés. Significado: Cielo azul. Variantes: Schyler, Ski, Skila, Skilar, Skiler, Skye, Skyla, Skylar, Skyler.

SLOANE. Origen escocés. Significado: Guerrera. Variantes: Sloan, Sloana.

SMILJANA. Origen eslavo. Significado: Flor eterna. Variantes: Jana, Smilja, Smyljana.

SOCORRO. Origen latino. Significado: La que está dispuesta a ayudar. Advocación de la Virgen, Nuestra Señora del Perpetuo Socorro. Variantes: Socors, Sorospen.

SOFÍA. Origen griego. Significado: Sabiduría. Variantes: Asofe, Beathag, Fieke, Sadhbba, Sadhbh, Saffi, Saphia, Sapienta, Sappe, Sappi, Sofee, Sofeea, Soffea, Soffee, Soffey, Soffi, Soffia, Soffie, Soffrona, Soffy, Soffya, Sofi, Soficita, Sofie, Sofiya, Sofka, Sofronia, Sofy, Sofya, Sonia, Sonja, Sonya, Sope, Sophea, Sophee, Sopheea, Sopheia, Sophey, Sopheya, Sophi, Sophia, Sophie, Sophronia, Sophy, Sophya, Ssofija, Zofe, Zoffia, Zofia, Zofie, Zofka, Zofya, Zophea, Zophee, Zophey, Zophi, Zophia, Zophie, Zosha, Zosia.

SOIARTZE. Origen vasco. Advocación de la Virgen en Uhartehiri (Uhart-Mixe, País Vasco francés). Variantes: Zohartze, Zoihartze.

SOKORRI. Origen vasco. Advocación de la Virgen en Urrugne/Urruña (Lapurdi, País Vasco francés).

SOL. Origen latino. Significado: Astro rey. Variantes: Sola, Solar, Solara, Solla, Sollar, Sollara.

SOL. Advocación de la Virgen, Nuestra Señora del Sol.

SOLANA. Origen latino. Significado: Como el viento de Oriente. Variantes: Solane, Solania, Solanna, Solanne, Solanya.

SOLANGE. Origen francés. Significado: Solemne. Variantes: Solang, Solemnia, Solèmnia, Sollemnia.

SOLEDAD. Origen latino. Significado: La que ha quedado sin compañía. Alude a la soledad de la Virgen junto a la cruz. Variantes: Bakarne, Soidade, Sola, Sole, Soleda, Soledat.

SOLENE. Origen latino. Significado: Solemnidad. Variantes: Solaina, Solaine, Solayna, Solayne, Soleana, Soleane, Soleena, Soleene, Solemna, Solen, Solena, Solene, Solenna, Solenne, Solina, Soline, Solonez, Solyna, Solyne, Soulina, Souline, Soulle, Zélina, Zéline.

SOLINA. Origen griego. Significado: Luna. Variantes: Soleana, Soleane, Soleena, Soleene, Solena, Solene, Solenna, Solina, Soline, Solonez, Solyna, Solyne, Soulina, Souline.

SOLITA. Origen latino. Significado: Acostumbrada, habituada. Variantes: Soleata, Soleeta, Soleita, Soleete, Solite, Solitta, Solitte, Solyta, Solytta, Solytte.

SOLVEIG. Origen noruego. Significado: De la casa fuerte. Nombre popularizado por la heroína de la obra *Peer Gynt*, de H. Ibsen. Variantes: Solvag, Solve, Solvig.

SONGL. Origen turco. Significado: Última rosa.

SONIA. Origen griego. Significado: Sabia pensadora. Forma eslava de Sofía. Variantes: Sonechka, Sònia, Sonja, Sonje, Sonya, Xonia, Zonia, Zonya.

SONSOLES. Origen español. Advocación de la Virgen, Nuestra Señora de Sonsoles, patrona de Ávila. Probable deformación de San Zoles, forma antigua de San Zoilo.

SOO. Origen coreano. Significado: A lo largo de la vida.

SORAUREN. Origen vasco. Advocación de la Virgen en el valle de Ezcabarte (Navarra).

SORAYA. Origen persa. Significado: Princesa. Variantes: Soraia, Suraia.

SORKUNDE. Forma vasca de Concepción. Variante: Sorne.

SOROSPEN. Forma vasca de Socorro.

SOSKAÑO. Origen vasco. Advocación de la Virgen en Karrantza Harana/Valle de Carranza (Vizcaya). Variante: Sosokaño.

SOTERA. Origen griego. Significado: La salvadora. Variante: Xotere.

SOTERRAÑA. Origen vasco. Advocación de la Virgen en Zabaldika (Esteribar, Navarra).

SPRING. Origen inglés. Significado: Primavera. Variante: Spryng.

STACEY. Origen griego. Significado: La que renace a una nueva vida. Diminutivo de Anastasia. Variantes: Stace, Stacee, Staci, Stacia, Stacie, Stacy, Stacya, Stacye, Staicea, Staicee, Staici, Staicia, Staicy, Staisia, Staisya, Stasia, Stasha, Stasya, Staycee, Staycey, Stayci, Staycia, Staycie, Stayci, Staysia, Staysya.

STANISLAVA. Origen polaco. Otra forma de Estanislava. Variantes: Stana, Stanislawa, Stanuska, Stinicka.

STAR. Origen inglés. Significado: Estrella. Variantes: Staree, Stari, Starie, Starla, Starlana, Starlea, Starleana, Starlee, Starleen, Starleena, Starleene, Starlei, Starlena, Starlet, Starleta, Starlete, Starley, Starli, Starlia, Starlie, Starlina, Starlyna, Starr, Starrla, Starrlei, Starrly, Steren, Sterre.

STEFANIA. Otra forma de Estefanía. Variantes: Stef, Stefania, Stefanidia, Stefany, Stefanya, Stefcia, Steffie, Stepana, Stephanie, Stephany, Stesha, Stevana, Stévina.

STELLA. Origen latino. Significado: Estrella. Variantes: Estel, Estela, Estele, Estell, Estella, Estelle, Stela, Stelah, Stele, Stellah, Stelle.

STELLAMARIS. Origen latino. Significado: Estrella de mar. Variante: Stella Maris.

STOCKARD. Origen inglés. Significado: Árbol resistente. Variantes: Stockhart, Stockhard, Stokard, Stokkard.

STONIE. Origen inglés. Significado: Piedra pequeña. Variantes: Stonee, Stoni, Stonia, Stony.

STORM. Origen inglés. Significado: Tormenta, tempestad. Variantes: Storme, Stormea, Stormee, Stormey, Stormi, Stormia, Stormie, Stormy.

SUAD. Origen árabe. Significado: Buena fortuna.

SUGAR. Origen inglés. Significado: Dulce, azúcar. Variantes: Shug, Shuga, Shugar, Suga, Sugah.

SUGI. Origen japonés. Significado: Cedro. Variantes: Sugee, Sugie, Sugy.

SUHA. Origen árabe. Significado: Estrella. Variante: Suhayl.

SUHAD. Origen árabe. Significado: Insomnio. Variantes: Suhair, Suhar, Suhayr.

SUHAILA. Origen árabe. Significado: Apacible. Variante: Suhailah.

SUJATA. Origen sánscrito. Significado: Noble.

SUKI. Origen japonés. Significado: Amada. Variantes: Sukea, Sukee, Sulei, Suley, Sukie, Suky.

SUKUTAI. Origen africano. Significado: Abrazo.

SULEIKA. Origen árabe. Significado: Bellísima.

SULPICIA. Origen latino. Significado: La sulfúrica.

SULTANA. Origen árabe. Forma femenina de Sultán.

SUMALEE. Origen thai. Significado: Bella flor. Variantes: Sumalea, Sumalei, Sumaleigh, Sumaley, Sumali, Sumalia, Sumalie, Sumaly.

SUMI. Origen japonés. Significado: Elegante. Variante: Sumiko.

SUMMER. Origen inglés. Significado: Nacida durante el verano. Variantes: Soma, Somer, Somma, Sommer, Sumer, Sunnee, Sunney, Sunni, Sunnie, Sunny, Suvi.

SUN. Origen coreano. Significado: Obediente. Variantes: Suncance, Dundai, Sunday, Sundea, Sundee, Sundi, Sundia, Sundie, Sunta, Sunya.

SUNEE. Origen thai. Significado: Buena. Variantes: Suney, Suni, Sunia, Sunie, Sunnee, Sunney, Sunni, Sunnia, Sunnie, Sunny, Suny.

SUNITA. Origen sánscrito. Significado: De buena conducta.

SUNNY. Origen inglés. Significado: Alegre. Variantes: Sonee, Soney, Soni, Sonia, Sonie, Sonnee, Sonney, Sonni, Sonnie, Sonny, Sunee, Suney, Suni, Sunia, Sunie, Sunnee, Sunney, Sunni, Sunnia, Sunnie, Suny.

SUNSHINE. Origen inglés. Significado: Sol. Variantes: Sunshyn, Sunshyne.

SUNTA. Origen español. Diminutivo de Asunción.

SUSANA. Origen hebreo. Significado: Lirio agraciado. Variantes: Sannerl, Santje, Shosha, Shoshan, Shoshana, Shoshanah, Shoshane, Shoshann, Shoshanna, Shoshanne, Shoshaun, Shoshi, Shoshia, Shoshona, Shoshonna, Shoshowna, Shoshy, Shoshya, Shushan, Shushannah, Siusan, Soosan, Soosana, Soosane, Soosee, Soosey, Soosi, Soosie, Soosy, Sosan, Sosana, Sosane, Sosann, Sosanna, Sousan, Sousana, Sousane, Sousann, Sousanna, Sousanne, Sousee, Sousey, Sousi, Sousie, Sousy, Suann, Suanna, Suanne, Suella, Suelle, Suesan, Suesana, Suesane, Suesann, Suesanna, Suesanne, Suke, Sukea, Sukee, Sukey, Sukie, Suky, Susan, Susane, Susanita, Susanka, Susann, Susanna, Susannah, Susanne, Suschen, Suse, Susee, Susetta, Susette, Susey, Susi, Susie, Susy, Suzan, Suzana, Suzann, Suzanna, Suzannah, Suzanne, Suzee, Suzel, Suzetta, Suzette, Suzey, Suzi, Suzie, Suzon, Suzy, Suzzan, Suzzana, Suzzane, Suzzann, Suzzanna, Suzzanne, Xusana, Zoosan, Zoosana, Zoosanna, Zoosanne, Zoozan, Zoozana, Zoozane, Zousan, Zousana, Zousane, Zousann, Zousanna, Zousanne, Zouzan, Zouzana, Zouzane, Zouzann, Zouzanna, Zouzanne, Zsa Zsa, Zus, Zusa, Zusan, Zusana, Zusane, Zusann, Zusanna, Zusanne, Zusee, Zusey, Zusi, Zusie, Zusy, Zuz, Zuza, Zuzan, Zuzana, Zuzane, Zuzann, Zuzanna, Zuzanne, Zuzee, Zuzey, Zuzi, Zuzie, Zuzy.

SUSTRAI. Origen vasco. Significado: Raíz.

SUTSIAQUE. Origen canario (Tenerife).

SUYAI. Origen quechua. Significado: Esperanza. Variante: Suyay.

SUZU. Origen japonés. Significado: Longeva. Variantes: Suzue, Suzuko, Zuzu.

SVEA. Origen sueco. Significado: Viento del sur.

SVETLANA. Origen ruso. Significado: Luz de las estrellas. Variantes: Lana, Sveta, Svetla, Svetlanka, Svetlanna, Svetluse, Svetluska, Svetochka, Svjetlana.

SWAN. Origen inglés. Significado: Cisne. Variantes: Swana, Swania, Swanie, Swann, Swanna, Swanya.

SYA. Origen chino. Significado: Verano. Variantes: Sia, Siah, Syah.

SYONA. Origen hindi. Significado: Felicidad. Variantes: Siona, Sionah, Syonah.

SYSHE. Origen hebreo. Significado: Calle.

TABINA. Origen árabe. Significado: Discípula de Mahoma. Variante: Tabyna.

TABITA. Origen hebreo. Significado: Gacela. Variantes: Tabata, Tabatha, Tabbatha, Tabbetha, Tabbitha, Tabby, Tabbytha, Tabetha, Tabitha, Tabotha, Tabytha.

TACIANA. Origen latino. Significado: Activa, inteligente. Variante: Tatiana.

TACINCALA. Origen nativo americano. Significado: Ciervo.

TÁCITA. Origen latino. Significado: La silenciosa. Variantes: Tace, Tacea, Tacee, Taceeta, Tacia, Tacie, Tasie, Tasita, Tayce, Taycita, Taycyta.

TACOREMI. Origen canario (La Palma). Significado: La que viene o procede del cristiano.

TADDA. Origen bereber.

TADEA. Origen hebreo. Significado: La que alaba. Variantes: Taddea, Tadia, Tadya, Thada, Thadda, Thaddea.

TAFAT. Origen bereber. Significado: La luz. Claridad.

TAFFY. Origen galés. Significado: Amada. Forma femenina de David. Variantes: Taafe, Taffea, Taffee, Taffey, Taffi, Taffie, Taflina, Tafline, Taflyn, Taflyna, Tafy, Taglyne, Tavi, Tavita, Tavyta, Tevita, Tevyta.

TAFNA. Origen bereber.

TAFNE. Origen egipcio. Significado: diosa de la luz. Variantes: Taffnee, Taffney, Taffni, Taffnie, Taffny, Tafna, Tafnee.

TAFSÎT. Origen bereber.

TAGATACH. Origen canario.

TAGAYACTE. Origen canario.

TAGUCIMOTA. Origen canario (Tenerife).

TAHIRA. Origen árabe. Significado: Casta, pura. Variantes: Taahira, Taheera, Tahirih, Tahyra, Tayyibah.

TAHIYA. Origen árabe. Significado: Bienvenida. Variante: Tahiyya.

TAHONA. Origen canario (Tenerife). Significado: La del habitáculo. De la choza.

TAHUSKI. Origen bereber. Significado: La belleza.

TAIMA. Origen nativo americano. Significado: Trueno ruidoso. Variantes: Taimy, Taimmy, Tayma, Taymi, Taymie, Taymmi, Taymmie, Taymmy, Taymy.

TAINN. Origen nativo americano. Significado: Luna nueva. Variantes: Taina, Taine, Tayen, Tayn, Tayna, Tayne.

TAIS. Origen griego. Significado: Vendaje. Variantes: Tahys, Taisa, Tays, Taysa, Thaís, Thays.

TAJAH. Origen hindi. Significado: Corona. Variante: Tajah.

TAKA. Origen japonés. Significado: La que es honorable. Variante: Takah.

TAKANGA. Origen tongano. Significado: Amiga.

TAKARA. Origen japonés. Significado: Precioso tesoro. Variantes: Takaria, Takarya.

TAKEKO. Origen japonés. Significado: Bambú.

TAKI. Origen japonés. Significado: Cascada. Variantes: Takee, Takey, Takie, Taky.

TAKIA. Origen árabe. Significado: Creyente. Variantes: Takeiya, Takeya, Takija, Takiya, Takkia, Takkya, Takya, Taqiya, Taqiyya, Taquaia, Taquaya, Taquiia, Tekeyia, Tekiya, Tekia, Tykeia, Tykia, Tykya.

TAKIRA. Origen persa. Significado: Sol. Variante de Kira. Variantes: Takara, Takarra, Takeara, Takiria, Takyra, Taquera, Taquira, Tekeria, Tekyria, Tekyrya, Tikara, Tikira, Tikiria, Tikirya, Tykira, Tykyra.

TAKNART. Origen bereber. Significado: La muñeca.

TAKUHI. Origen armenio. Significado: Reina. Variante: Takoohi.

TALA. Origen nativo americano. Significado: Lobo al acecho. Variante: Talah.

TALE. Origen africano. Significado: Verde.

TALESIA. Origen vasco.

TALÍA. Origen griego. Significado: Floreciente. En la mitología griega, una de las tres Gracias, y también musa del teatro. Diminutivo de Natalia. Variantes: Talea, Talia, Talli, Tallia, Tallie, Tally, Talya, Thalia, Thalya.

TALIBA. Origen árabe. Significado: La que busca el conocimiento. Variantes: Talibah, Talyba, Talybah.

TALITHA. Origen hebreo. Significado: Pequeña niña. Variantes: Taleetha, Taletha, Talicia, Talisha, Talita, Talith, Talithah, Talithe, Talysha, Talyth, Talytha, Talythe.

TALLARA. Origen aborigen. Significado: Lluvia. Variantes: Talara, Talaria, Talarya, Tallaria, Tallarya.

TALLULAH. Origen nativo americano. Significado: Agua corriente. Variantes: Tallis, Tallou, Tallula.

TALMA. Origen hebreo. Significado: Colina. Variantes: Talmah, Talmar, Talmara, Talmare, Talmaria, Talmarya.

TALWYN. Origen de Cornualles. Significado: Frente blanca.

TAM. Origen vietnamita. Significado: Corazón. Variantes: Tama, Tami, Tamia, Tamie, Tamy, Tamya. Nombre femenino y masculino.

TAMA. Origen bereber.

TAMAE. Origen japonés. Significado: Hija muy noble.

TAMAIT. Origen bereber. Significado: Acción de gracias.

TAMANEGT. Origen bereber. Significado: La gloria.

TAMAR. Origen hebreo. Significado: Palmera. Variantes: Tama, Tamah, Tamara, Tamarah, Tamaree, Tamari, Tamaria, Tamarie, Tamarind, Tamarra, Tamary, Tamarya, Tamera, Tamerlain, Tamerlaina, Tamerlaine, Tami, Tamika, Tamma, Tammara, Tammee, Tammera, Tammey, Tammie, Tammy, Tamor, Tamour, Tamra, Tamrick, Tamrika, Tamrique, Tamryca, Tamrycka, Tamryka, Tamryqua, Tamryque, Tamy, Thamar, Thamara, Thamarra.

TAMELLI. Origen bereber. Significado: La blancura.

TAMESHA. Origen hindi. Significado: Nacida bajo el signo de Aries. Variantes: Tameesha, Tameeshia, Tameeshya, Tameshia, Tamisha, Tamishia, Tamysha, Tamyshia, Tamyshya.

TAMIKO. Origen japonés. Significado: Niña del pueblo.

TAMILA. Origen ruso. Significado: La más estimada. Variantes: Tamilla, Tamyla, Tamylla.

TAMILLA. Origen bereber. Significado: La tórtola.

TAMÓNANTE. Origen canario (Fuerteventura). Significado: Instigadora o incitadora. Nombre de una sacerdotisa y adivina muy influyente en los reyes majoreros.

157

TANA. Nombre aborigen. Significado: Ceremonia. Variante: Tanah.

TANA. Diminutivo de Cayetana.

TANCREDA. Origen germánico. Significado: De consejo inteligente.

TANDIE. Origen griego. Significado: Inmortal. Variantes: Tandea, Tandee, Tandey, Tandi, Tandia, Tandt, Tandy, Tandya, Tandye, Tansee, Tansey, Tansi, Tansia, Tansie, Tansy, Tansya, Tansye.

TANGELIA. Origen griego. Significado: Ángel. Mensajera de Dios. Variantes: Tangel, Tangele, Tangell, Tangelle, Tanjel, Tanjela, Tanjele, Tanjell, Tanjella, Tanjelle.

TANGERINE. Origen inglés. Significado: Natural de Tánger (Marruecos). De color naranja. Variante: Tangeryne.

TANI. Origen japonés. Significado: Valle. Variantes: Tanee, Tania, Tanie, Tanita, Tannis, Tany, Tanya, Tanys, Tanysa, Tanyta, Tanyte.

TANIA. Origen ruso. Significado: Hada reina. También diminutivo de Tatiana. Variantes: Tahna, Tahnee, Tahni, Tahnia, Taina, Tana, Tanae, Tanaya, Tanea, Tanechka, Tanee, Taneek, Taneisha, Tanelle, Tanhya, Tània, Tanichka, Tanika, Tanique, Tanisha, Taniya, Tanja, Tanje, Tanneale, Tannia, Tannika, Tannis, Tannya, Tanthe, Tanya, Tatiana, Tatiania, Tatiann, Tatianna, Tatyana, Tawnea, Tawnee, Tawney, Tawni, Tawnia, Tawnie, Tawny, Tawnya, Tenaya, Teneal, Tenie, Tenya, Tonia, Tonie, Tonya.

TANIT. Origen fenicio. Significado: Señora de las serpientes. Diosa cartaginesa del amor y de la fertilidad. Variantes: Tanith, Tanitha, Tanithe, Tanyth, Tanytha, Tanythe.

TAO. Origen chino. Significado: Niña de la flor del melocotón.

TAPANGA. Origen africano/ Origen hebreo. Significado: Dulce. Imprevisible.

TARA. Origen irlandés (nombre gaélico). Significado: Colina. Variantes: Tarah, Taralyn, Taran, Tareena, Tarena, Tarha, Taria, Tarin, Tarina, Tarnia, Tarra, Tarren, Tarryn, Tarya, Taryn, Taryna, Taryne,Teamhair, Temair, Teryn.

TARA. Origen sánscrito. Significado: Estrella. Nombre de una diosa budista.

TARANA. Origen persa. Significado: Melodía. Variantes: Taran, Taranah, Tarane, Taraneh.

TARATI. Origen maorí. Significado: Regalo de Dios. Variantes: Taratea, Taratee, Taratey, Taratia, Taratie, Taraty, Taratya.

TARCIRGA. Origen canario (Gran Canario). Variantes: Tasirga, Tazirga.

TARIKA. Origen hindi. Significado: Estrella. Variante: Taryka.

TARNE. Origen inglés. Significado: Lago de montaña. Variantes: Tarn, Tarnee, Tarney, Tarni, Tarnia, Tarnie, Tarny, Tarnya, Tarnye.

TARNI. Nombre aborigen. Significado: Agua salada. Variantes: Tarne, Tarnea, Tarnee, Tarney, Tarnia, Tarnie, Tarny, Tarnya, Tarnye.

TARRA. Nombre aborigen. Significado: Pequeña corriente. Variantes: Tara, Tarah, Tarrah.

TARSICIA. Origen griego. Significado: La temeraria. Variantes: Tarsícia, Tartsixe.

TARSICIA. Origen latino. Significado: Nacida en Tarso, ciudad de Turquía donde se ubica el nacimiento de San Pablo.

TARSILIA. Origen griego. Significado: La que trenza mimbres. Variante: Tarsila.

TASHA. Origen ruso. Significado: Nacida en Navidad. Diminutivo de Natasha. Variantes: Tashina, Tashka, Tasia, Tasya.

TASHI. Origen tibetano/sherpa. Significado: Prosperidad. Nombre femenino y masculino.

TASIDA. Origen nativo americano. Significado: Amazona. Variante: Tasyda.

TASLIMAH. Origen árabe. Significado: Pacificadora.

TASSA, TASSAT. Origen canario.

TASSADIT. Origen bereber.

TATBIRT. Origen bereber. Significado: La paloma.

TATE. Origen inglés. Significado: Feliz. Variantes: Tait, Taitam, Taitem, Tiatim, Taitom, Taitum, Taite, Tatam, Tatem, Tatim, Tatom, Tatum, Tayt, Tayta, Tayte.

TATIANA. Origen ruso. Significado: Hada reina. Variantes: Latonya, Taciana, Tahna, Tahnya, Tana, Tanea, Tanee, Tanha, Tania, Tanis, Tanka, Tannis, Tanya, Tasiana, Tata, Tatania, Tatanna, Tatgana, Tatia, Tatianna, Tatiara, Tatja, Tatjana, Tatya, Tatyana, Tatyane, Tatyann, Tatyanna, Tatyanne, Tonia, Tonya.

TATRIT. Origen bereber. Significado: Estrella brillante. Venus.

TATSU. Origen japonés. Significado: Dragón.

TAURA. Origen latino. Significado: Nacida bajo el signo de Tauro. Variantes: Tauri, Tauria, Taurie, Taurina, Taury.

TAVIA. Origen latino. Significado: Octava hija. Diminutivo de Octavia. Variantes: Tavja, Tavya.

TAWIA. Origen africano. Significado: Nacida después de gemelos. Variante: Tawya.

TAYDA. Origen bereber. Significado: El pino, árbol.

TAYDÍA. Origen canario (Gran Canaria). Significado: Pago de Tirajana, adoptado recientemente como nombre femenino.

TAYEGAZA. Origen canario (La Palma).

TAYLOR. Origen inglés. Significado: Sastre. Nombre femenino y masculino. Variantes: Tai, Taie, Taila, Tailar, Tailara, Tailer, Tailor, Tailora, Tailore, Tay, Taya, Taye, Tayla, Taylar, Taylara, Tayler, Taylora, Taylore.

TAYMA. Origen bereber.

TAYRI. Origen bereber. Significado: El amor.

TAYSA. Origen bereber. Significado: La margarita.

TAZIDAT. Origen bereber. Significado: La dulzura.

TAZIRGA. Origen bereber. Significado: Mujer de la realeza de Gáldar. Sobrina de Guanarteme y aya de la infanta Tenesoya.

TAZU. Origen japonés. Significado: Cigüeña. Variante: Tazoo.

TAZZAYT. Origen bereber. Significado: La palmera hembra.

TEAGAN. Origen inglés. Significado: Hermosa. Variantes: Taegan, Taegen, Taegin, Taegon, Taegun, Taegyn, Tea, Teagen, Teagin, Tee, Teegan, Teegen, Tegan, Tegana, Tegane, Teia, Teigan, Teige, Teigen, Teigin, Teigon, Teigyn, Teya, Teygan, Teygen, Tigan, Tigen, Tigyn, Tygan, Tygen, Tygin, Tygyn.

TECLA. Origen griego. Significado: Gloria de Dios. Variantes: Tegra, Tekale, Tekla, Telca, Telka, Thecla, Thecle, Thekla, Theoclia, Tjokle.

TEDAUIT. Origen bereber. Significado: La alegría.

TEGINA. Origen canario (Tenerife).

TEGUISE. Origen canario (Lanzarote). Significado: La del linaje femenino. Princesa, hija de Guadarfia, último rey de la isla.

TEGVYEN. Origen galés. Significado: Joven hermosa.

TEHEXA. Origen vasco. Variante y diminutivo de Teresa.

TEHYA. Origen nativo americano. Significado: Precioso.

TELESFORA. Origen griego. Significado: La que llega lejos. Variante: Telespore.

TELMA. Origen griego. Significado: Voluntariosa. Variantes: Thelma, Thelmae, Thelmai, Velma, Velmah.

TELVA. Origen germánico. Diminutivo de Etelvina.

TELYN. Origen galés. Significado: Arpa.

TEMIRA. Origen hebreo. Significado: De altura. Variantes: Temirah, Temora, Timora.

TEMIS. Origen griego. Significado: La que establece el orden y la justicia.

TEMPERANCE. Origen latino. Significado: Moderación. Variantes: Tempe, Tempee.

TENE. Origen vasco.

TENERCINA. Origen canario (La Palma). Mujer del caudillo Ugranfir.

TENESOYA. Origen canario (Gran Canaria). Heredera de la realeza de Telde, hija del último Faycán en 1483. Variantes: Tenesso, Thenezoya.

TENZIN. Origen tibetano/sherpa. Significado: Protector de Dharma. Nombre masculino o femenino, indistintamente. Variante: Tenzing.

TEOBALDA. Origen germánico. Significado: Pueblo valiente. Variante: Teodobalda.

TEODEQUILDA. Origen germánico. Significado: La guerrera de su pueblo.

TEODOLINDA. Origen germánico. Significado: La que es amable con la gente de su pueblo. Variante: Teolinda.

TEODOMIRA. Origen germánico. Significado: Famosa en su pueblo Variantes: Teodemira, Todomire.

TEODORA. Origen griego. Significado: Don de Dios. Variantes: Bohdana, Dora, Doriane, Dorine, Dorothée, Fédora, Fedore, Fédoussia, Feodora, Feodoria, Feodosia, Fiodora, Fjodora, Tedra, Teodosia, Teodòsia, Teodosya, Teodota, Tewdews, Thaddea, Thadine, Theadora, Theda, Thedosia, Thedosya, Thedra, Thedya, Theklatheo, Theodora, Théodora, Theodosia, Todore, Todose.

TEÓDULA. Origen griego. Significado: Sierva de Dios.

TEOFANIA. Origen griego. Significado: Aparición de Dios. Variantes: Epiphant, Teofània, Théophania, Théophanie, Theophano, Theophanya.

TEÓFILA. Origen griego. Significado: Querida por Dios. Variantes: Teòfila, Teofilia, Tesia, Theofila, Theofilia, Theofilie, Theophila, Theophyla, Theophylla, Topille.

TEÓFORA. Origen griego. Significado: Portadora de Dios. Variante: Teòfora.

TEONA. Origen griego. Significado: El nombre de Dios es divino. Variantes: Theola, Theona, Theone, Theonee.

TEOTISTA. Origen griego. Significado: Embriagada por Dios.

TERENCIA. Origen griego. Forma femenina de Terencio. Variantes: Tereena, Terència, Térencia, Terenia, Terentia, Terentilla, Terentille, Terentya, Terentyla, Terentyle, Terentylla, Terentylle, Terina, Terrena, Terrina, Teryna.

TERESA. Origen griego. Significado: Segadora. Variantes: Tareixa, Teca, Techa, Tecka, Tehexa, Teka, Terasa, Tere, Terea, Tereasa, Terease, Teree, Terees, Tereesa, Tereese, Tereey, Teresah, Terese, Teresia, Teresina, Teresinha, Teresita, Teressa, Terez, Tereza, Terezia, Terezie, Terezija, Terezinha, Terezon, Terezyga, Teri, Teria, Terie, Terina, Terisa, Terise, Terrasa, Terrea, Terreas, Terreasa, Terrease, Terree, Terreey, Terresa, Terresia, Terris, Terrisa, Terrise, Terry, Terrya, Terrys, Terrysa, Terryse, Tersa, Tery, Terza, Tes, Tesa, Tesia, Tess, Tessa, Tessara, Tessie, Tessy, Teta, Texa, Thereas, Thereasa, Therease, Theresa, Thérèse, Theresia, Theresie, Thereza, Theris, Therisa, Therise, Therris, Therrisa, Therrise, Therrys, Therrysa, Therryse, Thersa, Thersea, Therys, Therysa, Theryse, Tica, Tika, Tracey, Tracie, Tracy, Tresa, Tresca, Tressa, Trexa, Tyca, Tyka.

TERPSÍCORE. Origen griego. Significado: La que se deleita con el baile. Musa de la danza. Variante: Terpsichore.

TERRWYN. Origen galés. Significado: Valiente.

TESAWIT. Origen bereber. Significado: La poesía.

TESIRA. Origen griego. Significado: La fundadora.

TETIS. Origen griego. Significado: Nodriza. Madre de Aquiles. Variantes: Thétis. Thetisa, Thetise, Thetiss, Thetissa, Thetisse, Thetys, Thetysa, Thetyse, Thetyss, Thetyssa, Thetysse.

TETXA. Origen vasco. Advocación de la Virgen en Subijana (Álava).

TEVA. Origen hebreo. Significado: Que es natural.

THALASSA. Origen griego. Significado: Del mar.

THANH. Origen vietnamita. Significado: Azul.

THEA. Origen griego. Significado: Divina. Diminutivo de Dorotea. Variantes: Fea, Theah, Theia, Theya.

THERA. Origen griego. Significado: Salvaje. Variante: Thereah.

THORA. Origen escandinavo. Significado: Trueno. Forma femenina de Thor. Variantes: Thordia, Thordis, Thordya, Thyra, Tira, Tyra.

THORBERTA. Origen escandinavo. Significado: Brillo de Thor. Variantes: Thorbirta, Thorburta, Thorbyrta.

THORDIS. Origen escandinavo. Significado: Espíritu de Thor. Variantes: Thordia, Thordisa, Thordise, Thordiss, Thordissa, Thordisse, Thordys, Thordysa, Thordyss, Thordyssa, Thordysse.

THORUNN. Origen escandinavo. Significado: Amada de Thor.

THURAYA. Origen árabe. Significado: Estrella. Variantes: Surayya, Thuraia, Thyraypa, Thurayya.

THYRA. Origen escandinavo. Significado: Dedicada al dios de la guerra. Variantes: Thira, Thirah, Thyrah, Tyra, Tyrah.

TIA. Origen egipcio. Significado: Princesa. Variantes: Tea, Teea, Teia, Teya, Tiana, Tiane, Tianee, Tianna, Tianne, Tya, Tyana, Tyane, Tyann, Tyanna, Tyanne.

TIARA. Origen latino. Significado: Corona de joyas. Variante: Tyara.

TIARE. Origen tahitiano. Significado: Flor.

TIBABRIN. Origen canario (Fuerteventura). Variante: Tibiabin.

TIBERIA. Origen latino. Significado: Del río Tíber. Variantes: Tibbie, Tibby, Tibèria, Tyberia, Tyberya.

TIBURCIA. Origen latino. Significado: La nacida en el barrio romano de Tibur o Tívoli. Variantes: Tibúrcia, Tiburtze.

TICIANA. Origen latino. Significado: La valiente defensora.

TIFANI. Origen griego. Significado: Aparición de Dios. Variante de Teofania. Variantes: Teffan, Teffani, Thefania, Thiphania, Tifainee, Tifane, Tifanie, Tiff, Tiffan, Tiffaneyn, Tiffani, Tiffanie, Tiffany, Tiffiney, Tiffinie, Tiffney, Tiffni, Tiffy, Tiphane, Tiphanee, Tiphaney, Tiphani, Tiphania, Tiphanie, Tiphany, Tyffanee, Tyffaney, Tyffani, Tyffanie, Tyffany.

TIKVAH. Origen hebreo. Significado: Esperanza.

TILDA. Origen germánico. Significado: Guerrera poderosa. Variante: Tylda.

TILELLI. Origen bereber. Significado: La libertad.

TILLY. Origen germánico. Significado: Fuerza en la batalla. Variantes: Tillee, Tilley, Tilleigh, Tilley, Tilli, Tillie, Tily, Tyly.

TIMANFAYA. Origen canario (Lanzarote). Princesa legendaria.

TIMORA. Origen hebreo. Significado: Alta como los árboles.

TIMOTEA. Origen griego. Significado: La que honra a Dios. Variantes: Timathea, Timaula, Timea, Timee, Timey, Timi, Timie, Timithea, Timmea, Timmee, Timmey, Timmi, Timmie, Timmy, Timote, Timothéa, Timy, Timythea, Tymathea, Tymea, Tymee, Tymey, Tymi, Tymie, Tymithea, Tymythea.

TINA. Diminutivo de Agustina, Albertina, Celestina, Cristina y Martina, entre otros nombres. Variantes: Tyna, Tyne.

TINABUNA. Origen canario (La Palma).

TÍNDARA. Origen griego. Significado: Voluntad de amar.

TINDAYA. Origen canario (Fuerteventura). Significado: La que sobrecoge, la que impone. Derivado del topónimo del mismo nombre. Montaña sagrada.

TINKA. Nombre aborigen. Significado: Día. Variante: Tynka.

TIRION. Origen galés. Significado: Gentil.

TIRNIT. Origen bereber. Significado: La victoria.

TIRRANNA. Nombre aborigen. Significado: Corriente de agua. Variantes: Tirran, Tirrann, Tirranne, Tyran, Tyrana, Tyrane, Tyrann, Tyranna, Tyranne, Tyrran, Tyrrana, Tyrrane, Tyrrann, Tyrranna, Tyrranne.

TIRSA. Origen hebreo. Significado: Agradable, simpática. Variantes: Tirza, Thirza, Thyrza, Tirzah.

TITANIA. Origen griego. Significado: Giganta. Variantes: Tita, Titanya, Titia, Tytanya, Tytanya.

TITIA. Origen griego. Significado: De gran tamaño y poder. Variantes: Titya, Tytia, Tytya.

TIZIRI. Origen bereber. Significado: Claro de luna.

TIZIZWIT. Origen bereber. Significado: La abeja.

TOBI. Origen hebreo. Significado: Dios es bueno. Forma femenina de Tobías. Variantes: Toba, Tobe, Tobea, Tobee, Tobelle, Tobey, Tobia, Tobias, Tobie, Toby, Tobya, Tobyas, Tobye, Tov, Tova, Tove, Tybi, Tybie, Tyby.

TODA. Origen vasco. Nombre de una reina de Navarra. Variante: Dota.

TOLA. Origen polaco. Significado: Inestimable. Variantes: Tolla, Tolsia, Tolsya.

TOLOÑO. Origen vasco. Advocación de la Virgen en Labastida/Bastida (Álava).

TOMASA. Origen hebreo. Significado: La hermana gemela. Variantes: Tamas, Tamasin, Tamasina, Tamasine, Tamass, Tamassa, Tameca, Tamecka, Tameeca, Tameeka, Tameka, Tamica, Tamicka, Tamika, Tammi, Tammie, Tamsin, Tamsine, Tamsyn, Tamsyna, Tamsyne, Tamyca, Tamycka, Tamyka, Tamzin, Tamzina, Tamzina, Tamzine, Tamzyn, Tamzyna, Tamzyne, Tasi, Tasia, Tasie, Tasma, Tasmar, Tasmara, Tasmaria, Tasmarya, Tasmin, Tasmyn, Tasmyna, Tasmyne, Tasmynn, Tasmynna, Tasmynne, Tassi, Tassia, Tassie, Tassy, Tasy, Tazee, Tazey, Tazi, Tazia, Tazmin, Tazmina, Tazmine, Tazmyn, Tazy, Tazzi, Tazzia, Tazzie, Thomasa, Thomasin, Thomasina, Thomasine, Thomasyn, Thomasyna, Thomasyne, Tomasin, Tomasina, Tomasine, Tomasy, Tomasyna, Tomasyne, Tomazja, Tome.

TONI. Origen griego. Diminutivo de Antonia. Variantes: Tona, Tonea, Tonee, Tonia, Tònia, Tonie, Tonneli, Tonnia, Tonnya, Tony, Tonya, Toña.

TOORA. Nombre aborigen. Significado: Pájaro.

TOPACIA. Origen latino. Significado: Topacio, piedra preciosa. Variantes: Topacio, Topaz, Topaza, Topaze, Topàzia, Topazz, Topazza, Topazzia.

TORA. Origen japonés. Significado: Tigre. Variantes: Torah, Torra, Torrah.

TORAHI. Origen canario (Tenerife).

TORCUATA. Origen latino. Significado: Adornada con collares. Variantes: Torkore, Torquata.

TORI. Origen japonés. Significado: Pájaro de la victoria. También diminutivo de Victoria. Variantes: Torea, Toree, Torey, Toria, Torie, Torree, Torrey, Torri, Torrie, Torry, Tory, Torya.

TORIBIA. Origen griego. Significado: Turbulenta, estrepitosa. Variantes: Toribe, Toríbia.

TOSCANA. Origen latino. Significado: Nacida en la Toscana (Italia).

TOSEA. Origen vasco.

TOSHI. Origen japonés. Significado: La que se parece a su madre. Variantes: Toshee, Toshey, Toshie, Toshy.

TOSTA, TOSTAKO, TOTAKO. Origen vasco.

TOVA. Origen hebreo. Significado: Bondadosa. Variantes: Tovah, Tovat, Tovéla, Tovit.

TRACY. Origen irlandés (nombre gaélico). Significado: Guerrera. Variantes: Trace, Tracea, Tracee, Tracey, Traci, Tracia, Tracie, Tracinda, Tracinta, Tracy, Traicee, Traicey, Traici, Traicia, Traicie, Traicy, Traisea, Traisee, Traisi, Traisia, Traisie, Traisy, Trasea, Trasee, Trasey, Trasi, Trasia, Trasie, Trasy, Trasya, Traycea, Traycee, Traycey, Traycia, Traycya, Traysea, Traysee, Traysey.

TRANQUILINA. Origen latino. Significado: Mujer serena, sosegada. Variantes: Tangilliñe, Tranquil·lina.

TRÁNSITO. Origen latino. Significado: La que pasa a otra vida. Alude al tránsito o subida al cielo de la Virgen María. Variantes: Igarotze, Trànsit. Nombre femenino y masculino.

TRAVIATA. Origen italiano. Significado: La que se pierde. Variante: Travyata.

TREVA. Origen inglés. Significado: Hacienda al borde del mar. Forma femenina de Trevor. Variante: Trevina.

TRICIA. Origen inglés. Significado: Noble. Diminutivo de Patricia. Variantes: Treasha, Trichia, Trish, Trisha.

TRIFENA. Origen griego. Significado: Deliciosa. Variantes: Thryphene, Thryphenia, Thryphina, Trifena, Trifene, Trifenna, Triphena, Tryfena, Tryfenna, Tryphana, Tryphena.

TRIFONIA. Origen griego. Significado: Mujer que tiene tres voces.

TRINA. Origen escandinavo. Significado: Pureza. Variantes: Treana, Treanee, Treaney, Treani, Treanie, Treany, Treena,

Treenee, Treeney, Treeni, Treenia, Treenie, Trinah, Trini, Trinia, Trinie, Triny, Tryna, Tryne, Trynia, Trynya.

TRINIDAD. Origen latino. Significado: Las tres Personas en un solo Dios, en honor a la Santísima Trinidad. Variantes: Trindade, Trini, Trinita, Trinitat, Trinitate, Trinitee, Trinitey, Triniti, Trinitie, Trinity, Trynitee, Tryniti, Trynitie, Trynity. Nombre femenino y masculino.

TRISH, TRISHA. Variantes de Patricia.

TRISTANA. Origen latino. Significado: Que lleva consigo la tristeza. Variante: Tristanya.

TRIXI. Origen latino. Diminutivo de Beatriz. Variantes: Trixe, Trixee, Trixey, Trixie, Trixy, Tryxee, Tryxey, Tryxi, Tryxie, Tryxy.

TROYA. Origen irlandés. Significado: Guerrera. Variantes: Troi, Troia, Troiana, Troiane, Troiann, Troianna, Troianne, Troyan, Troyana, Troyane, Troyann, Troyanna, Troyanne.

TRUDIE. Origen germánico. Significado: Fiel. Variantes: Truda, Trudee, Trudey, Trudi, Trudia, Trudy, Trudya.

TUDA. Origen bereber.

TUESDAY. Origen inglés. Significado: Nacida un martes. Variante: Tiwesdaeg.

TULA. Origen germánico. Diminutivo de Gertrudis.

TULA. Origen hindi. Significado: Paz. Variantes: Tulah, Tulla, Tullah.

TULIP. Origen inglés. Significado: Flor del tulipán. Variantes: Tullip, Tullyp, Tulyp.

TULIA. Origen irlandés. Significado: Pacífica. Variantes: Tulla, Tullia, Tullya, Tulya.

TULLY. Origen celta (nombre gaélico). Significado: Poderosa. Variantes: Tulea, Tulee, Tulei, Tuleigh, Tuley, Tuli, Tulie, Tullea, Tullee, Tullei, Tuleigh, Tulley, Tulli, Tullie, Tuly.

TURAWET. Origen bereber. Significado: La miel.

TURISU. Origen vasco.

TURMALINA. Origen cingalés. Significado: Piedra preciosa del mismo nombre. Variantes: Tourmalina, Tourmaline, Tourmalyn, Tourmalyna, Tourmalyne.

TURQUESA. Origen francés. Significado: Piedra preciosa del mismo nombre. Variantes: Turquois, Turquoise.

TUSNELDA. Origen germánico. Significado: La que combate a los gigantes.

TXANDRA. Origen vasco.

TXARIN. Origen vasco (Bergara).

TXARO. Forma vasca de Rosario.

TXARTINA. Origen vasco.

TXIPIRI. Origen vasco.

TXOPEIZA. Origen vasco.

TXORI. Origen vasco. Significado: Pájaro. Advocación de la Virgen en Puente la Reina/Gares (Navarra).

TYRA. Origen escandinavo. Significado: Guerrera. Variante: Tira.

TZAFRA. Origen hebreo. Significado: Mañana. Variantes: Tzefira, Zafra, Zefira.

TZAFRIRAH. Origen hebreo. Significado: Tarde.

TZURIYA. Origen hebreo. Significado: Dios es poderoso. Variantes: Tzuria, Zuria.

U. Origen coreano. Significado: Apacible.

UALANI. Origen hawaiano. Significado: Lluvia divina. Variantes: Ualana, Ualanea, Ualanee, Ualaney, Ualania,Ualany, Ualanya.

UBA. Origen vasco. Advocación de la Virgen en el antiguo municipio de Altza/Alza (act. barrio de Donostia/ San Sebastián, Guipúzcoa).

UBAGA. Origen vasco. Advocación de la Virgen en Ezcaray (La Rioja).

UBALDA. Origen latino. Significado: Audaz, inteligente. Variante: Ubaldina.

UBARRIARAN. Origen vasco. Advocación de la Virgen en Hueto Abajo/Oto Barren (Vitoria-Gasteiz, Álava).

UDA. Origen germánico. Significado: Rica, próspera. Variantes: Udah, Udel, Udele, Udella, Udelle.

UDABERRI. Origen vasco. Significado: Primavera.

UDANE. Origen vasco. Significado: Verano. Variante: Udana. Nombre de un puerto de Guipúzcoa.

UDARA. Origen vasco. Significado: Verano.

UDAZKEN. Origen vasco. Significado: Otoño.

UDIARRAGA. Origen vasco. Advocación de la Virgen en Ugao-Miraballes (Vizcaya).

UDIYA. Origen hebreo. Significado: Fuego de Dios. Rescoldos. Variante: Udia.

UDOZ. Origen vasco. Advocación de la Virgen en Lizaso (Ultzama, Navarra).

UGA. Origen vasco. Advocación de la Virgen en Arteta (Ollo, Navarra).

UGARTE. Origen vasco. Advocación de la Virgen en Amezketa (Guipúzcoa).

UGOLINA. Origen germánico. Significado: Inteligente. Otra forma de Hugolina, femenino de Hugo. Variantes: Ugolin, Ugoline, Ugolyna, Ugolyne.

UGUZNE. Origen vasco. Significado: Bautismo. Forma vasca de Bautista.

UKARA. Origen japonés. Significado: Rocío de la mañana.

ULA. Origen celta. Significado: Joya del mar.

ULA. Origen vasco. Advocación de la Virgen en Salvatierra/Agurain (Álava).

ULA. Origen germánico. Significado: Heredera. Variantes: Eula, Oola, Uli, Ulah, Ulia, Ulla, Ullah.

ULANI. Origen polinesio. Significado: Alegre. Variantes: Ulana, Ulane, Ulanee, Ulaney, Ulania, Ulanie, Ulany, Ulanya.

ULEMA. Origen árabe. Significado: Sabiduría. Variantes: Uleama, Uleema, Ulima, Ullima, Ulyma.

ULIMA. Origen árabe. Significado: Sabio, juicioso. Astuto.

ULLA. Nombre aborigen. Significado: Un pozo.

ULLA. Diminutivo de Ulrica y de Úrsula.

ULRICA. Origen germánico. Significado: Que tiene el poder del lobo. Variantes: Udalrica, Uldarica, Ulderica, Ulka, Ulricka, Ulrika, Ulrike, Ulriqua, Ulrique, Ulriques, Ulryca, Ulryka, Ulva.

ÚLTIMA. Origen latino. Significado: La última. Variantes: Ultimah, Ultyma, Ultymah.

ULULANI. Origen hawaiano. Significado: Inspiración del cielo. Variantes: Ululanee, Ululaney, Ululania, Ululanie, Ululany, Ululanya.

ULVA. Origen germánico. Significado: Loba. Variante: Ulvah.

UMA. Origen hebreo. Significado: Nación. Variante: Umah.

UMA. Origen hindi. Significado: Madre. Otro nombre de la diosa hindú Devi.

UMA. Origen sánscrito. Significado: Paz. Variante: Umah.

UMAYMA. Origen árabe. Significado: Pequeña madre. Variante: Umaymah.

UMBELINA. Origen latino. Significado: La que da sombra protectora.

UMBERTA. Origen germánico. Otra forma de Humberta.

UME. Origen japonés. Significado: Flor del ciruelo.

UMEKO. Origen japonés. Significado: La niña de la flor de ciruelo. Variante: Umeyo.

UMIKO. Origen japonés. Significado: Niña del mar.

UMINA. Nombre aborigen. Significado: Niña que duerme. Variante: Umyna.

UNA. Origen irlandés. Significado: Cordero. Variantes: Juno, Ona, Oona, Oonagh, Unagh.

UNA. Origen latino. Significado: Una. Variantes: Unah, Unitee, Unitey, Unity, Wony.

UNAISA. Origen vasco. Significado: Pastora.

ÚNICA. Origen americano. Significado: Sola, singular. Variantes: Uniqua, Unique.

UNNA. Origen germánico. Significado: Mujer. Variantes: Una, Unah, Unnah.

UNNI. Origen noruego. Significado: Modesta.

UNNUR. Origen islandés. Significado: Ola.

UNTZA. Origen vasco. Advocación de la Virgen en Okondo (Álava).

UNTZIZU. Origen vasco. Advocación de la Virgen en Arellano (Navarra).

UPALA. Origen hindi. Significado: Playa. Variante: Upalah.

URABURU. Origen vasco. Advocación de la Virgen en Mendieta (Artziniega, Álava).

URALDE. Origen vasco. Advocación de la Virgen en San Vicente de Arana/ Done Bikendi Harana (Harana/Valle de Arana, Álava).

URANIA. Origen griega. Significado: Divina. Musa de la astronomía. Variantes: Uraina, Urainia, Uranai, Uranie, Uraniya, Uranya.

URBANA. Origen latino. Significado: La que vive en la ciudad. Variantes: Urbane, Urbanna, Urbica.

URBE. Origen vasco. Advocación de la Virgen en Cirauqui (Navarra).

URBI. Origen nigeriano. Significado: Princesa. Variantes: Urbia, Urby, Urbya.

URBIA. Origen vasco. Lugar de la sierra de Aizkorri donde se encontró una piedra que los pastores de la zona consideraron sagrada.

URDAIAGA. Origen vasco. Advocación de la Virgen en Usurbil (Guipúzcoa).

URDINA. Origen vasco. Significado: De color azul o blanco. Variante: Urdine.

URI. Origen hebreo. Significado: Luz de Dios. Variantes: Uree, Urie, Ury.

URIANA. Origen griego. Significado: Cielo. Variantes: Riana, Rianna, Riann, Rianne, Urianna, Urianne, Uryan, Uryana, Uryane, Uryann, Uryanna, Uryanne.

URIARTE. Origen vasco. Advocación de la Virgen en Elgeta (Guipúzcoa).

URIBARRI. Origen vasco. Advocación de la Virgen en Durango (Vizcaya) y en Oñati (Guipúzcoa).

URICA. Origen germánico. Significado: Gobernante.

URIELL. Origen celta. Significado: Ángel.

URIT. Origen hebreo. Significado: Fuego, luz. Brillante. Variantes: Urice, Urita, Uritah, Uryth.

URIZ. Origen vasco. Advocación de la Virgen en el valle de Artzi (Navarra).

URIZAHARRA. Origen vasco. Advocación de la Virgen en Peñacerrada-Urizaharra (Álava).

URKIA. Origen vasco. Ermita en Itsasondo (Guipúzcoa).

URONEA. Origen vasco. Advocación de la Virgen en Bidart (Labourd, País Vasco francés).

URRACA. Origen germánico. Significado: Ave del mismo nombre. Variante: Urraka.

URRATEGI. Origen vasco. Advocación de la Virgen en Azkoitia (Guipúzcoa).

URREA. Origen vasco. Significado: Oro.

URRETURRE. Origen vasco. Advocación de la Virgen en Valpierre (La Rioja).

URRETXA. Origen vasco. Advocación de la Virgen en Zuia (Álava).

URREXOLA. Origen vasco. Advocación de la Virgen en Oñati (Guipúzcoa).

URRIALDO. Origen vasco. Advocación de la Virgen en Martioda (Vitoria-Gasteiz, Álava).

URRIKA. Origen vasco. Variante: Mariurrika.

URROTZ. Origen vasco. Advocación de la Virgen en Urrotz (Navarra). Variante: Urroz.

URRUÑE. Origen vasco. Alude al municipio de Urruña o Urrugne (Labourd, País Vasco francés).

ÚRSULA. Origen latino. Significado: Pequeña osa. Variantes: Orsa, Orscha, Orsche, Orselina, Orseline, Orsola, Orsolija, Sula, Urola, Ursa, Ursala,

Ursea, Ursel, Ursella, Ursey, Ursi, Ursícia, Ursicina, Ursie, Ursina, Ursine, Ursola, Ursule, Ursulina, Ursuline, Ursulyna, Ursulyne, Ursy, Ursylyn, Urszula, Urtsiñe, Urtsola, Urtsula, Urtsule, Urtxola, Urzsula, Urzula, Worsola.

URTUNE. Origen vasco.

URTZA. Origen vasco. Advocación de la Virgen en Amorebieta-Etxano (Vizcaya).

URTZUMU. Origen vasco. Advocación de la Virgen en Itxaso.

USAGI. Origen japonés. Significado: Luna.

USEBI. Origen vasco.

USHA. Origen sánscrito. Significado: Amanecer. Variantes: Ushah, Ushas.

USMENE. Origen vasco.

USOA. Origen vasco. Significado: Paloma.

USUA. Origen vasco. Variante de Uxue.

USUNE. Origen vasco.

UTA. Origen germánico. Significado: Rica heroína.

UTAKO. Origen japonés. Significado: Poema, canción. Variante: Uta.

UTE. Origen germánico. Significado: Niña. Forma femenina de Udo.

UTINA. Origen nativo americano. Significado: Una mujer de mi país. Variantes: Uteana, Uteena, Utina, Utyna.

UTSUNE. Origen vasco.

UXÍA. Origen griego. Significado: Bien nacida, noble. Forma gallega de Eugenia.

UXUE. Origen vasco. Advocación de la Virgen en Ujué (Navarra). Variantes: Usua, Usue.

UXUNE. Origen vasco.

UZURI. Origen vasco.

UZZA. Origen árabe. Significado: Fuerte.

UZZIA. Origen hebreo. Significado: Dios es mi fuerza. Variantes: Uzia, Uziah, Uzya, Uzziah, Uzzya.

VACH. Origen sánscrito. Significado: Discurso. Variantes: Vac, Vachia, Vachya.

VACLAVA. Origen checo. Significado: La más gloriosa. Forma femenina de Václav.

VAHA. Origen tongano. Significado: Mar abierto. Variante: Vah.

VAIL. Origen inglés. Significado: Valle. Variantes: Vailee, Vailey, Vaili, Vailie, Vaily, Vale, Valea, Valee, Valei, Valeigh, Valey, Vali, Valia, Valie, Vallea, Vallee, Vallei, Valleigh, Valley, Valli, Vallia, Vallie, Vally, Valy, Valya, Vayl, Vayle.

VAINA. Origen latino. Significado: Vanidosa. Variantes: Vaine, Vaino, Vanitee, Vanitey, Vaniti, Vanitie, Vanity.

VAITIARE. Origen tahitiano. Significado: Flores para la eternidad.

VAL. Diminutivo de Valentina y Valeria.

VALA. Origen germánico. Significado: Elegida. Variantes: Valah, Valla, Vallah.

VALASQUITA. Origen germánico. Significado: Protectora poderosa. Variante: Valasquitta.

VALBORGA. Origen germánico. Significado: Guardiana. Variantes: Valborg, Valborgah, Valburga.

VALDA. Origen escandinavo. Significado: Guerrera enérgica, poderosa. Variantes: Valdah, Valma, Valmah.

VALDRADA. Origen germánico. Significado: La que da consejos.

VALENCIA. Origen latino. Significado: Fuerte, valiente. Variantes: Valença, Valencya.

VALENE. Origen latino. Significado: Fuerza. Otra forma de Valentina. Variantes: Valaina, Valaine, Valean, Valeana, Valeane, Valeda, Valeen, Valeena, Valeene, Valena, Valeney, Valien, Valina, Valine, Vallan, Vallana, Vallane, Vallen, Vallena, Vallene, Vallina, Valline, Vallyna, Vallyne.

VALENTINA. Origen latino. Significado: Sana. Fuerte. Valiente. Poderosa. Variantes: Balendiñe, Valeda, Valence, Valencia, Valene, Valenteana, Valenteane, Valenteen, Valenteena, Valenteene, Valentia, Valentin, Valentine, Valentiniana, Valentyn, Valentyna, Valentyne, Valenzia, Valeria, Valida, Valyda, Vialaka.

VALERIA. Origen latino. Significado: Fuerte. Valiente. Sana. Variantes: Balere, Balerene, Val, Valaree, Valaria, Valarie, Valary, Vale, Valee, Valei, Valeigh, Valera, Valère, Valèria, Valeriah, Valeriana, Valériane, Valerie, Valerija, Valeriya, Valerre, Valery, Valeska, Valey, Vali, Valia, Vallarie, Vallea, Vallee, Vallei, Valleree, Vallerie, Valley, Valli, Vallia, Vallie, Vally, Valori, Valorie, Valory, Valorya, Valrie, Valry, Valy, Valya.

VALESKA. Origen polaco. Significado: Princesa poderosa.

VALIMAI. Origen galés. Significado: Anémona.

VALKIRIA. Origen germánico. Significado: La que escoge a los héroes en el campo de batalla. Variantes: Valkyria, Valkyrie.

VALLE. Advocación de la Virgen, Nuestra Señora del Valle.

VALLI. Origen hindi. Significado: Enredadera.

VALVANERA. Origen latino. Significado: Valle de las venas de agua. Advocación de la Virgen, Nuestra Señora de Valvanera, patrona de La Rioja. Variante: Vallvanera.

VANDA. Origen germánico. Significado: Viajera. Otra forma de Wanda. Variante: Vandah.

VANDANI. Origen hindi. Significado: Honorable. Variantes: Vandanee, Vandaney, Vandanie, Vandany.

VANESA. Origen griego. Significado: Mariposa. Variantes: Vanassa, Vane, Vaneice, Vanesha, Vanesia, Vanessa, Vanesse, Vanessia, Vanessica, Vanetta, Vaneza, Vania, Vaniessa, Vanija, Vanika, Vanisa, Vaniss, Vanissa, Vanisse, Vanissee, Vanita, Vanna, Vannessa, Vannesse, Vannessee, Vannia, Vannysa, Vannyssa, Vanysa, Vanyssa, Venesa, Venessa.

VANI. Origen hindi. Significado: Voz. Variantes: Vanee, Vaney, Vanie, Vany.

VANIA. Origen hebreo. Significado: Poseedora de la gracia de Dios. Agraciada. Forma femenina de Iván. Variantes: Vancan, Vancka, Vanea, Vanja, Vanka, Vankia, Vankya, Vannea, Vannha, Vannia, Vannie, Vannya, Vanya.

VANIA. Origen ruso. Forma familiar de Ana. Variantes: Vanina, Vanja, Vannia, Vannya.

VANINA. Origen italiano. Diminutivo de Giovanna.

VANNA. Origen camboyano. Significado: Dorada.

VANORA. Origen celta. Significado: Ola blanca. Otra forma de Genoveva. Variantes: Vanorea, Vanoree, Vanorey, Vanori, Vanoria, Vanorie, Vanory, Vanorya, Vevay.

VANYA. Variante de Vania.

VARDA. Origen hebreo. Significado: Rosa. Variantes: Vardia, Vardice, Vardina, Vardis, Vardit.

VARSHA. Origen hindi. Significado: Lluvia.

VARVARA. Origen griego. Significado: La extranjera. Otra forma de Bárbara. Variantes: Vara, Vardice, Vardina, Vardine, Vardis, Vardissa, Vardisse, Vardit, Vardita, Vardyta, Varinka, Varneka, Varushka, Varya.

VASANTA. Origen sánscrito. Significado: Nacida en primavera. Variante: Vasante.

VASHTI. Origen persa. Significado: Muy bella. Variantes: Vashtee, Vashtie, Vashty, Vasi, Vasie, Vassee, Vassey, Vassi, Vassie, Vassy, Vasy.

VASILISA. Origen griego. Significado: Reina. Otra forma de Basilia. Variantes: Vaselisa, Vasiliki, Vasilissa, Vasilka, Vassillissa, Vasya, Vasylna.

VEDA. Origen sánscrito. Significado: Sabiduría y conocimiento. Variante: Vedah.

VEDETTE. Origen francés. Significado: Centinela. Variantes: Vedet, Vedeta, Vedete, Vedett, Vedetta.

VEGA. Origen árabe. Significado: Constelación.

VEGENA. Origen hawaiano. Significado: Femenina. Variantes: Vegeen, Vegeena, Vegeene, Vegin, Vegina, Vegine, Vegyn, Vegyna, Vegyne.

VELESLAVA. Origen checo. Significado: Gran gloria. Variantes: Vela, Velina, Velika, Vekla, Veluska.

VELIKA. Origen eslavo. Significado: Gran sabiduría. Variantes: Velia, Velyka.

VELMA. Origen germánico. Significado: Protectora decidida. Diminutivo de Guillerma. Variantes: Valma, Valmara, Vellma, Vellmara, Vilma, Vilmara, Vylma, Vylmara.

VELVET. Origen inglés. Significado: Aterciopelada, suave. Variantes: Velouette, Velveta, Velvete, Velvett,

Velvetta, Velvette, Velvina, Velvit, Velvor, Velvyt.

VENANCIA. Origen latino. Significado: La cazadora. Variantes: Benantze, Venància.

VENECIA. Origen italiano. Significado: Veneciana. Variantes: Vanecia, Venetia, Veneise, Venesa, Venesha, Venessa, Venessia, Venetia, Venetta, Venette, Venezia, Venice, Venicia, Veniece, Veniesa, Venisa, Venisha, Venishia, Venita, Venitia, Veniza, Venize, Vennesa, Vennice, Vennisa, Vennise, Vonita, Vonitia, Vonizia, Vonizya, Vonysia, Vonysya.

VENERANDA. Origen latino. Significado: Digna de veneración.

VENUS. Origen latino. Significado: Diosa del amor y de la belleza. Variantes: Venisa, Venita, Vénus, Venusa, Venusina, Venussa, Venys, Vinita, Vynita, Vynys, Vynyta.

VENUSTIANA. Origen latino. Significado: Adornada.

VERA. Origen latino. Significado: Verdadera. Variantes: Breixa, Vereena, Verene, Verena, Verina, Verine, Verísima, Veríssima, Verita, Veritie, Verity, Veruchka, Veruschka, Verushka, Veryna.

VERA. Origen ruso. Significado: Fiel, de confianza. Variantes: Veera, Veira, Veradis, Verah, Verasha, Verena, Verene, Verenia, Verina, Verine, Verla, Verochka, Verra, Verushka, Viera, Viveka, Vjera, Vyra.

VERA. Diminutivo de Verónica.

VERBENA. Origen latino. Significado: Planta sagrada. Variantes: Verbeen, Verbeena, Verbeene, Verben, Verbene, Verbin, Verbina, Verbine, Verbyn, Verbyna, Verbyne.

VEREDIGNA. Origen latino. Significado: La que tiene grandes méritos por su dignidad.

VERENA. Origen suizo. Significado: Que posee la sabiduría sagrada. Variantes: Vera, Verna, Veradis, Verean, Vereana, Vereane, Vereen, Vereena, Vereene.

VERNA. Origen latino. Significado: Primaveral. Variantes: Verasha, Verda, Verka, Verla, Vermona, Vermonia, Verne, Vernese, Vernesha, Vernessa, Verneta, Vernetia, Vernia, Vernice, Vernise, Vernita, Vernitia, Verusya, Viera, Vierna, Viridia, Virna, Virnella, Vyrna, Vyrnela, Vyrnelle, Vyrnessa.

VERÓNICA. Origen griego. Significado: La que conduce a la victoria. Variantes: Berenice, Bérénice, Berónico, Veranique, Vernice, Veron, Verona, Verone, Veronice, Veronicka, Veronika, Veronike, Veroniqua, Véronique.

VERÓNICA. Origen latino. Significado: Imagen de la verdad. Variantes: Ronica, Ronika, Roniqua, Ronique, Ronnica, Ronnika, Varnonica, Varonicca, Vera, Veraniqua, Veranique, Verenice, Verhonica, Verinica, Vero, Verona, Veronic, Veronice, Veronika, Veronike, Veroniky, Veronna, Veronne, Veronnica, Veruszhka, Vironica, Vironicca, Vironika, Vronica, Vronika, Vronique, Vyronica, Vyronicca, Vyronika, Vyroniqua.

VESNA. Origen eslavo. Significado: Primavera.

VESPASIANA. Origen latino. Significado: Avispa. Variante: Vespasienne.

VESPERA. Origen latino. Significado: Estrella vespertina.

VESTA. Origen latino. Diosa del hogar. Variantes: Vessy, Vest.

VEVAY. Origen galés. Significado: Ola blanca. Otra forma de Genoveva. Variantes: Veva, Vevah, Vevae, Vevai, Vevay.

VEVILA. Origen irlandés. Significado: Armoniosa. Variantes: Vevilla, Vevillia, Vevyla, Vevyle, Vevyll, Vevylla, Vevylle.

VIANCA. Origen italiano. Otra forma de Bianca. Variantes: Vianeca, Vianica, Vianka, Vyaneca, Vyanica, Vyanka.

VICA. Origen hebreo. Significado: Vida. Forma húngara de Eva. Variantes: Vicka, Vika, Vyca, Vycka, Vyka.

VICENTA. Origen latino. Significado: Vencedora. Variante: Bixenta.

VICTORIA. Origen latino. Significado: Victoriosa. Variantes: Bitorene, Garaipen, Torey, Tori, Toria, Torie, Torrey, Torri, Torrie, Torrye, Tory, Vicki, Vickie, Vicky, Victoire, Victorean, Victoreana, Victoreane, Victoreen, Victoreena, Victoreene, Victòria, Victoriana, Victorina, Victorine, Victoriya, Victory, Victoryn, Victoryna, Victoryne, Vikki, Vikky, Viktoria, Viktoriya, Viktorya, Viktoryia, Viky, Vitoria, Vitorie, Vittoria, Vittorya, Vyctoria, Vyctorina, Vyctorine, Vyctoryn, Vyctoryna, Vyctoryne, Vyktorin, Vyktorina, Vyktorine, Vyktoryn, Vyktoryna, Vyktoryne.

VIDA. Origen hebreo. Significado: Amada. Forma femenina de David. Variantes: Veda, Veeda, Veida, Vidette, Vieda, Vita, Vitia, Vyda.

VIDA. Origen latino. Significado: Vida. Variantes: Vidal, Vidalina, Vita, Vital, Vitalian, Vitaliana, Vitaliane, Vyda, Vydal, Vyta, Vytal.

VIDONIA. Origen portugués. Significado: Rama de vid. Variantes: Vidonya, Vydonia, Vydonya.

VIDYA. Origen sánscrito. Significado: Conocimiento. Variante: Vydya. Nombre femenino y masculino.

VIGDIS. Origen escandinavo. Diosa de la guerra.

VIGILIA. Origen latino. Significado: Que vigila, atenta. Variantes: Vigília, Vijilis, Vygilia, Vyjilia.

VIKA. Origen polinesio. Significado: Victoria. Variantes: Vikka, Vyka, Vykka.

VILHELMINA. Origen germánico. Significado: Protectora decidida. Variante gráfica de Guillerma. Variantes: Vilhalmine, Vylhelmina, Vylhelmine.

VILMA. Diminutivo de Vilhelmina.

VIMALA. Origen sánscrito. Significado: Limpia, pura.

VIOLA. Origen latino. Significado: Alude a la flor del mismo nombre. Variantes: Eolande, Iolande, Iolanthe, Jolanda, Jolande, Vaiolet, Veigel, Violah, Violain, Violaina, Violaine, Violane, Violanee, Violaney, Violani, Violania, Violanie, Violant, Violanta, Violante, Violany, Violatta, Viole, Violet, Violeta, Violete, Violetta, Violette, Virginia, Virginie, Voletta, Vyoila, Vyola, Vyolani, Vyolania, Vyolanie, Vyolany, Vyolanya, Vyolet, Vyoleta, Vyolete, Vyolett, Vyoletta, Vyolette, Yolanda, Yolande, Yolane, Yolanthe.

VIOLETA. Variante de Viola.

VIRGILIA. Origen latino. Significado: La que lleva la vara. Variantes: Virgilea, Virgilee, Virgili, Virgília, Virgilie, Virgily, Virgilya, Virjil, Virjilea, Virjilee, Virjiley, Virjili, Virjilie, Virjily, Virxilia, Vyrgilia, Vyrgylya.

VIRGINIA. Origen latino. Significado: Virginal. Variantes: Vegenia, Vergie, Virgeen, Virgeena, Virgeenee, Virgeenia, Virgena, Virgene, Virginai, Virgínia, Virginie, Virgy, Virjinea, Virjinee, Virjinia, Virxinia, Vyrginia, Vyrgynya.

VIRIDIANA. Origen latino. Significado: Verde. Variantes: Virdis, Virida, Viridia, Viridis, Viridiss, Viridissa, Viridys, Viridyssa, Vyridis, Vyridissa, Vyridys, Vyridyssa.

VIRTUDES. Origen latino. Significado: Valor, mérito, perfección. Variantes: Kemen, Vertue, Virtu, Virtue, Virtuts, Vyrtu, Vyrtue.

VISITACIÓN. Origen latino. Evoca la visita de la Virgen María a su prima Isabel. Variantes: Ikerne, Visitació.

VISOLELA. Origen africano. Significado: Imaginación. Variante: Vysolela.

VIVIANA. Origen latino. Significado: Llena de vida, animada. Variantes: Vevay, Viana, Viann, Vianna, Vianne, Viv, Viva, Vivah, Vive, Viveca, Vivecka, Viveka, Vivia, Vivian, Viviane, Viviann, Vivianna, Vivianne, Vivie, Viviem, Vivien, Vivienne, Vivyan, Vivyanne, Vyan, Vyana, Vyane, Vyanna, Vyanne, Vyv, Vyva, Vyvyann, Vyvyanna, Vyvyanne.

VLADIMIRA. Origen eslavo. Significado: Soberana célebre. Variante: Vladmira.

VLADISLAVA. Origen eslavo. Significado: Soberana gloriosa. Variantes: Ladislava, Valeska.

VOLUPIA. Origen griego. Significado: La voluptuosa.

VONDA. Origen irlandés. Significado: Que es admirada. Forma irlandesa de Juana. Variante: Vondah.

VORSILA. Origen griego. Significado: Pequeño oso. Otra forma de Úrsula. Variantes: Vorsilla, Vorsula, Vorsulla, Vorsyla.

VREAD. Origen irlandés. Significado: Perla. Variante: Vreada.

VULPIANA. Origen latino. Significado: Astuta como un zorro. Variantes: Bulbene, Vulpina, Vulpyna, Vulpyne.

VYOMA. Origen hindi. Significado: Cielo. Variantes: Vioma, Viomah, Vyomah.

WADD. Origen árabe. Significado: Amada. Variante: Wad.

WAFA. Origen árabe. Significado: Fiel. Variantes: Wafiya, Wafiyya.

WAHEEDA. Origen árabe. Significado: Única.

WAIDA. Origen germánico. Significado: Guerrera. Variante: Wayda.

WAKANA. Origen japonés. Significado: Planta.

WALDA. Origen germánico. Significado: Soberana. Variantes: Valda, Wallda, Welda, Wellda.

WALERIA. Otra forma de Valeria. Variantes: Walerya, Walleria, Wallerya.

WALKIRIA. Otra forma de Valkiria. Variante: Walkyria.

WALLIS. Origen inglés. Significado: La que viene del País de Gales, galesa, Forma femenina de Wallace. Variantes: Wallie, Walliss, Wally, Wallys.

WALTRAUD. Origen germánico. Significado: Fuerza extranjera.

WANDA. Origen germánico. Significado: Mujer errante, caminante. Otra forma de Vanda. Variantes: Wandi, Wandie, Wandis, Wonda, Wonnda.

WANETA. Origen nativo americano. Significado: Corcel, caballo de guerra. Variantes: Waneata, Waneeta, Waneita, Wanete, Wanita, Wanite, Wanneata, Wanneeta, Wanneita, Wannetta, Waunita, Wonnita, Wonnitta, Wonnytta, Wonyta, Wonyte.

WANIKA. Origen hawaiano. Significado: Dios es bondadoso. Variante de Juana. Variantes: Waneeka, Wanyka.

WANNETTA. Origen inglés. Significado: Pálida. Variante: Wann.

WAPEKA. Origen escandinavo. Significado: Arma protectora.

WARATAH. Nombre aborigen. Significado: Flor roja. Variantes: Warrata, Warratah.

WARDA. Origen germánico. Significado: Guardiana. Variantes: Wardia, Wardine.

WARRAH. Nombre aborigen. Significado: Madreselva.

WARRINA. Nombre aborigen. Significado: Que da.

WASSILA. Origen inglés. Significado: Buena. Saludable. Variantes: Wasila, Wasyla, Wasylla.

WATTAN. Origen japonés. Significado: Patria. Variante: Watan.

WAVA. Origen griego. Significado: La extranjera. Variante eslava de Bárbara. Variantes: Wavia, Wavya.

WEEMA. Nombre aborigen. Significado: Pequeña.

WELCOME. Origen inglés. Significado: Bienvenida.

WELSA. Origen inglés. Significado: Que viene del oeste. Variante: Welsie.

WENDELLE. Origen inglés. Significado: Viajera. Variantes: Wendalina, Wendaline, Wendall, Wendalla,

Wendalle, Wendalyn, Wendalyna, Wendalyne, Wendelin, Wendelina, Wendeline, Wendelyn, Wendelyna, Wendelyne.

WENDY. Origen inglés. Significado: Amiga. Variantes: Wenda, Wendaina, Wendaine, Wendalin, Wendalina, Wendaline, Wendayn, Wendayna, Wendayne, Wendea, Wendee, Wendey, Wendi, Wendia, Wendie, Wendya, Wendye, Windy.

WEREBURGA. Origen germánico. Significado: Protectora de la guardia.

WHITNEY. Origen inglés. Significado: Agua clara. Variantes: Whitnee, Whitnie, Whitny, Whittney.

WHOOPI. Origen inglés. Significado: Feliz. Variantes: Whoopee, Whoopey, Whoopie, Whoopy.

WIDAD. Origen árabe. Significado: Amante. Amistad.

WILA. Origen hawaiano. Significado: Fiel. Variantes: Willa, Wyla, Wylla.

WILEEN. Origen inglés. Significado: Guarda resuelta. Variantes: Wilean, Wileana, Wileane, Wileena, Wileene, Wilin, Wilina, Wiline, Wilyn, Wilyna, Wilyne, Wylean, Wyleana, Wyleane, Wyleen, Wyleena, Wyleene, Wylin, Wylina, Wyline, Wylyn, Wylyna, Wylyne.

WILGA. Nombre aborigen. Significado: Árbol pequeño.

WILHELMINA. Origen germánico. Significado: Protectora decidida. Otra forma de Guillermina. Variantes: Vilma, Wilma.

WINDA. Origen swahili. Significado: Cazadora. Variante: Wynda.

WINEMA. Origen nativo americano. Significado: Jefa. Variante: Wynema.

WINIFRED. Origen galés. Significado: Paz sagrada. Variantes: Gwenfrewi, Win, Winafred, Winefred, Winefrid, Winefrida, Winefride, Winfreda, Winfrieda, Winfryde, Winiefrida, Winifre, Winifrid, Winifrida, Winifride, Winifryd, Winifryda, Winnafred, Winnafreda, Winne, Winni, Winnie, Winnifred, Winnifrid, Winnifrida, Winny, Wyn, Wynafred, Wynafreda, Wynafrid, Wynafrida, Wynefred, Wynefreda, Wynefryd, Wynn, Wynne, Wynnifred.

WINNIPEG. Origen nativo canadiense. Significado: Agua pantanosa. Variantes: Winipeg, Wynipeg, Wynnipeg.

WINOLA. Origen germánico. Significado: Amiga encantadora. Variante: Wynola.

WINONA. Origen nativo americano. Significado: Primogénita. Variantes: Wanona, Wenona, Wenonah, Wynona.

WISIA. Forma polaca de Victoria. Variantes: Wicia, Wikta, Wysia, Wysya.

WYANET. Origen nativo americano. Significado: Su belleza es legendaria. Variantes: Waianita, Waianitta, Wianet, Wianeta, Wianete, Wianett, Wianetta, Wianette, Wyaneta, Wyanete, Wyanett, Wyanetta, Wyanette, Wyanita.

WYUNA. Nombre aborigen. Significado: Agua clara.

XABADIN. Forma vasca de Sabina. Variantes: Sabadin, Sabiñe.

XACINTA. Origen griego. Significado: Que es bella como la flor del jacinto. Forma gallega de Jacinta.

XADALEN. Origen vasco. Diminutivo de Magdalena.

XANA. Origen griego. Significado: De cabello dorado, rubia. Variantes: Xanna, Xanne, Xantha, Xanthe, Xanthia, Xanthippe, Xanthis, Xhantius, Xanthos, Xanthyus, Xantipa, Zanna, Zanne, Zantha, Zanthia, Zanthippe.

XANDRA. Origen griego. Significado: Defensora de la humanidad. Diminutivo de Alexandra. Variantes: Sandra, Xandria, Zandrya, Zandra, Zandria, Zandrya.

XANTALEN. Origen vasco. Significado: Contracción de Santa Elena. Ermita Ama Xantalen en Irún (Guipúzcoa). Nombre femenino y masculino.

XANTIANA. Origen vasco.

XAQUELINA. Origen hebreo. Significado: La suplantadora. Forma gallega de Jacoba.

XARA. Origen hebreo. Significado: Princesa. Otra forma de Sara. Variantes: Xarah, Xarra, Zahra, Zarah, Zarra, Zarrah.

XAVIERA. Origen vasco. Otra forma de Javiera. Variantes: Xaviere, Xavyera, Xavyere, Zaviera, Zaviere, Zavyera.

XAXI. Forma vasca de Engracia.

XELINA. Origen vasco. Diminutivo de Zelina.

XEMA. Origen latino. Significado: Piedra preciosa. Forma gallega de Gema.

XEMEIN. Origen vasco. Advocación de la Virgen en Markina (Vizcaya). Nuestra Señora de Xemein es la patrona de Markina.

XEN. Origen japonés. Significado: Religiosa. Variantes: Xena, Xenah, Zen, Zena, Zenah.

XENA. Origen griego. Significado: Bienvenida. Variantes: Xene, Xenia, Ximena, Xina, Xyna, Zena, Zenia, Zina, Zyna.

XENEROSA. Forma gallega de Generosa.

XENIA. Origen griego. Significado: Hospitalaria. Diminutivo de Eugenia. Variantes: Cena, Sena, Xeena, Xeenia, Xena, Xene, Xènia, Xeniah, Xenya, Ximena, Xiomara, Xyna, Zeena, Zeenia, Zena, Zenia, Zenya, Zina, Zyna.

XENOBIA. Origen griego. Significado: Fuerza de Zeus. Otra forma de Cenobia.

XENOVEVA. Forma gallega de Genoveva.

XERACH. Origen canario (Tenerife). Nombre femenino y masculino.

XERENA. Origen latino. Significado: Tranquila. Otra forma de Serena. Variantes: Xeren, Xerene, Zerena, Zirena, Zyrena.

XERMANA. Forma gallega de Germana.

XERTRUDE. Forma gallega de Gertrudis.

XESCA. Diminutivo de Francisca.

XESUSA. Forma gallega de Jesusa.

XEXILI. Origen vasco. Diminutivo de Cecilia.

XIANA. Forma gallega de Juliana. Variante: Xulia.

XIANG. Origen chino. Significado: Fragancia. Variantes: Xeang, Xeeang, Xyang, Zeang, Zeeang, Ziang, Zyang.

XIAOFAN. Origen chino. Significado: Poco corriente.

XIAOHUI. Origen chino. Significado: Poca sabiduría.

XIAOJING. Origen chino. Significado: Lozanía.

XIAOLI. Origen chino. Significado: Jazmín matutino.

XIAOLIAN. Origen chino. Significado: Pequeño loto.

XIAOZHI. Origen chino. Significado: Pequeño lirio.

XILDA. Forma gallega de Gilda.

XIMENA. Otra forma de Jimena. Forma medieval de Simeona. Variantes: Semena, Ximenah, Ximona, Ximone, Xymena, Xymona, Zimena, Zimene, Zimona, Zimone, Zymena, Zymona.

XINA. Origen inglés. Significado: Pequeña. Variantes: Xeena, Xyna, Zeena, Zina, Zyna.

XIOMARA. Origen chibcha. Significado: Liviana. Variante: Guiomar.

XISELA. Forma gallega de Gisela.

XIXILI. Forma vasca de Cecilia.

XOANA. Forma gallega de Juana.

XOCHITL. Origen nahuatl. Significado: Flor. Variantes: Xochiel, Xochtiel, Xuchitl.

XORAMEN. Origen vasco. Significado: Encanto.

XOSEFA. Forma gallega de Josefa. Variante: Xosefina.

XURDANA. Origen vasco. Variante de Jurdana.

XURDINA. Origen vasco.

XUSTA. Forma gallega de Justa.

XUXA. Variante portuguesa de Susana.

XYLIA. Origen griego. Significado: Del bosque. Variantes: Xilean, Xileana, Xileane, Xileen, Xileena, Xileene, Xilia, Xilin, Xilina, Xiline, Xilon, Xilone, Xilonia, Xilyn, Xilyne, Xyla, Xylean, Xyleana, Xyleane, Xyleen, Xyleena, Xyleene, Xylia, Xylin, Xylina, Xyline, Xylon, Xylona, Xylone, Xylonia, Xylya, Xylyn, Xylyna, Xylyne, Zilia, Zilin, Zilina, Zilyna, Zylia, Zylina, Zylyna, Zylyne.

YAARA. Origen hebreo. Significado: Pastel de miel. Variantes: Yaari, Yaarit, Yara.

YACHI. Origen japonés. Significado: Afortunado.

YACU. Origen quechua. Significado: Agua.

YADIRA. Origen hebreo. Significado: Amiga.

YAËL. Origen hebreo. Significado: Antílope. Variantes: Jael, Yaala, Yaalat, Yaela, Yael, Yaele, Yaell, Yaella, Yaelle, Yaëlle, Yaguel.

YAFFA. Origen hebreo. Significado: Bella. Variante: Yaffah.

YAGOONA. Nombre aborigen. Significado: Hoy.

YAIZA. Origen canario (Lanzarote). Significado: La que comparte, la que divide en dos partes iguales. Rayo de luz.

YAJAIRA. Origen venezolano. Significado: La que es clara como el día.

YAKIRA. Origen hebreo. Significado: Querida. Variante: Yakyra.

YALIKA. Origen nativo americano. Significado: Flores de primavera. Variante: Yalyka.

YAMELIA. Otra forma de Amelia. Variantes: Yamila, Yamile, Yamilla, Yamille, Yamelya, Yamilya.

YAMILA. Origen árabe. Significado: Bella y hermosa. Variantes: Yamil, Yamile, Yamilet, Yamileth, Yamily.

YAMINAH. Origen árabe. Significado: Recta, apropiada. Variantes: Yamina, Yamyna, Yamynah.

YAMUNA. Origen hindi. Significado: Río sagrado.

YANA. Origen hebreo. Significado: Dios es bondadoso. Variantes: Ana, Yanae, Yanah, Yanet, Yaneta, Yaneth, Yanik, Yanika, Yanina, Yaninah, Yanis, Yanisha, Yanitza, Yanixia, Yanna, Yannah, Yannica, Yannick, Yannicka, Yannika, Yannina, Yannyca, Yannyck, Yannycka, Yannyka, Yannyna.

YANGCHEN. Origen tibetano/sherpa. Significado: Sagrada.

YANI. Nombre aborigen. Significado: Pacífica. Variantes: Yanee, Yaney, Yania, Yanie, Yannee, Yanney, Yanni, Yannie, Yanny, Yany.

YANIRA. Origen griego. Significado: Destructora de hombres. Otra forma de Dejanira. Variante: Yanire.

YARA. Nombre aborigen. Significado: Gaviota. Variantes: Yarah, Yarna, Yarnah, Yarra, Yarrah.

YARA. Origen tupí. Significado: La señora.

YARALLA. Nombre aborigen. Significado: Campamento. Variantes: Yara, Yarala, Yaralah, Yarallah.

YARDENA. Origen hebreo. Significado: Descender. Variante: Jardena.

YARDENIYA. Origen hebreo. Significado: Jardín de Dios. Variantes: Jardenia, Yardenia.

YARMILLA. Origen eslavo. Significado: Vendedora de mercado. Variantes: Yarmila, Yarmille, Yarmyla, Yarmylla, Yarmylle.

YASHIRA. Origen afgano. Significado: Calmada.

YASMINA. Origen persa. Significado: Flor de jazmín. Variantes: Jasmin, Jasmina, Jasmine, Jazmín, Jazmina, Yaslin, Yaslyn, Yasmeen, Yasmeena, Yasmena, Yasmene, Yasmin, Yasmine, Yasmyn, Yasmyna, Yasmyne, Yazmin, Yazmin, Yazmina, Yazmine, Yazmyn, Yazmyna, Yazmyne.

YASU. Origen japonés. Significado: Tranquila.

YASUKO. Origen japonés. Significado: Niña honesta.

YATVA Origen hebreo. Significado: Buena.

YAYOI. Origen japonés. Significado: Primavera.

YBALLA. Origen canario (La Gomera). Variantes: Iballa, Ibaya.

YEDDA. Origen inglés. Significado: Cantante. Variantes: Yeda, Yedah, Yeddah.

YEGANE. Origen persa. Significado: Incomparablemente bella.

YEHOSHEVA. Origen hebreo. Significado: Promesa de Dios.

YEHUDIT. Origen judío. Significado: Alabada. Variantes: Yudi, Yudit, Yudita, Yudyta, Yuta, Yutke.

YEIRA. Origen hebreo. Significado: Luz, brillo. Variante: Yeyra.

YELENA. Forma rusa de Elena. Variantes: Yalana, Yalane, Yaleana, Yaleane, Yaleena, Yaleene, Yalena, Yalenchka, Yalina, Yaline, Yalyna, Yalyne, Yelana, Yelane, Yeleana, Yeleane, Yeleena, Yeleene, Yelina, Yeline, Yelyna, Yelyne, Yileana, Yileane, Yileena, Yileene, Yilina, Yiline, Yilyna, Yilyne.

YELIZAVETA. Forma rusa de Elisabet. Variante: Yelisaveta.

YEMINA. Origen hebreo. Significado: Pequeña paloma. Variantes: Jemima, Jemina, Jemyna, Yemima, Yemimah, Yeminah, Yemynah.

YEN. Origen chino. Significado: Anhelada, deseada. Variantes: Yeni, Yenie, Yenih, Yenny.

YENIFER. Otra forma de Jennifer. Variantes: Yennifer, Yenny, Yeny.

YESENIA. Origen árabe. Significado: Flor. Otra forma de Jessenia. Variantes: Yecenia, Yesnia, Yessenia.

YESSICA. Origen hebreo. Significado: Rica. Otra forma de Jessica. Variantes: Yesica, Yesicka, Yesika, Yessicka, Yessena, Yessenya.

YETTA. Origen inglés. Significado: Ama de casa. Variantes: Yeta, Yette.

YEVA. Otra forma de Eva. Variante: Yevka.

YEVGENIA. Forma rusa de Eugenia. Variantes: Yevgena, Yevgenya, Yevgina, Yevgyna.

YGUANIRA. Origen canario (Gran Canaria).

YILDIZ. Origen turco. Significado: Estrella.

YIN. Origen chino. Significado: Plata.

YINDI. Nombre aborigen. Significado: El Sol.

YLENIA. Variante de Ilenia.

YMOBAD. Origen canario (Tenerife). Nombre femenino y masculino.

YOANA. Origen hebreo. Significado: Dios es bondadoso. Otra forma de Juana. Variantes: Yuan, Yuana, Yuanna.

YOCASTA. Origen griego. Madre legendaria de Edipo.

YOCONDA. Origen griego. Significado: Simpática. Variante de Gioconda.

YOHIRO. Origen japonés. Significado: Esperanza.

YOKO. Origen japonés. Significado: Positiva.

YOLANDA. Origen latino. Significado: Violeta. Variantes: Eolanda, Eolande, Ioland, Iolanda, Iolande, Iolantha,

Iolanthe, Violante, Yalanda, Yalinda, Yalonda, Ylana, Ylanda, Yola, Yoland, Yolande, Yolando, Yolane, Yolantha, Yolanthe, Yolette, Yoli, Yolonda, Yulanda.

YON. Origen coreano. Significado: Flor de loto. Variantes: Yona, Yonah, Yonna, Yonnah.

YONA. Origen hebreo. Significado: Paloma. Variantes: Jona, Jonati, Jonatia, Jonina, Jonuta, Jonyna, Yonah, Yonati, Yonatia, Yonee, Yoney, Yoni, Yonie, Yonina, Yonita, Yony, Yonyna, Yonyta. Nombre femenino y masculino.

YONA. Origen nativo americano. Significado: Oso. Nombre femenino y masculino.

YONE. Origen japonés. Significado: Abundancia.

YOOLA. Nombre aborigen. Significado: Colina.

YOORALLA. Nombre aborigen. Significado: Amor.

YORDANA. Origen vasco. Significado: Descendiente. Variante: Yordanna.

YORI. Origen japonés. Significado: Digna de confianza. Variantes: Yoriko, Yoriyo.

YOSEFA. Origen hebreo. Significado: Dios proveerá. Otra forma de Josefa. Variantes: Yosepha, Yosifa, Yosyfa, Yuseffa.

YOSHI. Origen japonés. Significado: Tranquila. Respetada. Variantes: Yoshee, Yoshey, Yoshie, Yoshy.

YOSHIKO. Origen japonés. Significado: Buena. Variante: Yoshyko.

YOVELA. Origen hebreo. Significado: Felicidad. Variantes: Yovella, Yovelle.

YRAYA. Origen canario.

YSEULT. Origen irlandés. Significado: De piel clara. Variantes: Yseulte, Yseut, Ysolet, Ysolt.

YU. Origen chino. Significado: Piedra de jade.

YUA. Origen japonés. Significado: Lazo. Amor.

YUI. Origen japonés. Significado: Agradable, cariñosa, afectuosa.

YUKA. Origen japonés. Significado: Fragante.

YUKI. Origen japonés. Significado: Nieve. Suerte. Variantes: Yukee, Yukey, Yukie, Yukiko, Yuky.

YULIA. Otra forma de Julia. Variantes: Yula, Yulean, Yuleana, Yuleane, Yuleen, Yuleena, Yuleene, Yulena, Yulene, Yulenka, Yuliana, Yulianna, Yulinka, Yuliya, Yulka, Yulya, Yulynka.

YUMI. Origen japonés. Significado: Belleza provechosa.

YUMIKO. Origen japonés. Significado: Arquera. Variante: Yumyko.

YUNA. Origen japonés. Significado: Que resplandece de belleza. Variante: Yuuna.

YUNGARA. Nombre aborigen. Significado: Esposa.

YURI. Origen japonés. Significado: Lirio. Variantes: Yuriko, Yuriyo, Yury.

YUSRAA. Origen árabe. Significado: Rica. Variantes: Yusrivva, Yusrivvah.

YVANNA. Otra forma de Ivana. Variantes: Yvan, Yvana, Yvania, Yvannia, Yavannya, Yavanya.

YVETTE. Origen celta. Significado: Tejo. Forma femenina de Yves. Variantes: Erwanna, Erwanne, Evet, Evetta, Evette, Yevetta, Yevette, Yvaine, Yveline, Yvet, Yvett, Yvette.

YVONNE. Origen celta. Significado: Tejo. Forma femenina de Yves. Variantes: Eve, Evette, Evon, Evone, Evonn, Evonna, Evonne, Ivana, Ivon, Ivone, Ivonn, Ivonne, Vonen, Vonette, Vonna, Vonnie.

YOLANDA. Variante de IOLANDA.

YVETTE. Variante de IVETTE.

YVONNE. Variante de IVONNE.

ZAAHIRA. Origen árabe. Significado: Sublime.

ZABAL. Origen vasco. Advocación de la Virgen en Portilla (Zambrana, Álava).

ZABALETA. Origen vasco. Advocación de la Virgen en Urretxu (Guipúzcoa).

ZABALLA. Origen vasco. Advocación de la Virgen en el monasterio de Valpierre (La Rioja).

ZABRINA. Origen latino. Otra forma de Sabrina. Variantes: Zabreana, Zabreane, Zabreena, Zabreenia, Zabrinia, Zabrinna, Zabrinnia, Zabryna, Zabrynia, Zabrynya, Zavrina.

ZAFINA. Origen árabe. Significado: Triunfante. Variante: Zafyna.

ZAFIRA. Origen árabe. Significado: Victoriosa, mujer de éxito. Variantes: Zafirah, Zafire, Zafyra, Zafyrah, Zafyre.

ZAGIR. Origen armenio. Significado: Flor.

ZAHARA. Origen hebreo. Significado: Esplendor. Variantes: Zahari, Zaharit.

ZAHAVAH. Origen hebreo. Significado: Dorada. Variantes: Zachava, Zechava, Zehava, Zehavi, Zehavia, Zehavit, Zehavya, Zeheva, Zehuva.

ZAHIRA. Origen árabe. Significado: Brillante. Variantes: Zaheera, Zahirah, Zahyra, Zahyrah.

ZAHRA. Origen árabe. Significado: Blanca. Variantes: Zahara, Zahirah, Zahrah, Zaara, Zuhra.

ZAHRA. Origen hebreo. Significado: Princesa. Otra forma de Sara.

Variantes: Sahra, Zahera, Zahira, Zahrah, Zajirah.

ZAIDA. Origen árabe. Significado: Cazadora. Variantes: Sada, Saida, Sayda, Zada, Zayda.

ZAINAB. Origen árabe. Significado: Madre de los pobres. Variantes: Zaina, Zayna, Zaynab, Zaynah, Zeina, Zena.

ZAIÑE. Forma vasca de Patrocinio. Variante: Zañe.

ZAIRA. Origen árabe. Significado: Amanecer. Variantes: Sair, Sar, Sara, Sareena, Sarina, Sarine, Zair, Zairah, Zara, Zareena, Zarina, Zarine, Zayra.

ZAKIRA. Origen hebreo. Significado: Recuerdos de Dios.

ZAKIYA. Origen swahili. Significado: Pureza. Variantes: Zakia, Zakiyya, Zakya, Zakyya.

ZALIKA. Origen swahili. Significado: De buena familia. Variantes: Salika, Zalik, Zalyka, Zuleika.

ZALOA. Origen vasco. Advocación de la Virgen en el valle de Orozko (Vizcaya).

ZALTANA. Origen nativo americano. Significado: Montaña alta.

ZAMARTZE. Origen vasco. Advocación de la Virgen en Navarra.

ZAMBAK. Origen turco. Significado: Rosa. Lirio.

ZANA. Origen persa. Significado: Mujer. Variantes: San, Sanah, Zan, Zanah.

ZANDRA. Otra forma de Sandra, diminutivo de Alejandra. Variantes:

Zandri, Zandria, Zandrie, Zandry, Zandrya.

ZANDUA. Origen vasco.

ZANETA. Origen hebreo. Significado: Con la gracia de Dios. Variantes: Saneta, Sanete, Sanett, Sanetta, Sanette, Zaneata, Zaneeta, Zaneeta, Sanete, Zanett, Zanetta, Zanette, Zanita, Zanyta, Zhanetta.

ZANINA. Origen bereber.

ZARA. Origen hebreo. Significado: Aurora. Variantes: Zarah, Zaria, Zora.

ZAREEN. Origen árabe. Significado: Dorada, de oro.

ZARIFA. Origen árabe. Significado: Éxito. Variantes: Zarifah, Zaryfa, Zaryfah.

ZARINA. Origen eslavo. Significado: Emperatriz.

ZARINA. Origen hindi. Significado: Dorada. Variantes: Zareana, Zareena, Zaryna.

ZARITA. Origen hebreo. Significado: Princesa. Otra forma de Sara. Variantes: Zareata, Zareate, Zareeta, Zareete, Zarite, Zaritta, Zaritte, Zaryt, Zaryta, Zaryte.

ZAWATI. Origen swahili. Significado: Regalo. Variantes: Zawatia, Zawaty, Zawatya.

ZAZA. Origen hebreo. Significado: Dorada. Variantes: Saza, Zazah, Zehavi, Zehavit, Zazu.

ZDENA. Origen griego. Significado: Seguidora de Dioniso, dios del vino. Variante: Zdenah.

ZEA. Origen latino. Significado: Grano. Variantes: Sea, Seah, Sia, Siah, Zeah, Zia, Ziah, Zya, Zyah.

ZEBERIOGANE. Origen vasco. Advocación de la Virgen en Zeberio (Vizcaya). Variante: Zeberio.

ZEFFA. Origen portugués. Significado: Rosa. Variante: Zefa.

ZEINA. Origen árabe. Significado: Bella.

ZEL. Origen turco. Significado: Especial.

ZELAI. Origen vasco. Advocación de la Virgen en Hazparne (Labourd, País Vasco francés).

ZELDA. Origen germánico. Significado: Que tiene el cabello gris. Variante: Zeldah.

ZELENKA. Origen checo. Significado: Fresca. Variantes: Selen, Selenka, Zelen, Zelenk.

ZELIA. Origen griego. Significado: Entusiasta. Variantes: Selia, Selya, Zelya.

ZELINA. Origen vasco.

ZELMA. Origen árabe. Significado: La que tiene paz. Otra forma de Selma.

ZEMIRA. Origen hebreo. Significado: Canción. Variantes: Semir, Semira, Semyr, Semyra, Zemir, Zemyr, Zemyra, Zimira, Zymira, Zymyra.

ZEN. Origen chino. Significado: Pureza. Variantes: Zena, Zenn, Zenna, Zhen, Zhena, Zhenn, Zhenna.

ZENA. Origen persa. Significado: Mujer. Variantes: Sena, Senia, Senya, Xena, Xihna, Xina, Xyhna, Xyna, Zenia, Zenya, Zihna, Zina, Zyhna, Zyna.

ZENAIDA. Origen griego. Significado: Paloma blanca. Variante: Zenayda.

ZENAIDE. Origen griego. Significado: Hija de Zeus. Variantes: Zenaida, Zenayda, Zenayde, Zenochika, Zinaida.

ZENAT. Origen árabe. Significado: Linda, elegante, adornada.

ZENDA. Origen persa. Significado: Sagrada. Variantes: Senda, Sendah, Zendah.

ZENEVIEVA. Forma rusa de Genoveva. Variantes: Zeneviev, Zenevievah.

ZENIA. Origen griego. Otra forma de Xenia. Variantes: Senia, Senya, Xenia, Xenya, Zenya, Zhenya.

ZENOBIA. Origen griego. Significado: La que recibe vida de Zeus. Variantes: Sena, Senaida, Senda, Senia, Senobe, Senobia, Senobie, Senovia, Xenobiah, Xenobya, Zena, Zenaida, Zenda, Zenna, Zenia, Zenobe, Zenobie, Zenobya, Zenovia, Zizi, Zyzy.

ZERA. Origen latino. Significado: Semillas. Variantes: Sera, Serah, Zerah.

ZERIO. Origen vasco.

ZERLINA. Origen latino. Significado: Bello amanecer. Variantes: Serlin, Serlina, Serlinda, Serline, Serlyn, Serlyna, Serlynda, Serlynde, Zerlea, Zerlean, Zerleana, Zerleane, Zerleana, Zerleane, Zerlee, Zerleen, Zerleena, Zerline, Zerlinda, Zerlyn, Zerlyna, Zerlinda, Zerlynda, Zerlyne, Zorina, Zoryna.

ZERRAN. Origen vasco. Advocación de la Virgen en Labraza (Oyón/Oion, Álava).

ZERU. Origen vasco. Significado: Cielo.

ZETTA. Origen hebreo. Significado: Aceituna. Variantes: Seta, Sita, Syta, Xeta, Xita, Xyta, Zayit, Zayita, Zeta, Zetana, Zetta, Zita, Zyta.

ZEVA. Origen griego. Significado: Espada. Variantes: Seva, Sevah, Zevah, Zevia, Zeviah, Zevya, Zevyah.

ZIAZAN. Origen armenio. Significado: Arco iris.

ZIDANELIA. Origen griego. Significado: Flor azulada.

ZIKIYA. Origen africano. Significado: Inteligente.

ZIKUÑAGA. Origen vasco. Advocación de la Virgen en Hernani (Guipúzcoa).

ZILA. Origen hebreo. Significado: Sombra. Variantes: Sila, Silah, Silla, Sillah, Zilah, Zilla, Zillah, Zyla, Zylla, Zyllah.

ZILIA. Origen vasco (Sangüesa/ Zangoza, Navarra). Variante: Cilia.

ZIMRA. Origen hebreo. Significado: Rama. Variantes: Samoka, Samira, Samora, Samyra, Semira, Semora, Semyra, Simria, Xamira, Ximara, Ximra, Xymra, Zamira, Zamoka, Zamora, Zamyra, Zemyra, Zemora, Zemyra, Zimria, Zymria, Zymrya.

ZINA. Origen africano. Significado: Nombre.

ZINA. Origen hebreo. Significado: Abundancia. Variantes: Sena, Senia,

Senya, Xena, Xihna, Xina, Xyhna, Xyna, Zenia, Zenya, Zihna, Zyhna, Zyna.

ZINAIDA. Variante de Zenaide.

ZINERVA. Forma rusa de Minerva. Variantes: Xinerva, Xynerva, Zynerva.

ZINNIA. Origen latino. Significado: Alude a la flor del mismo nombre. Variantes: Sinia, Sinnia, Xinia, Xinya, Xynia, Xynya, Zinia, Zinya, Zynia, Zynya.

ZIORTZA. Origen vasco. Advocación de la Virgen en Bolívar (Markina-Xemein, Vizcaya).

ZISA. Origen vasco.

ZITA. Origen latino. Significado: Esperanza. Variantes: Zite, Zitella, Zyta.

ZITA. Origen vasco. Ermita dedicada a santa Zita en San Martín de Unx (Navarra).

ZIVA. Origen hebreo. Significado: Radiante. Variantes: Siva, Syva, Zivit, Zyva.

ZLATA. Origen checo. Significado: Dorada. Variantes: Zlatina, Zlatinka, Zlatka, Zlatuna, Zlatunka, Zlatuse, Zlatuska.

ZOÉ. Origen griego. Significado: Vida. Variantes: Soe, Soee, Soia, Zoa, Zoah, Zoe, Zoè, Zoee, Zoey, Zoela, Zoeta, Zoi, Zoia, Zoie, Zolida, Zolita, Zoy, Zoya, Zoye, Ziva, Zyva.

ZOFIA. Forma eslava de Sofía. Variantes: Zofee, Zofey, Zofi, Zofie, Zofy, Zofka, Zophee, Zophey, Zophi, Zophia, Zophya, Zosia, Zotia, Zsofia, Zsofie, Zsofy, Zsophee, Zsophey, Zsophi, Zsophia, Zsophie, Zsophy.

ZOHAR. Origen hebreo. Significado: Brillante. Variantes: Zohara, Zohera, Zoheret, Zuhairah.

ZOHARGI. Origen vasco. Significado: Resplandor que viene del cielo, luz del cielo.

ZOIHARTZE. Otra forma de Soiartze. Variantes: Zohartze, Zohiartze.

ZOILA. Origen griego. Significado: Vital, muy viva.

ZORA. Origen eslavo. Significado: Aurora, alba. Variantes: Zara, Zorah, Zorana, Zorane, Zorin, Zorina, Zorine, Zorra, Zorrah, Zoryna, Zoryne, Zyra.

ZORAHAYA. Origen canario (Tenerife).

ZORAIDA. Origen árabe. Significado: Cautivadora.

ZORIONE. Forma vasca de Feliciana, Felicidad y Felisa. Variante: Zorion.

ZÓSIMA. Origen griego. Significado: Animada. Variantes: Sosima, Sosyma, Zosyma.

ZOYA. Origen griego. Significado: Vida. Forma eslava de Zoé. Variantes: Zoia, Zoiia, Zoyara, Zoyechka, Zoyenka, Zoyya.

ZSUZSAN. Origen hebreo. Significado: Lirio. Forma húngara de Susana. Variantes: Zsa, Zsa Zsa, Zsuska, Zsuzsa, Zsuzsana, Zsuzsane, Zsuzsann, Zsuzsanna, Zsuzsanne, Zsuzsi, Zsuzsika, Zsuzska, Zuza, Zuzana, Zuzanna.

ZUBEROA. Origen vasco. Advocación de la Virgen en Garde (Navarra).

ZUBIA. Origen vasco.

ZUFIAURRE. Origen vasco. Advocación de la Virgen en Zumarraga (Guipúzcoa).

ZUHAITZ. Origen vasco. Significado: Árbol.

ZUHRA. Origen árabe. Significado: Cuerpo celestial.

ZUHURNE. Forma vasca de Prudencia.

ZULEIKA. Origen árabe. Significado: Paz.

ZULEIKA. Origen persa. Significado: Brillante. Variantes: Suleika, Suelia, Zuelia, Zuelya.

ZULEMA. Origen hebreo. Significado: Paz. Variantes: Sulema, Sulima, Zulima, Zulyma.

ZUMADOIA. Origen vasco. Advocación de la Virgen en Gastiain (Lana, Navarra). Variante: Zumaia.

ZUMAIA. Origen vasco.

ZUMALBURU. Origen vasco. Advocación de la Virgen en Salvatierra/Agurain (Álava).

ZUMARRAD. Origen árabe. Significado: Esmeralda, piedra preciosa.

ZURAH. Origen árabe. Significado: Divina.

ZURI. Origen swahili. Significado: Hermosa. Variantes: Zuree, Zurey, Zuria, Zurie, Zury, Zurya.

ZURIA. Origen vasco. Variantes: Zurina, Zuriñe. Otra forma de Blanca.

ZUTOIA. Forma vasca de Pilar.

ZUZA. Origen vasco. Advocación de la Virgen en Zuza (Navarra).

ZUZENE. Forma vasca de Justa y Justina.

ZVERDA. Origen eslavo. Significado: Estrella. Variante: Zverdana.

ZWETLANA. Origen ruso. Significado: Luz de las estrellas. Otra forma de Svetlana. Variante: Swetlana.

ZYTKA. Origen polaco. Significado: Rosa.

NIÑOS

A

AARÓN. Origen hebreo. Significado: Elevado, alto, montañoso. Variantes: Aahron, Aaron, Aharon, Aron.

ABAD. Origen hebreo. Significado: Único hombre.

ABAIGAR. Origen vasco.

ABAN. Origen hebreo. Significado: Efímero.

ABARROTZ. Origen vasco.

ABBAS. Origen árabe. Significado: León.

ABBUD, ABBUDIN. Origen árabe. Significado: Adorador, adoradores.

ABD-ALLAH. Origen árabe. Significado: Siervo de Alá. Variante: Abdullah.

ABDEL. Origen árabe. Significado: Siervo de Alá. Variantes: Abd al, Abdul.

ABDEL ALÍ. Origen árabe. Significado: Siervo del más alto.

ABDEL ALIM. Origen árabe. Significado: Siervo del omnisciente. Variante: Abdul-Alim.

ABDEL AZIM. Origen árabe. Significado: Siervo del poderoso. Variante: Abdul-Azim.

ABDEL BARI. Origen árabe. Significado: Siervo del creador. Variante: Abdul-Bari.

ABDEL FATTÂH. Origen árabe. Significado: Siervo de quien abre. Variante: Abdul-Fattah.

ABDEL GHAFFÂR. Origen árabe. Significado: Siervo del que perdona. Variante: Abdul-Ghaffar, Ghafûr.

ABDEL HADI. Origen árabe. Significado: Siervo del guía. Variante: Abdul-Hadi.

ABDEL HÂFEZ. Origen árabe. Significado: Siervo del protector. Variante: Abdul-Hafiz.

ABDEL HAKÎM. Origen árabe. Significado: Siervo del sabio. Variante: Abdul-Hakim.

ABDEL HALÎM. Origen árabe. Significado: Siervo del apacible, paciente. Variante: Abdul-Halim.

ABDEL HAMÎD. Origen árabe. Significado: Siervo del alabado. Variante: Abdul-Hamid.

ABDEL HAQQ. Origen árabe. Significado: Siervo de la verdad. Variante: Abdul-Haqq.

ABDEL JABBÂR. Origen árabe. Significado: Siervo del poderoso. Variante: Abdul-Jabbar.

ABDEL JALÎL. Origen árabe. Significado: Siervo del majestuoso. Variante: Abdul-Jalil.

ABDEL KARÎM. Origen árabe. Significado: Siervo del noble, generoso. Variante: Abdul-Karim.

ABDEL KHÂLIQ. Origen árabe. Significado: Siervo del creador. Variante: Abdul-Khaliq.

ABDEL MÂJID. Origen árabe. Significado: Siervo del glorioso. Variante: Abdul-Majid.

ABDEL MÂLIK. Origen árabe. Significado: Siervo del amo, señor. Variante: Abdul-Malik.

ABDEL MU'JIB. Origen árabe.
Significado: Siervo del que responde.
Variante: Abdul-Mujib.

ABDEL MUTA'AL. Origen árabe.
Significado: Siervo del más alto.
Variante: Abdul-Muta'al.

ABDEL NÂSSER. Origen árabe.
Significado: Siervo del victorioso.
Variante: Abdul-Nasser.

ABDEL QÂDER. Origen árabe.
Significado: Siervo del poderoso.
Variante: Abdul-Qadir.

ABDEL QAHHÂR. Origen árabe.
Significado: Siervo del omnipotente.
Variante: Abdul-Qahhar.

ABDEL RAHÎM. Origen árabe.
Significado: Siervo del más compasivo.
Variante: Abdul-Rahim.

ABDEL RAHMÂN. Origen árabe.
Significado: Siervo del misericordioso.
Variante: Abdul-Rahman.

ABDEL RASHÎD. Origen árabe.
Significado: Siervo de quien
debidamente nos guía. Variante:
Abdul-Rashid.

ABDEL RA'ÛF. Origen árabe.
Significado: Siervo del más
misericordioso. Variante:
Abdul-Ra'uf.

ABDEL RAZZÂQ. Origen árabe.
Significado: Siervo del que nos
mantiene, proveedor. Variante:
Abdul-Razzaq.

ABDEL SABÛR. Origen árabe.
Significado: Siervo del paciente.
Variante: Abdul-Sabur.

ABDEL SALÂM. Origen árabe.
Significado: Siervo de la paz. Variante:
Abdul-Salam.

ABDEL SAMAD. Origen árabe.
Significado: Siervo del eterno. Variante:
Abdul-Samad.

ABDEL SÂMI'. Origen árabe.
Significado: Siervo del que todo lo oye.
Variante: Abdul-Sami.

ABDEL TAWWÂB. Origen árabe.
Significado: Siervo del que perdona.
Variante: Abdul-Tawwab.

ABDEL WADÛD. Origen árabe.
Significado: Siervo del que nos ama.
Variante: Abdul-Wadud.

ABDEL WÂHED. Origen árabe.
Significado: Siervo del que es único.
Variante: Abdul-Wahid.

ABDEL WAHHAB. Origen árabe.
Significado: Siervo del que da.
Variante: Abdul-Wahhab.

ABDÍAS. Origen hebreo. Significado:
Siervo de Dios. Variantes: Abdón, Adón.

ABDUL → ABDEL.

ABEL. Origen hebreo. Significado:
Aliento, respiración. Vanidad, efímero.

ABELARDO. Origen germánico.
Significado: Noble. Osado, temerario.
Variante: Aberardo.

ABELARDO. Origen celta. Significado:
El que trabaja como una abeja.
Variantes: Abälard, Abelard, Abélard.

ABERBEQUEIE. Origen canario
(La Gomera).

ABERFA. Origen galés. Significado: El
que viene de la desembocadura del río.

ABERRI. Origen vasco.

ABERTHA. Origen galés. Significado:
Sacrificar.

ABGUABUQUE. Origen canario
(La Gomera).

ABIA. Origen hebreo. Significado: Dios
es mi padre. Hijo del Señor.

ABIAN. Origen canario (Gran Canaria).
Hidalgo de Telde.

'ABID. Origen árabe. Significado:
Adorador.

ABIDÁN. Origen hebreo. Significado:
Mi padre es juez.

'ABIDIN. Origen árabe. Significado:
Adoradores.

ABIEL. Origen hebreo. Significado: Dios
es mi padre.

ABIR. Origen hebreo. Significado:
Intrépido.

ABIRAM. Origen hebreo. Significado:
Mi padre es grande.

♂

ABISHAI. Origen hebreo. Significado: Mi padre es un regalo. Variante: Abisai.

ABNER. Origen hebreo. Significado: Padre de la luz.

ABRAHAM. Origen hebreo. Significado: Padre de una gran multitud. Variantes: Abraam, Abramo.

ABRAM. Origen hebreo. Significado: Padre exaltado.

ABREIN. Origen vasco.

ABRIENDA. Origen español. Significado: Apertura.

ABSALÓN. Origen hebreo. Significado: Padre y señor de la paz. Variante: Absalom.

ABTEJO. Origen canario (La Gomera).

ABU AL KHAYR. Origen árabe. Significado: El que hace el bien.

ABU BAKR. Origen árabe. Nombre de uno de los compañeros del Profeta.

ABUNDIO. Origen latino. Significado: Tiene mucho de la propiedad.

ACACIO. Origen griego. Significado: Honorable.

ACAIME. Origen canario (Tenerife).

ACAIMO. Origen canario (Tenerife). Mencey de Tacoronte.

ACHE Origen canario (Lanzarote).

ACHLYS. Origen griego. Significado: Niebla, oscuridad. Variante: Aclis.

ACHOSMAN. Origen no especificado.

ACHUCANA. Origen no especificado.

ACHUDINDA. Origen canario (Gran Canaria).

ACHUTEYGA. Origen canario (Gran Canaria). Guerrero destacado.

ACHUTINDAC. Origen canario (Gran Canaria). Guerrero.

ACHXURAXAN. Origen canario (Tenerife). Significado: Dios grande.

ACLIS. Variante de Achlys.

ACOIDAN. Origen canario (Gran Canaria). Guerrero de la tribu de Tunde.

ACORAIDA. Origen canario (Gran Canaria).

ACORAIDE. Origen canario.

ACOROIDA. Origen canario (Gran Canaria).

ACOSAYDA. Origen canario (Gran Canaria).

ADAIN. Origen galés. Significado: Alas. Variante: Adenydd.

ADALBARO. Origen griego. Significado: Combate de la nobleza.

ADALBERTO. Origen germánico. Significado: Perteneciente a la nobleza, famoso por nobleza. Variante: Adelbert.

ADALGISO. Origen germánico. Significado: Noble por la lanza. Variantes: Adalgís, Adalvino, Algiso.

ADALRICO. Origen griego. Significado: Jefe noble de la estirpe.

ADALVINO. Origen germánico. Significado: Amigo de noble estirpe. Variante: Adelino.

ADAMA. Origen canario (Gran Canaria).

ADAN. Origen árabe. Significado: Jardín del Edén.

ADÁN. Origen hebreo. Significado: Hombre hecho de barro. Variantes: Adam, Adame, Adamo.

ADARGOMA. Origen canario (Gran Canaria). Significado: Espaldas de risco, muy anchas.

ADAY. Origen canario (Tenerife).

ADDFWYN. Origen galés. Significado: Manso, dócil.

ADEI. Origen vasco.

ADEL. Origen árabe. Significado: Justo. Variante: 'Adil.

ADELARDO. Origen griego. Significado: El príncipe audaz. Variantes: Adelino, Alardo.

ADELBERT → ADALBERTO.

ADELFO. Origen griego. Significado: Hombre amigo. Variantes: Adelpho, Adelphos.

ADELFRIED. Origen germánico. Significado: El que protege a sus descendientes.

ADELINO. Variante de Adelardo y de Adalvino.

ADELIO. Origen germánico. Significado: El padre del príncipe noble.

ADELMARO. Origen griego. Significado: Ilustre por su estirpe.

ADELMO. Origen germánico. Significado: Noble protector.

ADEMAR. Origen germánico. Significado: Que es ilustre por sus luchas, célebre combatiente. Variantes: Ademaro, Adhemar, Adimar.

ADEUN. Origen canario (Gran Canaria).

ADEXE. Origen canario (Tenerife).

ADHAM. Origen árabe. Significado: Negro.

ADHELMAR. Origen griego. Significado: Ennoblecido por las luchas.

ADIB. Origen árabe. Significado: Cultivado, de buenas maneras.

ADIEL. Origen hebreo. Significado: Fue adornado por Dios.

ADJOÑA. Origen canario (Tenerife). Mencey de Abona.

ADLER. Origen no especificado. Significado: Águila.

'ADLI. Origen árabe. Significado: Judicial.

ADNA. Origen hebreo. Significado: Calma duradera.

ADNAN. Origen árabe. Significado: Sedentario. Variante: 'Adnan.

ADOLFO. Origen germánico. Significado: Lobo noble. Guerrero de noble estirpe. Variantes: Adolf, Adolph, Adolphe, Ataulfo.

ADON. Origen vasco.

ADONAI. Origen hebreo. Significado: Señor mío.

ADONÍAS. Origen hebreo. Significado: Dios es mi Señor.

ADONIS. Origen griego. Significado: El más hermoso de los hombres.

ADOUNA. Origen canario (Gran Canaria).

ADRIÁN. Origen latino. Significado: Nacido en Adria, ciudad de Italia que dio nombre al mar Adriático. Variantes: Adrià, Adrian, Adriano, Adrien, Hadrian.

ADRIEL. Origen hebreo. Significado: El que pertenece a la grey de Dios.

ADUANICH. Origen canario (Tenerife).

ADUEN. Origen canario (Gran Canaria).

ADUNTTERNER. Origen no especificado.

ADUR. Origen vasco.

ADXOÑA. Origen canario (Tenerife). Rey de Abona.

ADZERURA. Origen canario.

ADZISTURA. Origen canario.

ADZUBEMA. Origen canario.

ADZUBEMAN. Origen canario.

AELWYD. Origen galés. Significado: Que viene de la chimenea.

AENEAS. Origen griego. Significado: Digno de alabanza. Variantes: Angus, Eneas, Oengus, Oneas.

AETIOS. Origen griego. Significado: Águila.

AFÎL. Origen árabe. Significado: Casto. Modesto. Variantes: Afif, Afeef.

AFTON. Nombre de una ciudad inglesa.

AFUR. Origen canario (Tenerife).

AGAGENCIE. Origen canario (La Palma).

AGAMENÓN. Origen griego. Significado: El que es lento, que tarda en avanzar por el camino.

AGANEYE. Origen canario (La Palma).

AGAPE. Origen griego. Significado: Amor. Variantes: Agapet, Agapios.

AGAPITO. Origen griego. Significado: El muy amado.

AGARFA. Origen canario (El Hierro).

AGATÓN. Origen griego. Significado: El vencedor. Variantes: Agatho, Agathon, Agato, Agató.

AGATONE. Origen vasco. Significado: Bueno.

AGEIO. Origen vasco.

AGENOR. Origen griego. Significado: El varón que tiene gran fuerza.

AGEO. Origen hebreo. Significado: De carácter festivo, que alegra.

AGER. Origen vasco.

AGESISLAO. Origen griego. Significado: Caudillo de pueblos, que conduce al pueblo.

AGIMEDIAN. Origen canario (La Palma).

AGIRI. Origen vasco.

AGOITZ. Origen vasco.

AGOSTI. Origen vasco.

AGOZTAR. Origen vasco. Variante: Ahostar.

AGRIPA. Origen latino. Significado: El que nace con los pies para afuera. De la familia de Agripa. Variante: Agripino.

AGUABAREHEZAN. Origen canario (La Gomera).

AGUABERQUE. Origen canario (La Gomera).

AGUABERQUEO. Origen canario.

AGUABERQUO. Origen canario (La Gomera).

AGUABOREGUE. Origen canario (La Gomera).

AGUACENCIO. Origen canario (La Palma).

AGUACOROMAS. Origen canario. (La Gomera). Variante: Aguacoromos.

AGUAHUCO. Origen canario (Tenerife). Mencey, hijo de Tinerfe el Grande.

AGUALECH. Origen canario (La Gomera). Significado: Tartamudo. Jefe tribal. Variante: Agualeche.

AGUAMUGE. Origen canario (La Gomera). Adivino gomero. Variante: Aguamuje.

AGUANAHUCHE. Origen canario (La Gomera).

AGUANCHUTCHE. Origen canario (La Gomera).

AGUASSONA. Origen canario (Tenerife). Rey de Abona.

AGUAXONA. Origen canario (Tenerife).

AGUAYO. Origen canario.

AGUSTÍN. Origen latino. Significado: Perteneciente a Augusto. El que merece veneración. Variantes: Agosti, Agostino, Agostiño, Agustí, Augustin, Austin, Auxkin.

AHMAD. Origen árabe. Significado: El más fervoroso adorador. Variantes: Ahmed, Muhammad.

AHREN. Significado: Águila.

AHUAGO. Origen canario (Lanzarote).

AIDAN. Origen irlandés. Significado: Fogata.

AIDE. Origen vasco.

AIERT. Origen vasco.

AIMAR. Origen vasco.

AIME. Origen mapuche. Significado: Significativo. Variante: Ayme.

AIMÉ. Origen latino. Significado: Persona amada.

AIORO. Origen vasco.

AIRE. Significado: Aire.

AITAMI. Origen canario (Gran Canaria). Variante: Aytami.

AITOR. Origen vasco. Significado: El padre. Variante: Aita.

AITZOL. Origen vasco.

AITZURI. Origen vasco.

AIZAROZ. Origen vasco.

AIZKIBEL. Origen vasco.

AJA. Origen canario (Gran Canaria). Nombre masculino y femenino.

AJALA. Origen indio. Significado: De la Tierra.

AJAR. Origen canario (Tenerife). Nombre masculino y femenino.

ÁJAX. Origen griego. Significado:
Águila. Variante: Áyax.

'AJIB. Origen árabe. Significado:
Maravilloso.

AJUTCHO. Origen canario
(Gran Canaria).

AKETZA. Origen vasco.

AKI. Origen japonés. Significado: Otoño.

AKIER. Origen vasco.

'AKIF. Origen árabe. Significado:
Concentrado.

AKIHO. Origen japonés. Significado:
Los cultivos de otoño.

ÂKIL. Origen árabe. Significado:
Inteligente, que usa la razón.

AKILA. Origen egipcio. Significado:
Inteligente.

AKOTAIN. Origen vasco.

AKRAM. Origen árabe. Significado:
El más generoso.

AL 'ABBAS. Origen árabe. Significado:
León. Nombre del tío del Profeta.

AL BARA'. Origen árabe. Significado:
Sano, sin maldad.

AL HAKAM. Origen árabe. Significado:
Árbitro, juez.

AL HARITH. Origen árabe. Significado:
El que ara.

AL SAFI. Origen árabe. Significado:
Claro, puro, fino.

AL TAYYIB. Origen árabe. Significado:
El que es bueno.

AL TIJANI. Origen árabe. Significado:
Supremo.

AL TUFAIL. Antiguo nombre árabe.
Variante: Al Tufayl.

ALÂ. Origen árabe. Significado:
La nobleza. Variante: Ala'.

ALÂ'AL DÎN. Origen árabe. Significado:
La nobleza de la fe.
El que alcanzó la cumbre del saber
religioso. Variantes: Ala' al Din,
Aladdin, Aladino.

ALAIN. Origen vasco.

ALAKIDE. Origen vasco.

ALAMEA. Origen hawaiano.
Significado: Piedras preciosas.

ALAMEDA. Origen español.
Significado: Paseo de álamos.

ALAN. Origen germánico. Significado:
De la tribu de los alanos. El rey de
todos. Variantes: Alain, Alano, Allan.

ALAN. Origen celta. Significado:
Hombre imponente, apuesto.

ALAON. Origen vasco.

ALAR. Origen vasco.

ALARABI. Origen vasco.

ALARICO. Origen germánico.
Significado: Noble y poderoso.
Variantes: Alaric, Alarik, Alary.

ALATZ. Origen vasco.

ALBANO. Origen latino. Significado:
Blanco, puro, luminoso. Variantes:
Albà, Alban, Albin, Auban.

ALBANO. Origen celta. Significado:
Natural de Alba.

ALBERTO. Origen germánico.
Significado: Que brilla por su nobleza.
Forma reducida de Adalberto.
Variantes: Adalbert, Albert, Alberte,
Albertino, Oberto.

ALBI. Origen vasco.

ALBINO. Origen latino. Significado:
De tez muy blanca. Gentilicio de la
familia de Albus. Variantes: Alban,
Albí, Albin.

ALBY. Origen canario (Lanzarote).

ALCANDER. Origen griego.
Significado: Defensor de la humanidad.
Variantes: Alexander, Alicander.

ALCEO. Origen griego. Significado:
Hombre de gran fuerza y vigor.
Sobrenombre de Hércules. Variante:
Alceu.

ALCIBÍADES. Origen griego.
Significado: Hombre fuerte
y valiente.

ALCIDES. Origen griego. Significado:
Descendiente de Hércules, es decir
de Alceo. Variante: Alcide.

♂

ALCUINO. Origen teutón. Significado: Amigo del lugar sagrado, del templo.

ALDASUR. Origen vasco.

ALDO. Origen germánico. Significado: Experto. Venerable. Variantes: Ald, Aldous.

ALDO. Origen celta. Significado: Noble. Lleno de experiencia. Variantes: Aldino, Aldano.

ALEC. Diminutivo de Alejandro y de Alexis. Variantes: Aleck, Alex, Àlex.

ALEJANDRO. Origen griego. Protector y defensor de los hombres. Variantes: Alejandrino, Alesander, Alessandro, Alexander, Alexandre, Alexandros, Alexei, Alexis, Sandro.

ALEJO. Origen griego. Que protege y defiende. Variantes: Aleix, Aleixo, Alesio, Alessio, Alex, Alexis.

ALEM. Origen árabe. Significado: Sabiduría, prudencia. Variante: Alîm.

ALEX. Diminutivo de Alejandro y de Alexis. Variante: Àlex.

ALEXIS. Origen griego. Variante de Alejandro y de Alejo.

ALFA. Primera letra del alfabeto griego. Simboliza el principio de todo.

ALFIO. Origen griego. Significado: El de piel blanca.

ALFONSO. Origen germánico. Significado: Guerrero preparado para el combate. Estratega. Afonso, Alfons, Alonso, Alonzo, Alphonse, Alphonso, Ildefonso.

ALFREDO. Origen germánico. Significado: Consejero. Amigo de los elfos o de los dioses. Variante: Alfred.

ALGARATIA. Origen canario.

ALGAYAGUAR. Origen canario.

ALGER. Origen germánico. Significado: Guerrero noble. Variantes: Aelgar, Algar.

ALGUABOZEGUE. Origen canario (La Gomera).

ALGUASEGUA. Origen canario.

ALHASAN. Origen árabe. Significado: El hermoso, el bueno. Nombre del nieto del Profeta.

ALHOGAL. Origen canario (La Gomera).

ALHUSAIN. Origen árabe. Significado: El hermoso, el bueno. Nombre del nieto del Profeta. Variante: Alhusayn.

ALÍ. Origen árabe. Significado: Sublime, superior, elevado, el mayor, excelente, noble. Nombre del yerno del Profeta y el cuarto califa. Variantes: Ali, 'Ali, 'Aliyy.

ALIM. Origen árabe. Significado: Sabio, culto.

ALIPIO. Origen griego. Significado: Aquel al que no afectan las penas. Variante: Alipi.

ALJAGUL. Origen canario (La Gomera).

ALKA. Origen indio. Significado: Belleza.

ALMABICE. Origen canario (La Gomera).

ALMAHDI. Origen árabe. Significado: Que se dirige al camino derecho.

ALMALAHUIGE. Origen canario (La Gomera).

ALOHA. Origen hawaiano. Significado: Saludos.

ALOÍSIO. Origen germánico. Forma antigua de Luis. Significado: Guerrero glorioso. Variantes. Aloís, Aloïs.

ALON. Origen vasco.

ALOTS. Origen vasco.

ALSAGAI. Origen canario (La Gomera).

ALTAF. Origen árabe. Significado: Bondad.

ALTAHA. Origen canario (Lanzarote). Significado: Guerrero distinguido.

ALTAÍR. Origen árabe. Significado: Pájaro. Estrella integrante de la constelación del Águila.

ALTAMIRA. Significado: Lugar de hermoso panorama. Semejante a Bellavista. Nombre masculino y femenino.

ALTERIO. Origen griego. Significado: Como un cielo estrellado.

ALTIHAY. Origen canario (Fuerteventura). Significado: Valiente.

ALTZAGA. Origen vasco.

ALTZIBAR. Origen vasco.

ALTZO. Origen vasco.

ALUCIO. Origen latino. Significado: Es lúcido.

ALVA. Origen latino. Significado: Luz blanca. Variantes: Alvah, Alvan.

ÁLVARO. Origen germánico. Significado: Orador de la verdad. Variantes: Albar, Àlvar, Alver, Alvero.

ALY. Origen canario (La Palma).

AMADEO. Origen latino. Significado: Que ama a Dios. Variantes: Amadeis, Amadeu, Amadeus, Amado, Amédée, Amedeo.

AMADIS. Origen latino. Significado: Amadísimo, el gran amor.

AMADO. Origen latino. Significado: El que es objeto de amor.

AMADOR. Origen latino. Significado: Amante, galán. Variante: Amator.

AMAIUR. Origen vasco.

AMAKO. Origen japonés. Significado: Hijos de Dios.

AMALHUYGE. Origen canario (La Gomera). Rey gomero. Variante: Amalahuige.

AMALIO. Origen griego. Significado: Suave, dulce.

AMAN. Origen hebreo. Significado: El magnífico.

AMANCAI. Origen quechua. Significado: Alude al nombre de una hermosa flor amarilla veteada de rojo. Variante: Amancay.

AMANCIO. Origen latino. Significado: Amante, que ama. Variantes: Amance, Amanci.

AMANDO. Origen latino. Significado: Amado por todos. Variantes: Amand, Amandus.

AMANHUY. Origen canario (La Gomera).

AMANIÁ. Origen hebreo. Significado: Confianza de Dios. Artista de Dios.

AMARANTO. Origen griego. Significado: El que no decae.

AMARIÁ. Origen hebreo. Significado: Dios dijo.

AMARO. Origen germánico. Significado: De gran riqueza. Variantes: Audomaro, Mauro.

AMARU. Origen quechua. Denominación de la serpiente sagrada que representa el infinito. Debe ir acompañado de otro nombre que indique sexo.

AMAURY. Origen latino. Significado: Amante, amigo. Variantes: Amauris, Amérigo, Amorey, Amoròs, Amoroso, Amory.

AMBE. Origen vasco.

AMBROSIO. Origen griego. Significado: Inmortal, divino, eterno. Variantes: Ambrogio, Ambroise, Ambròs, Ambrose, Ambrosius, Anbortsi.

AMELIO. Origen germánico. Significado: Muy trabajador, enérgico.

AMÉRICO. Origen germánico. Significado: Guerrero poderoso. Variantes: Almèric, Almérico, Amèric, Amérigo.

AMETZ. Origen no especificado. Significado: Sueño.

AMI. Origen hebreo. Significado: Mi pueblo. Variante: Amy.

AMICO. Origen italiano. Significado: Amigo de todos. Variantes: Amic, Amick, Amik, Amiko.

'AMID. Origen árabe. Significado: Apoyo. Variante: Amid.

AMIEL. Origen hebreo. Significado: Pueblo de Dios. Variante: Ammiel.

AMÍLCAR. Origen fenicio. Significado: El que manda en la ciudad.

AMÍN. Origen árabe. Significado: Hombre fiel, digno de confianza. Variante: Ameen.

AMINTOR. Origen griego. Significado: El protector.

AMIR. Origen árabe. Significado: Príncipe. Variantes: Ameer, 'Amir, Amyr.

AMIRAM. Origen hebreo. Significado: Mi pueblo es elevado.

AMJAD. Origen árabe. Significado: El más glorioso.

AMMAR. Origen árabe. Significado: Constructor. Variante: 'Ammar.

AMNERIS. Origen italiano. Nombre de un personaje de la ópera *Aida* de Verdi.

AMOKAIN. Origen vasco.

AMÓN. Origen hebreo. Significado: Digno de confianza. Variante: Ami.

AMÓS. Origen hebreo. Significado: Hombre robusto. Variante: Amoz.

AMPELIO. Origen griego. Significado: El que hace vino de sus propias uvas.

AMR. Antiguo nombre árabe. Variante: 'Amro.

AMSER. Origen galés. Significado: Tiempo.

AMURUZA. Origen vasco.

ANACLETO. Origen griego. Significado: Que invoca auxilio. Variantes: Anaclet, Anacletus, Anakelda, Anakletos, Cletus, Kletos.

ANACREONTE. Origen griego. Significado: Valioso. Variante: Anacreont.

ANAIA. Origen vasco.

ANAÍAS. Origen hebreo. Significado: El Señor contesta.

ANAITZ. Origen vasco.

ANAKOZ. Origen vasco.

ANÁN. Origen hebreo. Significado: Nube. Variantes: Anane, Anani.

ANANÍAS. Origen hebreo. Significado: Que tiene la gracia de Dios.

ANARTZ. Origen vasco.

ANAS. Origen árabe. Significado: Muy sociable. Nombre de uno de los compañeros del Profeta.

ANASTASIO. Origen griego. Significado: El que resucitó o fue resucitado. Variantes: Atanasio, Athanase, Athanasius.

ANATERBE. Origen canario (Tenerife). Mencey de Güímar. Variantes: Anaterve, Añaterve.

ANATOLIO. Origen griego. Significado: Que vino de Oriente. Variantes: Anatole, Anatoli.

ANAUT. Origen vasco.

ANCEL. Origen latino. Significado: Criado, siervo. Variantes: Ancelin, Ancelot, Ansell, Ansella, Ansellus.

ANCOR. Origen canario (Tenerife).

ANDEKO. Origen vasco.

ANDIMA. Origen vasco. Variante: Antimo.

ANDOITZ. Origen vasco.

ANDORE. Origen vasco.

ANDOTZ. Origen vasco.

ANDRÉS. Origen griego. Significado: Viril, varonil, fuerte, valiente, hombre ilustre. Variantes: Ander, Andi, André, Andrea, Andreas, Andrei, Andreu, Andrew, Andy, Anker.

ANDREUS. Origen no especificado. Hijo de Peneius.

ANDROCLES. Origen griego. Significado: Hombre cubierto de gloria.

ANDU. Origen vasco.

ANELA. Origen hawaiano. Significado: Ángel.

ANER. Origen vasco.

ÁNGEL. Origen griego. Significado: Mensajero, enviado. El mensajero de Dios. Variantes: Aingeru, Ange, Àngel, Angell, Angelino, Angelo, Angelu, Anxe, Anxo, Gotzon.

ANGOCOR. Origen canario (Tenerife).

ANGOLAUR. Origen vasco.

ANGUS. Origen escocés. Significado: Excepcional.

ANIANO. Origen griego. Significado: Está triste y afligido. Enfadado. Variantes: Anen, Aniol.

ANÍAS. Origen hebreo. Significado: Dios contesta.

ANÍBAL. Origen fenicio. Significado: Con la gracia de Dios. Héroe cartaginés. Variantes: Annibal, Hannibal.

ANICETO. Origen griego. Significado: Hombre invencible, de gran fuerza. Variantes: Anicet, Aniketa.

ANIELI. Origen hindú. Significado: Dios del viento. Variantes: Aneel, Aniel, Anielo, Aniello, Anyl.

ANIOL → ANIANO.

ANÎS. Origen árabe. Significado: Amigo íntimo. Variante: Anis.

ANISI. Origen vasco.

ANISIO. Origen griego. Significado: Cumplidor. Variantes: Anisi, Anixi.

ANKER. Origen griego. Significado: Fuerte, valiente. Variantes: Ankor, Ankur.

ANKO. Origen vasco.

ANNO. Origen hebreo. Significado: Elegante, grácil. Masculino de Ana. Variante: Ano.

ANOUKA. Origen indio. Significado: Espíritu de Dios.

ANSALDO. Origen germánico. El que representa a Dios. Dios está con él.

ANSCARIO. Variante de Óscar.

ANSELMO. Origen germánico. Significado: El que tiene la protección de Dios. Variantes: Ansel, Anselm, Anselme, Anselmi, Antselma.

'ANTARAH. Origen árabe. Significado: Heroico. Nombre de un héroe popular.

ANTARES. Origen griego. Significado: Estrella.

ANTENOR. Origen griego. Significado: El que combate.

ANTERO. Origen griego. Significado: El que supera el amor. Variante: Anter.

ANTÍGONO. Origen griego. Significado: Que se destaca entre todos sus semejantes.

ANTIPAS. Origen griego. Significado: El enemigo de todos.

ANTONIO. Origen latino. No es clara su etimología. Significado más probable: Valioso, inestimable, digno de alabanza o floreciente. Variantes: Andolin, Andoni, Anthony, Antoine, Antoíño, Antolí, Antolín, Antón, Antoni, Antonin, Antonin, Antonino, Antoninus, Antony, Antton, Antxon.

ANTSO. Origen vasco.

ANTXIKO. Origen vasco.

ANTXOKA. Origen vasco.

ANWAR. Origen árabe. Significado: Radiante, lleno de luz. Variantes: Anouar, Anward.

ANZU. Origen japonés. Significado: Albaricoque.

AÑATERVE → ANATERBE.

AÑIBARRO. Origen vasco.

AÑOFO. Origen canario (El Hierro).

AOI. Origen japonés. Significado: Malva, girasol, azul.

AOUTCHO. Origen canario (Gran Canaria).

APAL. Origen vasco. Significado: Modesto.

APARICIO. Origen latino. Significado: Que se aparece. Conmemora las apariciones de Jesús o de la Virgen. Variante: Aparici.

APAT. Origen vasco. Significado: Abad.

APOLINAR. Origen latino. Relativo al Dios Apolo. Variantes: Apol·linar, Apol·linari, Apolinario, Apoliñari, Apólito, Apolonio.

APOLO. Origen griego. Significado: El que da vida y ahuyenta el mal. Dios del Sol. Variantes: Apol·lo, Apol·ló, Apollon.

APOSTOLOS. Origen griego. Significado: Apóstol.

APUCACHI. Origen quechua. Significado: Señor de la sal.

'AQIL. Antiguo nombre árabe.

AQUEXATA. Origen canario (Gran Canaria).

AQUILES. Origen griego. Héroe mítico de la guerra de Troya. Variantes: Achiléus, Achille, Achilléo, Achilles, Akil, Aquil·les.

AQUILINO. Origen latino. Significado: Agudo como un águila. Variantes: Akillin, Aquil·lí.

ARA. Origen araucano. Significado: Nube.

ARAFAT. Origen árabe. Significado: Montaña de reconocimiento.

ARAFO. Origen canario (Tenerife).

ARAGO. Origen vasco.

ARALAR. Origen vasco.

ARAM. Origen hebreo. Hijo de Esrom, personaje del Antiguo Testamento.

ARAMIS. Origen francés.

ARANO. Origen vasco.

ARASO. Origen canario (Tenerife).

ARATZ. Origen vasco.

ARAY. Origen canario (Tenerife).

ARBANE. Origen vasco.

ARCADIO. Origen griego. Natural de Arcadia (región de la antigua Grecia que debe su fama a las fábulas y leyendas que tuvieron su origen allí). Variante: Arcadi.

ARCÁNGEL. Origen griego. Significado: El príncipe de los ángeles. Variantes: Arcàngel, Gongotzon.

ARCHIBALDO. Origen germánico. El muy intrépido. Valiente y sincero. Variantes: Archaimbaud, Archambault, Archi, Archibald, Archy, Archybald, Aribau, Arquibald, Arquimbau, Haribald.

ARDOI. Origen vasco.

ARDOTXI. Origen vasco.

ARDUINO. Origen germánico. Significado: El que ayuda a los amigos. Fuerte. Variante: Arduí.

ARDUZIA. Origen vasco.

AREMOGA. Origen canario (La Gomera). Nombre masculino y femenino.

ARES. Origen griego. Dios de la guerra. Variante: Aresio.

ARFAN. Origen árabe. Significado: Gratitud.

ARGAIN. Origen vasco.

ARGEL. Origen galés. Significado: Refugio.

ARGENTINO. Origen latino. Significado: Resplandeciente como la plata. Variantes: Argento, Argentí, Arxentino.

ARGI. Origen vasco. Significado: Luz, Lucio.

ARGIDER. Origen vasco.

ARGIMIRO. Origen germánico. Ejército famoso. Variantes: Argimir, Arximiro.

ARGIN. Origen vasco.

ARGOITZ. Origen vasco.

ARGRAFF. Origen galés. Significado: Impresión.

ARGUS. Origen griego. Significado: Brillante. Variante: Arguss.

ARHAMIS. Origen canario (Gran Canaria).

ARIAL. Origen galés. Significado: Vigoroso.

ARIÁN. Origen galés. Significado: Metal de plata.

ARICO. Origen canario (Tenerife). Hidalgo de Bencomo.

ARIDAMI, ARIDANI, ARIDAÑI. Origen canario (Gran Canaria).

ARIEL. Origen hebreo. Significado: León de Dios. Variantes: Airal, Arel, Ari, Ariele, Aryl, Aryo.

ARIF. Origen árabe. Significado: Cabo.

'ARIF. Origen árabe. Significado: Inteligente.

ARIN. Origen vasco.

ARINEGUA. Origen canario (Gran Canaria).

ARION. Origen griego. Significado: Caballo mágico. Variantes: Arian, Arien, Ariona, Aryon.

ARISTARCO. Origen griego. Significado: El mejor de los príncipes. Variante: Aristarc.

ARISTEO. Origen griego. Significado: El destacado, el sobresaliente. Variante: Aristeu.

ARÍSTIDES. Origen griego. Significado: El mejor de todos. Variantes: Aristede, Aristedes, Aristida, Aristide, Arystydes, Arisztid.

ARISTO. Origen griego. Significado: Brillante.

ARISTÓBULO. Origen griego. Significado: El buen consejero. Variante: Aristòbul.

ARISTÓFANES. Origen griego. Significado: El mejor, óptimo.

ARISTÓTELES. Origen griego. Significado: El que tiene nobles propósitos. Variantes: Aristote, Aristotle, Aristott.

ARITZ. Origen vasco.

ARITZEDER. Origen vasco.

ARIXO. Origen vasco.

ARKAITZ. Origen vasco.

ARKOX. Origen vasco.

ARLAIS. Origen galés. Significado: Que viene del templo.

ARMAN. Origen vasco.

ARMANDO. Origen germánico. Significado: Conductor de huestes. Variantes: Arman, Armand, Armin, Armond, Armondo.

ARMANI. Origen persa. Significado: Objeto del deseo.

ARMANI. Origen húngaro Significado: Astuto. Variantes: Armanee, Armaney, Armanie, Armany.

ARMENIO. Origen germánico. Significado: Guerrero de la tribu. Variantes: Ermin. Armeni.

ARMENTARIO. Origen griego. Significado: Pastor de ganado. Variante: Armen.

ARMICHE. Origen canario (El Hierro).

ARMIDE. Origen canario (Gran Canaria).

ARMINTZ. Origen vasco.

ARNAITZ. Origen vasco.

ARNALDO. Origen germánico. Significado: Que protege y vigila desde lo alto, que tiene el poder del águila. Variantes: Anaut, Arnalt, Arnau, Arnaud, Arnault, Arne, Arnhold, Arnie, Arno, Arnold, Arnoldo, Arnot, Ellande, Eñaut.

ARNULFO. Origen germánico. Significado: Fuerte como el águila y el lobo. Variante: Arnulba.

ARON. Origen griego. Guerrero procedente de la Cólquida (actual Georgia, en el Cáucaso).

AROTZA. Origen vasco.

ARQUELAO. Origen griego. Significado: Gobernante de su pueblo.

ARQUÍMEDES. Origen griego. Significado: De gran inspiración, el mejor pensador. Variantes: Archim, Archimedes, Archymedes, Arquimides.

ARRATS. Origen vasco. Significado: Anochecer.

ARRIGO → ENRIQUE.

ARRONTZIO. Origen vasco.

ARSENIO. Origen griego. Significado: Varonil y vigoroso. Variantes: Arsen, Arsène, Arseneo, Arseni, Arsenius, Arsinio, Arsinoé.

ARTAITH. Origen galés. Significado: Tormenta.

ARTEMI → ARTEMIS.

ARTEMIO. Origen griego. Significado: El que acompaña a Artemisa, diosa de la caza. Variantes: Artemas, Artemi, Artemis, Artemus.

ARTEMIS. Origen canario (Gran Canaria). Rey que unificó la isla. Variantes: Artemi, Artemy, Artemys.

ARTENTEYFAC. Origen canario (Gran Canaria).

ARTHAMIS. Origen canario (Gran Canaria).

ARTITZ. Origen vasco.

ARTIZAR. Origen vasco.

ARTIZAR. Origen vasco. Significado: Lucero del alba, Venus.

ARTOZKI. Origen vasco.

ARTURO. Origen celta. Significado: Alto, noble. Centinela de la Osa Mayor. Variantes: Arthur, Artie, Artur, Artus.

ARTZAI. Origen vasco. Significado: Pastor.

ARTZE. Origen vasco.

ARTZEIZ. Origen vasco.

ARUXO. Origen vasco.

ARWYDD. Origen galés. Significado: Señal.

ASA. Origen hebreo. Significado: El que cura, que da salud, médico. Variante: Asah.

ASA. Origen japonés. Significado: Nacido por la mañana.

ASAD. Origen árabe. Significado: León. Variantes: Asaad, Asid, Assad, Azad.

AS'AD. Origen árabe. Significado: Feliz, afortunado.

ASAEL. Origen árabe. Significado: Próspero, exitoso. Variantes: Asadel, Asadul, Asadyl.

ASAF. Origen hebreo. Significado: El escogido por Dios. Variantes: Asaph, Asif.

ASAHI. Origen japonés. Significado: Mañana, sol, amanecer.

ASANO. Origen canario (Tenerife).

ASCHE. Origen canario (Lanzarote).

ASDRÚBAL. Origen púnico. Significado: El que está protegido por Dios.

ASEL. Origen vasco.

ASENSIO. Origen latino. Evocación de la Ascensión de Jesucristo a los cielos. Variantes: Ascensi, Ascensio, Asentzio, Igo.

ASER. Origen hebreo. Significado: Feliz. Nombre de uno de los diez hijos de Jacob. Variante: Asher.

ASGRE. Origen galés. Significado: Corazón.

ASHLEY. Origen inglés. Significado: Prado plantado de fresnos. Variantes: Ashlea, Ashlee, Ashleigh, Ashlyn.

ASHRAF. Origen árabe. Significado: Muy honorable.

ASIER. Origen persa. Derivado de Jerjes, rey de Persia.

ASIER. Origen vasco.

ASIF. Origen árabe. Significado: Perdón.

ASIM. Origen árabe. Significado: Protector, defensor. Variante: 'Asim.

ASTER. Origen vasco.

ASTERI. Origen vasco.

ASTIGAR. Origen vasco. Significado: Arce.

ASTOLFO. Origen griego. Significado: El que auxilia con su lanza.

ASUKA. Origen japonés. Significado: El aroma de la mañana.

ASWAD. Origen árabe. Significado: Negro. Variante: Aswald.

ATA. Origen fanti. Significado: Regalo Variante: Ata', 'Ataa.

ATA' AL RAHMAN. Origen árabe. Significado: Regalo de los caritativos.

ATA' ALLAH. Origen árabe. Significado: Regalo de Dios.

ATABARA. Origen canario (La Palma).

ATACAICATE. Origen canario (Gran Canaria). Significado: Gran corazón.

ATAHUALPA. Origen quechua. Significado: Ave de la fortuna.

ATANASIO. Origen griego. Significado: Inmortal. Variantes: Atanasi, Athan, Athanase.

ATANAUSU. Origen canario (La Palma).

ATARRABI. Origen vasco.

ATARRATZ. Origen vasco.

ATASAR. Origen no especificado.

ATASARTE. Origen canario (Gran Canaria). Variante: Tasarte.

ATASI. Origen indio. Significado: Flor azul.

ATAÚLFO. Origen germánico. Otra forma de Adolfo. Variante: Ataülf.

ATAZAICATE. Origen canario. Significado: Valiente. De gran corazón.

ATBITOCAZPE. Origen canario (Tenerife).

ATCHE. Origen canario (Lanzarote). Variantes: Asche, Atchen.

ATEF. Origen árabe. Afectuoso, cariñoso, expresivo. Variante: Atif.

ATENISA. Origen no especificado.

ATGAS. Origen galés. Significado: Odio.

ATGUAXOÑA. Origen canario (Tenerife).

ATHIL. Origen árabe. Significado: Firmemente arraigado.

ATHIR. Origen árabe. Significado: Favorecido, preferido.

ATHOL. Origen escocés Significado: De Irlanda. Variantes: Affol, Athal, Athalton, Athel, Athil, Atyl.

ATHOS. Origen griego. Sobrenombre de Zeus.

ÁTICA. Origen griego. Significado: De la ciudad de Atenas.

ATIF. Origen árabe. Significado: Compasivo, comprensivo. Variante: 'Atif.

ATILA. Origen griego. Significado: Padre joven. Variantes: Atilano, Attila, Attilah, Attilio, Atou.

ATILANO. Origen germánico. Significado: Relativo al padre. Variantes: Atilà, Atillan.

ATILIO. Origen latino. Significado: El favorito del abuelo.

ATILIO. Origen vasco.

ATOGMATOMA. Origen canario (La Palma).

ATON. Origen vasco.

ATTAXA. Origen canario (Tenerife).

ATTEMISA. Origen no especificado.

ATTIS. Origen no especificado. Significado: Niño hermoso.

ATULA. Origen indio. Significado: Incomparable.

ATXITO. Origen vasco.

ATXURI. Origen vasco.

AUBERTO. Origen germánico. Otra forma de Alberto. Variante: Aubert.

AUBIN. Origen latino. Significado: Blanco. Variantes: Aubouin, Auburn.

AUBREY. Origen inglés. Significado: Maestro de los elfos. Jefe sabio y poderoso. Variantes: Alberic, Auberon, Aubree, Aubri, Aubrie, Avery, Oberon.

AUDAZ. Origen latino. Significado: Valiente. Variantes: Audaç, Audaci, Audas, Audax.

AUDOMARO. Origen griego. Significado: Famoso por su riqueza.

AUGERON. Origen canario (El Hierro).

AUGUSTO. Origen latino. Significado: El que merece fama, majestuoso, sagrado, divino. Variantes: Agosto, August, Auguste, Augustin, Augustino, Augustus.

AUHAGAL. Origen canario (La Gomera).

AUKAI. Origen hawaiano. Significado: La gente de mar.

AURELIANO. Origen latino. Patronímico de Aurelio. Variantes: Aurelen, Aurelià, Aurelian, Aurélien.

AURELIO. Origen latino. Significado: Que precede al Sol. Del color del oro. Variantes: Aureli, Àureo.

AURITZ. Origen vasco.

AURKEN. Origen vasco.

AUSTIN. Origen latino. Significado: Sublime.

AUTEJO. Origen canario (La Gomera).

AUTIMBARA. Origen canario (Gran Canaria).

AUTINDANA. Origen canario (Gran Canaria). Gayre de Telde.

AUTINDARA. Origen canario (Gran Canaria). Uno de los conquistadores de Tenerife.

AUTINMARA. Origen canario (La Palma).

AVAGO. Origen canario (Lanzarote).

AVBEREQUEVE. Origen canario (Tenerife).

AVELINO. Origen latino. Significado: Natural de Abella (Campania, Italia), población que dio origen al nombre de avellana. Variantes: Abelin, Avel·lí.

AVENTAHO. Origen canario (Gran Canaria).

AVHAL. Origen canario (La Gomera).

AVTEJO → ABTEJO.

AWAD. Origen árabe. Significado: Recompensa, compensación. Variante: 'Awad.

AWEL. Origen galés. Significado: Brisa.

'AWF . Origen árabe. Significado: Planta de olor agradable.

AWS. Origen árabe. Significado: Dar.

AWWAB. Origen árabe. Significado: Devolver (a Alá).

AXEL. Origen germánico. Significado: Recompensa del cielo. Variantes: Aksl, Ax, Axe, Axil, Axl.

AXER. Origen canario (La Palma).

AXIXUNA. Origen no especificado.

AXO. Origen vasco.

AXONA. Origen canario (Tenerife).

AXULAR. Origen vasco.

AYELÉN. Origen mapuche. Significado: La sonrisa, la alegría.

AYHAM. Origen árabe. Significado: Valiente.

AYMAN. Origen árabe. Significado: Afortunado.

AYMAR. Origen germánico. Significado: Casa grande.

AYMEDEYA COAM. Origen canario (Gran Canaria).

AYMEDEYANCOAN. Origen canario (Gran Canaria).

AYMERIC. Origen germánico. Significado: Mansión. Variantes: Aimeri, Émeric, Henri.

AYMEYOACAN. Origen canario (Gran Canaria).

AYOZE. Origen canario (Fuerteventura). Rey de Jandía.

AYSER. Origen árabe. Significado: Rico.

AYTAMÍ. Origen canario (Gran Canaria).

AYTHAMY. Origen canario (Gran Canaria).

AYUMU. Origen japonés. Significado: Caminar. Sueño, anhelo, ensueño, ideal.

AYYÛB. Origen árabe. Significado: Job. Variante: Ayoob.

AZA. Origen árabe. Significado: Comodidad.

'AZAB. Origen árabe. Significado: Viajero.

AZANÍAS. Origen hebreo. Significado: Dios lo oye. Variantes: Azania, Azaniah, Azaniya.

AZANO. Origen no especificado.

AZARÍAS. Origen hebreo. Significado: El Señor me sostiene y me guía. Variantes: Azaria, Azariah, Azaries.

AZARIEL. Origen hebreo. Significado: El que domina las aguas. Variantes: Azarael, Azarel.

AZATEN. Origen canario (Tenerife).

AZEARI. Origen vasco.

AZEEM. Origen árabe. Significado: Defensor, refiriéndose a una de las noventa y nueve cualidades de Dios. Variante: Azim.

AZHAR. Origen árabe. Significado: El más brillante, luminoso.

AZÎM. Origen árabe. Significado: Amigo fiel. Variantes: Aseem, Asim, Azeem.

AZIZ. Origen árabe. Significado: Poderoso. Variante: 'Aziz.

AZKORTE. Origen vasco.

AZNAR. Origen vasco.

AZRAEL. Origen hebreo. Significado: Ayuda de Dios. Variante: Azriel.

AZTIRI. Origen vasco.

AZUBELI. Origen vasco.

AZUL. Origen árabe. Significado: Del color del cielo sin nubes. Debe ir acompañado de otro nombre que indique sexo.

AZUQUAHE. Origen canario (La Palma). Significado: De piel muy oscura.

AZUQUAHÍ. Origen canario (La Palma). Significado: El moreno, de piel oscura. Nombre de un príncipe de Abenguareme.

AZZÂM. Origen hebreo. Significado: Decidido, resuelto. Variantes: Azza, Azzah, 'Azzam, Azzan.

B

BAAL. Origen caldeo. Significado: Dominador de un territorio, dueño y señor.

BABIL. Origen vasco.

BACO. Origen latino. Significado: Dios del vino. Bacchus.

BADA. Origen coreano. Significado: Mar.

BADAICO. Origen canario (Tenerife).

BADAMOHET. Origen canario (Tenerife).

BADEL. Origen canario (Tenerife).

BADENOL. Origen canario (Tenerife). Príncipe de Tacoronte. Variante: Badeñol.

BADI. Origen árabe. Significado: Maravilloso.

BADI AL ZAMAN. Origen árabe. Significado: La maravilla del tiempo.

BADR. Origen árabe. Significado: Luna llena. Badr al Din.

BADRI. Origen árabe. Significado: El que participó en la batalla de Badr.

BAETA. Origen canario (Gran Canaria).

BAHA. Origen árabe. Significado: Hermoso, magnífico.Baha'.

BAHA AL DIN. Origen árabe. Significado: Magnificencia de la fe. Bahiyy al Din.

BAHIJ. Origen árabe. Significado: Alegre.

BÂHIR. Origen árabe. Significado: Deslumbrante, inteligente.

BAHITI. Origen egipcio. Significado: Fortuna.

BAIARDO. Origen vasco.

BAIARTE. Origen vasco.

BAILEY. Origen inglés. Significado: Encargado, ujier. Bailee, Bailie, Baily, Baylee, Bayley, Bayly.

BAKAR. Origen vasco.

BAKR. Antiguo nombre árabe.

BAKRI. Origen árabe. Significado: El que comienza a trabajar temprano.

BALASI. Origen vasco. Significado: Pies planos.

BALBINO. Origen latino. Significado: Tartamudo, que balbucea.Balbí, Balbin, Balbo.

BALDOMERO. Origen germánico. Significado: Audaz, insigne. Baldo, Baldomer, Valdemar, Waldemar.

BALDOVINO. Origen germánico. Significado: El amigo intrépido. Baldewin, Baldoví, Baldovín, Balduí, Balduin, Balduino, Baldwin, Baldwyn, Baudoin, Baudouin.

BALENDIN. Forma vasca de Valentín.

BALEREN. Forma vasca de Valerio.

BALESIO. Origen vasco.

BALIGH. Origen árabe. Significado: Elocuente.

BALTASAR. Origen asirio. Significado: Protegido por el Dios Baal. Uno de los tres Reyes Magos. Baldasar, Balta, Balthasar, Balthazar, Bautezar.

BANDALA. Origen canario (Tenerife).

BANDALUT. Origen canario (Tenerife).

BANDAR. Origen árabe. Significado: Puerto.

BANON. Origen galés. Significado: Blanco. Banan, Banen, Banquo, Banyn.

BAO. Origen chino. Significado: Tesoro.

BARAK. Origen hebreo. Significado: Relámpago. Barrack, Barrak, Baruch.

BARAKA. Origen árabe. Significado: Bendición. Barakah.

BARASO. Origen canario (La Palma).

BARDEZI. Origen vasco.

BARDO. Origen germánico. Significado: Gigante. Bardot.

BAREA. Origen vasco.

BARIONO. Origen canario (La Gomera).

BARIR. Origen árabe. Significado: Fiel.

BARNEY. Origen inglés. Significado: Habitante del granero. Barnee, Barni, Barny.

BARRABÁS. Origen hebreo. Significado: Hijo del Padre. Barrabàs.

BARTOLOMÉ. Origen hebreo. Significado: Hijo de Tolomeo. Bardol, Barthel, Barthélemy, Bartholomew, Barto, Bartolo, Bartoloma, Bartolomeo, Bartolomeu, Bartomeu, Bertol, Bertomeu.

BARUCH. Origen hebreo. Significado: El bendito por Dios. Baruc, Baruj.

BASHIR. Origen árabe. Significado: Mensajero de buenas noticias. Bashshar.

BASHSHÂR. Origen árabe. Significado: Que trae buenas noticias, Alegre. Bashîr.

BASIL. Origen árabe. Significado: Valiente.

BASILIO. Origen griego. Significado: Rey, soberano. Baraxil, Basil, Basile, Basileo, Basileu, Basili, Basilide, Basilios, Baslie, Bazil, Vassili.

BASSÂM. Origen árabe. Significado: Sonriente. Bâsim.

BATIKON. Origen vasco.

BATZI. Origen vasco.

BAUDILIO. Germánico. Significado: Que es bravo y valiente. Baldiri, Baldirio, Baudile, Baudili, Boi.

BAUTE. Origen canario (Tenerife).

BAUTISTA. Origen griego. Significado: El que bautiza. Baptiso, Baptist, Baptista, Baptiste, Baptistin, Baptisto, Batista, Battista, Uguzne.

BAVOL. Origen gitano. Significado: Viento.

BAYHAS. Origen árabe. Significado: Nombre del león.

BAZIL. Origen vasco.

BAZKOARE. Forma vásca de Pascual.

BEDIESTA. Origen canario (La Palma).

BEDO. Origen canario (Tenerife).

BEILA. Origen vasco.

BELA. Origen vasco.

BELARMINO. Origen no especificado. Significado: Guerrero bien armado. Bel·larmí.

BELASKO. Origen vasco.

BELATZ. Origen vasco.

BELENDIN. Forma vasca de Valentín.

BELERE. Origen vasco.

BELEREN. Origen vasco.

BELICAR. Origen canario (Tenerife). Variante: Bellicar.

BELISARIO. Origen griego. Significado: El que arroja saetas con fuerza. Bélisaire, Belisari, Belisario, Belisarius.

BELMANUA. Origen canario (Gran Canaria).

BELMIRO. Origen germánico. Significado: El ilustre guerrero.

BELMIRO. Origen portugués. Significado: Atractivo. Belmirow, Belmyro, Belmyrow.

BELTRÁN. Origen germánico. Significado: Que lleva un escudo refulgente. Belrtrán, Bertrán, Bertrand.

♂

BELTXE. Origen vasco.

BEMUS. Origen latino. Significado: Plataforma. Variante: Bemis.

BEN. Origen hebreo. Significado: El hijo. Variante: Benn.

BENAMER. Origen canario (Tenerife).

BENARTEMI. Origen canario (Gran Canaria).

BENCHARO. Origen canario (Tenerife).

BENCOMO. Origen canario (Tenerife). Variantes: Bencom, Benchomo.

BENDIDAGUA. Origen canario (Gran Canaria).

BENEDICTO. Origen latino. Significado: El bendito por Dios. Benedetto, Benedict, Benedicte, Benedikt, Benedita, Benito.

BENEHARO. Origen canario (Tenerife). Rey guanche de Anaga.

BENEYGACIM. Origen canario.

BENEYGOAM. Origen canario.

BENI. Origen vasco.

BENICIO. Origen latino. Significado: Amigo de cabalgar.

BENICIO. Origen español. Significado: Benevolente.

BENICOD. Origen canario (Tenerife).

BENIDO. Origen pompeyano. Significado: Bonito.

BENIGNO. Origen latino. Significado: Benévolo, que quiere el bien. Benigne, Benin.

BENILDO. Origen germánico. Significado: Luchador.

BENITO. Origen latino. Significado: Bendito. Benedito, Bendix, Benedek, Benedick, Benedikt, Benet, Benezet, Benno, Beno, Benoat, Benoît, Bento, Betto, Bieto, Bieito.

BENITOMO. Origen canario (Tenerife).

BENJAMÍN. Origen hebreo. Significado: El hijo preferido. Ben, Bengi, Beniamino, Benjamí, Benji, Benjy, Benkamin, Benno, Benny, Beno, Benxamín, Benyamin.

BENJIRO. Origen japonés. Significado: El que goza de paz.

BENNU. Origen egipcio. Significado: Águila.

BENONAR. Origen no especificado.

BENONI. Origen hebreo. Significado: Dolor, pesar, pena.

BENRIMO, BENRIMON. Origen canario (Tenerife).

BENSA. Origen canario (Tenerife).

BENTACAIRE. Origen canario (La Palma).

BENTACAYSE. Origen canario (La Palma).

BENTACOR. Origen canario (Gran Canaria).

BENTAGAI. Origen canario (Gran Canaria). Variante: Bentagay.

BENTAGASI. Origen canario (Gran Canaria).

BENTAGAYRE. Origen canario (Gran Canaria).

BENTAGO. Origen canario.

BENTAGOCHE. Origen canario (Gran Canaria).

BENTAGOIHE. Origen canario (Gran Canaria). Variantes: Bentagoje, Bentagoyhe.

BENTAGOR. Origen no especificado.

BENTAGORE. Origen canario (Gran Canaria).

BENTAGOYHE → BENTAGOIHE.

BENTAGUAIRE. Origen canario (Gran Canaria). Variante: Bentaguayre.

BENTAGUAYA. Origen canario (Gran Canaria).

BENTAJEY. Origen canario (Gran Canaria).

BENTAOR. Origen canario (Gran Canaria).

BENTCHEY. Origen canario (Gran Canaria).

BENTEJUÍ. Origen canario (Gran Canaria). Variante: Benthejuí.

BENTENHYA. Origen canario (Tenerife).

BENTIDAO. Origen canario (Tenerife).

BENTINERFE. Origen canario (Tenerife).

BENTOHEY. Origen canario (Gran Canaria).

BENTOR. Origen canario (Tenerife).

BENYTOMO → BENITOMO.

BERART. Origen vasco.

BERASKO. Origen vasco.

BERAUN. Origen vasco. Quizá derivado de *beruna* (plomo). Cueva en Berastegi (Guipúzcoa).

BERBIZKUNDE. Origen vasco.

BERDAITZ. Origen vasco.

BEREMUNDO → VEREMUNDO.

BERENGARIO. Origen germánico. Significado: Lanza protectora. Berengari, Berenguel, Berenguer.

BERETER. Origen vasco.

BERNABÉ. Origen hebreo. Significado: Hijo de la profecía. Barnaba, Barnabas, Barnabé, Bernaba, Bernabeu.

BERNARDINO. Diminutivo de Bernardo.

BERNARDO. Origen germánico. Significado: Temerario como un oso. Benarte, Beñardo, Beñat, Bernaldino, Bernandin, Bernandino, Bernardí, Bernardinus, Bernardo, Bernartin, Bernard, Bernat.

BERRIOTXOA. Origen vasco.

BERTIN. Origen inglés. Significado: Brillante, ilustre. Bert, Bertí, Bertie, Berto, Burt.

BERTOL. Origen vasco.

BERTOLDO. Origen germánico. Significado: El jefe espléndido. Berthold, Berthoud, Bertold, Bertoldi, Bertolt, Bertuccio, Burthold.

BESAY. Origen canario.

BESELCH. Origen canario.

BESSAM. Origen árabe. Significado: Sonriente.

BESTINDANA. Origen canario (Gran Canaria).

BETADUR. Origen vasco.

BETIRI. Forma vasca de Pedro. Variantes: Beti, Betti, Petri.

BETZENURIA. Origen canario (Tenerife).

BETZENURIGA. Origen canario (Tenerife).

BETZENUYA. Origen canario (Tenerife).

BIBIANO. Origen latino. Significado: Lleno de vida. Bibian, Viviano.

BIDARI. Forma vasca de Viator.

BIEL. Hipocorístico de Gabriel.

BIENVENIDO. Origen latino. Significado: El que es bien recibido, recibido con alegría. Benvenuto, Benvido, Benvingut, Bienvenu.

BIKENDI. Forma vasca de Vicente.

BILAL. Origen árabe. Significado: El escogido. Nombre del almuecín del Profeta. Variantes: Bila, Bilel, Billal.

BILARI. Origen vasco.

BILL. Origen germánico. Diminutivo inglés de William. Bil, Bilea, Bilee, Bileigh, Biley, Bili, Billi, Billo, Billy, Bily.

BINGENT. Forma vasca de Vicente.

BIRILA. Origen vasco. Variante: Virila.

BIRJAIO. Forma vasca de Renato.

BISHR. Origen árabe. Significado: Alegría.

BITAÑO. Origen vasco.

BITTOR. Forma vasca de Víctor.

BIXINTXO. Forma vasca de Vicente.

BIZI. Forma vasca de Vidal.

BIZKENTZI. Forma vasca de Vicencio.

BLADIMIR. Origen eslavo. Variante de Vladimiro.

BLAKE. Origen inglés. Significado: De pelo negro. Blaec, Blaek, Blaik, Blaike, Blayk, Blayke.

BLAS. Origen latino. Significado: Tartamudo, que balbucea. Baladi,

♂

Balas, Bladi, Blai, Blase, Blasien, Blaise, Biagio, Blaise, Blayze, Blasius, Blaze, Brais.

BLASCO. Origen latino. Significado: De color pálido. Blasko.

BOB. Origen inglés. Significado: Famoso, brillante. Diminutivo inglés de Roberto. Bobb, Bobbee, Bobbi, Bobbie, Boby, Bobby.

BOGOMIL. Origen eslavo. Significado: Amigo de Dios. Bogo, Bogomile, Bogomyl, Bogumil.

BOHDAN. Origen checo. Significado: Regalo de Dios. Bogdan, Bogdashka, Bohdon.

BOJAN. Origen checo. Significado: Guerra. Bojanek, Bojek, Bojik.

BOLESLAO. Origen eslavo. Significado: El más glorioso de los gloriosos. Bolek, Boleslav, Boleslaw.

BOLIBAR. Origen vasco.

BONARO. Origen italiano. Significado: Buen amigo. Bon, Bona, Bonah, Bonar.

BONIFACIO. Origen latino. Significado: Bienhechor. Variantes: Boniface, Bonifaci, Bonifacius, Bonifatius, Bonipagi.

BORDAT. Origen vasco.

BORIS. Origen eslavo. Significado: Luchador, gran oso. Borís, Boriso, Boriss, Borys.

BORJA. Origen valenciano. Significado: Cabaña. Apellido de un santo del s. XVI (san Francisco de Borja).

BOULOS. Forma árabe de Pablo. Variante: Boulus.

BRADLEY. Origen inglés. Significado: Amplio prado. Brad, Bradd, Bradlea, Bradlee, Bradleigh, Bradlie, Bradly.

BRANCO. Origen eslavo. Significado: Gloria. Branko.

BRANDÁN. Origen celta. Significado: Cuervo. Brandan, Branden, Brandon, Brandyn, Brendà, Brendan, Brendano, Brendon.

BRANWEN ➔ BRONWEN.

BRAULIO. Origen latino. Significado: Toro bravo. Brauli, Baurli.

BRAULIO. Origen germánico. Significado: Espada de fuego.

BREGUS. Origen galés. Significado: Frágil.

BREIXO. Origen latino. Significado: Muy cierto.

BRENT. Origen celta. Significado: Cima de la montaña. Brentan, Brentin, Brenton, Brentyn.

BRETT. Origen inglés. Significado: Hombre de Gran Bretaña. Bret, Brette, Bretton, Brit, Britt.

BRIAN. Origen celta. Significado: Fuerte. Braiano, Briant, Briano, Brien, Brion, Bryan, Bryon.

BRICE. Origen celta. Significado: Que tiene pecas. Bris, Brix, Bryce.

BRICIO. Origen celta. Significado: Representa la fuerza. Bricci, Briccio, Brizio.

BRÍGIDO. Origen celta. Significado: El más alto.

BRONWEN. Origen galés. Significado: Oscuro y puro. Branwen, Bron, Bronwyn, Brangwen, Brangwy, Branwenn.

BROOKE. Origen inglés. Significado: Arroyo. Brook, Brookes, Brooks.

BRUCE. Origen inglés. Significado: Matorral espeso. Brooce, Broose, Brucey, Brucie.

BRUCO. Origen canario (La Gomera).

BRUNO. Origen germánico. Significado: Coraza. Bru, Burnon.

BRUNO. Origen latino. Significado: El de piel morena. Braun, Brunen, Brunin.

BUDAIL. Origen árabe. Nombre de un compañero del Profeta. Budayl.

BUENAVENTURA. Origen latino. Significado: El que augura alegría. Boaventura, Bonaventura, Bonaveture, Bonaventure.

BURCARDO. Origen alemán. Significado: Audaz protector.

BURHAN. Origen árabe. Significado: Prueba, demostración.

BURNI. Origen vasco.

BUSHR. Origen árabe. Significado: Alegría, felicidad.

BUTRUS. Forma árabe de Pedro.

BUYPANO. Origen canario (Fuerteventura).

BYRON. Origen inglés. Significado: Lugar donde se ordeñan las vacas. Variante: Biron.

CACONAYMO. Origen canario (Tenerife). Príncipe hijo de Tinerfe.

CADBY. Origen nórdico. Significado: Dominio del guerrero. Variantes: Cadbee, Cadbey, Cadbi, Cadbie.

CADELL. Origen galés. Significado: Batalla en el valle. Variantes: Cade, Cadel, Caden, Caidel, Caidell, Caydel, Caydell, Cayden.

CADEO. Origen vietnamita. Significado: Canción tradicional.

CADMAN. Origen celta. Significado: Guerrero. Variantes: Cadmen, Caedman, Caedmon, Caidman, Caydman.

CADOGAN. Origen galés. Significado: Que mantiene el honor en la batalla.

CAEN → KAINE.

CAERWYN. Origen galés. Significado: Fortaleza bendita. Variante: Carwyn.

CAETHES. Origen galés. Significado: Esclavo.

CAHIL. Origen turco. Significado: Joven, inexperto. Variantes: Cahill, Kahil, Kahill, Kahyl, Kahyll.

CAIFÁS. Origen asirio. Significado: Hombre de poco ánimo.

CAILEAN. Origen escocés (nombre gaélico). Significado: Que triunfa en la batalla. Variantes: Caelan, Caelen, Caelin, Caelon, Caelyn, Cailan, Cailen, Cailin, Cailon, Cailyn, Calan, Cale, Callan, Callen, Callin, Caylan, Caylen, Caylin, Caylon, Caylyn.

CAIN, CAINE → KAINE.

CAÍN. Origen hebreo. Significado: El que forjó su propia lanza. Variantes: Caen, Caene, Cainan, Caine, Cayn, Cayne, Kain, Kayn, Kayne.

CAITAFA. Origen canario (Gran Canaria). Variante: Caytafa.

CAITAJA. Origen canario (Gran Canaria).

CALEB. Origen hebreo. Significado: Impetuoso, audaz. Variantes: Calab, Cale, Caley, Kalb, Kaleb.

CALEYDO. Origen canario (Tenerife).

CALÍGULA. Origen latino. Significado: Que calza sandalias.

CALÍMACO. Origen griego. Significado: El buen luchador. Variante: Cal·límac.

CALÍSTRATO. Origen griego. Significado: Jefe de un gran ejército.

CALIXTO. Origen griego. Significado: De gran belleza. Variantes: Calisto, Calliste, Callisto, Calixt, Calixte, Kaliste.

CALÓGERO. Origen griego. Significado: Monje. Variantes: Caloger, Calòger, Calogeri, Calogerio.

CALUCA. Origen canario (Tenerife).

CALUM. Origen escocés. Significado: Seguidor de san Columbano. Paloma. Variantes: Calam, Calem, Caleim, Callam, Callem, Callim, Callym, Colm, Colum, Kallum, Kalum.

CALVIN. Origen latino. Significado: Calvo. Forma latinizada del reformador

Calvino. Variantes: Cal, Calvan, Calven, Calvino, Calvyn, Kalvin, Kalvyn.

CAM. Origen hebreo. Nombre de uno de los hijos de Noé.

CAMERON. Origen escocés (nombre gaélico). Significado: Nariz torcida. Alude a un antiguo apellido escocés. Variantes: Camar, Camaron, Camron, Kameron.

CAMILO. Origen latino. Significado: El que asiste al sacerdote. Variantes: Camil, Camilus, Camille, Camillo, Camillus, Camyl, Kamil, Kamilo, Kamyllo, Kamylo.

CAMLIN. Origen celta. Significado: Sendero tortuoso.

CAMPBELL. Origen escocés (nombre gaélico). Significado: Boca torcida. Alude a uno de los grandes clanes escoceses. Variantes: Cam, Cambel, Cambell, Camp, Kambel, Kambell, Kamp, Kampbell.

CANCIO. Origen latino. Significado: Canción. Variante: Canci.

CANDAN. Origen turco. Significado: Sincero.

CANDELARIO. Origen latino. Significado: Encendido, brillante.

CÁNDIDO. Origen latino. Significado: Puro y sincero. Variantes: Candi, Càndid, Candide, Kandidi.

CANNAN. Origen hebreo. Significado: El humilde. Variante: Canan.

CANUTO. Origen escandinavo. Significado: Nudo. Nombre de algunos antiguos reyes daneses. Variantes: Canut, Canute, Cnut, Cnute, Kanut, Kanuta, Kanute, Knud, Knut, Knute.

CAPPI. Origen gitano. Significado: Buena fortuna. Variantes: Cappee, Cappey, Cappie, Cappy, Kappee, Kappey, Kappi, Kappie, Kappy.

CARADOC. Origen celta/Origen galés. Significado: Amable, querido. Variantes: Caradawg, Caradec, Caradeg, Caradog, Karadoc.

CARDEN. Origen celta. Significado: El que peina la lana. Variantes: Cardan, Cardin, Cardon, Cardyn.

CARDEW. Origen de Cornualles/Origen galés. Significado: Pies negros. Variante: Carew.

CAREL. Origen holandés. Significado: Hombre libre.

CAREY. Origen celta. Significado: Del río. Variantes: Care, Caree, Carre, Carrey, Carry, Cary. Nombre masculino y femenino.

CAREY. Origen de Cornualles. Significado: Querido. Variantes: Care, Caree, Carre, Carrey, Carry, Cary. Nombre masculino y femenino.

CAREY. Origen irlandés. Alude a un castillo. Variantes: Care, Caree, Carre, Carrey, Carry, Cary. Nombre masculino y femenino.

CARIM. Origen árabe. Significado: Generoso.

CARL. Origen germánico. Significado: Fuerte, valiente. Otra forma de Carlos. Variante: Karl.

CARLIN. Origen de Cornualles. Significado: Fuerte, valeroso. Variantes: Carlan, Carlen, Carley, Carli, Carlie, Carling, Carlino, Carlon, Carly, Karlan, Carlen, Karlin, Karlon, Karlyn. Nombre masculino y femenino.

CARLIN. Origen irlandés (nombre gaélico). Significado: Joven campeón. Variantes: Carlan, Carlen, Carley, Carli, Carlie, Carling, Carlino, Carlon, Carly, Karlan, Carlen, Karlin, Karlon, Karlyn. Nombre masculino y femenino.

CARLISLE. Origen inglés. Significado: Torre fortificada. Variantes: Carlyle, Carlysle, Karlisle, Karlyle.

CARLOS. Origen germánico. Significado: Fuerte, varonil. Variantes: Calros, Carl, Carles, Carlito, Carlo, Carlomagno, Carlson, Carol, Caroll, Carolo, Carolus, Charlee, Charles, Charley, Charlez, Charli, Charlie, Charly, Karel, Karl, Karlo, Karlos, Karol, Karolius, Xarles.

CARLYON. Origen de Cornualles.

CARMELO. Origen hebreo. Significado: Viña de Dios. Alude al Monte Carmelo. Variantes: Carmel, Carmeli, Carmen, Carmi, Carmiel, Carmine, Carmyn, Carmyne, Karmel, Karmeli, Karmi, Karmiel.

CARNE. Origen de Cornualles. Significado: Montaña rocosa.

CARNEY. Origen irlandés. Significado: Guerrero victorioso. Variantes: Carnee, Carney, Carnie, Karnee, Karney, Karni, Karnie, Karny.

CARR. Origen nórdico. Significado: Del pantano. Variantes: Car, Carson, Carsten, Carvel, Kar, Karr, Karson, Karsten, Karvel, Kerr, Kerwin.

CARRICK. Origen gaélico. Significado: Del cabo rocoso. Variantes: Carric, Carrik, Carrington, Karric, Karrick, Karrington.

CARSON. Origen inglés. Significado: Hijo del que habita en el pantano. Variantes: Carsan, Carse, Carsen, Carsin, Karsan, Karsen, Karsin, Karson, Karsyn.

CARTER. Origen inglés. Significado: Carretero. Variantes: Cart, Cartar, Cartor, Kart, Kartar, Karter, Kartor.

CASANDRO. Origen griego. Significado: El hermano del héroe.

CASEY. Origen irlandés. Significado: Bravo, agresivo, guerrero. Variantes: Cacey, Casee, Cassi, Casie, Cassee, Cassey, Cassi, Cassie, Casy, Cayce, Caycey, Cazzee, Cazzey, Cazzy, Kasey, Kasi, Kassi, Kassey, Kazey, Kazzi, Kazzy, Kazy.

CASIANO. Origen latino. Significado: Que va provisto de yelmo. Patronímico de Casio. Variante: Casià.

CASILDO. Origen árabe. Significado: El mancebo que lleva la lanza. Variante: Casild.

CASIMIRO. Origen eslavo. Significado: El que predica la paz. Variantes: Casimir, Casimire, Castimer, Cazimir, Cazimier, Kashmir, Kasimir, Kazimir, Kazimier, Kazimierz.

CASIO. Origen hebreo. Significado: Provisto de yelmo. Variantes: Casiano, Cassi, Cassio, Cassius, Cazzius, Kasi, Kasius, Kassio, Kassius, Kazzius.

CASSIDY. Origen irlandés. Significado: Astuto, seductor. Variantes: Cassady, Cassian, Cassidee, Cassidey, Cassidi, Cassidie, Cassion, Casius, Caskey, Kassidee, Kassidey, Kassidi, Kassidie, Kassidy, Kassion, Kasius, Kaskey.

CASTO. Origen latino. Significado: Puro, honesto, limpio. Variantes: Cast, Kasta.

CÁSTOR. Origen griego. Significado: Castor (animal). Variantes: Caster, Castor, Càstor, Castori, Castorio, Kastor. Héroe de la mitología griega, hermano gemelo de Pólux; ambos eran conocidos como los Dioscuros. A ellos, alude la constelación de Géminis.

CATHMOR. Origen irlandés (nombre gaélico). Significado: Gran guerrero. Variantes: Cathmore, Cathmoor, Cathmoore, Kathmor, Kathmore, Kathmoor, Kathmoore.

CATÓN. Origen latino. Significado: Sabio, ingenioso. Variante: Cato.

CATRIEL. Origen Tehuelche. Significado: Que posee una cicatriz.

CATULIO. Origen latino. Significado: Perrito. Variantes: Catuli, Catulle, Castule, Castus.

CAWLEY. Origen escocés. Significado: Reliquia. Variantes: Calea, Cawleah, Cawlee, Cawleig, Cawli, Cawlie, Cawly, Kawlee, Kawleigh, Kawli, Kawlie, Kawly.

CAYETANO. Origen latino. Significado: Natural de la ciudad italiana de Gaeta, en la región del Lacio. Variantes: Caetano, Caietà, Caitan, Cajetan, Cayo, Gaétan, Gaetano, Kaitan, Kajetan.

CAYO. Origen latino. Significado: Alegre. Variantes: Cae, Cai, Caio, Caius, Caw, Cay, Kae, Kai, Kaia, Kay.

CAYTAFA → CAITAFA.

CEBENSUI. Origen canario (Tenerife).

CECILIO. Origen latino. Significado: Ciego. Variantes: Cecil, Cecile, Cecili,

Cécilien, Cecillus, Cecilo, Cecyl, Celio, Kilian, Koikilli.

CÉDRIC. Origen galés. Significado: Jefe guerrero. Variantes: Cedrick, Cedrych, Sedric, Sedrick.

CEFERINO. Origen griego. Significado: Como el céfiro, el que acaricia como el viento. Variantes: Ceferí, Keperin, Tzepirin, Zeferí.

CELEDONIO. Origen griego. Significado: Como una golondrina. Variantes: Celedoni, Celoni, Zeledon.

CELESTINO. Origen latino. Significado: Habitante del reino celestial. Variantes: Celestí, Célestin, Celestine, Celestyn, Celio, Selestin, Selestine, Selestino, Selestyn.

CELIO. Origen latino. Significado: Oriundo del monte Caelius, una de las siete colinas de Roma. Variante: Celi.

CELSO. Origen latino. Significado: Alto, elevado, noble, excelso. Variantes: Cels, Celse, Keltsa.

CENGIS. Origen turco. Variantes: Genghis, Chingis, Cengiz, Chinggis.

CERDETO. Origen canario (Tenerife).

CÉSAR. Origen latino. Significados probables: El que fue separado del vientre de su madre. De cabello largo y abundante. Alude al título de dignidad imperial en la antigua Roma. Variantes: Caesar, Caesario, Caesarius, Caezar, Casar, Cäsar, Casare, Cèsar, Cesare, Cesareo, Cesáreo, Cesari, Cesario, Cesaro, Cezar, Cezary, Cezek, Kaiser, Kesar, Kesara.

CESARIÓN. Origen latino. Diminutivo de César. Nombre de un hijo de Julio César y Cleopatra. Variante: Cesarió.

CHADWICK. Origen inglés. Significado: De un poderoso estado guerrero. Variantes: Chad, Chadd, Chaddi, Chaddie, Chadwic, Chadwik, Chadwyc, Chadwyck, Chadwyk.

CHAHAYA. Origen indonesio. Significado: Luz.

CHAIM. Origen hebreo. Significado: Vida. Variantes: Chai, Chaimek, Caym, Chayme, Haim, Khaim.

CHALMER. Origen escocés. Significado: Cabeza de familia. Variantes: Chalmers, Chalmr, Chamar, Chamarr.

CHAMAIDA. Origen canario (Gran Canaria). Nombre masculino y femenino.

CHAMBENEDER. Origen canario (Gran Canaria).

CHAN. Origen chino. Significado: Amplio, grande. Variante: Chen.

CHANDAN. Origen sánscrito. Significado: Del árbol del sándalo.

CHANDLER. Origen francés. Significado: Fabricante de velas. Variantes: Chandlah, Chandlan.

CHANDRA. Origen sánscrito. Significado: Luna brillante. Variantes: Chandrah, Chandria, Chandriah, Chandrya, Chandryah. Nombre masculino y femenino.

CHANE. Origen suahili. Significado: Serio. Variantes: Chaen, Chaene, Chain, Chaine, Chayn, Chayne.

CHANG. Origen chino. Significado: Libre.

CHANVENEGUER. Origen canario (Gran Canaria).

CHAPALA. Origen indio. Significado: Rápido.

CHASE. Origen francés. Significado: Cazador. Variantes: Chaice, Chaise, Chasen, Chasin, Chason, Chass, Chasse, Chasyn, Chayce, Chayse, Chuck.

CHATA. Origen africano. Significado: Un final.

CHAVENDER. Origen canario (Gran Canaria).

CHAY. Origen germánico. Significado: Hombre.

CHECHE. Origen africano. Significado: Cosa pequeña.

CHEDE. Origen canario (La Palma). Rey de Tihuya. Variante: Chedey.

CHEMIRA. Origen canario (Lanzarote).

♂

CHENAUCO. Origen canario (La Palma).

CHENCHO. Origen español. Otra forma de Lorenzo.

CHEPE. Origen español. Otra forma de José.

CHEROKEE. Origen nativo americano. Significado: De un pueblo con diferente idioma. Variantes: Cherokey, Cheroki, Cherokie, Cheroky.

CHESTER. Origen inglés. Significado: Campamento de guerra. Variantes: Castar, Caster, Castor, Chesleigh, Chesley, Cheslie, Cheston, Chet.

CHET. Origen inglés. Significado: De Rochester, en Inglaterra. Variante: Chett.

CHET. Origen tailandés. Significado: Amigo.

CHEYENNE. Origen nativo americano. Nombre de una gran tribu americana. También nombre de un pueblo de Wyoming (EUA). Variante: Cheienne. Nombre masculino y femenino.

CHIAKI. Origen japonés. Significado: Mil otoños.

CHIAMAKA. Origen africano. Significado: Dios es espléndido.

CHICO. Origen español. Significado: Joven. Diminutivo de Francisco. Variante: Chicho.

CHIKO. Origen japonés. Significado: Flecha.

CHIJORAJI. Origen canario (Tenerife).

CHIKE. Origen africano. Significado: Poder de dios. Variantes: Chik, Chyk, Chyke.

CHIMBAYE. Origen canario (La Gomera).

CHIMBOYO. Origen canario (La Gomera).

CHIMENCHIA. Origen canario (Tenerife).

CHIN. Origen coreano. Significado: Preciado.

CHINATSU. Origen japonés. Significado: Mil veranos.

CHINCANAYRO. Origen canario (Tenerife).

CHINGUARO. Origen canario (Tenerife).

CHINUA. Origen africano. Significado: Bendecido por Dios. Variantes: Chino, Chinou, Chinuahm Chynua, Chynuah.

CHRUSE. Origen no especificado. Significado: De oro, el de oro.

CHUNG. Origen chino. Significado: El sabio.

CICERÓN. Origen latino. Significado: Garbanzo y, por analogía, verruga. Variantes: Ciceró, Cicéron, Cicerone, Ciceroni, Ciro, Cyrano, Cyro.

CID. Origen árabe. Significado: Señor, jefe. Variantes: Cidd, Cyd, Cydd, Sid, Sidd, Syd, Sydd.

CIPRIANO. Origen latino. Significado: Delgado, transparente. Variantes: Cyprian, Cyprien.

CIPRIANO. Origen griego. Significado: Natural de Chipre. Variantes: Cibrán, Cibrao, Ciprià, Cyprian, Cyprianus, Cyprien, Kipiren, Kyprian, Kypryan.

CIRÍACO. Origen griego. Significado: Que pertenece al Señor. Variantes: Ciríac, Cirici, Ciricio, Kuireka.

CIRILO. Origen griego. Significado: Señorial. Diminutivo de Ciro. Variantes: Ciril, Cirilio, Cirille, Cirillo, Ciro, Cirrillo, Cyril, Cyrill, Cyrille, Cyrillus, Cyrilo, Cyrilus, Cyrrils, Cyrus, Cyryl, Cyrylo, Kiril, Kirill, Kuiril, Kyril, Kyrillos, Syriack.

CIRINEO. Origen griego. Significado: Natural de Cirene (Libia). Variantes: Cirano, Cireneo, Cireneu, Cyrano, Kuirena.

CIRINO. Origen griego. Significado: Señorial. De la familia de Ciro. Variante: Cirí.

CIRMA. Origen canario (Tenerife).

CIRO. Origen persa. Significado: Sol. Trono. Nombre del fundador del imperio persa. Variantes: Ci, Cir, Cy, Cyr, Cyrie, Cyro, Cyrus, Kura, Kyros.

CIRO. Origen griego. Significado:
El gran señor. Variantes: Cyr, Cyran,
Cyriaque, Cyrus.

CLARO. Origen latino. Significado:
Ilustre, brillante, famoso. Variantes:
Clair, Claire, Clairis, Clar, Claral,
Clarance, Clare, Clarenç, Clarence,
Clarencio, Clarin, Clarince, Claron,
Claronce, Claryn, Clarynce, Garbe.

CLAUDIO. Origen latino. Significado:
El que cojea. Gentilicio de la familia
romana de los Claudios. Variantes:
Claud, Claude, Claudi, Claudian,
Claudianus, Claudino, Claudios,
Claudis, Claudius, Claus, Clawd,
Clawde, Clawed, Clodio, Cludell,
Klaade, Klaude, Klaudij, Klaudio,
Klaudius, Klaudius, Klawd, Klawde.

CLAUS. Origen griego. Significado:
Victoria del pueblo. Forma alsaciana
de Nicolás. Variantes: Claas, Claes,
Clause, Klaus, Klause.

CLAY. Origen inglés. Significado:
De arcilla, de tierra. Variantes: Clae,
Claeborn, Claeborne, Claebourn,
Claebourne, Claeburn, Clai, Claiborn,
Claiborne, Claiburn, Claiburne,
Claybourn, Claybourne, Clayburn,
Clayburne, Clayd, Cle, Clea, Clee.

CLAYBOURNE. Origen inglés.
Significado: Nacido de la arcilla, de
la tierra. Variantes: Clae, Claeborn,
Claeborne, Claebourn, Claebourne,
Claeburn, Clai, Claiborn, Claiborne,
Claiburn, Claiburne, Clay, Claybourn,
Clayburn, Clayburne, Clayd.

CLAYTON. Origen inglés. Significado:
Ciudad de arcilla. Variantes: Claeton,
Claiton, Clay, Clayten, Claytin.

CLEANDRO. Origen griego. Significado:
Hombre glorioso.

CLEDWYN. Origen galés. Significado:
Hombre rudo pero bendito. Variante:
Cledwin.

CLEMENTE. Origen latino. Significado:
El que es compasivo y moderado en su
trato, benigno. Variantes: Clem, Cleme,
Clemen, Clemens, Clement, Clément,
Clementius, Clemento, Clemmie,
Clemmons, Clemmy, Clemon, Kalman,
Kalmen, Keleman, Kelmen, Klemans,

Klemen, Klemens, Klement, Klemin,
Klemonte, Klimt, Klyment, Klymint,
Klymynt.

CLEMENTINO. Origen latino.
Gentilicio de la familia de Clemente.
Variante: Clementí.

CLEÓN. Origen griego. Significado:
Célebre. Variantes: Clio, Kleon.

CLETO. Origen griego. Significado:
Elegido para combatir. Variantes:
Cleo, Cleon, Cletus, Cleytus.

CLIFFORD. Origen inglés. Significado:
Vado cerca del acantilado. Variantes:
Clif, Cliff, Cliffith, Clifton, Clyf,
Clyfe, Clyff, Clyffe, Clyfford, Clyffton,
Clyford, Clyfton.

CLIFTON. Origen inglés. Significado:
Pueblo cerca del acantilado.
Variantes: Cliffton, Clyffton, Clyfton.

CLÍMACO. Origen griego.
Significado: El que asciende.
Variante: Clímac.

CLINTON. Origen inglés. Significado:
Pueblo cerca de una colina. Variantes:
Clindon, Clint, Clintan, Clinten,
Clintin, Clintwood, Cluntan, Clyndon,
Clynt, Clynten, Clyntin, Clynton,
Clyntwood.

CLIVE. Origen inglés. Significado:
El que vive en una colina. Variantes:
Cleavant, Cleave, Cleavon, Cleeve,
Cleiv, Cleive, Cleve, Cleveland,
Clevland, Cleyv, Cleyve, Clifford,
Clifton, Cliv, Clyv, Clyve, Clyve.

CLODIO. Origen germánico. Significado:
Glorioso. Variante: Clodi.

CLODOALDO. Origen germánico.
Significado: El que gobierna con
gloria. Variante: Clodoald.

CLODOMIRO. Origen germánico.
Significado: De gran fama. Variante:
Clodomir.

CLODOVEO. Origen germánico.
Significado: Ilustre guerrero lleno
de sabiduría. Forma primitiva de
Luis. Variantes: Clodoveu, Clodovic,
Clodovico, Clodwig, Clovis, Clovys.

CLUNES. Origen escocés (nombre
gaélico). Significado: Prado. Variantes:

Clunee, Clunees, Cluneys, Cluni, Clunie, Clunies, Cluny.

CLYDE. Origen escocés. Significado: Nombre de un río escocés. Variantes: Clide, Clydel, Clydell, Clyd.

COALAN. Origen celta. Significado: Delgado.

COB. Origen hebreo. Significado: El que Dios favorece. Diminutivo de Jacob. Variantes: Cobb, Cobe, Cobee, Cobey, Cobi, Cobie, Coby.

COBAR. Origen aborigen. Significado: Tierra quemada.

CODRAHI. Origen canario (Tenerife).

CODY. Origen inglés. Significado: Cojín, almohada. Variantes: Codee, Codey, Codi, Codie, Coty, Kodey, Kodie, Kody.

COLBY. Origen inglés. Significado: De la tierra negra, del carbón. Variantes: Colbee, Colbert, Colbeu, Colbi, Colbie, Collby.

COLE. Origen celta. Significado: Promesa. Variantes: Coal, Coale, Col, Colby, Coleman, Colier, Colman, Colson, Colton, Colville, Colvin.

COLIN. Origen irlandés (nombre gaélico). Significado: Juventud. Variantes: Cailean, Colan, Collan, Cole, Colen, Collen, Collie, Collin, Collyn, Colyn.

COLUMBANO. Origen latino. Significado: Paloma. Variantes: Cailean, Coim, Colan, Colom, Colomban, Colombo, Colum, Columb, Columba, Columbà, Columbah, Columbas, Columbia, Columbias, Columbo, Columbus, Colym, Culva, Kolumban, Koulman.

CÓMODO. Origen latino. Significado: Con sensatez. Nombre de un emperador romano. Variante: Còmode.

CONALL. Origen irlandés. Significado: Fuerte como un lobo. Variantes: Conal, Conel, Conell, Connal, Connall, Connel, Connell.

CONDON. Origen celta. Significado: El hombre sabio de cabello oscuro.

CONNOR. Origen celta. Significado: Gran deseo. Variantes: Conar, Coner, Connar, Conner, Conor.

CONRADO. Origen germánico. Significado: Consejero audaz. Variantes: Conn, Connie, Conny, Conrad, Conrade, Conradin, Conroy, Corradino, Corrado, Curt, Konrad, Konradin, Korrada, Kunrat, Kunsch, Kurt, Kurtis.

CONSTANCIO. Origen latino. Significado: El perseverante. Variantes: Constanci, Constantino, Constance, Constanzio, Constantius, Konstanz.

CONSTANTINO. Origen latino. Significado: Patronímico de Constancio. Variantes: Constancio, Constant, Constantí, Constantin, Constantine, Constantinos, Costa, Costante, Costanzo, Costas, Costin, Konstantin, Konstantyn, Konstantyne, Kostandin, Kostantin.

CONWAY. Origen galés. Significado: Río sagrado. Variante: Conwai.

CONWAY. Origen irlandés. Significado: Sabueso, perro de caza. Variante: Conwai.

COOPER. Origen inglés. Significado: Tonelero. Variantes: Couper, Kooper.

COORAIN. Origen aborigen. Significado: Lugar ventoso.

CORBIN. Origen latino. Significado: Cuervo. Variantes: Corban, Corben, Corbet, Corbett, Corbyn, Corvin, Korban, Korben, Korbin, Korbyn.

CORENTIN. Origen celta. Significado: Amigo.

COREY. Origen irlandés. Significado: Casco usado para la batalla. Variantes: Coree, Cori, Corie, Corki, Corkie, Corky, Corree, Correy, Corri, Corrick, Corrie, Corry, Cory, Koree, Korey, Kori, Korie, Korree, Korrey, Korri, Korrie, Korry, Kory. Nombre masculino y femenino.

CORIN. Origen de Cornualles. Nombre masculino y femenino.

CORIN. Origen latino. Deidad romana. Nombre masculino y femenino.

CORIN. Origen griego. Significado: Juventud. Variantes: Coran, Coren, Corine, Corron, Corun, Coryn, Koran, Koren, Korin, Koron, Koryn.

CORLISS. Origen inglés. Significado: De buen corazón, generoso. Variante: Corley.

CORNELIO. Origen latino. Significado: El que toca el cuerno. Variantes: Cornall, Corneille, Cornel, Corneli, Cornelious, Cornelis, Cornelius, Cornell, Cornellus, Cornilius, Kornel, Korneli, Kornelius, Korneliusz.

COSME. Origen griego. Significado: Adornado. Orden universal. Variantes: Cosimo, Cósimo, Kosma, Cosmas, Cosmo, Cosmos, Kauzma, Kosmas, Kosmo, Kosmos.

COURTNEY. Origen inglés. Significado: El que vive en la corte. Nombre masculino y femenino. Variantes: Cortney, Courtenay, Courtnay, Kortney, Kourtney.

CRAG. Origen galés. Significado: Concha.

CRAIG. Origen escocés (nombre gaélico). Significado: Roca. Variantes: Craeg, Craege, Craegg, Crag, Craige, Craigg, Crayg, Crayge, Craygg, Creag, Creage, Creagh, Creaghe, Crieg, Criege, Criegg, Creyg, Creyge, Creygg, Kraig, Krayg.

CRANOG. Origen galés. Significado: Garza. Variante: Kranog.

CRESCENCIO. Origen latino. Significado: Que crece, vital, robusto. Variantes: Crescenç, Crescenci, Crescencià, Crescenciano, Crescent, Crescente, Crescentí, Crescentino, Crescentià, Crescentiano, Keslentzi.

CRISANTO. Origen griego. Significado: Flor de oro. Variantes: Chrisanthius, Chrisanthus, Chrysanthus, Crisant, Crisanthas, Crisanthus, Crysanthas, Crysanthus, Kirtsande.

CRISIANT. Origen galés. Significado: Como el cristal. Variantes: Crisient, Crisyant, Crysiant, Crysyant, Krisiant, Krisient, Krysient, Krysyent.

CRISIPO. Origen griego. Significado: Caballo de oro.

CRISÓFORO. Origen griego. Significado: Portador de oro, rico. Variante: Crisòfor.

CRISÓGONO. Origen griego. Significado: Que engendra riqueza. Variantes: Crisògen, Crisógeno, Crisògon, Kirtsogon.

CRISÓLOGO. Origen griego. Significado: El que da consejos valiosos como el oro, elocuente. Variantes: Crisòleg, Kirtsologa.

CRISÓSTOMO. Origen griego. Significado: Boca de oro, buen orador. Variantes: Crisòstom, Kisostoma.

CRISPO. Origen latino. Significado: De pelo rizado, crespo. Variantes: Crepin, Crepiniano, Crepyn, Crespo, Cripo, Cripus, Crisp, Crispen, Crispian, Crispín, Crispino, Kispa, Kispin.

CRISTIÁN. Origen latino. Significado: Hombre de Cristo, cristiano. Variantes: Christiaan, Christian, Christiano, Christos, Chryss, Crestien, Cristhian, Cristià, Cristiano, Cristyn, Crystian, Karstan, Karsten, Karstin, Khristan, Khristian, Khrystian, Kristain, Kristian, Krystian.

CRISTO. Origen griego. Significado: Ungido. Título equivalente a Mesías, atribuido por los cristianos a Jesús. Variantes: Crist, Jesucristo.

CRISTÓBAL. Origen griego. Significado: El que lleva a Cristo consigo. Variantes: Chris, Chriss, Christobal, Christof, Christofer, Christoff, Christoffer, Christoph, Christopher, Christos, Christovao, Chrys, Chryss, Cris, Criss, Cristofano, Cristòfol, Cristogal, Cristopher, Cristovo, Khristopher, Kistobal, Kris, Kriss, Kristopher, Krystofer, Krystopher.

CROSBY. Origen nórdico. Significado: Del pueblo que tiene una cruz. Variantes: Crosbee, Crosbey, Crosbi, Crosbie.

CRUZ. Origen latino. Alude a la Crucifixión de Cristo. Variantes: Cross, Cruzz, Kruz, Kruzz. Nombre masculino y femenino.

CSABA. Origen húngaro. Significado: Pastor.

CSEKE. Origen húngaro. Significado: Portador.

CSENGER. Origen húngaro.

CSEPEL. Origen húngaro. Significado: Bosque joven.

CSOMBOR. Origen húngaro.

CSONGOR. Origen húngaro. Significado: Cazador de pájaros.

CTIRAD. Origen checo.

CUAJUNOTE. Origen canario (La Gomera).

CUASIMODO. Origen latino. Significado: El que es igual a un niño.

CUAUHTÉMOC. Origen azteca. Significado: Águila que baja. Variantes: Cuauhtèmoc, Cuauhtemoc, Cuaucthemoc.

CUBERT. Origen de Cornualles. Nombre de un santo celta.

CUCUFATE. Origen latino. Significado: El encapuchado. Variantes: Covade, Cugat, Kukupata.

CUMAHUM. Origen canario (Tenerife).

CUMELÉN. Origen mapuche. Significado: Que es bueno. Nombre masculino y femenino.

CUNACEN. Origen canario (Tenerife).

CUNEGUNDO. Origen germánico. Significado: Combatiente audaz. Variante: Cunegund.

CUNIBALDO. Origen griego. Significado: De noble cuna.

CUNIBERTO. Origen germánico. Significado: Sobresale entre los nobles caballeros por su estirpe. Variantes: Cunibert, Cuthbert.

CURCIO. Origen latino. Significado: Mutilado. Variantes: Curci, Kurt.

CURNOW. Origen de Cornualles. Significado: Natural de Cornualles.

CURRO. Hipocorístico de Francisco.

CURT. Variante de Conrado.

CURTIS. Origen inglés. Significado: Cortés, educado. Variantes: Court, Courtis, Curcio, Curt, Curtiss, Curto, Curtys, Curtyss, Kurt, Kurtis, Kurtiss, Kurtys, Kurtyss.

CUSTODIO. Origen latino. Significado: Espíritu guardián, ángel guardián. Variante: Custodi.

CYNFOR. Origen galés. Significado: Gran jefe.

CYRANO → CIRINEO.

DA. Origen chino. Significado: Logro, éxito.

DACEY. Origen gaélico. Significado: Que viene del sur. Variantes: Dacee, Daci, Dacie, Dacy, Dayce, Dayci, Daycy.

DACIO. Origen latino. Significado: Oriundo o natural de la región romana de Dacia, en la actual Rumania. Variantes: Dacià, Dacian, Daciano.

DADAMO. Origen canario (Tenerife).

DADARMO. Origen canario (Tenerife).

DAFRA. Origen canario (Lanzarote). Nombre masculino y femenino.

DAFYDD. Origen galés. Significado: Amado. Otra forma de David. Variantes: Dafid, Dafidd, Dafyd, Daffyd.

DAG. Origen escandinavo. Significado: Día. Variantes: Daeg, Dagen, Dagny, Dago.

DAGAN. Origen hebreo. Significado: Tierra. Variante: Dagon.

DAGOBERTO. Origen germánico. Significado: Que resplandece como el Sol. Variante: Dagobert.

DAHELIRE. Origen canario (La Palma).

DAHENTIRE. Origen canario (La Palma).

DAI. Origen galés. Significado: Amado, adorado. Variantes: Dae, Daie, Daye. Nombre masculino y femenino.

DAI. Origen japonés. Significado: Grande. Variantes: Dae, Daie, Daye. Nombre masculino y femenino.

DAICHI. Origen japonés. Significado: El gran primogénito.

DAIKI. Origen japonés. Significado: De gran valor.

DAISUKE. Origen japonés. Significado: El gran salvador.

DAKARAI. Origen africano. Significado: Felicidad. Variante: Dakara.

DAKOTA. Origen nativo americano. Significado: Amigo. Variante: Dakotah. Nombre masculino y femenino.

DAKU. Origen aborigen. Significado: Arena.

DALAI. Origen mongol. Significado: Océano.

DALE. Origen inglés. Significado: Que vive en el valle. Variantes: Adale, Dael, Dail, Dal, Daley, Daly, Dayle.

DALLAS. Origen escocés. Significado: Habitante del valle. Nombre de una ciudad del estado de Texas (EUA). Variantes: Dallis, Dallus, Dallys. Nombre masculino y femenino.

DALMACIO. Origen latino. Significado: Natural de Dalmacia, en la costa croata del Adriático. Variantes: Dalmace, Dalmaci, Dalmai, Dalmao, Dalmau.

DALMIRO. Origen germánico. Significado: El ilustre por su nobleza. Otra forma de Edelmiro. Variante: Dalmir.

DALTON. Origen inglés. Significado: Pueblo del valle. Variantes: Dalltan, Dallten, Dalltin, Dalltton, Dalltyn, Daltan, Dalten, Daltin, Daltyn.

DALZIEL. Origen escocés. Significado:
Pequeño campo. Variantes: Dalzil,
Dalzyel, Dalzyl.

DAMALIS. Origen griego. Significado:
El que trata con suavidad, que acaricia.

DAMARIO. Origen griego. Significado:
Suave. Variantes: Damaryo, Demario,
Demaryo.

DÁMASO. Origen griego. Significado:
Hábil domador. Variantes: Damas,
Damase, Damaskinos, Damasko,
Damaskenos.

DAMEK. Origen hebreo. Significado:
De la tierra. Otra forma de Adán.
Variantes: Adamek, Damik, Damyk.

DAMIÁN. Origen griego. Significado:
Domador. Variantes: Damen, Dameon,
Damià, Damian, Damiano, Damianos,
Damianus, Damiao, Damien, Damijan,
Damion, Damjan, Damyan, Damyen,
Damyon, Demián, Demyan.

DAMOCLES. Origen griego. Significado:
Da gloria a su pueblo. Variante:
Damokles.

DAMODAR. Origen sánscrito.
Significado: Atado con una cuerda
alrededor de la cintura. Variantes:
Daamodarah, Damodara.

DAMON. Origen griego. Significado:
El que somete o domestica. Variantes:
Daemon, Daimon, Daman, Damen,
Damone, Daymon.

DAN. Origen hebreo. Significado: El que
sabe juzgar. En la Biblia, quinto hijo
de Jacob. También es abreviatura de
Daniel. Variante: Dann.

DANA. Origen inglés. Significado:
De Dinamarca. Variantes: Daen,
Daene, Daha, Dain, Daine, Danah,
Dane, Danne, Dayn, Dayne. Nombre
masculino y femenino.

DANA. Origen hebreo. Significado:
El que juzga. Nombre masculino
y femenino.

DANBY. Origen escandinavo.
Significado: De una aldea danesa.
Variantes: Denby, Denbey.

DANIASA. Origen canario (Tenerife).
Nombre masculino y femenino.

DANIEL. Origen hebreo. Significado:
Justicia de Dios. Uno de los profetas
bíblicos. Variantes: Dan, Dancel,
Danek, Danes, Dani, Daniël, Dániel,
Dàniel, Daniele, Daniels, Daniil,
Danijel, Danil, Danila, Danilo, Daniset,
Danko, Dannie, Danniel, Danny, Dano,
Danya, Danylo, Deiniol, Dusan, Niel,
Niels.

DANTE. Origen latino. Significado:
El de carácter firme. Variantes: Dantae,
Dantee, Dontae, Donte.

DARA. Origen camboyano. Significado:
Estrella. Variante: Darah.

DARA. Origen canario (Gran Canaria).

DARBY. Origen irlandés. Significado:
Libre. Variantes: Dar, Darb, Darbe,
Darbee, Darbey, Darbi, Darbie, Derbe,
Derbee, Derbey, Derbi, Derbie, Derby.

DARDO. Origen griego. Significado:
Astuto y hábil.

DAREC, DAREK ➤ DEREK.

DAREL. Nombre aborigen. Significado:
Cielo azul. Variantes: Daral, Daril,
Darol, Darral, Darrel, Darril, Darrol,
Darryl, Daryl.

DAREN. Origen nigeriano. Significado:
Nacido por la noche. Variantes: Daran,
Darin, Daron, Daryn.

DARIASA. Origen canario (Tenerife).

DARIC, DARIK ➤ DEREK.

DARIN. Origen griego. Significado:
Regalo. Variantes: Dare, Darian,
Darien, Dario, Darion, Daron, Darren,
Darrian, Darrin, Darron, Darryn,
Daryn, Daryo, Dayrin, Dayrinn,
Dearin.

DARÍO. Origen persa. Significado:
El que protege contra el mal. Variantes:
Dareio, Dareios, Dari, Daria, Darian,
Darien, Darin, Darios, Darius, Dariusz,
Darrious, Darrius, Darrus, Darus,
Daryos, Daryus.

DARNELL. Origen inglés. Significado:
Oculto. Variantes: Darnel, Darnele,
Darnelle.

DARYL. Origen inglés. Significado:
Querido, amado. Variantes: Daral,

Darel, Darele, Darell, Daril, Darill, Darrel, Darril, Darryl, Daryl.

DASIO. Origen vasco.

DAUTE. Origen canario (Tenerife).

DAUTINIMARIA. Origen canario (La Palma). Nombre masculino y femenino.

DAVID. Origen hebreo. Significado: Amado por Dios. Segundo rey de Israel. Variantes: Dabi, Dabit, Daeved, Daevid, Daevyd, Dafydd, Daivid, Daoud, Da'ûd, Dauld, Dave, Daveed, Daveon, Daveth, Davey, Davi, Dávid, Davidas, Davidd, Davidde, Davide, Davidek, Davidus, Davie, Daviel, Davioun, Davis, Davood, Davy, Davyd, Davydas, Davyde, Daw, Dawid, Dawood, Dawûd, Deved, Devid, Devidd, Devod, Devyd, Dewy, Divi, Diwi, Taffi, Taffie, Taffy, Tafi, Tafie, Tafy.

DAVIN. Origen escandinavo. Significado: Brillante. Variantes: Davan, Daven, Davon, Davyn.

DAVIS. Origen inglés. Significado: Hijo de David. Hijo del amado. Variantes: Davidson, Davies, Davison, Davys, Davyson, Dawsan, Dawsen, Dawsin, Dawson, Dayson, Dayton.

DAVOR. Origen eslavo. Dios de la guerra. Variantes: Davoran, Davoren, Davorin, Davoron, Davoryn.

DAWA. Origen tibetano/sherpa. Significado: Nacido en lunes. Nombre masculino y femenino.

DAX. Origen inglés. Significado: Agua.

DAYFA. Origen canario (Gran Canaria).

DAYO. Origen africano. Significado: La alegría que llega.

DAYTON. Origen inglés. Significado: Pueblo iluminado. Variantes: Daeton, Daiton.

DAZA. Origen canario (Gran Canaria).

DEACON. Origen griego. Significado: Siervo. Variantes: Deakin, Deicon, Deke, Dekel, Dekle, Deycon.

DEAN. Origen inglés. Significado: El que vive en el valle. Variantes: Deam, Demane, Deane, Deen, Deene, Deme, Dene, Dino, Dyn, Dyne.

DÉDALO. Origen griego. Significado: El industrioso y hábil artesano. Variante: Daedalus.

DEEPAK. Origen sánscrito. Significado: Como una luz, como una lámpara.

DEI. Origen vasco. Significado: Anunciación.

DEIHADAR. Origen vasco.

DELANO. Origen irlandés. Significado: Hombre de la noche.

DELFÍN. Origen griego. Significado: Natural de Delfos, delfín. Variantes: Dauphin, Delbin, Delfi, Delfine, Delfino, Delfyn, Delfyne, Delfyno, Delphin, Delphine, Delphino, Delphyn, Delphyne.

DELI. Origen chino. Significado: Virtuoso. Variante: Deshi.

DELI. Origen húngaro. Significado: Guerrero. Variante: Delio.

DELLINGER. Origen escandinavo. Significado: Día de primavera. Variante: Delling.

DELMA. Origen germánico. Significado: Noble protector.

DELMAR. Origen latino. Significado: Del mar, marítimo. Variantes: Delmer, Delmor, Delmore.

DELMIRO. Origen germánico. Significado: De nobleza insigne. Variantes: Dalmiro, Delmir, Edelmiro.

DELROY. Origen francés. Significado: Del rey. Variantes: Dalroi, Dalroy, Delroi.

DELSIN. Origen nativo americano. Significado: Verdadero. Variantes: Delsan, Delsen, Delson, Delsyn.

DELVYN. Origen galés. Significado: Bello. Variantes: Dalvin, Dalvyn, Dalwin, Dalwyn, Delevan, Delvyn, Delwyn, Delwynn. Nombre masculino y femenino.

DELVYN. Origen inglés. Significado: Buen amigo, amigo piadoso. Variantes: Dalvin, Dalvyn, Dalwin, Dalwyn,

Delevan, Delvyn, Delwyn, Delwynn.
Nombre masculino y femenino.

DEMAN. Origen holandés. Significado:
El hombre. Variante: Demann.

DEMETRIO. Origen griego. Significado:
Cubierto de tierra. Forma masculina
de Demetria. Alude a Deméter, diosa
de la Tierra y las cosechas. Variantes:
Demeter, Demetir, Demetre, Demetri,
Démétrie, Demetrios, Demetris,
Demetrius, Demetryus, Dimiter,
Dimitri, Dimitrij, Dimitrije, Dimitry,
Dmitar, Dmitri, Dmitrios, Dmitry,
Dymetree, Dymetri, Dymetrius,
Dymetryus, Dymytrie.

DEMÓCRITO. Origen griego.
Significado: El juez del pueblo.
Variantes: Demòcrit, Democritos,
Demokritus.

DEMOS. Origen griego. Significado:
Pueblo. Variantes: Demas, Demous.

DEMÓSTENES. Origen griego.
Significado: La fuerza del pueblo.
Variante: Demosthenes.

DEMPSEY. Origen irlandés. Significado:
Orgulloso. Variantes: Dempsi,
Dempsie, Dempsy.

DENHOLM. Origen escocés. Significado:
Pueblo escocés.

DENIS. Origen griego. Significado:
Seguidor de Dioniso, dios del vino.
Variantes: Danas, Dendka, Denes,
Dénez, Denies, Denís, Dennes, Denney,
Dennis, Denny, Dennys, Denys, Dienes,
Dion, Dynas, Dynes, Dyness, Dynis,
Sydney.

DENIZ. Origen turco. Significado:
Del mar.

DENZEL. Origen de Cornualles.
Significado: Fortaleza en el valle.
Variantes: Denzal, Denzall, Denzell,
Denzil, Denzill, Denzyl, Denzyll.

DENZO. Origen japonés. Significado:
Discreción. Variantes: Denzio, Denzyo.

DEODATO. Origen latino. Significado:
Donado por Dios. Variantes: Deodat,
Dodata.

DEODORO. Origen griego. Significado:
Presente divino.

DEOGRACIAS. Origen latino.
Significado: Nacido por la gracia
de Dios. Variante: Dogartzi. Nombre
masculino y femenino.

DERAIN. Nombre aborigen. Significado:
De las montañas.

DERBI, DERBIE, DERBY → DARBY.

DEREK. Origen germánico. Significado:
Soberano del pueblo. Variantes: Darec,
Dareck, Darek, Darick, Darik, Darric,
Dereck, Derick, Derik, Derreck,
Derrek, Derrick, Derrik, Derry, Derryc,
Deryck, Deryk, Diederich, Diederik,
Dirc, Dirck, Dirk.

DERIMAN. Origen canario (Tenerife).

DERMOT. Origen irlandés. Significado:
El que no es celoso. Variantes: Dermod,
Dermont, Dermoto, Dermott, Dermont.

DERQUE. Origen canario (Tenerife).

DERRICK. Origen de Cornualles.
Significado: Robledo.

DERRY. Origen de Cornualles.
Significado: De roble. Variantes: Deri,
Derie, Derri, Derrie, Dery.

DERRY. Origen irlandés (nombre
gaélico). Significado: Pelirrojo. Nombre
de un condado irlandés. Variantes:
Deri, Derie, Derri, Derrie, Dery.

DERWEN. Origen galés. Significado:
Que viene del roble.

DERWENT. Origen galés. Nombre de
un río inglés y de un río de Tasmania.

DESIDERIO. Origen latino. Significado:
El que es deseado. Variantes:
Desiderato, Desideri, Desidério,
Desiderius, Desideryo, Désirat, Désiré,
Dider, Didier, Didyer, Dieter.

DESMOND. Origen irlandés.
Significado: Natural de la provincia
de Munster, en Irlanda. Variantes:
Desmund, Dezmond, Dezmund.

DEUNORO. Forma vasca de Santos.
Variante: Sanduru.

DEV. Origen sánscrito. Significado:
Divino.

DEVDAN. Origen sánscrito. Significado:
Regalo de los dioses.

DEVDAS. Origen sánscrito. Significado: Siervo de los dioses.

DEVERELL. Origen celta. Significado: Orilla del río.

DEVI. Origen bretón. Significado: Amado, adorado. Nombre masculino y femenino.

DEVI. Origen sánscrito. Significado: Divino, Dios. Nombre masculino y femenino.

DEVIN. Origen irlandés. Significado: Poeta. Variantes: Deavan, Deaven, Deavin, Deavon, Deavyn, Dev, Devan, Deven, Devon, Devonn, Devyn.

DEVON. Origen inglés. Significado: De Devonshire, región del sur de Inglaterra. Nombre masculino y femenino.

DEWEY. Origen inglés. Significado: Rocío de la mañana. Variantes: Dewi, Dewie, Dewy, Duey, Duie.

DEWITT. Origen galés. Significado: Rubio. Variantes: Dewit, Dewyt, Dewytt, Dwight.

DEXTER. Origen latino. Significado: Diestro (referido a la mano derecha). Variantes: Dexta, Dextar, Dextor, Dextur.

DHERAN. Origen aborigen. Significado: Hondonada.

DIAN. Origen indonesio. Significado: Vela. Variante: Dyan.

DIARMAD. Origen escocés. Significado: Hombre libre.

DÍDIMO. Origen griego. Significado: El hermano gemelo. Sobre nombre atribuido al apóstol santo Tomás. Variantes: Dídim, Didima, Didymus.

DIEGO. Origen griego. Significado: Sabio, muy instruido. Derivación medieval de Santiago. Variantes: Diaz, Dídac, Didaka, Diego, Diegotxe, Diegoxe, Iago, Jacques, Jago, Jakob, James, Santiago, Yago.

DIETER. Origen germánico. Significado: Guerrero del pueblo. Variantes: Deyter, Diehardt, Deirhard, Dihard, Dihardt, Dyehard, Dyehardt, Dyhard, Dyhardt.

DIETLINDE. Origen germánico. Significado: Pueblo débil.

DIETRICH. Origen germánico. Significado: Rico, poderoso. Variantes: Detric, Detrich, Didirc, Didrick, Diedric, Diedrich, Diedrik, Dierk, Dieterico, Dietl, Dietz, Ditrik.

DIGBY. Origen escandinavo. Significado: Pueblo cerca de un dique. Variantes: Digbe, Digbee, Digbey, Digbi, Digbie.

DIGGORY. Origen de Cornualles. Significado: Perdido o apartado. Variantes: Diggori, Diggorie, Digori, Digorie, Digory.

DIMAS. Origen griego. Significado: Que busca a Dios. Variantes: Dimes, Dismas, Dumax.

DINESH. Origen sánscrito. Significado: El señor del día.

DIGNO. Origen latino. Significado: Que tiene dignidad. Variantes: Digne, Din.

DINSDALE. Origen galés. Significado: Nacido en domingo.

DIÓGENES. Origen griego. Significado: Engendrado por Dios. Variantes: Diògenes, Dióxenes, Dugen.

DIOMEDES. Origen griego. Significado: Que tiene fe en la protección de Dios. Variante: Dyomedes.

DIONISIO. Origen griego. Significado: Seguidor de Dionisos, dios del vino. Variantes: Denis, Denís, Dennis, Deon, Dinis, Dinís, Dion, Dione, Dionesios, Dioni, Dionicio, Dionigi, Dionís, Dionisi, Dionisios, Dionn, Dionne, Dionysius, Dionysos, Dionysus, Dunixi, Dyon, Dyone, Dyonisios, Dyonisus.

DIÓSCORO. Origen griego. Significado: El hijo de Júpiter. Variante: Dioscuro.

DISTIRATSU. Origen vasco. Significado: Fulgencio.

DOBRY. Origen polaco. Significado: Bueno.

DOGARTZI. Forma vasca de Deogracias.

DOMICIO. Origen latino. Significado: Doméstico, casero, amante de la casa. Variantes: Domici, Domiciano, Domitien.

DOMIKU. Forma vasca de Domingo.

DOMINGO. Origen latino. Significado: Día del Señor. Variantes: Dom, Domek, Domeka, Domenc, Domenick, Domenico, Domenik, Domiku, Domingos, Dominic, Dominik, Dominique, Dominix, Domixenti, Domm, Dommenyc, Domøkos, Domyngo.

DON. Origen escocés / gaélico. Significado: Líder mundial. Diminutivo de Donald y de otros nombres que comienzan por «Don». Variantes: Donn, Donnie, Donny.

DONAISTI. Origen vasco.

DONALD. Origen escocés. Significado: Líder mundial. Variantes: Domnal, Domnall, Don, Donal, Donaldo, Donalds, Donalt, Donardo, Donel, Doneld, Donil, Donild, Donn, Donnie, Donny, Donyl, Donyld.

DONATO. Origen latino. Significado: Regalo de Dios. Variantes: Don, Donat, Donata, Donatello, Donathan, Donathon, Donati, Donatien, Donatos, Donatus, Donatyen, Doneto.

DONETSI. Forma vasca de Benito.

DONNAN. Origen escocés. Significado: Cima. Variante: Donan.

DONOVAN. Origen irlandés. Significado: Guerrero de pelo moreno. Variantes: Donavan, Donaven, Donavin, Donavyn, Donevan, Donevin, Donevyn, Donevon, Donyvon.

DORAK. Origen aborigen. Significado: Vivo. Variantes: Dorek, Dorik, Doryk.

DORAMAS. Origen canario (Gran Canaria).

DORANO. Origen irlandés. Significado: Extranjero. Variantes: Doran, Doren, Dorin, Doron, Dorran, Dorren, Dorrin, Dorron, Dorryn, Doryn.

DORIAN. Origen griego. Significado: Regalo. Variantes: Doran, Dorean, Dorianus, Dorien, Dorion, Dorran, Dorrance, Dorren, Dorrian, Dorrin, Dorryen, Dorryn, Doryn.

DORJEE. Origen tibetano / sherpa. Significado: Rayo.

DORKAITZ. Origen vasco.

DOROTEO. Origen griego. Significado: Regalo de Dios. Forma masculina de Dorotea. Variantes: Doroteu, Dorota, Doron, Dorotei, Dorotha, Dorotheus, Dorotheos.

DOSITEO. Origen latino. Significado: Donación de Dios. Variante: Dositeu.

DOUGLAS. Origen escocés. Significado: Corriente de aguas oscuras. Variantes: Doug, Dougie, Douglass, Duglass.

DOUGLAS. Origen irlandés. Significado: Extranjero de piel oscura. Variantes: Dougal, Dougald, Dougall, Dougie, Doyle, Dugal, Dugald, Dugall.

DRAGAN. Origen eslavo. Significado: Amado, querido. Variantes: Dragen, Dragin, Dragon, Dragyn.

DRAKE. Origen inglés. Significado: Dragón. Variantes: Draek, Drago, Draik, Draike, Drayk, Drayke.

DREW. Origen celta. Significado: Fuerte, bravo, valiente. Variantes: Drewe, Dru, Drue. También se utiliza como diminutivo del inglés Andrew. Nombre masculino y femenino.

DROSTAN. Origen celta. Significado: Ruidoso. Variantes: Drystan, Drystano.

DRUCE. Origen celta. Significado: El hijo de Drew. Varonil, valiente. También se utiliza como diminutivo del inglés Andrew.

DRUMMOND. Origen escocés. Significado: De la montaña de los druidas. Variantes: Drummund, Drumond, Drumund.

DRYSI. Origen galés. Significado: Espina.

DUARTE. Origen portugués. Significado: Guardián de la prosperidad. Forma portuguesa de Eduardo. Variantes: Duardo, Duardos, Duart.

DUFF. Origen escocés (gaélico). Significado: Moreno, de piel morena. Variantes: Duf, Duffey, Duffy.

DUGUEN. Origen canario (La Palma).

DUILIO. Origen latino. Significado: Presto para el combate. Variante: Duilius.

DUKE. Origen inglés. Significado: Jefe, líder. Diminutivo de Marmaduke. Variante: Duk.

DULANTZI. Origen vasco.

DUMAN. Origen turco. Significado: Humo, niebla. Variantes: Dumen, Dumin, Dumon, Dumyn.

DUNCAN. Origen escocés (nombre gaélico). Significado: Guerrero de piel oscura. Variantes: Doncan, Dunkan.

DUNHAM. Origen celta. Significado: Hombre de piel morena. Variante: Dunhem.

DUNIXI. Forma vasca de Dionisio.

DUNMORE. Origen escocés (nombre gaélico). Significado: Fortaleza sobre la montaña. Variantes: Dunmoor, Dunmoore, Dunmor.

DUNN. Origen celta. Significado: Moreno. Variantes: Dun, Dunne.

DURAL. Nombre aborigen. Significado: Hueco por donde el humo se eleva, chimenea. Variantes: Durel, Duril, Duryl.

DURAND. Origen latino. Significado: Duradero. Variantes: Durant, Dant, Dante, Duran, Durance, Durante, Durontae, Durrant.

DURUMA. Origen vasco.

DUSAN. Origen checo. Significado: Alma, espíritu. Variantes: Dusa, Dusanek, Duscha, Dusen, Dusin, Duson, Dusyn, Duysek.

DUSTIN. Origen inglés. Significado: Combatiente valeroso. Variantes: Dust, Dustan, Dustee, Dusten, Dustey, Dusti, Dustie, Duston, Dusty, Dustyn.

DWIGHT. Origen gaélico. Significado: Blanco. Variantes: Dwhite, Dwite, Dwyte.

DYAMI. Origen nativo americano. Significado: Águila planeando. Variante: Dyani.

DYAN ➜ DIAN.

DYFAN. Origen galés. Significado: Diario, constante.

DYLAN. Origen galés. Significado: Hombre del mar. Variantes: Dilan, Dilen, Dillan, Dillen, Dilon, Dillon, Dillyn, Dyllan, Dyllen, Dyllin, Dyllon, Dyllyn, Dylyn.

DYRE. Origen escandinavo. Significado: Valioso, muy querido. Variante: Dire.

♂

E

EACHAN. Origen irlandés. Significado: El que trabaja con caballos. Variantes: Eachen, Eachin, Eachyn, Egan, Egen, Egin, Egon, Egyn.

EAMON. Origen irlandés. Significado: Rico protector. Variantes: Eaman, Eamen, Eamin, Eamman, Eammen, Eammin, Eammon, Eammun, Eiman, Eimen, Eimin, Eimon, Eymon.

EARL. Origen irlandés. Significado: Promesa. Variantes: Airle, Earle, Earli, Earlie, Early, Eorl, Erril, Errol, Erryl, Eryl.

EATE. Origen vasco. Genio de las tormentas.

EATON. Origen inglés. Significado: Pueblo al borde del río. Variantes: Eatton, Eton, Eyton.

EBEN. Origen hebreo. Significado: Piedra. Variantes: Eban, Ebenn, Ebin, Even.

EBENEZER. Origen hebreo. Significado: Piedra que ayuda. Variantes: Ebbaneza, Eben, Ebeneezer, Ebeneser, Ebenezeer.

EBER. Origen hebreo. Significado: Que supera los problemas.

EBERARDO. Origen germánico. Significado: Fuerte como un jabalí. Variantes: Eberard, Eberhard, Eberhardt, Evard, Everard, Everardo, Everart, Everhardt, Everhart.

ECHEDEY. Origen canario (La Palma).

ECHENTIRE. Origen canario (La Palma).

ECHENTIVE. Origen canario (La Palma).

ECHENUCO. Origen canario (La Palma).

ECHEYDE. Origen canario (Tenerife).

ECHIDNA. Origen egipcio. Significado: Monstruo.

ECIO. Origen latino. Significado: Poseedor de gran fuerza.

ECKHARDT. Origen germánico. Significado: Formidable. Variantes: Eckart, Eckhard.

EDEL. Origen germánico. Significado: Noble. Variantes: Adel, Edelmar.

EDELBERTO. Origen germánico. Significado: Descendiente de nobles. Variantes: Adalberto, Edelbert.

EDELIO. Origen griego. Significado: El que permanece joven.

EDELMIRO. Origen germánico. Significado: Célebre por la nobleza que representa. Variantes: Almer, Adelmar, Adelmaro, Delmiro, Edelmir, Elmar, Elmer.

EDER. Origen vasco. Significado: Hermoso. Variante: Ederra.

EDER. Origen hebreo. Significado: Congregación, muchedumbre. Variantes: Edar, Edir, Edor, Edyr.

EDESIO. Origen latino. Significado: Devoto. Variante: Edesi.

EDGAR. Origen inglés. Significado: Que defiende la propiedad con la lanza. Variantes: Edek, Edgaras, Edgard, Edgardo, Edgards, Edger, Edgir, Edgor.

EDILIO. Origen griego. Significado: Que es como una estatua.

EDIPO. Origen griego. Significado: El de los pies hinchados. Variante: Edip.

EDISON. Origen inglés. Significado: Hijo de Eduardo. Variantes: Ed, Eddison, Eddyson, Edson, Edyson.

EDMUNDO. Origen germánico. Significado: Protector de la victoria. Variantes: Eamon, Edme, Edmon, Edmond, Edmondo, Edmonondo, Edmonson, Edmun, Edmund, Edmunds, Emunda, Esmon, Esmond.

EDORTA. Forma vasca de Eduardo.

EDREA. Origen inglés. Significado: Poderoso. Variantes: Earric, Edra.

EDRIGU. Forma vasca de Rodrigo.

EDUARDO. Origen germánico. Significado: Guardián de la riqueza. Variantes: Ed, Eddie, Eddy, Edoardo, Edorta, Édouard, Eduard, Edus, Edvard, Edvardo, Edvood, Edward, Edwardo, Edwards, Edzio, Eideard, Ewart, Ted, Teddy.

EDUR. Origen vasco. Significado: Nieves. Variante: Elur.

EDWIN. Origen inglés. Significado: Amigo rico. Variantes: Eadwin, Eadwinn, Eduino, Edvino, Edwinn, Edwyn, Edwynn.

EFRAÍN. Origen hebreo. Significado: Muy fructífero, fecundo. Variantes: Efraïm, Efrayn, Efrem, Efrem, Efrén, Eperna, Ephraim, Ephrain, Ephrayim.

EGBERT. Origen germánico. Significado: Espada brillante. Variantes: Egbrecht, Egilbert, Eilbert.

EGEHENACA. Origen canario (Gran Canaria).

EGIDIO. Origen griego. Significado: Protector. Eged, Egede, Egid, Egide, Egidi, Egidiusz, Egidus, Exidio.

EGIL. Origen escandinavo. Significado: El filo de la espada. Variantes: Egill, Egils, Egyl, Eigel, Eygel.

EGISTO. Origen griego. Significado: Criado con leche de cabra.

EGMONT. Origen germánico. Significado: Espada defensora.

EGMONT. Origen inglés. Significado: La cima de la montaña. Variante: Egmount.

EGOITZ. Origen vasco. Significado: Sede, morada.

EGON. Origen germánico. Significado: Formidable. Variantes: Egan, Egen, Egin, Egun, Egyn.

EGONAYGUACHE. Origen canario (Gran Canaria).

EGOR → IGOR.

EGUEN. Origen vasco. Significado: Jueves. Variante: Eguena.

EGUNTSENTI. Origen vasco. Significado: Aurora.

EGUZKI. Origen vasco. Significado: Sol. Variante: Ekhi.

EGYED. Origen húngaro. Significado: Portador del escudo.

EHENAUCA. Origen canario (La Palma).

EHENTIRE. Origen canario (La Palma).

EHREN. Origen germánico. Significado: Honorable. Variante: Eren.

EHUD. Origen hebreo. Significado: Alabado. Variante: Ehoud.

EIGA. Origen japonés. Significado: Río largo.

EIHAR. Origen vasco.

EIJIRO. Origen japonés. Significado: Espléndido.

EINAR. Origen escandinavo. Significado: Guerrero solitario. Variantes: Eimar, Ejar, Ejnar, Inar.

EIRIK. Origen escandinavo. Significado: Soberano poderoso.

EITA. Origen japonés. Significado: Gran persona, respetado.

EITARO. Origen japonés. Significado: Hombre superior.

EIUNCHE. Origen canario (La Gomera).

EJENENACA. Origen canario (Gran Canaria).

EKAIN. Origen vasco. Significado: Apogeo del Sol o solsticio de verano.

EKAITZ. Origen vasco. Significado: Tempestad, tormenta.

EKATA. Origen indio. Significado: Unidad.

EKHI. Origen vasco.

EKHIOTZ. Origen vasco.

ELADIO. Origen griego. Significado: El que vino de Grecia. Variantes: Elada, Eladi, Heladio, Helladius.

ELAN. Origen hebreo. Significado: Árbol. Variantes: Elann, Ilan.

ELAN. Origen nativo americano. Significado: Amistoso. Variante: Elann.

ELAZAR. Forma vasca de Lázaro.

ELBIO. Origen celta. Significado: Que viene de la montaña.

ELDER. Origen inglés. Significado: Anciano. Variantes: Aldar, Alder, Aldir, Aldor, Aldyr, Eldar, Eldir, Eldor, Eldyr.

ELDRED. Origen inglés. Significado: Consejero venerable. Variantes: Eldrid, Eldridge, Eldryd.

ELDWIN. Origen no especificado. Significado: Viejo amigo. Variantes: Eldwen, Eldwyn.

ELEAZAR. Origen hebreo. Significado: Dios es mi auxilio. Variantes: Elasar, Elasaro, Elazar, Elazaro, Eleasar, Eleàtzar, Eliasar, Eliazar, Elie, Eliecer, Elieser, Elieze, Eliezer, Elizar, Elizard, Elizardo, Lázaro.

ELEDER. Origen vasco.

ELEGI. Origen vasco.

ELEK. Origen húngaro. Significado: Defensor de la humanidad. Variantes: Alec, Elec, Eleck, Elic, Elick, Elik, Elyc, Elyck, Elyk.

ELENIO. Origen griego. Significado: El que resplandece como el sol. Forma masculina de Elena. Variantes: Eleno, Helenio.

ELEODORO. Origen griego. Significado: El que viene del Sol. Variantes: Eliodoro, Heliodoro.

ELEUTERIO. Origen griego. Significado: Que goza de libertad por lo honesto.

Variantes: Eleuteri, Eleuthere, Eleutherios, Eutelo.

ELGAN. Origen galés. Significado: Círculo luminoso.

ELGAR. Origen germánico. Significado: Noble lancero. Variantes: Elgaro, Elger, Elgir, Elgor, Elgiy.

ELÍ. Origen hebreo. Significado: Dios es grande. Variantes: Elay, Elian, Elie, Élie, Elien, Elier, Elion, Eloi, Eloy, Ely, Elyan, Elyen, Elyin, Elyn, Elyon.

ELÍAS. Origen hebreo. Significado: El Señor es Dios. Variantes: Eli, Elia, Eliah, Eliasz, Elice, Elies, Eliès, Elija, Elijah, Eliya, Eliyahu, Ellice, Ellija, Ellijah, Ellis, Ellyjah, Ellys, Elyas, Elys.

ELIECER → ELEAZAR.

ELIGIO. Origen latino. Significado: El elegido. Otra forma de Eloy. Variantes: Eligi, Eligius, Elixio.

ELIO. Origen latino. Significado: El que ama el Sol. Variante: Helio.

ELIODORO → ELEODORO.

ELISEO. Origen hebreo. Significado: Dios es mi salvación. Variantes: Elijsha, Élisée, Elisei, Eliseu, Elish, Elisha, Elisher, Elishia, Elishua, Elixi, Elyseues, Elysha, Elyshja.

ELKANO. Origen vasco.

ELLERY. Origen inglés. Significado: El que vive en la isla de los sauces. Variantes: Elari, Elarie, Ellari, Ellarie, Ellary, Elleri, Ellerie, Elery.

ELLIOT. Origen hebreo. Significado: El Señor es mi Dios. Variantes: Eliot, Eliott, Elliott, Ellyot, Ellyott, Elyot, Elyott.

ELMER. Origen inglés. Significado: Noble. Variantes: Aylmar, Eylmar, Aymer, Elmar, Elmir, Elmo.

ELMO. Origen latino. Significado: Casco ofrecido por Dios. Variante: Elm.

ELMO. Origen griego. Significado: Amistoso, agradable. Variante: Elm.

ELNATHAN. Origen hebreo. Significado: Don de Dios.

ELORDI. Origen vasco.

ELORRI. Origen vasco. Significado: Espino.

ELOY. Origen francés. Significado: Elegido. Variantes: Eligio, Eligius, Elixio, Eloi, Éloi, Elóy.

ELPIDIO. Origen griego. Significado: El que tiene esperanzas. Variantes: Elpidios, Elpidius.

ELTON. Origen inglés. Significado: De la vieja ciudad. Variantes: Eltan, Elten, Eltin, Eltyn.

ELU. Origen nativo americano. Significado: Lleno de gracia.

ELUNEY. Origen mapuche. Significado: Regalo, obsequio, presente.

ELVIN. Origen inglés. Significado: Viejo amigo. Variantes: Elvyn, Elwin, Elwyn, Elwynn.

ELVIO. Origen latino. Significado: El que es rubio. Variante: Elvyo.

ELVIS. Origen escandinavo. Significado: Sabio, inteligente. Variantes: Elviss, Elvys, Elvyss.

EMANUEL. Origen hebreo. Significado: Dios está con nosotros. Variantes: Eman, Emanual, Emanuele, Emmanuel, Emmanuil, Imanol, Imanuel, Immanel, Immanuel, Immanuele, Manny, Manuel.

EMEGER. Origen canario (Tenerife). Variante: Emeguer.

EMENON. Origen vasco.

EMERICO. Origen germánico. Significado: Maestro del rey. Variantes: Emeric, Emerick, Emericus, Emery, Emmeric, Emmerich, Emmerie, Emmory, Emory.

EMERIO. Origen germánico. Significado: Gobernante trabajador. Variantes: Amerigo, Emeree, Emeri, Emerie, Emmeree, Emmeri, Emmery, Emmori, Emmorie, Emmory, Emrick.

EMERSON. Origen germánico. Significado: Hijo de Emerio.

EMETERIO. Origen griego. Significado: Defensor. Variantes: Emeteri, Meder.

EMILIO. Origen griego. Significado: Amable, adulador. Variantes: Amile, Emiel, Emil, Émile, Emili, Emilià, Emilian, Emiliano, Emilien, Emilius, Emillen, Emilli, Emyl.

EMILIO. Origen germánico. Significado: Trabajador, laborioso. Variante: Emlyn.

EMIR. Origen árabe. Significado: Jefe, comandante. Variantes: Amir, Emiro, Emyr.

EMRYS. Origen griego. Significado: Inmortal.

ENAITZ. Origen vasco.

ENAORAHAN. Origen canario.

ENAORANHAN. Origen canario.

ENAUT. Forma vasca de Fernando. Variantes: Arnot, Ellande, Eñaut.

ENDIKA. Forma vasca de Enrique.

ENDOR. Origen hebreo. Significado: Fuente de la juventud. Adorable.

ENEAS. Origen griego. Significado: Digno de alabanza. Variantes: Aeneas, Enéas, Enée.

ENECO. Origen latino. Significado: Ardiente, ardoroso.

ENEKO. Origen vasco. Eneko Aritza fue el primer rey de Navarra.

ENEKOITZ. Origen vasco. Significado: Hijo de Eneko.

ENETO. Origen vasco.

ENETZ. Origen vasco.

ENNIS. Origen celta. Significado: Isla. Variantes: Ennys, Enis, Enys.

ENNOR. Origen de Cornualles. Significado: De la frontera. Nombre masculino y femenino.

ENOC. Origen hebreo. Significado: Consagrado a Dios. Variantes: Enoch, Enock, Enok.

ENON. Origen hebreo. Significado: Muy fuerte.

ENOS. Origen hebreo. Significado: Hombre. Variantes: Enosa, Enosh.

ENRIQUE. Origen germánico. Significado: Poderoso por su linaje.

Variantes: Arrigo, Endika, Endira, Endrike, Enric, Enrico, Enrigue, Enríquez, Enriquos, Enryc, Enryk, Enryka, Enzio, Enzo, Haimirich, Heindrick, Heinrich, Heinrik, Heinz, Hendrick, Hendrik, Henri, Henrikus, Henrique, Henry, Henryc, Henryk, Kike, Quique.

ENSOR. Origen inglés. Significado: Del lado bendito. Variantes: Ensar, Enser, Ensir, Ensyr.

ENZO. Origen italiano. Significado: Diminutivo de nombres como Vicenzo y Lorenzo.

EÑAUT → ENAUT.

EPICURO. Origen griego. Significado: El que socorre y auxilia. Variante: Epicur.

EPIFANIO. Origen griego. Significado: Que se manifiesta, que es visible. Variantes: Epifani, Epipani.

ERAORANHAN. Origen canario. Significado: Dios de los hombres.

ERARDO. Origen griego. Significado: Agasajado, al que se rinde homenaje.

ERASMO. Origen griego. Significado: Que merece amor. Variantes: Erasma, Erasme, Erasmus.

ERASTO. Origen griego. Significado: Que ama, amable. Variante: Erast.

ERAUSKIN. Origen vasco.

ERBERTO. Origen germánico. Significado: Guerrero glorioso. Variantes: Ebert, Erbert, Erbirt, Erbirto, Erburt, Erburto, Erbyrt, Erbyrto.

ERCOLE. Origen italiano. Significado: Gran regalo. Variantes: Ercoal, Ercol.

ERDAIN. Origen vasco.

EREINOTZ. Forma vasca de Laureano.

EREK. Origen polaco. Significado: Adorable, encantador.

ERGUAL. Origen canario (La Palma).

ERI. Origen japonés. Significado: Premio bendito.

ERI. Origen escandinavo. Significado: Soberano. Variante: Erke.

ERICO. Origen germánico. Significado: Siempre poderoso, soberano eterno. Variantes: Enrich, Enrick, Eric, Éric, Erich, Erick, Ericson, Erik, Eriko, Eriks, Erikson, Erric, Errick, Errik, Eryc, Eryk.

ERIN. Origen gaélico. Significado: De Irlanda. Nombre masculino y femenino. Variantes: Eran, Eren, Erine, Erinn, Erino, Eron, Eryn, Erynn.

ERLAND. Origen inglés. Significado: De tierra noble. Variantes: Earlan, Earland, Erlan, Erlen, Erlend.

ERLANTZ. Forma vasca de Fernando.

ERMANNO. Origen germánico. Significado: Guerrero. Variantes: Erman, Ermano, Ermin.

ERMELINDO. Origen germánico. Significado: Que ofrece a Dios sacrificios.

ERMO. Origen italiano. Significado: Amistoso. Variantes: Ermot.

ERNÁN. Origen germánico. Significado: Variante gráfica de Hernán.

ERNESTO. Origen germánico. Significado: Severo, decidido. Variantes: Arnulba, Earnee, Earnest, Ernest, Erneste, Ernestino, Ernests, Ernestus, Erney, Erni, Ernie, Erno, Ernst, Erny, Esneszt.

EROS. Origen griego. Significado: Dios del amor.

ERRAIMUN. Origen vasco. Significado: Forma vasca de Ramón. Variantes: Erramu, Erramun.

ERRANDO. Forma vasca de Fernando. Variantes: Ellande, Enaut, Eñaut, Erando, Erlantz.

ERRAPEL. Forma vasca de Rafael.

ERROL. Origen latino. Significado: Trotamundos. Variantes: Erel, Erell, Eril, Erill, Erol, Erold, Errel, Errell, Erril, Errill, Erroll, Erryl, Erryll, Eryl, Eryll.

ERROLAN. Forma vasca de Roldán. Variantes: Erroldan.

ERROMAN. Forma vasca de Román.

ERRUKI. Forma vasca de Pío.

ERRUPIN. Forma vasca de Rufino.

ERSKINE. Origen escocés (nombre gaélico). Significado: De las altas cimas. Variantes: Ersin, Erskin, Erskyn, Erskyne.

ERVIN. Origen escocés. Significado: Magnífico. Variantes: Erving, Ervyn.

ERVIN. Origen inglés. Significado: Amigo del mar. Variantes: Earvan, Earven, Earvin, Earving, Earvon, Earvyn, Ervan, Erven, Ervine, Ervon, Ervyn, Ervyne, Ervyng, Erwan, Erwin, Erwinek, Erwinn, Erwyn, Erwynn, Irving.

ERYX. Origen griego. Personaje mitológico, hijo de Afrodita y Poseidón.

ESAÚ. Origen hebreo. Significado: Hombre peludo, velludo. Variantes: Ésaü, Esaw.

ESBERN. Origen escandinavo. Significado: Oso divino. Variantes: Asbjorn, Ebbe, Esben, Esbjorn, Esburn, Esbyrne.

ESCIPIÓN. Origen latino. Significado: Bastón. Variantes: Scipio, Scipion, Scipione, Scypion, Scypyo.

ESCOLÁSTICO. Origen latino. Significado: El que enseña todo lo que sabe. Variantes: Escolàstic, Eskolastika.

ESCULAPIO. Origen griego. Significado: Médico. Variante: Escolapio.

ESDRAS. Origen hebreo. Significado: Dios lo ayuda; reconocido por Dios.

ESKO. Origen finlandés. Significado: Líder.

ESMOND. Origen inglés. Significado: Rico protector. Variantes: Esmon, Esmun, Esmund.

ESOPO. Origen griego. Significado: Buen augurio.

ESPARTACO. Origen latino. Significado: Natural de Esparta. Variantes: Espàrtac, Spartacus.

ESSIEN. Origen africano. Significado: El sexto hijo. Variante: Esien.

ESTANISLAO. Origen eslavo. Significado: Gloria de su pueblo. Variantes: Estanis, Estanisla, Estanislau, Stanislao, Stanislaus, Stanislav, Stanislaw, Stanko.

ESTEBAN. Origen griego. Significado: Coronado de laurel. Variantes: Estebe, Estepan, Estephan, Estevao, Esteve, Esteven, Estevo, Estiven, Étienne, Ezteve, Stefano, Steffan, Stefos, Stepa, Stepan, Stepanek, Stephan, Stephanos, Stephanus, Stephen, Stepka, Stepousek, Steve, Steven, Stevie.

ETHAN. Origen hebreo. Significado: Fuerte, firme. Variantes: Eitan, Eithan, Eithen, Eithin, Eithon, Eithyn, Etam, Etan, Eythan.

ETOR. Forma vasca de Héctor.

ETOR. Origen vasco. Significado: Pentecostés.

ETXAHUN. Origen vasco.

ETXEPARE. Origen vasco.

EUAN. Origen escocés (nombre gaélico). Significado: Soleado. Variantes: Euen, Euin, Ewan, Ewen, Ewin, Ewon, Ewyn.

EUCARIO. Origen griego. Significado: Caritativo. Variantes: Eucari, Euchario.

EUCLIDES. Origen griego. Significado: De buena reputación. Variantes: Euclid, Euclide, Euclyd.

EUDO. Origen germánico. Significado: El más joven. Variantes: Eu.

EUDON. Origen vasco.

EUDOR. Origen griego. Significado: Buen regalo.

EUDOXIO. Origen griego. Significado: De buena opinión. Variantes: Eudosi, Eudosio, Eudosa, Eudoxos.

EUFEMIO. Origen griego. Significado: De buena palabra. Variantes: Eufemi, Eufemià, Eufemiano, Eufemiusz, Eupema.

EUFRASIO. Origen griego. Significado: El que está lleno de alegría; también de la comarca del Eufrates. Variante: Eufrasi.

EUGENIO. Origen griego. Significado:
El de noble nacimiento, de buena
familia. Bien nacido. Variantes: Eugene,
Eugène, Eugenios, Eugenius, Eujean,
Euken, Euxenio, Evgeny, Evgenij,
Evgenyi, Gene.

EUKEN. Forma vasca de Eugenio.

EULALIO. Origen griego. Significado:
Elocuente, que habla bien. Variante:
Eulali.

EULATZ. Origen vasco.

EULOGIO. Origen griego. Significado:
Buen orador. Variantes: Eulogi, Euloxio.

EURÍPIDES. Origen griego. Significado:
Natural de Euripos.

EURWYN. Origen galés. Significado:
Dorado, de pelo rubio. Variantes:
Eurwen, Eurwin.

EUSEBIO. Origen griego. Significado:
Piadoso. Variantes: Eusèbe, Eusebi,
Eusebios, Eusebius.

EUSTACIO. Origen griego. Significado:
Sano y fuerte. Variantes: Eustace,
Eustaci, Eustasa, Eustasi, Eustasio.

EUSTAQUIO. Origen griego.
Significado: Fértil, fecundo. Variantes:
Eustace, Eustache, Eustachius, Eustaki,
Eustaqui, Eustasius, Eustazio, Eustis,
Stacey.

EVAN. Origen galés. Significado: Bien
nacido. Variantes: Bowen, Even, Evin,
Evon, Evun, Evyn, Ewan, Ewen,
Owain, Owen.

EVAN. Origen hebreo. Significado: Dios
es bueno. Variantes: Ev, Evann, Evans,
Evin, Ewan.

EVANDER. Origen griego. Significado:
Evangelista, predicador. Variantes:
Evandar, Evando.

EVANGELINO. Origen griego.
Significado: Que lleva buenas nuevas,
que lleva el Evangelio. Variantes:
Evagelos, Evangelista, Evangelo,
Evangelos.

EVARISTO. Origen griego. Significado:
Excelente. Variantes: Ebarista, Evarist,
Evariste, Evaristus.

EVELIO. Origen hebreo. Significado:
El que da vida. Variantes: Eveli,
Evelin, Evelyn.

EVERQUE. Origen canario
(La Gomera).

EVZEN. Origen checo. Significado:
De noble cuna. Variantes: Evza, Evzek,
Evzenek.

EWAN → EUAN → EVAN.

EZEQUÍAS. Origen hebreo. Significado:
Aquél a quien Dios dio fuerzas, que
tiene fuerza divina. Variantes:
Ecequías, Ezechias, Ezequies.

EZEQUIEL. Origen hebreo. Significado:
Fuerza de Dios. Variantes: Ecequiel,
Exequiel, Ezechiel, Ézechiel, Ezechiele,
Ezekel, Ezekiel, Ezell, Eziaka,
Eziechiele, Eziequel, Zeke.

EZER. Origen hebreo. Significado:
Ayuda divina.

EZIO. Origen latino. Significado:
Que posee nariz aguileña.

EZKATI. Origen vasco.

EZKER. Origen vasco. Variante:
Ezkerra.

EZRA. Origen hebreo. Significado: Dios
es ayuda. Variantes: Esdras, Esra, Ezer,
Ezera, Ezrà.

EZTEBE. Forma vasca de Esteban.
Variante: Estebe.

F

FABIÁN. Origen latino. Significado: Cultivador de habas; que pertenece a la familia Fabia. Variantes: Faba, Fabag, Fabar, Fabek, Faber, Fabert, Fabianus, Fabien, Fabijan, Fabio, Fabir, Fabius, Fábiusz, Fabiyan, Fabor, Fabyan, Fabyen, Fabyous, Favi, Favià, Favian, Favio, Paben, Pabi.

FABRICIO. Origen latino. Significado: El artesano, el que trabaja con las manos. Variantes: Fabra, Fabre, Fabriano, Fabrice, Fabrici, Fabricien, Fabritzio, Fabrizio, Fabron, Fabroni, Fabryn.

FACARACAS. Origen canario (Gran Canaria).

FACUNDO. Origen latino. Significado: Buen orador. Variantes: Facund, Pakunda.

FADEL. Origen árabe. Significado: Generoso, honorable. Variantes: Fadal, Fâdel, Fadil, Fadyl.

FADI. Origen árabe. Significado: Redentor, salvador. Variantes: Fâdi, Fadee, Fadey, Fadie, Fady.

FADL. Origen árabe. Significado: Favor. Variante: Fahdl.

FADL ALLAH. Origen árabe. Significado: Favor de Alá.

FAEL. Origen árabe. Significado: De buen augurio.

FAHD. Origen árabe. Significado: Lince. Variantes: Fahad, Fahed, Fahid.

FAHMI. Origen árabe. Significado: Comprensivo.

FAICÁN. Origen canario (Gran Canaria).

FAISAL. Origen árabe. Significado: Decisivo. Variantes: Faisel, Faisil, Faizal, Fasel, Faysal, Fayzal.

FA'IZ. Origen árabe. Significado: Ganador. Variante: Faïz.

FAKHIR. Origen árabe. Significado: Orgulloso, excelente. Variantes: Fahkri, Fahkry, Fakhîr.

FAKHR AL DIN. Origen árabe. Significado: Orgullo de la fe. Variantes: Fakhr Aldin, Fakhir Aldin, Fakhrid Adin.

FAKHRI. Origen árabe. Significado: Gloria. Variantes: Fakhr, Fakhry.

FAKIH. Origen árabe. Significado: Inteligente. Que recita el Corán.

FALAH. Origen árabe. Significado: Prosperidad.

FALCO. Origen latino. Significado: De vista aguda, que ve de lejos como el halcón. Variantes: Falcon, Falcko, Falckon, Falconn, Falconner, Falconnor, Falk, Falkner, Faulco, Faulconer, Faulconnor, Faulkner, Fowler.

FALIH. Origen árabe. Significado: Próspero.

FANTINO. Origen latino. Significado: Infantil, inocente. Variantes: Fantí, Fantin, Fantine.

FANUEL. Origen hebreo. Significado: Visión de Dios.

FARAJ. Origen árabe. Significado: Consuelo, alivio de la pena. Variantes: Faraji, Farajy, Farraj.

FARAÓN. Origen egipcio. Significado: Residente del gran palacio.

FARHAN. Origen árabe. Significado: Feliz.

FARID. Origen árabe. Significado: Único, sin rival. Variantes: Farad, Fared, Fareed, Faryd.

FARIQ. Origen árabe. Significado: Militar de alto rango. Variante: Fareeq.

FARIS. Origen árabe. Significado: Jinete, caballero. Variantes: Fâris, Faress, Fariss, Farys.

FARKAS. Origen húngaro. Significado: Lobo.

FARMAN. Origen escandinavo. Significado: Viajero.

FARRELL. Origen celta. Significado: Valiente, héroe. Variantes: Faral, Farel, Faril, Farral, Farrel, Farrill, Farryll, Faryl, Ferrel, Ferrell, Ferrill, Ferryl.

FARUQ. Origen árabe. Significado: Que distingue la verdad de la falsedad. Variantes: Farook, Farooq, Farouk, Faroukh, Farûq.

FATH. Origen árabe. Significado: Victorioso. Variantes: Fatah, Fateh, Fathi.

FATIH. Origen árabe. Significado: Conquistador.

FATIN. Origen árabe. Significado: Inteligente. Variantes: Fateen, Fâtin.

FAUSTO. Origen latino. Significado: Feliz, afortunado, próspero. Variantes: Faust, Fauste, Faustí, Faustià, Faustiano, Faustice, Faustin, Faustinià, Faustiniano, Faustino, Faustis, Faustos, Faustow, Faustus, Faustyn, Faustys, Fostin, Paustin.

FAWWAZ. Origen árabe. Significado: Exitoso. Variantes: Fawzî, Fawwâz.

FAWZI. Origen árabe. Significado: Triunfador. Variante: Fawzan.

FAYOLA. Origen nigeriano. Significado: Que trae suerte.

FAYYAD. Origen árabe. Significado: Generoso. Variante: Fayad.

FAZIO. Origen Italiano. Significado: Buen trabajador. Variante: Fazyo.

FEBO. Origen latino. Significado: El que brilla, que resplandece. Variante: Febe.

FEDEL. Origen latino. Significado: Creyente.

FEDERICO. Origen germánico. Significado: Que gobierna en paz. Variantes: Fadrique, Federigo, Fedrick, Fedrik, Fred, Freddie, Freddy, Fredek, Frederic, Frédéric, Frederick, Frederico, Frederigo, Frederikos, Fredric, Fredson, Frek, Friderik, Fridrich, Friederich, Friedrich, Fritz, Fryderic, Frydrich.

FEDOR. Origen griego. Significado: Don de Dios. Forma eslava de Teodoro. Variantes: Fedore, Fidor, Féodor, Feeodor, Feeodore, Fiodor, Fydor, Fyodor, Fyodore.

FEDRO. Origen griego. Significado: Hombre espléndido. Variante: Fedre.

FELICIANO. Origen no especificado. Significado: Feliz. Variantes: Felicià, Félicien, Felicius, Felicyus, Peliken.

FELIPE. Origen griego. Significado: Amigo de los caballos. Variantes: Feeleep, Felep, Felip, Felipinho, Filip, Filipo, Filippo, Fillipek, Filypas, Phelp, Phelps, Phil, Philip, Philipp, Philippe, Phil, Phylyp, Pilipe, Pippo.

FELISARDO. Origen latino. Significado: Valiente y hábil.

FÉLIX. Origen latino. Significado: Afortunado. Variantes: Felic, Félice, Felicio, Félicité, Felike, Feliksa, Felis, Feliu, Fèlix, Feliz, Felizio, Filix, Fiz, Peli, Phelix, Phelyx.

FELTON. Origen inglés. Significado: Pueblo en mitad de un prado. Variantes: Feltan, Felten, Feltin. Feltyn.

FEODOR → FEDOR.

FERENC. Origen húngaro. Significado: Libre. Variantes: Feren, Ferke, Ferko.

FERGUS. Origen irlandés. Significado: Hombre fuerte. Variantes: Fearghas, Fearghus, Feargus, Ferghus, Ferguson, Fergusson.

FERMÍN. Origen latino. Significado: Firme, seguro. Variantes: Fermí, Firman, Firmin, Firminian, Firminien, Firmino, Firmo, Firmus, Firmyn, Premiñ.

FERN. Origen inglés. Significado: Helecho.

FERNANDO. Origen germánico. Significado: Inteligente y valiente. Variantes: Fer, Ferd, Ferdie, Ferdinad, Ferdinand, Ferdinando, Ferdy, Ferdynand, Fernan, Fernán, Fernand, Fernao, Ferran, Perdiñanda.

FERRAN. Origen árabe. Significado: Panadero. Variantes: Feran, Feren, Ferren.

FERRIS. Origen irlandés-gaélico. Significado: Piedra, roca. Variantes: Farice, Farrice, Farris, Feris, Ferrice, Ferrise, Ferryce, Ferryse, Ferryss, Pedro, Peter.

FIACRO. Origen irlandés. Significado: Soldado combatiente. Variantes: Fiachra, Fiacre, Fiacrio.

FIDA. Origen árabe. Significado: Redención, sacrificio.

FIDEL. Origen latino. Significado: Fiel, que tiene o conserva la fe. Variantes: Fidèle, Fideli, Fidelio, Fidelis, Fidello, Filelio, Fydel, Fydyl.

FIDENCIO. Origen latino. Significado: De confianza.

FIFE. Origen escocés. Alude a Fife, condado de Escocia. Variantes: Fif, Fyf, Fyfe, Fyffe.

FILADELFO. Origen griego. Significado: Amor fraternal. Variantes: Filadelf, Filademo.

FILEAS. Origen griego. Significado: El que ama entrañablemente.

FILEMÓN. Origen griego. Significado: Amigable, cariñoso. Variantes: Filemó, Philemon, Pillemon.

FILIBERTO. Origen germánico. Significado: Muy famoso. Variantes: Filbert, Filberti, Filberto, Filibert, Filiberte, Filibirte, Filiburte, Fylbert, Fylberte, Philberte, Philburt, Piliberta.

FILOMENO. Origen griego. Significado: Amante del canto. Variante: Filomè.

FINEAS. Origen egipcio. Significado: De piel oscura (referido a los nubios).

Variantes: Finea, Finees, Fynea, Fyneas, Phineas, Phyneas.

FINEAS. Origen hebreo. Significado: Oráculo. Variantes: Finea, Finees, Fynea, Fyneas, Phineas, Phyneas, Pynchas.

FINGAL. Origen escocés (nombre gaélico). Significado: Extranjero rubio. Variantes: Finngal, Fyngal, Fynngal.

FINLAY. Origen irlandés. Significado: Rubio. Variantes: Findlay, Findlea, Findlee, Findley, Finlea, Finlee, Finleigh, Finley, Finnlay, Finnley, Fynlay, Fynley.

FINN. Origen irlandés (nombre gaélico). Significado: De piel blanca y cabello claro. Variantes: Fin, Finan, Finbar, Finian, Finnegan, Finnian, Finnegan, Fynnegan, Fynneghan.

FINN. Origen germánico. Significado: Natural de Finlandia. Variantes: Eifion, Fin, Finan, Finbar, Finian, Finnegan, Finnian, Finnegan, Fynnegan, Fynneghan.

FIODOR → FEDOR.

FIONN. Origen celta. Significado: Blanco. Nombre masculino y femenino.

FIORELLO. Origen latino. Significado: Pequeña flor. Variantes: Fiorelli, Fiorelly, Fyorello, Fyorelly.

FIRAS. Origen árabe. Significado: Persistente. Variantes: Fira, Firah, Fyra, Fyrah, Fyras.

FIRJAS. Origen canario (La Palma).

FIRMO. Origen latino. Significado: Sólido, firme. Variantes: Ferm, Firmus, Pirma.

FISK. Origen sueco. Significado: Pescador.

FLAVIO. Origen latino. Significado: De cabellos rubios. Variantes: Flabio, Flabious, Flabius, Flaviano, Flavien, Flavious, Flavius, Flavyan, Flavyus, Flawian, Flawiusz.

FLEMING. Origen inglés. Significado: Hombre del valle. Variantes: Flemming, Flemmyng, Flemyng.

♂

FLETCHER. Origen inglés. Significado: El que fabrica arcos. Variante: Fletch.

FLOREAL. Origen latino. Significado: Alude al octavo mes del calendario de la Revolución francesa.

FLORENCIO. Origen latino. Significado: Que está en flor, florido. Variantes: Fiorenci, Fiorenzo, Floranz, Floranzo, Florence, Florent, Florente, Florentin, Florentine, Florentino, Florentyn, Florentyne, Florenz, Florenzo, Florestan, Floriano, Florynt.

FLORIÁN. Origen latino. Significado: Floreciente, próspero. Variantes: Fiorelli, Fiorello, Flor, Florence, Florent, Florià, Florien, Florino, Florio, Florion, Floris, Florius, Floro, Florus, Floryan, Floryant, Floryante, Floryus, Flour.

FLOYD. Origen galés. Significado: De cabello gris. Variantes: Floid, Floyde, Lloyd, Loyd, Loyde.

FLYNN. Origen irlandés (nombre gaélico). Significado: Hijo del hombre de pelo rojo. Variantes: Flin, Flinn, Flyn.

FODOR. Origen húngaro. Significado: De pelo rizado.

FOLANT. Origen galés. Significado: Fuerte, Forma galesa de Valentín.

FONDA. Origen latino. Significado: Profundo. Variantes: Fondah, Fondar.

FORBES. Origen escocés. Significado: Campo. Variante: Forbs.

FOREST. Origen francés. Significado: Habitante del bosque. Variantes: Forester, Forrest, Forrester, Forster, Foster.

FORMERIO. Origen vasco.

FORTIANO. Origen latino. Significado: Fuerte. Variante: Fortià.

FORTUNATO. Origen latino. Significado: Afortunado. Variantes: Fortun, Fortune, Fortunio, Fortuny.

FOUAD. Origen árabe. Significado: Valeroso. Variante: Fu'ad.

FOX. Origen inglés. Significado: Zorro. Variante: Foxx.

FRANCISCO. Origen latino. Significado: Libre. Variantes: Curro, Ferenc, Ferencz, Fraisku, Franc, Francesco, Francesco, Franchot, Francí, Francilo, Francino, Francis, Francisek, Franciskus, Francisque, François, Francys, Frantik, Frantses, Frantzes, Frantzizko, Franz, Franzisk, Frasco, Frasquito, Kiko, Paco, Panchito, Pancho, Paquito, Quico. Existen numerosos nombres compuestos a partir de Francisco: Francisco Javier, Francisco José, entre otros.

FRANCO. Origen germánico. Alude al pueblo franco, que conquistó y dio nombre a Francia. Variantes: Franc, Franck, Francklin, Frankie, Franklin, Franklin, Franko, Franky, Frans, Franz.

FREMONT. Origen germánico. Significado: Guardián de la libertad. Variantes: Fremonte, Fremot.

FROILÁN. Origen germánico. Significado: Amo y señor. Variantes: Froila, Froilà, Fruela, Purlan.

FRUCTUOSO. Origen latino. Significado: Fructífero, que da muchos frutos. Variantes: Fructuós, Fruitós, Frutoso.

FRUELA ➜ FROILÁN.

FUDO. Origen japonés. Significado: Dios del fuego y de la sabiduría.

FUJITA. Origen japonés. Significado: Campo. Nombre masculino y femenino.

FUKAYNA. Origen egipcio. Significado: Inteligente.

FUKUO. Origen japonés. Significado: Bendición del héroe.

FULCO. Origen germánico. Significado: Pueblo. Variantes: Fawk, Foke, Folke, Folkvard, Fouchier, Foulquie, Fowk, Fulk, Fulke.

FULGENCIO. Origen latino. Significado: El que brilla y resplandece por su bondad. Variantes: Fulgenci, Fulgent, Fulgente, Fúlgid, Fúlgido, Fulxencio, Pulgentzi.

FULVIO. Origen latino. Significado: El de cabellos rojizos. Variantes: Fulvi, Fulvien.

GABINO. Origen latino. Significado: Oriundo de Gabio (Italia). Variantes: Gabí, Gabin, Gabini, Gabinio.

GABIOT. Origen canario (Gran Canaria). Espíritu maligno.

GABON. Origen vasco. Significado: Tronco que arde en Nochebuena.

GABOR. Origen hebreo. Significado: Fuerza de Dios.

GABRIEL. Origen hebreo. Significado: La fuerza y el poder de Dios. Variantes: Gab, Gabby, Gabe, Gabelah, Gabi, Gabirel, Gabirol, Gabko, Gabo, Gabor, Gabriele, Gabrielius, Gabrielli, Gabriello, Gabrio, Gabris, Gabryel, Gabryele, Gaby, Gabys, Gavi, Gavrie, Gavriel, Gavril, Gavryl, Jibrail, Jibril, Jivrail.

GAD. Origen hebreo. Significado: Afortunado. Séptimo hijo de Jacob. Variantes: Gadi, Gadie, Gady.

GADIEL. Origen hebreo. Significado: Dios es mi fortuna. Variantes: Gaddiel, Gadman, Gadyel.

GAEL. Origen irlandés. Significado: El que habla gaélico. Variante: Gaël.

GAEL. Origen celta. Significado: Blanco. Variante: Gaël.

GAETANO. Origen latino. Significado: Oriundo de Gaeta (Italia). Variantes: Gaétan, Gaëtan, Gaitan.

GAGE. Origen francés. Significado: Promesa. Variantes: Gaig, Gaige, Gayg, Gayge.

GAIFA. Origen canario (Gran Canaria). Guaire de Gáldar.

GAINETO. Origen canario (Tenerife).

GAIRE. Origen canario. Variante: Guaire.

GAIRO. Origen irlandés. Significado: Pequeño. Variantes: Gaer, Gair, Gayr, Gearr, Geir, Geirr.

GAITAFA. Origen canario (Gran Canaria).

GAIZKA. Forma vasca de Salvador.

GAIZKO. Origen vasco.

GALAHAD. Origen galés. Significado: Halcón.

GALBRAITH. Origen irlandés. Significado: Escocés que vive en Irlanda. Variantes: Galbrait, Galbrayth, Galbreath.

GALDER. Origen vasco. Nombre medieval.

GALEAZZO. Origen latino. Significado: El protegido por el yelmo. Variante: Galeaso.

GALENO. Origen griego. Significado: El que lleve una vida serena y pacífica. Variantes: Galen, Galenus.

GALGUN. Origen canario (La Gomera). Guerrero gomero.

GALI. Origen hebreo. Significado: Fuente en la montaña.

GALILEO. Origen hebreo. Significado: El que viene de Galilea. Variante: Galileu.

GALINDO. Origen vasco.

GALIP. Origen turco. Significado: Ganador.

GALLAGHER. Origen irlandés. Significado: Ayuda extrajera.

GALO. Origen latino. Significado: Oriundo de la Galia. Variante: Gal.

GALTON. Origen inglés. Significado: Terrateniente. Variantes: Galtan, Galten, Galtin, Galtyn, Gallton.

GALVÁN. Origen galés. Significado: Gorrión. Variantes: Gallven, Gallvin, Galvan, Galven, Galvin, Galvon, Galvyn.

GAMAL. Origen árabe. Significado: Camello. Variantes: Gamali, Gamall, Gamil, Jamal.

GAMALIEL. Origen hebreo. Significado: Dios es mi recompensa.

GAMBA. Origen africano. Significado: Guerrero. Variante: Gambah.

GAMBLE. Origen noruego. Significado: Viejo. Variantes: Gambal, Gambel, Gambil, Gambyl, Gamel.

GAMIO. Origen vasco. Variante: Gamiz.

GANACHE. Origen canario (Gran Canaria).

GANAN. Nombre aborigen. Significado: Del oeste. Variantes: Ganen, Ganin, Ganon, Ganyn.

GANANA. Origen canario (Gran Canaria). Guerrero grancanario.

GANARTEME. Origen canario (Gran Canaria).

GANDALF. Origen noruego. Significado: Elfo con varita mágica.

GANDO. Origen canario (Gran Canaria).

GANDOLFO. Origen germánico. Significado: Lobo feroz. Variantes: Gandolf, Gandulg, Gandulfo.

GANESH. Origen sánscrito. Significado: El señor de las multitudes. Dios hindú de la sabiduría, representado con cabeza de elefante. Variante: Ganesha.

GANIX. Forma vasca de Juan.

GANYA. Origen hebreo. Significado: Jardín de Dios.

GAR. Origen vasco.

GARA. Origen húngaro. Significado: Azor.

GARAFÍA. Origen canario (Gran Canaria). Significado: Rancho, morada.

GARAHAGUA. Origen canario (La Palma). Significado: Ruin como un perro. Variante: Garehagua.

GARAILE. Forma vasca de Víctor.

GARAN. Origen galés. Significado: Cigueña.

GARANSA. Origen canario (Gran Canaria).

GARAONA. Origen vasco.

GARARONA. Origen canario (Gran Canaria).

GARAT. Origen vasco.

GARCÍA. Origen vasco. Significado: Poderoso con la lanza. Variantes: Garcías, Garcilaso, Garcillasso, Garcya, Garcyas, Garsias, Garsya, Garsyas.

GARDNER. Origen inglés. Significado: Jardinero. Variantes: Gardiner, Gardnar, Gardnor, Gardyner.

GAREHAGUA. → GARAHAGUA.

GARETH. Origen galés. Significado: Apacible. Anciano. Variantes: Garef, Gareff, Garif, Gariff, Garith, Garith, Garreth, Garyf, Garyff, Garyth, Garyth.

GARFE. Origen canario.

GARIBALDO. Origen germánico. Significado: Audaz con la lanza. Variantes: Garibald, Garybald, Garybaldo.

GARIKOITZ. Origen vasco. Alude a un santo vasco que vivió en el siglo XIX, san Miguel de Garikoitz o Garicoitz (1797-1863).

GARIN. Origen vasco. Significado: Guerrero. Variantes: Galin, Galindo, Garindo.

GARIRAGUA. Origen canario (Gran Canaria). Guaire de Telde.

GARIRUQUIAN. Origen canario (Gran Canaria).

GARNETT. Origen inglés. Significado: Granate, piedra preciosa. Pelirrojo. Variantes: Garnet, Garnier.

GAROA. Origen vasco. Significado: Helecho.

GARRAROSA. Origen canario (Gran Canaria).

GARRIZ. Origen vasco.

GARTH. Origen celta. Significado: Valiente.

GARTON. Origen inglés. Significado: Pueblo en forma de triángulo. Variante: Gartown.

GARTXOT. Origen vasco. Trovador navarro.

GARTZE, GARTZEA. Origen vasco.

GARTZIMIRO. Origen vasco.

GARY. Origen inglés. Significado: Portador de lanza. Variantes: Garee, Garey, Gari, Garie, Garree, Garrey, Garri, Garrie, Garry, Gart.

GASKON. Origen vasco.

GASKUE. Origen vasco.

GASPAR. Origen persa. Significado: Guardián del tesoro. Uno de los tres Reyes Magos. Variantes: Caspar, Casper, Gasparas, Gaspard, Gaspardo, Gaspare, Gasparin, Gasparo, Gasper, Gaxpar, Jaspar, Jasper, Kaspar.

GASTEA. Origen vasco.

GASTÓN. Origen francés. Significado: Natural de Gascuña. Variantes: Gascoin, Gascoine, Gascón, Gascoyne, Gastan, Gasten, Gastin, Gastó, Gastyn.

GASTÓN. Origen germánico. Significado: Extranjero, huésped. Variantes: Gastao, Gastone, Vaast, Vast.

GAUARGI. Origen vasco. Genio benévolo de la noche.

GAUDENCIO. Origen latino. Significado: El que está alegre y contento. Variantes: Gaudeli, Gaudelio, Gaudenci, Gaudent, Gaudente, Gaudentzi.

GAUEKO. Origen vasco.

GAULTERIO → GUALTERIO.

GAUMET. Origen canario (La Gomera).

GAUTAMA. Origen sánscrito. Sobrenombre de Buda. Variante: Gautam.

GAVIN. Origen galés. Significado: Halcón. Variantes: Gauvain, Gavan, Gaven, Gavon, Gavun, Gavyn, Gawain, Gawath, Gawayene, Gawayn, Gawayne, Gawen, Gawne.

GAYFA. Origen canario (Gran Canaria).

GAYLORD. Origen francés. Significado: Alegre. Variantes: Gaelor, Gaelord, Gailard, Gailor, Gailord, Gayler, Gaylor.

GAYNOR. Origen irlandés. Significado: Hijo del hombre de piel blanca. Variantes: Gaenor, Gainor, Gainoro, Gaynoro.

GAYTAFA. Origen canario (Gran Canaria). Hidalgo grancanario.

GAZALA. Origen indio. Significado: Ciervo.

GAZTEA. Origen vasco.

GAZTELU. Origen vasco.

GEDEÓN. Origen hebreo. Significado: El que destruye a sus enemigos. Variantes: Gedeó, Gédéon, Gideon, Gideone, Gidon, Gidoni, Guidon, Gydeon, Xedeón.

GEIR. Origen noruego. Significado: Lanza.

GELAR. Origen aborigen. Significado: Hermano.

GEMINI. Origen latino. Significado: Gemelos. Variantes: Gémeaux, Gemeni, Géminy, Gemmei, Xemei.

GENARO. Origen latino. Significado: Nacido el primer mes del año. Enero. Variantes: Genari, Gennaro, Jenaro, Kenari, Xenaro.

GENE. Origen inglés. Significado: Noble, de buena familia. Diminutivo de Eugenio. Variantes: Gena, Genek, Genio, Genka, Genya.

GENEROSO. Origen latino. Significado: Generoso, magnánimo. Variantes: Generós, Kenerosa, Xeneroso.

GENETO. Origen canario (Tenerife).

GENTIL. Origen latino. Significado: De la misma estirpe.

GENTILMANAO. Origen canario (Gran Canaria).

GENTZA. Origen vasco. Significado: Paz.

GEOFFREY. Origen germánico. Significado: Paz de Dios. Variantes: Geffree, Geffrey, Geffrie, Geffry, Geof, Geoff, Geoff, Geoffroi, Geoffroy, Geofredo, Giotto, Jef, Jeff, Jefferee, Jefferey, Jefferi, Jefferie, Jeffery, Jeffrey, Jeffri, Jeoffree, Jeoffrey, Jeofree, Jeofrey.

GEORGE. Origen griego. Significado: Granjero. Variantes: Egor, Georges, Georgio, Georgios, Georgius, Gheorghe, Gjorghic, Jiri, Jorg, Jorge, Jurgen, Yiorgis.

GERAD. Origen canario (Gran Canaria).

GERAINT. Origen galés. Significado: Anciano. Variante: Geraynt.

GERALDO. Origen germánico. Significado: El que domina con su lanza. Variantes: Gerald, Gérald, Geralde, Géraud, Gerrald, Gerrold, Gerry, Giraldo, Guerau, Guiraud, Jerald, Jeralde, Jeraud, Jerrold, Jerry, Xeraldo.

GERARDO. Origen germánico. Significado: Audaz con la lanza. Variantes: Garrard, Gerad, Gerard, Gérard, Gerardino, Gerardo, Gerhard, Gero, Gerrard, Gerrit, Gerry, Guerau, Kerarta.

GERAXAN. Forma vasca de Graciano. Variante: Gartzen.

GEREMIAS. Origen hebreo. Significado: Elegido por Dios. Variantes: Geremia, Geremy, Geremya, Jeremías.

GERMÁN. Origen germánico. Significado: De la tribu de los germanos, alemán. Variantes: Germain, Germaine, Germano, Germanus, Germayn, Germayne, Jermain, Jermaine, Jermayn, Jermayne, Kerman, Xermán.

GERMINAL. Origen latino. Significado: Que germina. Séptimo mes del calendario republicano francés.

GERÓNIMO. Origen griego. Significado: Santo. Variantes: Gerolamo, Geronymo, Girolamo, Jerome, Jerónimo.

GERSON. Origen hebreo. Significado: Peregrino. Exiliado, desterrado. Variantes: Gersham, Gershom, Gerzson, Gherson.

GERVASIO. Origen germánico. Significado: El que tiene la lanza y el poder. Variantes: Garvas, Garvase, Gerivas, Gervais, Gervas, Gervàs, Gervase, Gervasi, Gervasius, Gervasy, Gerwazy, Kerbasi, Xervasio.

GERWYN. Origen galés. Significado: Amor leal. Variantes: Gerwen, Gerwin.

GESUALDO. Origen germánico. Significado: Prisionero del rey.

GETHIN. Origen galés. Significado: De piel oscura. Variantes: Geth, Gethen, Gethyn.

GETULIO. Origen latino. Significado: El que vino de Getulia, comarca del norte de Africa. Variante: Getuli.

GHAITH. Origen árabe. Significado: Lluvia. Variante: Ghayth.

GHALI. Origen árabe. Significado: Muy valioso, muy querido.

GHALIB. Origen árabe. Significado: Superior. Variantes: Ghaleb, Ghâlib.

GHANIM. Origen árabe. Significado: Exitoso.

GHASSAN. Origen árabe. Significado: Ardor, vigor. Variante: Ghassân.

GHAWTH. Origen árabe. Significado: Salvador.

GHAZI. Origen árabe. Significado: Conquistador. Variantes: Ghâzî, Ghazwan.

GHIYATH. Origen árabe. Significado: Socorrer, auxiliar.

GI. Origen coreano. Significado: El valiente.

GIACOMO. Forma italiana de Jaime. Variantes: Giacopo, Gyacomo.

GIANNI. Forma italiana de Juan. Variantes: Gian, Giann, Giannes, Gianinno, Giannis, Giannos, Giovanni.

GIL. Origen griego. Significado: Protector, escudo. Variantes: Egide, Egidio, Egidius, Gide, Giles, Gilles, Gyles, Gylles, Xil.

GILBERTO. Origen germánico. Significado: Famoso con la flecha. Variantes: Gib, Gil, Gilabert, Gilbert, Gilburt, Gilibeirt, Gillbert, Gillburt, Gilleabert, Gisberto, Giselbert, Gylbert, Gylbirt, Gylburt, Gylbyrt, Xilberte.

GILBY. Origen irlandés. Significado: De pelo rubio. Variantes: Gilbee, Gilbey, Gilbi, Gilbie, Gillbee, Gillbey, Gillbi, Gillby, Gylbi, Gyllbi, Gyllby, Gylby.

GILEN. Forma vasca de Guillermo.

GILESINDO. Origen vasco.

GILMER. Origen inglés. Significado: Rehén famoso. Variantes: Gilmar, Gilmor, Gilmore, Gylmar, Gylmar, Gylmer, Gylmor, Gylmore.

GILMORE. Origen irlandés. Significado: Devoto de la Virgen María. Variantes: Gillmoor, Gillmoore, Gillmor, Gillmore, Gilmor, Gilmmor, Gilmoore, Gilmour, Gylmoor, Gylmoore, Gylmor, Gylmore.

GINÉS. Origen griego. Significado: Protector de la familia. Variantes: Genís, Giñes, Xenxo.

GINGER. Origen inglés. Significado: Jengibre. Pelirrojo. Variante: Gynger. Nombre masculino y femenino.

GIOACCHINO. Forma italiana de Joaquín. Variante: Gioachino.

GIORDANO. Origen latino. Significado: El que desciende por el río. Variante: Jordan.

GIORGIO. Origen latino. Significado: Campesino. Forma italiana de Jorge.

GIOVANNI → GIANNI.

GIRRA. Nombre aborigen. Significado: Cala, riachuelo. Variantes: Girrah, Gyrra, Gyrrah.

GITAGAMA. Origen canario (Gran Canaria). Noble hidalgo.

GIULIO. Forma italiana de Julio. Variante: Giuliano.

GIUSEPPE. Forma italiana de José.

GIUSTO. Forma italiana de Justo. Variante: Giustino.

GIXON. Origen vasco.

GLAN. Origen galés. Significado: Que viene de la orilla.

GLAUCO. Origen griego. Significado: Del color del mar. Variantes: Gla, Glau, Glauc, Glaukos.

GLEN. Origen irlandés. Significado: Valle estrecho y boscoso. Variantes: Glean, Glenn, Glennis, Glennon, Glenon, Glenton, Glyn, Glynn. Nombre masculino y femenino.

GODERETO. Origen canario (Tenerife).

GODETO. Origen canario (Tenerife).

GODOFREDO. Origen germánico. Significado: Que vive en la paz del Señor. Variantes: Geoffroy, Goddfree, Goddfrey, Godefroy, Godepirda, Godfredo, Godfree, Godfreed, Godfrey, Godofrè, Godofred, Goffredo, Gofraith, Goraidh, Gosfrey, Gotfrid, Gotfried, Gottfrid, Gottfried, Gotyd.

GODOTO. Origen canario (Tenerife).

GODWIN. Origen inglés. Significado: Amigo de Dios. Variantes: Godwen, Godwinn, Godwyn.

GOI. Origen vasco. Significado: Cielo.

GOIZ. Origen vasco. Significado: Mañana.

GOIZEDER. Origen vasco.

GOLDWIN. Origen inglés. Significado: Amigo dorado. Variantes: Goldewin, Godewyn, Goldwinn, Goldwyn, Goldwynn.

GOLEUDDYDD. Origen galés. Significado: Día radiante.

GOLIAT. Origen hebreo. Significado: Gigante. Variantes: Goliath, Goliato, Golio, Golliath, Golyath, Gully.

GOMAZIN. Origen vasco.

GONGOTZON. Forma vasca de Arcángel.

GONTZAL. Forma vasca de Gonzalo.

GONZAGA. Origen francés. Significado: Del apellido de san Luis Gonzaga. Variante: Gonzague.

GONZALO. Origen germánico. Significado: Guerrero preparado para el combate. Variantes: Gonçal, Gonsalve, Gonsalvo, Gontzal, Gonzales, Gonzalos, Gonzalous.

GOPAL. Origen sánscrito. Significado: Manada de vacas. Variante: Gopala.

GORATZ. Origen vasco. Variante: Gorantz.

GORAN. Origen croata. Significado: Hombre de la montaña.

GORAWEN. Origen galés. Significado: Alegría.

GORDON. Origen escocés. Significado: Colina redondeada. Variantes: Gorda, Gordan, Gorden, Gordie, Gordy, Gordyn.

GOREN. Forma vasca de Augusto.

GORKA. Forma vasca de Jorge. Variante: Jurgi.

GORONWY. Origen galés. Nombre de la mitología celta.

GOROSTI. Origen vasco. Significado: Acebo.

GORRAN. Origen de Cornualles. Significado: Héroe.

GORRI. Origen vasco.

GOTARDO. Origen germánico. Significado: Valiente por la fuerza que recibe de Dios. Variante: Gotard.

GOTZON. Forma vasca de Ángel.

GOUGH. Origen galés. Significado: Pelirrojo. Variantes: Gof, Goff.

GOUMET. Origen canario (La Gomera).

GOVINDA. Origen sánscrito. Significado: Cuidador de vacas.

GOWER. Origen celta. Significado: Pureza.

GRACIANO. Origen latino. Significado: Grato, agradable. Variantes: Gartzen, Gartzi, Gaxan, Geraxan, Gerazán, Gracià, Gracián, Gratian, Gratiano, Gratien, Grato, Graziano.

GRAHAM. Origen inglés. Significado: Casa gris. Variantes: Graeme, Graeham, Graehame, Graem, Grahame, Grahme, Grahem, Graheme, Grahim, Grahym, Graiam, Graiham, Graihame, Grayham, Grayhame, Grayhim, Grayhym, Greyham, Greyhame, Greyhem, Greyheme, Greyh.

GRALHEGUEYA. Origen canario (La Gomera).

GRANGER. Origen inglés. Significado: Grangero. Variantes: Grainger, Graynger.

GREGORIO. Origen griego. Significado: Vigilante. Variantes: Gergori, Goio, Gongotzon, Goyo, Graig, Graigg, Greg, Greger, Gregg, Greggori, Greggorie, Greggory, Greggson, Grégoire, Gregor, Grégori, Gregorijie, Gregorios, Gregory, Gregos, Greig, Greigor, Greigore, Gries, Grigor, Grigorij, Grigory, Grischa, Grzegorz.

GRIFFITH. Origen galés. Significado: Señor poderoso. Variantes: Griff, Griffyth, Gryffith, Gryffyth, Gryphon.

GRIMALDO. Origen germánico. Significado: Gobernante. Variante: Grimaud.

GRYFFYN. Origen galés. Significado: Animal mitológico. Variantes: Griff, Griffen, Griffin, Griffon, Griffyn, Gryphon. Nombre masculino y femenino.

GUACHIOCHE. Origen canario (La Gomera). Guerrero gomero.

GUAD. Origen canario (Gran Canaria).

GUADAFRET. Origen canario (Tenerife). Guerrero gigante.

GUADAMOXETE. Origen canario (Tenerife). Adivino guanche.

GUADANETH. Origen canario (Tenerife). Guerrero guanche.

GUADARFÍA, Origen canario (Lanzarote). Significado: Príncipe.

GUADARTEME, GUADARTHEME. Origen canario (Gran Canaria).

GUADEDUME. Origen canario (La Gomera). Capitán de la isla.

GUADENYA, GUADEÑA. Origen canario (Tenerife).

GUADITUCO. Origen canario (Tenerife).

GUADUNETH. Origen canario (Tenerife). Guerrero guanche.

GUADUTCHE. Origen canario (Tenerife).

GUAGUNE. Origen canario (La Gomera). Variante: Guajune.

GUAHAVEN. Origen canario (Gran Canaria).

GUAHEBEN. Origen canario (Gran Canaria).

GUAHEDUM. Origen canario (La Gomera).

GUAHUCO. Origen canario (Tenerife).

GUAHUMO. Origen canario (Tenerife).

GUAHUNCO. Origen canario (Tenerife).

GUAIRE. Origen canario. Significado: Noble.

GUAIRIN. Origen canario (La Palma).

GUAJUNE → GUAGUNE.

GUALBERTO. Origen germánico. Significado: Tiene todo el poder y resplandece por él. Variantes: Golberta, Guadalberto, Gualbert.

GUALDA. Origen canario (Tenerife). Nombre masculino y femenino.

GUALDAROSCO. Origen canario (Tenerife).

GUALDAROTO. Origen canario (Tenerife).

GUALHEGUEYA. Origen canario (La Gomera).

GUALTERIO. Origen germánico. Significado: Comandante de un ejército. Variantes: Galtero, Gatier, Gatyer, Gaultier, Gaultiero, Gauthier, Gualter, Gaulterio, Walder, Walter.

GUAN. Origen canario (Fuerteventura).

GUANACHE. Origen canario (Gran Canaria).

GUANAMEME. Origen canario.

GUANAMEÑE. Origen canario (Tenerife).

GUANARAME. Origen canario (Lanzarote).

GUANARCO. Origen canario (Gran Canaria).

GUANARIGA. Origen canario (Gran Canaria).

GUANARIRAGUA. Origen canario (Gran Canaria).

GUANARTEME. Origen canario (Gran Canaria).

GUANASA. Origen canario.

GUANATHE. Origen canario (Gran Canaria).

GUANCHAVEN. Origen canario (Gran Canaria).

GUANCHIFIRA. Origen canario (Tenerife).

GUANCHOR. Origen canario (La Gomera).

GUANIACA. Origen canario (Tenerife).

GUANIMENCEY. Origen canario (Tenerife).

GUANIMENSE. Origen canario (Tenerife). Variante: Guanimensi.

GUANTÁCARA. Origen canario (Tenerife).

GUANTEJINA. Origen canario (Tenerife). Significado: Hijo de Tejina. Variante: Guantegina.

GUANYXEMAR. Origen canario (Tenerife).

GUAÑAMEÑE. Origen canario (Tenerife). Profeta, adivino.

GUAÑON. Origen canario (Tenerife).

GUARAIFA. Origen canario (La Palma).

GUARIGUACHE. Origen canario.

GUARINAYGA. Origen canario (Gran Canaria).

GUARINDO. Origen canario (Tenerife). Guerrero guanche.

GUARIRAGUA. Origen canario (Gran Canaria). Sacerdote principal.

♂

GUARIZAYGUA. Origen canario.

GUARNACHE. Origen canario
(Gran Canaria).

GUARYN. Origen canario (La Palma).

GUATUTSE. Origen canario.

GUAYADAQUE. Origen canario
(Gran Canaria).

GUAYAHUN. Origen canario
(Gran Canaria).

GUAYASÉN. Origen canario
(Gran Canaria). Variante: Guayasent.

GUAYAXERAX. Origen canario.
Significado: El que lo sostiene todo.

GUAYEDRA. Origen canario
(Gran Canaria).

GUAYEDRA. Origen canario
(Gran Canaria).

GUAYHAVEN. Origen canario
(Gran Canaria).

GUAYNEGOGA. Origen canario.

GUAYONGA. Origen canario
(Tenerife).

GUAYOTA. Origen canario (Tenerife).
Genio del mal.

GUAYRIFANTA. Origen canario
(La Palma).

GUDASKO. Forma vasca de Marcial.

GUÉNOLÉ. Origen celta. Significado:
Blanco y valeroso. Variante:
Gwénolé.

GUETÓN. Origen canario (Tenerife).

GUIDO. Origen germánico. Significado:
Hombre del bosque. Variantes: Guidó,
Guidón, Guie, Guion, Guiu, Guyan,
Gwion.

GUIDO. Origen latino. Significado:
Guía, conductor. Variante: Guy.

GUILLAMA. Origen canario.

GUILLERMO. Origen germánico.
Significado: Protector decidido.
Variantes: Bill, Billie, Billy, Gilamu,
Gilen, Gillelma, Gillen, Gugielmo,
Guglelmo, Guglielmo, Guilhem,
Guilherme, Guillaume, Guillem,
Guillerme, Guillermí, Guillermino,
Guilmot, Gwilherm, Gwilim,
Gwillym, Gwilym, Vilhelm, Viliam,
Wilhelm, Willem, William, Willy,
Wilson, Wim.

GUINIGUADO. Origen canario
(Gran Canaria).

GUISE. Origen canario (Fuerteventura).
Rey de la isla. Variante: Guize.

GULLO. Origen no especificado.

GULNAZ. Origen no especificado.

GUMERSINDO. Origen germánico.
Significado: Hombre fuerte. Variantes:
Gumersind, Gumesindo.

GUMIDAFE. Origen canario
(Gran Canaria).

GUNNAR. Origen escandinavo.
Significado: Batalla. Variantes: Gun,
Guna, Gunah, Gunder, Gunner,
Gunter, Gunthar.

GUNTHAR. Origen escandinavo.
Significado: Guerrero. Variantes:
Guenter, Guenther, Gunn, Gunnar,
Gunner, Guntar, Gunter, Guntero,
Gunthero.

GURBIZAR. Origen vasco.

GUREN. Origen vasco. Significado:
Robusto. Rollizo. Variante: Gurena.

GURION. Origen hebreo. Significado:
Fuerte como un león. Variantes:
Garon, Gorion, Guriel, Guryon.

GURIRUQUIAN. Origen canario
(Gran Canaria).

GURUTZ. Forma vasca de Cruz.

GUSTAVO. Origen nórdico.
Significado: El cetro del rey, el cetro
divino. Variantes: Gosta, Gus, Gustaf,
Gustaff, Gustau, Gustav, Gustave,
Gustavius, Gustavs, Gustavus, Gusti,
Gustik, Gustus, Gusty.

GUTHRIE. Origen irlandés. Significado:
De un lugar expuesto al viento.
Variantes: Guthre, Guthree, Guthrey,
Guthri, Guthry.

GUTXIA. Origen vasco. Significado:
Pequeño. Variantes: Gutia, Gutxi.

GUYAHUN. Origen canario
(Gran Canaria).

GUYONJA. Origen canario (Tenerife). Capitán de Bencomo.

GUYTAFA. Origen canario (Gran Canaria).

GUZMÁN. Origen gótico. Significado: Hombre bueno.

GWYN. Origen galés. Significado: Blanco, de pelo rubio. Variantes: Gwinn, Gwinne, Gwynn, Gwynne.

GWYNFOR. Origen galés. Significado: Señor imparcial, justo. Variante: Gwinfor.

GYPSY. Origen inglés. Significado: Trotamundos, viajero. Variantes: Gipson, Gipsy, Gypson.

GYULA. Origen húngaro. Significado: Juvenil. Variantes: Gyala, Gyuszi.

H

HAAKON. Origen nórdico. Significado: Hijo preferido. Variantes: Haakan, Haakón, Hagan, Hagen, Hagon, Hakan, Haken, Hakon, Hakyn.

HABBAB. Origen árabe. Significado: Afable, amable.

HABIB. Origen árabe. Significado: Amado. Variantes: Habid, Habyb.

HACHI. Origen japonés. Significado: Buena suerte.

HACHIM. Origen árabe. Significado: Generoso. Variantes: Hachem, Hachemi.

HACHIRO. Origen japonés. Significado: Octavo hijo.

HACKET. Origen germánico. Significado: Pequeño leñador. Variantes: Hackett, Hackit, Hackitt, Hackyt, Hackytt.

HACKMAN. Origen germánico. Significado: Que corta la madera. Variante: Hackmen.

HACOMAR. Origen canario (El Hierro).

HADAD. Origen árabe. Dios sirio de la fertilidad.

HADAD. Origen hebreo. Significado: Agudo.

HADDAD. Origen árabe. Significado: Herrero. Variante: Haddâd.

HADI. Origen árabe. Significado: Que guía por el buen camino. Variantes: Had, Hadd, Haddi.

HADRIANO. Origen latino. Significado: Nacido en Hadria. Variantes: Adrián, Hadrian, Hadrián, Hadrianus, Hadrien.

HADULFO. Origen germánico. Significado: El que combate al lobo. Variante: Hadulf.

HAFIZ. Origen árabe. Significado: Protector. Variante: Hafez.

HAITZ. Forma vasca de Pedro. Variante: Harri.

HAJIME. Origen japonés. Significado: Primer hijo.

HAKIM. Origen árabe. Significado: Sensato, cuerdo. Variantes: Hackim, Hakem, Hâkem, Hakeem.

HALDAN. Origen escandinavo. Significado: Mitad danés. Variantes: Haldana, Halden, Haldane, Haldin, Haldon, Haldyn.

HALDOR. Origen escandinavo. Significado: Roca de Thor, dios del trueno. Variantes: Halvor, Halle.

HALEY. Origen escandinavo. Significado: Héroe. Variantes: Hailea, Haileah, Hailee, Haileigh, Haily, Hale, Halea, Haleigh, Halle, Halley, Halli, Hallie, Hally.

HALI. Origen griego. Significado: Mar. Variantes: Halea, Halee, Haleigh, Haley, Halie, Haly.

HALIL. Origen turco. Significado: Amigo fiel. Variante: Halyl.

HALIM. Origen árabe. Significado: Apacible, paciente. Variantes: Haleem, Halîm, Halym.

HALLAM. Origen escandinavo. Significado: Habitante de las rocas. Variante: Halam.

HALSTEN. Origen escandinavo. Significado: Roca, piedra. Variantes: Hallstein, Hallsten, Hallston, Halston.

HALVARD. Origen escandinavo. Significado: Defensor del peñasco. Variantes: Halvard, Halvor.

HAMA. Origen canario (Gran Canaria).

HAMAL. Origen árabe. Significado: Cordero. Estrella de la constelación de Aries. Variantes: Hamel, Hamil, Hamyl.

HAMAR. Origen escandinavo. Significado: Martillo. Variantes: Hama, Hamer, Hammar, Hammer.

HAMAS. Origen árabe. Significado: Entusiasmo.

HAMDAN. Origen árabe. Significado: Bondad. Variantes: Hamdân, Hamdoun.

HAMDI. Origen árabe. Significado: Alabanza.

HAMID. Origen árabe. Significado: Elevado al cielo. Variante de Mohamed. Variantes: Haamid, Hamadi, Hamdrem, Hamed, Hameed, Hamidi, Hammad, Hammed, Hamyd, Hamydd, Humayd.

HAMILTON. Origen inglés. Significado: Fortaleza, fortificación. Variantes: Hamel, Hamelton, Hamil, Hamill, Hamiltan, Hamilten, Hamylton.

HAMISH. Origen escocés. Significado: Suplantador. Forma escocesa de James. Variante: Hamysh.

HAMPARSUM. Origen armenio. Significado: Resurrección. Variante: Hamparzoum.

HAMZA. Origen árabe. Significado: Poderoso. Tío del Profeta. Variante: Hamzah.

HAN. Origen vietnamita. Significado: Bueno.

HANA. Forma árabe de Juan.

HANBAL. Origen árabe. Significado: Pureza. Variantes: Hanbel, Hanbil, Hanbyl.

HANEUL. Origen coreano. Significado: Cielo. Variante: Ha-Neul. Nombre masculino y femenino.

HANI. Origen árabe. Significado: Feliz. Variantes: Hanee, Haney, Hâni, Hanie, Hany.

HANI. Origen vasco.

HANIF. Origen árabe. Significado: Creyente verdadero, discípulo del Islam. Variantes: Haneef, Hanef, Hanifa, Hanyfa.

HANNI. Forma vasca de Aniano.

HANNIBAL. Origen fenicio. Significado: Gracia de Baal. Caudillo cartaginés, invasor de Italia. Variantes: Aníbal, Hannibal.

HANOT. Origen vasco.

HANS. Origen hebreo. Significado: Dios es misericordioso. Forma germánica de Juan. Variantes: Haensel, Hannes, Hanno, Hannsel, Hannu, Hannus, Hano, Hansal, Hanschen, Hansel, Hanselmo, Hansi, Hansl, Hansli, Hansyl, Hanz.

HARAL. Origen escocés. Significado: Líder militar, que está a la cabeza de un ejército. Variantes: Arailt, Harall, Harell.

HARALD → **HAROLDO.**

HARAN. Origen vasco.

HARBELTZ. Origen vasco.

HARE. Origen maorí. Significado: Fuerte, varonil. Forma maorí de Carlos.

HARI. Origen sánscrito. Significado: El que aleja el mal. Variantes: Hariel, Harin, Hary, Haryn.

HARISH. Origen hindi. Significado: Señor. Variantes: Haresh, Harysh.

HARITH. Origen árabe. Significado: Labrador. Variante: Haryth.

HARITZ. Origen vasco. Significado: Roble.

HARITZEDER. Origen vasco. Significado: Roble esbelto.

HARKAITZ. Origen vasco. Significado: Roca.

HAROLDO. Origen escandinavo. Significado: Poderoso jefe militar. Variantes: Arald, Araldo, Aralt, Haldon, Harailt, Harald, Haraldas, Haralds, Haralpos, Harild, Harold, Harral, Harrel, Harris, Harry, Haryld, Haryldo, Herald, Hereld, Herold, Herrick, Herris, Herry, Heryld, Heryldo.

HAROUN. Origen árabe. Significado: Elogiado. Forma árabe de Aarón. Variantes: Harun, Hârûn.

HARRI → HAITZ.

HARRIET. Origen vasco.

HARRISON. Origen escandinavo. Significado: Hijo de Harry. Variantes: Haris, Harison, Harris, Harrys, Harryson, Harys, Haryson, Heris, Herris, Herrys, Herys.

HARRY. Diminutivo de Haroldo y de Henry (forma inglesa de Enrique).

HARTZ. Origen vasco. Significado: Oso. Forma vasca de Ursino. Variantes: Artzeiz, Hartzea.

HARU. Origen japonés. Significado: Nacido en primavera. Variantes: Harue, Haruo.

HARUTO. Origen japonés. Significado: Desde lejos, desde un lugar lejano.

HARVEY. Origen germánico. Significado: Guerrero. Variantes: Harve, Harvee, Harveson, Harvi, Harvie, Harvy, Herve, Hervey, Hervi, Hervie, Hervy.

HASAD. Origen turco. Significado: Cosecha.

HASHIM. Origen árabe. Significado: Destructor del mal. Variantes: Haashim, Hasheem, Hasîm, Hashym.

HASIER. Origen vasco.

HASSAN. Origen árabe. Significado: Hermoso, guapo. Variantes: Hasan, Hassân.

HASTINGS. Origen germánico. Significado: Rápido.

HASTINGS. Origen inglés. Significado: Hijo del avaro. Variante: Hasting.

HASTU. Origen quechua. Significado: Ave de los Andes.

HATIM. Origen árabe. Significado: Puro. Variante: Hatem.

HAUCHE. Origen canario (La Gomera).

HAUTACUPERCHE. Origen canario (La Gomera).

HAVELOCK. Origen escandinavo. Significado: Puerto de mar. Variantes: Haveloc, Haveloch, Havloche, Havlocke.

HAVIKA. Origen hawaiano. Significado: Amado. Otra forma de David. Variante: Havyka.

HAWTHORN. Origen inglés. Significado: Donde crece el espino. Variante: Hawthorne.

HAYATE. Origen japonés. Significado: Hábil.

HAYATO. Origen japonés. Significado: Intrepidez, audacia, valentía.

HAYDAR. Origen árabe. Significado: León. Variantes: Haidar, Hayder.

HAYNETO. Origen canario (Tenerife).

HAYTHAM. Origen árabe. Significado: Orgulloso. Variante: Haitham.

HAYYIM. Origen hebreo. Significado: Vida.

HAZAEL. Origen hebreo. Significado: Visión de Dios. Variante: Haziel.

HAZIM. Origen árabe. Significado: Resuelto.

HE. Origen chino. Significado: Río amarillo.

HEATHCLIFF. Origen inglés. Significado: Acantilado cerca de un campo. Nombre del protagonista de la novela *Cumbres borrascosas*, de Emily Brontë. Variantes: Heafclif, Heaffclif, Heath, Heathclif, Heathclyffe.

HEBER. Origen hebreo. Significado: Que hace alianzas. Variantes: Habar, Hebar, Hebor.

HÉCTOR. Origen griego. Significado: Defensor tenaz. Variantes: Ector, Ectore, Ettor, Ettore, Heckter,

Hecktore, Hecktur, Hectar, Hèctor, Heitor, Hektor, Hektore.

HEDDWYN. Origen galés. Significado: Paz sagrada. Variantes: Heddwen, Heddwin, Hedwen, Hedwin, Heddwin, Hedwyn.

HEGOI. Origen vasco.

HEIKO. Origen vasco.

HEILYN. Origen galés. Significado: Administrador.

HEINRIK, HEINZ → ENRIQUE.

HELADIO. Origen griego. Significado: Nativo de Hélade (Grecia). Variante: Eladio.

HELAKU. Origen nativo americano. Significado: Día soleado.

HELÍ. Origen hebreo. Significado: El que se ofrece a Dios.

HELIO. Origen griego. Significado: Sol. Variantes: Elio, Helios.

HELIODORO. Origen griego. Significado: Don del Sol. Variantes: Eleodoro, Eliodoro, Eludor, Heliodor.

HELMUT. Origen germánico. Significado: Protector, valiente. Variantes: Hellmut Helmo, Helmuth.

HEMI. Origen maorí. Significado: Suplantador. Forma maorí de James.

HENDRA. Origen de Cornualles. Significado: De la vieja granja.

HENRIQUE. Origen germánico. Significado: Poderoso por su linaje. Otra forma de Enrique. Variantes: Hein, Heinje, Heinrich, Heinriche, Heinrik, Heinz, Hendrick, Hendrik, Henri, Henric, Henricus, Henrik, Henrikus, Henrio, Henry, Henryc, Henryk.

HERACLIO. Origen griego. Significado: Descendiente de la casta de Hércules. Variantes: Erakil, Heracli.

HERÁCLITO. Origen griego. Significado: Que siente inclinación por lo sagrado.

HERALDO. Origen germánico. Significado: El que trae las noticias. Variantes: Haroldo, Herald, Hiroldo, Hyroldo.

HERAUSO. Origen vasco.

HERBERTO. Origen germánico. Significado: Guerrero ilustre. Variantes: Ebert, Eberto, Eriberta, Harbert, Hebert, Heibert, Herb, Herbee, Herbert, Herberth, Herbertus, Herbie, Herburt, Herby, Herebeorth, Heribert, Heriberto, Hyrburt.

HÉRCULES. Origen griego. Significado: Defensor. Héroe mitológico, famoso por su fuerza descomunal. Variantes: Ercole, Heracles, Héraclès, Herakles, Hercule, Hèrcules.

HEREN. Origen vasco.

HERMÁN. Origen germánico. Significado: Hombre armado, guerrero. Variantes: Ermannis, Ermanno, Ermas, Ermin, Harman, Harmann, Herman, Hermance, Hermando, Hermanis, Hermann, Hermannus, Hermano, Hermanus, Hermel, Hermen, Hermi, Hermo, Hermon, Herms, Hetze, Hetzel.

HERMELANDO. Origen germánico. Significado: Miembro de la antigua tribu germánica de los ermiones. Variantes: Ermeland, Ermelando, Hermeland.

HERMELINDO. Origen germánico. Significado: Que ofrece sacrificios a Dios. Variante: Hermalindo.

HERMENEGILDO. Origen germánico. Significado: Guerrero de la tribu de los ermiones. Variantes: Hermenegild, Hermenexildo, Hermenxildo.

HERMES. Origen griego. Significado: Mensajero. Dios griego mensajero de los dioses. Variantes: Erma, Herm, Herme, Hermès.

HERMINIO. Origen germánico. Significado: Enérgico. Variantes: Ermini, Erminio, Ermiñi, Hermini.

HERMÓGENES. Origen griego. Significado: De la familia de Hermes. Variantes: Ermogen, Hermògenes.

HERNANDO. Origen germánico. Significado: Atrevido, bravo. Otra forma de Fernando. Variantes: Hernán, Hernandes, Hernandez.

HERODES. Origen griego. Significado: La canción del héroe. Variante: Herod.

HERÓDOTO. Origen griego. Significado: Considerado héroe. Variantes: Herodot, Herodotos, Herodotus.

HEROLD → HAROLDO.

HERRICK. Origen escandinavo. Significado: Jefe del ejército. Variantes: Herick, Herik, Herrik, Herryc, Herryck, Herryk.

HERSHEL. Origen judío. Significado: Ciervo. Variantes: Hersch, Herschel, Herschelo, Hersh, Hersz, Hertz, Hertzel, Herz, Herzl, Heschel, Hesh, Hirsch, Hirschel, Hirshel, Hyrchel, Hyrshel.

HERVÉ. Origen celta. Significado: Impaciente por pelear. Variantes: Harvey, Herv, Herveig, Hervey, Houarn, Houarnev, Houarnon.

HESKETH. Origen escandinavo. Significado: Del hipódromo.

HESPER. Origen griego. Significado: Estrella vespertina. Variantes: Hespero, Hesperos.

HIAWATHA. Origen iroqués. Significado: El que hace ríos.

HIBIKI. Origen japonés. Significado: Comunicar, transmitir, enseñar, resonar.

HIDEAKI. Origen japonés. Significado: Muy inteligente, muy brillante.

HIDEKI. Origen japonés. Significado: Oportunidad espléndida.

HIDEO. Origen japonés. Significado: El mejor.

HIGINIO. Origen griego. Significado: El que tiene salud, vigoroso. Variantes: Higini, Hijinio, Hixinio, Ikiñi.

HIKARU. Origen japonés. Significado: Luz, brillo, luminosidad. Variante: Hikari. Nombre masculino y femenino.

HILAL. Origen árabe. Significado: Luna nueva. Variantes: Hilel, Hylal.

HILARIO. Origen latino. Significado: Alegre, festivo, risueño. Variantes: Alair, Hilaire, Hilar, Hilarie, Hilarius, Hilary, Hillary, Hillery, Hylarie, Hylary, Ilario, Illari.

HILMER. Origen escandinavo. Significado: Noble ilustre. Variantes: Hilmar, Hillmar, Hylmar, Hylmer.

HILMI. Origen árabe. Significado: Paciente.

HIMAR. Origen canario. Nombre masculino y femenino.

HIMENECHIA. Origen canario (Tenerife).

HINATA. Origen japonés. Significado: Activo, enérgico.

HIPÓCRATES. Origen griego. Significado: Que domina los caballos. Padre de la medicina. Variante: Hippokrates.

HIPÓLITO. Origen griego. Significado: Que desata sus caballos. Variantes: Hipòlit, Hippolyte, Hippólytos, Ipolita.

HIRAM. Origen hebreo. Significado: El más noble. Variantes: Ahiram, Hirom, Huram, Hyram, Hyrum.

HIROAKI. Origen japonés. Significado: Gran resplandor.

HIROMI. Origen japonés. Significado: De gran belleza. Nombre masculino y femenino.

HIROMU. Origen japonés. Significado: Sobresaliente.

HIROSHI. Origen japonés. Significado: Generoso. De Hiroshima. Variante: Hyroshi.

HIROTO. Origen japonés. Significado: Gran persona.

HISA. Origen japonés. Significado: Duradero. Nombre masculino y femenino.

HISACO. Origen canario (Gran Canaria).

HISAO. Origen japonés. Significado: Longevo.

HISHAM. Origen árabe. Significado: Generosidad. Variante: Hishâm.

HISOKA. Origen japonés. Significado: Reservado. Variante: Hysoka.

HITOSHI. Origen japonés. Significado: Apacible.

HITZEDER. Origen vasco. Significado: Forma vasca de Eulogio.

HLYNN. Origen inglés. Significado: Cascada.

HO. Origen chino. Significado: Dios.

HOARII. Origen tahitiano. Significado: Amigo del rey.

HOBART. Origen germánico. Significado: Espíritu brillante. Variantes: Hobard, Hoebard, Hoebart, Hubert.

HOBSON. Origen inglés. Significado: Hijo de Robert. Variantes: Hobsan, Hobsen, Hobsin, Hobsyn.

HODAKA. Origen japonés. Significado: Montaña. Variante: Hodakah.

HOGAN. Origen irlandés. Significado: Juventud.

HOLGER. Origen escandinavo. Significado: Parecido a una lanza.

HOLLIS. Origen inglés. Significado: Acebo. Variantes: Holliss, Hollys, Hollyss. Nombre masculino y femenino.

HOLLMAN. Origen inglés. Significado: Del valle. Variantes: Holman, Hollmen, Holmen.

HOMERO. Origen griego. Significado: Ciego. Variantes: Homer, Homère, Homeros, Homerus, Omer.

HONESTO. Origen español. Significado: Honrado, íntegro, irreprochable. Variante: Honest.

HONORATO. Origen latino. Significado: El que ha recibido grandes honores. Variantes: Honor, Honorat, Honoratus, Honore, Honoré, Honorin, Onorata.

HONORIO. Origen latino. Significado: Honorable. Variantes: Honori, Honorius, Honorus, Onorio.

HONT. Origen húngaro. Significado: Criador de perros.

HONZA. Origen checo. Significado: Dios es bueno. Variante de Juan.

HOPKIN. Origen inglés. Significado: Famoso. Hijo de Roberto. Variante: Hopcyn.

HORACIO. Origen latino. Significado: El que anuncia las horas. Variantes: Horace, Horaci, Horatio, Horatiu, Horatius, Horaz, Horaz, Horazio, Oratio, Orazio.

HORI. Origen polinesio. Significado: Granjero. Forma polinesia de Jorge.

HORST. Origen germánico. Significado: Maleza. Variante: Hurst.

HORTENSIO. Origen latino. Significado: Jardinero. Forma masculina de Hortensia. Variante: Hortensi.

HORUS. Origen egipcio. Significado: Dios del cielo. Variante: Horuss.

HOSNI. Origen árabe. Significado: Virtuoso. Variante: Housni.

HOWARD. Origen germánico. Significado: Guardián, vigilante. Variantes: Howee, Howerd, Howey, Howi, Howie, Howy.

HOWE. Origen escandinavo. Significado: Colina o túmulo funerario.

HOWELL. Origen galés. Significado: Eminente. Variantes: Hoel, Hoell, Hoelle, Howal, Howall, Howel, Huel, Huell, Hywel, Hywell.

HRISTO. Origen búlgaro. Significado: Portador de Cristo. Forma búlgara de Christopher.

HSIN. Origen chino. Significado: Posterior a una antigua dinastía.

HUAN. Origen chino. Significado: felicidad. Nombre masculino y femenino.

HUBERTO. Origen germánico. Significado: De inteligencia aguda. Variantes: Hobard, Hobart, Hobarte, Hoibeard, Hubert, Hubertus, Hubirt, Huburt, Hubyrt, Hugibert, Hugo, Uberta, Uberto.

HUCANON. Origen canario (Tenerife).

HUD. Origen árabe. Significado: Nombre de un profeta.

HUDHAFAH. Antiguo nombre árabe.

HUDHAIFAH. Antiguo nombre árabe. Variante: Hudhayfah.

HUDSON. Origen inglés. Significado: Hijo del encapuchado. Variantes: Hudsan, Hudsen, Hunsin, Hudsyn.

HUENU. Origen araucano. Significado: Cielo. Nombre masculino y femenino.

HUGO. Origen germánico. Significado: Que tiene espíritu e inteligencia. Variantes: Aodh, Aoidh, Hew, Huey, Hug, Huges, Hugh, Hughe, Hughes, Hughie, Hughy, Hugibert, Hugó, Hugolí, Hugolin, Hugolino, Hugon, Hugues, Huig, Huw, Uga, Uges, Ugo, Ugon.

HUGUIRO. Origen canario (La Palma).

HULLEN. Origen mapuche. Significado: Primavera.

HUMAM. Origen árabe. Significado: Valeroso, generoso.

HUMBERTO. Origen germánico. Significado: Distinguido y brillante. Variantes: Humbert, Humbirt, Humbyrt, Hunburt, Umberto, Unberta.

HUMPHREY. Origen inglés. Significado: Gigante pacífico. Variantes: Homfree, Homfrey, Homphree, Homphrey, Humfredo, Humfree, Humfrey, Humfried, Humphery, Humphry, Hunfrid, Onfre, Onfredo, Onfree, Onfrey, Onfroi, Onofredo, Onufry.

HUNTER. Origen inglés. Significado: Cazador. Variantes: Hunta, Huntar, Huntingdon, Huntington, Huntly.

HUNTLEY. Origen inglés. Significado: Valle del cazador. Variantes: Huntlea, Huntleah, Huntlee, Huntleigh, Huntley, Huntli, Huntlie, Huntly.

HUO. Origen chino. Significado: Fuego. Nombre masculino y femenino.

HUPALUPU. Origen canario (La Gomera).

HURKO. Origen vasco.

HUSAI. Origen hebreo. Significado: El apresurado.

HUSAIN. Origen árabe. Significado: Hermoso, guapo. Variantes: Hisein, Husayn, Hussain, Hussein.

HUSAM. Origen árabe. Significado: Espada.

HUSAM AL DIN. Origen árabe. Significado: Espada de la fe.

HY. Origen vietnamita. Significado: Esperanza. Variantes: Hi, Hye.

HYATT. Origen inglés. Significado: Gran pórtico. Variantes: Hiat, Hiatt, Hiatte, Hyat, Hyatte.

HYDE. Origen inglés. Significado: Unidad de superficie utilizada en Inglaterra en la Edad Media. Variante: Hide.

HYWEL. Origen galés. Significado: Célebre. Variante: Hywell.

IAGAN. Origen escocés. Significado: Pequeño fuego.

IAGO. Origen hebreo. Significado: El que suplantó al hermano. Otra forma de Santiago. Variante: Yago.

IAN. Origen hebreo. Significado: Dios es misericordioso. Otra forma de Juan. Variantes: Ean, Ein, Eoin, Iain, Iancu, Ianos, Iin, Ion.

IBAI. Origen vasco. Significado: Río.

IBAN. Forma vasca de Juan. Variante: Ibane.

IBERO. Origen latino. Significado: Natural de Iberia, que viene de la Península Ibérica. Variantes: Iber, Ibérico, Iberio.

IBINKA. Origen vasco.

IBN. Origen árabe. Significado: Hijo.

IBRAHIM. Origen árabe. Significado: Padre de la multitud. Forma árabe de Abraham. Variantes: Ibraham, Ibraheem.

IBUKI. Origen japonés. Significado: Soplar.

ÍCARO. Origen griego. Personaje mitológico, hijo de Dédalo, que voló con unas alas de cera; se acercó demasiado al Sol y las alas se fundieron, provocando su caída. Variantes: Ícar, Icare, Icarus, Ikaros.

ICHABOD. Origen hebreo. Significado: Glorioso. Variantes: Ikabod, Ikavod.

ICHIRO. Origen japonés. Significado: Primogénito.

'ID. Origen árabe. Significado: Fiesta, festival.

IDALI. Origen indio. Significado: Poderosos.

IDRIS. Origen árabe. Nombre de un profeta.

IDRIS. Origen galés. Significado: Impulsivo. Variantes: Idriss, Idrys, Idryss.

IDUBAREN. Origen canario.

IDUMEO. Origen latino. Significado: Rojo.

IENEGO. Origen vasco.

IESTIN. Forma galesa de Justino. Variante: Iestyn.

IEUAN. Forma galesa de Juan. Variantes: Evan, Ifan, Owen.

IGAL. Origen vasco.

IGALGÚN. Origen canario (La Gomera).

IGANTZI. Origen vasco.

IGARKI. Origen vasco.

IGNACIO. Origen latino. Significado: Ardiente, fogoso. Variantes: Eegnatie, Eneko, Ennicus, Iggy, Ignaas, Ignac, Ignác, Ignace, Ignacek, Ignacey, Ignacij, Ignascha, Ignasha, Ignasi, Ignatas, Ignatious, Ignatius, Ignatus, Ignatys, Ignatz, Ignaz, Ignazio, Inacio, Inaxio, Inazio, Ineko, Inigd, Inigo, Iñaki, Iñigo, Nacek, Nacicek.

IGON. Origen vasco. Significado: Ascensión.

IGOR. Origen vasco.

ÍGOR. Origen escandinavo/ruso.
Significado: Héroe. Granjero. Forma
rusa de Jorge. Variantes: Egor, Yegor.

IGOTZ. Origen vasco.

IGUALGUIN. Origen canario
(Gran Canaria).

IHAR. Origen vasco.

IHAZINTU. Forma vasca de Jacinto.

IHORANGI. Origen polinesio.
Significado: Lluvia.

IHSAN. Origen árabe. Significado:
Amabilidad, beneficencia. El más alto
nivel de Imam. Variante: Ihsân.

IHTISHAM. Origen árabe. Significado:
Modestia, decencia.

IKATZ. Origen vasco. Significado:
Carbón.

IKER. Origen vasco.

IKINI. Forma vasca de Higinio.

ILAN. Origen hebreo. Significado: Árbol.
Variantes: Ilanah, Ilanit.

ILARIO. Origen latino. Significado:
Alegre, festivo, risueño. Otra forma de
Hilario. Variantes: Ilar, Ilari, Ilaryo.

ILAZKI. Origen vasco. Significado:
Luna.

ILDEFONSO. Origen germánico.
Significado: El que es ágil para el
combate. Variantes: Albontsa, Alfonso,
Idefonso, Ildefons.

ILHAMI. Origen turco. Significado:
Inspiración.

ILIE. Origen rumano. Significado: El
Señor es Dios. Forma rumana de Elías.

ILIXO. Origen vasco.

ILLART. Origen vasco.

ILUMINADO. Origen latino.
Significado: Inspirado por Dios.
Variante: Il luminat.

ILUNBER. Origen vasco.

ILURO. Origen vasco.

ILYA. Origen ruso. Significado: El Señor
es Dios. Forma rusa de Elías. Variantes:
Ilia, Ilias, Ilja, Ilyah.

IMAD. Origen árabe. Significado:
Apoyo, pilar. Variantes: 'Imad, 'Imâd.

IMAD AL DIN. Origen árabe.
Significado: El pilar de la fe. Variante:
Imâd Al-Dîn.

IMAM. Origen árabe. Significado:
Líder religioso que dirige el rezo
comunitario.

IMANOL. Forma vasca de Manuel
y de Emmanuel.

IMMANUEL. Origen hebreo.
Significado: Dios está con nosotros.
Variante: Emmanuel.

IMRAN. Origen árabe. Significado:
Anfitrión. Variantes: 'Imran, Imren,
Imrin, Imrym.

IMRE. Origen húngaro. Significado:
Gran rey.

IMTIYAZ. Origen árabe. Significado:
Marca de distinción o de excelencia.

IN'AM. Origen árabe. Significado:
Concesión.

INCA. Origen quechua. Significado:
Rey, príncipe o varón de estirpe real.

INDALECIO. Origen ibero. Significado:
Fuerza. Variantes: Indaleci, Indaleki.

INDARTSU. Forma vasca de Robustiano.

INDIANA. Origen americano.
Significado: Tierra de indios. Nombre
masculino y femenino.

INDRA. Origen sánscrito. Significado:
Que posee una gota de lluvia. Dios
hindú del cielo.

INEGA. Origen canario (Tenerife).

INGE. Origen vasco.

INGEMAR. Origen escandinavo.
Significado: Hijo de Inge, dios noruego
de la paz. Variantes: Igamar, Ingamar,
Ingar, Inge, Inger, Ingmar, Ingomar.

INGER. Origen escandinavo. Significado:
Hijo del ejército o hijo de un héroe.
Variantes: Ingar, Ingvar. Nombre
masculino y femenino.

INGUMA. Origen vasco. Significado:
Mariposa.

INHAR. Origen vasco.

INIXIO. Origen vasco.

INKO. Origen vasco. Nombre vasco de Dios mit.

INNES. Origen celta (nombre gaélico). Significado: Isla en un río, o de la isla. Variantes: Ennis, Inis, Inness, Inis, Innis, Inniss, Innys, Innyss.

INOCENCIO. Origen latino. Significado: El que no tiene mancha ni culpa. Variantes: Inno, Innocenci, Innocent, Innocentius, Innocentz, Innocenz, Innocenzio, Innocenzo, Innocenzyo, Innokenti, Innokentiy, Innozenz, Ino, Inocent, Inocente, Inocentz, Inocenz, Inocenzio, Inocenzyo, Iñoskentzi.

INTI. Origen aymara. Significado: Nombre dado por los incas al Sol, al que consideraban el ser supremo.

INTXIXU. Origen vasco.

IÑAUTZI. Origen vasco.

IÑOT. Origen vasco.

IOLO. Origen galés. Significado: Digno señor. Variante: Iolyn.

ION. Forma vasca de Juan.

ION. Forma rumana de Juan.

IORITZ. Origen vasco.

IORWETH. Origen galés. Significado: Bello señor. Variante: Iorwerth.

IQBAL. Origen árabe. Significado: Prosperidad, buena suerte.

IRA. Origen hebreo. Significado: Vigilante. Variante: Irah. Nombre masculino y femenino.

IRAITZ. Origen vasco.

IRATXO. Origen vasco. Significado: Duende mitológico.

IRATZEDER. Origen vasco.

IRAUNKOR. Forma vasca de Constancio.

IRELTXO. Origen vasco.

IRENEO. Origen griego. Significado: Amante de la paz. Forma masculina de Irene. Variantes: Iren, Irénée, Ireneu, Ireneus, Ireneusz.

IRFAN. Origen árabe. Significado: Agradecimiento. Variante: 'Irfan.

IRIEL. Origen hebreo. Significado: Dios es mi luz. Variante: Uriel.

IRKUS. Forma vasca de Epifanio.

IRMIN. Origen germánico. Significado: Fuerte, poderoso. Variantes: Irman, Irmen, Irmun, Irmyn.

IRRINTZI. Origen vasco. Significado: Clamor.

IRUENE. Origen canario (La Palma). Significado: El diablo, aparición. Variante: Irueñe. Nombre masculino y femenino.

IRVIN. Origen germánico. Significado: Amigo del ejército. Variante: Irvine.

IRVING. Origen inglés. Significado: Amigo del mar. Variantes: Earvin, Ervin, Ervine, Erving, Ervyn, Ervyn, Ervyne, Ervyng, Erwin, Erwyn, Irvin, Irvine, Irvyn, Irvyng, Irvyne, Irwin, Irwyn.

ISA. Origen germánico. Significado: Que tiene una voluntad de hierro. Variantes: Isah, Issa, Issah. Nombre masculino y femenino.

'ISÀ. Origen árabe. Significado: Jesús. Variantes: Eisa, Eisà, Isa.

ISAAC. Origen hebreo. Significado: El que ríe. Variantes: Ike, Isaack, Isaak, Isac, Isacco, Isack, Isahac, Isaka, Ishaq, Itzhak, Itzhak, Ixaca, Izaac, Izaack, Izak, Yitzhak.

ISACO. Origen canario (Gran Canaria).

ISAÍ. Origen hebreo. Significado: Hombre de Dios.

ISAÍAS. Origen hebreo. Significado: Dios es la salvación. Variantes: Esai, Essaia, Essaiah, Ikaia, Isai, Isaia, Isaiah, Isaie, Isaïes, Isay, Isaya, Isia, Isiah, Issiah, Yeshaya, Yeshayahu.

ISAM. Origen árabe. Significado: Prestar juramento. Variantes: 'Isam, Issam.

ISATSI. Origen vasco.

ISAURO. Origen griego. Significado: Procedente de Isauria, antigua región del Asia Menor. Variante: Isaure.

ISIDORO. Origen griego. Significado: Adorador de Isis, diosa egipcia identificada con la Luna y la fertilidad. Variantes: Eesidor, Esidor, Esidore, Ezador, Ezadore, Ezidor, Ezidore, Isador, Isadore, Isidor, Isidore, Isidorius, Isidoros, Isidre, Isidro, Isodoro, Ixidor, Izador, Izadore, Izidor, Izidore, Izydor, Izzy, Sidro.

ISKANDER. Origen árabe. Significado: Protector. Variante: Iskender.

ISMAEL. Origen hebreo. Significado: Dios escucha. Variantes: Ishmael, Isma'il, Isma'il, Ismaël, Ismail, Ismal, Ismale, Yishmael.

ISRAEL. Origen hebreo. Significado: Fuerza de Dios. Variantes: Israël, Israele, Israelos, Isra'il, Yisrael, Ysrael.

ISTEBE. Origen vasco.

ISTVAN. Origen húngaro. Significado: Coronado. Forma húngara de Esteban. Variante: Isti.

ISUSKO. Origen vasco.

ITALO. Origen latino. Significado: El italiano. Variantes: Ital, Ítalo.

ITAMAR. Origen hebreo. Significado: De la isla de los palmares. Variante: Ittamar.

ITSUKI. Origen japonés. Significado: Árbol.

ITXETO. Origen vasco.

ITZAINA. Origen vasco.

ITZAL. Origen vasco. Significado: Sombra.

ITZALTZU. Origen vasco.

IVÁN. Origen hebreo. Significado: Dios es misericordioso. Forma rusa de Juan. Variantes: Iva, Ivan, Ivanchik, Ivanek, Ivano, Ivas, Iven, Ivin, Ivon, Ivun, Ivyn, Iwan, Yvan, Yvann.

IVAR. Origen escandinavo. Significado: Arquero. Variantes: Ifor, Iver, Iviy, Ivor, Ivor, Yves, Yvon, Yvor.

IVES. Origen celta. Significado: Tejo. Otra forma de Yves.

IVO. Origen celta. Significado: Tejo. Otra forma de Yves. Variantes: Ibon, Iu, Ivi, Ivon, Ivor, Iwo, Yves, Yvon, Ywo.

IXEMAD. Origen canario (Tenerife).

IXONA. Origen vasco.

IYAD. Origen árabe. Significado: Apoyo.

IZAN. Origen vasco. Significado: El ser, la realidad. Río de la provincia de Soria. Forma masculina de Izana.

IZOTZ. Origen vasco. Significado: Hielo.

IZZ AL DIN. Origen árabe. Significado: Poder de la fe. Variantes: Izz Aldin, Izz Alden, Izz Eddin.

JABALAH. Origen árabe. Significado: Montaña, colina.

JABARI. Origen swahili. Significado: Intrépido. Variantes: Jabaar, Jabare, Jabbar, Jabier, Jabary.

JABEL. Origen hebreo. Significado: Como el arroyo que fluye.

JABER. Origen árabe. Significado: Que consuela, que reconforta. Variantes: Jâber, Jabir, Jabyr.

JACHO. Origen coreano. Significado: Para poner sobre uno mismo.

JACINTO. Origen griego. Alude a la flor del mismo nombre. Variantes: Ciacintho, Clacinto, Gaxinta, Hacynt, Jacek, Jacindo, Jacint, Jacynto, Xacinto.

JACKSON. Origen inglés. Significado: Hijo de Jack. Hijo del suplantador. Variantes: Jackman, Jakman, Jakson.

JACO. Origen canario (Gran Canaria).

JACOBO. Origen hebreo. Significado: Suplantador. Otra forma de Santiago. Variantes: Cob, Cobbie, Hamish, Iacob, Iacopo, Iakob, Jaap, Jacek, Jack, Jackie, Jacky, Jacob, Jacobin, Jacobos, Jacobs, Jacobus, Jacoby, Jacomus, Jacot, Jacquan, Jacque, Jacques, Jacquez, Jaggi, Jago, Jagoba, Jagu, Jaime, Jake, Jakes, Jakob, Jakobe, Jakoos, Jakov, Jakub, Jakue, James, Jaques, Jascha, Jasha, Jay, Jaycob, Jaycobb, Jaykob, Jayme, Jock, Joco, Jocobi, Jocoby, Jocolbee, Jocolbey, Jocolbie, Jocolby, Santiago, Xacob, Yacob.

JACOMAR. Origen canario (El Hierro).

JACY. Origen nativo americano. Significado: Luna. Variantes: Jaecee, Jaeci, Jaecy, Jaice, Jaicey, Jaici, Jaicy, Jayce, Jaycey, Jaycie, Jaycy.

JAD ALLAH. Origen árabe. Significado: Regalo de Dios.

JAFAR. Origen árabe. Significado: Río, corriente. Variantes: Jaafar, Ja'far, Jafari, Jaffar.

JAGDISH. Origen sánscrito. Significado: Gobernante mundial.

JAGO. Forma vasca de Jacob. Variante: Jagoba.

JAIDAN. Origen hebreo. Significado: Dios ha escuchado. Variantes: Jaedan, Jaeden, Jaedin, Jaedyn, Jaiden, Jaidin, Jaydan, Jayden, Jaydin, Jaydyn.

JAIME. Origen hebreo. Significado: Suplantador. Otra forma de Santiago. Variantes: Giacobbe, Giacomo, Giacopo, Giocomo, Iago, Jacques, Jaem, Jaemee, Jaemes, Jaemey, Jaim, Jaimes, Jaimey, Jaimie, Jaimy, Jakome, Jamelia, James, Jamesy, Jamey, Jamie, Jamin, Jammey, Jamy, Jaques, Jascha, Jaume, Jayme, Jaymee, Jaymes, Jeames, Jemmy, Jim, Jimi, Jimie, Jimm, Jimmbo, Jimme, Jimmee, Jimmi, Jimmy, Jimy, Jymmy, Jymy, Seamus, Seumas, Shamus, Xaime, Yago.

JAINETO. Origen canario (Tenerife).

JAIOTZA. Origen vasco. Significado: Natividad.

JAIRO. Origen hebreo. Significado: Dios iluminará. Variantes: Jae, Jai, Jair, Jairas, Jaire, Jairus, Jay, Jayr, Jayro, Jayrus.

JAIZKI. Origen vasco.

JAIZKIBEL. Origen vasco. Monte de Guipúzcoa.

JAKES, JAKOB, JAKUBE, JAKUE. Variantes de Jacob.

JAL. Origen bohemio. Significado: Vagabundo. Variante: Jall.

JALAL. Origen árabe. Significado: Grandeza. Variantes: Galal, Jalâl, Jaleal, Jaleel, Jalel, Jalil, Jalîl.

JALAL AL DIN. Origen árabe. Significado: Grandeza de la fe.

JALISSAT. Origen árabe. Significado: El que recibe poco. El que da más.

JAMA. Origen canario (Gran Canaria).

JAMAL. Origen árabe. Significado: Belleza. Variantes: Gamal, Gamil, Jamâl, Jamaal, Jamahl, Jamall, Jameel, Jamel, Jamell, Jamil, Jail, Jamill, Jammal, Jamyl, Jamyle, Jarmal, Jemal, Jermal.

JAMAL AL DIN. Origen árabe. Significado: Belleza de la fe.

JAMESON. Origen inglés. Significado: Hijo de James. Hijo del suplantador. Variantes: Jaemeson, Jaemison, Jaimeson, Jaimison, Jaimyson, Jamesyn, Jamison, Jamyson, Jamytzin, Jaymeson, Jaymison, Jaymyson.

JAN. Origen hebreo. Significado: Dios es misericordioso. Forma eslava de Juan. Variantes: Jaan, Jahn, Janco, Jancsi, Jandi, Jane, Janecek, Janek, Janik, Janika, Jankiel, Janne, Jano, Janos, Jansen, Janson, Jenda, Yan.

JANBATTIT. Diminutivo vasco de Juan Bautista.

JANPIER. Forma vasca de Juan Pedro. Variante: Janpierra.

JANSON. Origen escandinavo. Significado: Hijo de Jan. Variantes: Jansen, Jansin, Janssan, Janssen, Jansson, Jansyn, Jantzen, Janzen, Jasen, Jensan, Jensen, Jenson.

JANUS. Origen latino. Significado: Puerta, pasadizo. Nacido en enero. Variantes: Janario, Januario, Janis, Janos, Janys.

JARED. Origen hebreo. Significado: Descendiente del heredero. Variantes: Jara, Jaret, Jarett, Jarod, Jarrad, Jarred, Jarret, Jarrett, Jarrod, Jarryd.

JAREHAGUA. Origen canario (Gran Canaria). Guerrero valeroso.

JAREIN. Origen vasco.

JAREK. Origen eslavo. Significado: Nacido en enero. Variantes: Janiuszck, Januarius, Januisz, Jarec, Jareck, Jaric, Jarick, Jarik, Jaryc, Jaryck, Jaryk.

JARIGUO. Origen canario (La Palma).

JARIR. Origen árabe. Significado: El que puede tirar.

JARMAN. Origen germánico. Significado: De Germania. Variantes: Jarmen, Jerman, Jermen, Jermin, Jermyn.

JAROSLAV. Origen checo. Significado: Gloria de la primavera. Variantes: Jarda, Jardah, Jaroslaw.

JARRAH. Origen aborigen. Significado: Especie de eucalipto. Variantes: Jara, Jarah, Jarra. Nombre masculino y femenino.

JARVIS. Origen inglés. Significado: El que tiene la lanza y el poder. Forma inglesa de Gervasio. Variantes: Gary, Gervaise, Gervase, Gervice, Jarus, Jaruss, Jary, Jarvice, Jarvise, Jarvyc, Jarvyce, Jarvys, Jarvyse, Jerve, Jervice, Jervis, Jervise.

JASIM. Origen árabe. Significado: Grande, enorme.

JASÓN. Origen griego. Significado: El que sana todas las enfermedades. Variantes: Jaason, Jace, Jacen, Jaeson, Jahson, Jaison, Jase, Jasen, Jason, Jàson, Jayce, Jaycen, Jaysen, Jayson.

JASPER. Origen persa. Significado: Guardián del tesoro. Variantes: Caspar, Casper, Gaspar, Gaspard, Gaspardo, Gaspare, Gasper, Jaspar.

JATSU. Origen vasco.

JAUN. Origen árabe. Significado: Clase de planta.

JAUNTI. Origen vasco.

JAUNZURIA. Origen vasco.

JAVED. Origen persa. Significado: Eterno.

JAVIER. Origen vasco. Significado: Casa nueva. Variantes: Jabier, Javi, Javyer, Saveri, Saverio, Xabier, Xaver, Xavery, Xavi, Xavier, Xaviero, Xever, Xevi, Xevy, Zavier, Zavyer, Zever.

JAWAD. Origen árabe. Significado: Generoso.

JAWDAT. Origen árabe. Significado: Bueno. Variante: Gawdat.

JAWHAR. Origen árabe. Significado: Joya. Variante: Jawha.

JAY. Origen latino. Significado: Arrendajo azul Diminutivo de Jacobo. Variantes: Jae, Jai, Jaie, Jayd, Jayde.

JAY. Origen sánscrito. Significado: Victoria.

JAYVYN. Origen africano. Significado: Espíritu de luz.

JEBEDÍAS. Origen hebreo. Significado: Querido del señor. Variantes: Jebadia, Jebadiah, Jebediah, Jebedies, Jebidya.

JEDREK. Origen polaco. Significado: Fortaleza. Variantes: Jedrec, Jedreck, Jedric, Jedrick, Jedrik, Jedrus, Jedryc, Jedryck, Jedryk.

JEDI. Origen americano. Significado: Guerrero.

JEFFERSON. Origen inglés. Significado: Hijo de Jeffrey. Variante: Gefferson.

JEFFREY. Origen inglés. Significado: Paz divina. Variantes: Gef, Geff, Geffrey, Geffry, Geof, Geoff, Geoffrey, Geoffry, Geofrey, Geofry, Godfrey, Goffredo, Gottfried, Jef, Jefaree, Jefarey, Jefary, Jefer, Jeferee, Jeferi, Jeferie, Jeff, Jeffaree, Jeffer, Jefferee, Jefferey, Jefferi, Jefferie, Jeffers, Jeffrey, Jeffri, Jeffrie, Jeffry, Jeph.

JEFTZIBÁ. Origen hebreo. Significado: Mi deleite está en ella.

JEHÚ. Origen hebreo. Significado: Dios es Dios. Variante: Jéhu.

JELANI. Origen africano. Significado: Poderoso. Variantes: Jelanee, Jelaney, Jelanie, Jelani.

JENARO. Origen latino. Significado: Nacido en enero. Otra forma de Genaro.

JENO. Origen griego. Significado: Noble, bien nacido. Forma húngara de Eugenio. Variantes: Jenci, Jencie, Jency, Jenoe, Jensi, Jensy.

JENOFONTE. Origen griego. Significado: El que viene de otro país. Que es elocuente. Variantes: Xeno, Xenophon, Zeno, Zenophon.

JERARA. Nombre aborigen. Significado: Cascada. Variante: Jerarah.

JEREMÍAS. Origen hebreo. Significado: Elevado por el Señor. Variantes: Geremiah, Geremías, Jem, Jemmie, Jemmy, Jeramee, Jeramey, Jeramie, Jere, Jereme, Jeremey, Jeremi, Jeremiah, Jérémie, Jeremies, Jeremy, Jeremya, Jeremyas, Jeriamias, Jerimiah, Jermias, Jeromy, Jerr, Jerrie, Jerry, Jorma, Xeremías.

JERICO. Origen árabe. Significado: Ciudad de la Luna. Variantes: Jeric, Jericho, Jéricho, Jerick, Jerik, Jeriki, Jerric, Jerrick, Jerricko, Jerrico, Jerriko, Jerrycko, Jerryco, Jerryko.

JERÓNIMO. Origen griego. Significado: El del nombre sagrado. Variantes: Géronime, Girolamo, Hiérominos, Hieronymus, Jeroan, Jerolin, Jerom, Jerome, Jérome, Jérôme, Jeromene, Jeromina, Jeromino, Jeromo, Jeroni, Jeronim, Jerònim, Jerrie, Jerrome, Jerry, Xerome.

JERSON. Origen hebreo. Significado: Extraño. Variante: Gershon.

JERUSALÉN. Origen hebreo. Significado: Lugar de paz. Variante: Jerusalem.

JESSE. Origen hebreo. Significado: Sabiduría. Variantes: Jesee, Jesi, Jesiah, Jesie, Jess, Jessé, Jessee, Jessey, Jessie, Jessy, Jezze, Jezzee, Jezzey, Jezzi, Jezzie, Jezzy.

JESUALDO. Origen germánico. Significado: El que lleva la lanza de mando. Variante: Gesualdo.

JESÚS. Origen hebreo. Significado: Dios es el salvador. Variantes: Gesu, Jehová,

Jehovah, Jesus, Jésus, Jezus, Josu, Kesus, Xesús, Yahvé, Yosu.

JETHRO. Origen hebreo. Significado: Abundante. Variantes: Jeth, Jetro, Jetrow, Jettro.

JEZRAEL. Origen hebreo. Significado: Lo que Dios sembró.

JIBON. Origen hindi. Significado: Que da vida. Variantes: Jivan, Jivanta, Jiven, Jivin, Jivyn, Jyvan, Jyven, Jyvin, Jyvon, Jyvyn.

JIBRAN. Antiguo nombre árabe.

JIBRIL. Forma árabe de Gabriel. Variantes: Jibríl, Jibrill.

JIGISHA. Origen indio. Significado: Superior.

JIHAD. Origen árabe. Significado: Lucha, guerra santa. Variantes: Jihâd, Yihad.

JIMENO. Origen español. Significado: El que pudo escuchar. Forma medieval de Simeón.

JIN. Origen chino. Significado: Tierno. Nombre masculino y femenino.

JIN. Origen coreano. Significado: Joya. Nombre masculino y femenino.

JIN. Origen japonés. Significado: Caridad, conmiseración, compasión, comprensión.

JIRO. Origen japonés. Significado: Segundo hijo.

JIRRA. Nombre aborigen. Significado: Canguro. Nombre masculino y femenino.

JITENDER. Origen sánscrito. Significado: Conquistador poderoso.

JOAB. Origen hebreo. Significado: Dios es Dios.

JOANEIZU. Origen vasco.

JOAQUÍN. Origen hebreo. Significado: Dios construirá. Variantes: Giachino, Joacheim, Joachim, Joachim, Joachin, Joakim, Joaquim, Jokin, Joxin, Juaquín, Koakin, Quim, Quino, Ximo, Xoaquín, Yokin.

JOB. Origen hebreo. Significado: Perseguido. Variantes: Jobe, Jobee,

Jobert, Jobey, Jobi, Jobie, Joby, Xob, Yoba.

JOCABED. Origen hebreo. Significado: Dios es glorioso.

JOEL. Origen hebreo. Significado: Dios es el señor. Variantes: Joël, Joell, Joelle, Joely, Jole, Xoel, Yoel.

JOKIN. Forma vasca de Joaquín.

JON. Forma vasca de Juan.

JONÁS. Origen hebreo. Significado: Sencillo como una paloma. Variantes: Jona, Jonah, Jonas, Xonás, Yona, Yonah, Yonas, Yunus.

JONATÁN. Origen hebreo. Significado: Regalo de Dios. Variantes: Johhathan, Johnathan, Johnathen, Johnaton, Johnothan, Jon, Jonatan, Jonate, Jonatha, Jonathan, Jonathen, Jonathon, Jonaton, Jonattan, Jonnatha, Jonnattan, Jonnie, Jonny, Jonothon.

JOO-CHAN. Origen coreano. Significado: Elogio al Señor.

JORDAN. Origen hebreo. Significado: Descendente.

JORDÁN. Origen hebreo. Significado: Del río Jordán. Variantes: Giordano, Jared, Jered, Jordà, Jordan, Jordane, Jorden, Jordi, Jordie, Jordin, Jordon, Jordy, Jordyn, Jori, Jorrin, Jory, Jourdain, Yordan.

JORGE. Origen griego. Significado: El que trabaja la tierra, granjero. Variantes: George, Georges, Georgios, Gheorghe, Giorgio, Gorka, Iuri, Jeorg, Jersey, Jerzy, Jira, Jiran, Jiranek, Jiri, Jiricek, Jirik, Jirka, Jirousek, Joergen, Jois, Joji, Jorck, Jordi, Jorg, Jorgen, Jorgji, Jori, Joris, Jorn, Jorrin, Jory, Juergen, Jungen, Jurgen, Jürgen, Jurgi, Juri, Xurxo, Yiorgis, Yrjo, Yuri.

JORITZ. Origen vasco. Variante: Ioriz.

JOSAFAT. Origen hebreo. Significado: Dios es mi juez. Variantes: Jozafat.

JOSÉ. Origen hebreo. Significado: Dios proveerá. Variantes: Chepito, Giuseppe, Hosae, Hose, Iosep, Iossif, Jef, Jeke, Jo, Job, Jobig, Jod, Jodey, Jodie, Jody, Joe, Joedey, Joey, Joop, Jopi, Jopie, Jopy, Jos, Jose, Josean, Joseba, Josecito, Josee,

Josef, Joseff, Josefi, Josefino, Josefo, Joseito, Joselito, Josep, Josepe, Joseph, Josephe, Josephin, Joses, Josetxo, Josey, Joshephus, Josian, Josip, Joska, Jow, Joxean, Joxepa, Joxi, Joxin, Jozef, Jozeff, Jozsef, Juozapas, Jup, Jusepe, Jusuf, Kose, Koxe, Ossif, Pep, Pepe, Pepet, Pepito, Peppo, Septh, Seth, Xosé, Yoseba, Youssef, Youssuf. Existen numerosos nombres compuestos a partir de José: José Antonio, José Luis, José Manuel, José María, entre otros.

JOSHUA. Origen hebreo. Significado: Dios es mi salvación. Variantes: Johsua, Josh, Josha, Joshau, Joshe, Joshee, Joshi, Joshia, Joshuaa, Joshuah, Joshuea, Joshum, Joshus, Joshusa, Joshuwa, Joshwa, Joshy, Joss, Josua, Josue, Josué, Josuè, Josusha, Jozshua, Jozsua, Jozua, Jushua, Xosué, Yasser, Yusha.

JOSÍAS. Origen hebreo. Significado: Dios curará y protegerá. Variantes: Josia, Josiah, Josies.

JOSU. Forma vasca de Jesús.

JUAN. Origen hebreo. Significado: Dios es bondadoso. Variantes: Eoin, Evan, Ewan, Ganix, Gian, Giankos, Giannakos, Gianni, Giannini, Gianninno, Gianozzi, Giovani, Giovanni, Hampe, Hampus, Hanko, Hannele, Hannes, Hans, Hansel, Hanselo, Hansi, Haske, Henne, Henneke, Henschel, Iain, Ian, Iban, Ievan, Ifan, Ioannes, Iohanan, Ion, Ivan, Ivanjuscha, Ivanku, Ivasik, Ivor, Iwan, Jan, Janck, Janis, Janos, Janot, Jean, Jeannequin, Jehan, Jehan, Jehann, Jeng, Jengen, Jens, Jent, Jenz, Jeovani, Jeovanni, Jiovani, Joan, Joanes, Joanet, Joanico, Joaninho, Joanko, Joao, Jock, Jocko, Joen, Johan, Johane, Johanikot, Johaniku, Johanko, Johann, Johannes, Johannus, John, Johnie, Johnny, Johny, Jon, Joni, Jonie, Jonni, Jonnie, Jonny, Jöns, Jony, Joop, Jovan, Jovani, Jovanic, Jovanni, Jovannic, Jovannnis, Jovanny, Jovi, Jovian, Jovin, Jovoan, Jovon, Jovonne, Jowan, Juanelo, Juango, Juanikot, Juanito, Juanko, Juantxo, Juantxu, Juha, Juhani, Juhans, Jukka, Juwan, Juwann, Juwaun, Juwon, Juwuan, Jvan, Seain, Sean, Seon, Seonaio, Shane, Shang, Shaughn, Shaun, Shawn, Vangelis, Vania, Xoán, Yahya, Yann, Yannick, Yoann, Yohanan, Yovan, Yvan, Zane. Existen numerosos nombres compuestos a partir de Juan: Juan Antonio, Juan Francisco, Juan José, Juan Luis, Juan Manuel, Juan Miguel, Juan Pedro, entre otros.

JUBAL. Origen hebreo. Significado: Cuerno de carnero.

JUDÁ. Origen hebreo. Significado: Alabado.

JUDAS. Origen hebreo. Significado: Dios sea alabado. Variantes: Judá, Judah, Judd, Juddah, Jude, Judes, Judson.

JUGUIRO. Origen canario (La Palma).

JUL. Origen árabe. Significado: Resolución.

JULEN. Forma vasca de Julián.

JULIÁN. Variante de Julio.

JULIO. Origen latino. Significado: Juvenil. De la familia romana de Julio. Variantes: Giuliano, Giulio, Guiliano, Gulian, Gulien, Gulio, Jellon, Jewelien, Jolian, Jolin, Julen, Jules, Juli, Julià, Julián, Juliano, Juliao, Julien, Julijonas, Juliois, Julious, Juliun, Julius, Julyan, Julyen, Julyo, Xián, Xulio, Yul, Yulen, Yuli.

JUMA. Origen africano. Significado: Nacido en viernes. Variantes: Jumah, Jumu'ah.

JUMBO. Origen africano. Significado: Elefante. Variantes: Jamba, Jambo, Jumba.

JUNAID. Origen árabe. Significado: Joven guerrero. Variante: Junayd.

JUNG. Origen coreano. Significado: Honrado.

JUNIOR. Origen latino. Significado: Joven. Variantes: Junious, Junius, Junyor.

JUNÍPERO. Origen latino. Significado: Enebro. Variante: Juníper.

JÚPITER. Origen latino. Significado: Origen o fuente de la luz.

♂

JURDAN. Origen vasco.

JURGI. Forma vasca de Jorge.

JUSTO. Origen latino. Significado: Que vive para y según la ley de Dios. Variantes: Giustino, Giusto, Jestan, Jesten, Jestin, Joost, Just, Juste, Justen, Justi, Justí, Justice, Justin, Justinas, Justinià, Justinian, Justiniano, Justinien, Justino, Justis, Justise, Juston, Justus, Justyce, Justyn, Justys, Justyse, Xustiniano, Xustino, Xusto, Yestin, Yestyn.

JUVENAL. Origen latino. Significado: Juvenil. Variantes: Juven, Juventí, Juventin, Juventino, Juventyn, Juventyne, Juventyno, Juvon, Juvone, Xuvenal.

JYOTIS. Origen sánscrito. Significado: Luz.

K

KABIR. Origen árabe. Significado: Grande. Variantes: Kabyr, Kadbar, Khabir.

KADAR. Origen árabe. Significado: Poderoso. Variantes: Kade, Kader, Kadir, Kador, Kadyr, Kedar.

KADE. Origen escocés. Significado: De los humedales. Variantes: Cade, Cadee, Caed, Caid, Caide, Cayd, Cayde, Kadee, Kaed, Kaid, Kaide, Kayd, Kayde, Kaydee.

KADEEN. Origen árabe. Significado: Amigo, compañero, confidente. Variantes: Kadan, Kaden, Kadon, Kadin, Kadîn, Kadyn.

KADEER. Origen árabe. Significado: Muy poderoso. Variantes: Kadir, Kadyr.

KADET. Origen germánico. Significado: Combate.

KADMIEL. Origen hebreo. Significado: Dios es lo primero. Variante: Kadmiell.

KADO. Origen japonés. Significado: Entrada.

KAEDE. Origen japonés. Significado: Hoja de arce. Nombre masculino y femenino.

KAELAN. Origen gaélico. Significado: Guerrero poderoso. Variantes: Kaelen, Kaelin, Kaelon, Kaelyn, Kailan, Kailen, Kailin, Kailyn, Kalan, Kalen, Kalin, Kalon, Kalyn, Kaylan, Kaylen, Kaylin, Kaylon.

KAHAWI. Origen hawaiano. Significado: Río.

KAHIL. Origen turco. Significado: Joven. Variantes: Cahil, Kahili, Kahleel, Kahleil, Kahlill, Kahyl, Kaleel, Kalel, Kalil, Kalyl, Khaleel, Khalili.

KAHOKU. Origen hawaiano. Significado: Estrella.

KAI. Forma vasca de Cayo.

KAI. Origen hawaiano/Origen navajo. Significado: Sauce. Variante: Cai. Nombre masculino y femenino.

KAIETANO. Forma vasca de Cayetano. Variante: Kaiet.

KAINE. Origen galés. Significado: Bello. Variantes: Caen, Cain, Caine, Cane, Cayn, Cayne, Kaen, Kahan, Kain, Kainan, Kaine, Kainen, Kane, Kaney, Kayn, Kayne.

KAINE. Origen irlandés. Significado: Tributo. Variantes: Caen, Cain, Caine, Cane, Cayn, Cayne, Kaen, Kahan, Kain, Kainan, Kaine, Kainen, Kane, Kaney, Kayn, Kayne.

KAINE. Origen japonés. Significado: Dorado. Variante: Kane.

KAITO. Origen japonés. Significado: Generoso, con amplitud de miras.

KALANI. Origen hawaiano. Significado: Cielo. Variantes: Kalan, Kalanee, Kalaney, Kalanie, Kalany.

KALE. Origen hawaiano. Significado: Fuerte y masculino.

KALEB. Origen hebreo. Significado: Perro. Variantes: Kaelab, Kaeleb, Kailab, Kalab, Kalb, Kale, Kalev, Kalib, Kalyb, Kaylab, Kayleb, Kilab, Kylab.

KALED. Origen árabe. Significado: Inmortal, el que vive eternamente. Variantes: Kalid, Kalyd, Keled.

KALIMA. Origen indio. Significado: Oscuro.

KALIQ. Origen árabe. Significado: Creativo. Variantes: Kaliqu, Kalique, Khaliq, Khâliq, Khaliqu, Khalique, Khalyq, Khalyqu, Khalyque.

KALMAN. Origen húngaro. Significado: Paloma. Forma húngara de Columbano.

KALOGEROS. Origen griego. Significado: Triunfo fiel.

KALTI. Nombre aborigen. Significado: Lanza.

KAMA. Origen sánscrito. Significado: Amor. Nombre masculino y femenino.

KAMAKA. Origen hawaiano. Significado: Cara, rostro. Variante: Kamakah.

KAMAL. Origen árabe. Significado: Perfección, una de las noventa y nueve cualidades de Dios. Variantes: Kamaal, Kamâl, Kameel, Kamel, Kamil, Kamîl, Kamyl.

KAMALI. Origen indio. Significado: Espíritu guía.

KAMAYE. Origen japonés. Significado: Entusiasta. Variante: Kanaye.

KAMI. Nombre aborigen. Significado: Lagarto espinoso.

KAMIL. Origen vasco.

KANA. Origen japonés. Significado: Poderoso. Variante: Kanah.

KANADE. Origen japonés. Significado: Interpretar (música). Lograr el objetivo.

KANJI. Origen japonés. Significado: Lata.

KANO. Origen japonés. Significado: Dios de las aguas.

KAPLONY. Origen húngaro. Significado: Tigre.

KARAM. Origen árabe. Significado: Caritativo, generoso. Variantes: Kareem, Karim, Karym, Khairi, Khayri.

KARAN. Origen sánscrito. Significado: Guerrero.

KARDAL. Origen árabe. Significado: Grano de mostaza. Variante: Kardel.

KARDOS. Origen húngaro. Significado: Esgrimidor.

KAREL. Origen checo/Origen holandés. Significado: Libre. Nombre masculino y femenino.

KARI. Nombre aborigen. Significado: Humo.

KARIF. Origen árabe. Significado: Nacido en otoño. Variantes: Kareef, Kariff.

KARIM → KARAM.

KARL. Origen germánico. Significado: Viril. Otra forma de Carlos. Variantes: Kaarl, Kaarle, Kaarlo, Kale, Kalle, Kalman, Karcsi, Karel, Karius, Karlen, Karlens, Karlicek, Karlik, Karlin, Karlitis, Karlo, Karlos, Karlousek, Karlow, Karlton, Karol, Karoly, Kjell.

KARMA. Origen tibetano/sherpa. Significado: Estrella.

KARMEL. Forma vasca de Carmelo.

KARSA. Origen húngaro. Significado: Halcón. Variante: Kerecsen.

KARTAL. Origen húngaro. Significado: Águila.

KASEEM. Origen árabe. Significado: Dividido. Variantes: Kasim, Kasym.

KASIANO. Forma vasca de Casiano.

KASIB. Origen árabe. Significado: Fértil. Variantes: Kaseeb, Kasîb, Kasyb.

KASIMIR. Forma vasca de Casimiro.

KASPER. Origen persa. Significado: Guardián del tesoro. Variante polaca de Gaspar. Variantes: Kaspar, Kaspir, Kaspor, Kaspyr.

KASUMI. Origen japonés. Significado: Niebla.

KATALAIN. Origen vasco.

KATEB. Origen árabe. Significado: Escritor. Variante: Katib.

KATRIEL. Origen hebreo. Significado: Dios es mi corona. Variante: Katryel.

KATSU. Origen japonés. Significado: Victoria.

KATSUO. Origen japonés. Significado: Niño victorioso.

KATSURO. Origen japonés. Significado: Hijo victorioso.

KAULDI. Forma vasca de Claudio.

KAURI. Origen polinesio. Significado: Bosque, selva. Variantes: Kauree, Kaurie, Kaury.

KAVI. Origen hindi. Significado: Poeta. Variantes: Kavee, Kavey, Kavie, Kavy.

KAXEN. Forma vasca de Casiano.

KAY. Origen galés. Significado: Alegría. Nombre masculino y femenino.

KAY. Origen griego. Significado: Puro. Variantes: Kai, Kayde, Kayden, Kayle, Kaylen, Kaylid, Kayne, Kaynen.

KAYAM. Origen hebreo. Significado: Establo.

KAZAHAYA. Origen japonés. Significado: Viento débil.

KAZIM. Origen árabe. Significado: Templado, paciente.

KAZIMIR. Origen ruso. Significado: El gran destructor.

KAZUKI. Origen japonés. Significado: Primero de una nueva generación. Brillante.

KAZUMA. Origen japonés. Significado: Verdad, sinceridad.

KAZUO. Origen japonés. Significado: Hombre de paz.

KE. Origen irlandés. Significado: Noble de nacimiento. Variantes: Keavan, Keaven, Keavin, Keavon, Keavun, Keavyn, Keevan, Keeven, Keevin, Keevon, Keevun, Keevyn, Keivan, Keiven, Keivin, Keivon, Keivyn, Kevan, Keven, Kevin, Kevinn, Kevion, Kevis, Kevlon, Kevon, Kevron, Kevun, Kevyn, Keyvan, Keyven, Keyvin, Keyvon, Keyvyn.

KEANE. Origen inglés. Significado: Agudo. Variantes: Kean, Keanan, Keanen, Keen, Keene, Kienan, Kienen, Keyan, Keyen, Keyin, Keyon.

KEARNEY. Origen celta. Significado: El vencedor. Variantes: Karney, Karny, Kearny.

KEARY. Origen celta. Significado: Padre de un niño oscuro.

KEATON. Origen inglés. Significado: De donde vuelan halcones. Variantes: Keatan, Keaten, Keatin, Keatyn, Keeton, Keitan, Keiten, Keitin, Keiton, Keityn, Keytan, Keyten, Keytin, Keyton, Keytyn.

KEB. Origen egipcio. Significado: Tierra. Variante: Kebb.

KEDEM. Origen hebreo. Significado: Anciano. Variantes: Kedeam, Kedeem, Kedim, Kedym.

KEEGAN. Origen irlandés. Significado: Pequeño y entusiasta. Variantes: Kagen, Keagan, Keegen, Kegan.

KEES. Origen holandés. Significado: Cuerno. Variante holandesa de Cornelio. Variantes: Keas, Kease, Keese, Keesee, Keesee, Keis, Keys, Keyse.

KEI. Origen japonés. Significado: Respetuoso.

KEIR. Origen celta. Significado: Moreno. Variantes: Keiron, Kerr, Kerry, Keyr, Kieran, Kieron.

KEITH. Origen celta. Significado: Selva. Variantes: Keaf, Keafe, Keaff, Keaffe, Keif, Keife, Keifer, Keiffer, Keiff, Keiffe, Keyf, Keyfe, Keyff, Keyffe.

KELEMAN. Origen húngaro. Significado: Apacible, amable. Variantes: Kelleman, Kellemen, Kellieman, Kelliemen, Kelliman, Kellimen, Kellman, Kellmen, Kellyman, Kellymen, Kelemen, Kelmen, Kelyman, Kelymen.

KELEMEN. Forma vasca de Clemente.

KELL. Origen escandinavo. Significado: Habitante de la primavera. Variantes: Kel, Kelda, Kellda.

♂

KELLEN. Origen irlandés. Significado: Poderoso guerrero. Variantes: Keelan, Keilan, Kelden, Kellan, Kelle.

KELLY. Origen irlandés. Significado: Guerrero. Habitante del prado cercano al bosque. Variantes: Kealea, Kealee, Keali, Kealie, Keallea, Keallee, Kealli, Kealy, Keeli, Keelea, Keelee, Keelli, Keely, Kelee, Keley, Kelley, Kelli, Kely, Keily, Keyli, Keylly, Keyly.

KELMEN. Forma vasca de Clemente. Variante: Kilmen.

KELSEY. Origen escandinavo. Significado: Habitante de la isla. Variantes: Kelcey, Kelci, Kelcie, Kellci, Kellcie, Kellcy, Kelsie, Kelsy. Nombre masculino y femenino.

KELVIN. Origen gaélico. Significado: Del río estrecho. Variantes: Calvin, Kalvan, Kalven, Kalvon, Kalvyn, Kelvan, Kelven, Kelvon, Kelvyn.

KEMAL. Origen turco. Significado: El más alto honor. Variante: Kemel.

KEMEN. Origen escocés. Significado: Fuerte. Variantes: Keaman, Keamen, Keeman, Keemen, Keiman, Keimen, Keman, Keyman, Keymen.

KEMEN. Origen vasco. Significado: Vigor.

KEN. Origen celta. Significado: Simpático. Diminutivo de Kenneth y de otros nombres que empiezan por «Ken». Variante: Kenn.

KENAN. Origen celta. Significado: Antiguo. Variantes: Cainan, Kénan.

KENDAL. Origen inglés. Significado: Del valle de Kent. Variantes: Kendall, Kendell.

KENDREW. Origen escocés. Significado: Fuerte, valiente. Otra forma de Andrew (Andrés). Variante: Kandrew.

KENDRICK. Origen inglés. Significado: Héroe real. Variantes: Kendricks, Kendrik, Kendryck, Kenrich.

KENJI. Origen japonés. Significado: Segundo hijo nacido. Variantes: Kenjee, Kenjie, Kenjy.

KENN. Origen galés/Origen celta. Significado: Claro como el agua brillante.

KENNEDY. Origen irlandés. Significado: Jefe con casco. Variantes: Kenman, Kennadie, Kennady, Kennard, Kennedey, Kennedi, Kennedie, Kent, Kenton, Kenyon.

KENNETH. Origen escocés (nombre gaélico). Significado: Apuesto, bello, atractivo. Variantes: Ken, Kendall, Kenn, Kennan, Kennen, Kenney, Kennie, Kennith, Kenny, Kennyn, Kennyth, Kent, Kenton, Kenworth, Kenyon, Kenyth.

KENT. Origen celta. Significado: Señor. Variantes: Kentan, Kenten, Kentin, Kenton, Kentyn.

KENTA. Origen japonés. Significado: Sano, vigoroso. Variante: Kento.

KENVER. Origen de Cornualles. Significado: Gran jefe.

KENZO. Origen japonés. Significado: Estructura, construcción.

KEON. Origen irlandés. Significado: Joven guerrero. Variantes: Keaon, Keeon, Keion, Keionne, Keone, Keony, Keyon, Kian, Kion, Kyon.

KEONA. Origen hawaiano. Significado: Dios es bondadoso. Otra forma de Juan. Variantes: Keonee, Keoni, Keonie, Keony.

KEPA. Forma vasca de Pedro.

KEPERIN. Forma vasca de Ceferino.

KEREN. Origen hebreo. Significado: Abundancia.

KERMAN. Forma vasca de Germán. Variante: Kermen.

KERMIT. Origen irlandés. Significado: Libertad. Variantes: Kermitt, Kermyt, Kermytt.

KERNOW. Origen de Cornualles. Significado: De Cornualles.

KERR. Origen escandinavo. Significado: Del pantano.

KERSEN. Origen indonesio. Significado: Cereza. Variantes: Kersan, Kersin, Kerson, Kersyn.

KERSTEN. Origen latino. Significado: Cristiano. Variantes: Kerstan, Kerstin, Kerston, Kerstyn, Kester.

KEVE. Origen húngaro. Significado: Guijarro.

KEVIN. Origen irlandés. Significado: Noble. Variantes: Kavan, Kev, Kevan, Keven, Kevern, Kevine, Kevirn, Kevon, Kevyn, Kevyrn.

KHAIR AL DIN. Origen árabe. Significado: Virtud de la fe.

KHAIRI. Origen swahili. Significado: Real, regio.

KHALAF. Origen árabe. Significado: Descendiente, sucesor. Variante: Khelifa.

KHALID. Origen árabe. Significado: Eterno. Variantes: Khaldoon, Khaldun, Khaled, Khalîd, Khâlid.

KHALIFAH. Origen árabe. Significado: Rey. Variantes: Khalif, Khalyf.

KHALIL. Origen árabe. Significado: Amigo sincero. Variantes: Kahil, Kahill, Kaleel, Kalid, Kalil, Khalee, Khaleel, Khali, Khalial, Khalîl, Khaliyl, Khalyd, Khélil.

KHALIL AL ALLAH. Origen árabe. Significado: Amigo de Dios. Título atribuido al profeta Abraham.

KHALIS. Origen árabe. Significado: Consagrado, dedicado.

KHAMISI. Origen swahili. Significado: Nacido en jueves. Variantes: Khamisy, Khamysi, Khamysy.

KHAN. Origen turco. Significado: Príncipe. Variantes: Cahn, Chan, Chanh, Kahn, Khanh.

KHATIB. Origen árabe. Significado: Ministro religioso.

KHEPRI. Origen egipcio. Significado: Sol naciente.

KHORSHED. Origen persa. Significado: Sol.

KHORTDAD. Origen persa. Significado: Perfección.

KHOURY. Origen árabe. Significado: Sacerdote. Variantes: Khori, Khorie, Khory, Khouri.

KHULUS. Origen árabe. Significado: Claridad, pureza.

KICHI. Origen japonés. Significado: Generoso.

KICHIRO. Origen japonés. Significado: Hijo afortunado.

KIEFER. Origen germánico. Significado: Fabricante de barriles. Variante: Keefer.

KILES. Origen vasco.

KILIZ. Origen vasco (Aránguiz, Vitoria-Gasteiz, Álava).

KILLARA. Nombre aborigen. Significado: Permanente, siempre allí.

KILLIAN. Origen gaélico. Significado: Pequeño, pero belicoso. Variantes: Kilian, Kiliane, Kilien, Killienn, Kilmer, Kylian, Kylien, Kyllian, Kyllien.

KIM. Origen vietnamita. Significado: Dorado. Nombre masculino y femenino.

KIMBALL. Origen celta. Significado: Jefe guerrero. Variantes: Kembell, Kemble, Kimbal, Kimbel, Kimbele, Kimbell, Kym, Kymbal, Kymbel, Kymbele, Kymbell.

KIMETZ. Origen vasco. Significado: Retoño.

KIN. Origen japonés. Significado: Dorado. Variante: Kyn.

KINCAID. Origen celta. Significado: El que dirige el combate. Variantes: Kincaide, Kincayd, Kincayde, Kyncaid, Kyncayd, Kyncayde.

KING. Origen inglés. Significado: Rey. Variante: Kyng.

KINGMAN. Origen inglés. Significado: Hombre del rey. Variante: Kingmen.

KINGSLEY. Origen inglés. Significado: Del prado del rey. Variantes: Kingslea, Kingslee, Kingsleigh, Kingslie, Kingsly, Kinslee, Kinsley, Kinsli, Kinsly.

KIRAN. Origen sánscrito. Significado: Rayo de luz. Variantes: Kiren, Kirin, Kiron, Kirun, Kiryn, Kyran, Kyren, Kyrin, Kyron, Kyrun, Kyryn.

KIRBY. Origen inglés. Significado: Granja cerca de una iglesia. Nombre masculino y femenino.

KIRIL. Origen eslavo. Significado: Señorial. Otra forma de Cirilo. Variantes: Kirill, Kiryl, Kiryll, Kyril, Kyrill, Kyrillos, Kyryl, Kyryll.

KIRIOS. Origen griego. Significado: Soberano, señor.

KIRK. Origen escandinavo. Significado: Habitante de la iglesia. Variantes: Kerc, Kerck, Kirc, Kirck, Kirkland, Kyrc, Kyrck, Kyrk.

KIRKLAND. Origen inglés. Significado: De la tierra de la iglesia. Variantes: Kerklan, Kerkland, Kirklan, Kyrklan, Kyrkland.

KIRKLEY. Origen inglés. Significado: Pradera de la iglesia. Variantes: Kirklea, Kirklee, Kirklie, Kirkly.

KIRRU. Origen vasco.

KISHO. Origen japonés. Significado: El que conoce su propia mente.

KISMI. Origen vasco.

KIT. Origen inglés. Significado: Seguidor de Cristo. Otra forma de Christopher. Variantes: Kitt, Kitto.

KITO. Origen swahili. Significado: Joya preciosa. Variantes: Kitto, Kyto, Kytto.

KIXTIN. Forma vasca de Cristino. Variante: Kristin.

KIYOSHI. Origen japonés. Significado: Paz.

KLAAS. Origen holandés. Significado: Pueblo victorioso. Variantes: Claes, Claus, Klaes, Klas, Klause.

KLIMENT. Origen ruso. Significado: Misericordioso.

KNUT. Origen escandinavo. Significado: Nudo. Variantes: Knud, Knude.

KOHAKU. Origen japonés. Significado: Ámbar.

KOI. Origen hawaiano. Significado: Agua.

KOLDOBIKA. Forma vasca de Luis. Variante: Koldo.

KOLET. Nombre aborigen. Significado: Paloma. Variante: Kolett.

KOLOS. Origen húngaro. Significado: Erudito.

KOLYA. Nombre aborigen. Significado: Invierno. Variantes: Kolei, Kolyen, Kolia.

KOLYA. Origen ruso. Diminutivo de Nikolai. Variante: Kolia.

KONAN. Origen celta. Significado: Guerrero. Variante: Koneg.

KONOL. Nombre aborigen. Significado: Cielo.

KONRAD. Forma húngara de Conrado.

KONSTANTIN. Variante eslava de Constantino.

KOORA. Nombre aborigen. Significado: El día.

KOORONG. Nombre aborigen. Significado: Canoa.

KOREY. Origen celta (nombre gaélico). Significado: Habitante del valle. Variantes: Koree, Kori, Korie, Kory. Nombre masculino y femenino.

KORIN → CORIN.

KORNEL. Forma checa de Cornelio. Variantes: Kornek, Nelek.

KOSTYA. Origen ruso. Significado: Firme, fijo.

KRISHNA. Origen sánscrito. Significado: Negro, oscuro. Nombre de una encarnación de Vishnú. Variantes: Krisha, Krishnah, Kryshna, Kryshnah.

KRISTAU. Origen vasco.

KRISTIAN. Forma eslava de Cristian. Variante: Kristen.

KRISTOFFER. Origen griego. Significado: El que lleva a Cristo consigo. Forma escandinava de Cristóbal.

KRISTUEL. Forma vasca de Cristóbal.

KUBA. Origen hebreo. Significado: Suplantador. Forma checa de Jacobo. Variante: Kubo.

KULAN. Nombre aborigen. Significado: Zarigüeya.

KUMAR. Origen sánscrito. Significado: Chico, hijo.

KUPE. Origen polinesio. Nombre de un explorador heroico.

KURAO. Origen japonés. Significado: Montaña.

KURT. Origen latino. Significado: Cortés. Variantes: Curt, Kort.

KURT. Variante de Conrado y de Curcio.

KURTZIO. Origen vasco.

KURUK. Origen nativo americano. Significado: Oso.

KUSKO. Origen vasco.

KWAME. Origen africano. Significado: Nacido en sábado.

KYLE. Origen escocés. Significado: Del estrecho. Nombre de una región escocesa. Variantes: Kiel, Kilan, Kile, Kilen, Kiley, Kly, Kyel, Kyele, Kylan, Kylar, Kylen, Kyler, Kylon.

KYNAN. Origen galés. Significado: Jefe. Variante: Kinan.

KYROS. Origen griego. Significado: Maestro. Variantes: Kiro, Kiros.

LABAN. Origen hebreo. Significado: Blanco. Variantes: Laben, Labin, Labon, Labyn, Lavan, Lavaughan, Laven, Lavin, Lavon, Lavyn, Levan, Leven, Levin, Levon, Levyn.

LABIB. Origen árabe. Significado: Inteligente, sensible. Variantes: Labeeb, Labîb.

LABLAB. Origen árabe. Significado: Hiedra.

LABORC. Origen húngaro. Significado: Pantera valiente.

LACHLAN. Origen escocés (nombre gaélico). Significado: De la tierra de los lagos. Variantes: Lach, Lache, Lachee, Lachey, Lachlann, Lachlunn, Lakeland, Lauchlan, Laughlin, Loch, Loche, Lochee, Lochey, Lochlan, Lochlann, Lochlen, Lochlyn, Loughlin.

LADD. Origen inglés. Significado: Hombre joven. Variantes: Lad, Laddey, Laddie, Laddy.

LADISLAO. Origen eslavo. Significado: Señor glorioso. Variantes: Laci, Lacko, Ladio, Ladislas, Ladislaus, Ladislav, Ladix, Ladyslav, Lasio, Laslo, Laszlo, Lazlo, Vladislas, Vladislav.

LAHUAL. Origen araucano. Significado: Alerce.

LAI. Origen sánscrito. Significado: El amado.

LAIN. Origen vasco.

LAIRD. Origen escocés gaélico. Significado: Señor feudal. Variante: Layrd.

LAJOS. Origen húngaro. Significado: Guerrero famoso. Forma húngara de Luis. Variantes: Lajcsi, Laji, Lajie, Lali.

LAKEPI. Origen tongano. Significado: Jugador de rugby.

LAKOTA. Origen nativo americano. Significado: Amigo.

LAKSHMAN. Origen sánscrito. Significado: Propicio. Variantes: Lakshmana, Laxman.

LAM. Origen vietnamita. Significado: Que lo sabe todo.

LAMAR. Origen germánico. Significado: Que tiene numerosas tierras. Variantes: Lmass, Lemar, Lemarr, Limar, Limarr, Lymar, Lymarr.

LAMBERTO. Origen germánico. Significado: País ilustre. Variantes: Labérian, Lambard, Lambert, Lamberts, Lambirt, Lambirto, Lambrecht, Lamburt, Lamburto, Lampard, Landbert, Landberto, Landebert, Landeberto, Landebyrt.

LAMONT. Origen escandinavo. Significado: Abogado. Variantes: Lammond, Lamond, Lamonte.

LAMONT. Origen francés. Significado: Montaña. Variantes: Lemmont, Lemont, Lemonte.

LANCELOT → LANZAROTE.

LANDBERTO, LANDEBERT, LANDEBERTO → LAMBERTO.

LANDELINO. Origen germánico. Significado: Patriota. Variante: Landelí.

LANDER. Origen inglés. Significado: Dueño de la pradera de hierba. Variantes: Landan, Landar, Lande, Landen, Lander, Landers, Landin, Landis, Landman, Landon, Landor, Landors, Landry, Landyn, Langtry, Launder, Launders.

LANDER. Forma vasca de Leandro.

LANDRICO. Origen germánico. Significado: Gobernante del territorio. Variantes: Landric, Landrick, Landrik, Landryc, Landryck, Landryk.

LANGDON. Origen inglés. Significado: Alta colina. Variantes: Langdan, Langden, Langdin, Langyn, Langlee, Langleigh, Langley, Langley, Langli, Langly, Langsdon, Langston.

LANI. Origen polinesio. Significado: Cielo. Variantes: Lanee, Laney, Lanie, Lany. Nombre masculino y femenino.

LANN. Origen celta. Significado: Espada. Variante: Lan.

LANTOS. Origen húngaro. Significado: Que toca el laúd.

LANYON. Origen de Cornualles. Significado: Lago frío.

LANZAROTE. Origen latino. Significado: Ayuda al caballero con la lanza. Variantes: Lance, Lancelot, Lancelott, Lancelotte, Lancey, Lancilotto, Lancing, Lancylot, Lancylott, Lancylotte, Landza, Lanse, Lansing, Lanz, Lanzo, Launce, Launcelot, Launcelott, Launcelotte.

LAOGHAIRE. Origen irlandés. Significado: El que guarda los terneros.

LARK. Origen inglés. Significado: Alondra. Variante: Larke.

LARRA. Origen vasco. Terreno cárstico de Guipúzcoa.

LARRAIN. Origen vasco.

LARTAUN. Origen vasco.

LASTUR. Origen vasco.

LATHAM. Origen escandinavo. Significado: Del granero de la hacienda. Variantes: Laith, Lathe, Lather, Lathrop, Latimer, Latymer.

LATIF. Origen árabe. Significado: Gentil. Variantes: Lateef, Latyf, Letif, Letyf.

LAUREANO. Origen latino. Significado: Coronado de laureles. Variantes: Labhras, Labhruinn, Laren, Larenti, Larrance, Larry, Lauran, Laurance, Laurans, Laure, Laureà, Lauree, Laureen, Laurel, Laurelino, Lauren, Laurence, Laurenci, Laurencio, Laurène, Laurens, Laurent, Laurentí, Laurentino, Laurenz, Laurey, Lauri, Laurie, Laurin, Laurindo, Lauris, Lauriston, Lauritj, Lauritz, Lauro, Laurri, Laurrie, Laurus, Laury, Laurynas, Lavrenti, Lavrentij, Lavrenty, Lavrik, Lavro, Lavrusha, Lawrance, Lawree, Lawrence, Lawrey, Lawrie, Lawry, Lawson, Lencho, Lenci, Lencie, Lenzy, Llorà, Lome, Loris, Lorn, Lorne, Lornie, Lorny.

LAURGAIN. Origen vasco.

LAUTARO. Origen araucano. Significado: Osado y emprendedor.

LAWRIE, LAWRY, LAWSON → LAUREANO.

LAYLAND → LELAND.

LAYRD → LAIRD.

LÁZARO. Origen hebreo. Significado: Dios es mi ayuda. Variantes: Elázar, Eleazar, Laxaro, Laza, Lazar, Lazarasz, Lazare, Lazarsz, Lazarus, Lazer, Lazlo, Lazzaro, Lazzo, Lazzro, Lesser, Llàtzer.

LEAL. Origen español. Significado: Que obra con lealtad, fiel.

LEANDRO. Origen griego. Significado: Hombre como un león. Variantes: Ander, Lander, Leander, Leandre, Léandre, Leandros, Leanther.

LEARCO. Origen griego. Significado: Jefe de su pueblo.

LECH. Origen polaco. Nombre del legendario fundador de Polonia. Variantes: Lechoslaw, Leslaw, Leszek.

LEE. Origen irlandés. Significado: Prado. Variantes: Lea, Leah, Lee, Leia, Leigh, Ley.

LEGAZPI. Origen vasco.

♂

LEGOLAS. Origen no especificado. Nombre creado por J. R. R. Tolkien para un personaje de *El señor de los anillos.* Significado: En la lengua de Sindarin, hojas verdes.

LEHEL. Origen húngaro. Significado: Respira.

LEHEN. Origen vasco. Significado: Primitivo, primero.

LEHEREN. Origen vasco. Figura mitológica.

LEHIOR. Origen vasco.

LEHOIAR. Origen vasco.

LEI. Origen chino. Significado: Trueno. Variante: Ley.

LEIF. Origen escandinavo. Significado: Amado. Variantes: Leaf, Lief.

LEIOAR. Origen vasco.

LEITH. Origen escocés (nombre gaélico). Significado: Amplio río.

LEKUBEGI. Origen vasco.

LELAND. Origen inglés. Significado: De la pradera. Variantes: Layland, Layton, Lealan, Lealand, Leelan, Leighlan, Leighland.

LELIO. Origen latino. Significado: El que es locuaz.

LEMUEL. Origen hebreo. Significado: Consagrado a Dios, seguidor de Dios. Variantes: Lem, Lemmie, Lemmy, Lemy.

LEN. Origen escocés (nombre gaélico). Diminutivo de Leonardo, utilizado también como nombre independiente. Variantes: Lenee, Leney, Leni, Lenie, Lenn, Lennee, Lenney, Lenni, Lennie, Leny.

LENNON. Origen irlandés. Significado: Promontorio. Variantes: Lenna, Lannan, Lennen, Lennin, Lennyn.

LENNOX. Origen escocés (nombre gaélico). Significado: Bosque de olmos. Variante: Lenox.

LEOCADIO. Origen griego. Significado: El que resplandece por su blancura. Variantes: Leocadi, Llogari.

LEÓN. Origen griego. Significado: León. Variantes: Lavee, Lavey, Lavi, Lavie, Lavy, Layth, Leanardas, Leanardus, Lehar, Lehoi, Leion, Len, Lenard, Lennard, Lennart, Lenne, Lennie, Lenny, Léo, Léon, Leonardo, Leonas, Léonce, Leonci, Leoncio, Leondaus, Leondris, Leonek, Leonel, Leonello, Leonerd, Leonetti, Leonhard, Leonhards, Leonid, Leónidas, Leònidas, Leonide, Leònides, Leonil, Leonild, Leonildo, Leonilo, Leonirez, Leonizio, Leons, Leontes, Leontios, Leontino, Leosko, Lev, Levin, Lienard, Linek, Lio, Lion, Lionard, Lionardo, Lionel, Lionelle, Lleó, Lleonard, Lon, Lonarta, Lonnard, Lonnardo, Lonnie, Lonny, Lontzi, Lyo, Lyon, Lyonal, Lyonall, Lyonard, Lyonel, Lyonell.

LEONARDO. Origen germánico. Significado: Fuerte como un león.

LEONCIO, LEÓNIDAS. Variantes de León.

LEOPOLDO. Origen germánico. Significado: Pueblo valiente. Variantes: Leo, Leopold, Léopold, Leorad, Leupold, Leupoldo, Lipot, Lopolda, Luepold, Luitpold.

LEOVIGILDO. Origen germánico. Significado: Guerrero. Variantes: Leovigild, Leovixildo, Lobigilda.

LER. Origen vasco. Significado: Pino.

LEROY. Origen francés. Significado: Rey. Variantes: Learoi, Learoy, Leeroy, Leiroi, Leiroy, Leroi, Leyroi, Leyroy.

LERRUZ. Origen vasco.

LESLIE. Origen escocés (nombre gaélico). Significado: De las tierras bajas. Variantes: Les, Leslea, Leslee, Leslei, Lesleigh, Lesley, Lesli, Lesly, Lezlei, Lezley, Lezlie, Lezly. Nombre masculino y femenino.

LESTER. Origen inglés. Significado: De Leicester. Variante: Leicester.

LETIF → LATIF.

LETO. Origen latino. Significado: El que siempre está alegre.

LEUCO. Origen griego. Significado: El luminoso. Variante: Leuc.

LEUNDA. Origen vasco.

LEVANDER. Origen hebreo. Significado: Salido del mar.

LEVI. Origen hebreo. Significado: El lazo entre los suyos, unión. Variantes: Lavi, Lavy, Leavitt, Leevi, Lever, Levey, Leví, Levic, Levin, Levon, Levy, Lewi.

LEXOTI. Origen vasco.

LEZKARRE. Origen vasco.

LEZO. Origen vasco.

LI. Origen chino. Significado: Fuerza.

LIAM . Origen germánico. Significado: Voluntarioso. Variante: Lyam.

LIAM. Origen irlandés. Significado: Protector. Variantes: Lian, Lyam, Lyam.

LIBERIO. Origen latino. Significado: Liberado, hombre libre. Variantes: Libek, Liberado, Liberal, Liberat, Liberata, Liberato, Liberatore, Liberi, Liberio, Libero, Liberto, Liberty, Libor, Liborek, Lliberat, Llibert, Lyberio, Lyberyo.

LIBORIO. Origen latino. Significado: Nacido en Libor (nombre de antiguas ciudades de España y Portugal). Variante: Llibori.

LICURGO. Origen griego. Significado: Ahuyentador de lobos. Variante: Luperco.

LIHER. Origen vasco.

LIHUE. Origen araucano. Significado: Vida, existencia. Variante: Lihuel. Nombre masculino y femenino.

LINCOLN. Origen inglés. Significado: Ciudad cerca de un charco. Variantes: Linc, Link.

LINDOR. Origen latino. Significado: El que seduce.

LINDSAY. Origen inglés. Significado: De la isla de los tilos. Variantes: Lindsee, Lindsey, Lindsy, Linsay, Linsey, Lyndsay, Lyndsay.

LINLEY, LINN → LYNN.

LINO. Origen griego. Significado: El que teje el lino. Variantes: Lin, Linas, Linis, Liniss, Linous, Linus, Lynis, Lyniss, Lynus.

LINO. Diminutivo de nombres que acaban así: Adelino, Avelino, etc.

LINTON. Origen inglés. Significado: Ciudad de los tilos. Variantes: Lintonn, Lynton, Lyntonn.

LIRAIN. Origen vasco.

LISANDRO. Origen griego. Significado: Libertador de hombres. Variantes: Elisandro, Lisander, Lysandre, Lysander.

LISARDO. Origen hebreo. Significado: Defensor de la fe, lucha por Dios. Variante: Lisard.

LIVIO. Origen latino. Significado: Pálido. Variantes: Livi, Liviu, Livius, Livy.

LIXUE. Origen chino. Significado: Nieve.

LIZAR. Origen vasco. Significado: Fresno.

LIZARDI. Origen vasco.

LJLUKA. Origen sánscrito. Significado: Búho.

LLEWELLYN. Origen galés. Significado: Como un león. Variantes: Leoline, Lewelan, Lewelen, Lewellen, Lewellin, Llewelin, Llewelleyn, Llewelyn, Llywellyn.

LLOYD. Origen galés. Significado: De pelo gris. Variantes: Floyd, Loyd.

LOBO. Origen latino. Significado: Lobo. Variantes: Llop, Lope, Lopo, Loup, Lupa, Lupus.

LOBSANG. Origen tibetano/sherpa. Significado: De mente bondadosa.

LOGAN. Origen escocés (nombre gaélico). Significado: Pequeña cueva. Variantes: Logen, Loghan, Login, Logon, Logyn.

LOIOLA → LOYOLA.

LOIS → LUIS.

LOIZUN. Origen vasco.

LOKITZ. Origen vasco.

LOMBARDO. Origen latino. Significado: Larga barba. Variantes: Lombard, Lombarda, Lombardi.

LONG. Origen chino. Significado: Dragón.

LONGAR. Origen vasco.

LORANT. Forma húngara de Rolando.

LORDO. Origen vasco.

LORE. Forma vasca de Floro y de Florencio.

LORENZO. Origen latino. Significado: Coronado de laureles. Variante de Laureano. Variantes: Laren, Larenzo, Lars, Larson, Lasse, Lassi, Laurence, Laurendi, Laurens, Laurent, Laurentxu, Laurentz, Laurentzi, Laurentzu, Laurenzo, Laurinzo, Lawrance, Lawrence, Lenz, Llorenç, Lontxo, Lontzi, Lorant, Lorantso, Lorantzo, Loren, Lorenc, Lorence, Lorenco, Lorencs, Lorencz, Lorenis, Lorens, Lorenso, Lorent, Lorentz, Lorentzo, Lorenz, Lorenza, Loretto, Lorin, Lorinc, Lorinzo, Lorrenzo, Lorry, Lorrynzo, Lorynzo, Loureiro, Lourenco, Lourenzo, Lowrance.

LORIMER. Origen latino. Significado: Guarnicionero. Variantes: Lorrimer, Lorrymer, Lorymer.

LORING. Origen germánico. Significado: Hijo de un guerrero ilustre. Variantes: Lorrin, Lorring, Lorryin, Lorrying, Loryng.

LOT. Origen hebreo. Significado: El de rostro cubierto. Variantes: Lotan, Lut.

LOTARIO. Origen germánico. Significado: Ejército glorioso. Variantes: Lotair, Lotaire, Lotari, Lothair, Lothaire, Lothar, Lothario, Lother, Lottario, Luter, Lutero, Luther.

LOYOLA. Origen latino. Alude al apellido de san Ignacio de Loyola. Variante: Loiola. Nombre masculino y femenino.

LUAR. Origen vasco.

LUBOMIR. Origen polaco. Significado: Amante de la paz. Variantes: Lubomierz, Lubomyr.

LUCAS. Origen griego. Significado: El que trae la luz. Variantes: Lluc, Lluçà, Llucià, Louka, Loukas, Luc, Luca, Lucais, Lucan, Lucano, Lucca, Luce, Lucian, Luciano, Lucias, Lucien, Lucine, Lucio, Lucius, Luckas, Lucyan, Lucyen, Lucys, Luk, Lukas, Lukash, Luke, Luken, Lukey, Lukian, Lukus, Lukys.

LUCIANO. Origen latino. Significado: Luminoso. Otra forma de Lucas. Variantes: Llucià, Lucano, Lucien, Luken, Lukene, Luzian, Luziano, Luzien.

LUCIO. Origen latino. Significado: De la luz, nacimiento. Otra forma de Lucas. Variantes: Lucius, Luzio, Luzius.

LUCRECIO. Origen latino. Significado: El que gana. Variantes: Lucreci, Lukertza.

LUIS. Origen germánico. Significado: Guerrero ilustre. Variantes: Aloys, Aloysius, Clodwig, Clovis, Koldo, Koldobika, Lajos, Lasho, Lewis, Lluís, Lodevijk, Lodewyck, Lodoe, Lodovico, Loeis, Loeiz, Loïc, Loick, Loiez, Loïg, Lois, Loïs, Lood, Lotz, Lou, Louie, Louis, Louison, Lowes, Ludeg, Ludevit, Ludis, Ludo, Ludovic, Ludovico, Ludovicus, Ludoviko, Ludvick, Ludvig, Ludvigs, Ludvik, Ludwig, Ludwik, Lugaidh, Lui, Luigi, Luix, Luiz, Luwisi, Zaïg.

LUKEN. Forma vasca de Luciano.

LUNT. Origen escandinavo. Significado: Del bosque sagrado. Variante: Lont.

LUPERCO → LICURGO.

LUQMAN. Origen árabe. Significado: Nombre de un profeta. Variante: Luqmân.

LUR. Origen vasco. Significado: Tierra.

LURGOR. Origen vasco. Divinidad de la época romana.

LUTER, LUTERO → LOTARIO.

LUTFI. Origen árabe. Significado: Amistoso. Variante: Lutfi.

LUZAIDE. Origen vasco.

LUZEA. Origen vasco.

LYNN. Origen inglés. Significado: Cascada, torrente. Variantes: Lin, Linn, Linlee, Linleigh, Linley, Linly, Linwood, Lyn, Lynford, Lynton, Lynwood. Nombre masculino y femenino.

MAAMAR. Origen árabe. Significado: Edificador.

MAAN. Origen hebreo. Significado: Dios está con nosotros.

MABON. Origen galés. Significado: Hijo.

MAC. Origen escocés. Significado: Hijo de. También se usa como diminutivo de nombres que comienzan por «Mac». Variantes: Mack, Mak.

MACABEO. Origen hebreo. Significado: Martillo. Variantes: Macabee, Macabeu, Maccabee, Macchabée, Mackabee, Makabee, Makabi.

MACADAM. Origen escocés. Significado: Hijo de Adam. Hijo de la Tierra. Variantes: MacAdamm, McAdam, Mackadam, Makadam.

MACALLISTER. Origen irlandés. Significado: Hijo de Alistair. Hijo del vengador. Variantes: Macalaster, MacAlistair, Macalister, Mackalistair, Mackalister, Makalistair, Makalister, MacAlister, McAllister.

MACARIO. Origen griego. Significado: Bienaventurado. Variantes: Macaire, Macari, Macarios, Macarius, Maccario, Maccarios, Makar, Makari, Makarie, Makarios, Makary, Makaryos.

MACARTHUR. Origen irlandés. Significado: Hijo de Arthur. Hijo del noble poderoso. Variantes: MacArthur, Mackarthur, Makarthur, McArthur.

MACAULEY. Origen escocés. Significado: Hijo del hombre honesto. Variantes: Macaulea, Macauleah, Macaulee, Macaulei, Macauleigh, Macauli, Macaulie, Macauly, Mackaulea, Mackauleah, Mackaulee, Mackaulei, Mackauleigh, Mackauley, Mackauly, Mackaulie, Mackayly, McCaulea, McCauleah, McCaulee, McCaulei, McCauleigh, McCauley, McCauli, McCaulie, McCauly.

MACAY. Origen escocés. Significado: Hijo de Kay. Hijo de la pureza. Variantes: Macai, Mackai, Mackaye, Makkai, Makkay, Makkaye, McKay.

MACBETH. Origen escocés. Significado: Hijo de Elizabeth. Variantes: Mackbeth, Makbeth.

MACCOY. Origen irlandés. Significado: Hijo de Coy. Hijo del que es tímido, dulce y modesto. Variantes: MacCoi, Mackoi, Mackoy, Makcoi, Makcoy, Mccoy, McCoi, McCoy.

MACCREA. Origen irlandés. Significado: Hijo de Grace. Hijo de la que está llena de gracia y bendita. Variantes: MacCrae, MacCrai, MacCray, Mcrae, MacCrea, Mackrea, Makcrea, Mccrea, McCrea.

MACDONALD. Origen gaélico. Significado: Hijo de Donald. Hijo del soberano mundial. Variantes: MacDonald, MackDonald, Mackdonald, MakDonald, Makdonald, McDonald.

MACDOUGAL. Origen escocés. Significado: Hijo de Dougall. Hijo del que es oscuro. Variantes: MacDougall, Macdougal, MackDougal, MackDougall, Mackdougall, MakDougal, MakDougal, MakDougall, Makdougall.

273

MACEDONIO. Origen griego. Significado: El que triunfa y se engrandece.

MACFARLANE. Origen inglés. Significado: Hijo de Farlan. Hijo del que vive en una calle lejana. Variantes: Macfarlan, Mackfarlane, Mackpharlane, Makfarlan, Makfarlane, Makpharlan, Makpharlane, Mcfarlan, Mcfarlane, Mcpharlan, Mcpharlane.

MACGEORGE. Origen escocés. Significado: Hijo de Jorge. Hijo del granjero. Variantes: Mackgeorge, MakGeorge, Makgeorge, McGeorge.

MACGOWAN. Origen irlandés. Significado: Hijo del herrero. Variantes: MacGowan, Magowan, McGowan.

MACIEL. Origen latino. Significado: Delgadito, esquelético, muy flaco.

MACKENZIE. Origen irlandés. Significado: Hijo de Kenzie; hijo del líder sabio. Variantes: Mackenzee, Mackenzey, Mackenzi, MacKenzie, Mackenzy, Makenzee, Makenzey, Makenzi, Makenzie, Makenzy, McKenzee, McKenzey, McKenzi, McKenzie, McKenzy.

MACKINLEY. Origen irlandés. Significado: Hijo de Kinley; hijo del líder hábil. Variantes: Mackinlea, Mackinleah, Mackinlee, Mackinlei, Mackinleigh, Mackinli, Mackinlie, Mackinly, Mackynlea, Mackynlee, Mackynlei, Mackynleigh, Makinley, Makinli, Makinlie, Makinly, Makynlea, Makynlee, Makynlei, Makynleigh, Makynli, Makynlie, Makynly.

MACLEAN. Origen gaélico. Significado: Hijo de Leandro; hijo del que parece un león. Variantes: MacKlean, Macklean, MaKlean, Maklean, McClean.

MACMAHON. Origen irlandés. Significado: Hijo de Mahon; hijo del que es fuerte como un oso. Variantes: Mackmahon, Makmahnon, McMahon.

MACMURRAY. Origen irlandés. Significado: Hijo de Murray; hijo del marinero. Variantes: Mackmuray, Mackmurray, Macmuray, Macmurry, Makmuray, Makmurray, Mcmurray, Mcmurry.

MACNAIR. Origen escocés (nombre gaélico). Significado: Hijo de Nair. Hijo del heredero. Variantes: Macknair, Macknayr, McNair, McNayr, Maknair, Maknayr.

MACROBIO. Origen griego. Significado: Anciano venerable. Variantes: Macre, Macro, Macrobi.

MACY. Origen francés. Significado: Regalo de Dios. Variantes: Mace, Macey, Maci, Macie.

MADANI. Origen árabe. Significado: Refinado.

MADARI. Origen vasco.

MADDOCK. Origen galés. Significado: Afortunado, generoso. Variantes: Maddoc, Maddoch, Maddock, Maddok, Maddox, Madoc, Madoch, Madock, Madok, Madox.

MADISON. Origen inglés. Significado: Hijo de un guerrero poderoso; hijo de Maud. Variantes: Maddie, Maddison, Maddy, Maddyson, Madisson, Madyson.

MAGEE. Origen irlandés. Significado: Hijo de Hugo. Variantes: MacGee, MacGhee, Maggie, McGee.

MAGÍN. Origen latino. Significado: Que es superior. Variantes: Magí, Maxín.

MAGNAR. Origen noruego. Significado: Guerrero fiero. Variantes: Magah, Magne.

MAGNO. Origen latino. Significado: Grande, de gran fama, magnífico. Variantes: Manasses, Maghnus, Magnus, Magnuss, Manus.

MAHAN. Origen canario (Lanzarote o Fuerteventura). Significado: Gigante.

MAHBUB. Origen árabe. Significado: Amado, querido.

MAHDI. Origen árabe. Significado: Salvador.

MAHENDRA. Origen sánscrito. Significado: El gran dios Indra, el dios del cielo. Variante: Mohinder.

MAHER. Origen árabe. Significado: Experimentado. Variantes: Mâher, Mahir.

MAHESH. Origen sánscrito. Significado: El gran gobernante.

MAHEY. Origen canario (Lanzarote).

MAHFUZ. Origen árabe. Significado: Protegido, salvaguardado.

MAHJUB. Origen árabe. Significado: Oculto, velado.

MAHLÍ. Origen hebreo. Significado: Astuto. Variante: Majalí.

MAHRUS. Origen árabe. Significado: Protegido por Dios.

MAIDE. Origen vasco. Genio mitológico.

MAIMUN. Origen árabe. Significado: Afortunado. Variantes: Maimon, Maymon, Maymun.

MAINTZIA. Variante de Mantzia.

MAIORGA. Origen vasco. Significado: Mártir. Alude a Juan de Maiorga.

MAIRU. Origen vasco. Significado: Pagano.

MAJD AL DIN. Origen árabe. Significado: Gloria de la fe.

MAJD. Origen árabe. Significado: Gloria.

MAJDY. Origen árabe. Significado: Glorioso. Variantes: Majid, Mâjid, Majyd.

MAKA. Nombre aborigen. Significado: Pequeño fuego.

MAKANI. Origen hawaiano. Significado: Viento. Nombre masculino o femenino, indistintamente. Variantes: Makanie, Makany.

MAKIN. Origen árabe. Significado: Fuerte, firme. Variante: Mâkin.

MAKYA. Origen nativo americano. Significado: Cazador de águilas. Variantes: Makia, Makiah, Makyah.

MALAGUA. Origen canario (Tenerife). Guerrero guanche.

MALAQUÍAS. Origen hebreo. Significado: Mensajero de Dios. Variantes: Malac, Malach, Malachai, Malachi, Malachie, Malachie, Malachy, Malají, Malak, Malakai, Malaki, Malaquies, Malechy.

MALCOLM. Origen irlandés/escocés. Significado: Seguidor de san Columbano. Variantes: Malcolum, Malcom, Malkolm, Maolcolm.

MALDERA. Forma vasca de Desiderio.

MALIK. Origen árabe. Significado: Amo, rey,. Variantes: Malic, Malick, Mâlik, Malyc, Malyck, Malyk.

MALISE. Origen escocés gaélico. Significado: Siervo de Dios. Nombre masculino o femenino, indistintamente. Variantes: Malice, Malyca, Malyse.

MALKAM. Origen hebreo. Significado: Dios es su rey. Variantes: Malcam, Malcham.

MALLEE. Nombre aborigen. Significado: Matorral.

MALLORY. Origen germánico. Significado: Consejero del ejército; también, predestinado. Variantes: Mallorey, Mallori, Mallorie, Malorey, Malori, Malorie, Malory.

MALO. Origen celta. Significado: Príncipe sabio. Variantes: Maclou, Maleaume.

MALONE. Origen irlandés. Significado: Ferviente practicante. Variantes: Malon, Malone, Malony.

MALVERN. Origen galés. Significado: Colina desnuda. Variantes: Malverne, Malvirn, Malvirne, Malvyrn, Malvyrne.

MAMDUH. Origen árabe. Significado: El que es elogiado. Variante: Mamdouh.

MAMERTO. Origen latino. Significado: Natural de Mamertium (antigua ciudad del sur de Italia). Variantes: Maberta, Mamet, Mamete, Mamert.

MAMÉS. Origen griego. Significado: Que quiere a su madre. Variantes: Mamas, Mamede, Mamiñe, Mammes.

MAMIÑE. Forma vasca de Mamerto.

MAMORU. Origen japonés. Significado: Tierra.

MAMOUN. Origen árabe. Significado: Fiel, de confianza. Variante: Ma'mun.

MAMPU. Origen araucano. Significado: Caricia, mimo. Nombre masculino o femenino, indistintamente.

MA'N. Origen árabe. Significado: Ventaja. Variante: Ma'in.

MANANIDRA. Origen canario (Gran Canaria). Variante: Maninidra.

MANAO. Origen canario (Gran Canaria).

MANASES. Origen hebreo. Significado: Que se olvida todo. Variantes: Manasseh, Manasses.

MANCANAFIO. Origen canario (Gran Canaria).

MANCHU. Origen chino. Significado: Pureza.

MANDEK. Origen polaco. Significado: Guerrero.

MANDEL. Origen germánico. Significado: Almendra. Variante: Mandell.

MANDHUR. Origen árabe. Significado: Consagrado a Dios.

MANDU. Nombre aborigen. Significado: El Sol.

MANEX. Forma vasca de Juan. Variante: Manez.

MANFREDO. Origen germánico. Significado: Pacificador. Variantes: Manafred, Manafryd, Manfred, Manfrid, Manfried, Manfryd, Manifred, Manifrid, Manifryd, Mannfred, Mannfryd, Manyfred, Manyfrid, Manyfryd.

MANI. Nombre aborigen. Significado: Igual. Nombre masculino y femenino.

MANI. Origen sánscrito. Significado: Joya. Nombre masculino y femenino.

MANINDRA. Origen canario (Gran Canaria). Variante: Maninidra.

MANLEY. Origen inglés. Significado: Pradera del hombre. Variantes: Manlea, Manleah, Manlee, Manleigh, Manli, Manlie, Manly.

MANLIO. Origen latino. Significado: El que nació por la mañana. Variante: Manlius.

MANNIX. Origen irlandés. Significado: Pequeño mono. Variantes: Mainchin, Mannox, Mannyx, Manox, Manyx.

MANO. Origen hawaiano. Significado: Tiburón. Variantes: Manno, Manolo.

MANQUE. Origen mapuche. Significado: Cóndor.

MANRICO. Origen germánico. Significado: Hombre poderoso. Variantes: Manric, Manricko, Manriko, Manrique, Manrycko, Manryco, Manryko.

MANSA. Origen africano. Significado: Rey. Variante: Mansah.

MANSUR. Origen árabe. Significado: Ayudado por Dios. Variantes: Mansour, Mansûr.

MANTENOR. Origen canario (Tenerife).

MANTXOT. Origen vasco.

MANTZIO. Origen vasco.

MANU. Origen polinesio. Significado: El hombre de los pájaros.

MANUEL. Origen hebreo. Significado: Dios está con nosotros. Variantes: Emanuel, Emanuele, Emmanuel, Imanol, Manel, Manny, Mano, Manoel, Manolete, Manolis, Manolito, Manolo, Manolys, Manu, Mañel.

MANZANUFIO. Origen canario (Gran Canaria).

MANZUR. Origen árabe. Significado: El vencedor, el que venció sobre todos.

MAORE. Origen vasco.

MARAMA. Origen polinesio. Significado: Hombre de la Luna. Variante: Maramah.

MARCELO. Origen latino. Significado: Guerrero. Diminutivo de Marcos. Variantes: Marceau, Marcel, Marcel·li, Marcel·lí, Marcel·lià, Marcele, Marceles, Marceliano, Marcelin, Marcelino, Marcelio, Marcelis, Marcell, Marcelle, Marcellin, Marcellino, Marcello, Marcellous,

Marcelluas, Marcellus, Marcelon, Marcely, Marcilka, Marcsseau, Markel, Markelin, Marsile, Martxel, Martxelin, Martxelo, Martzel, Martzelin, Martzelo, Marzel, Marzell, Marzellos, Marzellous, Marzellus.

MARCIAL. Origen latino. Significado: Consagrado a Marte, dios de la guerra. Variantes: Marçal, Martial, Martza, Marziale.

MARCIO. Origen latino. Significado: Nacido el mes de marzo. Variantes: Març, Marci, Marcius, Mart.

MARCOS. Origen latino. Significado: Martillo. Alude a Marte, dios de la guerra. Variantes: Maaka, Marc, Marçà, Marcià, Marciano, Marciń, Marck, Marco, Marcous, Marcus, Marcuss, Marczi, Marecek, Marek, Mares, Marik, Mark, Marka, Marki, Markie, Markis, Markise, Markk, Markku, Marko, Markos, Markous, Markus, Markys, Marousek, Marq, Marqu, Marque, Marx, Marz, Morten.

MARED. Origen árabe. Significado: Rebelde. Variante: Mâred.

MARGHUB. Origen árabe. Significado: Deseable, codiciado.

MARIANO. Forma masculina derivada de María. Variantes: Maren, Mirena.

MARID. Origen árabe. Significado: Audaz, rebelde. Variante: Maryd.

MARINO. Origen latino. Significado: Que viene del mar, marinero. Variantes: Marí, Marien, Marin, Marina, Marinos, Marinus, Marinyel, Mariñel, Mariño, Marion, Mariono, Marriner, Marryner, Maryn, Maryna, Maryner, Marynos, Marynus.

MARIO. Origen latino. Significado: Consagrado o perteneciente a la Virgen María. Variantes: Maren, Mareo, Marià, Mariano, Marion, Màrius, Maryo, Maryon, Morten.

MARLON. Origen francés. Significado: Halcón. Variantes: Marlan, Marland, Marlen, Marlin, Marlyn.

MARLOW. Origen inglés. Significado: Colina cerca de un lago. Variantes: Marlo, Marlowe.

MARMADUKE. Origen irlandés. Significado: Afortunado. Variantes: Marmaduc, Marmaduk, Melmidoc.

MARÓN. Origen árabe. Significado: Santo varón.

MARRON. Nombre aborigen. Significado: Hoja. Variantes: Maran, Maren, Marin, Maron, Marran, Marren, Marrin, Marryn, Maryn.

MARSHAL. Origen francés. Significado: Mozo de cuadras. Variantes: Marshall, Marshel, Marshell.

MARTALO. Origen vasco.

MARTIKO. Origen vasco.

MARTÍN. Origen latino. Significado: Guerrero. Alude a Marte, dios de la guerra. Variantes: Maartan, Maarten, Maartin, Maarton, Maartyn, Mart, Martain, Martainho, Martainn, Martan, Marte, Martee, Martel, Marten, Martey, Marti, Martí, Martie, Martii, Martijn, Martili, Martin, Martinas, Martiniano, Martino, Martinos, Martinous, Martins, Martintxo, Martinus, Martiñ, Martiño, Martnet, Marto, Marton, Marty, Martyn, Martynas, Martyne, Martynis, Martynos, Martynous, Martynus, Martynys, Matinka, Mattin, Matxiko, Matxiku, Matxin, Mertan, Merten, Mertin, Merton, Mertyn.

MARTINO. Origen latino. Significado: Nacido en martes.

MARTXOT. Origen vasco.

MARU. Origen vasco. Figura mitológica.

MA'RUF. Origen árabe. Significado: Conocido, bueno. Variante: Marouf.

MARVIN. Origen inglés. Significado: Amigo famoso. Variantes: Marv, Marvan, Marven, Marvon, Marvyn, Marwen, Marwin, Marwon, Marwyn, Marzhin, Mervan, Merven, Mervin, Mervon, Mervyn, Mervyne, Merwin, Merwyn, Murvan, Murven, Murvin, Murvine, Murvon, Murvyn, Murvyne, Murwin, Murwyn.

MARWAN. Origen árabe. Significado: Historia. Variantes: Marwen, Marwin, Marwon, Marwyn.

♂

MARZÛQ. Origen árabe. Significado: Bendecido por Dios. Variante: Marzuq.

MASA. Origen japonés. Significado: Bueno y franco. Nombre masculino y femenino.

MASAKAZU. Origen japonés. Significado: Primogénito de Masa.

MASEGUE. Origen canario (La Gomera).

MASH'AL. Origen árabe. Significado: Antorcha. Variantes: Mish'al, Mishaal.

MASHHUR. Origen árabe. Significado: Famoso.

MASON. Origen germánico. Significado: Escultor. Variantes: Maisan, Maisen, Maisin, Maison, Maisun, Maisyn, Masan, Masen, Masin, Masun, Masyn, Mayson.

MASRUR. Origen árabe. Significado: Feliz, alegre.

MASUD. Origen árabe. Significado: Afortunado, feliz. Variantes: Mas'ud, Mas'ûd, Masiud, Masood, Masoud, Mhasood.

MASUN. Origen árabe. Significado: Bien protegido, abrigado.

MATAREKA. Origen polinesio. Significado: El que tiene la cara sonriente.

MATARI. Nombre aborigen. Significado: Hombre.

MATEGUANCHIPE, MATEGUANCHYRE. Origen canario (La Gomera).

MATEI. Origen vasco (Ubera, Bergara, Guipúzcoa).

MATEO. Origen hebreo. Significado: Don del Señor. Variantes: Macias, Macie, Macisk, Mado, Mafew, Maffew, Mafthew, Mat, Mata, Matai, Matania, Matanya, Matatías, Mataties, Matausas, Mate, Matej, Matejek, Matejicek, Matejik, Mateos, Mateoz, Mateu, Mateus, Mateusz, Matfei, Mathania, Mathe, Mathes, Mathew, Mathia, Mathias, Mathies, Mathieu, Mathis, Mathivet, Mati, Matia, Matías, Matier, Maties, Matitia, Matitiah, Matityah, Matityahu, Matius, Matousek, Matt, Matta, Mattaniah, Mattathias, Matte, Mattea, Matteo, Mattey, Matthaus, Matthes, Matthew, Matthia, Matthias, Matthieu, Matthiew, Matthis, Matti, Mattia, Mattias, Mattías, Mattie, Mattis, Mattius, Matty, Matui, Maty, Matya, Matyas, Matys, Matysek, Mazhé, Thies.

MATÍAS. Variante de Mateo.

MATURINO. Origen latino. Significado: Maduro. Variantes: Mathurin, Matilin, Maturí.

MATXINOT. Origen vasco.

MAUI. Origen polinesio. Significado: Héroe legendario. También es el nombre de una isla de Hawai.

MAULE. Origen vasco.

MAURICIO. Origen latino. Significado: De piel morena, moro. Variantes: Maolmuire, Mauli, Maur, Maür, Maure, Maurey, Maurí, Maurice, Maurici, Maurico, Maurie, Maurili, Maurilio, Maurin, Maurino, Mauris, Maurise, Mauritius, Maurits, Mauritz, Maurixi, Maurizio, Mauro, Maury, Mauryc, Mauryce, Maurys, Mauryse, Merrick, Meuric, Meurisse, Moreno, Morey, Morice, Morie, Moris, Moriss, Moritz, Morrice, Morrie, Morris, Morriss, Morry, Morrys, Morys, Morytz.

MAURO. Variante de Mauricio.

MAVERICK. Origen inglés. Significado: Independiente, salvaje. Variantes: Maveric, Maverik, Maveryc, Maveryck, Maveryk, Mavric, Mavrick, Mavrik, Mavryc, Mavryck, Mavryk.

MAX. Origen latino. Diminutivo de nombres que comienzan por «Max». Variante: Maxx.

MAXERCO. Origen canario (La Palma). Rey de la Palma. Variante: Maxorco.

MAXFIELD. Origen inglés. Significado: Del campo de Mack. Variantes: Macfield, Mackfield, Mackfyld, Makfield, Makfyld.

MAXIMILIANO. Origen latino. Significado: De los más grandes. Variante: Máximo.

MÁXIMO. Origen latino. Significado: El mayor de todos. Variantes: Maksim, Maksimilian, Maksimillian, Maksimka, Maksum, Maksymilian, Masima, Massimiliano, Massimo, Max, Maxam, Maxamilian, Maxance, Maxem, Maxence, Maxim, Màxim, Maxime, Maximí, Maximiano, Maximien, Maximilano, Maximilià, Maximilian, Maximiliano, Maximilianos, Maximilianus, Maximilien, Maximillian, Maximin, Maximino, Maximos, Maximus, Maxy, Maxymos, Maxymus, Missimo.

MAXORCO → MAXERCO.

MAXWELL. Origen escocés (nombre gaélico). Significado: De la corriente extrema. Variante: Maxwel.

MAYANTIGO. Origen canario (La Palma). Señor de Aridane.

MAYER. Origen hebreo. Significado: Luz. Variantes: Maier, Mayar, Mayir, Mayor.

MAYMUM. Origen árabe. Significado: Afortunado. Variante: Maymûm.

MAYNARD. Origen germánico. Significado: De fuerza colosal. Variantes: Mainard, Maynerd, Maynhard, Meinhard, Menard.

MAYO. Origen irlandés. Significado: Nombre de un condado irlandés. Variante: Maio.

MAYSARAH. Origen árabe. Significado: Cómodo, fácil.

MAZIN. Origen árabe. Significado: Correcto. Variantes: Mazan, Mazen, Mazinn, Mazon, Mazyn.

MAZIO. Origen vasco.

MAZUSTE. Origen vasco.

MEDARDO. Origen germánico. Significado: Gobernante fuerte. Variantes: Medard, Meder.

MEDARNO. Origen sajón. Significado: Que merece ser honrado, distinguido, premiado.

MEDERI. Forma vasca de Emeterio. Variantes: Madari, Meteri.

MÉDÉRIC. Origen germánico. Significado: Coraje de rey. Variante: Merri.

MEDÍN. Origen griego. Significado: Defensor. Otra forma de Emeterio. Variantes: Medir, Medel.

MEGYER. Origen húngaro. Significado: Magiar, de Hungría.

MEHATZ. Origen vasco.

MEI. Origen chino. Significado: Dulce, suave.

MEINHARD. Origen germánico. Significado: Amado. Variante: Meynhard.

MEIR. Origen hebreo. Significado: Brillante. Variantes: Mayer, Meiri, Meyr, Meyer, Meyri, Myer.

MEIRION. Nombre tradicional del País de Gales, de significado desconocido.

MEKA. Origen hawaiano. Significado: Ojos. Variante: Mekah.

MELBOURNE. Origen inglés. Significado: De la corriente del molino. Variantes: Melborn, Melborne, Melburn, Melburne, Melden, Meldon, Milbourne, Milburn, Milburne, Millburn, Millburne.

MELCHOR. Origen hebreo. Significado: Rey de la luz. Variantes: Beltxior, Melchior, Melchiorre, Melcior, Meltxior, Meltxor.

MELECIO. Origen griego. Significado: Cuidadoso y atento.

MELIBEO. Origen griego. Significado: el que cuida de los bueyes.

MELISO. Origen griego. Significado: Abeja. Variante: Melis.

MELITÓN. Origen griego. Significado: Dulce como la miel. Variantes: Melití, Melitino, Melitó.

MELQUÍADES. Origen hebreo. Significado: Dios es mi rey. Variante: Melkeda.

MELVIN. Origen irlandés. Significado: Capitán noble. Variantes: Malvin, Malvinn, Malvon, Malvonn, Mel, Melvan, Melven, Melvern, Melverne,

Melvine, Melvirn, Melvirne, Melvyn, Melvyrn, Melvyrne, Melwin, Melwinn.

MENADUE. Origen de Cornualles. Significado: De la colina negra.

MENAHEM. Origen hebreo. Significado: Que consuela, reconfortante. Variantes: Menachem, Mendel.

MENANDRO. Origen griego. Significado: El que permanece como hombre.

MENAS. Origen griego. Significado: Relativo al mes, relacionado con los meses.

MENDAUR. Origen vasco. Monte de Ituren (Navarra).

MENDEL. Origen hebreo. Significado: Sabiduría. Variantes: Mendal, Mendeley, Mendell, Mendil, Mendyl.

MENDIKO. Forma vasca de Silvano.

MENELAO. Origen griego. Significado: El que conduce al pueblo a luchar. Variantes: Menelaos, Menelaus.

MENTOR. Origen griego. Significado: El maestro.

MERCER. Origen latino. Significado: Comerciante. Variante: Merce.

MERCURIO. Origen latino. Dios protector del comercio. Variante: Mercuri.

MEREDITH. Origen galés. Significado: Gran señor. Variantes: Meredeth, Meredyth, Merideth, Meridith, Merydeth, Merydith, Merydyth. Nombre masculino y femenino.

MERLE. Origen francés. Significado: Mirlo, pájaro.

MERLIN. Origen galés. Significado: Fortaleza en el mar. Variantes: Marlin, Marlyn, Merlinn, Merlo, Merlyn, Merlynn. Nombre masculino y femenino.

MERRILL. Origen inglés. Significado: Del mar. Variantes: Meril, Merle, Merrel, Merrel, Merrell, Merril, Meryl, Meryll.

METEIMBA. Origen canario (Gran Canaria).

MEULÉN. Origen mapuche. Significado: Torbellino.

MEYER. Origen germánico. Significado: Granjero. Variantes: Mayeer, Mayer, Mayor, Meir, Meier, Myer.

MICHELANGELO. Forma italiana del nombre compuesto Miguel Ángel. Variantes: Michel Ange, Michelángelo.

MIDAS. Origen griego. Rey mitológico de Frigia que convertía en oro todo lo que tocaba.

MIGUAN. Origen canario (La Gomera).

MIGUEL. Origen hebreo. Significado: ¿Quién como Dios?. Variantes: Makis, Meika, Meikel, Meikil, Meikyl, Mekal, Mekel, Mekele, Mekil, Mekyl, Mic, Mica, Micael, Micah, Micha, Michael, Michaël, Michail, Michak, Michal, Michale, Michalek, Michan, Michau, Micheal, Michee, Micheil, Michel, Michele, Mick, Mickaël, Mickel, Mickey, Micki, Micky, Miekal, Miekel, Miekil, Miekyl, Migeal, Migeel, Migel, Miguelly, Migui, Mihael, Mihail, Mihailo, Mihkel, Miika, Mik, Mika, Mikaek, Mikael, Mikail, Mika'il, Mikala, Mike, Mikel, Mikelis, Mikey, Mikhail, Mikha'il, Mikhalis, Mikhos, Miki, Mikie, Mikkel, Mikko, Miklos, Mikol, Miksa, Miky, Miquel, Misaïl, Mischa, Misha, Misshael, Mitch, Mitchel, Mitchell, Mitxel, Mitxelko, Mixel, Mixelko, Myc, Myca, Mycah, Mychal, Myck, Myckael, Myckaele, Myckaell, Mycki, Myckie, Mycky, Myguel, Myguele, Myguell, Mygyelle, Myka, Mykael, Mykaele, Mykaell, Mykaelle, Mykah, Myke, Mykey, Myki, Mykie, Mykil, Mykill, Mykyl, Mykyle, Mykyll.

MIKELATS. Origen vasco. Genio mitológico.

MIKELDI. Origen vasco. Variante de Bikendi.

MIKI. Origen japonés. Significado: Árbol. Variante: Mikio.

MIKLOS. Forma checa de Nicolás.

MIKOLAS. Forma vasca de Nicolás.

MILAN. Origen eslavo. Significado: Amado. Variantes: Milen, Millan, Millen, Mylan, Mylen, Mylon, Mylyn.

MILCÍADES. Origen griego. Significado: El de tez roja.

MILES. Origen latino. Significado: Soldado. Variantes: Maolmuire, Mile, Milesius, Milo, Milon, Myle, Myles, Mylo.

MILIAGA. Forma vasca de Emilio. Variantes: Milia, Miria.

MILLAN. Origen latino. Significado: Amable. Variantes: Miliaga, Milian.

MILTON. Origen inglés. Significado: Del pueblo del molino. Variantes: Millard, Miller, Mills, Millton, Myllton, Mylton, Nillton, Nilton, Nyllton, Nylton.

MIN. Origen vasco.

MINAR. Nombre aborigen. Significado: Marinero.

MINGAN. Origen nativo americano. Significado: Lobo gris. Variante: Myngan.

MINGMA. Origen tibetano/sherpa. Significado: Nacido en martes.

MINGO. Diminutivo de Domingo.

MIRKO. Origen eslavo. Significado: Persona que celebra la paz.

MIROSLAV. Origen esloveno. Significado: Gran gloria. Variantes: Mirek, Miroslaw, Miroslawy.

MITXAUT. Origen vasco.

MIYAZ. Origen árabe. Significado: Distinguido, preferido.

MOAB. Origen hebreo. Significado: De su padre.

MOBAD. Origen canario (Tenerife). Variante: Imobad.

MOCTEZUMA. Origen náhuatl. Significado: Tu señor enfadado.

MODESTO. Origen latino. Significado: Honesto, moderado. Variantes: Eratsi, Modest, Modeste, Modesti, Modestie, Modestine, Modestus, Modesty.

MOGEL. Origen vasco.

MOGENS. Origen holandés. Significado: Poderoso. Variante: Mogen.

MOGO. Nombre aborigen. Significado: Hacha de piedra.

MOHAMED. Origen árabe. Significado: El que es digno de ser alabado. Forma árabe de Mahoma. Variantes: Ahmad, Amad, Amed, Hamdrem, Hamdum, Hamid, Hammad, Hammed, Humayd, Mahmed, Mahmoud, Mahmud, Mahmûd, Mehemet, Mehmet, Mohamad, Mohamed, Mohamet, Mohammad, Mohammed, Mohomet, Muhammad, Muhammed.

MOHAN. Origen sánscrito. Significado: Fascinante. Variante: Mohana.

MOISÉS. Origen hebreo. Significado: Salvado de las aguas. Variantes: Maiziesius, Mo, Moe, Mois, Moise, Moïse, Moisès, Moisey, Moishe, Moosa, Mos, Mose, Moses, Mosese, Mosha, Moshe, Moshé, Moss, Moss, Moyse, Moz, Moze, Mozes, Musa.

MOLAA. Origen canario (La Gomera).

MONTGOMERY. Origen inglés. Significado: Montaña del hombre rico. Variantes: Monte, Montgomerie, Monty, Mountgomery.

MONTI. Nombre aborigen. Significado: Cigüeña. Variantes: Monte, Montee, Montey, Montie, Monty.

MONTXO. Forma vasca de Domingo.

MORCUM. Origen de Cornualles. Significado: Del valle cercano al mar.

MORDECAI. Origen hebreo. Significado: Hombre honorable. Variantes: Mardochée, Mordekhai.

MORFEO. Origen griego. Dios de los sueños. Variante: Morpheus.

MORGAN. Origen galés. Significado: Nacido del mar. Variantes: Morgana, Morgant, Morgen, Morgen, Morgin, Morgon, Morgun, Morgyn, Morrgan.

MOSI. Origen swahili. Significado: El primogénito. Variantes: Mosee, Mosey, Mosie, Mosy.

MOSTYN. Origen galés. Significado: Fortaleza en medio de un campo.

MOTEGA. Origen nativo americano. Significado: Flecha nueva. Variante: Motegah.

MOWAN. Nombre aborigen. Significado: El Sol.

MU'ADH. Origen árabe. Significado: Protegido.

MU'AWIYAH. Origen árabe. Significado: Joven zorro.

MUAYAD. Origen árabe. Significado: Vencedor. Variantes: Mouayad, Mu'ayyad.

MUBARAK. Origen árabe. Significado: Bendito. Variantes: Moubarak, Mubârak.

MUBIN. Origen árabe. Significado: Claro, evidente.

MUDDATHTHIR. Origen árabe. Significado: Cubierto.

MUFID. Origen árabe. Significado: Útil. Variantes: Mufeed, Mufid.

MUFLIH. Origen árabe. Significado: Exitoso.

MUHAB. Origen árabe. Significado: Solemne.

MUHAIR. Origen árabe. Significado: Experto. Variante: Muhayr.

MUHANNA. Origen árabe. Significado: Feliz, encantado.

MUHANNAD. Origen árabe. Significado: Espada. Variante: Muhanned.

MUHIB. Origen árabe. Significado: Noble, respetado.

MUHIBB. Origen árabe. Significado: Querido.

MUHSIN. Origen árabe. Significado: Caritativo.

MUHTADI. Origen árabe. Significado: Debidamente guiado.

MU'IN. Origen árabe. Significado: Apoyo, auxilio.

MUIR. Origen escocés. Significado: Del pantano. Variantes: Muire, Muyr, Muyre.

MU'IZZ. Origen árabe. Significado: Que conforta, compasivo.

MUJAB. Origen árabe. Significado: Aquél cuyos rezos fueron contestados.

MUJAHID. Origen árabe. Significado: Guerrero, luchador en el camino de Alá.

MUKARRAM. Origen árabe. Significado: Honrado.

MUKHLIS. Origen árabe. Significado: Fiel, sincero.

MUKHTAR. Origen árabe. Significado: Escogido.

MULAGUA. Origen canario (La Gomera).

MULAO. Origen canario (La Gomera).

MULGA. Nombre aborigen. Significado: Árbol de la acacia. Variante: Mulgah.

MULHAM. Origen árabe. Significado: Inspirado.

MULHIM. Origen árabe. Significado: Inspirador.

MULLION. Nombre aborigen. Significado: Águila. Variante: Mullyon.

MU'MIN. Origen árabe. Significado: Creyente.

MU'MMAR. Origen árabe. Significado: Aquél al que le han concedido larga vida.

MUMTAZ. Origen árabe. Significado: Excelente.

MUNAHID. Origen árabe. Significado: Fuerte.

MUNGO. Origen escocés (nombre gaélico). Significado: Amistoso. Variante: Mongo.

MUNIF. Origen árabe. Significado: Exaltado.

MUNIO. Origen vasco.

MUNIR. Origen árabe. Significado: Brillante, inteligente. Variantes: Muneer, Munyr.

MU'NIS. Origen árabe. Significado: Compañero agradable.

MUNJID. Origen árabe. Significado: Ayudante.

MUNSIF. Origen árabe. Significado: Justo.

MUNTASIR. Origen árabe. Significado: Victorioso. Variante: Muntassir.

MURAD. Origen árabe. Significado: Querido, deseado.

MURDOCH. Origen escocés (nombre gaélico). Significado: Marinero. Variantes: Murdo, Murdoc, Murdock, Murdox, Murtagh.

MURPHY. Origen celta. Significado: Del mar. Variantes: Murffey, Murffi, Murffie, Murffy, Murphee, Murphey, Murphi, Murphie.

MURRAY. Origen escocés (nombre gaélico). Significado: Guerrero del mar. Variantes: Moray, Murae, Murai, Muray, Murrae, Murrai, Murree, Murri, Murrie, Murrrey, Murry.

MURSHID. Origen árabe. Significado: Guía.

MURTADA. Origen árabe. Significado: Satisfecho, contento. Variantes: Murtadi, Murtadhy.

MUS'AD. Origen árabe. Significado: Favorecido por la suerte, afortunado.

MUSHTAQ. Origen árabe. Significado: Deseo, anhelo.

MUSKO. Origen vasco.

MUSLIH. Origen árabe. Significado: Conciliador, reformador.

MUSLIM. Origen árabe. Significado: Que se somete a Dios, musulmán.

MUSTAFÁ. Origen árabe. Significado: Elegido. Variantes: Mostafa, Mostafah, Mostaffa, Mostaffah, Moustafa, Mustafa, Mustafah, Mustapha.

MU'TASIM. Origen árabe. Significado: Adhesión a la fe, a Dios. Variante: Mutasim.

MUTAWALLI. Origen árabe. Significado: Confiado.

MU'TAZZ. Origen árabe. Significado: Orgulloso. Variante: Mutazz.

MUTI. Origen árabe. Significado: Obediente.

MUWAFFAQ. Origen árabe. Significado: Que tiene éxito.

MUYASSAR. Origen árabe. Significado: Afortunado.

MUZAFFAR. Origen árabe. Significado: Victorioso. Variante: Muzaffer.

MUZZAMMIL. Origen árabe. Significado: Envuelto, embozado.

MYALL. Nombre aborigen. Significado: Acacia inclinada. Variantes: Mial, Miall, Myal.

MYRON. Origen griego. Significado: Fragancia. Variante: Miron.

N-Ñ

NAAL. Origen irlandés. Significado: Nacimiento. Variante: Nal.

NABAR. Origen vasco.

NABHAN. Origen árabe. Significado: Excepcional. Variante: Nabih.

NABIH. Origen árabe. Significado: Inteligente. Variantes: Nabiha, Nabihah.

NABIL. Origen árabe. Significado: Noble. Variantes: Nabeel, Nabîl, Nabill, Nabyl, Nabyll, Nadiv, Nagid.

NABOR. Origen hebreo. Significado: La luz del profeta.

NABUCODONOSOR. Origen caldeo. Significado: Dios protege mi reinado. Variantes: Nabuco, Nabucco.

NADIM. Origen árabe. Significado: Amigo. Variantes: Nadeem, Nadîm, Nadym.

NADIR. Origen árabe. Significado: Opuesto. Variantes: Nadar, Nader, Nadhir, Nadyr.

NADIR. Origen hebreo. Significado: Juramento.

NAEEM. Origen árabe. Significado: Benevolente. Variante: Naeemah.

NAFI'. Origen árabe. Significado: Útil.

NAGA. Origen canario (Tenerife).

NAGID. Origen hebreo. Significado: El que conduce. Variantes: Nageed, Nagyd.

NAHIA. Origen vasco.

NAHID. Origen árabe. Significado: Fuerte.

NAHIR. Origen árabe. Significado: Como el arroyo manso.

NAHOR. Origen hebreo. Significado: Luz. Variantes: Nahir, Nahur, Nehor.

NAHUEL. Origen araucano. Significado: Tigre.

NAHUM. Origen hebreo. Significado: Consolación. Variantes: Nahym, Naum, Naúm, Naüm, Nahún, Nehemiah, Nemiah.

NAIJJAR. Origen árabe. Significado: Carpintero. Variantes: Najjar, Naijjâr.

NAIM. Origen árabe. Significado: Feliz. Variantes: Naeem, Na'im, Naym.

NAIN. Nombre aborigen. Significado: Vigilante. Variante: Nayn.

NAIR. Origen inglés. Variante: Nayr.

NAIRA. Origen canario (Tenerife). Variante: Nayra.

NAIRN. Origen escocés. Significado: Río. Variantes: Nairne, Nayrn, Nayrne.

NAJI. Origen árabe. Significado: Seguro, a salvo. Variantes: Najee, Najey, Nâji, Najie, Najy.

NAJIB. Origen árabe. Significado: De ascendencia noble. Variantes: Nagib, Najeeb, Najîb, Najyb, Nejib, Nejeeb, Nejib, Nejyb.

NAJID. Origen árabe. Significado: Valeroso.

NAJM AL DIN. Origen árabe. Significado: Estrella de la fe. Variante: Najm Al-Dîn.

NALONG. Nombre aborigen. Significado: Las fuentes del río.

NAMBUR. Nombre aborigen. Significado: Árbol del té.

NAMID. Origen nativo americano. Significado: Bailarín. Variante: Namyd.

NAMIR. Origen árabe. Significado: Rápido como un leopardo. Variantes: Namer, Namyr.

NAMUNCURÁ. Nombre aborigen. Significado: Pie de piedra.

NANDA. Origen sánscrito. Significado: Alegría.

NANDO. Origen germánico. Significado: Aventurero. Diminutivo de Fernando. Variantes: Nandor, Nandry, Nandy.

NAO. Origen japonés. Significado: Honesto. Variante: Naoko.

NAOKI. Origen japonés. Significado: Árbol recto.

NAPOLEÓN. Origen italiano. Significado: León de Nápoles. Variantes: Napoleó, Napoleone.

NARAYAN. Origen sánscrito. Significado: Protector. Guardián. Variante: Narain.

NARCISO. Origen griego. Significado: Hermoso. Flor del mismo nombre. Variantes: Narcis, Narcís, Narcisse, Narcisso, Narcissus, Narcyso, Narcyss, Narcysse, Narcyssus, Narcyz, Narkis, Narkisos, Narkissos.

NARD. Origen persa. Significado: Jugador de ajedrez.

NARDU. Nombre aborigen. Significado: Planta de semillas comestibles.

NARENDRA. Origen sánscrito. Significado: Hombre de Indra. Variante: Narinder.

NARRAH. Nombre aborigen. Significado: El mar.

NASH'AH. Origen árabe. Significado: Que crece, joven. Variante: Nash'at.

NASHWAN. Origen árabe. Significado: Exultante, eufórico.

NASIB. Origen árabe. Significado: Destino, sino. Variantes: Nessim, Nossaïb.

NASIH. Origen árabe. Significado: Consejero. Variante: Nassih.

NASIM. Origen árabe. Significado: Brisa fresca. Variantes: Naseem, Nasym.

NASIR. Origen árabe. Significado: Victorioso. Protector. Variantes: Nacer, Naseer, Nasr, Nasri, Nasser, Nâsser, Nassor, Nassyr.

NASIR AL DIN. Origen árabe. Significado: Protector de la fe.

NAST. Origen canario.

NASUH. Origen árabe. Significado: Sincero, fiel.

NATAL. Origen latino. Significado: Nacido el día de Navidad. Variantes: Nadal, Natale, Natali, Natalicio, Natalino, Natalio, Nataly, Noel, Noelino.

NATAN. Nombre aborigen. Significado: Higuera.

NATÁN. Origen hebreo. Significado: Don de Dios. Variantes: Naethan, Naethanael, Naethanial, Naethen, Naethin, Naethon, Naethun, Naethyn, Nafanael, Nafanail, Nafanil, Nafanyle, Nait, Naite, Naithan, Naithanael, Naithanyael, Naithanyal, Naithanyel, Naithen, Naithin, Naithon, Naithun, Naithyn, Nat, Natain, Nataine, Natalianou, Natan, Natanael, Natanaele, Natane, Nataneal, Nataniel, Natanielas, Nataniele, Natanielias, Nataniello, Natayn, Natayne, Nate, Nath, Natham, Nathan, Nathanael, Nathaneal, Nathaneil, Nathanel, Nathaneol, Nathanial, Nathanie, Nathaniel, Nathanielle, Nathann, Nathano, Nathanuel, Nathanyal, Nathanyel, Nathean, Nathel, Nathen, Nathian, Nathin, Nathinel, Nathon, Nathun, Nathyn, Natt, Natthan, Natthanial, Natthaniel, Natthanielle, Natthaniuel, Natthanyal, Natthanyel, Natty, Nayfanial, Nayt, Nayte, Naythan, Naythaneal, Naythanial, Naythaniel, Naythern, Naython, Naythun, Naythyn, Netania, Netaniah, Netanya, Nethaniah, Nethanial,

Nethaniel, Nethanielle, Nethanuel, Nithanial, Nithaniel, Nithanyal, Nithanyel, Nothanial, Nothaniel, Nothanielle, Nothanyal, Nothanyel.

NAUZET. Origen canario (Gran Canaria).

NAVARRO. Origen español. Significado: De los llanos. Variantes: Navara, Navarah, Navaro, Navarra, Navarrah, Navarre.

NAVEED. Origen hindi. Significado: El que trae buenas noticias. Variantes: Naved, Navid.

NAWAF. Origen árabe. Significado: Alto. Variante: Nawwaf.

NAWANG. Origen tibetano/sherpa. Significado: Posesivo.

NAWFAL. Origen árabe. Significado: Generoso. Variante: Nawfel.

NAWRI. Origen árabe. Significado: De rostro alegre. Variante: Nori.

NAYIF. Origen árabe. Significado: Alto, excelente. Exceso, abundancia. Variante: Naif.

NAYLAND Origen inglés. Significado: Habitante de la isla. Variantes: Nailan, Nailand, Naylan.

NAYRA. Variante de Naira.

NAZARIO. Origen hebreo. Significado: Consagrado, ungido. Nacido en Nazareth. Variantes: Natzari, Nazair, Nazaire, Nazareno, Nazaret, Nazareth, Nazari, Nazarie, Nazaryo.

NAZEH. Origen árabe. Significado: Puro, casto. Variantes: Nâzeh, Nazeeh, Nazih, Nazim, Nazir, Nazyh.

NAZIM. Origen árabe. Significado: El que establece el orden. Variantes: Nazeem, Nazmi.

NEANDRO. Origen griego. Significado: Joven y varonil.

NED. Origen inglés. Significado: Guardián de la riqueza. Diminutivo de Eduardo. Variantes: Nedd, Neddym, Nedric, Nedrick, Nedrik, Nedryc, Nedryck, Nedryk.

NEDA. Origen inglés. Significado: Tutor rico.

NEDA. Origen canario.

NEFTALÍ. Origen hebreo. Significado: Al que Dios ayuda en su lucha. Variante: Nephtali.

NEHEMÍAS. Origen hebreo. Significado: Con la compasión de Dios. Variantes: Nahemia, Nahemiah, Nechemia, Nechemiah, Nechemya, Nechemyah, Nehemia, Nehemiah, Néhémie, Nehemies, Nehmia, Nehmiah, Nemo, Nethemias, Neyamia, Neyamiah, Neyamya, Neyamyah.

NEHUÉN. Origen araucano. Significado: Fuerte. Nombre masculino y femenino.

NEIL. Origen irlandés. Significado: Campeón. Neal, Neale, Neall, Nealle, Nealon, Nealy, Nealye, Neel, Neele, Neell, Neelle, Neil, Neile, Neill, Neille, Neils, Nel, Nels, Niadh, Nial, Niale, Niall, Nialle, Niel, Niele, Niell, Nielle, Niels, Nigal, Nigel, Nigiel, Nigil, Niilo, Nil, Nile, Niles, Nill, Nille, Nilo, Nils, Njal, Nolan, Nyal, Nyale, Nyall, Nyalle, Nyeal, Nyeale, Nyeall, Nyealle, Nyl, Nyle, Nyles, Nyll, Nylle, Nylles.

NELEK. Origen polaco. Significado: Como un cuerno. Variantes: Nelius, Nelik.

NELO. Origen hebreo. Significado: Dios es mi juez. Variante: Nello.

NELSON. Origen celta. Significado: Hijo de Neil. Hijo del campeón. Variantes: Neal, Neals, Nealsan, Nealsen, Nealso, Nealson, Nealsun, Nealsyn, Neel, Neelsan, Neelsen, Neelsun, Neelsyn, Neesin, Neeson, Neils, Neilsan, Neilsen, Neilsin, Neilson, Neilsun, Neilsyn, Nel, Nels, Nelsen, Nelsin, Nelso, Nelsun, Nelsyn, Neyl, Neylsan, Neylsen, Neylsin, Neylson, Neylsun, Neylsyn, Nile, Niles, Nils, Nilsan, Nilsen, Nilsin, Nilson, Nilsson, Nilsun, Nilsyn, Niul, Nyle, Nyles, Nylsan, Nylsen, Nylsin, Nylson, Nylsun, Nylsyn.

NEMESIO. Origen latino. Significado: Justiciero. Variantes: Nemesi, Nemesyo.

NEMOROSO. Origen griego. Significado: Del bosque. Variantes: Nemo, Nemorós, Nimo, Nymo.

NEN. Origen egipcio. Significado: Espíritu.

NENEDÁN. Origen canario (Gran Canaria). Guaire de Telde.

NEO. Origen griego. Significado: Nuevo. Variante: Néo.

NEÓN. Origen griego. Significado: Joven.

NEPER. Origen no especificado. Significado: Nueva ciudad.

NEPO. Nombre aborigen. Significado: Amigo.

NEPTUNO. Origen griego. Significado: Dios del mar. Variantes: Neptuna, Neptunah, Neptune.

NERANG. Origen aborigen. Significado: Pequeño. Variante: Neran.

NEREO. Origen griego. Significado: El que nada. Variantes: Nera, Nereu, Nereus, Nerin, Nerio.

NERÓN. Origen latino. Significado: Fuerte, intrépido. Variantes: Nero, Neró, Néron, Nerone, Nerron, Nerrone, Niro, Nyro.

NÉSTOR. Origen griego. Significado: Viajero. Variantes: Nestar, Nester, Nestor, Nestyr, Nextor.

NETO. Origen español. Significado: Honesto, serio.

NEVAN. Origen irlandés. Significado: Santo, sagrado. Variantes: Naohmin, Nev, Neven, Neveno, Nevenoe, Nevin, Nevon, Nevun, Nevyn, Niven, Nominoé.

NEVILLE. Origen francés. Significado: Del pueblo nuevo. Variantes: Neval, Nevall, Nevel, Nevele, Nevell, Nevelle, Nevil, Nevile, Nevill, Nevyl, Nevyle, Nevyll, Nevylle.

NEVIN. Origen inglés. Significado: Sobrino. Variantes: Nefan, Nefen, Nefin, Nevan, Neven, Nevins, Nevon, Nevyn, Nivan, Niven, Nivon, Nivyn, Nyvan, Nyven, Nyvin, Nyvon, Nyvyn.

NEWLYN. Origen irlandés. Significado: De la nueva balsa. Variante: Newlin.

NEWMAN. Origen inglés. Significado: Hombre nuevo. Variantes: Neuman, Neumann, Newmann, Newmen.

NEWTON. Origen inglés. Significado: De la ciudad nueva. Variantes: Naunton, Newborough, Newburrie, Newburry, Newtown.

NEYÉN. Origen araucano. Significado: Respiro, soplo suave de animal. Nombre masculino y femenino.

NEZIR. Origen árabe. Significado: Consagrado a Dios.

NGAI. Origen vietnamita. Significado: Hierba.

NGHI. Origen vietnamita. Significado: Sospecha, recelo.

NGHIA. Origen vietnamita. Significado: Para siempre.

NGU. Origen vietnamita. Significado: Durmiente.

NIANZU. Origen chino. Significado: Que piensa en sus antepasados.

NIAZ. Origen hindi. Significado: Presente.

NIBAL. Origen árabe. Significado: Flecha. Variante: Nybal.

NIBRAS. Origen árabe. Significado: Lámpara, luz.

NICANDRO. Origen griego. Significado: Hombre vencedor. Variantes: Nicandre, Nikandros.

NICANOR. Origen griego. Significado: Hombre victorioso. Variante: Nikanor.

NICASIO. Origen griego. Significado: Victorioso. Variantes: Nicasi, Nicetas, Nicetes, Nikasi.

NICÉFORO. Origen griego. Significado: El que lleva la victoria. Variantes: Nicèfor, Nikephoros, Nikepor.

NICETO. Origen griego. Significado: Invencible. Otra forma de Aniceto. Variante: Nicet.

NICHEL. Origen canario.

NICHOLSON. Origen inglés. Significado: Hijo de Nicolás. Variantes: Nickelson, Nickoles, Nickoleson, Nycholson, Nyckolson, Nykolson.

NICODEMO. Origen griego. Significado: El que vence con el pueblo. Variantes: Nicodem, Nicodème, Nicodemus, Nikodem, Nikodemes, Nokomedos.

NICOLÁS. Origen griego. Significado: Victoria del pueblo. Variantes: Claas, Claes, Claus, Clobes, Colas, Cole, Colin, Collin, Flaasje, Klaas, Klaes, Klas, Klassis, Klaus, Kolinka, Mikolai, Mikolas, Nakita, Nakitas, Neacail, Nic, Nicc, Niccolo, Nichals, Nichol, Nicholaj, Nicholas, Nicholo, Nick, Nicke, Nickee, Nicki, Nickie, Nickola, Nickolas, Nickolaus, Nicky, Nicodeme, Nicodemer, Nicodemus, Nicol, Nicola, Nicolaas, Nicolae, Nicolai, Nicolaï, Nicolaio, Nicolao, Nicolau, Nicole, Nicolin, Nicolo, Nicomedus, Niels, Niikodem, Nik, Nikel, Niki, Nikie, Nikita, Nikkelis, Nikki, Nikky, Niklaas, Niklas, Niklaus, Niklos, Niko, Nikola, Nikolai, Nikolaon, Nikolaos, Nikolas, Nikolau, Nikolaus, Nikolo, Nikolos, Nikos, Niku, Nikula, Niky, Nocolas, Nolascha, Nyc, Nycholas, Nyck, Nycki, Nyckie, Nyckolas, Nycky, Nycomdeus, Nyki, Nykita, Nykie, Nykolas, Nyky, Nykyta, Nys.

NICOMEDES. Origen griego. Significado: El que quiere vencer.

NICÓSTRATO. Origen griego. Significado: Gran victoria. Variantes: Nicòstrat, Nikostratos.

NIDAL. Origen árabe. Significado: Lucha.

NIELS. Variante de Daniel.

NIEN. Origen vietnamita. Significado: Año. Variante: Nyen.

NIGEL. Origen latino. Significado: Negro. Variantes: Niegal, Niegel, Nigal, Nigellus, Nigiel, Nigil, Niglie, Nijel, Nygal, Nygel.

NIKE. Origen griego. Significado: Victoria. Variantes: Nikee, Nikey, Niki, Nikie, Niky, Nyke, Nykee, Nykey, Nyki, Nykie, Nyky. Nombre masculino y femenino.

NIL. Origen latino. Significado: Que viene del Nilo. Variantes: Nile, Nilo.

NILA. Origen hindi. Significado: Azul. Variantes: Neel, Nilah, Nyla, Nylah.

NILES. Origen inglés. Significado: Hijo de Neil. Hijo del campeón. Variantes: Niel, Niels, Nile, Nilese, Nilesh, Nyle, Nyles.

NIMA. Origen tibetano/sherpa. Significado: Sol. Nombre masculino y femenino.

NIMR. Origen árabe. Significado: Tigre.

NIMROD. Origen hebreo. Significado: Rebelión.

NINO. Origen italiano. Variante de Giannino, diminutivo italiano de Juan.

NIOKA. Nombre aborigen. Significado: Colinas verdes.

NIRAN. Origen tai. Significado: Eterno. Variantes: Niren, Nirin, Niron, Niryn, Nyran, Nyren Nyrin, Nyron, Nyryn.

NIRVAN. Origen hindi. Significado: Feliz. Variante: Nyrvan.

NISHAN. Origen armenio. Significado: Signo. Cruz. Variante: Nyshan.

NISSAN. Origen hebreo. Significado: Emblema. Variantes: Nisan, Nissim, Nyssan.

NISSIM. Origen hebreo. Significado: Milagro. Variantes: Nisan, Nissym, Nyssim, Nyssym.

NIZAR. Origen árabe. Significado: Pequeño.

NIVARDO. Origen latino. Significado: De nieve. Variante: Nivard.

NOAM. Origen hebreo. Significado: Placentero.

NOBEL. Origen latino. Significado: Noble, respetado. Variante: Noble.

NODIN. Origen nativo americano. Significado: Viento.

NOE. Origen polaco. Significado: Tranquilo, calmado.

NOÉ. Origen hebreo. Significado: Longevo, de larga vida. Variantes: Noach, Noah, Noak, Noè, Nohah, Noi, Nooh, Noy, Nuh.

NOEL. Origen francés. Significado: Nacido en Navidad. Variantes: Natal, Natale, Natalio, Noël, Noele, Noell, Noelle, Nowel, Nowele, Nowell, Nowelle.

NOLAN. Origen irlandés. Significado: Que desciende de la nobleza. Variantes: Noland, Nolen, Nolin, Nollan, Nolon, Nolyn, Nuallan.

NORBERTO. Origen germánico. Significado: Hombre célebre que vino del Norte. Variantes: Norbert, Norburt, Norburto, Norbyrt, Northbert, Northberto, Northburt, Northburto, Northbyrth, Northbyto.

NORBU. Origen tibetano/sherpa. Significado: Piedra preciosa.

NORMAN. Origen germánico. Significado: Hombre del Norte, normando. Variantes: Norm, Normán, Normand, Normando, Normen, Normie, Normin, Normon, Normyn.

NORTHCLIFF. Origen inglés. Significado: Del acantilado del Norte. Variantes: Northclif, Northclife, Northcliffe, Northclith, Northclithe, Northclyf.

NORTHROP. Origen inglés. Significado: Granja del Norte. Variante: Northrup.

NORTON. Origen inglés. Significado: De la ciudad del Norte. Variantes: Northton, Northtown.

NORVILLE. Origen inglés. Significado: Del pueblo del Norte. Variantes: Norval, Norvale, Norvil, Norvile, Norvill, Norville, Norvylle.

NORWARD. Origen inglés. Significado: Guardián del Norte. Variantes: Norwald, Norword.

NOURI. Origen persa. Significado: Príncipe de la luz. Variantes: Noor, Noori, Nur, Nuri.

NOWRA. Nombre aborigen. Significado: Cacatúa negra.

NUHAID. Origen árabe. Significado: Importante. Variante: Nuhayd.

NUHAZET. Origen canario (Tenerife).

NUI. Origen maorí. Significado: Grande.

NUMA. Origen árabe. Significado: Agradable. Forma masculina de Naomi. Variante: Numah.

NUMAIR. Origen árabe. Significado: Pantera. Variante: Numayr.

NUNCIO. Origen latino. Significado: El portador de mensajes. Variantes: Nunci, Nuntius, Nunzio.

NUÑO. Origen medieval. Significado: Monje. El noveno hijo. Variantes: Nuno, Nunyo.

NUR AL DIN. Origen árabe. Significado: Luz de la fe. Variante: Nur Aldin.

NURI. Origen hebreo. Significado: Fuego. Variantes: Neri, Neria, Nery, Noori, Nuriel, Nuris, Nurism, Nury.

NURIA. Origen hebreo. Significado: Fuego del Señor. Variantes: Nuriah, Nurya, Nuryah.

NURIEL. Origen hebreo. Significado: El Señor es fuego. Variantes: Nuria, Nuriah, Nuriya, Nuryel.

NUSAIR. Origen árabe. Significado: Ave rapaz. Variante: Nusayr.

NUSRAH. Origen árabe. Significado: Ayuda, soporte. Variante: Nusrat.

NUXILA. Origen vasco.

NYE. Origen galés. Significado: De oro verdadero. Variante: Nyle.

ÑAKI. Origen vasco. Variante de Iñaki.

♂

OAKLEY. Origen inglés. Significado: Del campo de robles. Variantes: Oak, Oaklea, Oaklee, Oakleigh, Oakli, Oaklie, Oakly.

OBDULIO. Forma latina del nombre árabe Abd-Allah. Variantes: Obduli, Otuli.

OBED. Origen hebreo. Significado: Trabajador. Variante: Obad.

OBEDÍAS. Origen hebreo. Significado: Servidor de Dios. Variantes: Obadia, Obadias, Obadya, Obadyas, Obe, Obed, Obedias, Obedies, Obedya, Obedyas, Obie, Ovadiach, Ovadiah.

OBEKO. Origen vasco. Significado: Mejor.

OBERON. Origen germánico. Significado: Noble y fuerte como un oso. Variantes: Auberon, Auberron.

OBERON ➤ AUBREY.

OBERTO. Origen germánico. Significado: Rico y brillante. Variantes: Obert, Obirt, Oburt, Obyrt.

OBI. Origen africano. Significado: Corazón.

OCEANO. Origen griego. Significado: Mar, océano. Variantes: Oceà, Ocean, Océan, Oceana, Oceane, Oceanis, Oceanos, Oceanous, Oceanus, Oceanys, Okeanos.

OCTAVIANO. Origen latino. Patronímico de Octavio.

OCTAVIO. Origen latino. Significado: Hijo nacido en octavo lugar. Variantes: Octaaf, Octave, Octavee, Octavey, Octavi, Octavià, Octavian, Octaviano, Octavien, Octavious, Octavius, Octavo, Octavous, Octavus, Octavyo, Octavyos, Octavyous, Octavyus, Octovio, Oktawian, Oktawiusz, Otabi, Ottavio, Ottavios, Ottavious, Ottavius.

ODDVAR. Origen noruego. Significado: Punta de lanza. Variantes: Odd, Oddver.

ODELL. Origen inglés. Significado: Colina boscosa. Variantes: Ode, Odey, Odi, Odie.

ODERICO. Origen germánico. Significado: Par de un príncipe en riqueza y nobleza.

ODERN. Nombre aborigen. Significado: Del mar.

ODIN. Origen escandinavo. Rey de los dioses en la mitología escandinava. Variantes: Odí, Odyn.

ODION. Origen nigeriano. Significado: El primer nacido de unos gemelos. Variante: Odyon.

ODISEO. Origen griego. Significado: Que siente ira. Variantes: Odiseu, Odyseus, Odysseus.

ODIX. Origen vasco.

ODO ➤ OTO.

ODOACRO. Origen germánico. Significado: Que vigila las riquezas. Variantes: Odoacer, Odovacar.

ODÓN. Variante de Oto.

OFER. Origen hebreo. Significado: Ciervo joven, cervato. Variante: Opher.

OGDEN. Origen inglés. Significado: Del valle de robles. Variantes: Ogdan, Ogdin, Ogdon, Ogdyn.

OGER, OGIER. Origen germánico. Significado: Tortuoso, torcido. Variantes: Ogerio, Ohier, Oier, Oiertza, Otger, Oxe.

OGILVIE. Origen celta. Significado: De la colina alta. Variantes: Ogil, Ogilvy, Ogyl, Ogylvie.

OGUN. Origen nigeriano. Dios de la guerra. Variantes: Ogunkey, Ogunkeye, Ogunsanwo, Ogunsheye.

OGUZ. Origen húngaro. Significado: Flecha.

OIARTSO. Origen vasco.

OIDOR. Origen vasco.

OIER. Origen vasco. Variante de Oger.

OIHAN. Origen vasco. Significado: Bosque.

OINATZ. Origen vasco. Significado: Huella del pie.

OKBA. Origen árabe. Significado: Recompensa.

OKKO. Forma finlandesa de Óscar.

OLAF. Origen escandinavo. Significado: Legado de los antepasados. Variantes: Olaff, Olafur, Olao, Olaph, Olau, Olav, Olave, Olavo, Ole, Olen, Olin, Olind, Olindo, Olof, Olop, Olov, Olyn.

OLDRICH. Origen checo. Significado: Noble rey. Variantes: Olda, Oldra, Oldrisek, Olecek, Olik, Olin, Olouvsek.

OLEG. Origen ruso. Significado: Sagrado. Variante: Olezka.

OLEGARIO. Origen germánico. Significado: El que domina con su fuerza y con su lanza. Variantes: Oleguer, Olgar.

OLENTZERO. Origen vasco. Personaje tradicional vasco, carbonero, al que se atribuye el reparto de regalos en Navidad. Variantes: Olantzaro, Onenzaro, Onontzaro, Orentzaro.

OLIMPO. Origen griego. Significado: Del Olimpo, celestial. Variantes: Olimp, Olimpi, Olimpio, Olinbi, Olympas, Olympos, Olympus.

OLIVERIO. Origen latino. Significado: Olivo. Que trae la paz. Variantes:

Hiliver, Holivaer, Holivar, Olier, Oliva, Olivar, Olivarius, Oliveiros, Oliver, Oliveras, Oliveri, Olivero, Oliveros, Olivier, Olivieras, Oliviero, Olivor, Oliwa, Olley, Ollie, Olliva, Ollivar, Olliver, Ollivier, Ollivor, Ollyva, Ollyvar, Ollyver, Ollyvir, Ollyvyr, Olvan, Olven, Olvin, Olyva, Olyvar.

OMAR. Origen árabe. Significado: Seguidor del profeta, orador; también, primogénito. Variantes: Omari, Omary, Omer, Omir, Omri, Omyr, Umer, Umer.

OMEGA. Origen griego. Significado: Final; El último niño nacido. Última letra del alfabeto griego. Variante: Omegah. Nombre masculino y femenino.

OMRI. Origen hebreo. Significado: Servidor de Dios.

ONAM. Origen hebreo. Significado: Hombre fuerte.

ONAN. Origen turco. Significado: Rico. Variantes: Nan, Nani, Nanie, Nany, Onen, Onin, Onon, Onyn.

ONBERA. Forma vasca de Clemente.

OND. Origen húngaro. Significado: Décimo hijo.

ONDREJ. Forma checa de Andrés. Variantes: Ondra, Ondravsek, Ondrejek, Ondrousek.

ONÉSIMO. Origen griego. Significado: Útil y provechoso. Variantes: Onèsim, Onesime, Onesimos, Onesimus, Onexin, Onisim.

ONGAI. Origen vasco.

ONGILE. Forma vasca de Bonifacio.

O'NEIL. Origen irlandés. Significado: Hijo de Neil. Hijo del campeón. Variantes: O'Neal, O'Neale, O'Neel, O'Neele, O'Neile, O'Nel, O'Niel, O'Nil, O'Nile, O'Nyel, O'Nyele, O'Nyl, O'Nyle.

ONOFRE. Origen egipcio. Significado: Defensor de la paz. Variantes: Onofredo, Onofrio, Onoper.

ONUR. Origen turco. Significado: Dignidad.

ORAD. Nombre aborigen. Significado: Tierra.

ORAN. Origen irlandés. Significado: Verde. Variantes: Odran, Oren, Orin, Oron, Orran, Orren, Orrin, Orryn, Oryn.

ORANGEL. Origen griego. Significado: Mensajero de las alturas o de la montaña. Variante: Horangel.

ORATS. Origen vasco.

ORAZIO. Origen latino. Significado: El que anuncia las horas. Otra forma de Horacio. Variantes: Horatio, Oratio, Oratyo, Orazyo.

ORBAN. Origen húngaro. Significado: Nacido en la ciudad. Variantes: Orben, Orbin, Orbon, Orbyn.

ORDINTXO. Origen vasco.

ORDOIZ. Origen vasco.

ORENCIO. Origen griego. Significado: El que viene de Oriente, oriental. Variantes: Orenci, Orentzi.

ORESTES. Origen griego. Significado: De las montañas. Variantes: Aresty, Orest, Oreste.

ORFEO. Origen griego. Significado: La oscuridad de la noche. Variantes: Orfeu, Orfeus, Orpheo, Orpheus.

ORHI. Origen vasco. Nombre de un monte navarro.

ORIEL. Origen ruso. Significado: Águila. Variantes: Oran, Orel, Oreel, Orele, Orell, Orelle, Oriele, Orielle.

ORÍGENES. Origen griego. Significado: Nacido en la montaña. Variante: Origen.

ORIOL. Origen latino. Significado: Dorado. Variante: Orio.

ORIÓN. Origen griego. Significado: Hijo del fuego. Hijo de la luz. Variantes: Orian, Orien, Oryan, Oryen, Oryin, Oryon.

ORKATZ. Origen vasco. Significado: Corzo, venado.

ORLANDO. Origen germánico. Significado: Famoso en la tierra. Forma italiana de Rolando. Variantes: Lando, Oland, Olando, Ordando, Orlan, Orland, Orlande, Orlandous, Orlandus, Orlo, Orlon, Orlond, Orlondo, Orlondon.

ORMAN. Origen germánico. Significado: Marinero. Variantes: Ormand, Ormen.

ORMOND. Origen inglés. Significado: De la montaña de los osos. Variantes: Ormand, Ormon, Ormondo.

OROITI. Origen polinesio. Significado: Lento al andar.

OROITZ. Origen vasco. Significado: Memoria, recuerdo.

OROSCO. Origen griego. Significado: El que vive en el monte.

OROTS. Origen vasco. Significado: Ruido del firmamento.

ORRIN. Origen inglés. Significado: Río. Variantes: Orin, Orryn, Oryn.

ORSON. Origen latino. Significado: Como un oso. Variantes: Orsen, Orsin, Orsine, Orsini, Orsino, Orsock, Orsyn, Orsyne, Orsyno, Ursen, Ursin, Urson.

ORTI. Origen vasco.

ORTLIEB. Origen germánico. Significado: Amor.

ORTZADAR. Origen vasco. Significado: Arco iris.

ORTZE. Origen vasco. Significado: Firmamento.

ORTZI. Origen vasco. Significado: Cielo. Variante: Ortzy.

ORTZURI. Origen vasco.

ORVILLE. Origen francés. Significado: De la ciudad dorada. Variantes: Orvil, Orvile, Orvill, Orvyl, Orvyle, Orwin, Orvylle.

ORZAIZE. Origen vasco.

OSABA. Origen vasco.

OSAMA. Origen árabe. Significado: León. Variantes: Ossama, Oussama, Usama.

OSASUN. Forma vasca de Salud y de Salustiano.

OSBORN. Origen inglés. Significado: Guerrero divino. Variantes: Osborne, Osbourn, Osbourne, Osburn, Osburne, Ozborn, Ozborne, Ozbourn, Ozbourne.

OSCAR. Origen germánico. Significado: Lanza de los dioses. Variantes: Anesgario, Anscari, Anscario, Anskar, Oke, Óscar, Oscer, Osgar, Oskar, Oskaras, Oskari, Oskaris, Osker, Osku, Ossie, Oszkar.

OSGOOD. Origen inglés. Significado: Divino y bueno. Variante: Oz.

OSÍAS. Origen hebreo. Significado: Salvación divina. Variantes: Oseas, Oz, Ozia, Ozias, Ozya, Ozyas, Ozzi, Ozzie, Ozzy.

OSIP. Forma rusa de José.

OSIRIS. Origen egipcio. Dios egipcio de la fertilidad, la resurrección y la vida después de la muerte.

OSKARBI. Origen vasco. Significado: Cielo despejado.

OSKITZ. Origen vasco.

OSMÁN. Origen árabe. Significado: El que es dócil como un pichón. Variantes: Osmanek, Osmen, Osmin, Osmon, Osmyn, Otthmor, Ottmar, Ottmor.

OSMAND. Origen inglés. Significado: Sirviente de Dios. Variantes: Esman, Esmand, Osman, Osmond, Osmondo, Osmund, Osmundo, Oswin, Oswyn.

OSMARO. Origen germánico. Significado: Gloriosamente divino. Variantes: Osmar, Osmer, Osmir, Osmor, Osmyr.

OSOITZ. Origen vasco.

OSORIO. Origen eslavo. Significado: Confesor.

OSPETSU. Forma vasca de Honorato.

OSPIN. Origen vasco.

OSSINISSA. Origen canario. Rey de la isla de El Hierro.

OSTADAR. Origen vasco. Significado: Arco iris.

OSTARGI. Origen vasco. Significado: Aurora.

OSTOTS. Origen vasco. Significado: Trueno.

OSVALDO. Origen inglés. Significado: Gobernado por Dios, poder divino. Variantes: Ossie, Osvald, Osvalds, Oswaldo, Oswall, Oswals, Oswel, Osweld, Osweldo, Oswell.

OTGER. Origen germánico. Variante de Oger.

OTIS. Origen inglés. Significado: Hijo de Oto. Variantes: Oates, Otes, Ottis, Ottys, Otys.

OTO. Origen germánico. Significado: Riqueza. Variantes: Oddo, Odilón, Odo, Odón, Odonard, Osman, Osmand, Ot, Otello, Othello, Othman, Othmar, Othmen, Otho, Othon, Otilde, Otilio, Otó, Otoe, Otón, Otow, Otteran, Ottmar, Ottmer Otto, Ottomar, Ottone, Ottorina.

OTONIEL. Origen hebreo. Significado: León de Dios. Variantes: Othniel, Otniel, Othnyel.

OTORONCO. Origen quechua. Significado: Tigre valiente.

OTSANDO. Origen vasco.

OTSOA. Origen vasco. Significado: Lobo.

OTTO → OTO.

OTXANDO. Origen vasco.

OTXOA. Origen vasco. Significado: Lobo. Variantes: Otxando, Otxanko, Otxoko.

OVIDIO. Origen latino. Significado: Pastor de ovejas. Variantes: Ovide, Ovidi.

OWEN. Origen galés. Significado: Bien nacido. Otra forma de Evan. Variantes: Owain, Owaine, Owan, Owayn, Owayne, Owin, Owine, Owon, Owone, Owyn, Owyne, Ywain, Ywaine, Ywayn, Ywayne.

OXALDE. Origen vasco.

OXARRA. Origen vasco. Significado: Gran perro.

OXEL. Origen vasco.

OZ. Origen hebreo. Significado: Poder. Variante: Ozz.

OZARA. Origen hebreo. Significado: Tesoro.

OZBORN, OZBORNE, OZBOURN, OZBOURNE → OSBORN.

OZGUR. Origen turco. Significado: Libre.

OZIEL. Origen hebreo. Significado: Fuerza divina.

OZNI. Origen hebreo. Significado: Escuchar. Variante: Ozny.

OZURU. Origen japonés. Significado: Cigüeña. Variantes: Ozuro, Ozuroo.

P

PABLO. Origen latino. Significado: Pequeño. Variantes: Paal, Paav, Paavo, Pabil, Padlo, Padra, Pal, Paley, Pali, Palika, Pall, Paol, Paolo, Paova, Pasha, Pashenka, Pashka, Paska, Pau, Paul, Paúl, Pauley, Pauli, Paulí, Paulie, Paulin, Paulinas, Paulino, Paulinus, Pauliño, Paulis, Paull, Paulle, Paulo, Paulot, Pauls, Paultje, Paulus, Pauly, Paval, Pavel, Pavelek, Pavelik, Pavil, Pavils, Pavlenka, Pavli, Pavlicek, Pavlik, Pavlis, Pavlo, Pavlos, Pavlousek, Pavluschka, Pavol, Pawel, Pawelek, Pawell, Pawl, Pawley, Paz, Pewlen, Pol, Poul, Pouvylas, Pouw, Pouwl.

PACIANO. Origen latino. Significado: Que pertenece a la paz Variante: Pacià.

PACIENTE. Origen latino. Significado: Que sabe esperar.

PACÍFICO. Origen latino. Significado: Que busca la paz. Variantes: Pacific, Pacifique, Pacifyc, Pacyfyc.

PACO. Diminutivo de Francisco. Variantes: Pacorro, Pako, Panchito, Pancho, Paquito, Patxi.

PACOMIO. Origen griego. Significado: Que es robusto. Variantes: Pacomi, Pakhomi, Pakomi.

PAGOMARI. Origen vasco. Nombre de un gran árbol, un haya, que existió antiguamente en Aralar.

PAKI. Origen egipcio. Significado: Testigo.

PAKO. Forma vasca de Paco.

PALANI. Origen hawaiano. Significado: Hombre libre. Variantes: Palanee, Palaney, Palanie, Palany.

PALATINO. Origen latino. Significado: Del palacio. Alude al Palatino, una de las siete colinas de Roma. Variante: Palatí.

PALMER. Origen latino. Significado: El que lleva las palmas. Variantes: Palm, Palma, Palmar, Pallmer.

PALMIRO. Origen latino. Significado: Nacido el Domingo de Ramos. Variantes: Palmir, Palmirow, Palmyro.

PAMPÍN. Origen latino. Significado: El que tiene vigor como el brote de una planta.

PANCHO. Diminutivo de Francisco. Variantes: Pantxo, Pantxoa.

PANCRACIO. Origen griego. Significado: Que tiene todo el poder. Variantes: Pancraç, Pancras, Pancrasio, Pangartzi.

PANDOLFO. Origen germánico. Significado: Guerrero arrojado.

PÁNFILO. Origen griego. Significado: Amigo de todos. Variantes: Pàmfil, Pamphile, Panbil, Panpili.

PANTALEÓN. Origen griego. Significado: Que tiene el valor del león. Variantes: Pandalone, Pantaleó, Pantaleon, Pantaleone.

PAPIANO. Origen latino. Significado: Cultivador de habas. Otra forma de Fabián. Variante: Papian.

PARÍS. Origen griego. En la mitología griega, hijo de Príamo, que raptó a Helena, lo que dió lugar a la guerra de Troya. Nombre de la capital francesa. Variantes: Paris, Parys.

PARKER. Origen inglés. Significado: Guardián del parque. Variantes: Parc, Park, Parke, Parkes, Parkman, Parks.

PARMENIO. Origen griego. Significado: Constante. Fiel. Variantes: Parmeni, Parménides.

PARRI. Nombre aborigen. Significado: Corriente. Variantes: Pari, Parrie, Parry, Pary.

PARRY. Origen galés. Significado: Hijo de Harry. Hijo del poderoso jefe militar. Variantes: Paree, Parey, Pari, Parie, Parree, Parrey, Parri, Parrie, Pary.

PASANG. Origen tibetano/sherpa. Significado: Nacido en viernes. Nombre masculino y femenino.

PASCASIO. Variante de Pascual.

PASCUAL. Origen latino. Significado: Nacido durante las fiestas pascuales. Variantes: Bazkoare, Pace, Paice, Pascal, Pascale, Pascall, Pascalle, Pascasi, Pascasio, Pasch, Paschal, Pascoe, Pascoli, Pascua, Pashel, Paskal, Paskasi, Paskoal, Pasqual, Pasquale, Paxkal, Payce.

PASTOR. Origen latino. Significado: Que cuida sus ovejas. Variantes: Pástor, Pàstor, Unai.

PATAMON. Origen nativo americano. Significado: Colérico, enojado. Variantes: Pataman, Patamen, Patamin, Patamyn.

PATERN. Origen latino. Significado: Paternal. Variantes: Padarn, Padern, Paterne.

PATRICIO. Origen latino. Significado: De noble estirpe. Variantes: Paddey, Paddi, Paddie, Paddy, Padraic, Padraig, Padriac, Padrig, Padruig, Pady, Pat, Patek, Patirki, Patric, Patrice, Patrici, Patricius, Patrick, Patrik, Patrizio, Patrizius, Patryc, Patryck, Patryk.

PATXI. Diminutivo vasco de Francisco. Variantes: Patxiko, Patxiku, Praisko, Praisku.

PAULO → PABLO.

PAXKAL. Forma vasca de Pascual. Variante: Paxkalin.

PAXTON. Origen inglés. Significado: Del pueblo pacífico. Variantes: Packston, Pax, Paxon, Paxtan, Paxten, Paxtin, Paxtun, Paxtyn, Paxx.

PAYNE. Origen latino. Significado: Hombre del campo. Variantes: Pain, Paine, Payn.

PEARSON. Origen escocés. Significado: Hijo de Pedro. Hijo del que es firme como una roca. Variantes: Pearsson, Pehrson, Peterson, Pierson, Piersson, Pyerson.

PEDRO. Origen latino. Significado: Que es firme como una roca. Variantes: Betiri, Feoris, Kepa, Pano, Panos, Parnal, Parnel, Parrie, Parry, Peadair, Peadar, Peader, Pearce, Pears, Pearson, Pearsson, Peat, Peate, Peater, Pedar, Peder, Pedey, Pedo, Pedr, Pedrek, Pedrinho, Pedrog, Pedrotxo, Pedrutxo, Peer, Peers, Peet, Peete, Peeter, Peiel, Peio, Peir, Peira, Peirce, Peire, Peiro, Peit, Peite, Peiter, Pejo, Peka, Pekeio, Pekelo, Pekka, Pello, Per, Perban, Perben, Perbin, Perbon, Perbyn, Pere, Peree, Pereg, Perey, Perez, Peri, Perico, Perie, Perkin, Perkins, Pernael, Pernal, Pero, Perree, Perrey, Perri, Perrie, Perrin, Perromik, Perry, Peru, Perutxo, Pery, Petai, Petar, Pete, Peter, Peteras, Peterus, Petey, Petie, Petiri, Petr, Petraf, Petras, Petri, Petro, Petroc, Petrol, Petronac, Petronaco, Petroni, Petronio, Petros, Petru, Petruos, Petrus, Petruscha, Petruschka, Petter, Pewlin, Peyt, Peyte, Peyter, Piarres, Piera, Pierce, Piero, Pierre, Pierres, Pierrot, Pierrson, Piers, Pierson, Piet, Pieter, Pietro, Piotr, Pita, Piter, Pueter, Pyet, Pyete, Pyotr.

PEGASO. Origen griego. Significado: Nacido en la fuente.

PEHUÉN. Origen araucano. Significado: Araucaria. Nombre masculino y femenino.

PEIEL. Origen vasco. Deriva de Petri (Pedro).

PEIO. Forma vasca de Pedro.

PELAYO. Origen griego. Significado: Del mar. Variantes: Belaio, Paio, Pelagi,

Pelagio, Pelagios, Pelagius, Pelagyus, Pelai, Pelaio, Pelaxio.

PELEGRINO. Origen latino. Significado: Peregrino. Variantes: Pelaijo, Pelegi, Pelegrí, Pelegrín, Pelgrim, Pellegrin, Pellegrino, Peregrin, Peregrine, Peregrino, Peregryn, Perergrin, Perergryn, Pilgrim.

PELEO. Origen griego. Significado: De barro. Variante: Peleu.

PELI. Forma vasca de Félix.

PELICAR. Origen canario (Tenerife). Príncipe de Tenerife.

PELIGADENE, PELIGODONO. Origen canario (Tenerife). Nombres de guerreros.

PELIMOR, PELINOR. Origen canario (Tenerife). Nombres de príncipes.

PELLO. Forma vasca de Pedro.

PEMBA. Origen tibetano/sherpa. Significado: Nacido en sábado.

PEMBROKE. Origen celta. Significado: Acantilado. Variantes: Pembrock, Pembrok, Pembrook.

PENRICE. Origen de Cornualles. Significado: Del final del río.

PENRITH. Origen galés. Significado: Del jefe que cruzó el río. Variante: Penryth.

PENROD. Origen germánico. Significado: Comandante famoso. Variante: Pennrod.

PENROSE. Origen de Cornualles/ Origen galés. Significado: El final del páramo.

PENTELE. Origen húngaro. Significado: Misericordioso.

PENWYN. Origen galés. Significado: Rubio.

PEPE. Diminutivo de José. Variantes: Pep, Pepi, Pepito, Pepón, Peppe, Peppey, Peppo, Pepu, Pepy.

PEPIN. Origen germánico. Significado: Perseverante. Variantes: Pepan, Pepen, Pepi, Peppi, Peppie, Peppy, Pepyn.

PER → PEDRO.

PERCIVAL. Origen gaélico. Significado: Valle perforado. Variantes: Parcifal, Parsefal, Parsifal, Pededur, Percee, Perceval, Percey, Perci, Percie, Percivale, Percy, Percyval.

PERFECTO. Origen latino. Significado: Íntegro, sin errores, sin defectos. Variantes: Perfecte, Perpeta.

PERICLES. Origen griego. Significado: Rodeado de gloria, líder. Variante: Périclès.

PERPETUO. Origen latino. Significado: Continuo, permanente. Variante: Perpetu.

PERRANDO. Forma vasca de Fernando. Variante: Pernando.

PERSEO. Origen griego. Significado: Destructor, devastador.

PERSIS. Origen griego. Significado: Persa, natural de Persia. Variante: Persys.

PERTH. Origen celta. Significado: Matorral de espinos. Variantes: Pirth, Pyrth.

PERU. Forma vasca de Pedro. Variantes: Peruko, Perutxo.

PERUANTON. Forma vasca de Pedro Antonio.

PETRI. Forma vasca de Pedro. Variantes: Betiri, Kepa, Peiel, Peio, Pello, Peru, Piarres.

PETTAN. Forma vasca de Beltrán.

PHILIP. Origen griego. Significado: Amigo de los caballos. Otra forma de Felipe. Variantes: Phil, Philippe, Philippel, Phill, Phillip, Phillipe, Phillipos, Phillipp, Phillips, Phyleap, Phyleep, Phylip, Phylleap, Phylleep, Phyllip, Phyllyp, Phylyp, Pilib, Pip, Pippo, Piripi.

PHINEAS. Variante de Pinchas.

PHOENIX. Origen griego. Significado: Inmortal. Variante: Phénix.

PHUOC. Origen vietnamita. Significado: Buena suerte.

PHUONG. Origen vietnamita. Significado: Destino.

PICHI. Origen araucano. Significado: Pequeño.

PICO. Origen canario (La Palma).

PILAN. Origen nativo americano. Significado: Ser supremo. Variantes: Pillan, Pylan, Pyllan.

PILATO. Origen latino. Significado: El que está armado con una pica. Variantes: Pilat, Pilatos.

PINCHAS. Origen hebreo. Significado: Oráculo. Variantes: Phineas, Pincas, Pinchos, Pincus, Pinkas, Pinkus, Pynchas.

PINDAN. Nombre aborigen. Significado: Desierto.

PINDARI. Nombre aborigen. Significado: De la tierra alta.

PÍO. Origen latino. Significado: Que es piadoso y observador de las reglas morales. Variantes: Pi, Pie, Pio, Pious, Pius, Piusz, Pyo.

PIRAN. Origen de Cornualles. Significado: Plegaria. Variantes: Peran, Pieran, Pieren, Pieryn, Pyran.

PIRRO. Origen griego. Significado: Pelirrojo, del color del fuego. Variantes: Piro, Pyro, Pyrro.

PISTE. Origen canario (La Gomera). Nombre de un célebre capitán.

PIUQUE. Origen araucano. Significado: Corazón. Nombre masculino y femenino. Variante: Piuquén.

PLÁCIDO. Origen latino. Significado: Quieto, apacible. Variantes: Placid, Plàcid, Placidio, Placidius, Placidus, Placyd, Placydo, Placydius, Prácido.

PLATÓN. Origen griego. Significado: De espaldas anchas. Variantes: Plato, Plató.

PLAUTO. Origen griego. Significado: El que tiene pies planos. Variantes: Plaute, Plotino.

PLINIO. Origen latino. Significado: Lleno. Variante: Plini.

PLUBIO. Origen griego. Significado: Hombre de mar.

PLUTARCO. Origen griego. Significado: Fuente de riqueza. Variantes: Ploutarchos, Plutarc, Plutarch.

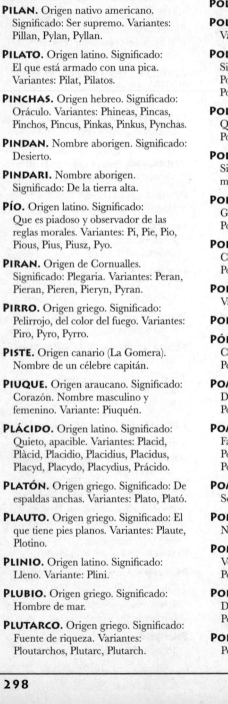

PLUTÓN. Origen griego. Significado: Dueño de todas las riquezas. Variantes: Plouton, Pluto, Plutó.

POL → PABLO.

POLENTZI. Forma vasca de Florencio. Variantes: Florentz, Florentzio.

POLICARPO. Origen griego. Significado: Fructífero. Variantes: Policarp, Policarpi, Policarpio, Polikarpa.

POLIDORO. Origen griego. Significado: Que da mucho, generoso. Variante: Polidor.

POLIFEMO. Origen griego. Significado: Aquél de quien se habla mucho.

POLINICE. Origen griego. Significado: Gran victoria. Variantes: Polinices, Polynice, Polynices.

POLLARD. Origen inglés. Significado: Calvo. Variantes: Polard, Polerd, Poll, Pollerd, Pollurd.

POLO. Origen tibetano. Significado: Valiente viajero. Variante: Pollo.

POLONIO. Variante de Apolonio.

PÓLUX. Origen griego. Significado: Coronado. Variantes: Pol, Pollack, Polloch, Pollock, Pollux.

POMEROY. Origen francés. Significado: Del huerto de manzanas. Variantes: Pomaroy, Pomaroi, Pomeroi.

POMPEYO. Origen latino. Significado: Fastuoso. Variantes: Pompeià, Pompeo, Pompeu, Pompeyano, Pomponi, Pomponio, Pompós, Pomposo, Ponbei.

POMPILIO. Origen latino. Significado: Solemne. Variante: Pompili.

PONCE. Origen español. Significado: Nacido en quinto lugar.

PONCIO. Origen griego. Significado: Venido del mar. Variantes: Ponç, Ponçà, Ponci, Poncià, Ponciano, Pontzen.

PORFIRIO. Origen sirio. Significado: De color púrpura. Variantes: Porfiri, Porfirie, Porfiryo, Porfryio, Porfryo.

PORTER. Origen latino. Significado: Portero.

POSEIDÓN. Origen griego. Significado: Dios del mar. Variantes: Pontos, Pontus, Posidó, Posidonio.

POWELL. Origen galés. Significado: Hijo de Howell. Hijo del eminente. Variantes: Powal, Powall, Powel, Powil, Powill, Powyl, Powyll.

POWYS. Origen galés. Significado: De Powys, condado del País de Gales.

POZ. Forma vasca de Gaudencio.

PRADEEP. Origen hindi. Significado: Luz.

PRAISKU. Diminutivo vasco de Francisco. Variante: Praisko.

PRAMANA. Origen polinesio. Significado: Sabiduría. Variantes: Praman, Pramanah.

PRAMOD. Origen sánscrito. Significado: Feliz.

PRASAD. Origen sánscrito. Significado: Brillante.

PRÁXEDES. Origen griego. Significado: Activo. Variantes: Pràxedes, Praxiteles. Nombre masculino y femenino.

PREM. Origen hindi. Significado: Amor.

PRENTICE. Origen inglés. Significado: Aprendiz. Variantes: Pren, Prent, Prentis, Prentise, Prentiss, Prentyc, Prentyce, Prentys, Prentyse.

PRESCOTT. Origen inglés. Significado: De la casa del sacerdote. Variante: Prescot.

PRESLEY. Origen inglés. Significado: De la pradera del sacerdote. Variantes: Preslea, Preslee, Presleigh, Presli, Preslie, Presly, Pressley, Prestley, Priestly, Priestley.

PRESTON. Origen inglés. Significado: Del pueblo del sacerdote. Variantes: Prestan, Presten, Prestin, Prestyn.

PRÍAMO. Origen griego. Significado: El que ha sido comprado, rescatado. Variantes: Príam, Priamos.

PRICE. Origen galés. Significado: Hijo de un hombre ardiente. Variante: Pryce.

PRIMITIVO. Origen latino. Significado: El primero de todos, el más importante. Variantes: Pirmitiba, Primitiu.

PRIMO. Origen latino. Significado: Primogénito, primer hijo. Variantes: Preemo, Premo, Prim, Primià, Primiano, Primu, Primus, Prymo.

PRISCO. Origen griego. Significado: Venerable. Variantes: Piska, Piskillen, Prisc, Priscià, Prisciano, Priscil, Priscil·lià, Prisciliano, Priscilo, Priscus, Pryscus.

PRIVEL. Origen celta. Significado: Que tiene porte de príncipe. Variantes: Primael, Primel.

PROBO. Origen latino. Significado: Honrado.

PROCOPIO. Origen griego. Significado: Que progresa. Variantes: Porkopi, Procopi, Prokhofi, Prokop.

PROCTOR. Origen latino. Significado: Líder. Variantes: Prockter, Proctar, Procter.

PROMETEO. Origen griego. Significado: Providencia. Variantes: Prometeu, Prometheus.

PRONTXO. Forma vasca de Prudencio. Variante: Prudentzio.

PRÓSPERO. Origen latino. Significado: Afortunado. Variantes: Posper, Prosper, Pròsper.

PRUDENCIO. Origen latino. Significado: Que obra con juicio y sensatez. Variantes: Pruden, Prudence, Prudenci, Prudencià, Prudenciano, Prudent, Prudente, Prudentzio, Purdentzi.

PRYDERI. Origen galés. Significado: Preocupación.

PUBLIO. Origen latino. Significado: Popular.

PUDES. Origen vasco.

PULQUI. Origen araucano. Significado: Flecha.

PUSKEN. Origen vasco.

PUTNAM. Origen inglés. Significado: El que vive cerca de un estanque. Variantes: Putnem, Putnum.

PWYLL. Origen galés. Significado: Prudente. Variante: Pwill.

Q

QABIL. Origen árabe. Significado: Capaz. Variantes: Qabill, Qabyl, Qabyll.

QADIM. Origen árabe. Significado: Antiguo. Variante: Qadym.

QADIR. Origen árabe. Significado: Poderoso. Variantes: Qadar, Qadeer, Quadeer, Quadir.

QAMAR. Origen árabe. Significado: Luna.

QASIM. Origen árabe. Significado: Proveedor, distribuidor. Variantes: Qâsim, Qasym.

QAYYIM. Origen árabe. Significado: Legítimo. Variante: Qayim.

QUAIN. Origen francés. Significado: Inteligente. Variante: Quayn.

QUAMBY. Nombre aborigen. Significado: Refugio. Variante: Quambi.

QUASAR. Origen indio. Significado: Meteoro.

QUDAMAH. Origen árabe. Significado: Valor. Variante: Qudâma.

QUENBY. Origen escandinavo. Significado: Casa de la mujer. Variantes: Quembee, Quembey, Quemby, Quenbee, Quenbey, Quenbi, Quenbie, Quim, Quimby, Quin, Quinbee, Quinby, Quymbee, Quymbey, Quymbi, Quymbie, Quymby, Quynbee, Quynbey.

QUERUBÍN. Origen hebreo. Significado: Espíritu angélico. Variante: Querubí.

QUETZALCOATL. Origen azteca. Significado: Serpiente emplumada.

QUICO. Diminutivo de Francisco. Variante: Kiko.

QUILLAN. Origen irlandés. Significado: Cachorro. Variantes: Quilan, Quilen, Quilin, Quille, Quillin, Quillian, Quillon, Quillyn, Quilon, Quilyn.

QUILLÉN. Origen araucano. Significado: Lágrima. Nombre masculino y femenino.

QUIMEY. Origen araucano. Significado: Lindo, bello. Nombre masculino y femenino.

QUINLAN. Origen irlandés. Significado: En buena forma, atlético. Variantes: Quindlen, Quinlen, Quinley, Quinlin, Quinly, Quinn, Quinnlan, Quynlan, Quynlen, Quynlin, Quynlon, Quynlyn.

QUINN. Origen irlandés. Significado: Sabio. Variantes: Quin, Quyn, Quynn.

QUINO. Diminutivo de Joaquín. Variante: Quim.

QUINTILIANO. Origen latino. Significado: Nacido en el quinto mes romano (actualmente julio). Variantes: Quintilià, Quintilio.

QUINTO. Origen latino. Significado: El número cinco. Nacido en quinto lugar. Variantes: Kindin, Kvintinuas, Quantin, Queinten, Queintin, Quent, Quenten, Quentin, Quenton, Quentyn, Quiento, Quincee, Quincey, Quinci, Quincià, Quinciano, Quincio, Quincy, Quinn, Quinnsey, Quinnsy, Quint, Quintan, Quintard, Quinten, Quintí, Quintin, Quintino, Quinton, Quintus, Quito, Qunnsy, Quyncee, Quyncey, Quynn, Quynnsey, Quynnsy, Quynsy,

Quyntan, Quynten, Quyntin, Quynton, Qwentin, Qwenton, Qwentyn, Qwyntan, Qwynten, Qwyntin, Qwynton, Qwyntyn.

QUIQUE. Diminutivo de Enrique. Variantes: Kike, Quiqui, Quiquin.

QUIRIACO. Variante de Ciriaco.

QUIRICO. Origen griego. Significado: Señor, patrón. Variantes: Kirka, Quirc, Quirce, Quirze.

QUIRIN. Origen inglés. Significado: Fórmula mágica. Variante: Quiryn.

QUIRINO. Origen latino. Significado: El que lleva la lanza. Variantes: Quirí, Quirinus.

QUISPE. Origen quechua. Significado: Libre, liberado.

QUSAY. Origen árabe. Significado: Distante. Variante: Qusai.

QUTAYBAH. Origen árabe. Significado: Irritable, impaciente. Variante: Qutaibah.

QUTB. Origen árabe. Significado: Líder.

♂

R

RA. Origen egipcio. Significado: Sol. Rey del Sol en la mitología egipcia.

RAANAN. Origen hebreo. Significado: Fresco, lujuriante.

RAB. Origen escocés. Significado: Famoso, brillante. Diminutivo de Robert. Variantes: Rabbie, Rabby.

RABAH. Origen árabe. Significado: El que triunfa, ganador.

RACHITA. Origen hindi. Significado: Creado.

RA'D. Origen árabe. Significado: Trueno.

RADCLIFF. Origen inglés. Significado: Acantilado rojo. Variante: Radclyffe.

RADEGUNDO. Origen germánico. Significado: El que aconseja en la lucha.

RADEK. Origen eslavo (nombre checo). Significado: Feliz, contento.

RADI. Origen árabe. Significado: Satisfecho, contento. Modesto.

RADKO. Origen eslavo (nombre búlgaro y checo). Significado: Feliz.

RADOMILO. Origen eslavo. Significado: Favor y felicidad. Variantes: Radmilo, Radomil, Radomyl.

RADOMIRO. Origen eslavo. Significado: Paz y felicidad. Variantes: Radim, Radimir, Radomir, Rados, Radzimierz.

RADOSLAV. Origen eslavo. Significado: Gloria y felicidad. Variantes: Raclav, Raclaw, Rados, Radoslaw.

RADOVAN. Origen eslavo. Significado: Feliz.

RADU. Diminutivo de diversos nombres que empiezan con el término eslavo Rad (que significa «feliz»).

RADZIMIERZ. Origen eslavo (nombre polaco). Significado: Paz y felicidad. Variante de Radomil.

RAE. Variante de Ray. Diminutivo de Raymond.

RAFAEL. Origen hebreo. Significado: Dios cura. Sanado por Dios. Variantes: Rafa, Rafal, Raffaele, Raffaelle, Raffaello, Raphael.

RAFFI. Origen árabe/hebreo. Variante de Rafi.

RAFI. Origen árabe. Significado: Exaltación. Variante: Raffi.

RAFI. Origen hebreo. Forma familiar de Rafael. Variante: Raffi.

RAFID. Origen árabe. Significado: Apoyo, soporte.

RAFIQ. Origen árabe. Significado: Compañero, amistoso. Amable.

RAFU. Origen japonés. Significado: Red.

RAGHIB. Origen árabe. Significado: Complaciente. Deseoso. Variante: Ragheb.

RAGHID. Origen árabe. Significado: Agradable. Simpático.

RAGNAR. Origen escandinavo. Significado: Luchador prudente. Variantes: Ragner, Ragnir, Ragnor.

RAGÜEL. Origen hebreo. Significado: El amigo de Dios. Nombre de uno de los siete arcángeles.

RAHAT. Origen árabe. Significado: Descanso, bienestar. Nombre masculino y femenino.

RAHEEM. Origen punjabi. Significado: Dios compasivo. Variantes: Raheim, Rakeem.

RAHIM. Origen árabe. Significado: Que tiene compasión. Variantes: Raaheim, Rahiem, Rahiim, Rahime.

RAHMAN. Origen árabe. Significado: Compasivo, misericordioso. Alude a las cualidades que el Corán atribuye a Dios.

RAHUL. Origen árabe. Significado: Viajero.

RAHUL. Origen hindi. Significado: Eficiente.

RAIBEART. Origen escocés. Significado: Célebre, que brilla por su fama. Forma gaélica de Roberto.

RA'ID. Origen árabe. Significado: Líder.

RAIDON. Origen japonés. Significado: Dios del trueno.

RA'IF. Origen árabe. Significado: Bondadoso. Amable. Compasivo.

RAIMON. Variante catalana de Ramón y de Raimundo.

RAIMUNDO. Origen germánico. Significado: El que protege y aconseja. Protección sabia. Consejo divino. Otra forma de Ramón. Variantes: Radmond, Raimondo, Ramonde, Ray, Raymon, Raymond, Raymondo, Raymund, Raymundo, Reimunde, Reimundo.

RAINER. Origen germánico. Significado: Guerrero sabio. Variantes: Rayner, Reginar, Reiner, Reyner.

RAINIERO. Origen germánico. Significado: Inteligencia que guía. Consejero. Variantes: Rainer, Rainerio, Rainero, Ranier, Raniero, Reinier.

RAIQUEN. Origen araucano. Significado: Ave nocturna. Nombre masculino y femenino. Debe ir acompañado por otro nombre que indique sexo.

RA'IS. Origen árabe. Significado: El jefe. Capitán. Variante: Rais.

RAITIN. Origen vasco.

RAITO. Origen canario (Tenerife).

RAJ, RAJA. Origen sánscrito. Variantes de Rajah.

RAJA. Origen árabe. Significado: Esperanza.

RAJAB. Origen árabe. Significado: Séptimo mes del calendario lunar musulmán.

RAJAH. Origen sánscrito. Significado: Rey, príncipe. Jefe. Variantes: Raj, Raja, Rajaah, Rajan, Raje, Rajeh.

RAJANI. Origen hindi. Significado: Noche.

RAJENDRA. Origen sánscrito. Significado: Rey poderoso.

RAJI. Origen árabe. Significado: Lleno de esperanza.

RAJIH. Origen árabe. Significado: El que lleva ventaja. Que tiene dominio.

RAJIV. Origen sánscrito. Significado: Flor de loto. Rayado.

RAKIN. Origen árabe. Significado: Respetuoso. Firme y seguro.

RALF, RALPH. Forma inglesa de Raúl. Diminutivos de Rudolph y de Radulf, formas inglesas de Rodolfo y Rudolfo.

RAM. Origen hindi. Significado: Dios. Que es como Dios. Otra forma de Rama. Variantes: Rama, Rami, Ramy.

RAMA. Origen hindi. Significado: Agradable. Nombre mitológico de un héroe del Ramayana.

RAMADÁN. Origen árabe. Significado: Noveno mes del calendario lunar musulmán. Mes de ayuno.

RAMELAN. Origen indonesio. Significado: Profecía.

RAMESES. Origen egipcio. Variante de Ramsés.

RAMESH. Origen sánscrito. Significado: Dirigente, líder de Rama.

RAMI. Origen árabe. Significado: Tirador.

RAMIH. Origen árabe. Significado: Alude a la estrella más brillante de la constelación del Boyero.

RAMIRO. Origen germánico. Consejero glorioso. Guerrero temerario. Juez supremo. Poderoso en la guerra. Variantes: Rami, Ramires, Ramirus.

RAMIZ. Origen árabe. Significado: Respetado, que recibe honores.

RAMÓN. Origen germánico. Significado: Protector sensato. Otra forma de Raimundo. Variantes: Raemon, Raimon, Ramon, Ramone, Raymond, Remone.

RAMSAY. Variante de Ramsey.

RAMSÉS. Origen egipcio. Significado: El dios Ra es el padre. Significado: Nacido del Sol. Variantes: Rameses, Ramose.

RAMSEY. Origen inglés. Significado: Isla de los ajos silvestres. Isla de los carneros. Variantes: Ramsay, Ramsee, Ramsi, Ramsie, Ramsy, Ramzi.

RAMUNAS. Origen lituano. Significado: Calma, tranquilidad.

RAMZI. Origen árabe. Significado: Simbólico.

RANCUL. Origen araucano. Planta cuyas hojas se utilizaban para techar las chozas.

RANDALL. Origen anglosajón. Significado: Protegido. Otra forma de Randolph. Variantes: Randal, Randee, Randell, Randi, Randie, Randy.

RANDI. Diminutivo de Randall y de Randolph.

RANDOLFO. Origen germánico. Significado: El que lleva el escudo del poder. Variantes: Randolf, Randolph, Randolpho, Randulf, Randulfo.

RANDY. Diminutivo de Randall y de Randolph.

RANGI. Origen maorí (nombre polinesio). Significado: Cielo, firmamento. Nombre masculino y femenino.

RANI. Origen árabe. Significado: Contemplar, mirar fijamente.

RANIERO. Variante de Rainiero.

RANJIT. Origen sánscrito. Significado: El que se deleita. Encantador.

RANULFO. Origen anglosajón.

RAPHAEL. Variante de Rafael.

RARNA. Origen sánscrito. Significado: Placentero, agradable. Otro nombre del dios hindú Vishnu.

RASHAD. Origen árabe. Significado: Madurez. Sabiduría. Conducta íntegra. Otra forma de Rashid.

RASHID. Origen árabe. Significado: Sensato, de buen juicio. Honesto, que actúa de buena fe. Variante: Rasheed.

RASHNE. Origen persa. Significado: Juez.

RASIL. Origen árabe. Significado: Profeta. Mensajero. Variante: Rasul.

RASIM. Origen árabe. Significado: Arquitecto. El que compone, dibuja, diseña. Variante: Rasin.

RASMI. Origen árabe. Significado: Formal, oficial.

RASUL. Origen árabe. Otra forma de Rasil.

RATA. Origen polinesio (nombre aborigen). Significado: Alude a una planta. Nombre de un gran jefe. Nombre femenino y masculino.

RATAN. Variante de Ratnam.

RATEB. Origen árabe. Significado: Administrador. Variante: Ratib.

RATNAM. Origen hindi. Significado: Joya.

RATUL. Origen hindi. Significado: Dulce.

RAUEL. Origen hebreo. Significado: Amigo de Dios. Otra forma de Ragüel.

RA'UF. Origen árabe. Significado: Misericordioso, compasivo.

RAÚL. Origen germánico. Significado: El consejo del guerrero. Guerrero atrevido. Consejero sabio. Variantes: Raoul, Raül.

RAÚL. Otra forma de Rodolfo y de Rudolfo. Variantes: Ralf, Ralph.

RAULA. Origen francés. Significado: Consejero.

RAVI. Origen sánscrito. Significado: Sol. Dios hindú del Sol. Variantes: Ravee, Ravy.

RAWIRI. Forma maorí de David. Significado: El que es amado, adorado.

RAY. Origen francés. Significado: Real, propio de la realeza.

RAY. Origen inglés. Diminutivo de Raymond. Variantes: Rae, Rai.

RAYAN. Variante de Ryan.

RAYCO. Origen canario (Tenerife).

RAYEN. Origen araucano. Significado: La flor. Variante: Rayén. Nombre masculino y femenino. Debe ir acompañado de otro nombre que indique sexo.

RAYHAN. Origen árabe. Significado: Favorecido por Dios. Albahaca.

RAYI. Origen hebreo. Significado: Mi amigo, mi compañero.

RAYMUNDO. Variante de Raimundo.

RAYNARD. Variante de Reinaldo.

RAYNER. Otra forma de Rainer. Variante: Reyner.

RAYYAN. Origen árabe. Significado: Exuberante. Una de las puertas del Paraíso.

RAZ. Origen arameo. Significado: Secreto. Mi secreto. Variantes: Razee, Razi, Razie, Raziel, Raziq, Razy.

RAZA. Origen árabe. Variante de Rida.

RAZIN. Origen árabe. Significado: Tranquilo, sereno. Sutil, ingenioso.

RECAREDO. Origen germánico. Significado: Que aconseja a sus superiores.

REDA. Origen árabe. Significado: La satisfacción (en Dios). Contento, satisfecho. Variantes: Rida, Ridha.

REDMOND. Origen germánico. Significado: Consejero. Variante: Redmund.

REDO. Origen canario (Tenerife). Variante: Redoto.

REDWAN. Origen árabe. Otra forma de Ridwan.

REECE, REES, REESE. Variantes de Rhys.

REGGIE. Diminutivo de Reginaldo. Variantes: Regie, Regy.

REGIN. Origen nórdico. Figura de la mitología escandinava.

REGINALDO. Origen germánico. Significado: Sabio, fuerte y poderoso. Consejero del rey. Variantes: Renard, Reynard, Reynold, Renaud, Reinhold.

REGIS. Origen latino. Significado: Real, propio de la realeza.

RÉGULO. Origen latino. Significado: El pequeño rey. Que vive según sus propias reglas.

REI. Origen japonés. Significado: Ley, norma, regla.

REIDAR. Origen noruego. Significado: Guerrero.

REIMUNDE, REIMUNDO. Variantes de Raimundo.

REINALDO. Origen germánico. Significado: Juez poderoso. Poderoso por sus consejos. Consejero del Rey. Valiente. Otra forma de Reginaldo. Variantes: Raynaldo, Renaldo, Reynaldo.

REINARDO. Origen germánico. Significado: Sabio y fuerte. Valiente consejero. Variantes: Reginardo, Reginhard, Rénard, Renardo.

REINER. Origen germánico. Variante de Rainer.

REKO. Forma finlandesa de Gregorio.

REKU. Forma finlandesa de Ricardo.

REMI. Diminutivo de Remigio.

RÉMI. Origen latino. Nombre francés que alude a la ciudad de Reims y forma francesa de Remigio. Variante: Rémy.

REMIGIO. Origen latino. Significado: El que maneja los remos.

REMIR. Forma vasca de Ramiro.

REMO. Origen latino. Significado: Que es veloz. El más fuerte. Figura mitológica romana, hermano de Rómulo.

REMY. Diminutivo de Remigio.

REN. Origen japonés. Significado: Loto.

RENÁN. Origen irlandés. Significado: Foca.

RENATO. Origen latino. Significado: El que vuelve a nacer. Renacido. El que ha vuelto a la gracia de Dios. Variantes: Rene, René, Renatus.

RENÉ. Diminutivo de Renato.

RENFREW. Origen celta. Significado: Del río tranquilo. Variante: Ranfrew.

RENO. Origen americano. Significado: Jugador.

RENZO. Origen italiano. Diminutivo de Lorenzo.

RESTITUTO. Origen latino. Significado: El que volvió a Dios. Restituido, restablecido.

REUQUÉN. Origen araucano. Significado: Tempestuoso. Nombre masculino y femenino. Debe ir acompañado de otro nombre que indique sexo.

REYES. Nombre que alude a Reyes Magos.

REYNALDO. Origen germánico. Variante de Reinaldo.

RHEDYN. Origen galés. Significado: Helecho.

RHETT. Origen galés. Variante de Rhys.

RHIAN. Origen galés. Variante de Ryan.

RHISIART. Origen galés. Significado: Valiente y fuerte. Forma galesa de Richard (Ricardo).

RHODAS. Variante de Rodas.

RHODRI. Origen galés. Significado: El que dirige, el que gobierna la rueda.

RHUN. Origen galés. Significado: Grande.

RHYAN. Origen galés. Variante de Ryan.

RHYS. Origen galés. Significado: Entusiasmo. Apasionado, ardiente.

Variantes: Reece, Rees, Reese, Rhett, Rice. Nombre masculino y femenino.

RIAD. Origen árabe. Significado: Jardines. Variante: Riaz.

RIAN. Origen celta. Significado: Pequeño rey. Variante: Ryan.

RIC. Origen nórdico. Significado: Dirigente honorable.

RIC. Diminutivo de Eric y de Ricardo.

RICARDO. Origen germánico. Significado: Príncipe poderoso, fuerte y valiente. Guerrero temerario. Variantes: Ricard, Riccardo, Richard, Rickard, Ricker, Rickert, Rihard, Rihardt, Rikard, Ritchard, Ryszard.

RICE. Origen inglés. Significado: Rico. Noble.

RICE. Variante de Rhys.

RICH, RICK. Diminutivos de Ricardo. Variantes: Richie, Rickey, Ricky, Rikki, Rikky, Riku, Riqui, Ritchie.

RICO. Diminutivo de Enrico (Enrique) y de Ricardo.

RIDA. Origen árabe. Significado: Contento. Favor.

RIDLEY. Origen inglés. Significado: Juncal, terreno de juncos. Variantes: Ridleigh, Ridly.

RIDWAN. Origen árabe. Significado: Satisfacción. Aprobación. Nombre del guardián de las puertas del cielo. Variantes: Redwan, Rizwan.

RIGEL. Origen árabe. Significado: Pie. Nombre de una de las estrellas de la constelación de Orión. Variante: Rygel.

RIGOBERTO. Origen germánico. Espléndido. De riqueza esplendorosa. Consejero brillante.

RIHAB. Origen árabe. Significado: Inmensidad.

RIKU. Origen japonés. Significado: Tierra firme, suelo. Piedra preciosa. Cielo. Variante: Rikuto.

RILEY. Origen irlandés. Significado: Valiente. Variantes: Rhiley, Rieley, Rielly, Rilee, Rilye.

RILLETTE. Origen inglés. Significado: Oleada. Variante: Rilletta.

RIMACHI. Origen quechua. Significado: Orador, elocuente.

RIN. Origen japonés. Significado: Valiente. Viril.

RINA. Origen germánico. Significado: Que posee el don divino.

RINALDO. Forma italiana de Reinaldo.

RING. Origen inglés. Significado: Anillo. Variante: Ringo.

RINGO. Origen japonés. Significado: Manzana.

RINZEN. Origen tibetano/sherpa. Significado: De gran inteligencia. Nombre masculino y femenino.

RIORDAN. Origen irlandés. Significado: Poeta real. Trovador. Variante: Rordan.

RIPLEY. Origen inglés. Terreno cerca del río. Claro de bosque. Variantes: Rip, Riplee, Riply, Rypley, Ryply.

RISTO. Origen finlandés. Diminutivo de Cristóbal.

RITTER. Origen germánico. Significado: Caballero.

RIYAD. Origen árabe. Significado: Jardines. Variante de Riad.

RIZQ. Origen árabe. Significado: Bendición de Dios. Sustento.

RIZWAN. Origen árabe. Otra forma de Ridwan.

ROALD. Origen nórdico. Significado: Dirigente célebre. Otra forma de Ronald.

ROBERTO. Origen germánico. El que brilla por su fama. Famoso y brillante. Variantes: Berto, Bertino, Bob, Rob, Roban, Robbie, Robert, Robertino, Robi, Robin, Robby, Roby, Ruperto.

ROBIN. Diminutivo de Roberto. Variante: Robyn.

ROBINSON. Origen inglés. Significado: El hijo de Robin. Diminutivo de Roberto. Variante: Robin.

ROBISON. Origen inglés. Significado: Hijo de Robert.

ROBUSTIANO. Origen latino. Significado: Noble y fuerte como el roble, como la madera del roble.

ROBYN. Variante de Robin.

ROC → ROQUE.

ROCCO. Origen italiano. Significado: Roca. Variante de Roque.

ROD. Diminutivo de Roderico, Rodrigo y Rodney.

RODAS. Origen griego. Significado: Del lugar donde nacen las rosas. Variantes: Rhodas, Rhodes.

RODDY. Diminutivo de Roderico, Rodrigo y Rodney.

RODERICO. Otra forma de Rodrigo. Variantes: Roderic, Roderich, Roderick.

RODNEY. Origen inglés/germánico. Significado: Isla famosa.

RODOCO. Origen canario.

RODOLFO. Origen germánico. Luchador arrojado. Guerrero ansioso de gloria. Astuto. Lobo famoso. Variantes: Radulfo, Ralf, Ralph, Raul, Raúl, Rodolf, Rodolphe, Rodulfo, Rudolfe, Rudolfo, Rudolph.

RODOTO. Origen canario (Tenerife).

RODRIGO. Origen germánico. Significado: Héroe. Gran jefe. Que gobierna. Que disfruta de gloria o poder. Variantes: Roderic, Roderick, Roderico, Roderigo, Rodrich, Rodrigue, Roy, Ruy.

ROGAN. Origen irlandés. Significado: Que tiene la cabeza roja. Pelirrojo. Variante: Rohan.

ROGELIO. Origen germánico/latino. El de la lanza gloriosa. Variantes: Rogelius, Rogellus, Rogerio, Roxelio, Rüdiger, Ruggiero.

ROGER. Origen germánico. Significado: Lanza famosa. Luchador victorioso y experto. Variantes: Rogerio, Rogier, Rotger, Rüdiger, Ruggiero, Rutger.

ROGERIO. Variante de Rogelio y de Roger.

ROHAN. Origen sánscrito. Significado: Sándalo.

ROI. Variante de Roy.

ROI. Origen hebreo. Significado: Mi pastor.

ROLANDO. Origen germánico. El que es la gloria de su tierra. Que da fama a su país. Variantes: Orlando, Rolán, Roland, Rolans, Roldán, Rolland, Rowland.

ROLDÁN. Origen latino. Significado: Que procede del país glorioso. Variante de Rolando.

ROLF. Origen escandinavo. Variante de Ralf.

ROLLO. Origen latino. Significado: Lobo famoso. Otra forma de Rolf. Nombre de un caudillo vikingo que gobernó Normandía. Variantes: Rolo, Roul.

ROMÁN. Variante de Romano.

ROMANO. Origen latino. Significado: Romano, nacido en Roma. Perteneciente a Roma. Natural de Rumania. Peregrino a Roma, romero. Otra forma de Romeo. Variantes: Romain, Roman, Román, Romanos, Romany.

ROMARIO. Otra forma de Romeo.

ROMELIO. Origen hebreo. Significado: El muy amado de Dios.

ROMÉN. Origen canario (Tenerife).

ROMEO. Origen latino. Significado: Romero, peregrino que se dirige hacia Roma. Buen hombre de Roma. Variantes: Romario, Roméo, Romero, Romeu.

ROMERO. Variante de Romeo.

ROMILDO. Origen germánico. Significado: El héroe glorioso. Guerrero célebre.

ROMNEY. Origen galés. Significado: Río serpenteante.

ROMUALDO. Origen germánico. Significado: Rey glorioso. Lancero famoso. Poeta eminente. Variante: Romuald.

RÓMULO. Origen griego. Significado: El que está lleno de fuerza.

RÓMULO. Origen latino. Significado: Perteneciente a Roma. Figura mitológica romana, hermano de Rómulo. Variantes: Romolo, Romulus.

ROMY. Diminutivo de Román y de Romano.

RON. Diminutivo de Ronaldo. Variantes: Roni, Ronn, Ronnie, Ronny, Rony.

RONALDO. Origen germánico. Significado: Gobernante glorioso. Inteligente con poder divino. Otra forma de Reginaldo y de Reinaldo. Variantes: Rinaldo, Ronald, Rynaldo.

RONAN. Origen germánico. Significado: De gran inteligencia.

RONDEL. Origen francés. Significado: Pequeño poema.

RONG. Origen chino. Significado: Marcial. Nombre masculino y femenino.

RONGO. Origen maorí/polinesio. Significado: Dios de la lluvia y la fertilidad.

RONI. Origen hebreo. Significado: Mi canción, mi alegría.

RONIN. Origen japonés. Significado: Samurai.

RONNIE, RONNY. Diminutivos de Ronaldo.

ROOSEVELT. Origen holandés. Significado: Campo de rosas.

ROQUE. Origen latino. Significado: Fuerte como una roca. Que resiste como una fortaleza. Descanso. Variantes: Roc, Rocco, Roch, Rocio, Rocko, Rocky, Rok, Roko.

ROQUE. Origen persa. Significado: Elevado.

RORDAN. Variante de Riordan.

RORY. Origen germánico. Diminutivo de Roderic (Rodrigo).

RORY. Origen inglés. Significado: Rey rojo. Variante: Rorie.

ROSALIO. Forma masculina de Rosalía.

ROSARIO. Origen latino. Significado: Rosal, jardín de rosas. Guirnalda de rosas. Nombre masculino y femenino.

ROSAURO. Forma masculina de Rosaura.

ROSCOE. Origen escandinavo. Significado: Bosque de ciervos.

ROSENDO. Origen germánico. Significado: Excelente señor. Gran maestro. Soldado. Que defiende la gloria. Camino de la fama. Variante: Rudecindo.

ROSHAN. Origen persa. Significado: Espléndido. Que emana luz. Nombre masculino y femenino.

ROSS. Origen escocés (nombre gaélico). Significado: Rojo. Prado con árboles. Nombre masculino y femenino.

ROTH. Origen germánico. Significado: Pelirrojo.

ROTHWELL. Origen escandinavo. Significado: Manantial rojo. Variante: Rothwel.

ROWAN. Origen gaélico. Significado: Árbol de bayas rojas. Algo pequeño y rojo. Variante: Rowen. Nombre masculino y femenino.

ROWLAND. Forma inglesa de Rolando.

ROWLEY. Origen inglés. Significado: Terreno accidentado.

ROWSE. Origen de Cornualles. Significado: Tierra de brezos.

ROXELIO. Variante de Rogelio.

ROY. Origen escocés (nombre gaélico). Significado: Rojo. Variantes: Ray, Rex, Royce, Royston.

ROY. Origen francés. Significado: Rey. Variantes: Roye, Ruy.

ROYCE. Origen anglosajón. Posible significado: Hijo del rey. Hijo de Roy. Persona ilustre. Variantes: Roice, Roise, Royse. Nombre masculino y femenino.

RUBÉN. Origen hebreo. Significado: Bienvenido. ¡He aquí un hijo! Dios me ha dado un hijo. Variantes: Reuben, Rube, Ruben, Rubens, Rubin.

RUBY. Diminutivo de Rubén.

RUCADÉN. Origen canario (Tenerife).

RUDECINDO. Variante de Rosendo.

RÜDIGER. Forma alemana de Rogelio y Roger.

RUDO. Origen africano (nombre shona). Significado: Amor. Nombre masculino y femenino.

RUDOLFO. Otra forma de Rodolfo. Variantes: Rudolf, Rudolph, Rudolphus.

RUDY. Origen germánico. Significado: El guerrero glorioso. Diminutivo de Rudolfo. Variante: Rudi.

RUDYARD. Origen inglés. Significado: Cercado o corral rojo.

RUFINO. Origen latino. Significado: Pelirrojo. Rojo. Diminutivo de Rufo.

RUFO. Origen latino. Significado: Pelirrojo. Rojo. Variantes: Rufe, Ruffus, Rufino, Rufus.

RUGGIERO. Forma italiana de Rogelio y Roger. Variantes: Rogero, Ruggerio, Ruggero.

RUHI. Origen árabe. Significado: Espiritual.

RUI. Origen japonés. Significado: Tesoro, piedra preciosa.

RUI. Origen germánico. Significado: Rico en gloria. Variante de Rodrigo. Variantes: Roy, Ruy.

RUISKO. Forma vasca de Rodrigo.

RUMÉN. Origen canario (Tenerife).

RUMI. Origen quechua. Significado: Piedra, roca.

RUMIÑAHUI. Origen quechua. Significado: De manos fuertes. Variante: Rumimaqui.

RUMISUNCU. Origen quechua. Significado: De corazón duro. Variante: Rumisonco.

RUNAKO. Origen africano. Significado: Guapo, apuesto.

RUNE. Origen escandinavo. Significado: Sabiduría secreta.

RUPERTO. Origen germánico. Significado: El que brilla por su fama. El que resplandece con sus consejos. Otra forma de Roberto. Variantes: Rupert, Ruprecht.

RURIK. Forma rusa y escandinava de Rodrigo.

RUSH. Variante de Russell.

RUSHD. Origen árabe. Significado: Madurez. Sabiduría. Sensibilidad.

RUSHDI. Origen árabe. Significado: Sabio. Maduro.

RUSSELL. Origen inglés. Significado: Pelirrojo. Variantes: Rousel, Rush, Russ, Russel, Rusty.

RUTGER. Origen escandinavo. Variante de Roger.

RUTINDANA. Origen canario (Gran Canaria).

RUTLAND. Origen escandinavo. Significado: De la tierra roja. Variante: Rutley.

RUUD. Origen germánico. Diminutivo de Rudolfo.

RUWAID. Origen árabe. Significado: Paseando despacio. Variante: Ruwayd.

RUY. Variante de Rodrigo.

RUYMAN. Origen canario (Tenerife).

RYAN. Origen anglosajón. Significado: El pequeño rey. Variantes: Rayan, Rhian, Rhyan, Rian, Ryne.

RYO. Origen japonés. Significado: Verdad, consideración, caridad. Remoto.

RYOICHI. Origen japonés. Significado: Primer hijo de Ryo.

RYOTA. Origen japonés. Significado: Fuerte, robusto. Respeto, estima.

RYOZO. Origen japonés. Significado: Tercer hijo de Ryo.

RYUICHI. Origen japonés. Significado: Primer hijo de Ryu.

RYUNOSUKE. Origen japonés. Significado: Sobresalir, distinguirse. Salvar, socorrer.

RYUSEI. Origen japonés. Significado: Virtud.

RYUTO. Origen japonés. Significado: Azul oscuro.

RYUU. Origen japonés. Significado: Dragón.

SAAD. Origen árabe. Significado: Suerte. Variantes: Sa'd, Saadia, Saadya, Sad, Sadd.

SA'ADAH. Origen árabe. Significado: Felicidad. Variante: Sa'dun.

SAB. Origen árabe. Significado: León.

SABAS. Origen árabe. Significado: De Saba. Variante: Saba.

SABASTIAN. Variante de Sebastián.

SABAT. Origen vasco.

SABIH. Origen árabe. Significado: Hermoso, agradable. Variante: Sabeeh.

SABINO. Origen latino. Significado: Del antiguo pueblo de los sabinos, cofundadores de Roma. Variantes: Sabí, Sabian, Sabin, Sabinià, Sabiniano, Sabyn.

SABIR. Origen árabe. Significado: Paciente. Variantes: Sabar, Saber, Sabeer, Sabri, Sabyr.

SABOLA. Origen egipcio. Significado: Profeta.

SABURO. Origen japonés. Significado: El tercer hijo, nacido en tercer lugar. Variante: Saburow.

SACHA. Origen griego. Significado: Defensor de la humanidad. Forma rusa de Alejandro. Variante: Sasha.

SACO. Origen canario.

SADDAM. Origen árabe. Significado: El que enfrenta. Variante: Sadam.

SADID. Origen árabe. Significado: Correcto, derecho.

SADIQ. Origen árabe. Significado: Sincero. Variantes: Saadiq, Sadiqua, Sadiki, Sadyki, Sadyky.

SADLER. Origen inglés. Significado: Guarnicionero. Variante: Saddler.

SADOC. Origen hebreo. Significado: Sagrado. Variantes: Sadock, Sadok.

SAFA. Origen árabe. Significado: Puro. Variante: Safi.

SAFIY. Origen árabe. Significado: El mejor amigo.

SAFIY AL DIN. Origen árabe. Significado: El mejor amigo de la fe.

SAFUH. Origen árabe. Significado: Dispuesto a perdonar.

SAFWAH. Origen árabe. Significado: El mejor, el escogido. Variante: Safwat.

SAFWAN. Origen árabe. Significado: Pureza.

SAGAR. Origen germánico. Significado: Pueblo victorioso.

SAGARA. Origen hindi. Significado: Océano.

SAGE. Origen francés. Significado: Sabiduría. Variantes: Saig, Saige, Sayg, Sayge.

SAGUAHE. Origen canario (La Palma).

SAHALE. Origen nativo americano. Significado: Halcón. Variantes: Sahal, Sahan, Sahen, Sahin, Sahon, Sahyn.

SAHELI. Origen hindi. Significado: Amigo.

SAHIB. Origen árabe. Significado: Compañero.

SAHIR. Origen árabe. Significado: Amigo. Variante: Sahyr.

SAHL. Origen árabe. Significado: De trato fácil.

SA'IB. Origen árabe. Significado: Apropiado, correcto.

SAID. Origen árabe. Significado: Feliz. Variantes: Saeed, Sa'eed, Sa'id, Saied, Sajid, Sajjid, Sayeed, Sayid, Sayyid, Seyed.

SAIDI. Origen africano. Significado: Ayudante.

SAIF. Origen árabe. Significado: Espada. Variantes: Sayf, Seif.

SAIF AL DIN. Origen árabe. Significado: Espada de la fe. Variante: Sayf Al Dîn.

SAIFULLAH. Origen árabe. Significado: Espada de Alá.

SAISHA. Origen hindi. Significado: Dios.

SAJID. Origen árabe. Significado: El que adora a Dios. Variante: Sajed.

SAJJAD. Origen árabe. Significado: Que se arrodilla para rezar.

SAKARIA. Origen escandinavo. Significado: Dios se acuerda. Otra forma de Zacarías. Variantes: Sakaree, Sakarey, Sakaria, Sakarie, Sakary, Sakerl, Sakke, Sakschej, Saku.

SAKDA. Origen thai. Significado: Poder.

SAKHR. Origen árabe. Significado: Roca sólida. Variantes: Sakhir, Sakyr.

SAKIMA. Origen nativo americano. Significado: Rey. Variante: Sakyma.

SALADINO. Origen árabe. Significado: Honradez de la fe. Nombre del líder musulmán que liberó Jerusalén de los cruzados. Variantes: Saladin, Saladdin, Saladine, Saladyn, Saladyne, Salah al Din, Saldin.

SALAH. Origen árabe. Significado: Virtuoso. Variantes: Salâh, Saleh, Salih.

SALAMA. Origen árabe. Significado: En paz. Variantes: Salam, Salamah, Salem, Saloma.

SALIM. Origen árabe. Significado: Paz. Seguridad. Variantes: Saleem, Salem, Salîm, Salima, Salym, Salyn, Selim.

SALLUENTE. Origen vasco. Significado: San Lorenzo.

SALMAN. Origen árabe. Significado: A salvo. Variante: Salmân.

SALOMÓN. Origen hebreo. Significado: Pacífico. Variantes: Salaman, Salamen, Salamon, Salamun, Salaun, Salman, Salmon, Salmyn, Salom, Saloman, Salomo, Salomó, Salomone, Selim, Shalmay, Shalom, Shalum, Shelomoh, Shlomo, Sholem, Sholom, Sol, Solaman, Solamh, Solimán, Soll, Sollie, Soloman, Solomo, Solomon, Solomonas, Solomone, Solomyn, Sulaiman, Suleima, Suleiman, Zalman, Zalmen, Zalmin, Zalmon, Zalmyn, Zulima, Zulman.

SALUSTIO. Origen latino. Significado: Sano, fecundo, próspero. Variantes: Sal ·lusti, Sal ·lustià, Salusten, Salustiano.

SALVADOR. Origen latino. Significado: El que redimió a los hombres. Variantes: Sal, Salbatore, Salvadore, Salvator, Salvatore, Sauveur, Xabat.

SALVIO. Origen latino. Significado: El que goza de buena salud. Variantes: Salvat, Salvato, Salve, Salvi, Salví, Salvià, Salvian, Salviano, Salvino, Salvy.

SAM. Origen hebreo. Significado: Su nombre es Dios. Diminutivo de diversos nombres comenzados por Sam. Variante: Samm.

SAMI. Origen hebreo. Significado: Ardiente. Variantes: Samee, Samey, Samie, Samy.

SAMIH. Origen árabe. Significado: Que perdona. Variantes: Sameh, Sâmeh.

SAMIR. Origen árabe. Significado: Compañero. Que entretiene. Variantes: Sameer, Samyr.

SAMMAN. Origen árabe. Significado: Tendero. Variantes: Saman, Samen, Samin, Sammen, Sammin, Sammon, Sammun, Sammyn, Samon, Samun, Samyn.

SAMUEL. Origen hebreo. Significado: Dios oirá. Variantes: Sam, Samel, Sami, Sammie, Sammuelle, Sammy, Samouel, Samuele, Samuell, Samuelle, Samuello, Samuil, Samuli, Sanel, Shemuel.

SANAKO. Origen japonés. Significado: Hijo de la montaña.

SANBORN. Origen inglés. Significado: Río arenoso. Variantes: Sanborne, Sanbourn, Sanbourne, Sanburn, Sanburne, Sandborn, Sandborne, Sandbourn, Sandbourne.

SANCHO. Origen latino. Significado: Santo, consagrado a Dios. Variantes: Deunoro, Sanç, Sanchaz, Sanchez, Santxo, Sauncho, Saunco.

SANDAILI. Origen vasco (Araotz, Oñati, Guipúzcoa). Variante: Sandeli.

SANDALIO. Origen latino. Significado: De sándalo. Variante: Sandali.

SANDELI. Variante de Sandaili.

SANDERS. Origen griego. Significado: Hijo de Alejandro. Variantes: Sanda, Sandas, Sande, Sandee, Sander, Sanderson, Sandey, Sandi, Sandie, Sandy, Saunder, Saunders, Saunderson.

SANDOR. Origen húngaro. Significado: Protector de la humanidad. Forma húngara de Alejandro. Variantes: Sandar, Sander, Sandir, Sandyr, Sandyr.

SANDRATI. Origen vasco. Significado: San Adrián. Ermita en una cueva del monte Aratz en Zegama (Guipúzcoa).

SANDRILI. Origen vasco.

SANDRO. Diminutivo italiano de Alejandro. Variantes: Sandre, Xandre.

SANDURU. Forma vasca de Santos. Variantes: Sandor, Sandora, Santuru.

SANEMI. Origen hindi. Significado: Inmejorable.

SANJANA. Origen hindi. Significado: Que vive en armonía.

SANJAY. Origen sánscrito. Significado: Triunfante. Variantes: Sanjai, Sanjaye, Sanjy, Sanjye.

SANKARA. Origen sánscrito. Significado: Feliz, afortunado.

SANSÓN. Origen hebreo. Significado: Fuerte, destructor. Variantes: Sampsan, Sampsen, Sampson, Samsó, Samson, Samzun, Sansao, Sansim, Sansom, Sansome, Sansone, Sansum, Shem, Shimson, Shymson.

SANTIAGO. Origen hebreo. Significado: Suplantador. San Yago. Variantes: Giacomo, Jacobo, Jacques, Jagoba, Jaime, Jakob, James, Sango, Santi, Santia, Santio, Santutxo, Santya, Santyago, Xanti, Xanto.

SANTIKURTZ. Origen vasco (Araotz, Oñati, Guipúzcoa).

SANTOS. Origen latino. Significado: Sagrado. Alude a la fiesta de Todos los Santos. Variantes: Sanduru, Sant, Santino, Santo, Santuru.

SANTOSO. Origen indonesio. Significado: Pacífico. Variante: Santosow.

SANTXO. Forma vasca de Sancho. Variantes: Anso, Antso, Antxo, Santso, Santxi.

SANUGO. Origen canario (Tenerife).

SAQR. Origen árabe. Significado: Halcón.

SARBIL. Origen vasco.

SARFF. Origen galés. Significado: Serpiente.

SARGÓN. Origen persa. Significado: Príncipe del Sol. Variantes: Sargan, Sargen, Sargin, Sargyn.

SARIYAH. Origen árabe. Significado: Nubes nocturnas. Variante: Sariya.

SARJANA. Origen hindi. Significado: Creativo.

SAROSH. Origen persa. Significado: Rezo.

SASTIN. Origen vasco. Significado: San Agustín. Variantes: Saustin, Xastin.

SATI. Origen árabe. Significado: Brillante.

SATURNINO. Origen latino. Significado: Perteneciente a Saturno. Variantes: Sadurní, Sadurniño, Satordi, Satordia, Satordie, Satordy, Saturdi,

Saturní, Saturnin, Saturno, Sernin, Zadornin, Zernin.

SAUD. Origen árabe. Significado: Afortunado.

SAÚL. Origen hebreo. Significado: Deseado, anhelado. Variantes: Saül, Saule, Sauli, Saulius, Saulo, Sawyl, Talut.

SAVERIO. Origen italiano. Forma italiana de Javier. Variantes: Saverij, Savero.

SAWYER. Origen inglés. Significado: Carpintero. Variantes: Sawer, Sawier, Sayer, Sayers, Sayre, Sayres, Soier.

SAXBY. Origen escandinavo. Significado: De la granja de la espada corta. Variantes: Saxbee, Saxbey, Saxbi, Saxbie.

SAXON. Origen inglés. Significado: Sajón, de Sajonia. Variantes: Saxan, Saxe, Saxen, Saxin, Saxus, Saxyn.

SAYED. Origen árabe. Significado: Príncipe. Variante: Saied.

SAYURI. Origen japonés. Significado: Pequeño.

SCHNEIDER. Origen germánico. Significado: Sastre. Variantes: Schnieder, Snider, Snyder, Snydley.

SCHUYLER. Origen holandés. Significado: Erudito. Variantes: Schuylar, Skuyler, Skylar, Skylr.

SCOOBY. Origen inglés. Significado: Del estado escocés. Variantes: Scobee, Scobey, Scobi, Scobie, Scoby, Scoobee, Scoobey, Scoobi, Scoobie.

SCOTT. Origen inglés. Significado: Que viene de Escocia. Variantes: Scot, Scottie, Scotto, Scotty.

SCULLY. Origen irlandés. Significado: Pregonero. Variantes: Scullea, Scullee, Sculleigh, Sculley, Sculli, Scullie.

SEAMUS. Origen hebreo. Forma irlandesa de Jaime. Variantes: Shaimis, Shaimus, Shamis, Shamus, Shaymis, Shaymus.

SEAN. Origen hebreo. Significado: Dios es bondadoso. Variantes: Schaun, Schaune, Schawn, Schawne, Seaghan, Seain, Seaine, Seanan, Seane, Seanen, Seann, Seannan, Seannen, Seannon, Seatn, Seayne, Shaine, Shane, Shaughn, Shaun, Shaune, Shaunn, Shawn, Shawne, Shayn, Shayne, Shon, Shorn, Shorne, Sion, Syaun, Syawn, Syon, Syown.

SEBASTIÁN. Origen griego. Significado: Venerable. Augusto. Variantes: Bastiaan, Bastian, Bastiano, Bastien, Eigels, Sabastian, Sastin, Saustin, Sebastao, Sebaste, Sebasten, Sebastià, Sebastiaan, Sebastiano, Sebastianus, Sebastiao, Sébastien, Sebastijan, Sebastion, Sebastjan, Sebastyn, Sebbie, Sebestyen, Sepasetiano, Sevastian.

SED. Origen egipcio. Significado: Salvador. Variante: Sedd.

SEGISMUNDO. Origen germánico. Significado: Protector victorioso. Variantes: Saegmon, Saegmond, Saegmun, Segimon, Segismund, Sekismunda, Sexismundo, Siegmund, Sigismond, Sigismondo, Sigismund, Sigismundo, Sigismunus, Sigmond, Sigmund, Sigmundo, Sygismon, Sygismond, Sygismundo, Sygmon, Sygmond, Sygmondo, Sygmun, Sygmund, Sygmundo, Sygysmond, Sygysmundo, Zigimond, Zigmon, Zygismon, Zygismondo, Zygismun, Zygismund, Zygismundo, Zygysmon, Zygysmond, Zygysmondo, Zygysmund, Zygysmundo.

SEGUNDO. Origen latino. Significado: El segundo hijo, nacido en segundo lugar. Variantes: Sechnall, Secondas, Secondus, Secondys, Secundi, Secundí, Secundià, Secundiano, Secundino, Secundinus, Secundio, Secundus, Segon, Sekundin.

SEIN. Origen vasco. Significado: Inocente. Niño, criatura.

SELATE. Origen vasco. Divinidad de la época romana. Variante: Selatse.

SELBY. Origen inglés. Significado: De la granja. Variantes: Selbee, Selbey, Selbi, Selbie.

SELIG. Origen germánico. Significado: Bendito. Variantes: Seligg, Seligman, Seligmann, Selyg, Selygg.

SELWIN. Origen inglés. Significado: De la selva. Variantes: Selvin, Selwin, Selwinn, Selwynn, Selwynne.

SEMARK. Origen vasco.

SEMENO. Origen vasco. Significado: Hijo. Variantes: Sembe, Seme, Semen, Semero, Ximeno.

SEMON. Origen vasco. Significado: Buen hijo. Variante de Simón.

SEMPRONIO. Origen latino. Significado: Eterno. Variante: Semproni.

SENDOA. Origen vasco. Significado: Fuerte.

SÉNECA. Origen latino. Significado: Venerable anciano. Variante: Sèneca.

SENÉN. Origen griego. Significado: Relacionado con Dios. Variantes: Senen, Senent.

SENGRAT. Origen vasco (Saint-Grat, Zuberoa). Significado: San Garat. Variantes: Garat, Grat.

SENTA. Origen árabe. Significado: Ayudante.

SEOIRSE. Forma irlandesa de Jorge.

SEOSAMH. Origen hebreo. Forma irlandesa de José. Variantes: Sedsap, Sedsaph.

SEPTIMIO. Origen latino. Significado: Séptimo hijo, nacido en séptimo lugar. Variantes: Septime, Septimi, Septimí, Septimino, Septimous, Septimus.

SERAFÍN. Origen hebreo. Alude a los ángeles más puros que rodean a Dios. Variantes: Serafeim, Serafi, Serafino, Seraphim, Seraphimus, Séraphin, Seraphino, Seraphinus, Serapin.

SERAPIO. Origen latino. Significado: Consagrado a Serapis, divinidad egipcia. Variante: Serapi.

SERDETO. Origen canario (Tenerife).

SERENO. Origen latino. Significado: Sereno, tranquilo. Variantes: Serè, Sereen, Seren, Serene, Serino, Seryno.

SERGIO. Origen latino. Significado: Sirviente. Variantes: Goulia, Sarkis, Seargeoh, Serg, Serge, Sergei, Sergej, Sergey, Serghei, Sergi, Sergie, Serginio, Sergios, Sergius, Sergiusz, Sergueï, Serguel, Serjio, Serxio, Sirgio, Sirgios.

SERVANDO. Origen latino. Significado: Respetuoso, que cumple la ley. Variantes: Servais, Servan, Servand, Servus.

SERVIO. Origen latino. Significado: Que se conserva. Variante: Servi.

SESTO. Origen latino. Significado: Sexto hijo, nacido en sexto lugar. Variantes: Sextis, Sextus, Sextys.

SESULDO. Origen vasco.

SETH. Origen hebreo. Significado: El designado.

SETIAWAN. Origen indonesio. Significado: Fiel.

SEUNG. Origen coreano. Significado: Sucesor.

SEVERO. Origen latino. Significado: Austero e incorruptible. Variantes: Seber, Seberin, Sever, Sévère, Severí, Severià, Severiano, Sévériano, Séverin, Severino, Sévérinus.

SEVILIN. Origen turco. Significado: Amado. Variantes: Sevilan, Sevilen, Sevilon.

SEWARD. Origen inglés. Significado: Protector del mar. Variante: Sewerd.

SHA'BAN. Origen árabe. Significado: Octavo mes del calendario lunar musulmán.

SHADI. Origen árabe. Significado: Cantante.

SHADIN. Origen árabe. Significado: Ciervo joven.

SHAFI. Origen árabe. Significado: Mediador.

SHAFIQ. Origen árabe. Significado: Compasivo. Variantes: Shafeeq, Shaff, Shafi, Shafiq.

SHAH. Origen persa. Significado: Rey.

SHAHAR. Origen judío. Significado: El alba.

SHAHID. Origen árabe. Significado: Testigo. Variante: Shahyd.

♂

SHAHZAD. Origen persa. Significado: Príncipe.

SHAI. Origen hebreo. Significado: Regalo. Variantes: Shae, Shay, Shaye.

SHAHIR. Origen árabe. Significado: Famoso.

SHAKA Origen zulú. Significado: Fundador del imperio zulú. Variante: Shakah.

SHAKIR. Origen árabe. Significado: Agradecido. Variantes: Shakeer, Shakír, Shakur, Shakyr.

SHAMAL. Origen árabe. Significado: Viento que viene del norte.

SHAMAN. Origen nativo americano. Significado: Hombre sagrado. Variantes: Shaiman, Shaimen, Shamen, Shayman, Shaymen.

SHAMIL. Origen árabe. Significado: Comprensivo.

SHAMIM. Origen árabe. Significado: Perfumado. Variantes: Shamin, Shamym.

SHAMS AL DIN. Origen árabe. Significado: Sol de la fe.

SHANAHAN. Origen irlandés. Significado: Sabiduría. Variantes: Seanahan, Shaunahan, Shawnahan.

SHANE. Origen hebreo. Significado: Misericordia de Dios. Variantes: Chaen, Chaene, Chain, Chaine, Chane, Chayn, Chayne, Cheyn, Cheyne, Shaen, Shaene, Shain, Shaine, Shayn, Shayne.

SHANKAR. Origen sánscrito. Significado: El que da la felicidad.

SHAPOOR. Origen ruso. Significado: Príncipe. Variante: Shapoora.

SHAQUILLE. Origen árabe. Significado: Hermoso. Variantes: Scaq, Shaq, Shaquil, Shaquile, Shaquill, Shaquyl, Shaquyle, Shaquyll, Shaquylle.

SHARAF. Origen árabe. Significado: Honor.

SHARIF. Origen árabe. Significado: Honrado, noble. Variantes: Shareef, Sharef, Shareff, Sharíf, Shariff, Shariyf, Sharyf, Sharyff.

SHARMA. Origen sánscrito. Significado: Que da protección.

SHAWQI. Origen árabe. Significado: Cariñoso.

SHELBY. Origen inglés. Significado: Poblado. Variantes: Shelbea, Shelbee, Shelbi, Shelbie.

SHELLEY. Origen inglés. Significado: Prado sobre una cornisa. Variante: Shelly.

SHEM. Origen hebreo. Significado: Célebre.

SHEPHERD. Origen inglés. Significado: Pastor de ovejas. Variantes: Shep, Shephard, Sheperd, Shepp, Sheppard, Shepperd.

SHERIDAN. Origen irlandés. Significado: Salvaje. Variantes: Sheriden, Sherisin, Sheridon, Sheridyn, Sherydan, Sheryden, Sherydin, Sherydon, Sherydyn.

SHERIFF. Origen inglés. Significado: Encargado de la ley. Variantes: Sherif, Sherrif, Sherriff, Sherryf, Sherryff, Sheryf, Sheryff.

SHERLOCK. Origen inglés. Significado: De pelo brillante. Variantes: Sherloc, Sherloch, Sherloche, Sherlocke, Sherlok, Shurlock.

SHERMAN. Origen inglés. Significado: Esquilador. Variantes: Scherman, Schermann, Shermann, Shermen, Shirman, Shirmann, Shyrman, Shyrmann.

SHERWOOD. Origen inglés. Significado: Selva luminosa. Variantes: Sharwood, Sherwoode, Shurwood.

SHIHAB. Origen árabe. Significado: Fuego. Variantes: Shihâb, Shyhab.

SHIHAB AL DIN. Origen árabe. Significado: Fuego de la fe.

SHIHAD. Origen árabe. Significado: Miel.

SHIMA. Origen japonés. Significado: Isleño. Variantes: Shimah, Shyma, Shymah.

SHIMON. Origen hebreo. Significado: Asombroso. Variantes: Shimona, Shymon, Shymona.

SHIN. Origen japonés. Significado: Confiado. Variante: Shyn.

SHIRO. Origen japonés. Significado: Cuarto hijo, nacido en cuarto lugar.

SHIVA. Origen sánscrito. Significado: El destructor.

SHOICHI. Origen japonés. Significado: Próspero primogénito.

SHOLTO. Origen escocés (nombre gaélico). Significado: Sembrador.

SHOMER. Origen hebreo. Significado: Guardián. Variantes: Shomar, Shomir, Shomor, Shomyr.

SHONI. Origen hebreo. Significado: Cambio. Variantes: Shonee, Shoney, Shonie, Shony.

SHU'AIB. Origen árabe. Nombre de un profeta. Variante: Shu'ayb.

SHUICHI. Origen japonés. Significado: Primogénito excelente.

SHUKRI. Origen árabe. Significado: Agradecimiento.

SIAMAK. Origen persa. Significado: Gran emperador.

SIDDARTHA. Origen sánscrito. Significado: El que ha logrado su objetivo. Uno de los nombres de Buda. Variantes: Sida, Siddhartha, Sidh, Sidharth, Sidhartha, Sidhdhardth, Sidhdhartha, Sydartha, Syddhartha.

SIDNEY. Origen francés. Significado: De Saint Denis. Variantes: Sid, Siddie, Sidnee, Sidni, Sidnie, Sidny, Sidon, Sidonio, Syd, Sydnee, Sydney, Sydnie, Sydny, Syndey, Syndi.

SIGFRIDO. Origen germánico. Significado: Conquistador de la paz. Variantes: Siegfried, Siffre, Sifredo, Sigefredo, Sigfrid, Sigfried, Sigfroi, Sigifredo, Sigvard, Sygfred, Sygfreid, Sygfreyd, Sygfrid, Sygfryd, Ziegfried, Zigfrid, Zygfid, Zygfred, Zygfried, Zygfryd.

SIGOÑE. Origen canario (Tenerife).

SIGURD. Origen escandinavo. Significado: Guardián victorioso. Variantes: Sjurd, Sygurd.

SILVÁN. Origen latino. Significado: Silvestre, selvático. Variantes: Silas, Silban, Silbana, Silbi, Silbin, Silvà, Silvain, Silvan, Silvanio, Silvano, Silvanus, Silveri, Silverio, Silvi, Silví, Silvino, Silvio, Silviu, Silvius, Sylas, Sylvanus, Sylvio.

SILVESTRE. Origen latino. Significado: Rústico, del bosque. Variantes: Sailbheastar, Silvester, Silvestro, Sly, Sylvester, Sylvestre.

SIMMS. Origen hebreo. Significado: Hijo de Simón. Variantes: Simpsan, Simpsen, Simpsin, Simpson, Simpsyn, Sims, Simson, Symms, Sympsan, Sympsen, Sympsin, Sympson, Sympsyn, Syms.

SIMÓN. Origen hebreo. Significado: El que escucha, El que obedece Variantes: Seameon, Seemeon, Seimein, Semein, Semyon, Seymein, Seymeon, Seymon, Seymour, Shimon, Sim, Simanao, Simanas, Simão, Simej, Simeó, Siméo, Simeón, Simian, Simias, Simmias, Simms, Simo, Simó, Simone, Simoni, Simons, Simonson, Simoun, Siomon, Siomonn, Ssemar, Symeon, Symian, Symmias, Symmyas, Symo, Symon, Symond, Symonn, Symonns, Symyan, Symyas, Szimon, Szymon, Ximun, Zimon, Zymon.

SIMPLICIO. Origen latino. Significado: Sencillo. Variantes: Simplici, Sinbilgi.

SINAN. Origen árabe. Significado: Defensor.

SINESIO. Origen griego. Significado: Inteligente, sagaz.

SINFOROSO. Origen griego. Significado: Útil. Que es desgraciado. Variantes: Simforià, Simforós, Sinborosa, Sinforiano.

SIRAJ. Origen árabe. Significado: Lámpara, luz. Variantes: Sirâj, Syraj.

SIRAJ AL DIN. Origen árabe. Significado: Luz de la fe.

SIRDO. Origen canario (Tenerife).

SIRMA. Origen canario (Tenerife).

SIRO. Origen latino. Significado: De Siria. Variante: Sir.

SISEBUTO. Origen germánico. Significado: Que ejerce con energía el mando. Variante: Sisebut.

SISENANDO. Origen germánico. Significado: Atrevido por la victoria. Variante: Sisenand.

SISO. Origen canario.

SIXTO. Origen latino. Significado: Sexto hijo, nacido en sexto lugar. Variantes: Sista, Sisto, Six, Sixte, Sixtus, Syxte, Syxtus.

SKENE. Origen gaélico. Significado: Arbusto. Variante: Sken.

SKIPP. Origen escandinavo. Significado: Capitán de barco. Variantes: Skip, Skipi, Skipie, Skipper, Skippi, Skippie, Skippy, Skipy, Skyp, Skypi, Skypie, Skypp, Skyppi, Skyppie, Skyppy, Skypy.

SLADE. Origen inglés. Significado: Del valle. Variantes: Sladan, Sladein, Sladen, Sladon, Sladyn, Slaid, Slaidan, Slaide, Slaiden, Slaidin, Slaidon, Slaidyn, Slayd, Slaydan, Slayde, Slayden, Slaydin, Slaydon, Slaydyn.

SLAVIN. Origen irlandés. Significado: Montañero. Variantes: Slavan, Slaven, Slawin, Sleven.

SLOAN. Origen irlandés. Significado: Soldado. Variante: Sloane.

SMITH. Origen inglés. Significado: Herrero. Variantes: Schmid, Schmit, Schmitt, Schmyt, Schmytt, Scmidt, Smith, Smithe, Smithey, Smithi, Smithie, Smithy, Smitth, Smitty, Smyth, Smythe.

SNORRE. Origen escandinavo. Significado: Ataque.

SNOWDEN. Origen inglés. Significado: Del valle nevado. Variantes: Snow, Snowdan, Snowdin, Snowdon, Snowdyn.

SÓCRATES. Origen griego. Significado: Sano y vigoroso. Variantes: Socrate, Sòcrates, Socratis, Sokrates, Sokratis.

SOFIAN. Origen árabe. Significado: Devoto. Variantes: Sofyan, Sufiân .

SÓFOCLES. Origen griego. Significado: El que tiene fama por su sabiduría. Variante: Sophocles.

SOFRONIO. Origen latino. Significado: Automático. Variantes: Sophronios, Sophronius.

SOL. Origen latino. Significado: Sol. Variante: Soll.

SOLANO. Origen latino. Significado: Como el viento de Levante. Forma masculina de Solana.

SOLÓN. Origen griego. Significado: Sabiduría. Variantes: Solan, Solen, Solin, Solyn.

SOMERLED. Origen escocés. Significado: Marinero.

SOMERSET. Origen inglés. Significado: Residencia de verano. Variantes: Sommerset, Sumerset, Summerset.

SOMERTON. Origen inglés. Significado: Ciudad de veraneo. Variantes: Somervil, Somervile, Somervill, Somerville, Somervyl, Somervyll, Somervylle, Sumervil, Sumervill, Sumerville, Sumervyl, Sumervyll, Sumervylle, Summervyl, Summervyll, Summervylle.

SON. Origen nativo americano. Significado: Estrella.

SONNAGH. Origen galés. Significado: Terraplén.

SONNY. Origen inglés. Significado: Hijo. Variantes: Sonee, Soney, soni, sonie, Sonnee, Sonney, Sonni, Sony, Suni, Sunie, Sunni, Sunnie, Sunny, Suny.

SOREN. Origen danés. Significado: Trueno. Variante: Sorenson.

SORLEY. Origen escandinavo. Significado: Vikingo. Variantes: Sorlea, Sorlee, Sorleigh, Sorli, Sorlie, Sorly.

SORONT. Origen canario (Gran Canaria).

SOSALA. Origen canario.

SOSTIE. Forma vasca de Sebastián. Variante: Sastie.

SOTERO. Origen griego. Significado: El salvador. Variantes: Soter, Soterios, Xoter.

SOTIL. Origen vasco.

SPARK. Origen inglés. Significado: Rayo de luz. Variantes: Sparkee, Sparkey, Sparki, Sparkie.

SPARROW. Origen inglés. Significado: Pequeño gorrión. Variante: Sparro.

SPEAR. Origen inglés. Significado: Hombre armado con una lanza. Variantes: Speare, Spears, Speer, Speers, Speir, Speyr, Spiers.

SPENCER. Origen inglés. Significado: Comerciante. Variantes: Spence, Spense, Spenser.

SPIKE. Origen inglés. Significado: Pelo de punta. Variante: Spyke.

SPIRO. Origen latino. Significado: Pequeño espíritu. Variantes: Spiridion, Spiridon, Spiridone, Spiro, Spiros, Spyridon, Spyridone, Spyro, Spyros.

SPRINGSTEEN. Origen inglés. Significado: Del río de piedra. Variantes: Springstein, Springsteyn, Spryngsteen, Spryngstein, Spryngsteyn.

STACEY. Origen latino. Significado: Próspero. Variantes: Stace, Stacee, Stacey, Staci, Stacie, Stacy.

STACEY → EUSTAQUIO.

STACK. Origen escandinavo. Significado: Que apila el heno.

STAMFORD. Origen inglés. Significado: Del vado de piedra. Variantes: Stanford, Stanforde, Stemford.

STAN. Origen inglés. Significado: Piedra. Diminutivo de nombres comenzados por Stan. Variante: Stann.

STANISLAUS. Origen eslavo. Otra forma de Estanislao. Variantes: Aineislis, Stach, Stan, Stanek, Stanilaus, Stanislao, Stanislas, Stanislav, Stanislavas, Stanislavs, Stanislaw, Stanislus, Stanko, Stanyslau, Stanzel, Stas, Stash, Stashko, Stasio, Stenz, Stenzel.

STANLEY. Origen inglés. Significado: Pradera rocosa. Variantes: Stan, Stanlea, Stanlee, Stanleigh, Stanli, Stanlie, Stanly.

STANTON. Origen inglés. Significado: Pueblo construido con piedra. Variante: Staunton.

STARBUCK. Origen inglés. Significado: Camino de piedra. Variante: Starrbuck.

STAVROS. Origen griego. Significado: Coronado. Forma griega de Esteban. Variante: Stavro.

STEELE. Origen inglés. Significado: Que trabaja con el acero. Variantes: Steal, Steale, Steel.

STEFANO → ESTEBAN.

STEIN. Origen germánico. Significado: Piedra. Variantes: Stean, Steen, Steine, Steiner, Stene, Steyn, Steyne.

STEINAR. Origen escandinavo. Significado: Guerrero de piedra. Variantes: Stean, Steanar, Steane, Steaner, Steen, Steenar, Steene, Steener, Stein, Steine, Steiner, Sten, Steyn, Steynar, Steyne, Steyner.

STEPHEN, STEVE → ESTEBAN.

STEVEN. Origen griego. Otra forma de Esteban. Variantes: Étienne, Stafano, StaffanSteaphan, Steav, Steave, Steaven, Steen, Steenie, Steeve, Steeven, Stef, Stefan, Stefano, Steffan, Steffano, Steffen, Steffin, Stefin, Stefinn, Stefyn, Stefynn, Steinee, Steiney, Stenka, Stenkia, Stephan, Stéphane, Stephano, Stephanos, Stephanus, Stephen, Stephin, Stephyn, Stepika, Stepka, Stepko, Stesha, Stevan, Steve, Steven, Stevens, Stevie, Stevin, Stevon, Stevyn, Steyni, Steynie, Steyny, Tiennot.

STEWART. Origen inglés. Significado: Administrador del señorío. Variantes: Stew, Steward, Stu, Stuart.

STIG. Origen escandinavo. Significado: Vagabundo. Variantes: Styge, Stygge.

STILLMAN. Origen inglés. Significado: Silencioso. Variantes: Stilman, Styllman, Stylman.

STING. Origen inglés. Significado: Aguijón. Variante: Styng.

STIRLING. Origen inglés. Significado: De calidad. Variante: Sterling.

♂

STORR. Origen escandinavo. Significado: Grande.

STRAHAN. Origen irlandés. Significado: Poeta.

STRATFORD. Origen inglés. Significado: De la calle cercana al río. Variante: Strattford.

STROM. Origen germánico. Significado: Río.

SUBHI. Origen árabe. Significado: Madrugada. Variantes: Sobhi, Subhee, Subhie.

SUDI. Origen swahili. Significado: Afortunado. Variante: Suud.

SUGAHAR, SUGAR, SUGOI. Origen vasco. Alude a una figura mitológica, el genio de las tinieblas, la serpiente macho en el folklore vasco.

SUHAIB. Origen árabe. Significado: De pelo rojizo. Variante: Suhayb.

SUHAIL. Origen árabe. Significado: Apacible. Variante: Suhayl.

SUHAIM. Origen árabe. Significado: Flecha. Variante: Suhaym.

SUHARRI. Origen vasco. Significado: Pedernal, sílex. Variante: Suharria.

SULLIVAN. Origen irlandés. Significado: De ojos negros. Variantes: Sullavan, Sullevan, Sulliven, Sullyvan.

SULPICIO. Origen latino. Significado: Gentilicio romano. Variantes: Sulbiki, Sulpice, Sulpici.

SULTÁN. Origen arabe. Significado: Amo absoluto. Variantes: Sulten, Sultin, Sulton, Sultyn, Sum.

SULWYN. Origen galés. Significado: Sol brillante. Variantes: Sulwin, Sulwynn, Sylwynne.

SUMAN. Origen sánscrito. Significado: Alegre y sabio.

SURESH. Origen sánscrito. Significado: Regla de Dios.

SURIO. Origen vasco.

SURYA. Origen sánscrito. Significado: Sol. Variantes: Suria, Suriah, Suryah.

SUSTRAI. Origen vasco. Significado: Raíz. Fundación, fundamento.

SUTCLIFF. Origen inglés. Significado: Acantilado al sur. Variantes: Suttclif, Suttcliff, Xutclif, Sutclyf, Sutclyff.

SUTHERLAND. Origen escandinavo. Significado: De la tierra del sur. Variante: Southerland.

SUTTON. Origen inglés. Significado: Pueblo al sur. Variante: Suton.

SU'UD. Origen árabe. Significado: Buena suerte. Variante: Suoud.

SVEN. Origen escandinavo. Significado: Joven. Variantes: Svend, Swen, Swend.

SWAIN. Origen inglés. Significado: Asistente del caballero. Variantes: Swaine, Swayn, Swayne.

SWEENEY. Origen irlandés. Significado: Pequeño héroe. Variantes: Sweanee, Sweaney, Sweani, Sweanie, Sweany, Sweenee, Sweeni, Sweenie, Sweeny.

SWITHBERT. Origen inglés. Significado: Fuerte. Variantes: Swithbirt, Swithburt, Swithbyrt, Swythbert, Swythbirt, Swythburt, Swythbyrt.

SYRUS. Origen persa. Variante de Ciro.

T

TA. Origen chino. Significado: Grande. Variante: Tah.

TAAVI. Origen finlandés. Significado: Amado por Dios. Forma finlandesa de David. Variantes: Taaveti, Taavetie, Taavety, Taveti, Tavertie, Tavery.

TAB. Origen germánico. Significado: Brillante. Variantes: Tabar, Tabb, Tabbener, Tabener, Taber, Tabi, Tabie, Tabir, Tabner, Tabor, Taby, Tabyr.

TABANSI. Origen africano. Significado: El que aguanta.

TABARÉ. Origen tupí. Significado: Alejado, solitario, lejos del pueblo.

TABARI. Origen árabe. Significado: Recuerda. Variantes: Tabaris, Tabarus, Tabary.

TABIAN. Origen latino. Diminutivo de Octavio.

TABIB. Origen turco. Significado: Doctor. Variantes: Tabeeb, Tabyb.

TABOR. Origen canario (Tenerife).

TACAYCATE. Origen canario (Gran Canaria).

TACIO. Origen latino. Significado: Callado. Variantes: Tacià, Taciano, Tácito, Tatiano, Tatianus, Tatius.

TAÇO. Origen canario (La Palma). Rey de esa isla. Variante: Tasso.

TADAO. Origen japonés. Significado: Hombre leal.

TADD. Origen galés. Significado: Padre. Variante: Tad.

TADEO. Origen hebreo. Significado: El que alaba. Variantes: Tada, Taddeo, Taddi, Taddia, Taddie, Taddy, Taddya, Tadeas, Tadej, Tades, Tadeu, Tadeusz, Tadi, Tadia, Tadias, Tadie, Tadio, Tady, Tadya, Tadyas, Tadzio, Thad, Thaddaus, Thaddée, Thaddej, Thaddeo, Thaddeos, Thaddeus, Thadeas, Thadeis, Thadeos, Thadeus, Thadeys, Thadias, Thadios, Thadius, Thadiys, Thady, Thadyas, Thadyos, Thadyus.

TAFFY. Origen galés. Significado: Amado por Dios. Forma galesa de David. Variantes: Taffee, Taffey, Taffi, Taffie, Tafy.

TAGANAGE. Origen canario (Tenerife). Variante: Taganaje.

TAGGART. Origen gaélico. Significado: Hijo del sacerdote. Variantes: Tagart, Tagert, Taggert, Taggirt, Taggurt, Taggyrt, Tagirt, Tagurt, Tagyrt.

TAGOTEN. Origen canario (Gran Canaria).

TAHAR. Origen árabe. Significado: Puro, sin mácula. Variantes: Tâher, Tahir, Tahyr.

TAGOTEN. Origen canario (Gran Canaria).

TAHOD. Origen canario (Tenerife).

TAHSIN. Origen árabe. Significado: Embellecimiento.

TAI. Origen chino. Significado: Tribu, parentesco.

TAICHI. Origen japonés. Significado: Respeto.

TAIM ALLAH. Origen árabe. Significado: Criado de Dios. Variantes: Taym Allah, Taymullah.

TAIMA. Origen nativo americano. Significado: Nacido durante una tempestad de truenos. Variante: Tayma.

TAIT. Origen escandinavo. Significado: Feliz. Variantes: Taite, Taitt, Tate, Tayt, Tayte.

TAIYO. Origen japonés. Significado: Respeto, veneración, estima.

TAJ. Origen árabe. Significado: Corona. Variantes: Taja, Taji.

TAJ AL DIN. Origen árabe. Significado: Corona de la fe.

TAJASTE. Origen canario (Gran Canaria).

TAKEO. Origen japonés. Significado: Guerrero.

TAKESHI. Origen japonés. Significado: Feroz, bravo.

TAKODA. Origen indio. Significado: Amigo de todos. Variante: Takota.

TAKUMA. Origen japonés. Significado: Verdad, sinceridad. Realidad.

TAKUMI. Origen japonés. Significado: Artesano.

TAL. Origen hebreo. Significado: Lluvia. Variante: Talor.

TALAL. Origen árabe. Significado: Elegante. Variante: Talâl.

TALBOT. Origen germánico. Significado: Que anuncia la destrucción. Variantes: Talbert, Talbott, Tallbott.

TALEB. Origen árabe. Significado: Buscador de la verdad. Variantes: Tâleb, Talib.

TALFRYN. Origen galés. Significado: Colina alta. Variante: Talfrin.

TALIESIN. Origen galés. Significado: Frente brillante. Variantes: Talisan, Taliesen, Talieson, Taliesyn, Talyesin, Talyesyn, Tayliesin, Tayliesyn, Tallas, Tallis, Tallys.

TALLIS. Origen persa. Significado: Sabiduría. Variantes: Talis, Tallys, Talys.

TALMAI. Origen hebreo. Significado: Pequeñas colinas. Variantes: Talmay, Talmie, Telem.

TALMAN. Origen hebreo. Significado: Herir, ofender. Variantes: Tallie, Tally, Talmon.

TALOR. Origen hebreo. Significado: Rocío de la mañana. Variantes: Talar, Taler, Tallar, Taller, Tallor.

TAM. Origen vietnamita. Significado: Corazón. Variante: Tamm. Nombre masculino y femenino.

TAMA. Origen maorí. Significado: Hijo. Variantes: Tamah, Tamma, Tammah.

TAMADAVA. Origen canario (Gran Canaria).

TAMAHERE. Origen tahitiano. Significado: Niño amado.

TAMAN. Origen serbocroata. Significado: Negro.

TAMAN. Origen canario (La Palma).

TAMANCA. Origen canario (La Palma). Nombre de una montaña de esa isla.

TAMAR. Origen hebreo. Significado: Palmera. Variantes: Tamarr, Tamer, Tamir, Tamor, Tamyr, Timar, Timarr, Timer, Timir, Timor, Timur, Tymar, Tymarr, Tymer, Tymir, Tymyr.

TAMIR. Origen árabe. Significado: Alto como una palmera. Variantes: Tamirr, Tamyr, Tamyrr.

TAMMAM. Origen árabe. Significado: Generoso. Variante: Tammâm.

TANAUSA. Origen canario (La Palma). Príncipe de esa isla.

TANAUSÚ. Origen canario (La Palma). Jefe del cantón de Ecceró o Eceró.

TANCREDO. Origen germánico. Significado: El que da consejos inteligentes. Variantes: Tancred, Tancreda, Tancrede, Tancredi, Tancredie, Tancredy, Tancrid, Tancryd.

TANE. Origen maorí. Significado: Marido. Variantes: Tain, Taine, Tayn, Tayne.

TANEK. Origen griego. Significado: Inmortal. Variante: Atek.

TANFIA. Origen canario (Gran Canaria).

TANGAROA. Origen polinesio. Significado: Del mar.

TANGUY. Origen celta. Significado: Guerrero de fuego. Variantes: Tangui, Tanneguy.

TANGWYN. Origen galés. Significado: Paz. Variante: Tangwin.

TANI. Origen japonés. Significado: Valle. Variantes: Tanee, Taney, Tanie, Tany.

TANIEL. Origen hebreo. Otra forma de Daniel. Variantes: Taniell, Tanyel, Tanyell.

TANNER. Origen inglés. Significado: Curtidor. Variantes: Tan, Tanar, Tani, Tanie, Tanier, Tann, Tanna, Tannar, Tannery, Tanney, Tanni, Tannie, Tannor, Tanny, Tany.

TAQIY. Origen árabe. Significado: Devoto, temeroso de Dios.

TARA. Origen canario (Gran Canaria).

TARASIOS. Origen griego. Significado: De Tarento. Variantes: Taraise, Taras, Tarasi.

TARDOS. Origen húngaro. Significado: Calvo.

TAREE. Nombre aborigen. Significado: Higuera salvaje. Variantes: Tarey, Tari, Tarie, Tary.

TAREK. Origen árabe. Significado: Valiente, conquistador. Variantes: Tareck, Tareek, Târeq, Tarick, Tariq, Tarreq, Taryc, Taryck, Taryk, Tereik, Teryc, Teryck, Teryk.

TARIAN. Origen galés. Significado: Escudo.

TARIF. Origen árabe. Significado: Raro, poco frecuente. Variante: Tareef.

TARIGUO. Origen canario (La Palma). Príncipe de Tigalate.

TARIRA. Origen canario (Gran Canaria). Jefe guerrero del sur de la isla.

TARO. Origen japonés. Significado: Primogénito. Variante: Tarot.

TARQUINO. Origen latino. Significado: Nacido en Tarquinia, ciudad de Etruria. Variante: Tarquini.

TARRANT. Origen galés. Significado: Trueno. Variantes: Tarant, Tarent, Tarrent, Terrant, Torant, Torent, Torrant, Torrent.

TARSICIO. Origen griego. Significado: El valiente. Variantes: Tarsici, Tartsixi.

TARSICIO. Origen latino. Significado: Nacido en Tarso, ciudad de Turquía donde se ubica el nacimiento de san Pablo.

TARUN. Origen sánscrito. Significado: Joven.

TAS. Origen australiano. Significado: De Tasmania. Variantes: Tass, Taz, Tazz.

TASARTE. Origen canario (Gran Canaria). Guaire de Gáldar. Variante: de Atasarte.

TASHI. Origen tibetano/sherpa. Significado: Prosperidad. Nombre masculino y femenino.

TASHUNKA. Origen sioux. Significado: Caballo. Variantes: Tashunkah, Tasunke.

TASLIM. Origen árabe. Significado: Sumisión.

TASSO. Origen canario (La Palma). Variante de Taço.

TATANKA. Origen sioux. Significado: Toro, búfalo. Variante: Tatankah.

TATUM. Origen inglés. Significado: De la granja de Tate. Variantes: Taitam, Taitem, Taitim, Taitom, Taitum, Taitym, Tatam, Tatem, Tatim, Tatom, Taytam, Taytem, Taytim, Taytom, Taytum, Taytym.

TAUCO. Origen canario (Tenerife). Guanche de Acentejo. Capitán de Bencomo.

TAUFIA. Origen canario (Gran Canaria).

TAURINO. Origen latino. Significado: Relativo al toro. Variantes: Taurean, Taurí, Taurion, Tauris, Taurus, Tauryan, Tauryen, Tauryon, Toro.

TAVARES. Origen español. Significado: Hijo del ermitaño. Variante: Tavar.

TAVOR. Origen hebreo. Significado: Desdichado, desafortunado. Variantes: Tarvoris, Tavaris, Tavores, Tavorious, Tavoris, Tavorris, Tavorrys, Tavorys, Tavuris, Tavurys.

TAWFIQ. Origen árabe. Significado: Éxito. Variantes: Tawfi, Tawfiq.

TAWHID. Origen árabe. Significado: Que cree en un Dios.

TAWHIRI. Origen polinesio. Significado: Tempestad.

TAXARTE. Origen canario (Gran Canaria). Capitán que luchó contra los españoles.

TAYLOR. Origen inglés. Significado: Sastre. Variantes: Taelor, Tailar, Tailer, Tailor, Taylar, Tayler, Taylon, Taylour, Tayson, Teyler. Nombre masculino y femenino.

TAYYEB. Origen árabe. Significado: Bueno. Variantes: Tayeb, Tayib, Tayyib.

TAZARTE. Origen canario (Gran Canaria).

TEARLACH. Origen escocés (nombre gaélico). Significado: Fuerte, varonil. Forma escocesa de Carlos. Variantes: Tearlache, Tearloc, Tearloch, Tearloche, Tearlock, Tearlok.

TECWYN. Origen galés. Significado: Blanco, justo.

TED, TEDDY. Variantes de Eduardo.

TEDMUNDO. Origen inglés. Significado: Protector de la tierra. Variantes: Tedman, Tedmand, Tedmon, Tedmond, Tedmondo, Tedmun, Tedmund.

TEFETAN. Origen canario (Gran Canaria).

TEGAYCO. Origen canario (Tenerife).

TEGUACO. Origen canario (Tenerife).

TEGUESTE. Origen canario (Tenerife). Rey guanche del territorio del mismo nombre.

TEGUICO. Origen canario (Tenerife).

TEJENA. Origen canario (Tenerife).

TELAMON. Origen griego. Significado: Personaje mitológico.

TELÉMACO. Origen griego. Significado: El que combate desde lejos. Variante: Telèmac.

TELESFORO. Origen griego. Significado: El que llega lejos. Variantes: Telesfor, Telesphore, Telesphoros, Telespor.

TELLO. Origen vasco. Nombre de un señor de Vizcaya (muerto en 1370), hijo bastardo del rey Alfonso XI.

TELMO. Origen latino. Significado: Voluntarioso. Otra forma de Elmo. Variante: Telm.

TELYN. Origen galés. Significado: Arpa.

TEMAN. Origen hebreo. Significado: Perfección. Variantes: Temani, Temanie, Temany, Temen, Temin, Temon, Temyn.

TEMIABA. Origen canario (La Palma). Señor de Tagaragre (luego Barlovento).

TEMISIO. Origen canario (Gran Canaria).

TEMPLARIO. Origen francés. Significado: Caballero que protegía Tierra Santa, templario. Variantes: Tempal, Templar, Temple, Templer.

TENAGUA. Origen canario (La Palma).

TENARO. Origen canario.

TENESOR. Origen canario (Gran Canaria). Príncipe de esa isla.

TENIGUADO. Origen canario (Gran Canaria). Nombre de un guerrrero.

TENIQUISGUAN. Origen canario (La Palma).

TENISCA. Origen canario (La Palma). Célebre guerrero indígena.

TENNANT. Origen inglés. Significado: Arrendatario. Variantes: Tenant, Tennent.

TENNESSEE. Origen cheroqui. Significado: Guerrero poderoso. Variantes: Tennesy, Tennysee.

TENO. Origen canario (Tenerife). Significado: Lugar alto y escarpado, risco.

TENZIN. Origen tibetano/sherpa. Significado: Protector de Dharma. Variante: Tenzing. Nombre masculino y femenino.

TEO. Origen griego. Significado: Dios. Diminutivo de nombres que comienzan o terminan por Teo. Variantes: Fio, Téo, Theo, Thio, Thyo.

TEOBALDO. Origen germánico. Significado: Pueblo valiente. Variantes: Dietbald, Dietbold, Tebaldo, Teobald, Téobald, Teobalt, Teobaud, Theballd, Thebault, Théobald, Theobaldo, Theobalt, Théodebald, Thibald, Thibaud, Thibault, Thibaut, Thierry, Thyobald, Thyobaldo, Thyobalt, Tibald, Tibalt, Tibold, Tiebout, Tioboid, Tybalt.

TEÓCRITO. Origen griego. Significado: Elegido por Dios. Variante: Teòcrit.

TEODOMIRO. Origen germánico. Significado: Célebre en su pueblo. Variantes: Teodomir, Todomir.

TEODORICO. Origen germánico. Significado: El que gobierna bien a su pueblo. Variantes: Tedoric, Tedorick, Tedorico, Tedorik, Tedory, Tedoryck, Tedoryk, Teodoric.

TEODORO. Origen griego. Significado: Don de Dios. Variantes: Derek, Doorje, Dorian, Dorle, Dorvan, Fedor, Fédor, Féodor, Fjodor, Kwedders, Teddy, Tederl, Teodor, Teodosi, Teodosio, Teudwer, Theodor, Theodore, Théodoric, Théodorik, Théodose, Theodric, Theorodus, Tivadar, Todor, Todosi, Tudor, Tudore, Tudur.

TEÓDULO. Origen griego. Significado: Siervo de Dios. Variantes: Teòdul, Théodule, Todula.

TEÓFANES. Origen griego. Significado: El que es manifestación de Dios. Variantes: Teòfanes, Teofani, Teofanio, Teófano, Teofant, Théophane, Topan.

TEÓFILO. Origen griego. Significado: Querido por Dios. Variantes: Fillo, Filo, Filow, Fiophilus, Teòfil, Theophil, Théophile, Theophilus, Thilo, Thilow, Topil.

TEOFRASTO. Origen griego. Significado: Que habla de Dios. Variantes: Teofrast, Théophraste.

TERCIO. Origen latino. Significado: Tercer hijo, nacido en tercer lugar. Variantes: Terç, Tertios, Tertius, Tertyus.

TERENCIO. Origen latino. Significado: Suave. Variantes: Tarance, Tarence, Tarrance, Tarrince, Temcio, Térence, Terenci, Terentzi, Terenz, Terrance, Terrel, Terrence, Terrey, Terri, Terril, Terrill, Terrince, Terry, Terrynce, Thierry, Torrance, Torrence, Torrent, Torrince, Torrynce.

TERJE. Origen noruego. Significado: Lanza de Thor. Variante: Torger.

TERRWYN. Origen galés. Significado: Valiente.

TESEO. Origen griego. Héroe ateniense, vencedor del Minotauro. Variantes: Teseu, Thésée.

TEX. Origen norteamericano. Significado: De Texas. Variantes: Tejas, Texas, Texx, Texxas.

TEXENA, TEXENERY. Origen canario.

THABIT. Origen árabe. Significado: Firme. Variante: Thabyt.

THAGOHORCER. Origen canario (Gran Canaria).

THAGOTER. Origen canario (Gran Canaria). Miembro de la familia real indígena de esa isla.

THAMER. Origen árabe. Significado: Fructífero, productivo. Variante: Thamir.

THAN. Origen birmano. Significado: Un millón.

THANOS. Origen griego. Significado: Noble, de la realeza. Variantes: Athanasios, Thanasis, Thanus.

THATCHER. Origen inglés. Significado: Techador. Variantes: Thacher, Thatch, Thaxter.

THAW. Origen inglés. Significado: Fusión.

THENESORT. Origen canario (Gran Canaria). Príncipe de Gáldar.

THEON. Origen griego. Significado: Santo. Variante: Feon.

THERON. Origen griego. Significado: Cazador.

THIES. Origen holandés. Diminutivo holandés de Matías. Variante: Thijs.

THOR. Origen escandinavo. Significado: Dios del trueno en la mitología escandinava. Variantes: Thorald, Thordis, Thore, Thorin, Thorkell, Thorley, Thorpin, Thorr, Thorsson, Thorvald, Thorwald, Thurman, Tor, Torald, Tore, Torpin, Torre, Torrin, Torvald, Ture, Turpin, Tyrus.

THORALD. Origen escandinavo. Significado: El que acompaña a Thor. Variantes: Thorold, Torald.

THORBERT. Origen escandinavo. Significado: Esplendor de Thor. Variantes: Thorbirt, Thorburt, Thorbyrt, Torbert, Torbirt, Torburt, Torbyrt.

THORBURN. Origen escandinavo. Significado: Oso de Thor. Variantes: Thorborn, Thorborne, Thorburne, Thorbyrn, Thorbyrne.

THORER. Origen escandinavo. Significado: Guerrero de Thor. Variante: Thorvald.

THORGOOD. Origen escandinavo/inglés. Significado: Thor es Dios.

THORLEIF. Origen escandinavo. Significado: Amado de Thor. Variantes: Thorlief, Thorleyf.

THORLEY. Origen inglés. Significado: Pradera de Thor. Variantes: Thorlea, Thorlee, Thorleigh, Thorly, Torley.

THORMOND. Origen inglés. Significado: Bajo la protección de Thor. Variantes: Thormon, Thormondo, Thormun, Thormund, Thurmondo.

THORNDIKE. Origen inglés. Significado: Orilla espinosa. Variantes: Thorndyck, Thorndyke.

THORNE. Origen inglés. Significado: Espina. Variante: Thorn.

THORNEY. Origen inglés. Significado: Prado espinoso. Variantes: Thornlea, Thornleigh, Thornly.

THORNTON. Origen inglés. Significado: Población cerca de los arbustos espinosos. Variantes: Thornetan, Thorneten, Thornetin, Thorneton, Thornetyn, Thorntown, Thortan, Thorten, Thortin, Thorton, Thortyn.

THORVALD. Origen escandinavo. Significado: Con la fuerza de Thor. Variante: Thorvaldo.

THORWALD. Origen escandinavo. Significado: Del bosque de Thor. Variantes: Thorvald, Thorvaldo, Thorwaldo.

THOT. Origen egipcio. Significado: Dios de la Luna.

THURMAN. Origen inglés. Significado: Siervo de Thor. Variantes: Thirman, Thirmen, Thorman, Thornman, Thorold, Thorolo, Thunderbird, Thurgood, Thurlow, Thurmen, Thurnman, Thurnmen.

THURSTON. Origen escandinavo. Significado: Roca de Thor. Variantes: Thirstan, Thirsteen, Thurstein, Thirsten, Thirstin, Thirston, Thirstyn, Thorsteen, Thorstein, Thorsten, Thorstin, Thorstine, Thorston, Thorstyn, Thursteen, Thurstein, Thursten, Thurstin, Thurstine, Thurston, Thurstyn.

THUTMOSIS. Origen egipcio. Significado: Nacido de Thot. Variante: Thutmose.

TIAGO. Origen hebreo. Significado: El suplantador. Diminutivo de Santiago. Variante: Thiago.

TIBERIO. Origen latino. Significado: Del río Tiber. Variantes: Tiberi, Tiberiu, Tiberius, Tibor, Tiborc.

TIBURCIO. Origen latino. Significado: Nacido en el barrio romano de Tibur o Tívoli. Variantes: Tiburci, Tiburtius, Tiburtzio.

TICO. Origen latino. Significado: Noble. Variantes: Ticcho, Ticho, Ticco, Tycco, Tyco.

TICÓN. Origen griego. Significado: Venturoso, feliz, afortunado. Variante: Ticó.

TIERNEY. Origen irlandés. Significado: Señorial. Variantes: Tiarnach, Tiernan, Tigernach, Tyrney.

TIFERAN. Origen canario (Gran Canaria).

TIGAYA. Origen canario (Tenerife).

TIGAYGA. Origen canario (Tenerife). Uno de los capitanes del mencey Bencomo.

TIGER. Origen griego. Significado: Tigre. Variantes: Tiga, Tigga, Tige, Tigger, Tyga, Tyger, Tygga, Tygger.

TIGORTE. Origen canario (La Palma).

TIGUAFAYA. Origen canario (Lanzarote).

TIGUEROTE. Origen canario (La Palma).

TIJAMA. Origen canario (Gran Canaria). Significado: Roca. Guaire de Gáldar.

TIJANDARTE. Origen canario (Gran Canaria).

TIKI. Origen polinesio. Significado: Alma de difunto convertida en espíritu por los dioses.

TILO. Origen germánico. Significado: Posee habilidad y alaba a Dios.

TIMABA, TIMAVA. Origen canario (La Palma).

TIMEO. Origen griego. Significado: Honor. Variantes: Timaeus, Timaios, Timeu, Timeus.

TIMOLEON. Origen griego. Significado: De espíritu de león. Variante: Timoleó.

TIMÓN. Origen griego. Significado: Honorable. Variantes: Timan, Timen, Timin, Timó, Timyn, Tyman, Tymen, Tymin, Tymon, Tymyn.

TIMOTEO. Origen griego. Significado: Que honra a Dios. Variantes: Tim, Timathee, Timathey, Timathy, Timee, Timi, Timie, Timm, Timmee, Timmey, Timmi, Timmie, Timmo, Timmothee, Timmothey, Timmothy, Timmy, Timo, Timofee, Timofeo, Timon, Timota, Timotao, Timotei, Timotej, Timotejs, Timoteu, Timothe, Timothée, Timotheo, Timotheos, Timotheus, Timothey, Timothy, Tiomoid, Tisha, Tym, Tymee, Tymey, Tymi, Tymie, Tymm, Tymmee, Tymmey, Tymmi, Tymmie, Tymmo, Tymmothee, Tymmothey, Tymmy, Tymo, Tymothi, Tymothie, Tymothy, Tymy.

TIMUR. Origen hebreo. Significado: Majestuoso.

TIN. Origen vietnamita. Significado: Pensador. Variantes: Tinh, Tyn.

TINAGUADO. Origen canario (Gran Canaria).

TINAMARCÍN. Origen canario (La Palma).

TINDANA. Origen canario (Gran Canaria). Significado: Recibimiento.

TINERFE. Origen canario (Tenerife). Primer rey de la isla, fundador de la nación guanche.

TINGUARO. Origen canario (Tenerife). Príncipe de la isla, hermano del rey Bencomo.

TINIAVA. Origen canario (La Palma).

TINISUAGA. Origen canario (La Palma).

TIPENE. Forma maorí de Esteban.

TIPI. Origen vasco. Significado: Pequeño.

TÍQUICO. Origen griego. Significado: Persona muy afortunada.

TIQUISINI. Origen canario (Tenerife). Príncipe de la isla.

TIRANDARTE. Origen canario (Gran Canaria). Variante: Trandarte.

TIRSO. Origen griego. Significado: Coronado con hojas de vid. Variantes: Tirs, Tiso.

TITO. Origen latino. Significado: Protegido, honrado. Variantes: Ticiano, Tit, Tita, Titan, Tite, Titos, Titus, Titusz, Tiziano, Tytan, Tyte, Tyto, Tytus.

TLALOC. Origen azteca. Significado: De la tierra.

TOBÍAS. Origen hebreo. Significado: Dios es mi bien. Variantes: Tebes, Tiveon, Tobbee, Tobbey, Tobbi, Tobbie, Tobby, Tobe, Tobee, Tobej, Tobey, Tobi, Tobia, Tobiah, Tobiasz, Tobie, Tobies, Tobija, Tobin, Tobit, Toby, Tobyas, Tobye, Tobyn, Tobysas.

TOD. Origen inglés. Significado: Zorro. Variantes: Todd, Todde.

TODDHUNTER. Origen inglés. Significado: Cazador de zorros.

TOKA. Origen tongano. Significado: Medusa.

TOKONI. Origen tongano. Significado: Ayudante. Variantes: Tokonee, Tokonie, Tokony.

TOLOMEO. Origen griego. Significado: Poderoso en la batalla. Variantes: Ptolomeo, Ptolemeu.

TOMÁS. Origen hebreo. Significado: Gemelo. Variantes: Foma, Tam, Tamas, Tamasa, Tamaso, Tamassa, Tamasz, Tamati, Tameas, Tammeas, Tammen, Tavis, Tavish, Teom, Thom, Thoma, Thomas, Thomás, Thomasin, Thomaz, Thomee, Thomey, Thomi, Thomie, Thommee, Thommey, Thommi, Thommie, Thommy, Thompson, Thomson, Thomy, Thumas, Thumo, Tom, Toma, Tomachan, Tomag, Tomàs, Tomasino, Tomaso, Tomasso, Tomasz, Tomaz, Tomcio, Tomé, Tomee, Tomek, Tomelis, Tomey, Tomhas, Tomi, Tomie, Tomislaw, Tomm, Tommaso, Tommee, Tommey, Tommi, Tommie, Tommy, Tomos, Toms, Tomsen, Tomson, Tomy, Toomas, Tummas, Tuomas, Tuomo.

TOMER. Origen hebreo. Significado: Alto. Variantes: Tomar, Tomir, Tomyr.

TOMI. Origen japonés. Significado: Rico. Variantes: Tomie, Tomy.

TOMOYA. Origen japonés. Significado: Listo, inteligente.

TONG. Origen vietnamita. Significado: Fragrante.

TONI. Origen latino. Significado: Inestimable. Diminutivo de Antonio. Variantes: Tain, Taine, Tanne, Tayn, Tayne, Tonda, Tone, Tonee, Toneek, Toney, Tóni, Tonie, Tonio, Tonis, Tonjes, Tonneli, Tono, Toño, Tony, Tonye, Tonyo.

TORAO. Origen japonés. Significado: Tigre.

TORCUATO. Origen latino. Significado: Adornado con un collar o guirnalda. Variantes: Torkora, Torquat, Trocado.

TORETH. Origen galés. Significado: Abundante.

TORIBIO. Origen griego. Significado: Ruidoso, turbulento. Variante: Toribi.

TORLAN. Origen galés. Significado: Que viene del río.

TORMOD. Origen escocés. Significado: Del norte. Variante: Tormed.

TORMOND. Origen escocés. Significado: Norte. Variantes: Thormon, Thormond, Thormondo, Thormun, Thormund, Thormundo, Tormod, Tormon, Tormondo, Tormun, Tormund, Tormundo.

TORQUIL. Origen escocés (nombre gaélico). Derivado del escandinavo Thor. Significado: Caldera de Thor. Variantes: Thorkel, Torkel, Torkil, Torkild, Torkjell.

TORRI. Origen galés. Significado: Descanso.

TORU. Origen japonés. Significado: Mar.

TOSHIRO. Origen japonés. Significado: Inteligente, talentoso.

TOSTIG. Origen escandinavo. Significado: Áspero. Variante: Tostyg.

TOVE. Origen escandinavo. Significado: Ley de Thor. Variante: Tov.

TOVI. Origen hebreo. Significado: Bueno. Variantes: Tov, Tovee, Tovey, Tovie, Toviel, Toviya, Tovy, Tuvia, Tuviya.

TOWNSEND. Origen inglés. Significado: Final del pueblo. Variantes: Town, Towne, Towney, Townie, Townshend.

TOYO. Origen japonés. Significado: Abundante.

TRACY. Origen irlandés. Significado: Guerrero. Variantes: Trace, Tracee,

Tracey, Traci, Tracie, Treacey, Treaci, Treacie, Treacy.

TRAFUL. Origen araucano. Significado: Unión.

TRAHERN. Origen galés. Significado: Fuerte como el hierro. Variantes: Ahern, Aherne, Trahaearn, Traherne, Tray, Trayhern, Trayherne.

TRAI. Origen vietnamita. Significado: Perla. Variantes: Trae, Tray.

TRANDARTE. Origen canario (Gran Canaria). Variante de Tirandarte.

TRÁNSITO. Origen latino. Significado: El que pasa a otra vida. Alude al tránsito o subida al cielo de la Virgen María. Variante: Trànsit. Nombre masculino y femenino.

TRAVERS. Origen francés. Significado: Encrucijada. Variantes: Travais, Travaress, Travaris, Travarius, Travarus, Traver, Traverez, Traves, Traveus, Travious, Travis, Traviss, Travor, Travoris, Travorus, Travus, Travys, Travyss, Trevor, Trevus, Trevys, Trevyss.

TREAT. Origen latino. Significado: Placer. Variantes: Trea, Treet, Treit, Trentan, Trenten, Trentin, Trenton, Treyttre.

TRELAWNEY. Origen de Cornualles. Significado: De la aldea de la iglesia.

TREMAYNE. Origen de Cornualles. Significado: Casa de piedra. Variantes: Tramain, Tramaine, Tramayn, Tramayne, Tremain, Tremaine, Tremayn, Treymain, Treymaine, Treymayn, Treymayne.

TREVELYAN. Origen de Cornualles. Significado: De la granja en el molino. Variante: Trevelian.

TREVOR. Origen galés. Significado: De la aldea grande. Variantes: Travar, Traver, Travir, Trefor, Trev, Trevar, Trevar, Trevares, Trevaris, Trevarus, Trever, Trevis, Trevoris, Trevoro, Trevorus, Treyvor.

TRIFÓN. Origen griego. Significado: Delicado, suave. Variante: Tryphon.

TRIGG. Origen noruego. Significado: Digno de confianza. Variantes: Trig, Trygve, Tryggvi.

TRINIDAD. Origen latino. Significado: Las tres personas en un solo Dios, en honor a la Santísima Trinidad. Variantes: Trindade, Trini, Trinitee, Trinitey, Triniti, Trinitie, Trinity, Triny, Trynity, Tryny, Trynyty. Nombre masculino y femenino.

TRISTÁN. Origen latino. Significado: Que lleva la tristeza consigo. Variantes: Dristan, Drustan, Trestan, Tristam, Tristan, Tristann, Tristany, Tristen, Tristian, Triston, Tristram, Trystan, Trystann, Trystian, Trystion, Tryston, Trystyn.

TROY. Origen irlandés. Significado: Hijo del guerrero. Variantes: Troi, Troye.

TSUBASA. Origen japonés. Significado: Asistir, ayudar.

TUBAL. Origen hebreo. Significado: Forjador.

TUCÍDIDES. Origen griego. Significado: Afortunado.

TUFIA. Origen canario (Gran Canaria). Guerrero de esa isla.

TUHOCO. Origen canario (Tenerife). Guerrero de esa isla.

TULIO. Origen latino. Significado: Traído. Variantes: Tul·li, Tulli, Tullie, Tullio, Tullis, Tullius, Tullos, Tully, Tullys.

TUPAC. Origen quechua. Significado: Señor.

TUPICEN. Origen canario (Tenerife). Príncipe de esa isla.

TUPICENA. Origen canario (Tenerife). Guerrero de esa isla.

TURNER. Origen inglés. Significado: Carpintero. Variante: Terner.

TUSTE. Origen vasco.

TUTANKHAMON. Origen egipcio. Significado: Imagen de la vida de Amón.

TUYEN. Origen vietnamita. Significado: Ángel. Variante: Tuien.

TWAIN. Origen inglés. Significado: Dividido en dos. Variantes: Tawaine, Twaine, Tway, Twayn, Twayne.

TXABIER. Origen vasco. Otra forma de Xabier (Javier o Xavier). Variante: Txabi.

TXANTON. Forma vasca de José Antonio.

TXARAN. Origen vasco.

TXARTIKO. Origen vasco.

TXARTIN. Origen vasco.

TXERRAN. Diminutivo vasco de Hernán y de Hernando.

TXERU. Origen vasco. Significado: Cielo.

TXILAR. Origen vasco. Significado: Brezo.

TXIMIST. Origen vasco. Significado: Rayo.

TXIMITX. Origen vasco.

TXINDOKI. Origen vasco.

TXINGOR. Origen vasco.

TXOMIN. Forma vasca de Domingo. Variante: Domiku.

TXORDON. Diminutivo vasco de Ordoño.

TXURDIN. Origen vasco.

TXURIO. Forma vasca de Albino.

TYACK. Origen de Cornualles. Significado: Granjero.

TYCHO. Origen escandinavo. Significado: Listo para la partida. Variantes: Tyge, Tyko.

TYBALT. Origen inglés. Significado: Intrépido, valiente. Variantes: Tibalt, Tiboly, Tybolt.

TYEE. Origen nativo americano. Significado: Jefe.

TYLER. Origen inglés. Significado: El que hace tejas. Variantes: Tila, Tilar, Tiler, Tilor, Ty, Tyla, Tylar, Tylor.

TYRONE. Origen griego. Significado: Rey. Variantes: Teiron, Teirone, Terron, Tiron, Tirone, Tirown, Tirowne, Tirus, Tiruss, Tyron, Tyrown, Tyrowne, Tyrus, Tyruss.

TYSON. Origen inglés. Significado: Tea. Variante: Tison.

TYXANDARTE. Origen canario (Gran Canaria).

TZADIK. Origen hebreo. Significado: Virtuoso. Variantes: Tzadok, Zadik, Zadoc, Zadok, Zaydak.

TZURIEL. Origen hebreo. Significado: Dios es mi roca. Variante: Zuriel.

UAILEAN. Origen escocés. Forma escocesa de Valentín.

UALTAR. Origen irlandés. Significado: Jefe del ejército. Variantes: Uailtar, Uaitcir, Ualteir, Ualteir, Ualter.

UALUSI. Origen tongano. Significado: Morsa. Variantes: Ualusey, Ualusie, Ualusy.

UANG. Origen chino. Significado: Grande.

UBA. Origen africano. Significado: Rico.

UBADAH. Origen árabe. Significado: Siervo de Dios. Variantes: Ubada, 'Ubaidah, Ubayda, 'Ubaydah.

UBAID. Origen árabe. Significado: Fiel. Lleno de fe. Variante: Ubayd.

UBALDO. Origen germánico. Significado: Que es de espíritu audaz. Variantes: Ubald, Ubalda, Ubaldas, Ubalde, Ublado, Ubaldus, Ubold, Uboldas, Uboldo, Uboldus.

UBARNA. Origen vasco.

UBAYD. Variante de Ubaid.

UBAYDA. Variante de Ubadah.

UBAYY. Origen árabe. Significado: Que tiene mucho amor propio.

UBELTSO. Origen vasco.

UBENDU. Origen vasco.

UBERTO. Forma italiana de Huberto. Variante de Umberto.

UCAL. Origen hebreo. Significado: Poderoso.

UCELLO. Origen italiano. Significado: Pájaro. Variantes: Uccelo, Uccello, Ucelo.

UCHU. Origen quechua. Significado: Picante como la pimienta.

UCUMARI. Origen quechua. Significado: Que tiene la fuerza de un oso.

UDALAITZ. Origen vasco.

UDALATX. Origen vasco.

UDAR. Origen hindi. Significado: Generoso.

UDAY. Origen hindi. Significado: Sol naciente. Amanecer. Variantes: Udae, Udai, Udail, Udayl.

UDDAR. Origen hindi. Significado: Liberación.

UDELL. Origen inglés. Significado: Del valle de los tejos. Variantes: Udale, Udall, Udalle, Udel, Udele, Udelle.

UDIRI. Origen vasco.

UDO. Origen africano (nombre igbo). Significado: Paz. Nombre masculino y femenino.

UDO. Origen germánico. Diminutivo de Udolfo.

UDO. Origen japonés. Significado: Planta del ginseng.

UDOLFO. Origen germánico. Significado: Lobo valeroso. Variantes: Udolf, Udolfe, Udolff, Udolph, Udolphe.

UDYAM. Origen hindi. Significado: Esfuerzo.

UDYAN. Origen hindi. Significado: Jardín.

UELI. Origen suizo. Significado: Líder noble. Variantes: Uelie, Uely.

UFFO. Origen germánico. Significado: Oso salvaje. Variante: Ufo.

UGAITZ. Origen vasco.

UGO. Origen germánico. Otra forma de Hugo. Variantes: Ug, Ugon, Ugues.

UGOR. Origen húngaro. Significado: Húngaro, de Hungría. Variantes: Ungar, Unger.

UGRANFIR. Origen canario (La Palma). Significado: Hombre de pies contrahechos.

UGUTZ. Forma vasca de Juan Bautista.

UHIN. Origen vasco. Significado: Ola, onda.

UILLEAM. Origen escocés (nombre gaélico). Forma escocesa de Guillermo.

UKKO. Origen finlandés. Significado: Anciano. Nombre mitológico que alude al dios del cielo y el trueno.

ULAN. Origen africano. Significado: Primer nacido de gemelos. Variantes: Ulen, Ulin, Ulon, Ulyn.

ULBRECHT. Origen germánico. Otra forma de Albrecht (Alberto). Variantes: Ulbright, Ulbryght.

ULF. Origen escandinavo. Significado: Lobo. Variantes: Ulfer, Ulffr, Ulph, Ulva.

ULFRIDO. Origen germánico. Significado: El que impone la paz por la fuerza. Variantes: Ulf, Ulfer, Ulfred, Ulfrid, Ulfryd, Ulph, Ulpher, Ulphrid, Ulphryd.

ULISES. Origen latino. Significado: Colérico, iracundo. Variantes: Uileos, Ulick, Ulisse, Ulisses, Ulixes, Ullioc, Uluxe, Ulyses, Ulysse, Ulysses.

ULMER. Origen escandinavo. Significado: Lobo famoso. Variantes: Ulmar, Ulmor, Ulmore.

ULPIANO. Origen latino. Significado: Astuto como un zorro. Variantes: Ulpià, Ulpio, Vulpiano.

ULRICO. Origen escandinavo. Significado: Poderoso como un lobo. Variantes: Oldrech, Oldrich, Olery, Olric, Olrick, Olrik, Olryc, Olryck, Olryk, Ulderic, Ulderico, Ulfa, Ullric, Ullrich, Ullrick, Ullrik, Ullryc, Ullrych, Ullryck, Ullryk, Ulrech, Ulric, Ulrich, Ulrick, Ulrik, Ulrike, Ulrych, Ulryck, Ulryk, Ulu.

ULTAN. Origen irlandés. Significado: Habitante del Ulster.

UMAR. Origen árabe. Significado: Vivir. Florecer. Variantes: Omar, Umer.

UMAY. Origen turco. Significado: Ayuda.

UMAYR. Antiguo nombre árabe. Variante: Umair.

UMBERTO. Forma italiana de Humberto. Variantes: Hughberto, Uberto, Umirto, Umburto, Umbirto.

UMEA. Origen vasco.

UMED. Origen hindi. Significado: Deseo.

UMUT. Origen turco. Significado: Esperanza. Nombre masculino y femenino.

UNAI. Origen vasco. Significado: Pastor.

UNATHI. Origen africano (nombre xhosa). Significado: Dios está con nosotros. Nombre masculino y femenino.

UNAX. Origen vasco.

UNDOLFO. Origen italiano. Significado: Noble lobo. Variantes: Adolffo, Adolfo, Andolffo, Andolfo, Undolpho.

UNDUPE. Origen canario (La Gomera).

UNER. Origen turco. Significado: Afamado.

UNIHEPE. Origen canario (La Gomera).

UNKAS. Origen nativo americano. Significado: Zorro.

UNNI. Origen noruego. Significado: Modesto.

UNTZALU. Origen vasco.

UNWIN. Origen inglés. Significado: Enemigo. Variantes: Unwinn, Unwyn.

UPRAVDA. Origen eslavo. Significado: Vertical.

UPTON. Origen inglés. Significado: Pueblo en la colina. Variante: Uptown.

UPWOOD. Origen inglés. Significado: Bosque en la colina.

UR. Origen vasco.

URANO. Origen griego. En la mitología clásica, dios del Cielo, esposo de Gea (la Tierra) y padre de los Titanes.

URBANO. Origen latino. Significado: Que habita en la ciudad. Variantes: Urbà, Urbain, Urbaine, Urban, Urbane, Urbanus, Urvan.

URBEZ. Origen vasco.

URCHIN. Origen latino. Significado: Niño travieso.

URDANETA. Origen vasco.

URDAPAL. Origen vasco.

URDASPAL. Origen vasco.

URDIN. Origen vasco.

URI. Origen hebreo. Diminutivo de Uriah. Variante: Urie.

URIA. Origen griego. Significado: Paraíso.

URIAH. Origen hebreo. Significado: Mi luz. Variantes: Uri, Uria, Uriá, Urias, Urías, Urie, Urijah, Yuri, Yuriah, Yurya, Yuryah.

URIAN. Origen galés. Significado: Nacido en la ciudad. Variantes: Urien, Uryan, Uryen.

URIAN. Origen griego. Significado: Cielo. Variantes: Urien, Uryan, Uryen.

URÍAS. Origen griego. Significado: Luz del Señor. Variantes: Ure, Uri, Uria, Uriah, Urie, Uries.

URIEL. Origen hebreo. Significado: Dios es mi luz. Variantes: Yuriel, Yuryel.

URIEN. Origen galés. Significado: Privilegiado por nacimiento.

URKI. Origen vasco. Significado: Abedul.

URKO. Origen vasco.

UROS. Origen húngaro. Significado: Pequeño señor.

URRE. Origen vasco. Significado: Áureo, de oro.

URRITZ. Origen vasco. Significado: Avellano.

URS, URSO. Origen latino. Significado: Oso. Forma masculina de Úrsula y de Ursulina. Variantes: Ursa, Ursan, Ursel, Ursen, Urshyll, Ursí, Ursici, Ursicí, Ursicino, Ursicio, Ursin, Ursine, Ursino, Urson, Ursulí, Ursulino, Ursus, Ursyl, Ursyn, Urtsin.

URSULINO. Variante de Urso.

URTATS. Origen vasco.

URTI. Origen vasco.

URTSUA. Origen vasco.

URTUN. Origen vasco.

URTZI. Origen vasco. Significado: Nombre vasco de Dios. Cielo.

URTZITOR. Origen vasco.

URUSPURUS. Origen canario (La Gomera).

URVIL. Origen hindi. Significado: Mar. Variantes: Ervil, Ervyl, Urvyl.

'URWAH. Origen árabe. Significado: Ayuda.

USAIM. Origen árabe. Significado: Cachorro de león. Variante: Usaym.

USAMA. Origen árabe. Significado: León. Variantes: Osama, Usamah.

USENKO. Origen ruso. Significado: Hijo del hombre que lleva bigote.

USHNISHA. Origen sánscrito. Significado: Corona.

USKO. Origen finlandés. Significado: Fe.

USMAN. Origen árabe. Variante de Utman.

USTIN. Origen ruso. Significado: Honrado, justo. Variante de Justino. Variantes: Usan, Usen, Uson, Usyn.

USUN. Origen vasco.

USUY. Origen quechua. Significado: El que trae la abundancia.

♂

UTINDANA. Origen canario (Gran Canaria).

UTIRIDAN. Origen canario (Gran Canaria).

UTMAN. Origen árabe. Significado: Avutarda. Compañero del Profeta. Variantes: Ohman, Othmân, Usman, Uthman.

UTTAM. Origen sánscrito. Significado: El mejor.

UWAN. Nombre aborigen. Significado: Encontrarse.

UWE. Origen escandinavo. Significado: Heredado de nacimiento.

UWE. Origen germánico. Diminutivo de Ulrich.

UXÍO. Forma gallega de Eugenio.

UYEDA. Origen japonés. Significado: Campo de arroz.

UZI. Origen hebreo. Significado: Mi fuerza. Variantes: Uzie, Uzy.

UZIEL. Origen hebreo. Significado: Dios es mi fuerza. Variantes: Uzia, Uzzia, Uzyel, Uzziel, Uzzyel.

UZOMA. Origen nigeriano. Significado: Nacido durante un viaje.

UZURI. Origen vasco.

VAAL. Origen holandés. Significado: Valle. Variante: Val.

VACHEL. Origen francés. Significado: Que cría terneros. Variantes: Vachell, Vachelle.

VACLAV. Origen checo. Significado: El más glorioso. Variante: Václav.

VADIM. Origen ruso. Significado: Saber. Variante: Vadimas.

VAHA. Origen tongano. Significado: Mar abierto. Variante: Vahaha.

VAIL. Origen inglés. Significado: Habitante del valle. Variantes: Bail, Bale, Balle, Bayl, Bayle, Vale, Valle, Vayl, Vayle.

VAINO. Origen finlandés. Significado: Constructor de carros. Variante: Vayno.

VAL. Diminutivo de Valentín y Valerio.

VALBORG. Origen sueco. Significado: Protección contra la matanza. Variante: Valbor.

VALDEMAR. Origen germánico. Significado: Famoso por su poder. Otra forma de Baldomero. Variantes: Valdo, Vlademar, Vladimar, Vladymar, Waldemar.

VALENCIO. Origen latino. Significado: Que tiene salud, sano. Variantes: Valenç, Valent, Valente.

VALENTÍN. Origen latino. Significado: Sano. Fuerte. Valiente. Poderoso. Variantes: Bailintin, Balawyn, Balendin, Val, Valek, Valen, Valentí, Valentim, Valentijn, Valentin, Valentine, Valentinià, Valentiniano, Valentino, Valentinus, Valenty, Valentyn, Valentyne, Valerio, Walenty, Wallinsch, Waltinsch.

VALERIO. Origen latino. Significado: Sano y robusto. Variantes: Baleren, Baleri, Valer, Valère, Valeri, Valerià, Valerian, Valérian, Valeriano, Valerien, Valérien, Valerij, Valerio, Valeriu, Valerius, Valeriy, Valero, Valery, Valerya, Valeryan, Vali, Velerio.

VALFREDO. Origen germánico. Significado: Rey pacífico. Variantes: Vilfredo, Wilfredo.

VALI. Origen tongano. Significado: Pintura. Variantes: Valea, Valee, Valeigh, Valey, Valie, Valy.

VALLIS. Origen francés. Significado: De Gales. Variantes: Valis, Vallys, Valys.

VAMANA. Origen sánscrito. Significado: Que merece alabanza. Variante: Vamanah.

VAN. Origen holandés. Significado: De la nobleza. Variante: Vann.

VANCE. Origen inglés. Significado: Que vive en un pantano. Variantes: Vane, Vanne, Vanse, Von.

VANDA. Origen lituano. Significado: Pueblo dominante. Variante: Vandele.

VANDIKE. Origen holandés. Significado: Del dique. Variantes: Van Dycke, Vandyke.

VANGELIS. Origen griego. Significado: Buenas noticias. Variante de Evangelos.

VANYA. Origen ruso. Significado: Dios es bondadoso. Forma rusa de Juan e Iván. Variantes: Vanek, Vania, Vaniah, Vanja, Vanka, Vanyah.

VARA. Origen ilirio. Significado: Extranjero. Desconocido. Variante: Varra.

VARAD. Origen húngaro. Significado: Perteneciente a la fortaleza. Variantes: Vared, Varid, Varod, Varyd.

VARAK. Origen armenio. Significado: Alude al nombre del día 29 del mes armenio.

VARESH. Origen hindi. Significado: Dios es el mejor. Variante: Vares.

VARIAN. Origen latino. Significado: Listo, inteligente. Variantes: Arian, Varien, Varion, Varyan.

VARICK. Origen islandés. Significado: Trainera. Variantes: Varic, Varik, Varyc, Varyck, Varyk.

VARICK. Origen germánico. Significado: Soberano protector. Variante: Varrick.

VARTAN. Origen armenio. Significado: Rosa. Variantes: Varten, Vartin, Varton, Vartyn.

VARUNA. Origen ruso. Significado: El que todo lo ve. Variante: Varunah.

VASILIO. Otra forma de Basilio. Variantes: Vasal, Vasel, Vasile, Vasilea, Vasilee, Vasileigh, Vasileior, Vasilek, Vasiley, Vasili, Vasilie, Vasilios, Vasilis, Vasilos, Vasily, Vasilys, Vasol, Vasos, Vassilea, Vassilee, Vassileigh, Vassiley, Vassili, Vassilie, Vassily, Vasya, Vasyl, Vasylis, Vasylys, Vasyuta.

VASUDEVA. Origen sánscrito. Padre del dios Krishna.

VAUGHAN. Origen galés. Significado: Pequeño. Variantes: Vaugh, Vaughen, Vaughn, Vaun, Vaune, Vauney, Vawn, Vawne, Vawney.

VAVRINEC. Forma checa de Laureano. Variante: Vavrin.

VAYK. Origen húngaro. Significado: Rico.

VDIHAGUA. Origen canario (La Palma).

VEIKKO. Origen finlandés. Significado: Hermano. Variantes: Veiko, Veyko.

VEIT. Origen sueco. Significado: Ancho. Variante: Veyt.

VEKOSLAV. Origen eslavo. Significado: Gloria eterna. Variante: Vekoslava.

VELASCO. Origen español. Significado: Cuervo. Variantes: Vasco, Velasc.

VELDA. Origen germánico. Significado: Consejero.

VENANCIO. Origen latino. Significado: Cazador. Variantes: Benantzi, Venaci, Venacio, Venance, Venanci.

VENCEL. Origen húngaro. Significado: Guirnalda de flores. Variantes: Vencal, Vencil, Vencyl.

VENCESLAO. Origen eslavo. Significado: El más glorioso. Variantes: Vencel, Vences, Venceslas, Venceslau, Venceslav, Wenceslao.

VENEDICT. Forma eslava de Benedicto y Benito. Variantes: Venedic, Venedick, Venedyc, Venedyck, Venedyct, Venka, Venya.

VENITOMO. Origen canario (Tenerife).

VENTACAYCE. Origen canario (La Palma).

VENTAGAHE. Origen canario (Gran Canaria).

VENTAGAY. Origen canario (Gran Canaria).

VENTAGORHE. Origen canario (Gran Canaria).

VENTAGOYA. Origen canario (Gran Canaria).

VENTAGUADE. Origen canario (Gran Canaria).

VENTAHORCE. Origen canario (Gran Canaria).

VENTAIGIRE. Origen canario (Gran Canaria).

VENTAOR. Origen canario.

VENTOHEY. Origen canario (Gran Canaria).

VENTOMO. Origen canario (Tenerife).

VENTOR. Origen canario (Tenerife).

VENTURA. Origen latino. Significado: Afortunado. Diminutivo de Buenaventura.

VERCINGETORIX. Origen celta. Significado: Que domina despóticamente.

VEREMUNDO. Otra forma de Vermudo. Variante: Beremundo.

VERMUDO. Origen español. Significado: Con la protección del oso. Variantes: Ermond, Ermondo, Ermund, Veremundo, Vermond, Vermondo, Veremundo, Vermund, Vermundo.

VERNER. Origen germánico. Significado: Ejército que defiende.

VERNON. Origen latino. Significado: Como la primavera. Variantes: Laverna, Laverne, Varney, Vern, Vernan, Verne, Vernen, Vernice, Vernin, Verrier, Vernun, Vernyn, Virn, Virne, Vyrn, Vyrne.

VERO. Origen latino. Significado: Veraz, sincero, creíble. Variantes: Breixo, Ver, Verísimo, Veríssim, Verissimo, Verissimus, Verus.

VESPASIANO. Origen latino. Significado: Avispa. Emperador romano del siglo I. Variantes: Vespasià, Vespasianus.

VIANNEY. Origen francés. Apellido de san Juan Bautista María Vianney, utilizado como nombre.

VIATOR. Variante de Bidari.

VIAU. Origen bretón. Significado: Animado.

VICENTE. Origen latino. Significado: El que vence, el que conquista. Variantes: Bingen, Bixente, Vicen, Vicenç, Vicenci, Vicencio, Vicent, Vicenzo, Vikent, Vikenti, Vikenty, Vikesha, Vin, Vincante, Vince, Vincence, Vincencio, Vincens, Vincent, Vincente, Vincentij, Vincentius, Vincently, Vincents, Vincenty, Vincentz, Vincenz, Vincenzio, Vincenzo, Vincezio, Vinci, Vinco, Vineze, Vinezio, Vinicent, Vinn, Vinni, Vinnie, Vinny, Vinse, Vinsin, Vinsint, Vinson, Vinsyn, Vinsynt, Vinsynte, Vinzenz, Vinzenzo, Visant, Vynce, Vyncen, Vyncent, Vyncente, Vyncin, Vyncint, Vyncinte, Vyncyn, Vyncynt,

Vyncynte, Vynni, Vynnie, Vynny, Vynse, Vynsynt, Vyny.

VÍCTOR. Origen latino. Significado: Vencedor. Variantes: Bitor, Bittoren, Buadhach, Vic, Vick, Vico, Victoir, Víctores, Victorí, Victorià, Victoriano, Victorien, Victorino, Victorinus, Victorio, Victorius, Victrici, Victricio, Vik, Vikenty, Viktor, Vitenka, Vito, Vittore, Vittorio, Vittorios, Vyc, Vyck, Vyctor, Vyk, Vykk, Vyktor, Wiktor.

VIDA. Origen inglés. Significado: Amado. Variantes: Vidah, Vyda, Vydah.

VIDAL. Origen latino. Significado: Vital, que tiene vida. Variantes: Bidal, Vida, Vidal, Vidale, Vidall, Viel, Vital, Vitale, Vitalià, Vitaliano, Vitalicio, Vitalij, Vitalis, Vitaliss, Vitalys, Vitalyss, Vitas, Vitus, Vjita, Vydal, Vydall, Vyta, Vytal, Vytalis, Vytalys, Vytas.

VIDOR. Origen húngaro. Significado: Feliz. Variantes: Vidore, Vidoor, Vydoe.

VIDYA. Origen sánscrito. Significado: Conocimiento. Variante: Vydya. Nombre masculino y femenino.

VIJAY. Origen sánscrito. Significado: Fuerte y victorioso. Variantes: Vijaya, Vyjaya.

VILDACANE. Origen canario (Gran Canaria).

VILDANE. Origen canario (Gran Canaria).

VILEM. Forma eslava de Guillermo. Variantes: Vila, Vilek, Vilem, Vilhehn, Vilhelm, Vilhelmo, Vilhelms, Vilhjalmur, Vilho, Vili, Viliam, Vilis, Viljami, Viljem, Viljo, Vilko, Ville, Villem, Vilmar, Vilmos, Vilppu, Vyla.

VILFRIDO. Origen germánico. Significado: Protegido por su voluntad. Variante: Vilfrid.

VIMAL. Origen sánscrito. Significado: Limpio, puro.

VINICIO. Origen latino. Significado: Vid. Variantes: Vinici, Vinicius.

VINSON. Origen inglés. Significado: Hijo de Vicente. Variantes: Vinsan, Vinsen, Vinsen, Vinsun, Vinsyn,

337

Vynsan, Vynsen, Vynsin, Vynson, Vynsyn.

VIRGILIO. Origen latino. Significado: El que lleva la vara. Variantes: Vergel, Vergil, Vergill, Virgil, Virgile, Virgili, Virgilijus, Virgiliu, Virgille, Virgillion, Virgilo, Virginius, Virgo, Virxilio, Virxilio, Vurgil, Vurgyl, Vyrgil, Vyrgyl.

VIRILA. Variante de Birila.

VISHNU. Origen sánscrito. Significado: El protector.

VITAUTAS. Variante de Vytautas.

VITO. Origen latino. Significado: Vivo. Variantes: Vit, Vital, Vitale, Vitalis, Vitoldo, Vitto, Vitus, Vyto, Vytto, Witold.

VIVENCIO. Origen latino. Significado: Viviente. Variantes: Vivald, Vivaldo, Vivenci.

VIVIANO. Origen latino. Significado: Lleno de vida. Forma masculina de Viviana. Variantes: Bibiano, Fithian, Fivian, Phythian, Vivià, Vivian, Vivianus, Vivien, Vyvian, Vyvien, Vyvyan, Zivian, Zyvian.

VLADILEN. Origen ruso. Compuesto de Vladimiro y Leonardo. Variantes: Vladan, Vladin, Vladlen, Vladon, Vladyn.

VLADIMIRO. Origen eslavo. Significado: Señor del mundo. Variantes: Ladimir, Ladislas, Ladislaw, Laidislaw, Valdemar, Vlad, Vladamar, Vladamir, Vladd, Vladimeer, Vladimer, Vladimir, Vladislau, Vladislav, Vladko, Vladlen, Vladmir, Vladymar, Vladymer, Vladymir, Vladymyr, Vladyslau, Vladyslav, Volodia, Volodya, Volodymyr, Waldemar.

VOJCIECH. Origen polaco. Significado: Soldado. Variantes: Vojlech, Vojtech, Wojciech.

VOLF. Forma hebrea de Wolf.

VOLKER. Origen germánico. Significado: Protector del pueblo.

VORTIGERN. Origen celta. Significado: El gran rey. Variantes: Vortigerne, Vortygern, Vortygerne.

VOUGAY. Origen bretón. Significado: Chispa, centella. Variante: Vouga.

VULPIANO. Origen latino. Otra forma de Ulpiano. Significado: Hombre astuto como un zorro. Variantes: Bulben, Vulpià.

VYASA. Origen sánscrito. Significado: Orden.

VYTAUTAS. Origen lituano. Significado: Que conduce al pueblo.

W

WAARAR. Nombre aborigen. Significado: Río. Variante: Warrar.

WABAN. Origen nativo americano. Significado: Viento del este. Variantes: Waben, Wabin, Wabon, Wabyn.

WACIL. Origen árabe. Significado: Amigo.

WADDAH. Origen árabe. Significado: Luminoso.

WADE. Origen inglés. Significado: Vado del río. Variantes: Waed, Waede, Waid, Waide, Wayd, Wayde.

WADI. Origen árabe. Significado: Calmado, pacífico. Variante: Wâdî.

WADID. Origen árabe. Significado: Devoto.

WAËL. Origen árabe. Significado: Que regresa hacia la salvación. Variantes: Wa'El, Wa'il.

WAFIQ. Origen árabe. Significado: Compañero, camarada. Variantes: Wafeeq, Wafik.

WAGNER. Origen holandés. Significado: Fabricante de carros. Variante: Waggoner.

WAHAB. Origen árabe. Significado: Generoso. Variantes: Wahad, Wahhab, Wahib.

WÂHED. Origen árabe. Significado: Singular, único. Variantes: Wahid, Wahyd.

WAI. Origen maorí. Significado: Agua. Variantes: Wae, Way.

WAITE. Origen inglés. Significado: Guardián. Variantes: Wait, Wayt, Wayte.

WAJID. Origen árabe. Significado: Buscador. Variante: Wajyd.

WAJIH. Origen árabe. Significado: Extraordinario. Variante: Wagih.

WAKATO. Origen japonés. Significado: Persona joven.

WAKE. Origen inglés. Significado: Alerta. Variantes: Waik, Waike, Wayk, Wayke.

WAKIL. Origen árabe. Significado: Abogado. Variantes: Wakil, Wakyl.

WALBERTO. Origen germánico. Significado: Gobernante. Variante: Walbert.

WALBY. Origen inglés. Significado: De la casa que está cerca del muro. Variantes: Walbee, Walbey, Walbi, Walbie.

WALCOTT. Origen inglés. Significado: De la cabaña que está cerca del muro. Variante: Walcot.

WALDEMAR. Origen germánico. Significado: Famoso por su poder. Otra forma de Baldomero y Valdemar. Variantes: Baldomero, Valdemar, Waldermar, Waldo.

WALDEN. Origen inglés. Significado: Valle boscoso. Variantes: Waldan, Waldin, Waldon, Waldyn.

WALDO. Origen germánico. Significado: Gobernante. Variantes: Vald, Wald, Waldron, Waldryn.

WALENTY. Forma polaca de Valentín.

WALERIAN. Forma polaca de Valerio y Valeriano. Variante: Waleryan.

WALES. Origen inglés. Significado: Del País de Gales, galés. Variante: Whales.

WALI. Origen árabe. Significado: Sirviente de Alá. Variantes: Walea, Walee, Waleigh, Waley, Walie, Waly.

WALID. Origen árabe. Significado: Recién nacido. Variantes: Waleed, Walid, Walyd.

WALIY AL DIN. Origen árabe. Significado: Defensor de la fe.

WALIY ALLAH. Origen árabe. Significado: Defensor de Alá.

WALLACE. Origen inglés. Significado: Extranjero (término utilizado para los nativos de Gales). Variantes: Walach, Waleis, Walice, Walise, Wallach, Wallache, Wallice, Wallie, Wallis, Wallise, Walloch, Wally, Wallyce, Wallyse, Walman, Walmen, Waloch, Walsh, Walshe, Walshi, Walshie, Walshy, Walyce, Walyse, Welch, Welsh.

WALTER. Origen germánico. Significado: Caudillo del ejército. Otra forma de Gualterio. Variantes: Bhaltair, Gaulter, Gaulterius, Gauthier, Gualter, Gualteri, Gualterio, Gualtiero, Ualtar, Walt, Walta, Waltah, Walther, Waltier, Waltir, Waltor, Waltr, Waltyr, Watkin, Wolter.

WALTON. Origen inglés. Significado: Ciudad amurallada. Variantes: Waltan, Walten, Waltin, Waltyn.

WALWYN. Origen inglés. Significado: Amigo galés. Variante: Walwin.

WANG. Origen chino. Significado: Rey. Variante: Wan.

WAPI. Origen nativo americano. Significado: Afortunado. Variantes: Wapie, Wapy.

WAQAR. Origen árabe. Significado: Dignidad, sobriedad.

WARD. Origen inglés. Significado: Guardián. Variantes: Warde, Warden, Wardin, Wardon, Wardun, Wardyn, Worden.

WARNER. Origen germánico. Significado: Ejército defensor. Variantes: Warnor, Wernar, Werner, Wernher.

WARRA. Nombre aborigen. Significado: Agua. Variantes: Wara, Warah, Warrah.

WARRAIN. Nombre aborigen. Significado: Que pertenece al mar.

WARREN. Origen germánico. Significado: Amigo y protector. Variantes: Waran, Waren, Waring, Waringer, Warran, Warrin, Warriner, Warron, Warrun, Warryn.

WARRIE. Nombre aborigen. Significado: Viento. Variantes: Wari, Warie, Warri, Warry, Wary.

WARRIGAL. Nombre aborigen. Significado: Salvaje.

WARRINGA. Nombre aborigen. Significado: Mar. Variante: Waringa.

WARRUN. Nombre aborigen. Significado: Cielo. Variante: Warun.

WARWICK. Origen inglés. Significado: Casa cerca de una presa. Variantes: Warick, Warrick, Warwic, Warwik, Warwyc, Warwyck, Warwyk.

WASHINGTON. Origen inglés. Significado: Ciudad cercana al agua. Variantes: Washintan, Washinten, Washingtin, Washingtyn.

WASIF. Origen árabe. Significado: Comprensivo.

WASIL. Origen árabe. Significado: Divino. Variante: Wasyl.

WASIM. Origen árabe. Significado: Elegante. Variante: Waseem.

WASSILY. Otra forma de Basilio. Variantes: Wasily, Wassyly, Wasyly.

WATA. Forma maorí de Walter. Variantes: Watah, Watli.

WATERMAN. Origen inglés. Significado: Que trabaja en el agua. Variante: Watermen.

WATKINS. Origen inglés. Significado: Hijo de Walter. Variantes: Watkin, Watkyn, Watkyns, Watson, Wattkin, Wattkins, Wattkyn, Wattkyns, Wattson.

WAVERLEY. Origen inglés. Significado: Alameda. Variantes: Waverlea, Waverlee, Waverleigh, Waverley, Waverli, Waverlie, Waverly.

WAYNE. Origen inglés. Significado: Conductor de carros. Variantes: Wain, Waine, Wane, Wayn.

WAZIR. Origen árabe. Significado: Ministro. Variantes: Wazir, Wazire, Wazyr.

WEBB. Origen inglés. Significado: Tejedor. Variantes: Web, Webber, Weber, Webster.

WEISS. Origen germánico. Significado: Blanco. Variantes: Weis, Weise, Weisse, Weys, Weyse, Weyss, Weysse.

WELBY. Origen escandinavo. Significado: Granja al borde del agua. Variantes: Welbee, Welbee, Welbey, Welbi, Welbie.

WEN. Origen armenio. Significado: Nacido en invierno.

WEN. Origen chino. Significado: Cultivado.

WENCESLAO. Otra forma de Venceslao. Variantes: Benzeslas, Vaacslav, Vaclav, Veleslav, Venceslav, Waclaw, Wenceslas, Wenceslau, Wenceslaus, Wenzel.

WENDELL. Origen germánico. Significado: Vagabundo. Variantes: Wenda, Wendel, Wendelin, Wendil, Wendill, Wendle, Wendyl, Wendyll.

WENLOCK. Origen galés. Significado: Del lago en el santo monasterio. Variantes: Wenloc, Wenloch, Wenlok.

WENSLY. Origen inglés. Significado: Del prado en el claro del bosque. Variantes: Wenslea, Wenslee, Wensleigh, Wensley, Wensli, Wenslie, Wesly.

WENTWORTH. Origen inglés. Significado: Pueblo del hombre blanco.

WERNER. Origen germánico. Significado: Guerrero defensor. Variantes: Warner, Wernher.

WES. Origen inglés. Significado: Del oeste. Variantes: West, Wess.

WESH. Origen cíngaro. Significado: Bosque.

WESLEY. Origen inglés. Significado: Prado al oeste. Variantes: Wes, Weslea, Weslee, Wesli, Weslie, Wesly, Wessley, Westleigh, Westley.

WESTBROOK. Origen inglés. Significado: Corriente del oeste. Variantes: Wesbrook, Wesbrooke, West, Westbrooke.

WESTON. Origen inglés. Significado: Pueblo al oeste. Variantes: Westan, Westen, Westin, Westyn.

WETTRIKI. Forma finlandesa de Federico. Variante: Wetu.

WEYLIN. Origen celta. Significado: Hijo del lobo. Variantes: Weilin, Weilyn, Weylyn.

WHALLEY. Origen inglés. Significado: Bosque en la colina. Variantes: Wahlly, Whalea, Whalee, Whaleigh, Whaley, Whali, Whalie, Whallea, Whallee, Whalli, Whallie, Whaly.

WHARTON. Origen inglés. Significado: Pueblo al borde del río. Variante: Warton.

WHEATLEY. Origen inglés. Significado: Campo de trigo. Variantes: Wheatlea, Wheatleigh, Wheatlie, Wheatly.

WHEELER. Origen inglés. Significado: Fabricante de ruedas. Variantes: Wheel, Wheela, Wheelar.

WHERAHIKO. Origen maorí. Significado: Libertad.

WHETU. Origen polinesio. Significado: Estrella.

WHISTLER. Origen inglés. Significado: Silbador. Gaitero.

WHITAKER. Origen inglés. Significado: Campo blanco. Variantes: Whitacker, Whitfield, Whitmaker, Whittaker, Whytaker, Whyttaker.

WHITBY. Origen inglés. Significado: Granja de paredes blancas. Variantes: Whitbey, Whitbie.

WHITELAW. Origen inglés. Significado: Colina blanca. Variante: Whitlaw.

WHITMAN. Origen inglés. Significado: Hombre blanco. Variantes: Whitmen, Whytman, Whytmen.

WHITNEY. Origen inglés. Significado: De la isla blanca. Variantes: Whittney, Whytney, Whyttney.

WID. Origen inglés. Significado: Ancho. Variantes: Wido, Wyd, Wydo.

WIES. Origen germánico. Significado: Guerrero famoso. Variantes: Wiess, Wyes, Wyess.

WIKTOR. Forma polaca de Víctor. Variante: Wyctor.

WILBERTO. Origen germánico. Significado: Brillante. Variantes: Wilber, Wilbert, Wilbirt, Wilbur, Wilburt, Wilbyrt, Willbur, Wylbery, Wylbirt, Wylburt, Wylbyrt.

WILFREDO. Origen germánico. Significado: Protegido por su voluntad. Otra forma de Vilfrido. Variantes: Wilfredo, Wilfrid, Wilfrido, Wilfried, Wilfryd, Wilfyrd, Willfred, Willfredo, Willfrid, Willfried, Willfryd.

WILHELM. Forma germánica de Guillermo. Variantes: Wilhelmus, Willelm, Willelmo, Willem, Wylhelm, Wyllhelm.

WILKINSON. Origen inglés. Significado: Hijo menor de William. Variantes: Wilkenson, Wylkenson, Wylkinson, Wylkynson.

WILLARD. Origen germánico. Significado: Resuelto, bravo. Variantes: Wilard, Willard, Wylard, Wyllard.

WILLIAM. Forma inglesa de Guillermo. Variantes: Bill, Billie, Billy, Uilleam, Uilliam, Vasyl, Vilek, Vilem, Vilhelm, Vilhem, Vili, Viliam, Viljo, Vilkl, Ville, Vilmos, Vilous, Welfel, Wilek, Wilhelm, Wiliama, Will, Willam, Willaim, Willeam, Willem, Willi, Williams, Williamson, Willie, Willil, Willy, Wilso, Wim, Wliame, Wyliam, Wyliams, Wylliam, Wylliams, Wyllyam, Wyllyams, Wylyam, Wylyams.

WILLIAMS. Origen inglés. Significado: Hijo de William. Variantes: Wiliamson, Wilikes, Wilikins, Wilis, Wilken, Wilkens, Wilkes, Wilkie, Wilkin, Williamson, Willis, Williss, Willsan, Willsen, Willsin, Willson, Willsyn, Wilsan, Wilsen, Wilsin, Wilson, Wilsyn, Wyliamson, Wylis, Wyliss, Wylkin, Wylkins, Wylkyn, Wylkyns, Wylliamson, Wyllsan, Wyllsen, Wyllsin, Wyllson, Wyllsyn, Wylsan, Wylsen, Wylsin, Wylson, Wylsyn, Wylys, Wylyss.

WILLOUGHBY. Origen inglés. Significado: De la granja de los sauces. Variantes: Willobee, Willobey, Willoughbey, Willoughbie, Willowbee, Willowbey, Willowbie, Willowby, Wyllowbee, Wyllobey, Wyllobi, Wyllobie, Wylloby, Wylobee, Wylobey, Wylobi, Wylobie, Wyloby.

WILTON. Origen inglés. Significado: Pueblo con pozos. Variantes: Wilt, Wylton.

WIMAR. Origen germánico. Significado: Ilustre.

WINDHAM. Origen inglés. Significado: Amigo del pueblo. Variantes: Win, Winn, Wyndham, Wynne.

WINDSOR. Origen germánico. Significado: Del meandro del río. Variantes: Windsar, Windser, Wyndsar, Wyndser, Wyndsor.

WING. Origen chino. Significado: Glorioso.

WINONO. Forma masculina de Winona. Variante: Wyn.

WINSTON. Origen inglés. Significado: Pueblo de un amigo. Variantes: Winsten, Winstone, Winstonn, Winton, Wynstan, Wynston.

WIRRIN. Nombre aborigen. Significado: Árbol del té. Variantes: Wirin, Wiryn.

WIT. Origen polaco. Significado: Vida. Variantes: Witt, Wyt, Wytt.

WITARDO. Origen germánico. Significado: Duro como la madera. Variante: Witard.

WOLF. Origen germánico. Significado: Lobo. Variantes: Wolff, Woolf.

WOLFGANG. Origen germánico. Significado: Líder de la manada de lobos. Variantes: Wolfango, Wolfgans.

WOODFIELD. Origen inglés. Significado: Campo en el bosque. Variante: Woodfyeld.

WOODROW. Origen inglés. Significado: Hileras de árboles. Variantes: Wood, Woodroe, Woody.

WOODY. Origen inglés. Significado: Del bosque. Variantes: Woodi, Woodie.

WORTH. Origen inglés. Significado: Granja fortificada.

WORTHY. Origen inglés. Significado: Cercado. Variantes: Worthi, Worthie.

WRIGHT. Origen inglés. Significado: Carpintero. Variantes: Right, Ryght, Wryght.

WRITER. Origen inglés. Significado: Escritor. Variantes: Wryte, Wryter.

WUNAN. Origen nativo americano. Significado: Dios es bueno. Variante: Wunan.

WYATT. Origen inglés. Significado: Hijo del guía del bosque. Variantes: Whiat, Whyatt, Wiat, Wiatt, Wyat, Wyatte, Wye, Wyeth.

WYBERT. Origen inglés. Significado: Brillante en la batalla. Variantes: Wibert, Wibirt, Wiburt, Wibyrt, Wybirt, Wyburt, Wybyrt.

WYCLIFF. Origen germánico. Significado: Del pueblo cerca del acantilado. Variantes: Wiclif, Wicliff, Wicliffe, Wyche, Wycliffe, Wyck.

WYMAN. Origen inglés. Significado: Guerrero. Variantes: Wiman, Wimen, Waiman, Waimen, Wayman, Waymen.

WYN. Origen nativo americano. Significado: Primogénito. Forma masculina de Winona. Variante: Winono.

WYNN. Origen inglés. Significado: Amigo. Variantes: Win, Winn, Wyn, Wyne, Wynne.

XABAT. Forma vasca de Salvador. Variantes: Xalvador, Xalbat.

XABIER. Origen vasco. Significado: Casa nueva. Otra forma de Javier. Variantes: Xabi, Xaver, Xavery, Xavi, Xavier, Xaviero, Xavior, Xavyer, Xever, Zavier, Zavyer, Zever.

XABIN. Forma vasca de Sabino.

XACINTO. Forma gallega de Jacinto.

XACOBO. Forma gallega de Jacobo. Variante de Santiago.

XAIME. Forma gallega de Jaime. Variante de Santiago.

XALBADOR. Forma vasca de Salvador. Variantes: Xabat, Xalbat.

XAMA. Origen canario (Gran Canaria). Capitán distinguido de Gáldar.

XANDER. Diminutivo de Alexander (Alejandro). Variante. Xan.

XANTALEN. Origen vasco. Significado: Contracción de Santa Elena. Ermita Ama Xantalen en Irún (Guipúzcoa). Nombre masculino y femenino.

XANTHUS. Origen griego. Significado: De cabello dorado, rubio. Variantes: Xanthius, Xanthos, Xhanthyus, Zanthius, Zanthus, Zanthyus.

XANTI. Origen vasco. Diminutivo de Santiago.

XARLES. Forma vasca de Carlos.

XEFE. Origen vasco. Diminutivo de Ceferino (Keperin).

XEMEN. Origen vasco. Diminutivo de Semeno.

XENARO. Forma gallega de Genaro.

XENEROSO. Forma gallega de Generoso.

XENOPHON. Variante de Jenofonte.

XENOS. Origen griego. Significado: Extranjero.

XENXO. Forma gallega de Ginés.

XERACH. Origen canario (Tenerife). Nombre masculino y femenino.

XERARDO. Forma gallega de Gerardo.

XERDETO. Origen canario (Tenerife).

XERMÁN. Forma gallega de Germán.

XEROME. Forma gallega de Gerónimo. Variante: Xerónimo.

XERXES. Origen persa. Significado: Soberano, príncipe. Variantes: Jerjes, Xerex, Xerus, Xrus, Zerk, Zerzes.

XESÚS. Forma gallega de Jesús.

XEVACH. Origen hebreo. Significado: Sacrificio. Variante: Zevach.

XEVADIA. Origen hebreo. Significado: Dios dará. Variantes: Xevadiah, Zevadia, Zevadiah.

XIAO. Forma gallega de Julio. Variantes: Julian, Xián, Xillao, Xulio.

XIAOPING. Origen chino. Significado: Pequeña botella. Variante: Xiaopin.

XIL. Forma gallega de Gil.

XILBERTO. Forma gallega de Gilberto. Variante: Xilberte.

XIMON. Otra forma de Simón. Variantes: Ximen, Ximene, Ximenes, Ximum, Ximun, Xymen, Xymenes,

Xymon, Zimen, Zimene, Zimenes, Zymen, Zymene, Zymenes.

XIMRAN. Origen hebreo. Significado: Sagrado. Variantes: Xymran, Zimran, Zymran.

XIMUN. Forma vasca de Simón.

XINDEL. Origen hebreo. Significado: Protector de la humanidad. Variantes: Xyndel, Zindel, Zyndel.

XING-FU. Origen chino. Significado: Feliz.

XION. Origen hebreo. Significado: De la tierra protegida. Variantes: Xyon, Zion, Zyon.

XIPRI. Origen vasco. Diminutivo de Cipriano.

XITAMA. Origen canario (Gran Canaria).

XOAN. Forma gallega de Juan.

XOAQUÍN. Forma gallega de Joaquín.

XOB. Forma gallega de Job.

XOEL. Forma gallega de Joel.

XONÁS. Forma gallega de Jonás.

XORXE. Forma gallega de Jorge. Variante: Xurxo.

XOSÉ. Forma gallega de José.

XOTIL. Forma vasca de Sotero.

XUAN. Origen vietnamita. Significado: Primavera.

XUBAN. Origen vasco.

XUDAS. Forma gallega de Judas.

XULIO. Forma gallega de Julio.

XURDIN. Origen vasco.

XURIO. Forma vasca de Julio.

XURXO. Forma gallega de Jorge. Variante: Xorxe.

XUSTO. Forma gallega de Justo.

XYLON. Origen griego. Significado: Del bosque. Variantes: Xilon, Zilon, Zylon.

YAAKOV. Origen hebreo. Otra forma de Jacobo. Variantes: Yacoub, Ya'qub.

YAAR. Origen hebreo. Significado: Selva.

YACU. Origen quechua. Significado: Agua.

YADID. Origen hebreo. Significado: Dios juzgará. Variante: Yadyd.

YAEL. Origen hebreo. Significado: Cabra montesa. Variantes: Jael, Yahel.

YAGO. Origen hebreo. Variante de Jacobo, Santiago y Diego.

YAGUATI. Origen guaraní. Significado: Leopardo.

YAHTO. Origen nativo americano. Significado: Azul.

YAHYA. Forma árabe de Juan. Variante: Yihya.

YAIR. Origen hebreo. Significado: Dios enseñará. Variantes: Jair, Jayr, Yayr.

YAKAR. Origen hebreo. Significado: Querido.

YAKIM. Origen hebreo. Significado: Dios multiplicará. Variantes: Jakim, Jakym, Yakym.

YALE. Origen galés. Significado: Anciano. Variantes: Yael, Yaell, Yail, Yaill, Yayl, Yayll.

YAMAL. Origen hindi. Significado: Gemelo.

YAMAN. Origen árabe. Significado: Buenas noticias.

YANABA. Origen hindi. Significado: Bravo, con coraje.

YANAMAYU. Origen quechua. Significado: Río negro.

YANCY. Origen nativo americano. Significado: Inglés. Variantes: Yance, Yancey, Yankee, Yantsey.

YANG. Origen chino. Significado: Modelo, patrón.

YANN. Forma bretona de Juan. Variantes: Evan, Yannic, Yannick, Yarn.

YANNIS. Forma griega de Juan. Variantes: Yanis, Yaniss, Yannakis, Yanni, Yannis, Yiannis.

YAPHET. Origen hebreo. Significado: Seductor, atractivo. Variantes: Japhet, Japheth, Yapheth.

YARDAN. Origen árabe. Significado: Rey.

YARON. Origen hebreo. Significado: Cantar.

YARRAN. Nombre aborigen. Significado: Acacia. Variante: Yaran.

YASAR. Origen árabe. Significado: Riqueza. Variantes: Yasâr, Yaser, Yasir, Yasser, Yâsser, Yassir.

YASHAR. Origen hebreo. Significado: Honorable. Variantes: Yesher, Yeshurun.

YASUO. Origen japonés. Significado: Calma.

YASUSHI. Origen japonés. Significado: Honesto y pacífico.

YATES. Origen inglés. Significado: Portero. Variantes: Yaits, Yayts.

YAVIN. Origen hebreo. Significado: Dios es comprensivo. Variantes: Jabin, Jehoram, Joram, Juti, Yadon, Yavnie, Yediel, Yehoram, Yehoshafat, Yekutiel, Yodin, Yoram.

YAYAN. Origen canario.

YAZID. Origen árabe. Significado: Dotado por Dios de buenas cualidades. Variantes: Yazeed, Yâzid.

YBAUTE. Origen canario (Tenerife). Nombre y apellido guanche que ha derivado en el actual Baute.

YE. Origen chino. Significado: Universo.

YEFREM. Origen ruso. Significado: Fructífero. Uno de los hijos de José en la Biblia.

YEGOR. Forma rusa de Jorge. Variante de Igor.

YEHOSHUA. Origen hebreo. Significado: Dios es mi salvación. Variantes: Yeshua, Yusha, Yushua.

YEHUDI. Origen judío. Significado: Alabanza al Señor. Variantes: Jora, Jorah, Yechudi, Yechudil, Yehuda, Yehudah, Yehudie, Yehudit, Yehudy.

YEN. Origen vietnamita. Significado: Calma. Variante: Yenn.

YENENE. Origen indio. Significado: Hechicero.

YEOMAN. Origen inglés. Significado: Sirviente. Variantes: Yeomen, Yoman.

YERAY. Origen canario. Significado: Grande. Nombre guanche. Variante: Yerai.

YERIK. Origen ruso. Significado: Designado por Dios. Variantes: Yeremey, Yeryk.

YESHE. Origen tibetano/sherpa. Significado: Sabio.

YESTIN. Forma galesa de Justo. Variantes: Yestan, Yesten, Yeston, Yestyn.

YEVGENI. Forma rusa de Eugenio. Variantes: Yevgeniy, Yevgeny, Yevgenyi.

YI. Origen chino. Significado: Firme y resuelto.

YILEEN. Nombre aborigen. Significado: Sueño.

YITZHAK. Otra forma de Isaac. Variantes: Itzaac, Itzaack, Itzaak, Itzac, Itzack, Itzak, Yitzaac, Yitzaack, Yitzaak, Yitzac, Yitzack, Yitzak.

YMOBAD. Origen canario (Tenerife). Nombre masculino y femenino.

YNGVAR. Origen escandinavo. Significado: Del ejército de Ing.

YNGVE. Origen escandinavo. Significado: Señor, amo. Líder. Variante: Yngvi.

YNYR. Origen galés. Significado: Honor.

YO. Origen chino. Significado: Brillante.

YOAN. Forma búlgara de Juan.

YOBACHI. Origen africano. Significado: Rogar al Señor.

YOEL. Otra forma de Joel.

YOGI. Origen sánscrito. Significado: El que practica yoga. Variantes: Yogee, Yogey, Yogie, Yogy.

YONA. Origen hebreo. Significado: Paloma. Variantes: Yona, Yonas. Nombre masculino y femenino.

YONA. Origen nativo americano. Significado: Oso. Variante: Yonah. Nombre masculino y femenino.

YONATÁN. Otra forma de Jonatán. Variante: Yonathan.

YONE. Origen canario (El Hierro). Variante: Yoñe.

YONG. Origen chino. Significado: Valiente.

YORA. Origen hebreo. Significado: Maestro. Variante: Yorah.

YORICK. Origen inglés. Significado: Granjero. Variantes: Yoric, Yorick, Yorker.

YORK. Origen celta. Significado: De la granja con tejos. Variantes: Yorke, Yorick, Yorker.

YOSE. Origen canario (Fuerteventura). Nombre de un rey de Jandía, en Fuerteventura.

♂

YOSEF. Otra forma de José. Variantes: Yoseff, Yosif, Yousef, Yousseff, Youssouf, Yucef, Yusef, Yussef, Yusif, Yusuf, Yuzef.

YOSHI. Origen japonés. Significado: Tranquilo. Respetado. Variantes: Yoshee, Yoshie.

YOSU. Origen hebreo. Variante de Jesús.

YOTA. Origen japonés. Significado: Activo, enérgico, dinámico.

YOVANI. Origen eslavo. Significado: Majestuoso.

YSACO. Origen canario (Gran Canaria). Noble de la tribu de Agaete.

YUAN. Origen chino. Significado: Original.

YUFIRO. Origen canario (La Palma). Nombre de un guerrero de esa isla.

YUKA. Nombre aborigen. Significado: Árbol.

YUKIKO. Origen japonés. Significado: Nieve.

YUKIO. Origen japonés. Significado: Chico de nieve.

YUL. Forma árabe de Julio.

YULE. Origen inglés. Significado: Nacido en Navidad. Variantes: Eurl, Euell, Ewell, Yul, Yull.

YUMA. Origen nativo americano. Significado: Hijo del jefe. Variante: Yumah.

YUNIS. Origen árabe. Significado: Paloma. Variantes: Younis, Younys, Yunys.

YUNUS. Origen árabe. Otra forma de Jonás. Variante: Yoonus.

YURI. Forma rusa de Jorge. Variantes: Iouri, Youri, Yura, Yurchik, Yurik, Yuris, Yurko, Yurli, Yury.

YURI. Origen hebreo. Variante de Uriah.

YUSEI. Origen japonés. Significado: Tranquilo, apacible.

YUSRI. Origen árabe. Significado: Acomodado, rico.

YUTAKA. Origen japonés. Significado: Abundante, próspero.

YUU. Origen japonés. Significado: Superior.

YUUDAI. Origen japonés. Significado: Gran héroe.

YVAN. Otra forma de Iván. Variantes: Yven, Yvin, Yvyn.

YVES. Forma francesa de Iván.

YVES. Origen celta. Significado: Tejo. Variantes: Erwann, Ivi, Ivo, Ivor, Iwein, Youn, Youenn, Yvain, Yven, Yvon, Yv.

Z

ZABAD. Origen hebreo. Significado: Regalo. Variantes: Zabdi, Zabdiel, Zabdil, Zabdy, Zabdyl, Zabi, Zavad, Zavdi, Zavdiel, Zebdiel, Zebdy.

ZABULÓN. Origen hebreo. Significado: Casa, morada, habitación. Según la Biblia, hijo de Jacob, fundador de una de las doce tribus de Israel. Variantes: Zaboules, Zabulon, Zebulon, Zebulun.

ZACARÍAS. Origen hebreo. Significado: Dios se acordó. Variantes: Acarius, Benzecry, Chasija, Sachar, Zac, Zacaria, Zacaries, Zacarius, Zaccaria, Zacchaeus, Zacharee, Zacharey, Zachari, Zacharia, Zachariah, Zacharias, Zacharie, Zachary, Zacharyasz, Zacher, Zacheri, Zacherie, Zachery, Zack, Zackaree, Zackarey, Zackari, Zackarie, Zackary, Zacker, Zackeri, Zackerie, Zackery, Zacko, Zajaruyya, Zak, Zaka, Zakaree, Zakarey, Zakari, Zakari, Zakaria, Zakarias, Zakarie, Zakarius, Zakariyya, Zakary, Zakarya, Zakarys, Zakaryus, Zakayas, Zaker, Zakery, Zakiri, Zakirie, Zaqueo, Zaqueu.

ZADORNIN. Forma vasca de Saturnino. Variante: Zernin.

ZAFAR. Origen árabe. Significado: Ganador. Variantes: Zafina, Zafir.

ZAHAVI. Origen hebreo. Significado: Oro.

ZAHID. Origen árabe. Significado: Abnegado, ascético. Variantes: Zâhid, Zahyd.

ZAHIL. Origen árabe. Significado: Sereno.

ZAHIR. Origen árabe. Significado: Luminoso, brillante. Variantes: Zaheer, Zahîr, Zahur, Zahyr.

ZAHUR. Origen árabe. Significado: Flor. Variantes: Zaher, Zahir, Zahyr.

ZAID. Origen africano. Significado: Aumento, crecimiento. Variantes: Zaide, Zayd, Zayde, Zayed.

ZAIDE. Origen judío. Significado: Anciano.

ZAIM. Origen árabe. Significado: General, militar. Variante: Zaym.

ZAIN. Origen árabe. Significado: Gracia, belleza. Variante: Zayn.

ZAIR. Origen hebreo. Significado: Pequeño.

ZAITOUN. Origen árabe. Significado: Olivo. Variantes: Zeïtoun, Zitoun.

ZAKAI. Origen hebreo. Significado: Inocente, puro. Variante: Zakkai.

ZAKI. Origen árabe. Significado: Listo, ingenioso. Variante: Zaky.

ZAKO. Origen ilirio. Significado: Buenos recuerdos. Variantes: Zacko, Zaco, Zak.

ZAKUR. Origen hebreo. Significado: Masculino.

ZAKWAN. Origen árabe. Significado: Intuitivo.

ZALAKAIN. Origen vasco.

ZALDUBI. Origen vasco.

ZALE. Origen griego. Significado: Fuerza del mar. Variantes: Zail, Zaile, Zayl, Zayle.

♂

ZALMAN. Otra forma de Salomón.
Variantes: Zalmen, Zalmin, Zalmon,
Zalmyn.

ZAMIR. Origen hebreo. Significado:
Canción. Variantes: Zamar, Zamer,
Zamyr.

ZANDER. Otra forma de Alejandro.
Variantes: Sander, Sanders, Xander,
Zanda, Zandar, Zanders, Zandor,
Zandyr.

ZANTHUS. Origen griego. Significado:
Rubio. Variante: Xanthe.

ZARATUSTRA. Origen persa. Significado:
El de la luz dorada. Variantes:
Zarathustra, Zoroaster, Zoroastro.

ZAREK. Origen eslavo. Significado: Dios
protegerá. Variantes: Zarec, Zareck,
Zaric, Zarick, Zaryc, Zaryck, Zaryk.

ZARIF. Origen árabe. Significado:
Agradable, agraciado.

ZBIGNIEW. Origen polaco. Significado:
Librarse de la cólera. Variante: Zbyszko.

ZDENEK. Origen checo. Significado:
Dios del vino. Variantes: Zdenecek,
Zdenko, Zdenousek, Zdicek.

ZDZICH. Origen polaco. Significado:
Glorioso. Variante: Zdzis.

ZEBEDEO. Origen arameo. Significado:
Siervo de Dios. Variantes: Zeb,
Zebadia, Zebadiha, Zebadya, Zebedee,
Zebedia, Zebedya, Zevadiah, Zevadya,
Zevedia, Zubin.

ZEBENSUI. Origen canario (Tenerife).
Variante: Zebenzui.

ZEBULON. Origen hebreo. Significado:
Honorable. Variantes: Zebulen,
Zebulun, Zegulun, Zevul, Zevulun,
Zevulum, Zubin, Zubyn.

ZEEMAN. Origen holandés. Significado:
Marino. Variantes: Zeaman, Zeman,
Zemen, Ziman, Zimen, Zyment,
Zymin, Zymyn.

ZEFERINO. Otra forma de Ceferino.
Variantes: Zeferí, Zéphirin, Zephyr,
Zephyrinus, Zephyros, Zephyrus.

ZEKI. Origen turco. Significado:
Inteligente. Variantes: Zekee, Zkey,
Zekie, Zeky.

ZELEDON. Forma vasca de Celedonio.
Personaje principal de las fiestas de
Vitoria-Gasteiz, que representa a un
agricultor alavés.

ZELIG. Origen judío. Significado:
Sagrado, bendito. Variante: Zelyg.

ZEMARIA. Origen hebreo. Significado:
Canción. Variantes: Zemariah,
Zemarya, Zemaryah.

ZENDA. Forma checa de Eugenio.

ZENÓN. Origen griego. Significado:
Que recibió la vida de Zeus. Variantes:
Kenoba, Zenas, Zeno, Zenó, Zenobi,
Zenobia, Zenobias, Zenobio, Zenobya,
Zenon, Zenos, Zenys.

ZENZO. Origen italiano. Diminutivo
de Lorenzo.

ZEREM. Origen hebreo. Significado:
Torrente.

ZERIKA. Origen hebreo. Significado:
Aguacero.

ZERNIN. Variante de Zadornin.

ZERO. Origen griego. Significado: Vacío.
Variante: Zerot.

ZEROUN. Origen armenio. Significado:
Sabio.

ZERU. Origen vasco. Significado: Cielo.

ZERUKO. Forma vasca de Celestino.

ZETHOS. Origen griego. Significado:
Hijo de Zeus. Variante: Zethus.

ZEUS. Origen griego. Significado: Vivo,
el rey de los dioses. Variantes: Zeno,
Zenón, Zeon, Zinon, Zous, Zus.

ZEVAC. Origen hebreo. Significado:
Sacrificio. Variantes: Zevach, Zevachia,
Zevachtah, Zevachya, Zevack, Zevah,
Zevak.

ZHUO. Origen chino. Significado:
Inteligente.

ZIA. Origen hebreo. Significado: Luz.
Variantes: Ziah, Zya, Zyah.

ZIAD. Origen árabe. Significado: Que
crece. Variante: Ziyad.

ZIDANE. Origen árabe. Significado:
Prosperidad. Variantes: Zeïd, Zeïdan,
Zeydan, Zidan.

ZIGANA. Origen húngaro. Significado: Gitana.

ZIGGY. Diminutivo de Segismundo. Variantes: Zigee, Zigey, Zigi, Zigie, Ziggee, Ziggey, Ziggi, Zigy.

ZIGOR. Origen vasco. Significado: Castigo. Vara.

ZILAR. Origen vasco. Significado: Plata.

ZIMON. Otra forma de Simón. Variantes: Ziman, Zimen, Zimin, Zimyn, Zyman, Zymen, Zymin, Zymon, Zymyn.

ZIMRAAN. Origen árabe. Significado: Célebre.

ZIMRAN. Origen hebreo. Significado: Sagrado.

ZIMRI. Origen hebreo. Significado: Valioso. Variantes: Zimry, Zymri, Zymry.

ZINAN. Origen japonés. Significado: Segundo hijo. Variante: Zynan.

ZINDEL. Forma hebrea de Alejandro. Variantes: Zindil, Zyndel.

ZINE. Origen árabe. Significado: Hermoso.

ZINEDIN. Origen árabe. Significado: El adorno de la religión. Variante: Zinedine.

ZION. Origen hebreo. Significado: Patria. Variantes: Zeeon, Zeon, Zione, Zyon.

ZITOMER. Origen checo. Significado: Vivir en la gloria. Variantes: Zitek, Zitousek.

ZIV. Origen hebreo. Significado: Brillar. Variantes: Zivan, Ziven, Zivon, Zivi, Zivu, Zyv.

ZIZI. Origen húngaro. Significado: Dedicado al Señor.

ZLATAN. Origen checo. Significado: Dorado. Variantes: Zlatek, Zlaticek, Zlatik, Zlatka, Zlatko, Zlatousek.

ZOHAR. Origen hebreo. Significado: Resplandor. Luz radiante. Variante: Zohare.

ZOHIARTZE. Origen vasco.

ZOILO. Origen griego. Significado: Lleno de vida. Variantes: Zoil, Zoile.

ZOLA. Origen germánico. Significado: Príncipe. Variantes: Zoilo, Zolah, Zollie.

ZOLTAN. Origen árabe. Significado: Sultán. Variantes: Soltan, Zsolt, Zsoltan, Zolten, Zoltin, Zoltun, Zoltyn, Zsolt.

ZOLTAN. Origen húngaro. Significado: Vida. Variante: Zoltin.

ZOMEIR. Origen hebreo. Significado: El que poda los árboles. Variantes: Zomer, Zomir, Zomyr.

ZONZAMAS. Origen canario (Lanzarote). Rey indígena de la isla.

ZORAN. Origen eslavo. Significado: Luz del amanecer.

ZORBA. Origen griego. Significado: Vivir cada día.

ZORION. Forma vasca de Félix.

ZORO. Origen persa. Significado: Estrella. Variante: Zorro.

ZOROASTRO. Variante de Zaratustra.

ZÓSIMO. Origen griego. Significado: Vigoroso, vital. Variantes: Zòsim, Zosima, Zosime, Zosimos, Zosimus, Zosyme, Zosymos, Zosymus.

ZOWIE. Origen griego. Significado: Vida. Variantes: Zoé, Zoee, Zoi.

ZOYECHKA. Origen ruso. Significado: Vida. Variantes: Zoyenka, Zoya.

ZUBAIR. Origen árabe. Significado: Fuerte, poderoso. Variante: Zubayr.

ZUHAIR. Origen árabe. Significado: Flor joven, brote. Variante: Zuhayr.

ZUHAITZ. Origen vasco. Significado: Árbol.

ZUHUR. Forma vasca de Prudencio.

ZUMAR. Origen vasco. Significado: Olmo.

ZUNBELTZ. Origen vasco.

ZURI. Origen vasco. Significado: Blanco. Variante: Zuria, Zuriko.

ZURIEL. Origen hebreo. Significado: Dios es mi roca. Variantes: Zurial, Zuryal, Zuryel.

ZURIKO. Forma vasca de Albino.

ZUZEN. Forma vasca de Justo y de Justino.

ZWI. Origen escandinavo. Significado: Gacela. Variantes: Zwie, Zwy.

ZYGFRYD. Otra forma de Sigfrido. Variantes: Zigfrid, Zigfryd.

ZYGMUNT. Otra forma de Segismundo. Variante: Zigamunt.

ZYLON. Origen griego. Significado: Habitante del bosque. Variantes: Xylon, Zilon.

ANEXO
NOMBRES MÁS FRECUENTES EN ESPAÑA

NOMBRES FEMENINOS MÁS FRECUENTES EN ESPAÑA (2008)

	NOMBRE COMPLETO	‰	NOMBRE (incluidos nombres simples y compuestos)	‰
1	MARÍA	31,5	MARÍA	285,5
2	MARÍA CARMEN	31,1	CARMEN	59,7
3	CARMEN	22,5	ANA	35,9
4	JOSEFA	16,9	ISABEL	31,3
5	ISABEL	14,5	DOLORES	25,9
6	MARÍA DOLORES	12,8	PILAR	22,8
7	ANA MARÍA	12,6	JOSEFA	22,3
8	FRANCISCA	12,5	TERESA	20,7
9	DOLORES	12,4	ROSA	19,3
10	MARÍA PILAR	12,3	ANTONIA	16,2
11	ANTONIA	12,2	ÁNGELES	15,3
12	MARÍA TERESA	12,2	FRANCISCA	14,2
13	ANA	11,8	CRISTINA	13,8
14	MARÍA ÁNGELES	10,7	MERCEDES	12,9
15	CRISTINA	10,0	CONCEPCIÓN	12,3
16	LAURA	9,8	LUISA	12,3
17	MARÍA JOSÉ	9,4	ROSARIO	11,6
18	MARÍA ISABEL	9,2	LAURA	11,4
19	PILAR	9,0	ELENA	10,7
20	CONCEPCIÓN	8,7	JOSÉ	9,8
21	MARTA	8,4	MARTA	9,7
22	MARÍA LUISA	8,3	JUANA	9,6
23	MERCEDES	8,0	MANUELA	8,6
24	MANUELA	7,8	JESÚS	7,6
25	TERESA	7,2	ENCARNACIÓN	7,3
26	JUANA	7,2	RAQUEL	7,3
27	ROSARIO	7,1	LUCÍA	7,0
28	ROSA MARÍA	6,8	BEATRIZ	6,9
29	MARÍA JESÚS	6,8	EVA	6,7
30	RAQUEL	6,5	VICTORIA	6,7
31	ENCARNACIÓN	6,4	BELÉN	6,4
32	ROSA	6,3	PATRICIA	6,4
33	ELENA	6,3	ESTHER	6,3
34	BEATRIZ	5,6	ROCÍO	6,3
35	MONTSERRAT	5,5	SARA	6,3
36	SARA	5,4	MONTSERRAT	6,2
37	LUCÍA	5,1	JULIA	6,1
38	NURIA	5,1	SILVIA	5,9
39	SILVIA	5,1	MARGARITA	5,7
40	MARGARITA	4,9	NURIA	5,7
41	JULIA	4,8	INMACULADA	5,7
42	PATRICIA	4,8	ÁNGELA	5,5
43	MÓNICA	4,5	YOLANDA	5,5
44	MARÍA MAR	4,5	PAULA	5,5
45	MARÍA JOSEFA	4,4	MÓNICA	5,3
46	SUSANA	4,4	SONIA	5,2
47	SONIA	4,4	AMPARO	5,2
48	PAULA	4,3	SUSANA	5,1
49	ÁNGELA	4,3	SANDRA	5,0
50	YOLANDA	4,3	MAR	5,0
51	ÁNGELES	4,2	ALICIA	5,0

NOMBRES FEMENINOS MÁS FRECUENTES EN ESPAÑA (2008) (CONTINUACIÓN)

	NOMBRE COMPLETO	‰	NOMBRE (incluidos nombres simples y compuestos)	‰
52	ROCÍO	4,1	ANDREA	4,9
53	ALICIA	4,1	NIEVES	4,6
54	SANDRA	4,0	MARINA	4,5
55	INMACULADA	3,8	IRENE	4,5
56	MARÍIA ROSARIO	3,8	GLORIA	4,4
57	IRENE	3,8	SOLEDAD	4,2
58	AMPARO	3,7	CONSUELO	4,2
59	ANDREA	3,6	LOURDES	4,1
60	MARINA	3,6	ASUNCIÓN	4,0
61	ESTHER	3,6	ALBA	4,0
62	ANA ISABEL	3,4	BEGOÑA	3,8
63	MARÍA MERCEDES	3,3	VERÓNICA	3,7
64	CONSUELO	3,3	LUZ	3,7
65	EVA	3,1	NATALIA	3,7
66	CATALINA	3,1	INÉS	3,6
67	NATALIA	3,1	CATALINA	3,6
68	MARÍA ROSA	3,1	MILAGROS	3,5
69	VERÓNICA	3,1	ESPERANZA	3,5
70	ALBA	3,0	EMILIA	3,4
71	LUISA	3,0	CAROLINA	3,3
72	EMILIA	2,9	AURORA	3,3
73	MARÍA VICTORIA	2,9	NOELIA	3,3
74	NOELIA	2,9	LORENA	3,2
75	MARÍA ANTONIA	2,9	OLGA	3,1
76	MARÍA CONCEPCIÓN	2,8	MAGDALENA	3,1
77	EVA MARÍA	2,8	JOSEFINA	2,9
78	VICTORIA	2,8	PURIFICACIÓN	2,8
79	ANA BELÉN	2,7	LIDIA	2,7
80	JOSEFINA	2,6	ELISA	2,7
81	MARÍA ELENA	2,6	REMEDIOS	2,7
82	CAROLINA	2,6	VICENTA	2,7
83	ESPERANZA	2,6	BLANCA	2,7
84	AURORA	2,6	TRINIDAD	2,6
85	GLORIA	2,5	EUGENIA	2,6
86	LORENA	2,5	MIRIAM	2,6
87	MILAGROS	2,5	CLARA	2,5
88	MARÍA NIEVES	2,5	VIRGINIA	2,5
89	PURIFICACIÓN	2,4	CELIA	2,4
90	MÍRIAM	2,2	ELVIRA	2,3
91	INÉS	2,2	MATILDE	2,3
92	VICENTA	2,2	CLAUDIA	2,3
93	LIDIA	2,2	FATIMA	2,3
94	MARÍA SOLEDAD	2,2	ANNA	2,3
95	ASUNCIÓN	2,1	NATIVIDAD	2,3
96	MARÍA LUZ	2,1	GEMA	2,2
97	OLGA	2,1	ALEJANDRA	2,2
98	MAGDALENA	2,1	ASCENSIÓN	2,2
99	VIRGINIA	2,1	VANESA	2,2
100	LOURDES	2,0	ARACELI	2,2

FUENTE: INSTITUTO NACIONAL DE ESTADÍSTICA (INE).

NOMBRES MASCULINOS MÁS FRECUENTES EN ESPAÑA (2008)

	NOMBRE COMPLETO	‰	NOMBRE (incluidos nombres simples y compuestos)	‰
1	ANTONIO	37,9	JOSÉ	137,3
2	JOSÉ	36,5	ANTONIO	72,1
3	MANUEL	32,4	JUAN	64,9
4	FRANCISCO	28,8	MANUEL	63,3
5	JUAN	19,8	FRANCISCO	57,7
6	DAVID	14,6	LUIS	39,3
7	JOSÉ ANTONIO	14,6	MIGUEL	32,3
8	JOSÉ LUIS	14,3	JAVIER	32,2
9	JESÚS	13,9	ÁNGEL	29,7
10	JAVIER	12,7	CARLOS	27,9
11	CARLOS	12,4	JESÚS	26,5
12	MIGUEL	12,3	PEDRO	20,1
13	PEDRO	12,2	DAVID	18,0
14	RAFAEL	12,1	MARÍA	15,1
15	JOSÉ MANUEL	11,2	RAFAEL	14,5
16	ÁNGEL	11,1	FERNANDO	13,8
17	DANIEL	10,7	RAMÓN	13,3
18	FRANCISCO JAVIER	10,6	DANIEL	13,3
19	LUIS	10,4	ALBERTO	12,8
20	FERNANDO	10,2	ALEJANDRO	11,2
21	MIGUEL ÁNGEL	10,0	VICENTE	10,8
22	JOSÉ MARÍA	9,8	JORGE	10,6
23	ALEJANDRO	9,1	PABLO	10,4
24	SERGIO	8,0	ENRIQUE	10,0
25	ALBERTO	8,0	ANDRÉS	8,9
26	JORGE	7,8	SERGIO	8,9
27	PABLO	7,5	IGNACIO	8,1
28	JUAN JOSÉ	7,3	JOAQUÍN	7,9
29	JUAN CARLOS	7,2	VÍCTOR	7,5
30	RAMÓN	7,1	DIEGO	7,4
31	VICENTE	7,1	EDUARDO	7,2
32	ENRIQUE	6,7	SANTIAGO	6,6
33	JUAN ANTONIO	6,4	RAÚL	6,6
34	JOAQUÍN	6,2	ÓSCAR	6,4
35	ANDRÉS	5,8	ALFONSO	6,1
36	DIEGO	5,7	IVÁN	5,7
37	RAÚL	5,6	EMILIO	5,7
38	SANTIAGO	5,4	RUBÉN	5,7
39	JUAN MANUEL	5,2	ROBERTO	5,6
40	EDUARDO	5,2	ÁLVARO	5,6
41	ÓSCAR	5,2	JULIO	5,5
42	ÁLVARO	4,9	RICARDO	5,3
43	RUBÉN	4,9	ADRIÁN	5,3
44	IVÁN	4,8	SALVADOR	5,3
45	ADRIÁN	4,5	JAIME	5,2
46	ALFONSO	4,4	JULIÁN	4,8
47	SALVADOR	4,4	TOMÁS	4,7
48	ROBERTO	4,4	FÉLIX	4,4
49	JAIME	4,3	AGUSTÍN	4,4
50	FRANCISCO JOSÉ	4,2	GABRIEL	4,2
51	VÍCTOR	4,2	JOSEP	4,2

NOMBRES MASCULINOS MÁS FRECUENTES EN ESPAÑA (2008) (CONTINUACIÓN)

	NOMBRE COMPLETO	‰	NOMBRE (incluidos nombres simples y compuestos)	‰
52	RICARDO	4,2	MARIO	4,0
53	IGNACIO	4,1	JORDI	3,9
54	EMILIO	4,1	DOMINGO	3,7
55	JULIÁN	3,8	GUILLERMO	3,7
56	JORDI	3,7	MARCOS	3,6
57	JULIO	3,7	JOAN	3,4
58	AGUSTÍN	3,5	MARIANO	3,4
59	TOMÁS	3,5	CÉSAR	3,3
60	FÉLIX	3,2	FELIPE	3,2
61	MARIO	3,1	ALFREDO	3,1
62	JOSÉ MIGUEL	2,9	GONZALO	2,9
63	JOSÉ RAMON	2,9	SEBASTIÁN	2,9
64	GUILLERMO	2,9	MARTÍN	2,8
65	GABRIEL	2,8	CRISTIAN	2,6
66	MARCOS	2,8	GREGORIO	2,6
67	MARIANO	2,7	MOHAMED	2,4
68	DOMINGO	2,7	NICOLÁS	2,4
69	JOSEP	2,6	ISMAEL	2,4
70	JOAN	2,6	ESTEBAN	2,3
71	GONZALO	2,3	MARC	2,2
72	ALFREDO	2,3	LORENZO	2,2
73	FELIPE	2,3	EUGENIO	2,2
74	SEBASTIÁN	2,2	XAVIER	2,0
75	JUAN FRANCISCO	2,2	CRISTÓBAL	2,0
76	ISMAEL	2,1	ARTURO	1,9
77	MOHAMED	2,1	HÉCTOR	1,9
78	GREGORIO	2,1	SAMUEL	1,8
79	MARC	2,1	ADOLFO	1,7
80	JOSÉ CARLOS	2,0	ALBERT	1,7
81	CRISTIAN	2,0	BENITO	1,7
82	CÉSAR	1,9	AITOR	1,7
83	JOSÉ IGNACIO	1,9	VALENTÍN	1,6
84	JOSÉ ÁNGEL	1,8	GERMÁN	1,6
85	NICOLÁS	1,8	BORJA	1,6
86	MARTÍN	1,8	ERNESTO	1,5
87	LORENZO	1,7	ISIDRO	1,5
88	VÍCTOR MANUEL	1,7	PASCUAL	1,4
89	EUGENIO	1,7	CARMELO	1,4
90	CRISTÓBAL	1,7	BERNARDO	1,4
91	ESTEBAN	1,6	RODRIGO	1,4
92	LUIS MIGUEL	1,6	GERARDO	1,4
93	JUAN LUIS	1,6	JONATHAN	1,4
94	JOSÉ FRANCISCO	1,6	FRANCESC	1,3
95	AITOR	1,5	JAUME	1,3
96	SAMUEL	1,5	FEDERICO	1,3
97	ALBERT	1,5	GUSTAVO	1,3
98	XAVIER	1,4	HUGO	1,3
99	ARTURO	1,4	MOISÉS	1,2
100	ANTONIO JOSÉ	1,4	ISAAC	1,2

FUENTE: INSTITUTO NACIONAL DE ESTADÍSTICA (INE).

NOMBRES MÁS FRECUENTES DE LOS NACIDOS EN ESPAÑA EN 2006

	NIÑOS		NIÑAS	
1	ALEJANDRO	7.581	LUCÍA	9.454
2	DANIEL	6.800	MARÍA	7.702
3	PABLO	6.432	PAULA	6.516
4	DAVID	6.005	LAURA	5.144
5	ADRIÁN	5.011	CLAUDIA	4.756
6	ÁLVARO	4.575	IRENE	4.506
7	JAVIER	4.485	MARTA	4.359
8	SERGIO	4.048	ALBA	4.296
9	HUGO	3.976	SARA	4.150
10	DIEGO	3.248	CARLA	3.571
11	CARLOS	3.241	ANDREA	3.272
12	MARCOS	3.187	NEREA	2.956
13	MARIO	3.059	JULIA	2.648
14	IVÁN	3.011	NATALIA	2.612
15	MANUEL	2.953	ELENA	2.576
16	MIGUEL	2.860	ANA	2.566
17	JORGE	2.821	SOFÍA	2.554
18	RUBÉN	2.531	CARMEN	2.360
19	IKER	2.479	DANIELA	2.313
20	RAÚL	2.476	MARINA	1.985
21	VÍCTOR	2.462	CRISTINA	1.908
22	ANTONIO	2.334	AINHOA	1.890
23	JUAN	2.171	AITANA	1.864
24	HECTOR	2.141	ROCIO	1.849
25	MARC	2.138	ÁNGELA	1.836
26	SAMUEL	2.077	ALEJANDRA	1.630
27	ALEX	1.921	INÉS	1.626
28	JESÚS	1.822	NURIA	1.467
29	ÓSCAR	1.818	ADRIANA	1.381
30	ALBERTO	1.791	SANDRA	1.369
31	NICOLÁS	1.765	LAIA	1.344
32	ÁNGEL	1.723	CANDELA	1.336
33	JAIME	1.695	ARIADNA	1.254
34	JOSÉ	1.653	MARTINA	1.223
35	FRANCISCO	1.602	CELIA	1.199
36	GONZALO	1.545	ALICIA	1.167
37	GUILLERMO	1.545	CLARA	1.157
38	IZAN	1.525	AINARA	1.140
39	PAU	1.514	EVA	1.112
40	LUCAS	1.510	NOA	1.106
41	GABRIEL	1.454	NOELIA	1.078
42	ISMAEL	1.362	CARLOTA	1.074
43	JOEL	1.353	MIRIAM	1.051
44	PEDRO	1.349	PATRICIA	1.047
45	RODRIGO	1.339	BLANCA	1.040
46	IGNACIO	1.335	ISABEL	1.019
47	AARÓN	1.321	SILVIA	1.010
48	LUIS	1.258	RAQUEL	991
49	MIGUEL ÁNGEL	1.174	LORENA	969
50	RAFAEL	1.158	CAROLINA	882
51	FERNANDO	1.082	JIMENA	845
52	CRISTIAN	1.050	LIDIA	826

NOMBRES MÁS FRECUENTES DE LOS NACIDOS EN ESPAÑA EN 2006 (CONTINUACIÓN)

	NIÑOS		NIÑAS	
53	FRANCISCO JAVIER	1.037	AROA	812
54	ANDRÉS	1.011	EMMA	807
55	AITOR	1.005	VALERIA	784
56	POL	980	HELENA	775
57	JOAN	963	VICTORIA	768
58	ARNAU	952	MAR	756
59	MARTÍN	934	BEATRIZ	740
60	JOSÉ ANTONIO	925	JUDITH	725
61	ERIC	921	NAIARA	717
62	JOSÉ MANUEL	897	MIREIA	682
63	MOHAMED	856	PAOLA	679
64	DARÍO	842	LOLA	653
65	UNAI	824	AINA	642
66	SANTIAGO	815	ANNA	640
67	ROBERTO	791	SARAY	639
68	EDUARDO	788	NAYARA	621
69	ASIER	773	ERIKA	620
70	ENRIQUE	762	LARA	618
71	JORDI	758	LEIRE	618
72	MARCO	711	NORA	613
73	MATEO	696	ANA MARÍA	605
74	ADRIÀ	691	BERTA	605
75	ADAM	688	LUNA	578
76	ORIOL	657	GABRIELA	569
77	MARTÍ	614	ESTHER	567
78	JUAN JOSÉ	610	YAIZA	566
79	JAN	609	ELSA	564
80	GERARD	589	ABRIL	561
81	KEVIN	587	YANIRA	548
82	SERGI	586	MÓNICA	542
83	BIEL	571	SALMA	532
84	JOSÉ LUIS	568	DIANA	518
85	CHRISTIAN	555	ÁFRICA	515
86	JUAN MANUEL	553	TANIA	504
87	JOSÉ MARIA	534	IRIA	483
88	GUILLEM	527	SHEILA	471
89	ISAAC	525	FÁTIMA	466
90	XAVIER	524	LEYRE	465
91	YERAY	524	TERESA	452
92	AIMAR	518	AYA	440
93	JUAN ANTONIO	506	NADIA	437
94	ERIK	505	SONIA	418
95	JOAQUÍN	480	JANA	404
96	BRUNO	478	REBECA	403
97	SAÚL	477	MARÍA DEL CARMEN	396
98	JUAN CARLOS	472	SORAYA	395
99	ROGER	469	ZAIRA	394
100	FRANCISCO JOSÉ	455	GEMA	393
	Total	**248.513**	**Total**	**232.589**

FUENTE: INSTITUTO NACIONAL DE ESTADÍSTICA (INE).

NOMBRES FEMENINOS MÁS FRECUENTES EN ESPAÑA POR EDAD

	NACIDAS ANTES DE 1920	NACIDAS 1920-1929	NACIDAS 1930-1939
1	MARÍA	MARÍA	MARÍA
2	CARMEN	CARMEN	CARMEN
3	JOSEFA	JOSEFA	JOSEFA
4	DOLORES	DOLORES	DOLORES
5	FRANCISCA	FRANCISCA	FRANCISCA
6	ANTONIA	ANTONIA	ANTONIA
7	ISABEL	ISABEL	MARÍA CARMEN
8	TERESA	PILAR	ISABEL
9	PILAR	TERESA	PILAR
10	CONCEPCIÓN	CONCEPCIÓN	CONCEPCIÓN
11	JUANA	JUANA	JUANA
12	ROSA	MARÍA CARMEN	TERESA
13	MANUELA	ROSA	MANUELA
14	MERCEDES	ANA	ANA
15	ROSARIO	MANUELA	ROSA
16	ANA	ROSARIO	ROSARIO
17	ENCARNACIÓN	MERCEDES	MERCEDES
18	MARÍA CARMEN	ENCARNACIÓN	ENCARNACIÓN
19	JULIA	MARÍA LUISA	MARÍA LUISA
20	ÁNGELES	JULIA	MARÍA TERESA
21	ÁNGELA	ÁNGELES	MARÍA PILAR
22	LUISA	MARÍA DOLORES	MARÍA DOLORES
23	MARÍA DOLORES	AMPARO	ÁNGELES
24	CONSUELO	ÁNGELA	JULIA
25	EMILIA	LUISA	ANA MARÍA
26	CATALINA	CONSUELO	MARÍA ÁNGELES
27	MARÍA LUISA	MARÍA TERESA	AMPARO
28	AMPARO	EMILIA	CONSUELO
29	FELISA	MARGARITA	LUISA
30	MARGARITA	CATALINA	MARGARITA
31	VICENTA	MARÍA PILAR	ÁNGELA
32	VICTORIA	VICENTA	EMILIA
33	ASUNCIÓN	MARÍA ANGELES	MARÍA JOSEFA
34	RAMONA	FELISA	CATALINA
35	MARÍA JOSEFA	VICTORIA	JOSEFINA
36	PETRA	MARÍA JOSEFA	VICENTA
37	MARÍA TERESA	ASUNCIÓN	VICTORIA
38	MATILDE	JOSEFINA	AURORA
39	AURORA	MATILDE	FELISA
40	MARÍA PILAR	AURORA	MARÍA JESÚS
41	TRINIDAD	ANA MARÍA	MILAGROS
42	ESPERANZA	ESPERANZA	PURIFICACIÓN
43	ELVIRA	TRINIDAD	ASUNCIÓN
44	JOAQUINA	PURIFICACIÓN	MONTSERRAT
45	JOSEFINA	ELENA	ESPERANZA
46	MAGDALENA	RAMONA	MATILDE
47	LUCÍA	MONTSERRAT	ELENA
48	PURIFICACIÓN	PETRA	TRINIDAD
49	JULIANA	MAGDALENA	MARÍA ROSA
50	ELENA	NATIVIDAD	REMEDIOS

NOMBRES FEMENINOS MÁS FRECUENTES
EN ESPAÑA POR EDAD (CONTINUACIÓN)

NACIDAS 1940-1949	NACIDAS 1950-1959	NACIDAS 1960-1969	NACIDAS 1970-1979
MARÍA CARMEN	MARÍA CARMEN	MARÍA CARMEN	MARÍA CARMEN
CARMEN	ANA MARÍA	MARÍA JOSE	MARÍA JOSE
JOSEFA	MARÍA DOLORES	ANA MARÍA	ANA MARÍA
MARÍA DOLORES	MARÍA PILAR	CRISTINA	CRISTINA
MARÍA	MARÍA JOSE	MÓNICA	MÓNICA
MARÍA PILAR	MARÍA TERESA	RAQUEL	RAQUEL
MARÍA TERESA	MARÍA ANGELES	SONIA	SONIA
ISABEL	MARÍA ISABEL	SUSANA	SUSANA
MARÍA ANGELES	CARMEN	YOLANDA	YOLANDA
FRANCISCA	ISABEL	MARTA	MARTA
ANTONIA	ROSA MARÍA	SILVIA	SILVIA
ANA MARÍA	JOSEFA	MARÍA ISABEL	MARÍA ISABEL
MARÍA ISABEL	FRANCISCA	MARÍA DOLORES	MARÍA DOLORES
DOLORES	ANTONIA	MARÍA PILAR	MARÍA PILAR
MARÍA LUISA	MARÍA	MARÍA TERESA	MARÍA TERESA
CONCEPCIÓN	MARÍA JESUS	MARÍA	MARÍA
MARÍA JESUS	MARÍA LUISA	LAURA	LAURA
ROSA MARÍA	DOLORES	MARÍA ANGELES	MARÍA ANGELES
PILAR	MONTSERRAT	EVA MARÍA	EVA MARÍA
MANUELA	MERCEDES	MARÍA MAR	MARÍA MAR
MERCEDES	MARÍA MAR	NURIA	NURIA
ROSARIO	ANA	BEATRIZ	BEATRIZ
ANA	CONCEPCIÓN	ROSA MARÍA	ROSA MARÍA
JUANA	MANUELA	ANA	ANA
ENCARNACIÓN	PILAR	ISABEL	ISABEL
MARÍA JOSE	ROSARIO	ANA BELÉN	ANA BELÉN
TERESA	ENCARNACIÓN	EVA	EVA
MARÍA JOSEFA	ANA ISABEL	MONTSERRAT	MONTSERRAT
ROSA	JUANA	ELENA	ELENA
MARÍA ROSARIO	MARÍA MERCEDES	ANA ISABEL	ANA ISABEL
MARGARITA	INMACULADA	INMACULADA	INMACULADA
MONTSERRAT	YOLANDA	PATRICIA	PATRICIA
MARÍA ROSA	MARGARITA	MARÍA JESUS	MARÍA JESUS
ANGELES	MARÍA ROSARIO	CARMEN	CARMEN
MARÍA CONCEPCIÓN	CRISTINA	ESTHER	ESTHER
MARÍA ANTONIA	MARÍA JOSEFA	SANDRA	SANDRA
MARÍA MERCEDES	TERESA	FRANCISCA	FRANCISCA
JULIA	MARÍA ELENA	ROCÍO	ROCÍO
AMPARO	SUSANA	ALICIA	ALICIA
MARÍA VICTORIA	NURIA	MARÍA LUISA	MARÍA LUISA
CONSUELO	MARÍA VICTORIA	ANTONIA	ANTONIA
ANGELA	MARTA	NATALIA	NATALIA
ELENA	ROSA	VERÓNICA	VERÓNICA
JOSEFINA	ELENA	MERCEDES	MERCEDES
MILAGROS	MARÍA ANTONIA	CAROLINA	CAROLINA
MARÍA NIEVES	MARÍA ROSA	OLGA	OLGA
EMILIA	MARÍA CONCEPCIÓN	NOELIA	NOELIA
CATALINA	MARÍA NIEVES	JOSEFA	JOSEFA
MARÍA SOLEDAD	MARÍA SOLEDAD	MARÍA ELENA	MARÍA ELENA
PURIFICACIÓN	SILVIA	DOLORES	DOLORES

	NOMBRES FEMENINOS MÁS FRECUENTES EN ESPAÑA POR EDAD (CONTINUACIÓN)		
	NACIDAS 1980-1989	NACIDAS 1990-1999	DESDE 2000
1	LAURA	MARÍA	MARÍA
2	CRISTINA	LAURA	LUCIA
3	MARÍA	CRISTINA	PAULA
4	MARTA	MARTA	LAURA
5	PATRICIA	SARA	ANDREA
6	BEATRIZ	ANDREA	MARTA
7	RAQUEL	ANA	ALBA
8	MARÍA CARMEN	ALBA	SARA
9	VERÓNICA	PAULA	ANA
10	SARA	SANDRA	NEREA
11	ANA	PATRICIA	CLAUDIA
12	ROCÍO	IRENE	CRISTINA
13	SANDRA	RAQUEL	MARINA
14	SILVIA	LUCIA	ELENA
15	MARÍA JOSE	MARINA	CARLA
16	LORENA	ELENA	IRENE
17	ANA MARÍA	ROCÍO	NATALIA
18	ELENA	BEATRIZ	CARMEN
19	VANESA	NOELIA	JULIA
20	SONIA	NATALIA	NURIA
21	NOELIA	MIRIAM	AINHOA
22	NURIA	LORENA	SANDRA
23	MÓNICA	CARMEN	ROCÍO
24	VANESSA	MARÍA CARMEN	PATRICIA
25	IRENE	NEREA	ANGELA
26	ANA BELÉN	SILVIA	SOFIA
27	MIRIAM	NURIA	RAQUEL
28	ISABEL	CLAUDIA	NOELIA
29	ESTEFANIA	ALICIA	ALICIA
30	NATALIA	ANA MARÍA	CLARA
31	CAROLINA	ISABEL	ALEJANDRA
32	TAMARA	CARLA	MIRIAM
33	LUCIA	TAMARA	SILVIA
34	ESTHER	ESTEFANIA	ISABEL
35	MARÍA ANGELES	ANGELA	CELIA
36	MARÍA DOLORES	MARÍA JOSE	EVA
37	EVA	MÓNICA	LORENA
38	ALICIA	LIDIA	INES
39	JESSICA	SONIA	BEATRIZ
40	MARÍA TERESA	EVA	LAIA
41	MARÍA ISABEL	JULIA	LIDIA
42	INMACULADA	VERÓNICA	ANNA
43	MARÍA PILAR	CAROLINA	ARIADNA
44	SUSANA	ESTHER	MARÍA CARMEN
45	CARMEN	TANIA	BLANCA
46	MARÍA MAR	CLARA	CARLOTA
47	YOLANDA	ANNA	MIREIA
48	PAULA	JENNIFER	MÓNICA
49	ALBA	CELIA	CAROLINA
50	LIDIA	BELÉN	ANA MARÍA

FUENTE: INSTITUTO NACIONAL DE ESTADÍSTICA (INE).

NOMBRES MASCULINOS MÁS FRECUENTES EN ESPAÑA POR EDAD

	NACIDOS ANTES DE 1920	NACIDOS 1920-1929	NACIDOS 1930-1939
1	JOSÉ	JOSÉ	JOSÉ
2	ANTONIO	ANTONIO	ANTONIO
3	MANUEL	MANUEL	MANUEL
4	FRANCISCO	FRANCISCO	FRANCISCO
5	JUAN	JUAN	JUAN
6	PEDRO	PEDRO	PEDRO
7	MIGUEL	MIGUEL	LUIS
8	LUIS	LUIS	MIGUEL
9	RAMÓN	ÁNGEL	ÁNGEL
10	ÁNGEL	JESÚS	JESÚS
11	VICENTE	VICENTE	RAFAEL
12	JESÚS	RAMÓN	VICENTE
13	RAFAEL	RAFAEL	RAMÓN
14	JOAQUÍN	JOAQUÍN	JOSÉ LUIS
15	JOSÉ MARÍA	JOSÉ MARÍA	JOSÉ MARÍA
16	ANDRÉS	ENRIQUE	JOAQUÍN
17	ENRIQUE	FERNANDO	FERNANDO
18	JULIÁN	ANDRÉS	ENRIQUE
19	EMILIO	JULIÁN	JOSÉ ANTONIO
20	FÉLIX	EMILIO	ANDRÉS
21	MARIANO	FÉLIX	EMILIO
22	FERNANDO	TOMÁS	JULIÁN
23	TOMÁS	SALVADOR	SALVADOR
24	DOMINGO	MARIANO	FÉLIX
25	SALVADOR	JULIO	JULIO
26	JOSEP	SANTIAGO	SANTIAGO
27	SANTIAGO	DOMINGO	TOMÁS
28	JULIO	AGUSTÍN	CARLOS
29	AGUSTÍN	ALFONSO	AGUSTÍN
30	GREGORIO	JOSÉ LUIS	DOMINGO
31	JAIME	JOSEP	MARIANO
32	ALFONSO	GREGORIO	ALFONSO
33	FELIPE	JAIME	JAIME
34	EDUARDO	CARLOS	EDUARDO
35	PABLO	EDUARDO	DIEGO
36	RICARDO	RICARDO	JUAN JOSÉ
37	ALEJANDRO	FELIPE	RICARDO
38	JOAN	PABLO	GREGORIO
39	LORENZO	JOSÉ ANTONIO	PABLO
40	EUGENIO	DIEGO	FELIPE
41	DIEGO	ALEJANDRO	JOSEP
42	CARLOS	JOAN	JUAN ANTONIO
43	DANIEL	JUAN JOSÉ	JOSÉ MANUEL
44	BENITO	EUGENIO	ALEJANDRO
45	SEBASTIÁN	LORENZO	EUGENIO
46	JOSÉ ANTONIO	SEBASTIÁN	SEBASTIÁN
47	IGNACIO	IGNACIO	IGNACIO
48	MARCELINO	DANIEL	LORENZO
49	GABRIEL	JUAN ANTONIO	ALBERTO
50	MARTÍN	GABRIEL	GABRIEL

	NOMBRES MASCULINOS MÁS FRECUENTES EN ESPAÑA POR EDAD (continuación)		
	NACIDOS 1940-1949	NACIDOS 1950-1959	NACIDOS 1960-1969
1	JOSÉ	ANTONIO	ANTONIO
2	ANTONIO	JOSÉ	MANUEL
3	MANUEL	MANUEL	JOSÉ
4	FRANCISCO	FRANCISCO	FRANCISCO
5	JUAN	JUAN	JOSÉ ANTONIO
6	JOSÉ LUIS	JOSÉ LUIS	FRANCISCO JAVIER
7	PEDRO	JOSÉ ANTONIO	JOSÉ LUIS
8	ÁNGEL	JESÚS	JOSÉ MANUEL
9	JESÚS	PEDRO	JUAN CARLOS
10	MIGUEL	RAFAEL	JUAN
11	LUIS	ÁNGEL	MIGUEL ÁNGEL
12	RAFAEL	JOSÉ MANUEL	JESÚS
13	JOSÉ MARÍA	JOSÉ MARÍA	RAFAEL
14	JOSÉ ANTONIO	MIGUEL	FERNANDO
15	VICENTE	FERNANDO	PEDRO
16	FERNANDO	LUIS	JOSÉ MARÍA
17	RAMON	FRANCISCO JAVIER	CARLOS
18	JOAQUIN	CARLOS	ÁNGEL
19	ENRIQUE	JUAN JOSÉ	MIGUEL
20	JOSÉ MANUEL	RAMON	JAVIER
21	CARLOS	MIGUEL ÁNGEL	JUAN JOSÉ
22	JUAN JOSÉ	VICENTE	LUIS
23	ANDRÉS	JUAN ANTONIO	JUAN ANTONIO
24	EMILIO	JOAQUIN	JUAN MANUEL
25	SANTIAGO	ENRIQUE	FRANCISCO JOSÉ
26	SALVADOR	ANDRÉS	RAMON
27	JULIAN	SANTIAGO	ENRIQUE
28	JUAN ANTONIO	JUAN MANUEL	VICENTE
29	JULIO	EMILIO	JOAQUIN
30	ALFONSO	SALVADOR	JORGE
31	FELIX	ALFONSO	SANTIAGO
32	TOMAS	JUAN CARLOS	ALBERTO
33	AGUSTIN	JULIAN	ANDRÉS
34	EDUARDO	JULIO	ALFONSO
35	DOMINGO	AGUSTIN	EDUARDO
36	JAIME	EDUARDO	SALVADOR
37	FRANCISCO JAVIER	JAVIER	RICARDO
38	MARIANO	TOMAS	JOSÉ RAMON
39	RICARDO	JOSÉ RAMON	EMILIO
40	MIGUEL ÁNGEL	RICARDO	JOSÉ MIGUEL
41	DIEGO	FELIX	ROBERTO
42	JUAN MANUEL	DIEGO	JORDI
43	JOSEP	DOMINGO	AGUSTIN
44	PABLO	ALBERTO	PABLO
45	GREGORIO	JAIME	JULIO
46	ALBERTO	JORGE	DAVID
47	FELIPE	MARIANO	DIEGO
48	JOSÉ RAMON	JOSEP	IGNACIO
49	JOAN	PABLO	JULIAN
50	ALEJANDRO	JOSÉ MIGUEL	JAIME

FUENTE: INSTITUTO NACIONAL DE ESTADÍSTICA (INE).

NOMBRES MASCULINOS MÁS FRECUENTES EN ESPAÑA POR EDAD (CONTINUACIÓN)			
NACIDOS 1970-1979	AÑOS 1980-1989	AÑOS 1990-1999	DESDE 2000
DAVID	DAVID	DAVID	ALEJANDRO
ANTONIO	JAVIER	ALEJANDRO	DANIEL
FRANCISCO JAVIER	DANIEL	DANIEL	DAVID
MANUEL	ANTONIO	JAVIER	PABLO
JAVIER	SERGIO	SERGIO	ADRIAN
JOSÉ ANTONIO	CARLOS	ADRIAN	JAVIER
MIGUEL ÁNGEL	ALBERTO	CARLOS	ALVARO
FRANCISCO	MANUEL	PABLO	SERGIO
JOSÉ MANUEL	RUBEN	ALVARO	CARLOS
CARLOS	FRANCISCO JAVIER	ANTONIO	IVAN
JOSÉ LUIS	ALEJANDRO	ALBERTO	JORGE
JOSÉ	IVAN	JORGE	RAUL
OSCAR	JORGE	MANUEL	DIEGO
JUAN CARLOS	JESÚS	IVAN	MANUEL
SERGIO	FRANCISCO	RUBEN	MARIO
JORGE	RAUL	JESÚS	MIGUEL
DANIEL	MIGUEL ÁNGEL	MIGUEL	ANTONIO
JESÚS	JOSÉ ANTONIO	VICTOR	RUBEN
RAUL	PABLO	DIEGO	VICTOR
RAFAEL	JOSÉ MANUEL	FRANCISCO	ALBERTO
FERNANDO	JOSÉ	CRISTIAN	JUAN
ALBERTO	MIGUEL	FRANCISCO JAVIER	MARC
JUAN	OSCAR	RAUL	JESÚS
JOSÉ MARÍA	JUAN	JOSÉ	MARCOS
JUAN JOSÉ	ALVARO	JOSÉ ANTONIO	FRANCISCO
MIGUEL	JOSÉ LUIS	JUAN	ALEX
ROBERTO	RAFAEL	JOSÉ MANUEL	ÁNGEL
PEDRO	FERNANDO	MIGUEL ÁNGEL	JOSÉ
JUAN ANTONIO	VICTOR	MARC	OSCAR
ÁNGEL	ADRIAN	MARIO	HUGO
LUIS	DIEGO	OSCAR	ISMAEL
JUAN MANUEL	ROBERTO	FERNANDO	JAIME
FRANCISCO JOSÉ	ÁNGEL	RAFAEL	MIGUEL ÁNGEL
ALEJANDRO	JUAN JOSÉ	ÁNGEL	LUIS
RUBEN	EDUARDO	LUIS	FRANCISCO JAVIER
JORDI	JOSÉ MARÍA	IGNACIO	SAMUEL
PABLO	FRANCISCO JOSÉ	GUILLERMO	PEDRO
ENRIQUE	LUIS	PEDRO	IGNACIO
EDUARDO	JORDI	JOSÉ LUIS	IKER
IVAN	PEDRO	ANDRÉS	JOSÉ ANTONIO
SANTIAGO	JUAN ANTONIO	BORJA	PAU
DIEGO	JUAN MANUEL	JAIME	RAFAEL
RICARDO	ENRIQUE	EDUARDO	CRISTIAN
IGNACIO	JUAN CARLOS	AITOR	FERNANDO
JOAQUIN	IGNACIO	MARCOS	GUILLERMO
RAMON	MARCOS	SAMUEL	JOSÉ MANUEL
ANDRÉS	CRISTIAN	ISMAEL	ANDRÉS
VICENTE	ANDRÉS	JUAN JOSÉ	GONZALO
ALFONSO	MARIO	FRANCISCO JOSÉ	NICOLÁS
JOSÉ MIGUEL	JONATHAN	ENRIQUE	GABRIEL

Otros títulos en esta colección:

¿Cómo piensan los bebés?
Serge Ciccotti

100 experimentos psicológicos para comprender mejor a nuestro bebé. Sabemos muchas cosas del bebé por intuición, pero ¿hasta qué punto acertamos? ¿Qué sabemos de lo que percibe y de lo que siente? Este libro presenta 100 pruebas llevadas a cabo en laboratorio o en casa, descritas con humor y claridad, que nos permitirán descubrir y comprender las capacidades de los niños pequeños. Un libro que nos ayudará a comunicarnos mejor con el bebé.

Los 100 primeros días del bebé
Véronique Mahé

¡Al nacer el primer bebé hay razones para sentirse perdida y desorientada! Nada es «natural»: la lactancia, cómo preparar el biberón, por qué el bebé llora tanto... En este libro podrás seguir, día a día, la experiencia de una mamá primeriza, acompañada de consejos médicos, trucos prácticos, juegos para el bebé e informaciones útiles para aprovechar al máximo los 100 primeros días, tan importantes para el pequeño... como para sus padres.

Bebés para principiantes
Roni Jay

Bebés para principiantes no trata los aspectos superficiales, sino que se centra en las cuestiones fundamentales: el nacimiento, la lactancia, cómo dormir al bebé, cómo introducir por etapas los distintos alimentos, etc.

El libro ideal para madres y padres principiantes que no tienen muy claro si su hijo llora porque tiene hambre, cólicos, o el pañal repleto.

Papá a bordo
Stephen Giles

El nacimiento de un hijo os cambiará la vida. Claro que es fantástico, pero... al principio no sabemos cómo enfrentarnos a la nueva situación. La vida aparece de repente repleta de cosas por aprender y retos por superar.

Gracias a Stephen Giles, al final del primer año seréis capaces de cambiar el pañal hasta dormidos (en caso, claro está, de que logréis dormir) y, más importante aún, dominaréis el arte de ser un buen padre